[英]利德尔·哈特 著

顾剑 译

第二次

History of the Second World War

世界大战战史

光明日报出版社

图书在版编目（CIP）数据

第二次世界大战战史 /（英）利德尔·哈特
(Liddell Hart) 著；顾剑译 . -- 北京：光明日报出版
社，2024.1（2025.10 重印）
　　ISBN 978-7-5194-7496-6

　　Ⅰ . ①第… Ⅱ . ①利… ②顾… Ⅲ . ①第二次世界大
战—战争史 Ⅳ . ① K152

　　中国国家版本馆 CIP 数据核字 (2023) 第 185859 号
　　地图审图号：GS（2022）5825

第二次世界大战战史
DIERCISHIJIEDAZHAN ZHANSHI

著　　者：[英] 利德尔·哈特　　　　　　译　　者：顾　剑

责任编辑：舒　心　周　桐　　　　　　　策　　划：银杏树下
封面设计：墨白空间·杨　阳　　　　　　 责任校对：曲建文
责任印制：曹　诤

出版发行：光明日报出版社
地　　址：北京市西城区永安路 106 号，100050
电　　话：010-63169890（咨询），010-63131930（邮购）
传　　真：010-63131930
网　　址：http://book.gmw.cn
E-mail：gmrbcbs@gmw.cn
法律顾问：北京市兰台律师事务所龚柳方律师

印　　刷：北京盛通印刷股份有限公司
装　　订：北京盛通印刷股份有限公司
本书如有破损、缺页、装订错误，请与本社联系调换，电话：010-63131930

开　　本：172mm×240mm　　　　　　　印　　张：43.5
版　　次：2024 年 1 月第 1 版　　　　　字　　数：665 千字
印　　次：2025 年 10 月第 4 次印刷
书　　号：ISBN 978-7-5194-7496-6
定　　价：158.00 元

序

几个月前，出版商请我给我丈夫所著的《第二次世界大战战史》写序，那时我就立刻意识到，应该在此向所有为他的写作提供过帮助的人们表示感谢，这数百位人中，有陆军元帅，有列兵，有教授和学生，还有众多朋友，巴西尔在他不倦研究的一生中和他们建立过联系。巴西尔曾在其自传的前言里写道："自传，就其令人愉悦的一面来说，其实就是友谊的记录——而我有幸拥有如此众多的友谊。"这部《第二次世界大战战史》同样得益于这些珍贵的友谊。

巴西尔从小就热爱钻研各种比赛及技巧，保存了很多相关的记录和剪报，上学后，飞行员成了他的英雄人物，于是他又保存了很多关于早期航空历史的记录。巴西尔一直保留着这种习惯，兴趣的范围越来越广。于是，当他的生命走到尽头时，身后留下了各种剪报、书信、备忘录、手册之类的资料，主题从装甲战争到服装时尚，可谓无所不有。后来，每次谈论到自己感兴趣的话题，他都尽快以日记体裁，也就是他自己所谓"谈话记录"（Talk Notes），将这些内容记录下来。

战后，他的第一本书是《山的那一边》（*The Other Side of the Hill*），是他和一些被羁押在英国的德军将领谈话的实录。其中很多将军都读过他在战前写的书，乐于和他探讨自己的战争经历。1963 年 12 月，他回忆往事，写了《我为什么和如何写这本书》一文，解释过自己为什么如此看重此类记录的价值：

> 20 世纪二三十年代，我在研究第一次世界大战中的各种事件时，开始认识到，如果没有独立思考且具有历史素养的研究者将军事首脑们当时当地的真实想法确切地记录下来，以便与他们后来的回忆进行对照和比较，历史之

研究会受到何等阻碍。因为很明显，戏剧性历史事件的亲历者在回顾往事时难免会有所粉饰或者歪曲，而且随着时间的流逝，便愈加如此。况且，历史文件常常不能揭示他们真实的看法和目的，有时候甚至是故意写出来以做掩盖的。

因此在第二次世界大战期间，我在每次拜访英军及盟国的指挥官时，都会对我们的谈话进行详细记录，这种"历史的注脚"不仅可以对文献资料进行补充，还可以用来核对他们后来所给出的回忆和书面叙述。

战争结束不久，我很早就得到机会讯问当时还是战俘的德军指挥官们，和他们就亲自经历过的作战行动，以及其他更广泛的话题进行过多次长谈。当然这样的调查不可能和历史事件的发生完全同步，但总归是在人的记忆随着时间流逝变得模糊不清之前写下的，而且他们的叙述可以和其他当事人的叙述及文件资料进行交叉对比。

本书的读者将在脚注中多次看到对这些长谈的引用，它们禁得起"时间流逝"的考验——还可以看到巴西尔多年以来一直在不断地对其进行比对校正。

1946 年年初，皇家坦克团指挥官请巴西尔为该团及其前身著史，涵盖两次世界大战和之间的岁月。这项任务花费了巴西尔许多年的时间，直到 1958 年，一本名叫《坦克》的书籍才由卡斯尔（Cassell）公司出版面世。不过，写作这本书时所做的研究对后来《第二次世界大战战史》一书的成形颇有助益，巴西尔不仅结识了很多曾在双方部队里服役的年轻指挥官，还和很多宝贵的老朋友，比如，蒙哥马利元帅、亚历山大元帅、奥金莱克元帅这些人进行了多次长谈，他谈话的对象还包括很多"坦克兵"和"在山的另一边"的德军将领。

1950 年，以色列独立战争后，各种军阶的以色列军官都前来拜访巴西尔，请教组建以色列陆军的方略。其中一位是伊加尔·阿隆，后来和巴西尔成了挚友——我们的家宅图书馆里有一张他的照片，伊加尔于其上签了那句现在颇受引用的题词"献给指点将军们的上尉"。1961 年，巴西尔应邀访问以色列，在军队和各所大学讲学。他的学术思想得到了以色列人的高度赞赏，巴西尔常说（有时语气之中颇为遗憾沮丧），自己"最好的学生"不是同胞而是德国人和以色列人。

1951 年，隆美尔元帅的遗孀询问巴西尔是否愿意编辑亡夫的文件。他接受了邀请，后来，我们夫妻和隆美尔元帅的遗孀和他的儿子曼弗雷德、隆美尔的前参谋长拜尔莱因将军，以及柯林斯（Collins）出版公司非常能干的编辑马克·博纳姆建立起了深厚的友谊。

1952 年，巴西尔在加拿大和美国的陆军大学讲学。这几个月的工作量令人疲惫，可是成果颇丰，他和战时的两国老友重逢，也结交了新朋友。他在北美收获了各种荣誉，其中，最令他感到高兴的是成为美国海军陆战队的荣誉队员，直到去世，他每天都会带着那天赠送给他的金色领带夹。

1965 年，他应邀赴加州大学戴维斯分校历史系做访问学者，在 70 岁高龄成为教授，就两次世界大战问题进行教学和讲演。他非常享受这段令人振奋的经历，不幸的是，我们的访问时间缩短了几个月，因为他不得不回英国去做一个大手术。他在快离开人世的时候还盼望着能应美国海军大学的邀请，在 1970 年 4 月回美国做一系列有关战略学的讲演——而这是违反医嘱的。

旅行是巴西尔生命中的一个重要组成部分，他应邀访问过很多欧洲国家，在各国的参谋学院讲学。他很擅长阅读地图，早在造访美国南部的内战战场之前，他就能单凭仔细研究战场的大比例尺地图，对谢尔曼的各次战役娓娓写来。上次战争结束后，我们几乎每年都会去西欧踏勘战役的战场和登陆的滩头，拜访老朋友，手持地图核对《第二次世界大战战史》中的数据。他热爱美丽的原野、大教堂和美食，所以在旅途中，我们的车里总是少不了《米其林指南》、战场地图和旅游指南。回家后，我就得把旅途中那些关于地形、美食、教堂建筑的详细笔记一一归档整理，存放进家里不断增加的记录中去。

巴西尔对第一次世界大战的官方历史学家持批评态度，他说"官方"这个词有时候本身就和"历史"这个词互相抵触，不过他对大多数写第二次世界大战的史学家评价很高，他的文件中有很多与来自英国、英联邦、美国的"二战"史专家的通信。和世界各国的历史学家，尤其是年轻学者和学生之间的友谊让他的生活更加丰富，他花费大量时间阅读评论他们论文和专著的初稿，甚至使自己的工作受到影响，可是他乐此不疲。其中一位，罗纳德·勒温写道："……他只对那些按照他自己的标准来说值得赞许的作品提出表扬，他在认为你给出的史实有误或者观点错误时，会毫不客气地加以批评指正。"无论年轻还是上年纪的学者、研究者、作家、记者都会来我家的私人图书馆进行研究，我们将所有书籍和文件资料向他们开放。无论是白天还是黑夜，无论席间还是花园漫步时，巴西尔都乐于对这些同行给予"私人指导"。有很多当代的历史学家最初是来进行工作和讨论的，回去以后和巴西尔建立了定期的通信联系，又以朋友的身份多次回来拜访，让我们觉得特别高兴，其中最著名的一些朋友包括柯瑞里·巴尼特、安德烈·博福尔将军、亨利·伯纳德上校、布莱恩·邦德、阿兰·克拉克、A. 古塔上校、阿利斯泰尔·霍恩、米歇尔·霍华德、罗伯特·奥尼尔、彼得·帕雷特、巴里·皮特、W. R. 汤姆森、米歇尔·威廉姆斯。还有美国和加拿大的一些同行，比如，杰伊·卢瓦斯和唐·舒尔曼，他们全家都是我们夫妇的挚友。

这本《第二次世界大战战史》应该向这些人表示感谢，除此以外，值得感谢的还有分散在战略和国防圈子之外的各行各业的数百位人士。巴西尔个人兴趣广泛，和他们均有交集，我却无法在这里一一列举姓名，相信他们一定能原谅我。没有人比巴西尔更相信，老师"应该从学生那里学习"，而他的学生和朋友便是一群最能催人奋进、给予启迪的人。在写作《第二次世界大战战史》时，巴西尔有过几位才能特别出众的助手，首先是克里斯托弗·哈特；其后是现在任职于帝国战争博物馆的彼得·西姆金斯；保罗·肯尼迪在太平洋的战局方面做了一些非常有价值的工作；而彼得·布莱德利则为与空军有关的章节提供了帮助。

多年以来，很多秘书以极高的效率开展工作，他们在为这部数易其稿的书打字时所表现出来的兴趣和耐心让巴西尔的工作变得容易了许多。我们住在沃尔弗顿公园的 8 年里，米拉·汤姆森小姐（现在是斯莱特太太）一直为我们工作。后来在斯泰兹家宅这里，达芙妮·鲍桑葵夫人和埃德娜·罗宾逊夫人以各种可能的方式为我们提供过帮助；在《第二次世界大战战史》准备出版的最后阶段，温迪·史密斯夫人、帕拉梅·伯恩斯夫人和玛格丽特·霍斯夫人也做了非常有价值的工作。

我还应该感谢数不清的其他朋友，其中包括本书英国版的出版商卡斯尔公司的各位主管和工作人员。1947 年，戴斯蒙德·弗劳尔就约请巴西尔写作这部著作，多年以来一直耐心地等待它的完成。我们还应该感谢大卫·海厄姆，他不仅是巴西尔很多著作的文字编辑，还与我们有着多年的友谊。

我和各位出版商还要特别感谢以下几位朋友，他们在巴西尔的生前身后热心地审阅过全书或其中的部分章节，并提出了宝贵的批评意见：G. R. 阿特金森、布莱恩·邦德、诺布尔·弗兰克兰博士、海军中将彼得·格拉顿爵士、艾德里安·利德尔·哈特、马尔科姆·麦金托什、斯蒂芬·罗斯基尔上尉、布莱恩·斯科菲尔德海军中将、阿尔伯特·西顿中校、陆军少将肯尼思·斯特朗爵士，还有M. J. 威廉姆斯博士。其中有几位还慷慨地允许巴西尔引用他们自己的书——西顿中校自己的书当时甚至还没有出版呢。

我们还要分别感谢安·费恩和理查德·纳吉尔在地图的研究和制作方面做出的贡献；感谢赫柏·杰洛尔德小姐顶着极大的压力工作，为本书制作了第一流的索引。

在促成此书问世的人中，最应该感谢的是卡斯尔出版公司的肯尼思·帕克尔，他既是巴西尔的编辑，更是朋友，在巴西尔去世后承担起了组织《第二次世界大战战史》出版的繁重工作。如果没有他，这本书的问世将会耽搁得更久。巴西尔在自传前言中曾说："非常幸运……有这么一位让人振奋、博闻强识，又不断鞭策自己的编辑，与他合作是非常高兴的事情"。在这段话之外，我还要附加上我个人对他为这部历史所做工作的特别谢意。

巴西尔并非出身大富之家，因而不得不为报章杂志撰稿或者写作其他能够更快出版的书，以赚取生活费，致使《第二次世界大战战史》的研究工作经常被耽搁。在 1965—1967 年，沃尔夫森（Wolfson）基金会的一笔资助帮助了他，他感谢伦纳德·沃尔夫森先生对这部历史表现出来的特别的兴趣。1961 年，我们还得到另一方面伸出的援手。米歇尔·霍华德当时是伦敦国王学院的军事研究中心主任，国王学院慷慨地帮助我们把家宅里的马厩改建成了一座私人图书馆，还在谷仓里建造了一套小公寓让来访的历史学家们居住。这不仅让我们的工作空间大增，还让来访学者的研究条件得到改善。此外，我们这些年居住过的三个不同地区的税务机关非常理解巴西尔工作的性质和困难，让我们能在英国生活和工作。如果没有他们的帮助，我们可能会被迫移居国外，那样，不仅这部《第二次世界大战战史》，就连巴西尔的很多其他作品和教学工作也都会受到影响。

因此，我把此书献给"所有曾经帮助过我们的人们"，无论他们的名字出现在这篇序言中与否。

凯瑟琳·利德尔·哈特

英国，伯明翰郡，莫德梅翰，斯泰兹家宅

目　录

第一部

序　曲

第 1 章

世界大战如何爆发

1939 年 4 月 1 日，各国媒体争相报道，内维尔·张伯伦（Neville Chamberlain）先生领导下的英国内阁为了维护欧洲和平，业已彻底扭转此前绥靖与孤立的外交政策，向波兰承诺，英帝国将和波兰一起抵御来自德国的侵略威胁。

但希特勒仍在 9 月 1 日跨过了波德边境。英法两国要求德国撤军未果，于两天后参战。又一次欧洲战争就此爆发，它将最终演变为第二次世界大战。

西方盟国参战，有两重战争目的：近期目标是要兑现维护波兰独立地位的承诺，终极目标是消除西方盟国面临的潜在威胁，保证自己的国家安全。结果这两个目标全都落空了，他们不仅没能防止波兰被打垮并被苏联和德国瓜分，而且在 6 年的漫长战争以表面上的胜利结束之后，仍然被迫承认苏联对波兰的控制权，从而背弃了对并肩作战的波兰盟友所做的承诺。

与此同时，欧洲盟国为了摧毁纳粹德国而付出的努力，导致欧洲在战争中满目疮痍，虚弱不堪，在面对下一个新的更大的威胁时，抵抗乏力，结果英国及其欧洲邻国一样成了美国的附庸。

以上种种都是铁一般的事实。欧洲各国曾浴血奋战，满心希望战争的胜利能带来持久的和平。然而，当美苏这两个超级大国将各自庞大的国力投入反对德国的战争以后，所收获结果事与愿违。战争的结果让"胜利"将带来持久和平的希冀化为泡影。它只是再一次印证了以下历史教训，那就是，运用现代化武器进行的无限制的持久战将把世界变成荒漠，而所谓胜利仅仅是"荒漠上的海市蜃楼"而已。

也许我们在分析战争的起因之前，应该首先检点大战导致的后果。只有明白了战争的后果，才能对它的起因有一个更加现实冷静的分析。就纽伦堡军事法庭而言，只要把战争的爆发和扩大完全归罪于希特勒的侵略扩张就够了。但是，这种对战争起因的解释未免过于天真和浅薄。

希特勒最不希望发生的就是又一次世界大战。德国人，尤其是军方将领，对第一次世界大战的经历心有余悸，因此尤其害怕爆发又一次世界大战的风险。我们强调这一点，并不是想要为希特勒及其忠实追随者本身的侵略扩张政策涂脂抹粉。希特勒固然是一个狂妄的冒险家，但是他在追求自己的战略目标时是非常谨慎的。德国的军事领导人则比他更加审慎，对任何可能引发全面战争的举措都采取小心翼翼的态度。

战后，有大批德国方面的档案资料被缴获，可供研究之用。这些档案显示德国领导层在战前曾感到非常忧惧，对德国打一场大规模战争的能力抱有极深的疑虑。

1936年，当希特勒采取行动重新占领莱茵兰非军事区时，德军将领们对他的决策和法国可能采取的反应颇感焦虑。由于他们的反对，德国起初只派出几支象征性的部队进行试探。后来，当希特勒计划派遣军队在西班牙内战中支持佛朗哥时，将领们再次因此举可能带来的风险而提出抗议，结果希特勒同意限制德国的干涉规模。可是到了1938年3月，希特勒决定不再理会军方的担忧，坚持向奥地利进军。

不久以后，希特勒告诉军方，计划向捷克斯洛伐克施加压力以收回苏台德地区。陆军总参谋长贝克（Beck）上将起草了一份备忘录，争辩说希特勒激进的扩张政策终将导致世界范围的灾难，并为德国招来灭顶之灾。贝克在军方高级将领会议上宣读了这份备忘录，并在得到与会者的一致认同后，递交给了希特勒。希特勒坚决不改变既定政策，于是贝克提出辞职。希特勒安抚其他将领说，英法不会为了保护捷克斯洛伐克而战，但德军将领仍然深感不安，其中有些人曾策划军事政变，希望逮捕希特勒及其他纳粹领导人，以此消除爆发战争的风险。

可是张伯伦面对希特勒对捷克斯洛伐克提出的毁灭性要求决定屈服，和法国一道同意袖手旁观，坐视不幸的捷克被德国剥夺了领土和自卫的能力。事态如此发展，对那些德军反对派将领来说不啻釜底抽薪。

张伯伦以为慕尼黑协定"为我们的时代带来了和平"。对希特勒来说，慕尼黑协定不仅是压倒国外对手的捷报，也是对手下将领们的胜利。他多次冒险都取得了兵不血刃的胜利，军方的警告则被反复证明是杞人忧天，将领们自然会丧失对自己判断力的信心，还有对决策的影响力。希特勒本人自然也会变得过于自信，对未来能继续轻易取胜的前景深信不疑。即便认识到进一步冒险也许有导致战争的可能性，他也会认为这种可能性很小。不断的成功让他陶醉不已，丧失了适度质疑自己决策的清醒意识。

假设希特勒真的曾预谋发动一场以英国为对手的全面战争，他一定会尽全力建设一支实力能够挑战英国海上霸权的强大海军。可实际上他所建设海军的规模，甚至还没有达到 1935 年英德海军协定所允许的限度。他不断向海军将领保证，和英国的战争危险微不足道。慕尼黑协定之后，希特勒告诉德国海军，至少今后 6 年之内都不用考虑和英国开战的可能性。甚至到 1939 年夏天，迟至 8 月 22 日，希特勒仍在重复着这种论调，不过语气越来越不自信了。

那么，希特勒究竟是怎样一步步走向这场他原本刻意想要避免的大战呢？他贪得无厌的侵略野心不是唯一原因，甚至不是主要原因，真正重要的是，西方列强一直以来对他的侵略行为采取姑息纵容的态度，而在 1939 年春季之后，列强的态度突然发生了 180 度的转变。这一政策方向上的转变是如此突然而又出人意料，终使战争不可避免。

如果你坐视某人不停地向熊熊燃烧的锅炉炉膛里添加燃料，让锅炉里的蒸汽压力升到危险的临界值以上，那么你就对因此发生的锅炉爆炸负有责任。物理上的这条真理同样也适用于政治领域，尤其是国际事务。

自希特勒 1933 年上台以来，英法两国政府对这个危险的独裁政权所做的让步，比他们之前愿意向德国的民主政府做出的要大得多。在每次决策关头，英法政府都表现出息事宁人、把棘手的问题束之高阁的倾向，结果仅仅是以未来为代价，苟延当下的一时偏安。

与之相对，希特勒那方面则把自己所面临的问题设想得过于逻辑化和理性化。他在 1937 年 11 月的秘密会议中系统地阐述过德国外交政策的基本指导思想——所谓《霍斯巴赫备忘录》保存了这一内容。这一指导思想基于这样一个基本信条，那就是德国的人口规模在不断增加，如果想要保持生活水平不下降，那么德国就急需拓展 "Lebensraum"，也就是生存空间。希特勒认为德国不可能实

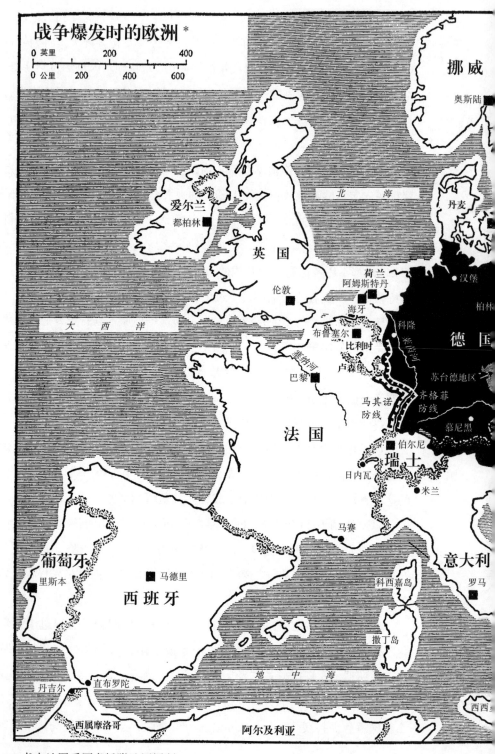

战争爆发时的欧洲 *

* 书中地图系原书插附地图译制。

现自给自足，尤其食品供应方面的自给自足。外贸进口也不足以提供德国所需的全部物资，因为这样做需要的外汇超出了德国的支付能力。由于外国的贸易壁垒和德国自身的财政匮乏，德国很难在世界贸易和工业产出方面占有更高的份额。况且依赖外贸进口就意味着德国将要依赖外国，一旦发生战争就有可能出现饥荒。

希特勒得出的结论是，德国必须从人口稀疏的东欧地区取得更多"有用的农业空间"。但东欧各国不会自愿把这些土地让渡给德国。"无论是罗马帝国还是大英帝国，一切时代的历史反复证明，只有铤而走险并粉碎对手的抵抗，才能完成国家的扩张……无论现在还是过去，无主的土地是不存在的。"德国至迟必须在 1945 年以前解决生存空间问题——"此后，问题只会变得更加严峻。"可能的出路都会被堵住，食品短缺的危机随时可能在德国出现。

虽然上述想法的野心大大超出了希特勒想要收复德国在"一战"后所丧失土地的初衷，但西方的政治家们对此并非一无所知，尽管他们后来假装不知道。早在 1937—1938 年间，很多西方政治家在私下谈话中都坦率流露过真实想法，英国统治阶层的小圈子里就有很多人认为，可以考虑允许德国向东方扩张，把祸水从西方世界引开。不过这种论调仅限于私下交流，并不见诸公众平台。这些西方政客同情希特勒的生存空间理论，并且对希特勒毫不隐瞒这种同情心。但是他们从未认真考虑过，除了武力威胁，还有什么办法能诱使那些土地的所有者愿意割让。

德国方面的文献显示，哈利法克斯勋爵（Lord Halifax）1937 年 11 月访问德国时的做法曾大大鼓舞过希特勒的野心。哈利法克斯时任枢密院议长，也是英国内阁中仅次于首相的第二号人物。双方会晤的文献记录显示，他向希特勒暗示，英国将任由希特勒在东欧放手行动。也许哈利法克斯的本意并非如此，但他给德国人留下的印象就是如此——而这对德国之后政策的影响至深且巨。

后来，安东尼·艾登（Anthony Eden）由于和首相张伯伦在很多问题上政见不合而在 1938 年 2 月被迫辞去外交大臣职务。张伯伦有一次在艾登提出反对意见的时候回答道："你最好回家吃片阿司匹林再来。"哈利法克斯被任命为新一任外交大臣。几天后，英国驻柏林大使内维尔·亨德森爵士（Sir Nevile Henderson）秘密拜会希特勒，重申哈利法克斯 11 月谈话的宗旨，代表英国政府对希特勒想要在欧洲"促成有利于德国的变化"的愿望表示同情和理解——他说"本届英国政府非常务实"。

外交文件显示，以上几件事加速了希特勒的侵略步伐。他以为英国对他的侵略行径开了绿灯，默许他向东扩张。当时希特勒得出如此结论是非常自然的。

希特勒进军奥地利，进而将其并入第三帝国时，英法两国政府秉持着理解的态度接受了这一现实，希特勒因此受到进一步鼓励。（德国在进军奥地利的整个过程中遭遇的唯一困难，就是很多德军坦克在通向维也纳的公路边抛锚了。）他还听说，在那次行动后，张伯伦和哈利法克斯拒绝了苏联的动议，不愿意商定一个集体遏制德国侵略行为的计划。这又进一步鼓励了希特勒的侵略野心。

在此我们还必须指出，1938 年 9 月德国对捷克斯洛伐克的威胁达到最高点的时候，苏联政府公开和私下都向英法发出信号，声称愿意和英法联手采取措施，保卫捷克斯洛伐克的领土完整。英法对苏联的动议置之不理。此外，苏联还被排斥在决定捷克斯洛伐克命运的慕尼黑会议之外。英法的冷淡态度在 1939 年招致致命的后果。

英国政府的表现似乎是在默许德国的东向侵略行径，但当希特勒在 9 月对捷克斯洛伐克进一步施加压力时，英国竟反应颇为激烈，进行了部分动员，希特勒对此大吃一惊，且深感不快。不过后来张伯伦屈服于希特勒的要求，甚至主动帮助德国向捷克斯洛伐克政府施压，逼迫捷克斯洛伐克人接受希特勒的条件。这就让希特勒误以为，英国一时的抵抗只是为挽回面子而故作姿态，目的是应付国内以温斯顿·丘吉尔为首的民意——后者反对英国政府一味让步和妥协的外交政策。法国表现出来的被动态度同样也鼓舞了希特勒。尽管捷克斯洛伐克在欧洲诸小国里拥有一支装备最精良的陆军，但是法国还是很快就背弃了这个盟友，所以，英法似乎不太可能会为了维护东欧、中欧链条上的其他盟国而与德国刀兵相见。

所以希特勒以为自己可以很快兵不血刃地完成消灭捷克斯洛伐克的任务，然后继续向东方扩张。

虽然在第一次世界大战结束之后，波兰从德国割去了最大的一片国土，但是希特勒起初并没有想要对波兰动手。波兰和匈牙利一样是德国的同谋，是威胁捷克斯洛伐克后方的共犯，它可以帮助希特勒诱使捷克斯洛伐克屈服——波兰还趁机获取了捷克斯洛伐克的一块领土。只要波兰同意归还德国的但泽港，并在"波兰走廊"上为德国开辟连通本土和东普鲁士的自由通道,那么希特勒愿意暂时把波兰当成己方的小伙伴。就希特勒而言,在当时的形势下,他对波兰的要求已经极端克制了。可是那年冬天,希特勒通过多次谈判,最终发现波兰人顽固地拒绝做出让步,而且对本国的军事实力抱有不切实际的幻想。即便如此,希特勒还是寄希望于波兰人在进一步谈判之后会改变想法。直到 1939 年 3 月 25 日,他仍在告诉德国陆军总参谋长说自己"不希望动用武力解决但泽问题"。可是当希特勒朝着另一个方向采取新的步骤之后,英国人做出了出乎意料的反应,这让希特勒改变了原来的想法。

1939 年的头几个月,英国政府的领导人享受着最近很长一段时间以来都未有过的轻松和愉快。他们幻想着,由于自己采取了重整军备的措施,美国也开始加紧军备,再加上德国经济上所遭遇的困境,国际局势的危险程度已经降低了。张伯伦在 3 月 10 日曾私下表达过这样的观点,就是和平的前景比以往任何时间都更加光明,希望在年底之前各国可以安排新一轮裁军会议。第二天,艾登前一任的外交大臣、时任内政大臣塞缪尔·霍尔爵士(Sir Samuel Hoare)在演说中信心满满地宣称,世界正在进入一个"黄金时代"。内阁部长们安抚朋友和评论界人士说,德国正处于经济困境,无力发动战争,且一定会因英国以贸易协定的形式伸出的援手而投桃报李,接受英国政府开出来的条件。两位内阁部长——奥利弗·斯坦利(Oliver Stanley)先生和罗伯特·哈德逊(Robert Hudson)先生——正动身前往柏林为此事奔走。

就在那一周,《笨拙》(Punch)杂志刊登了一幅漫画,画的是"约翰牛"从噩梦中醒来松了一口气,而近来的"战争恐惧"幽灵正从窗户飘出屋外。在1939 年"3 月 15 日"那个一再被预言的不可避免的命运之日到来之前的一周,英国政坛上下充斥着前所未有的荒谬的乐观主义幻想。[1]

与此同时,纳粹却正在紧锣密鼓地煽动捷克斯洛伐克境内的分离主义势力,以期从内部瓦解这个国家。斯洛伐克领导人蒂索(Tiso)在柏林见过希特勒之后,于 3 月 12 日宣布斯洛伐克独立。波兰外长贝克(Beck)上校盲目地公开宣称自

---

1 译注:3 月 15 日典出莎翁戏剧《尤里乌斯·恺撒》,是预言凯撒被刺的日子——那一天早上恺撒还在质问预言者:"3 月 15 日已经到来,你怎么说?"——用来比喻一再被预言的不可避免的日子,这里指德国最终占领捷克斯洛伐克全境。

己同情斯洛伐克人的独立举措。3 月 15 日，捷克总统向希特勒提出的要求屈服，同意德国占领捷克并在波希米亚建立"保护国"，德军继而开进了布拉格。

1938 年秋天，各国签署慕尼黑协定的时候，英国政府承诺保卫捷克斯洛伐克未来不受侵略的威胁。可是张伯伦现在告诉下议院说，他认为斯洛伐克独立使得英国做出的承诺无效，他认为英国不必受承诺的束缚。他在对事态的发展表示遗憾的同时，对下议院说英国没有理由"背离"过去的一贯政策。

但是张伯伦的态度在几天后就来了个 180 度大转弯，这个政策转变突如其来且影响深远，让全世界感到震惊和迷惑。他突然决定要封锁希特勒未来可能采取的一切行动，并在 3 月 29 日给波兰发出一纸邀约，声称支持波兰政府反抗"任何威胁波兰独立以致波兰政府认为有必要加以抵抗的行动"。

我们不知道张伯伦突如其来的举措背后的主要动机究竟是什么——也许是公众激情的压力，也许是自己的愤慨，也许是被希特勒愚弄而激起的怒火，也许是被国人视为傻瓜所引起的屈辱感。

在从前不信任政府外交政策的那部分英国民众的谴责之下，曾经支持和赞赏张伯伦绥靖政策的那部分民众，大多数也经历了同样戏剧性的突然转变。国民的分歧逐渐弥合，在愤怒情绪的左右下，这个国家再次团结起来了。

但无条件的保证把左右英国国运的权力放到了波兰统治者的手中，而这些人的判断力令人怀疑。况且，在缺少苏联援手的情况下，任何对波兰领土完整做出的担保都是一纸空文，而英国没有事先采取任何措施去评估苏联是否愿意伸出援手，以及波兰是否愿意接受这种援助。

英国内阁在被要求批准这项保证时，甚至都没能过目三军参谋长委员会就此事递交的报告，而这项报告本来可以让内阁明白，从实际执行的角度来说，根本无法为波兰提供有效的保护。[1] 不过，内阁即便审阅了军方的可行性报告，在当时那种政治气氛下，也未必会做出不同的决策。

这项保证在议会讨论时得到各方面一致赞成。只有劳合·乔治（Lloyd George）先生提出唯一的反对意见，他警告下议院说，不事先确认苏联会和英国站

1　笔者是在内阁做出决策之后不久听说此事的，告诉笔者内幕的是时任陆军大臣霍尔－贝利萨先生和比弗布鲁克勋爵，而比弗布鲁克勋爵又是从内阁其他成员处与闻内幕的。

在一起就盲目做出如此影响深远的承诺，将会犯下一个自杀性的错误。对波兰的保证会让本已紧张的局势提前爆炸，结果必将引发一场世界大战。它既是公然的挑衅，又对侵略者构成最大限度的引诱。它挑动希特勒向全世界证明，向这样一个西方鞭长莫及的国家做出领土保证是一件多么徒劳无益的事情，又让固执的波兰人更加不愿意考虑向德国做出任何让步，同时希特勒也将无法在"不丢面子"的前提下从原有的立场退缩。

那么波兰领导人为什么会接受这样一个致命的承诺？部分原因在于他们对本国早已过时的军事实力抱有荒谬的自信——他们竟然侈谈"骑兵冲击直捣柏林"。另一部分原因是人为因素：贝克上校此后不久提到过，自己在"掸去雪茄烟灰的两次弹指之间"就下定决心接受英国的保证了。他解释说，自己无法接受1月和希特勒会见时后者那句但泽"必须"归还的话语，而接受英国的领土保证不啻当面给希特勒一记耳光。的确，国家和民族的命运常常就是像这样在冲动中被决定的。

现在避免战争的唯一希望在于取得苏联的支持——苏联是唯一能够直接给予波兰支持从而有效威慑希特勒的强国了。可是在这种危急的形势下，英国政府为此而采取的措施仍是拖拖拉拉的。张伯伦强烈地反感苏联，而哈利法克斯对苏联抱有宗教上的憎恶情绪，而且两人都高估了波兰的实力而低估了苏联的实力。如果说他们现在已经意识到有必要和苏联缔结共同防御协定的话，他们也还是想要按照自己的条件来订这份协定，殊不知，正因为他们已经草率地对波兰人做出了保证，他们在谈判桌上的地位就降低了，不得不按照苏联开出的条件来寻求达成这个协定——他们自己没有明白这一点，但斯大林早就洞若观火。

可是，除了张伯伦和哈利法克斯自身的犹豫外，波兰政府和东欧其他小国也反对英国寻求苏联的军事支援——这些国家害怕后者的军事支援不过是变相的侵略。结果英苏之间的谈判步调慢得像是在出殡。

然而，希特勒对此种新国际形势的反应极为迅速。英国的激烈反应和加速重整军备的措施令他受到震撼，可是其所达成的效果和英国人所希望的背道而驰。希特勒判断英国开始反对德国的东进扩张政策，担心德国如果不能迅速行动，就会遭到西方强国的封锁，因此得出结论，他必须加速获得生存空间的步伐。可是他怎么才能做到这一点，同时又不至于引发全面战争呢？多年来，他形成了一套对英国国民性的看法，认为英国人民冷静理性，能够很好地将情绪置于控制之下。这种看法影响了希特勒的结论，使他判断，英国人只有在确保苏联支持的前提下，才敢于为保卫波兰而开战。所以他抑制住自己对"布尔什维克主义"的憎恶和恐惧，放下身段，竭力讨好苏联，以确保后者置身事外。这个举动比张伯伦的转变更具戏剧性——也同样引发了致命的灾难。

与此同时，斯大林也已经在重新评估自己和西方的关系，这为希特勒接近苏联打开了方便之门。苏联早在 1938 年就对遭到张伯伦和哈利法克斯的冷遇心怀怨念，在希特勒进军布拉格之后，苏联重新向英法提出共同防御的建议，收到的反馈却不冷不热，而英国政府竟抢先匆忙向波兰提出了单方面的领土担保。这种态度就足以加深斯大林对西方国家的疑虑。

5 月 3 日的一则新闻宣布，苏联外交人民委员李维诺夫（Litvinov）被"解除职务"，内里的警告意味再明白不过。李维诺夫长期以来是和西方列强合作抵御纳粹德国路线的主要倡导者。接替他的莫洛托夫（Molotov），据报道更倾向于和独裁者而不是和自由民主国家打交道。

4 月，苏德开始接触，试探缔结协约的可能性，但双方都进行得小心翼翼，因为彼此还是互不信任，怀疑对方的目的仅仅是为了阻止己方和西方列强达成协议而已。可是英苏协商进展缓慢，德国人趁机加快和苏联谈判的步伐，竭力寻求达成协约。但莫洛托夫在 8 月中旬之前一直不肯做出实质性承诺。然后形势出现了决定性转折。这可能是因为德国人比游移不定的英国人更愿意接受斯大林提出的极为严苛的要价，尤其是容许后者对波罗的海三国自由采取行动。另一个原因可能是基于这样一个明显的事实，即希特勒无法把波兰的作战行动推迟到 9 月初以后，否则天气因素可能会让德军无法发动入侵，因此把苏德协定拖到 8 月下旬才签署，那时希特勒就没有时间再去和西方列强达成另一次"慕尼黑协定"了——这样的协议可能会对苏联构成威胁。

8 月 23 日，里宾特洛甫（Ribbentrop）飞赴莫斯科签订了《苏德互不侵犯条约》，条约还附带一个德国和苏联瓜分波兰的秘密协议。

这个条约和它签署的时机使得战争的爆发变得不可避免。希特勒如果在波兰问题上退缩，就一定会在苏联人面前丢脸。而且，他误认为，英国政府既不可能采取毫无胜算的行动来保护波兰，也不愿意真的便宜了苏联。张伯伦在 7 月下旬派遣深受信任的顾问霍雷斯·威尔逊爵士（Sir Horace Wilson）和希特勒秘密接触，商讨英德协议的可能性，这就又重新助长了希特勒兵不血刃制服波兰的希望。

可是《苏德互不侵犯条约》签订的时机太晚了，在英国人那里没有发挥希特勒希望起到的作用，反而激起了"斗牛犬"的倔脾气——就是英国人特有的不计后果的盲目顽固。在这种民族情绪下，张伯伦要是退缩，就必定会既丢脸，又失信。

斯大林非常清楚西方列强长期以来都有意让希特勒朝东——也就是苏联的方向——扩张。他有可能把《苏德互不侵犯条约》看作把希特勒的侵略能量引向相反方向的有力工具。换言之，此举敏捷而聪明，抽身一跃就让苏联眼前的敌人和潜在的敌人互相厮杀。此举至少也能够降低苏联所面临的外来威胁，甚至还可以让两大强敌两败俱伤，确保苏联在战后的强势地位。

《苏德互不侵犯条约》也意味着在两强之间作为缓冲国的波兰将不复存在——不过苏联人一向以来都认为波兰人更像是德国侵苏的急先锋，而不是抵御德国侵略的一道屏障。苏联通过和希特勒合谋征服并瓜分波兰，不仅可以轻易取回 1914 年之前的领土，还能通过苏军的直接占领，把波兰东部建成防御德国入侵的屏障，当然这个屏障稍窄了一点，但似乎比独立的波兰国家更加可靠。苏德协定还为苏联占领波罗的海三国和比萨拉比亚（Bessarabia）铺平道路，这样一来应对侵略的缓冲地带就进一步得到拓宽了。

1941 年，希特勒横扫苏联，现在回过头来看，斯大林在 1939 年的外交腾挪似乎被证明是致命的短视行径。斯大林很可能高估了西方国家抵御德国、消耗德国实力的能力。斯大林可能还高估了苏军在开战初期的抵抗能力。不过，战后的欧洲形势相较 1941 年又发生了变化，就那时而言，斯大林当年的决策似乎也并非那么不利于苏联的国家利益。

此外，《苏德互不侵犯条约》对西方造成了无法估量的伤害。西方那些政客们面对随时都可能爆炸的危局，却进退失据，采取了一系列拖延且鲁莽的政策，应该对后来的结果负有主要责任。

丘吉尔在描述英国如何纵容德国重建军备并吞并奥地利和捷克斯洛伐克之后，就英国错失苏联采取共同行动的提议并逐步陷入战争的这个过程评述道：

……大英帝国在挥霍浪费了以上每一次获得帮助和取得优势的机会之后，引领着法国一起对波兰的领土完整做出了担保——就是这个波兰，在仅仅半年以前还以鬣狗般的饕餮胃口，参与过掠夺和肢解捷克斯洛伐克的行动。在1938年为捷克斯洛伐克而战尚有意义，当时德国陆军在西线只能勉强集结起区区6个受过训练的师，而法国能轻易集结起将近60到70个师跨过莱茵河或者打进鲁尔区。可是这样做在当时被认为是不可理喻、鲁莽、违背现代文明思想道德原则的行为。可是现在，两个西方民主国家终于宣布，准备好为了波兰的领土完整而牺牲自己民众的生命。有人曾说，历史是由人类种种的罪行、错误和悲惨处境构成的长卷，但在历史上，我们很难找到一个类似的实例：姑息纵容的绥靖政策在执行了五六年之后，几乎在一夜之间就迎来了彻底转变，英国竟准备在条件远为不利的情况下打一场规模更加庞大且显然迫在眉睫的战争……

于是，国家终于在一个最不合时宜的时刻，在最不利的条件下，做出了决策，而这个决策必将让成百上千万人民遭到屠杀。[1]

这段对张伯伦所犯错误的事后诸葛亮式的判词令人震惊。因为丘吉尔在危局之中也曾支持张伯伦匆忙向波兰做出的领土保证。显而易见，他在1939年也和绝大多数英国政治领导人一样，出于冲动而鲁莽行事，有违英国政坛过去标志性的冷静判断的行事风格。

1　Churchill: *The Second World War*, vol. I, pp. 311-12.

第 2 章

战争爆发时敌对双方的兵力对比

1939 年 9 月 1 日，星期五，德军入侵波兰。9 月 3 日，星期天，英国政府向德国宣战，履行了早先对波兰做出的保证。6 小时之后，法国政府在犹豫中步了英国的后尘。

70 岁的英国首相张伯伦先生向英国议会做出决定国家命运的宣言，在演说结尾讲道："我坚信自己会活着看到希特勒主义被摧毁、欧洲重获解放的那一天。"此后一个月之内，波兰就陷落了。9 个月之内，西欧大部分地区都被战争的狂潮淹没。虽然希特勒最终被打倒了，但一个自由的欧洲未能继之而起。

亚瑟·格林伍德（Arthur Greenwood）先生代表工党发言，支持宣战，他表达了自己放松下来的心情："我们长时间忍受着由悬而不决带来的令人难以忍受的痛苦，今天终于将其摆脱了。我们现在已经看到最糟糕的情况也不过如此。"现场欢呼声雷动，这说明他的演说确实表达出了下议院普遍的感受。他在结尾说道："但愿战争迅捷而短促，但愿随后降临的和平骄傲地、永远地君临在那个拥有邪恶名字的废墟之上。"

但是，没有任何对交战双方兵力和资源的合理计算，能为战争将是"迅捷而短促的"提供依据，而且不论战争将持续多久，我们也看不出任何理由相信英法两国能够单独击败德国。而"我们现在已经看到最糟糕的情况也不过如此"，就更是一个不着边际的假定。

英国对波兰的实力抱有幻想。哈利法克斯勋爵作为外交大臣，本应对事态了如指掌，可是他竟然相信波兰在军事层面上比苏联更有价值，因而更愿意把波兰引为盟国。他在 3 月 24 日就是这么对美国大使说的，而仅仅数天后，英国便突然决定为波兰的领土完整提供保证。英国武装力量总监艾恩赛德（Ironside）将军在 7 月访问了波兰陆军。回国之后，他给出了一份报告，这份报告用丘吉尔先生的话来说"对波兰军队赞赏有加"[1]。

英国对法军实力的幻想更不切实际。丘吉尔描述法军是"全欧洲经受过最严格训练和最可靠的机动部队"[2]。在战争爆发前几天，丘吉尔会见了法国野战部队总司令乔治（Georges）将军。他看到法德两军实力对比的统计数字，留下了极佳的印象，对乔治将军说："不过你们才是战场的主人。"[3]

或许正是因为这个缘故，丘吉尔才更加急切地加入敦促法国宣战的行列中，希望以此来支援波兰——法国大使在发回国的报告里描述说："温斯顿·丘吉尔先生是最激动的政治家之一，他在电话里的声音大得令听筒震动不已。"丘吉尔在 3 月同样也宣称自己"全心全意地赞同首相"向波兰提出领土保证的决策。他和几乎所有英国政治领导人一样，把这份担保当成了维护和平的利器。劳合·乔治先生单枪匹马地指出这种做法的不切实际和危险之处——可是《泰晤士报》把他的警告描述为"劳合·乔治先生似乎正居住在他自己那个奇怪而遥远的世界中，他正从那里发出顽固的悲观主义的悲鸣"。

公允地讲，英国军界比较清醒，并未对战争的前景抱有如此离谱的幻想。[4]可是总体来说当时英国举国上下都被激动的情绪鼓舞，对眼前的现实视而不见，更无法看清长远之势。

波兰能坚持更长的时间吗？英法能不能做得更多，以减轻德国对波兰的压力？就我们目前可以看到的双方武装力量的数字，这两个问题的答案乍看之下似乎都是肯定的。波兰就军队人数而言似乎足以在前线抵御德军，法国的军队数量也应该能够击败德军留在西线的部队。

波兰陆军拥有 30 个现役师和 10 个后备役师，此外还有不少于 12 个大型骑兵旅——不过其中只有 1 个骑兵旅是摩托化的。波兰可以调动的潜在人力比师的

1　Churchill: *The Second World War*, Vol. I, P.357.

2　1938 年 4 月 14 日。

3　Churchill: *The Second World War*, Vol. I, P.357.

4　我本人在战争爆发之时对战略形势做出过评估，预言波兰会被迅速击败，法国也很可能无法长期坚持抗战，我当时在结尾这样总结形势："总之，由于将战略基于不合理的基础之上，我们已经走进了一个我国历史从未遇到过的危险的境地，也许是我国历史上最糟糕的险境。"

总数更令人印象深刻——可以动员将近 250 万"经过训练"的壮丁参军。

法国已经动员的军力大致相当于 110 个师，其中至少有 65 个师是现役部队，包括 5 个骑兵师、2 个机械化师、1 个正在组建的装甲师，其余都是步兵师。即便必须留下兵力守卫法国南方和北非，抵御可能来自意大利的威胁，法军统帅部仍然能在北部前线集结起 85 个师对付德国。此外，法国还能动员 500 万"经过训练"的平民入伍。

英国除了肩负起中东和远东地区的防务外，还承诺在战争爆发之时向法国派遣 4 个常备师，后来实际上更是派遣了相当于 5 个师的部队。不过英国第一批派遣的部队要到 9 月晚些时候才能抵达，这是因为海运方面存在些问题，而运输船队为防范空袭也不得不采取迂回的路线。

除了这支规模小、素质高的常备军以外，英国也正在着手组建并装备一支有 26 个师的本土野战军，政府在开战时还制订计划要把这支军队扩展到 55 个师的规模。可是这支新军的第一批部队要到 1940 年才能准备就绪上战场。在此期间，英国对战争的主要贡献只限于运用海上力量进行传统的海上封锁，而这种形式注定起效缓慢。

英国的轰炸机部队拥有超过 600 架轰炸机，比法国的轰炸机兵力多一倍，但是比德国空军轰炸机数量的一半还要少很多。而且由于现役轰炸机的载弹量和航程有限，英国空军很难有效地对德国进行直接空袭。

德国动员了 98 个师，其中 52 个是现役师（包括 6 个奥地利师）。但其余 46 个师中，只有 10 个师在动员以后可以立即投入作战，而即便在这 10 个师中，大部分兵员也才入伍一个月。其余 36 个师大部分由经历过第一次世界大战的老兵组成，他们年过 40，对现代化的武器和战术一窍不通。这些师的大炮和其他武器都不足。德军需要很长时间才能让这些师完成整训，以达到能投入作战的程度——这段时间比德军统帅部预期的还要长，而德军统帅部早就对这个过程的缓慢忧心忡忡了。

德国陆军在 1939 年并未做好战争准备，因为德军高级将领们过于相信希特勒的保证，对战争的到来并未做好准备。军方本想循序渐进地扩军，建立起经过充分训练的骨干队伍，但最终还是在不太情愿中同意了希特勒迅速扩军的要求，因为希特勒反复称，自己无意在 1944 年以前冒险发动一场大战，所以他们有充分的时间训练部队。同时，德军的装备相较部队规模而言也显得严重不足。

　　可是，事后很多人竟把德国在战争初期的压倒性胜利归功于兵力和武器方面的巨大优势。

　　还有一个错觉在人们的头脑中经久不去。丘吉尔即便在战后的回忆录里还是声称德国人在 1940 年拥有至少 1000 辆"重型坦克"。事实是德国人当时根本没有重型坦克。他们在战争爆发时只有少量自重刚够 20 吨的中型坦克。他们在波兰使用的坦克绝大部分都非常轻，装甲也很薄。[1]

　　把双方统计数字做个汇总，我们可以看到波兰和法国总共拥有相当于 140 个师的部队，对阵德国 98 个师的总兵力，后者中还有 36 个师基本未经训练，也没有组织好。波法两国在"经过训练的士兵"数量上，与德国相比优势更加明显。但是德国拥有中央的区位优势，把占有数量优势的对手分为相隔遥远的两部分，这抵消了对手一部分数量优势。德国人可以优先打击较弱的对手，同时让法国为解救波兰盟军而进攻德国预先构筑的防线。

　　即便如此，在数量上波兰仍然拥有足够强大的部队阻挡德军突击部队——德军进攻波兰的部队由总共 48 个现役师组成。他们的后续部队将有大约 6 个刚刚动员的后备役师，不过直到波兰战局结束，这些后备役师还没能投入战场。

　　从表面上的兵力对比来看，法国人似乎拥有足够的优势粉碎西线德军，突破莱茵河。德军将领们对法军没能做到这一点感到既宽慰又惊讶，因为德军将领中的大多数还在用 1918 年的老眼光考虑问题，并且和英国人一样高估了法军。

　　可是如果我们更仔细地分析评估，对 1939 年新投入应用的战争手段和各国军队内部的弱点有更清晰的了解，那么对于波兰能否坚持、法国能否更有效地支援波兰这两个问题就会得出非常不同的判断。从以上现代化的战争观念出发，即便在开战之前，就可以看出战局的发展不可能有其他的变化。

　　丘吉尔在战争回忆录中如此描述波兰的崩溃：

　　　　装甲车辆可以抵御炮兵火力，还能每天前进 100 英里[2]，英法两国对这一

1　Liddell Hart: *The Tanks*, vol. II, Appendix V.

2　本书涉及的尺寸换算：1 英里=1.6093 千米，1 英尺=30.48 厘米，1 英寸=2.54 厘米，后文不再赘述。

新状况会带来的后果缺乏真正的理解。[1]

以上论述对英法两国大部分资深将领和政治家都非常适用。可是，装甲车的潜力首先是由英国的一小批有先见之明的军事思想家发掘出来并不断公开阐释的。

丘吉尔在论述 1940 年法国崩溃的第二卷战争回忆录里虽然有所保留，但还是公开承认说：

> 我已经有很多年没有渠道接触各种官方资料了，我仍然对上次大战以后由大批快速重型装甲部队的运用所带来的战争革命的深刻性缺乏认识。我对此有所感知，但内心的战争观念并没有因此而改变。[2]

以上这段自白异乎寻常，因为说出这番话的人，正是在第一次世界大战中对坦克的发明居功至伟的人。此话的坦率令人钦佩。他担任内阁财政大臣直到 1929 年，而 1927 年，全世界第一支实验性装甲部队就在索尔兹伯里平原组建起来，以验证高速坦克战的倡导者们已经鼓吹了数年之久的新战争理论。他完全了解这些思想，还视察过实验性部队的演习，此后多年也仍继续和这支部队保持接触。

在法国，理解这种新战争理论的人相较英国而言更少，官方对其也更加抵触。在波兰，情况甚至还不如法国。这种无知直接导致了两国军队在 1939 年的失败和法军在 1940 年更加灾难性的溃败。

波兰人的军事指导思想过时，其军队的组织更加如此。波军没有装甲师也没有摩托化师，旧式的部队还尤为缺少反坦克炮和高射炮。而且波兰领导人仍旧顽固地迷信大建制骑兵的军事价值，对在战役中发动骑兵冲锋的可能性抱有可悲的幻想。[3] 在这方面，他们的思想的确可以说落后于时代 80 年，因为早在美国内战

1　Churchill: *The Second World War*, vol. I, p. 425.

2　Churchill: *The Second World War*, vol. I, p.39.

3　当我的著作《英国国防》（*The Defence of Britain*）在开战前不久出版的时候，书中对波兰军方仍旧相信骑兵可以发起冲锋并对抗拥有现代化武器的对手（95—97 页）表达了忧虑，波兰外交部深受刺激，就我对波兰人的判断力抱有如此看法提出了官方抗议。现在回过头来看，这真可谓讽刺至极。

期间骑兵冲锋就已经被证明是徒劳无益的——可是骑兵至上论者对这些教训充耳不闻。在第一次世界大战中，各国都保有大量骑兵部队，寄希望于打一场骑兵机动战争，却从未实现过，这成为那场静态战争最大的笑话。

此外，法军虽然拥有许多现代化军队的构成元素，却没能用现代化的思想来组织这些元素，因为最高层的军事思想落后于时代 20 年。他们在开战时比德军拥有更多坦克，其中很多不仅吨位重于德国坦克，装甲也更厚，不过速度比较慢，这一点和法国溃败以后公众所接受的说法相反。[1]可是法军统帅部仍然在用 1918 年的老眼光看待坦克，认为它是服务于步兵的，或者是用来代替骑兵的侦察部队。在这种过时的指导思想之下，他们迟迟没有组建装甲师，仍然倾向于零星地使用坦克，这一点和德国人不同。

法国人，尤其是波兰人在新式地面部队方面的弱点因缺乏空中部队的掩护和支援而愈显严重。波兰人可以将部分原因归到缺乏制造业资源上，可是法国人没有这样的借口。这两个国家都优先满足大规模陆军建设的需求，而把空中力量放在次要位置——因为在分配国防预算的时候，陆军将领的呼声占主导地位，而将领们自然倾向于偏袒自己所熟悉的军种。他们根本未曾意识到地面部队现在有多依赖可靠的空中掩护。

法波两国陆军的衰落还与军方最高层致命的自满情绪有关。在法国，这种自满情绪来自"一战"的胜利，在盟友的推崇之下，他们竟自以为拥有最高超的军事知识。在波兰，这种自满来源于他们在 1920 年战胜俄国人的经历。两国的将领们都对本国军队和军事技术抱有傲慢自大的情绪。公允地说，以戴高乐上校为代表的一批法军青年军官们对英国首倡的坦克战新理论表现出极大的兴趣。可是法军高级将领们对这些英国发明的"理论"视若无睹——这和少壮派德军将领所表现出来的态度形成鲜明对比。

即便如此，德国陆军也还远远称不上是一支按照现代化理论组建起来的高效军事力量。它不但没有做好战争准备，而且大多数现役师的结构过时，高级将领的战争观念也依然陈旧。可是德军在大战爆发的时候，已经创建了少量全新的部队，包括 6 个装甲师和 4 个"轻装"（机械化）师，还有起支援作用的 4 个摩托

1　Liddell Hart: *The Tanks*, vol. II, pp. 5-6.

化步兵师。这些部队在德军中所占不多，比其他所有部队都更有战斗力。

同时，德军最高统帅部犹豫再三但还是认可了快速作战新理论的价值，并愿意给予其付诸实践的机会。这最主要归功于海因茨·古德里安（Heinz Guderian）将军和少数其他军官的倡导，而且他们的观点吸引了希特勒的注意——希特勒偏爱任何能带来速战速决的主张。总之德国陆军令人惊讶地不断取得成功并非由于它实力雄厚或者组织形式的彻底现代化，而是因为它比对手更为现代化一些。

1939 年的欧洲形势，不断体现而且重新诠释了上次大战中克列孟梭（Georges Clemenceau）给出的早已被广泛引用的论断："兵者，国之大事，不能让军人独断。"即便公众绝对信任军事领袖的判断力，也不可能让军人们在战争中专行。持续进行战争的权力，也许还有发动战争的权力，已经从军事领袖手中转到了经济领袖手中。在战场上机械的力量逐渐超出了人的力量，相应地，实际上工业和经济资源也取代了前线的部队，成为大战中最主要的决定性因素。如果缺少工厂和油田源源不断地供应，军队只能瘫痪。也许军队的滚滚洪流在充满敬畏的平民旁观者眼里显得威武雄壮，可是在现代的战争专家看来，他们和生产线传送带上的傀儡人偶没什么区别。而这就是未来可能拯救人类文明的关键因素。

仅仅对比下双方现有的军队和军备，我们就会发现局面已变得更为令人沮丧。慕尼黑协定改变了欧洲的战略平衡，至少在一段时间之内，英法都陷入了极为不利的境地。不管英法怎样加强军备，在很长时间内也不可能弥补慕尼黑协定带来的不利后果：西方失去了捷克斯洛伐克装备精良的 35 个师，德国却腾出了本来被捷克斯洛伐克军队所牵制的师团。

德国吞并不幸的捷克斯洛伐克，接管了后者的兵器工业和军事装备，他们所得远远超出了英法到 3 月为止所增加的军备。就拿重炮这一项举例，德国拥有的数量一夜之间就翻了一番。更为严重的是，德国和意大利帮助佛朗哥完全推翻了西班牙的共和政府，这在法国的边境和英法的海上交通线上又投下了新一层的阴影。

从战略上来看，除非苏联承诺施以援手，否则双方的力量绝不可能在短期内恢复均衡。同样，从战略上来看，只有在目前这样的时机，德国才能以最有利的方式解决与西方国家之间的问题。可是战略的天平总是基于经济实力，而德国的经济实力能否在战争的重压之下长时间支撑德国的武装力量，这是很可怀疑的。

战争必需的基本物资大约有 20 种。煤炭是一切生产所必需的，机动能力来自石油，炸药需要棉花，羊毛、铁也是不能缺少的，运输需要橡胶，军工生产和所有电气设备都需要铜，生产钢材和弹药需要镍，弹药工业还需要铅，生产炸药需要甘油，无烟火药需要纤维素，生产雷管需要水银，飞机工业需要铝，化工仪器需要铂，炼钢和一般冶金行业需要锑和镁等，生产军火和机器需要石棉，云母是一种工业用绝缘体，硝酸和硫是用来制造炸药的。

就这些大量需要的物资而言，英国本土除了煤炭之外都无法供应。可是只要海运保持畅通，大多数物资就都能在英帝国的疆域内获得。全世界 90% 的镍来源于加拿大，其余大部分来自法国殖民地新喀里多尼亚（New Caledonia）。英帝国主要缺乏的是锑、水银和硫，另外石油资源也不足以支撑战争所需。

法国并不能补足以上战略物资的短板，本身还缺乏棉花、羊毛、铜、铅、镁、橡胶和其他一些不那么重要的物资。

苏联拥有大部分战略物资，而且产量也很充足，但缺乏锑、镍和橡胶，铜和硫的供应也不足。

世界强国之中唯有美国得天独厚，生产了全世界三分之二的石油、一半的棉花、将近一半的铜，只在锑、镍、橡胶、锡和部分镁上需要依赖进口。

而柏林 - 罗马 - 东京三角轴心的形势与此形成鲜明的对比。意大利几乎每样物资都依赖进口，甚至包括煤炭。日本对进口资源的依赖几乎和意大利一样严重。德国本土不生产棉花、橡胶、锡、铂、铁矾土、水银和云母，而铁矿砂、铜、锑、镁、镍、硫、羊毛和石油的产量也严重不足。可是吞并捷克斯洛伐克之后，德国在某种程度上补足了铁矿砂的短缺，通过干预西班牙内战，还进一步确保自己能以优惠的条件进口更多铁矿砂和水银——不过要想持续获得上述物资，必须要确保海运畅通。德国还通过开发新型木质代用品部分满足了对羊毛的需求。同样，德国依靠丁钠橡胶（buna）来满足大约五分之一的橡胶需求，还用本土生产的燃料来满足三分之一的汽油需求，当然人工合成产品的成本远高于天然产品。

在这样一个陆军越来越依赖摩托化机动、空中力量在军队里越来越重要的时代，这便是轴心国在战争潜力上最致命的短板。除了从煤炭衍生物中提取的燃料外，德国每年能从自己的油田中获得 50 万吨石油，从奥地利和捷克斯洛伐克那里也能得到一点微不足道的石油。和平时期，德国为了满足国内需求，每年需要进口将近 500 万吨石油，主要来自委内瑞拉、墨西哥、荷属东印度群岛、美国、苏联和罗马尼亚。但在战时，将无法从以上前四个来源进口石油，而要想获得后两个来源的石油也只能依靠征服。此外，德国人预计战时的需求量会超过每年 1200 万吨，所以增加人造燃料也不可能弥补这么大的缺口。只有完整无损地夺取罗马尼亚的油田才能解决这一问题，因为这些油田能年产 700 万吨石油。

意大利如果参战的话，对石油的需求会让短缺变得更加严重，因为意大利每年将需要大约 400 万吨石油，即使其船队愿意冒险穿越亚得里亚海，也只能从阿尔巴尼亚获得其中的 2%。

从潜在对手的角度考虑问题，是克服恐惧的良方。西方盟国虽然获得军事胜利的机会渺茫，但考略到德国和意大利由于资源匮乏无法打持久战，还是多少保持了一丝乐观——前提是他们能在开战初期经受住失败的冲击和压力，等到外援来临。和所有类似战争一样，在这场即将到来的大战中，轴心国的命运取决于战争有多大机会迅速结束。

第二部

爆发：1939—1940 年

第 3 章

击溃波兰

波兰战局是综合运用装甲部队和空军的机动作战理论在实战中的首次表演与验证。这种理论在英国首创的时候，理论家们用"lightning"（闪电）这个词来形容其指导下的作战行动。具有讽刺意味的是，这个作战理论风靡全世界后，却被人们冠以德语称呼"Blitzkrieg"（闪击战）。

波兰是闪击战再合适不过的试验场。其国境线过于漫长，总长度达到 3500 英里。原先和德国领土之间有 1250 英里的边界线，最近因为捷克斯洛伐克被占领而增加到 1750 英里。这也让波兰的南方侧翼暴露于德国入侵者面前，而面向东普鲁士的北方侧翼更是早已暴露在德军面前。波兰西部成了伸进德国血盆大口的一个巨大突出部。

波兰平原的地貌在机械化入侵部队面前显得平坦而又极易征服——不过没有法国的地形那么适宜机械化部队，因为波兰缺乏良好的道路网，道路两旁往往是很深的沙地，在某些地区，湖泊和森林星罗棋布。不过德军入侵的时机合适，把以上不利地形因素的影响降至了最低。

波兰陆军如果退到维斯瓦河（Vistula）跟桑河（San）所组成的宽广河流屏障之后集结，可能会更明智，可是那就意味着必须放弃最为宝贵的那部分国土。西里西亚的煤矿在 1918 年之前属于德国，离边界很近，波兰大部分工业区虽然比西里西亚离边境远一些，但还是在这条河流屏障以西。即便在最有利的条件下，我们也很难想象波兰人能守住这片前方地区。可是经济上的理由使得波兰人必须努力迟滞敌军占领工业区的步伐，而民族自豪感、军事上的过度自信也使波兰人不可能做出后退防御的部署，更何况他们还对西方盟国缓解自己压力的军事能力

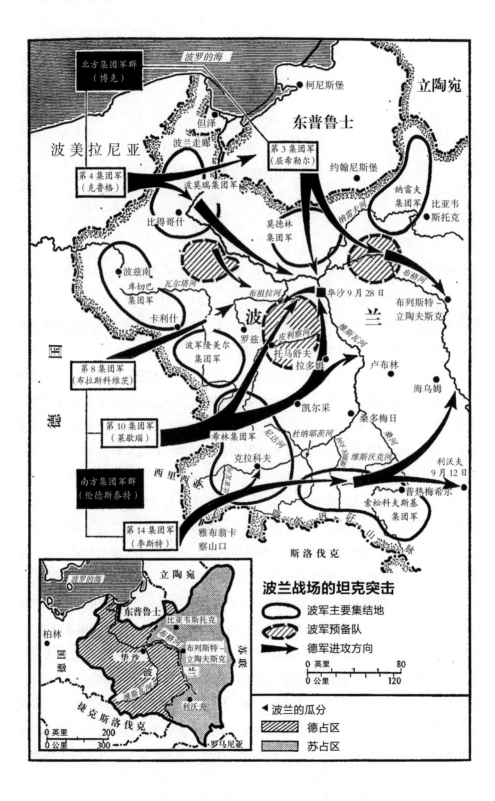

波兰战场的坦克突击

波军主要集结地
波军预备队
德军进攻方向

0 英里   80
0 公里   120

▶ 波兰的瓜分
德占区
苏占区

抱有不切实际的幻想。

波兰军队的部署再三反映了这种不切实际的态度。波军把大约三分之一部队部署在但泽走廊或者附近地区，他们在此极易遭到来自东普鲁士和西面的两路夹攻。德国想要收复 1918 年以前的领土，波兰对此十分恼火并坚决反对，他们沉溺在民族情绪中，结果浪费了很多兵力，使防御上更为要紧地区的守卫力量受到削弱。因为南面是德军的主攻方向，但部署在那里的兵力却很单薄。同时，另外三分之一的波兰军队由莱兹 - 西米格雷（Rydz-Smigly）元帅指挥，集结在中轴线以北的罗兹（Lodz）和华沙（Warsaw）之间地区作为预备队。这支军队集群如此部署，是为了进行反攻，它体现了进攻的精神，可是其目的却和波兰军队有限的机动能力不相称，更何况它还可能在铁路公路运输过程中被德国空军瘫痪掉。

波兰人把部队集中布置在前方，这基本上就注定了他们丧失了开展一系列迟滞作战的机会，因为徒步机动的部队在退入后方防线并加以防守之前，就会被机械化的侵略军消灭掉。波军固然遭到了奇袭，没来得及充分动员预备部队参战，但是在波兰广阔的国土上，波军非机械化这个弱点，其实为害更大。缺乏机动性比没有充分动员更要命。

同理，德军在入侵中投入的 40 多个常规步兵师的价值，远不如他们的 14 个机械化和部分机械化师，后者包括 6 个装甲师、4 个轻装师（编入两个装甲营的摩托化步兵师）和 4 个摩托化师。这些部队进行深远且快速的突破，与空军发动的空中打击相配合，决定了战争的命运。德军空军瘫痪了波兰的铁路系统，并在开战之初就消灭了波兰空军主力。它不使用大编队作战，而是分散活动，却因此能在最广泛的地区使波军瘫痪。还有一个因素是，德军伪造波兰电台对波军通信进行了大面积干扰，大大增加了波兰后方的混乱和沮丧情绪。战前波兰过于相信自己的人力能打败德国的机器，而一旦幻想破灭，这种自负在心理上就会起到反作用，并使以上种种不利因素的影响大大增加。

德军在 9 月 1 日清晨 6 点前不久跨过波兰边界，而空袭则在一小时前就开始了。博克集团军群在北方发动入侵，编成中包括屈希勒尔（Küchler）统领的第 3 集团军和克鲁格（Kluge）统领的第 4 集团军。第 3 集团军从东普鲁士所在的侧翼位置向南发动突击，第 4 集团军穿越但泽走廊向东进攻，以期与第 3 集团军合围波军右翼。

在南方，冯·伦德施泰特（von Rundstedt）集团军群承担了更为重要的任务。这个集团军的步兵实力将近两倍于博克集团军群，装甲兵力也要多不少。它由布拉斯科维茨（Blaskowitz）的第 8 集团军、莱歇瑙（Reichenau）的第 10 集团军和李斯特（List）的第 14 集团军组成。左翼的布拉斯科维茨要向制造业中心罗兹方向进攻，帮助孤立波兹南突出部的波兰军队，并掩护莱歇瑙的侧翼。右翼的李斯特要向克拉科夫（Cracow）方向进攻，用克莱斯特（Kleist）的装甲军突破喀尔巴阡山脉的各个山口，并迂回波军的侧翼。而位于中央的莱歇瑙则实施决定性的打击，为此大部分装甲部队都被配属给了他的集团军。

波兰的领导人轻视防御，根本没有花费多少精力构筑防线。他们把希望押宝在反攻上，认为自己的部队虽然缺少机械化装备，却还是有能力发动有效的反攻的。这种想法反而有助于德国入侵的成功。结果，入侵的机械化德军毫不费力地在进攻中找出并渗透进波军防线的漏洞，而波兰人在前方发动的大部分反击都被击败，在后方又遭受到德军深入的威胁而土崩瓦解。

9 月 3 日，英法宣战那天，克鲁格的进攻已经切断了但泽走廊，饮马维斯瓦河下游河畔，同时屈希勒尔从东普鲁士向纳雷夫河（Narev）方向发动的进攻进展顺利。更重要的是，莱歇瑙的装甲部队已经打到并强渡了瓦尔塔河（Warta）。同时李斯特的集团军两翼齐进包抄克拉科夫，迫使希林（Szylling）在这个地区指挥的集团军放弃克拉科夫，后撤到尼达河（Nida）和杜纳耶茨河（Dunajec）一线。

到 9 月 4 日，莱歇瑙的突击矛头已经打到并渡过了边境后方 50 英里处的皮利察河（Pilica）。两天后，他的左翼在占领托马舒夫（Tomaszow）之后到达罗兹的深远后方，其右翼打进了凯尔采（Kielce）。结果守卫罗兹地区的波军隆美尔（Rommel）集团军两翼受到包抄，而库切巴（Kutrzeba）集团军还远在前方波兹南附近，有被包围的危险。德军其他部队也在这个由陆军总参谋长哈尔德（Halder）设计、陆军总司令勃劳希契（Brauchitsch）负责指挥的战略大包围行动中大有斩获，正稳步地完成各自承担的任务。波兰各集团军被分割成互不协调的几个部分，有的在后撤，有的在向最近的敌军纵队发动互不协调的反攻。

如果不是德军还残存着传统的习惯，总想抑制装甲部队脱离负责支援的步兵主力太远，他们的推进速度还能更快。但随着新的作战经验显示，晕头转向的敌军根本无法对脱离主力的前锋构成多大危险，德军的行动开始变得更加大胆。莱歇瑙麾下一个装甲军利用位于罗兹和皮利察河之间波军防线上的一个缺口，在 8 日突进到华沙郊外——战争爆发不到一周，该军便前进了 140 英里。第二天，这个军右翼的轻装师也打到了更靠南方位于华沙和桑多梅日（Sandomierz）之间的维斯瓦河畔，然后又转而向北进攻。

与此同时，李斯特的装甲部队在喀尔巴阡山附近依次渡过了比亚瓦河（Biala）、杜纳耶茨河、维斯沃卡河（Wisloka）和维斯沃克河（Wislok），并打到了著名的普热梅希尔（Przemysl）要塞两侧的桑河。北方屈希勒尔集团军的矛头古德里安装甲军打过了纳雷夫河，正在进攻位于华沙后方的布格河（Bug）防线[1]。因此，除了华沙以西维斯瓦河河湾处正在合拢的内层包围圈以外，一个更广阔的包围圈正在迅速形成。

德国原定的入侵方案在战局的这个阶段经历了一次重要的变更。他们对形势的判断被波兰方面异乎寻常的混乱状态暂时搞糊涂了，波军各支部队似乎正在向各个方向乱窜，扬起大片烟尘干扰了空中侦察。德军最高统帅部在未搞清楚战局的情况下，倾向于认为北方的波军主力已经逃过了维斯瓦河。基于这个判断，最高统帅部命令莱歇瑙集团军在华沙和桑多梅日之间渡过维斯瓦河，目标是拦截撤向波兰东南部的波军。可是，伦德斯泰特表示反对，他相信波军主力尚在维斯瓦河以西。经过一番争论，伦德斯泰特的主张占了上风，莱歇瑙集团军向北转向，以便在华沙以西沿布祖拉河（Bzura）建立阻击阵地。

结果，波兰残余的最大一支部队在撤过维斯瓦河之前就陷入了重围。德军因在抵抗力最弱的一带实现战略突破而获得优势，现在更是占据了战术防御的有利地位。他们只需要在敌军匆忙发动的反击面前守住阵地，就能获得胜利，而必须且战且退的波军通往补给基地的路线已被切断，携带的给养越来越少，后方和侧翼又遭到布拉斯科维茨和克鲁格两个集团军朝东向心突进越来越大的压力。波兰人虽然英勇战斗，展现出来的勇气甚至让敌人都印象深刻，但最终还是只有极少部分在夜间突出重围，和华沙守军会合。

---

1 译注：此处作者应有误，古德里安的第 19 装甲军当时隶属克鲁格第 4 集团军，不是屈希勒尔第 3 集团军。

9月10日，西米格雷－莱兹元帅下达命令，波兰军队向索松科夫斯基（Sosnkowski）将军控制下的东南地区总撤退，目的是沿着一条较为狭窄的前线建立防御阵地，进行长期抵抗。可是这个希望现在也化为泡影。在维斯瓦河以西的大包围圈日益收紧之际，德军已经深入该河以东地区。此外，德军还包抄了北方的布格河和南方的桑河两条防线。古德里安装甲军作为屈希勒尔集团军的前锋以大包围之势正向南突向布列斯特－立陶夫斯克（Brest-Litovsk）。克莱斯特装甲军作为李斯特集团军的前锋在9月12日打到了利沃夫（Lwow）城下。德军在这里受阻，便继而向北转向前去会合屈希勒尔的部队。

虽然德军各部队已经感到深远推进所带来的压力，燃料也逐渐短缺，可是波兰方面的指挥系统被完全打乱了，无法利用敌人暂时的松懈改善局势，也无法抓住众多孤立的波军残部顽强抵抗所带来的机会。这些抵抗只是在徒然地消耗波兰人的能量，而德国人正日益接近完成他们的包围圈。

9月17日，苏联军队越过波兰东部边境。这背后一击决定了波兰的命运，因为这个国家此时已没有任何军队可以用来抵挡这第二波入侵。第二天，波兰政府和最高统帅部越过罗马尼亚国境线避难，军队总司令发回指令让部队战斗到底。也许，这道命令没有传达到大部分被围的波兰军队反而更好，此后，很多波军部队英勇地执行了命令，他们的抵抗一步一步地被粉碎。华沙守军在炮击和空袭下一直坚持到28日，最后一支比较大的波军残部直到10月5日才投降，而游击战一直持续到冬天。大约有8万名波兰军人逃到了中立国。

德军和苏军沿着从东普鲁士向南经过比亚韦斯托克（Bialystok）、布列斯特－立陶夫斯克、利沃夫直到喀尔巴阡山脉的一条分界线会合，作为伙伴互相祝贺。瓜分波兰使两国建立了伙伴关系，但这种关系并不牢固。

与此同时，法军仅仅在德军的西部防线上顶出一个凹陷而已。这种减轻盟国压力的努力看上去非常软弱无力，实际上也的确如此。因为德国军队和防线都有很大弱点，我们有理由希望法国人能做到更多。可是如果进行深入分析的话，我们可以再次纠正简单对比双方数字所得出的浅薄结论。

尽管法国的北方边界长达500英里，但法国人不想破坏比利时和卢森堡的中立地位，所以只能把攻势局限于莱茵河（Rhine）到摩泽尔河（Moselle）之间狭窄的 90 英里正面。德军能在这个狭窄的地段上集中所能动用的最精锐的部队，并在他们的齐格菲防线接近地布满宽广的雷区，迟滞进攻的法军。

更要命的是，法军除了开展零星的试探性攻击之外，要到 9 月 17 日才能发起总攻。波兰到那时已经呈现明显的崩溃迹象，因此法国人有很好的借口取消这次进攻行动。法军不能尽快发动攻势的原因在于其动员体系内在的陈旧性。法国动员体系的致命弱点在于陆军过于依赖征兵制——只有在大部分"受过训练的后备役人员"从平时的工作岗位上被召唤入伍并编成部队准备好作战之后，这支征兵制大军才能有效地投入战斗。而法军总部守旧的战术思想进一步推迟了进攻发起的时间——尤其是他们认为必须按照第一次世界大战时的做法，先进行大规模炮火准备，然后再发动进攻。法军仍然把重炮当成进攻任何设防阵地不可或缺的"开罐器"（tin-opener）。可是法军的多数重炮都要先从封存的仓库里取出来，并一直等到第 16 天，也就是总动员的最后阶段，才能准备好。这个先决条件决定了法军发动进攻的准备进程。

此前数年间，法国政治领袖保罗·雷诺（Paul Reynaud）一直在不停地争辩说以上战争观念已经过时，敦促建立一支能随时投入作战的由职业士兵组成的机械化部队，而不再依赖于陈旧的动员缓慢的征兵制大军。可是他的呼声无人理睬。法国政治家们和大多数法军将领一样迷信征兵制和军队数量。

我们可以用两句话来概括 1939 年的军事形势。在东线，一支无望取胜的老旧军队被一支小规模的坦克部队和优势空军联合起来运用新战术战法打得迅速分崩离析。同时，在西线，一支行动缓慢的大军则无法及时有效地对敌方施加压力。

第 4 章

"假战争"

"假战争"是美国新闻界发明的名词。就像美国人发明的很多鲜活的新名词一样，大西洋两岸的人们很快接受了这种说法。大家都用这个名词来指代从1939 年 9 月波兰崩溃到 1940 年春季希特勒发动西线攻势之间的这段时期。

发明这个名词的人想要表达的是，这段时间里的战争是如此不真实——英法军队和德军之间没有发生任何大型战役。实际上，这段时间里，不祥的平静幕后掩藏着汹涌暗流。在"假战争"期间，一名德军总参谋部军官身上发生了一起不寻常的事件。这次事件让希特勒惊出一身冷汗，此后数周里，德军彻底修改了原先的军事计划。而新的作战方案获胜的机会远超旧方案。

可是外界对此一无所知。各国人民只看到前线一片平静，便得出结论说战神陷入了沉睡。

公众对这段时间里双方表面上的无所作为说法不一。有一种说法认为，英法两国虽然为了波兰而宣战，但是并不是真的想打仗，因此正在等待和谈。另一种广泛流传的说法认为这是英法的计谋。美国报界流传着很多所谓"报道"，声称盟国的统帅部故意采取某种精妙的防御战略，为德国人准备好了陷阱。

以上两种说法纯属无稽之谈。那年秋冬季节，盟国的政府和最高统帅部花费了大部分时间侈谈进攻德国或者德国的侧翼，而不是集中精力准备抵御希特勒即将开展的攻势——可是盟国却没有相应的资源来发动这样的攻势。

德军在法国陷落之后缴获了法军统帅部的文件，并且选取其中某些敏感文件公之于众。这些文献显示盟国领导人把整个冬季花费在商讨从各个不同的方向进攻德国的计划上面——从挪威、瑞典、芬兰进攻德国后方；通过比利时进攻鲁尔区；取道希腊和巴尔干国家打击德国遥远的东方侧翼；打击苏联高加索山区的大油田来切断德国的石油供应——以上种种都是盟国领导人的痴人说梦，直到希特勒发动的进攻把他们从迷梦中拉回冰冷的现实世界。

希特勒的想法总是比现实世界所发生的事件领先一步，他在波兰战局接近尾声之时，尚未公开呼吁举行国际和会之前，就已经开始考虑在西线发动攻势了。很明显，他早已认识到西方盟国根本不会考虑任何类似的提议。不过他暂时只让身边的亲信知道自己的想法。10 月 6 日，希特勒公开发出和平邀约，却被盟国公开拒绝，至此，他才对总参谋部吐露了自己的真实意图。

3 天后，希特勒在一份下达给德军高级将领的冗长指令中论述了自己的观点[1]，他给出种种理由，以说明发动西线攻势是德国唯一可行的路径。在这份指令中，他得出的结论是，和英法打持久战只能耗尽德国的资源，使德国无法抵御苏联从背后发动的致命进攻。他担心苏联一旦认为《苏德互不侵犯条约》不再对己方有利便会撕毁这份协定。希特勒的担心促使他下决心尽快发动攻势逼迫法国退出战争。他相信一旦法国陷落，英国也会随之屈服。

他认为德国在当时拥有足够的军力和装备击败法国，因为德国在至关重要的新型武器方面拥有优势：

> 目前我军的坦克部队和空军在攻防两个层面上都已达到其他强国所无法比拟的技术上的巅峰。而这些部队的组织和高超领导同样优越于任何其他国家，这一点保证了部队作战的战略潜力。

希特勒承认法军在传统武器尤其是重炮上占有优势，但是认为"这些武器在机动作战中起不到任何决定性的作用"。希特勒还认为，德军在新型武器上的技术优势可以抵消法军在受过训练的士兵人数上的优势。

他继续争辩道，如果德国继续等待，寄希望于法国人会厌战，那么"英国的作战力量将会增长，为法国在心理上和物质上注入新的战斗动力，带来巨大的价

---

1 Nuremberg Documents C-62.

值"，从而增强法国的防御。

　　　　必须不惜一切代价阻止敌人弥补自己在军备方面的弱点，尤其是反坦克
　　炮和高射炮方面的弱点，因为这会让敌我双方的力量对比恢复到均势。因此
　　每浪费一个月都会给德国的进攻力量带来时间方面的不利损失。

　　他担心，一旦轻易征服波兰所带来的兴奋消散，德军官兵的"战争意志"将
会有所减弱。他说："目前，他的自尊不亚于别人给予他的尊重，但6个月的拖
延加上敌人的有效宣传很可能会再次削弱这种重要的战斗素质。"[1]希特勒认为自
己必须尽快发动进攻，否则就太晚了，他说："在目前形势下，可以认为时间是
西方盟友而不是德国的盟友。"他在备忘录中给出的结论是："如果条件允许，应
于今年秋天发动进攻。"

　　希特勒坚持一定要把比利时包括在进攻地幅之内，这样不仅可以为迂回法国
的马其诺防线提供所需要的机动空间，还可以防止英法军队开进比利时，在接近
鲁尔工业区的前线进行部署，"进而把战火烧到我国军事工业心脏的周边"。（法
国的档案显示，那正是法军总司令甘末林［Gamelin］将军的主张。）

　　希特勒的战略意图震惊了陆军总司令勃劳希契和总参谋长哈尔德。他们和多
数德军高级将领一样，不像希特勒那么坚信新式武器的力量将会压倒对手在受过
军事训练的人力方面的优势。他们从传统的计算师团数量的观点出发，认为德国
陆军根本不具备击败西方国家军队的力量。他们指出德国好不容易才动员起98
个师的兵力，而这一数量大大少于敌人的兵力，更何况其中还有36个师的装备
和训练极其不足。他们还担心战争将会演变成一场世界大战，并最终导致德国的
毁灭。

　　他们对这种前景深感担忧，以至于考虑采取极端措施。一年以前的慕尼黑危

1　后来的事实表明，希特勒的担忧是没有根据的。法军的士气在随后7个月的耽搁期间比德军下
降更厉害。盟国的宣传攻势并没有什么效果——他们空谈了太多如何去打倒德国，却很少把普
通德国人和纳粹头目区分开来。更糟糕的是，曾经有一些德国的团体想要推翻希特勒与盟国媾和，
但他们要求盟国保证给予德国满意的和平条件，然而，他们在和英国政府秘密接触时，未能收到
任何积极的信号。

机期间，他们开始考虑采取行动推翻希特勒。他们计划从前线部队中挑选一支精锐向柏林进军。可是后备军总司令弗里德里希·弗洛姆（Friedrich Fromm）将军拒绝配合，而他的配合又是不可或缺的。弗洛姆争辩说部队不会服从反对希特勒的命令，因为绝大多数普通官兵仍然信任希特勒。弗洛姆对部队反应的判断很可能是正确的。大多数军官都证实了这点。他们和部队有密切接触，但是并不清楚高级统帅机构里讨论的事情。

大部分德军部队和民众即便没有沉醉于胜利，也已被戈培尔（Goebbels）博士的宣传催眠了，戈培尔宣称希特勒渴望和平，而盟国决心要摧毁德国。不幸的是，盟国的政治家和新闻媒体给戈培尔的宣传提供了太多可资利用的口实，戈培尔借此描绘出了一幅盟国之狼意欲一口吞噬德国之羊的画卷。

虽然战时首次反对希特勒的密谋胎死腹中，但希特勒也没能实现在秋季发动攻势的愿望。讽刺的是，事实证明，这对希特勒来说是幸事，对包括德国人民在内的所有其他人而言则实为大不幸。

德军进攻的日期暂定在 11 月 12 日。11 月 5 日，勃劳希契再次试图说服希特勒不要进攻法国，摆出了很多理由来反对此次作战。可是希特勒逐条驳斥了他的论调，并对他进行了严厉申斥，还坚持必须在 12 日发起进攻。可到了 7 日，进攻令取消了，因为气象学家预测天气不佳。进攻发起日先是被推迟了 3 天，此后又一再被推迟。

虽说越来越糟糕的天气的确是推迟进攻的一个明显理由，可是希特勒在勉强批准的同时依然怒不可遏，他认为天气绝不是导致推迟的唯一理由。11 月 23 日，他召集全体高级将领开会。会上，希特勒试图打消他们对发动进攻的必要性的疑虑，他强调说西方盟国绝不会考虑他的和平提议，而是正在加倍努力增强军备。他还表达了对苏联日益逼近的威胁的担忧。"时间是我们的敌人。""我们的阿喀琉斯之踵就在鲁尔区……如果英法打过比利时和荷兰进军鲁尔区，我们将会处于极端危险的境地。"

他接着指责军方将领决心不够坚定，告诉他们自己怀疑他们试图破坏自己的计划。他指出自从重占莱茵兰地区以来，他们就一直在反对他的每一个步骤，但每次的成功都证明了自己的正确性，现在他要求他们无条件地服从自己的主张。勃劳希契试图指出这次的情况不同，新的作战将会带来更大的风险，可结果只是给自己招来更为严厉的申斥。那天晚间，希特勒单独召见勃劳希契，并进一步"训斥"了勃劳希契。勃劳希契提出辞职，但希特勒拒绝接受，告诉他要服从命令。

可是事实证明，相较将军们，天气对进攻计划造成的破坏更大。在12月前半个月，进攻发起日期一再推后。此后希特勒决定等到新年再说，并下令允许部队在圣诞节休假。圣诞节刚过，天气再次变糟，可是在1月10日，希特勒命令把进攻发起日定在1月17日。

可是就在希特勒下令的当天，一起最富有戏剧性的"干扰"发生了。很多文件都提到过这个事件，其中德军空降部队总司令施图登特（Student）将军的叙述最为简洁：

> 1月10日，我派遣一名少校作为联络官从明斯特（Munster）飞往波恩（Bonn），赴第2航空队和空军商讨计划中的某些不太重要的细节问题。但是他随身携带了进攻西线的全套作战计划。
>
> 严寒和强风之中，他在冰封雪盖的莱茵河上空迷失方向，飞进了比利时领空迫降。他没能完全烧毁绝密文件，其中重要的部分，也就是德军西线攻势的计划大纲因而落入了比利时人之手。德国驻海牙的空军武官报告说，当晚比利时国王和荷兰女王通了一个很长的电话。[1]

德国人当时自然不知道这些文件的真实下落，可是他们当然要考虑到最坏的情况，并采取预防措施。和其他人相比，希特勒在应对此次危机的时候头脑相当冷静：

> 观察德国要员们对此事件的反应是一件很有意思的事情。戈林（Göring）大发雷霆，希特勒则相当冷静自持……起初希特勒想要立即发动进攻，可是幸运地控制住了这种冲动——他决定彻底放弃原定方案。用来代替的方案便是所谓曼施坦因计划（Manstein plan）。[2]

1　Liddell Hart: *The Other Side of the Hill*, p. 149.

2　Liddell Hart: *The Other Side of the Hill*, p. 149.

在德军最高统帅部身居要职的瓦尔特·瓦利蒙特（Walter Warlimont）将军记载道，希特勒在 1 月 16 日下决心修改作战方案，"这主要是由于那场空中事故"[1]。

为了彻底地修改计划，德军不得不把进攻无限期地推迟下去，直到 5 月 10 日才终于发动。盟国虽然因此得到了 4 个月的额外宽限，但结果证明，这反而是他们的大不幸。德军发动进攻后，盟国军队在其打击下彻底失去了平衡，法国陆军迅速崩溃，而英军则从敦刻尔克勉强逃脱。

我们自然会怀疑这位少校的迫降是不是一场单纯的意外。可以想象，任何德军将领只要真的参与了此事，在战后，都会很乐意跳出来声称自己安排了这场事故以警告盟国，从而讨好俘虏他的人。可实际上，没有人这么做——所有人似乎都深信这真的是一场事故。不过我们知道时任德军情报机关首脑、后来遭到处决的卡纳里斯（Canaris）海军上将曾采取过很多秘密行动意图阻挠希特勒达成目标，我们也知道在春季德军进攻挪威、荷兰、比利时之前，他曾警告过以上几个受到威胁的国家，只是他的警告没有被人真正听进去。我们还知道卡纳里斯的工作方式神秘莫测，他善于掩盖自己的踪迹。所以 1 月 10 日所发生的这起命运攸关的事件真相如何，注定仍然会被画上一个问号。

关于新作战计划的来源倒是没有争议。它构成了另一个奇特的故事，不过奇特的方式有所不同。

德国陆军总参谋部在哈尔德的指导下起草了旧作战计划，主旨是通过比利时中部发动主攻，就像 1914 年一样。担任主攻的是博克的 B 集团军群，而伦德斯泰特的 A 集团军群在他的左翼穿越多山且覆盖着大片森林的阿登地区发动辅助攻势。计划并没有把太多希望寄托在阿登地区，所有的装甲师都被配属给了博克，因为总参谋部认为阿登地区不适于坦克突破。[2]

1　他在约德尔（Alfred Jod）将军手下，时任最高统帅部作战部副部长。**Liddell Hart: *The Other Side of the Hill*, p. 155**。

2　法军总参谋部持有相同看法，英军总参谋部也是如此。1933 年 11 月，刚刚组建的英国陆军部向我咨询应该如何在未来的战争中运用我军的坦克部队。我当时建议，如果德国入侵法国，我军应该用坦克穿越阿登地区发动反攻。然后，他们告诉我说，"坦克无法穿越阿登地区"。我回答说，基于我个人的研究，我认为这种看法是错误的——两次大战之间，我曾在好几本书里强调过这一点。

伦德斯泰特集团军群的参谋长是埃里希·冯·曼施坦因（Erich von Manstein），他被公认为年轻将领中最能干的战略家。他认为第一份作战计划太明显，太过重复 1914 年的施利芬计划，盟国最高统帅部对于这种计划肯定已经做好了准备。他争辩道，这个计划的另一个缺点是，德军将会与英军对阵，而英军比法军更难对付。况且这个计划根本没法带来决定性的战果。用他的原话来说：

> 我们也许可以在比利时击败盟军部队。我们也能占领海峡沿岸。可是我军的攻势很可能在索姆河一线遭到顿挫。然后 1914 年的形势就会重新上演……和平将会遥遥无期。[1]

基于以上判断，曼施坦因开始考虑一个大胆的解决方案，就是把主攻改到阿登方向，他认为这样可以最大限度地攻敌不备。可是他脑海里仍然有一个重大问题未能解决，于是在 1939 年 11 月请教了古德里安。

以下是古德里安的回忆：

> 曼施坦因问我坦克部队能不能突破阿登向色当方向进攻。他解释自己的计划是从阿登附近突破马其诺防线的延伸段，以避免老旧的施利芬计划。要知道，敌人对这个计划已经非常熟悉并且很可能预料我们还会这样打。我在第一次世界大战期间就熟悉了这里的地形，在研究过地图之后，便赞同了他的观点。其后，曼施坦因说服了冯·伦德斯泰特上将，向 OKH（勃劳希契和哈尔德所领导的陆军总部）发出了一份备忘录。OKH 拒绝接受曼施坦因的观点。可是曼施坦因成功地让希特勒注意到了他的主张。[2]

瓦利蒙特在 12 月中旬和曼施坦因谈过话以后，把曼施坦因的主张介绍给了希特勒的总部。瓦利蒙特向最高统帅部（O.K.W.）作战部长阿尔弗雷德·约德尔将军提过这一主张，约德尔又将其转达给了希特勒。不过要到 1 月 10 日迫降事

1　Liddell Hart: *The Other Side of the Hill*, p. 152.

2　Liddell Hart: *The Other Side of the Hill*, pp. 153-4.

件发生之后，也就是希特勒开始寻求新的作战计划的时候，他才重新想到并认真考虑起曼施坦因方案。此后，希特勒又犹豫了一个月才最终确定采纳这个方案。

做出最终决定的方式是很奇怪的。勃劳希契和哈尔德不喜欢曼施坦因反对他们的方案并强推自己"头脑风暴"的方式，因此决定将他调离职务，派去指挥一个步兵军——这样曼施坦因就会离开决策中枢，丧失推动自己方案的能量。可是调职之后，曼施坦因被希特勒召见，反而获得了完整解释自己意图的机会。这次会见由希特勒的副官施蒙特（Schmundt）安排，他是曼施坦因的忠实崇拜者，觉得曼施坦因遭受了不公正的待遇。

此后，希特勒向勃劳希契和哈尔德强推这个方案，他们不得不让步，按照曼施坦因的主张重新制订了作战方案。哈尔德虽然不情愿，但他毕竟是一个非常能干的参谋军官，这个计划的详细草案可谓后勤计划中的杰作。

在一旦开始全心全意地支持这个关键性主张后，希特勒很快便宣称是自己想出了这个主意，这种做法倒是颇具他的风格。他只让曼施坦因分享了支持自己观点的荣誉："我和很多将军谈起过西线作战的新计划，所有人里面只有曼施坦因理解我。"

仔细分析 5 月进攻行动的整个过程，就会发现，按照原来的作战计划，法国大抵是不会陷落的，而德军最多也只能把盟军推回法国国境而已。因为德军的进攻会迎面撞上英法联军中最强大、装备最为精良的部队，不得不穿越包括河流、运河、大中城市在内的各种地形障碍才能奋战前行。虽然阿登地区的地形看上去似乎比这里的更困难，可是如果德军能够抢在法军统帅部意识到危险之前突破比利时南部这片森林覆盖的山地，展现在他们面前的，将是法国起伏的大平原，那里有着坦克大部队驰骋的理想地形。

德军如果坚持执行原计划，就有可能陷入僵局，战争的前景也会变得完全不同。虽说英法两国不太可能仅凭自己的力量单独击败德国，但它们至少可以阻止德军的进攻，赢得时间来发展军备，尤其是生产坦克和飞机，从而在这些新式武器方面和德国重新变得势均力敌。而随着希特勒争胜计划的失败难以掩盖，德国军队和百姓的信心也会逐渐动摇。于是西线的僵局将给德国国内强大的反希特勒集团提供一个极好的机会，后者将赢得越来越多支持，制订推翻希特勒的计划，奠定媾和的基础。无论德军攻势顿挫之后的事态如何发展，很可能欧洲都不会遭受法国崩溃以后的一系列事件给人民带来的那么多痛苦和不幸。

　　希特勒从迫降事件和之后的计划修改中获益良多，盟国却受害无穷。整个事件最奇怪的地方就是，盟国根本无所作为，没能从天赐的预警中获得任何益处。因为德军参谋携带的文件损毁得并不厉害，比利时人很快就把副本传递给了英法政府。可是两国的军事领袖们倾向于认为这是德国人故意放出的烟幕弹。这种观点实在莫名其妙，德国人没必要使用这么愚蠢的诡计，因为这很可能会让比利时人警觉起来，并逼迫他们跟英法开展更紧密的合作。比利时人很可能因此决定向英法联军开放边界，放盟军入境，在德军发动攻势之前加强本国的防御。

　　更奇怪的是，盟国最高统帅部根本没有修改自己的作战计划，甚至没有采取预防措施来应对这样一种可能性：如果缴获的德军作战计划是真的，那么德军最高统帅部计划肯定会改变主攻方向。

　　11月中旬，盟国最高理事会批准了甘末林的"D计划"，这是对一份早先的作战计划的灾难性的修正，而英军参谋部本来是质疑这份计划的。根据"D计划"，盟军的左翼将得到加强，一俟希特勒有所行动就进军比利时，并尽量向东方更远的地方推进。这个计划正中希特勒下怀。盟军左翼在比利时中部推进得越远，他的坦克部队就越容易突破阿登地区，并迂回到盟军主力背后切断其退路。

　　盟国最高统帅部把手边大部分的机动部队都部署去参加进军比利时的行动，只留下二流师团作为薄弱的屏护部队面对着"无法通过的阿登地区"的出口，以掩护自己主力推进的枢纽，这种做法让战争的结局变得更加没有悬念。雪上加霜的是，这些屏护部队所坚守的防御阵地非常薄弱，位于马其诺防线的终点和英军所筑工事的起点之间。

　　丘吉尔先生在回忆录中提到，英国方面在秋季就已经对这个防线上的缺口感到焦虑，他说："陆军大臣霍尔－贝利萨（Hore-Belisha）先生在战时内阁会议上多次提出这个问题……但是内阁和我们的军事首脑们很自然不想去对一个兵力10倍于我国的盟国说三道四。"[1]1月上旬，霍尔－贝利萨因自己的批评意见所引起的风暴而去职，此后英国人就更不愿意再提这件事情了。英国和法国同样滋长着这样一种危险的自满情绪。丘吉尔在1月27日的一次演说中宣称"希特勒已经

1　Churchill: *The Second World War*, vol. II, p. 33.

丧失了最好的时机"。这句令人放心的断言第二天就登上了各大报章的头条。正是在这一天，希特勒的头脑中开始酝酿新的作战方案。

苏芬战争

苏军进攻方向
芬兰军反击方向

0 英里 100
0 公里 150

北冰洋

雷巴奇半岛
（渔人半岛）

佩萨莫

摩尔曼斯克

诺特西

第 14 集团军

芬

通向纳尔维克

瑞典

耶利瓦勒

萨拉
凯米耶尔维

坎达拉克沙

库萨莫

白海

凯米

吕勒奥

第 9 集团军

波的尼亚湾

索姆斯萨尔米

奥卢

兰

库莫

雷波拉

苏联

摩尔曼斯克铁路

瓦萨

库奥皮奥

波拉约尔皮

伊洛曼齐

第 8 集团军

索尔塔瓦拉

波里

坦佩雷

武奥克西河

拉多加湖

图尔库

拉赫蒂

维堡

卡累利阿
地峡

赫尔辛基

霍格兰

第 13 集团军

汉科

谢伊斯卡里

芬兰湾

列宁格勒

帕尔迪斯基

塔林

第 7 集团军

爱沙尼亚

曼纳海姆防线

第 5 章

苏芬战争

斯大林在瓜分了波兰之后，急于确保苏联的波罗的海侧翼在未来不会受到暂时的同伙希特勒的威胁。因此，苏联政府紧接着就着手对旧日俄国在波罗的海地区的缓冲地带加以战略控制。到 10 月 10 日为止，苏联政府已经和爱沙尼亚、拉脱维亚、立陶宛三国签订协议，允许苏军在三国的关键地点驻军。10 月 9 日，苏联和芬兰展开谈判。14 日，苏联政府明确地提出了自己的要求，这些要求可以归纳为以下三大点。

第一，采取以下措施控扼通往列宁格勒（Leningrad）的海上通道：（1）"能够从两侧海岸用炮火封锁芬兰湾，防止敌舰或者运输船只进入海湾"；（2）"能够防止敌人占领芬兰湾内位于列宁格勒入口处以西和西北方向的岛屿"。为此，苏联要求芬兰割让霍格兰（Hogland）、谢伊斯卡里（Seiskari）、拉万斯卡里（Lavanskari）、蒂泰斯卡里（Tytarskari）、洛维斯托（Loivisto）这几座岛屿，交换其他领土，并把汉科（Hangö）港租借给苏联 30 年，让苏军在那里建立一处带有海岸炮台的海军基地，以便配合芬兰湾对岸的帕尔迪斯基（Paldiski）海军基地封锁芬兰湾的入口。

第二，将卡累利阿地峡（Karelian Isthmus）处的芬兰国界线向后移动到重炮射程无法覆盖列宁格勒的一线，以便更好地掩护列宁格勒的陆上接近地。两国边界经过调整以后，曼纳海姆防线（Mannerheim Line）的主要筑垒地域仍然可以保持完整。

第三，在遥远的北方"佩萨莫（Petsamo）地区调整人为胡乱划定的边界线"。这条直直的边界线穿越狭窄的雷巴奇（Rybachi）半岛地峡，切去了半岛西端的一个角。这个改动明显是为了要防止敌军在雷巴奇半岛建立据点，以保卫摩尔曼斯克（Murmansk）的海上接近地。

作为改动边界的补偿，苏联政府愿意用雷波拉（Repola）和波拉约尔皮（Porajorpi）地区与芬兰做交换，即便按照芬兰政府国防白皮书的说法，苏联给予芬兰的补偿也有2134平方英里[1]，而芬兰需要交出去的土地面积则为1066平方英里。

客观地分析以上条件可以看出，苏联的提议建立在理性的基础之上，既能给自己领土提供更多安全保障，又不至于严重损害芬兰的国家安全。当然这些条件将会阻碍德军把芬兰作为进攻苏联的出发阵地，可是并不会给苏联进攻芬兰提供任何值得一提的好处。实际上，苏联提出交换给芬兰的领土将会加宽芬兰国土那狭窄得令人不安的蜂腰部。

可是民族情绪让芬兰人难以接受苏联提出的条件。芬兰人虽然表示愿意交出除霍格兰以外的其他岛屿，但是坚决拒绝撤出大陆上的汉科港，理由是这样做不符芬兰严格中立的立场。苏联人转而提出购买这片土地，认为这样就不至于有违芬兰的中立义务了。但是芬兰人拒绝了提议。双方的争论越来越激烈，苏联报章社论的调子开始带有威胁的意味，11月28日，苏联政府撤销了1932年的两国互不侵犯协定。11月30日，苏军进攻芬兰。

苏军初期的进攻被芬兰人挡住了，这震惊了全世界。苏军从列宁格勒出发沿卡累利阿地峡而上发动的正面攻击在曼纳海姆防线的前沿阵地停顿了下来。在拉多加湖（Ladoga）附近的进攻毫无进展。在战线另一端，苏军孤立了北冰洋沿岸的小港口佩萨莫，以此封锁外界通过这条途径向芬兰提供援助。

苏军在芬兰的蜂腰部位发动的两路突击具有更大的威胁性。靠北的突击打过了萨拉（Salla）来到凯米耶尔维（Kemijarvi）附近，离波的尼亚湾（Gulf of Bothnia）还有一半路程，然后被芬兰人通过铁路从南方紧急调来的一个师阻挡住了。索姆斯萨尔米（Suomussalmi）附近发动的南路突击也在1940年1月被芬兰军队的反攻所阻挡。芬兰人迂回渗透进苏军的侧翼，切断敌人的补给和撤退路线，等到苏军饥寒交迫疲惫不堪的时候再反攻，击溃了苏军。

在西方，人们把芬兰视作一位最新的侵略受害者而广泛寄予同情，这种同情

---

1 1平方英里 ≈2.59平方千米。

又因芬兰以弱胜强而发展成了对芬兰的感佩和热忱。这种情绪广泛传播，促使英法政府考虑向这个新战场派遣远征部队，以支援芬兰，并夺取一直以来供应德国的瑞典耶利瓦勒（Gällivare）铁矿，同时建立一处能够威胁德国波罗的海侧翼的前进阵地。这个计划没能在芬兰崩溃之前实施，多少与挪威和瑞典的反对有关。于是自身防御实力衰弱到极点的英法两国避免了在和德国作战的同时，再卷入和苏联的战争。但是盟国对斯堪的纳维亚半岛的明显威胁促使希特勒决定先发制人，占领挪威。

芬兰在战争初期的成功还产生了另外一个后果，就是让外界进一步倾向于低估苏联的军事实力。1940 年 1 月 20 日温斯顿·丘吉尔的广播讲话就表达了这种观点，他断言"芬兰把红军在军事上的无能暴露在了全世界面前"。希特勒在某种程度上抱有和丘吉尔同样的错误判断，而这将在 1941 年造成极其严重的后果。

可是，对苏芬战局做个不带感情色彩的分析，就会发现苏军初期进攻失败的真正原因。我们看不到苏联运用雄厚的资源聚集大批武器装备并为一场强大的进攻战进行适当准备的迹象。有明确的迹象表明，苏联政府误信了关于芬兰形势的假情报，没有设想过会遭遇强烈的抵抗，他们幻想自己只需要去支持一场芬兰人民反抗不得人心的本国政府的起义就行了。这个国家的地形会让任何入侵者头疼不已，到处都是天然障碍，进军路线狭窄，有助于防御。从地图上看，拉多加湖和北冰洋之间的这条边界线看似很漫长，但实际上那里有大片湖泊森林，是设置陷阱和固守的好地方。况且边境苏联一侧的铁路交通只有一条从列宁格勒通往摩尔曼斯克的铁路线，这条 800 英里长的铁路只有一条支线通往苏芬边境。这个后勤方面的限制导致的后果是，在芬兰人大肆渲染的报告中看似强大的"蜂腰部位"的两路突击，苏联人每一路只能出动 3 个师，在拉多加湖以北执行迂回作战的苏军也只有 4 个师。

进攻芬兰最好的路线是通过拉多加湖和芬兰湾之间的卡累利阿地峡，可是这里有曼纳海姆防线加以封锁，而战争爆发时，芬兰就在这里集结了 6 个现役师。苏联人在更靠北的地段发起进攻，虽然打得很糟糕，但是达到了把一部分芬兰预备队吸引过去的目的，与此同时苏军经过精心准备，调集了 14 个师对曼纳海姆防线全力发动进攻。这次总攻由梅列茨科夫（Meretskov）将军指挥，于 2 月 1日开始，矛头指向苏马（Summa）附近一段 10 英里的战线上。苏军使用大规模炮击粉碎了芬兰的防御工事，而坦克和乘坐雪橇机动的步兵则乘机占领阵地，与此同时，苏联空军粉碎了芬军任何反攻的企图。经过两个多星期有条不紊的战斗，苏军突破并贯通了曼纳海姆防线的全纵深，打开了一个缺口。之后进攻部队向两翼扩大战果，逼近两侧的芬兰守军，然后向维堡（维普里）进军。另有一支苏军从周围完全封冻的霍格兰岛出发跨越芬兰湾冰面，在维堡深远后方登陆，执行一次更大规模的迂回作战。芬兰人虽然在维堡前死守了数周，但他们有限的部队早已在卡累利阿地峡的战斗中筋疲力尽。一旦防线被突破，后方交通受到威胁，最终的崩溃就会不可避免。被提议的英法远征军虽然就快要准备就绪并扬帆启航了，但既然他们尚未到达，芬兰人除了投降已别无其他出路。

1940 年 3 月 6 日，芬兰政府派出议和代表团。苏联在当初的条件之外，进一步要求芬兰割让萨拉和库萨莫（Kunsamo）这两个地区，包括维堡在内的整个卡累利阿地峡，以及渔人半岛上属于芬兰的部分。此外芬兰人还被迫从凯米耶尔维向尚未划定的边界线铺一条铁路，和苏联境内的铁路支线连通。3 月 13 日，芬兰宣布接受苏联提出的条件。

当时的形势已经发生了急剧变化，尤其在 2 月 12 日，曼纳海姆防线上的苏马地段灾难性地崩溃了，而苏联提出的和平条件却异乎寻常地克制。曼纳海姆元帅比大多数政治家更为务实，他有理由对英法主动提出的援助心存疑虑，因此主张接受苏联的条件。而斯大林只稍微提高了一点要价，也表现出纯熟的政治技巧。很明显，在 1940 年那个关键的春季即将到来的节骨眼上，他也急于从一场投入百万大军和大部分坦克飞机的战争中脱身。

波兰的地形比欧洲大多数其他地方都更适合闪击战，芬兰则是最不适合闪击战的一处战场，更何况苏军发动进攻的时间节点很不利。

波兰国界在地理上本就处于被包围的态势，而德国便利的交通线和波兰稀少的道路交通则让这种不利的情况变得更为严重。9 月干燥的气候保证机械化部队能够利用波兰开阔的平原地形随意选择突破点。波兰陆军比世界上大多数国家的军队更倾向于进攻，结果就更不善于利用本已稀少的防御手段。

芬兰的情况正好相反，守军在后方拥有比攻方边界一侧更加便利的铁路公路交通网，芬兰人拥有好几条与边界走向平行的铁路线，便于迅速调动预备队，而苏联人只有一条铁路线从列宁格勒通往摩尔曼斯克，而这条铁路也只有一条支线通往芬兰边界。在其他地区，苏联人必须要从铁路枢纽前进 50 到 150 英里才能抵达边境，如果想打到任何一个战略要点，那么推进的距离还要远得多。而且苏军在推进时必须穿越布满湖泊和森林的地带，跨越积满深雪的糟糕道路。

以上困难限制了苏联所能动用和维持的部队规模，除非穿越卡累利阿地峡向坚固设防的曼纳海姆防线发动正面强攻。这片狭窄的地峡在地图上有 70 英里宽，可是从军事角度看其实狭窄得多，其中一半被宽阔的武奥克希河（Vuoksi）掩护了起来，剩下的地段则遍布着很多湖泊，在湖泊之间又有森林覆盖。只有在苏马附近，才有足够的空间供大部队展开。

再者，除了要克服战略上的困难——设法在苏芬边境明显毫无遮掩的开阔地区集结大部队并挥兵深入敌境——之外，苏军还要克服战术上的困难，以击溃更加熟悉和善于利用地形的守军。湖泊和森林不仅会迫使攻方在前进中猥集一处并遭到敌方机枪火力的扫射，还为游击骚扰行动和隐蔽的侧翼迂回提供了数不清的机会。即便在夏天，面对战术如此娴熟的敌人，想要打进这样一个国家都是非常危险的，在极地冬天的条件下，自然更加困难，装备重武器的纵队在行军中就像一个穿着木头鞋的人想要抓住一个穿着运动鞋的人一样笨拙。

曼纳海姆元帅把芬军预备队集中于战线最南方，直到苏联人的部署意图逐渐清晰才采取行动，这显然是很冒险的行为，但他这种做法总体上来说也是有道理的，因为敌军在战争初期的突破给他提供了反击的机会，而且在隆冬的气候和芬兰的地形条件下，这种后发制人的策略就显得更加合理了。

至于苏联人，他们把作战计划建立于错误的假设基础之上，自然会经不起实战的考验。但这并不足以证明整个红军的军事效率低下。当然，极权主义政府比其他政权更容易轻信符合自己愿望的形势报告，可所有一切政权或多或少不都是如此吗？我们应该明智地记住，法国在 1914 年和 1940 年制订的作战计划，正是建立在现代历史上最一厢情愿的假设基础之上的。

第三部

涨潮：1940 年

第 6 章

征服挪威

在波兰陷落之后持续了 6 个月的虚假宁静终于被一声突如其来的惊雷打破。这声惊雷却并没有出现在乌云聚集的中心，而是来自斯堪的纳维亚的边缘地区。希特勒闪电战的第一击打在了静谧的挪威和丹麦的国土上。

4 月 9 日的报纸报道了这样一则消息：英法海军在前一天进入挪威海域布雷，以封锁当地和德国之间的贸易。报道不但对这种主动出击的行为赞誉有加，还为侵犯挪威中立提供了辩解。可是，那天上午的广播新闻使得报纸上的内容变得过时，因为广播里传出了令人震惊的新闻，德军正在挪威海岸上一系列地点登陆，并已入侵丹麦。

德军不顾英国海上力量的优势做出如此大胆的行动，使盟国领导人始料未及。当天下午，英国首相张伯伦在下院发表声明说，德军已登陆挪威西海岸的卑尔根（Bergen）和特隆赫姆（Trondheim），以及南海岸。他还说："有报告说德军在纳尔维克也进行了类似的登陆行动，但是我很怀疑报告的准确性。"希特勒竟敢冒险在这么靠北的地点登陆，这简直令英国政府难以置信。要知道，英国海军大部队此时就在现场附近掩护布雷行动和其他任务。他们认为"纳尔维克"（Narvik）一定是南海岸上的"拉尔维克"（Larvik）之误拼。

可是在那天结束之前，情况就已经明了，德国人成功占领了挪威首都奥斯陆（Oslo），以及包括纳尔维克在内的所有重要港口。同时发动的多点登陆攻势在每一处都已告捷。

英国人这个幻想刚刚破灭，却又陷入了另一个幻想，时任第一海军大臣丘吉尔先生两天后在下议院说：

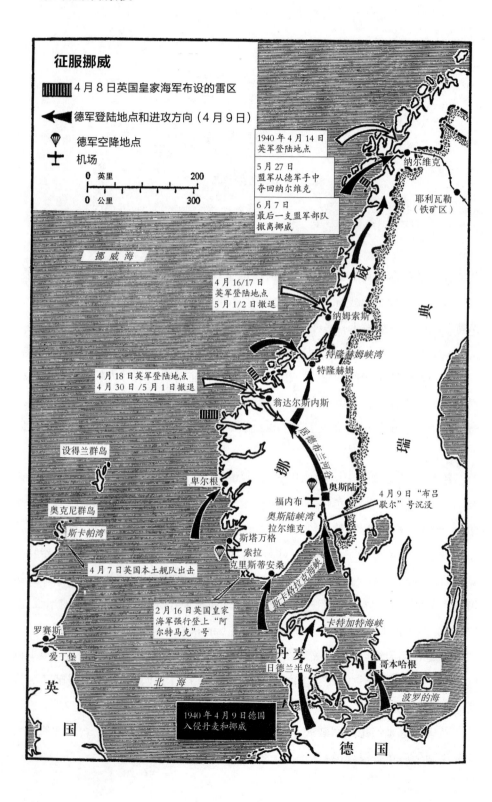

征服挪威

▨▨▨ 4 月 8 日英国皇家海军布设的雷区

◀━━ 德军登陆地点和进攻方向（4 月 9 日）

☂ 德军空降地点

⚓ 机场

0 英里 ————————— 200

0 公里 ————————— 300

1940 年 4 月 14 日
英军登陆地点

5 月 27 日
盟军从德军手中
夺回纳尔维克

6 月 7 日
最后一支盟军部队
撤离挪威

纳尔维克

耶利瓦勒
（铁矿区）

挪 威 海

4 月 16/17 日
英军登陆地点
5 月 1/2 撤退

纳姆索斯

特隆赫姆峡湾

特隆赫姆

瑞

4 月 18 日英军登陆地点
4 月 30 日/5 月 1 日撤退

翁达尔斯内斯

居德布兰河谷

典

设得兰群岛

卑尔根

挪

福内布

奥斯陆

4 月 9 日"布吕
歇尔"号沉没

奥克尼群岛

斯卡帕湾

奥斯陆峡湾
拉尔维克

4 月 7 日英国本土舰队出击

斯塔万格

索拉

克里斯蒂安桑

斯卡格拉克海峡

2 月 16 日英国皇家
海军强行登上"阿
尔特马克"号

卡特加特海峡

罗赛斯

爱丁堡

英

北 海

丹 麦

日德兰半岛

哥本哈根

波罗的海

1940 年 4 月 9 日德国
入侵丹麦和挪威

国

德 国

　　我和我那些老练的顾问都认为希特勒先生犯下了一个严重的战略错误……斯堪的纳维亚半岛正在发生的事态让我方获益良多……他沿着挪威海岸进行了一系列冒险，接下去如果必要的话，他将不得不在整个夏天为每一个点而战，而他的对手占有绝对海军优势，能够比他更为轻易地在各个战场之间调动部队。我看不出他能拥有什么足以抵抗我们的优势……我认为敌人被引诱犯下了战略错误，而我方因此获得了极大的优势。[1]

　　以上空谈没能在后来经受住行动的考验。英军的反制措施来得太过缓慢、犹豫而又混乱。在该采取行动的时候，战前轻视空中力量的海军部却变得异常谨慎，不敢在可以取得决定性战果的地点冒损失战舰的风险。部队的调动就更显得软弱无力。英军在数个地点登陆，想要击退德国侵略者，却在两周之内重新上船撤离，只留下纳尔维克一处支撑点——而这个支撑点也在一个月之后随着德军发动西线主攻而被弃之不理。

　　丘吉尔搭建的梦幻城堡就这样轰然坍塌。它建立在对形势和现代战争变化——尤其是空中力量对海权所起的制约作用——的误判之上。

　　丘吉尔演说的结尾部分更加现实也更重要，他在把挪威描绘成针对希特勒所设的陷阱之后，把德国入侵挪威说成是希特勒被盟国故意引诱而做出的行为。战后关于北欧战局的各种发现中，最令人震惊的就是，尽管希特勒一贯狂妄，但他原本希望保持挪威的中立地位，直到有各种迹象表明盟国正计划在挪威采取敌对行动，他才下决心入侵挪威。

　　追述战争双方幕后发生的一系列事件，是饶有趣味的——虽说我们也会感到悲哀和恐怖，尤其是在看到一心想要进攻的双方政治家们你来我往相互影响制造出毁灭性大爆炸时。双方于 1939 年 9 月 19 日迈出了清晰可见的第一步，当时（按照他的回忆录记载）丘吉尔敦促英国内阁考虑"在挪威领海"布雷以"制止挪威运输船把瑞典铁矿砂经由纳尔维克"运往德国。他争辩说这个措施"对瘫痪敌人的战争工业至关重要"。他后来在致第一海务大臣的通报里说："包括外交大臣（哈利法克斯勋爵）在内的内阁都非常赞同采取这一行动。"

1　Churchill : *War Speeches*, vol. I, pp. 169-70.

　　我们非常惊讶地看到，内阁会为了达到目的不择手段，甚至不顾手段会产生什么样的后果。1918 年，英国曾讨论过类似的行动，可是按照官方海军史中的记载，当时

　　　　……大舰队总司令（贝蒂勋爵［Lord Beatty］）回答说，大舰队的官兵厌恶以泰山压顶之势驶进一个面积虽小但人民意志昂扬的国度，并威胁这个国家。挪威人很可能会反抗，那样的话就会导致流血，总司令认为，"这就会犯下和德国人在其他地方犯下的同样严重的罪行"。

　　很明显，海军官兵比政治家们更为谨慎，但也可能是英国政府在 1939 年开战时要比"一战"结束时更为莽撞。

　　不过英国外交部官员对内阁发挥了限制性的作用，他们让内阁意识到侵犯挪威的中立将引起的反对。丘吉尔遗憾地记载道："外交部关于中立的论调非常有力，我的意见未能占据上风。我继续……在各种场合运用各种手段表达我的主张。"[1]这个问题在越来越广泛的圈子里成为话题，甚至新闻界也发表了支持的意见。这就足以激起德国的焦虑和反制措施。

　　缴获的文件表明，德国方面与此有关的第一次有分量的讨论发生于 10 月上旬，当时海军总司令雷德尔（Raeder）元帅担心挪威可能会向英国开放港口，并向希特勒汇报了英国占领挪威将会给德国带来的危害。他还认为如果德国能够"在苏联压力的协助下在挪威海岸——比如特隆赫姆——获得基地"，这将对潜艇战大为有利。

　　可是希特勒没有理睬他的意见。希特勒正将注意力集中在西线作战计划和迫使法国媾和上面，并不想为额外的作战分散注意力或者资源。

　　11 月底，苏联进攻芬兰，这对双方来说都是一种更强的新刺激。丘吉尔把这个挪威方案视为在援助芬兰人的幌子下打击德国侧翼的一次机会："我把这个方案当成清新宜人的微风一样来欢迎，凭借它，我们可以切断德国重要的铁矿砂

1　Churchill: *The Second World War*, vol. I, p. 483.

供应，从而占据战略上的优势。"[1]

在 12 月 16 日的通报中，丘吉尔把挪威行动称为"一场大规模进攻战"，并罗列了支持它的理由。他意识到此举可能会招来德军入侵斯堪的纳维亚半岛，因为他的确写道："如果你向敌人开火，敌人肯定会回击。"但是他接下来断言，"德国进攻挪威、瑞典，对我方来说利大于弊"。（他根本没有考虑，斯堪的纳维亚的人民会因为祖国被卷入战争而遭受怎么样的痛苦。）

但是内阁多数成员仍旧对破坏挪威的中立地位感到良心不安。虽然丘吉尔强烈呼吁，但他们仍不愿意立即批准执行这个行动。但是他们批准三军参谋长们"策划在纳尔维克登陆一支部队"——纳尔维克是铁路起点站，可以直通瑞典耶利瓦勒铁矿区，并从那儿通向芬兰。虽然援助芬兰是这次远征表面上的借口，但实际上，主要目的是夺取瑞典的铁矿。

同一个月，一名挪威要员访问柏林。他就是维德孔·吉斯林（Vidkun Quisling），前挪威国防部部长，一个强烈同情德国的挪威纳粹小党的党魁。他一到柏林就会见了雷德尔海军元帅，他所描述的英国可能很快会占领挪威的危险性令雷德尔印象深刻。吉斯林请求德国人拨款并秘密支持自己的计划，以组织一场政变推翻挪威现政府。他声称数名挪威高级指挥官愿意站在他那一边，其中包括纳尔维克驻军指挥官松德洛（Sundlo）上校。而他一旦夺取权力就会邀请德国人保护挪威，预防英国的进攻。

雷德尔说服希特勒单独接见吉斯林，双方在 12 月 16 日和 18 日见面。会谈纪要显示希特勒曾说"我更希望挪威和斯堪的纳维亚地区其他国家保持中立"，因为他并不想"扩大战争范围"。可是"如果敌人准备要扩大战争，他也将采取措施应对这个威胁"。他还答应向吉斯林提供经费并保证会研究向他提供军事援助的问题。

即便如此，德国海军参谋部 1 月 13 日的战争日志表明，在过了一个月后，他们依然认为，"维护挪威的中立是最理想的策略"，尽管他们也很担心"英国想要在取得挪威政府默许的前提下占领挪威"。

那么，在山的那一边，事态又是如何发展的呢？ 1 月 15 日，法军总司令甘

1　Churchill: *The Second World War*, vol. I, p. 489.

末林将军给总理达拉第（Daladier）发去通报，解释在斯堪的纳维亚半岛开辟新战场的重要性。他还草拟了一份计划，规定盟军在芬兰北部佩萨莫登陆，并预先"夺取挪威西海岸的港口和机场"。计划进一步设想了"扩大作战行动占领瑞典耶利瓦勒铁矿"的可能性。

丘吉尔对中立国家发表广播讲话，敦促中立国加入反对希特勒的战争，自然会引起德国人的担忧。[1]总之，在公开场合，有太多关于盟国行动的暗示了。

27日，希特勒明确下令，让他的军事顾问们草拟在必要时入侵挪威的全面计划。为此任务组建的特别参谋小组在2月5日第一次召开会议。

就在那天，盟国最高战争理事会在巴黎开会，张伯伦携丘吉尔出席了会议。会议批准了以下几项计划：盟国将组建一支由2个英国师和一支规模稍小的法军部队组成的远征军"援助芬兰"——这支部队将伪装成志愿军以减少和苏联公开作战的可能性。但是在路线的选择方面，与会者的意见出现了分歧。英国首相强调在佩萨莫登陆的困难和在纳尔维克登陆的好处——尤其是"可以控制耶利瓦勒的铁矿"。这才是行动的主要目标，只有一部分远征军将会赶去支援芬兰。英国人的意见占了上风，会议决定远征军将于3月上旬出发。

2月16日发生了一起决定命运的事件。德国船"阿尔特马克"号（Altmark）正从南大西洋载运英国俘虏回国，途中遭到英国驱逐舰追击，逃进挪威峡湾避难。丘吉尔直接下令让"哥萨克"号（Cossack）驱逐舰舰长维安（Vian）进入挪威海域追捕，登上"阿尔特马克"号营救俘虏。两艘挪威炮艇在场，但是不敢干预，事后挪威政府抗议英国侵犯领海，被英国置之不理。

希特勒认为挪威人的抗议只不过是为了敷衍自己而惺惺作态，他确信挪威政府是英国的帮凶。当时两艘挪威炮艇都无所作为，吉斯林也报告说"哥萨克"号的行动是"有预谋"的，这一切都印证了希特勒的这一判断。德国海军将领认为"阿尔特马克"号事件是促使希特勒下决心干涉挪威的决定性因素。这就是点燃

---

1 1月20日，丘吉尔先生在广播讲话中声称盟国在海上取得了胜利，他将被德国潜艇击沉的中立国船只数量与被盟国编入护航运输队安全航行的船只数量做了对比。在简要回顾形势之后，丘吉尔问道："如果我点到和没有点到的所有中立国都能履行自己按照国联条约应尽的义务，自发地和英法两国站在一起，共同反对侵略与恶行，那会发生什么呢？"（Churchill: *War Speeches*, vol. I, p. 137.）这一建议引起轩然大波。比利时、荷兰、丹麦、挪威、瑞士的报章赶紧拒绝这个提议，而伦敦在某种程度上又回到了绥靖政策的年代，声明广播的内容仅代表丘吉尔的个人观点。

火药引线的那颗火星。

希特勒认为不能等吉斯林慢慢落实行动计划，尤其是因为德国在挪威的间谍报告说吉斯林的党派毫无进展，而来自英国的报告显示，盟国正在计划对挪威采取某种行动并开始集结部队和运输船队。

20日，希特勒召见冯·法尔肯霍斯特（von Falkenhorst）将军，任命他组建并指挥远征部队进攻挪威。希特勒说："我得知英国人企图在那里登陆，我必须要抢先一步。英国人占领挪威将成为一个战略转折点，他们将打进波罗的海，而我们在那里既没有部队也没有海岸防御工事……敌人将占据有利位置，进军柏林，并打断我军两条战线的脊梁。"

3月1日，希特勒下达指令，要求全面准备入侵行动。德军还将占领丹麦，作为必要的战略跳板和后勤交通线的保障。

即便在此时，希特勒还是没有做出关于进攻的明确决定。雷德尔和希特勒的会议记录表明，希特勒仍然在"保持挪威中立是德国的最佳选择"这个信条，以及对英国即将登陆挪威的恐惧之间举棋不定。3月9日，在检视海军作战方案的时候，他一方面反复强调"违反所有海战原则"开展作战的危险，另一方面却说这是"当务之急"。

此后几周，德国方面的焦虑越发强烈。13日，有报告说英国潜艇在挪威南海岸外集结；14日，德国截获一条命令所有盟国运输船队做好出发准备的无线电信息；15日，一些法国军官抵达卑尔根。德国人以为盟国肯定会抢得先机，因为德军自己的远征部队尚未准备就绪。

那么盟国方面的真实情形究竟如何呢？2月21日，达拉第敦促盟国利用"阿尔特马克"号事件作为"突然袭击"并"立即占领"挪威港口的借口。达拉第争辩道："舆论尚未忘记挪威在最近'阿尔特马克'号事件中扮演的角色，我方行动越迅速，就越能够利用这一机会进行宣传，那样，我方的理由也就越充分"。——这个论调和希特勒如出一辙。伦敦对法国政府的建议心存疑虑，因为远征军尚未准备停当，张伯伦仍然希望挪威和瑞典政府能够同意盟军进入。

可是在3月8日的内阁会议上，丘吉尔提出一份计划，要在纳尔维克外海部署强大的军力，并立即派遣一支部队登陆——他的理由是"展示力量是为了避免运用它"这个原则。12日，内阁会议"决心重新启用"在特隆赫姆、斯塔万格、卑尔根、纳尔维克登陆的计划。

纳尔维克登陆部队将迅速向内陆进军，越过瑞典边境直奔耶利瓦勒铁矿。3月20日，方案将正式执行，在此之前，各项准备必须做好。

可是，全线崩溃的芬兰于3月13日向苏联投降，盟国失去了开进挪威的主要借口，上述计划也因此被打乱。一盆冷水泼下，盟国第一个反应是把挪威远征部队的2个师派往法国，不过仍然保留了相当于1个师的兵力待命。另一个连带事件是达拉第的去职，接替他出任法国总理的是保罗·雷诺——他的上台顺应了采取更具攻击性的政策、更快采取行动的呼声。雷诺于3月28日飞往伦敦出席盟国最高战争理事会，决心立即推动执行丘吉尔催促了这么久的挪威行动。

可是已经没有必要施加压力了——因为正如丘吉尔所说，张伯伦"此刻更加倾向于采取某种富有侵略性的行动"。正如1939年春季的情形一样，张伯伦一旦下定决心，就会不加考虑地全心投入行动。他在会议开始时，就迫不及待地强烈要求在挪威采取行动，不仅如此，他还敦促采纳丘吉尔中意的另一个作战策略——在莱茵河和德国其他水道上持续地进行空中布雷。雷诺对后一个行动表达了疑虑，说自己要先取得法国战争委员会的同意。不过他迫不及待地拥护挪威作战的行动。

于是，会议决定应于4月5日开始在挪威海域布雷，同时在纳尔维克、特隆赫姆、卑尔根、斯塔万格登陆部队以掩护布雷。纳尔维克登陆部队将在8日首先起航。可是计划再次推迟。法国战争委员会不同意在莱茵河布雷，因为担心德国的报复将"落到法国头上"。他们倒是从不担心另一个行动可能招致对挪威的报复——甘末林甚至强调挪威作战的目的之一正是"吸引敌人在挪威登陆踏进陷阱"。但张伯伦坚持两项作战都要执行，安排丘吉尔在4日飞往巴黎再次争取说服法国人同意他的莱茵河方案——这次他没能成功。

这就意味着代号"威尔弗雷德行动"的挪威作战计划将再次短暂推迟。奇怪的是，丘吉尔居然同意了，因为在前一天战时内阁会议上，陆军部和外交部提交的报告都显示已有大批德军舰船开始在靠近挪威的各个港口集结，船上满载部队。荒谬的是，有人认为这些德军是用来在英军登陆挪威之后发动反攻的——而且内阁居然相信了，这真是令人惊讶。

挪威行动推迟了3天，将在8日开始，这次延期使得整个计划注定迎来失败，因为德军将抢在盟国之前打进挪威。

4月1日，希特勒终于下定决心，命令在9日凌晨5点15分入侵挪威和丹麦。他在做出决定前收到一份令人不安的报告，上面说挪威的高射炮部队和海岸炮台奉命可以不向更高层请示就开火——这意味着挪威军队已经做好战斗准备，希特勒如果再拖延，他就会丧失出其不意和获得胜利的机会。

4月9日拂晓前，德军先头部队大部分搭乘作战舰艇抵达从奥斯陆直到纳尔维克的挪威各大港口，并轻易地夺取了这些目标。德军指挥官向当地政府宣称，自己前来保护挪威免遭迫在眉睫的盟国入侵。盟国发言人迅速否认了这个声明，后来也一直否认。

当时英国战时内阁成员之一汉基（Hankey）勋爵声称：

　　……从开始计划到德军入侵，英德两国在计划和准备方面的进度大致不相上下。实际上英国开始的还比德国稍稍早一点……两方面几乎同时展开行动，如果我们能用入侵这个词来形容双方行动的话，那么英国人比德国人还要早发动了24小时。

可是德国的步调更快，行动也更有力，以极其微弱的优势赢得了这场赛跑。双方几乎同时撞线，需要录像回放才能判定胜负。

在纽伦堡审判中，计划和执行对挪威的入侵成了德国人最主要的一项罪名，这成了这场审判中最具争议性的问题之一。很难理解英法政府怎么会有脸提出这项指控，还有公诉人怎么能主张被告这项罪名成立。这是历史上最不加掩饰的虚伪的案例之一。

让我们回过头来关注战役进程，令人惊异的是，战役初期突袭并占领挪威首都和各大港口的部队规模竟如此之小。德军总共只出动了2艘战列巡洋舰、1艘袖珍战列舰、7艘巡洋舰、14艘驱逐舰、28艘潜艇，外加一些辅助舰船和大约1万名士兵——这是用于入侵的3个师的先头部队。最初没有一支登陆分队的人数超过2000。另外德军还使用了一个伞兵营夺取奥斯陆和斯塔万格的机场。这是空降部队首次运用于实战，所取得的战果证明了它非凡的价值。不过，德军成功最关键的因素还是空军：实际用于作战的兵力包括大约800架作战飞机和250架运输机。它先是令挪威人因恐惧而丧失斗志，后来又瘫痪了盟国的反攻。

为什么英国海军没能拦截并击沉相对较弱的运载入侵部队的德国海军舰船呢？广阔的海洋、挪威海岸的地形和大雾天气，这些都是重要的阻碍因素。此外还有其他因素，以及本可以轻易规避的障碍。甘末林记载说，他在 4 月 2 日催促英帝国总参谋长艾恩赛德加快出动远征军，后者回答说："海军部掌管一切；它喜欢把一切组织得有条不紊。它自信能够防止德国在挪威西海岸任何地方进行登陆。"

7 日下午 1 点 25 分，英国飞机实际上已经发现有"强大的德国海军编队快速向北航行"穿越斯卡格拉克海峡（Skagerak）入口，驶向挪威海岸。丘吉尔说："海军部难以相信这支部队是开向纳尔维克的"——尽管"来自哥本哈根的报告表明希特勒企图占领那个港口"。英国本土舰队在傍晚 7 点 30 分驶出斯卡帕湾（Scapa Flow），不过似乎海军部和现地指挥的舰队司令都决心要寻歼德军的战列巡洋舰。他们努力搜寻德军主力舰艇决战，因为忽视了敌人还有登陆的意图，丧失了拦截搭载登陆兵的小型舰艇的战机。

既然英国远征军早已登船，准备起航，为什么行动却如此迟缓，没能在德军各分队牢牢控制挪威港口之前就进行反登陆，打跑德军呢？上面一段话已经点出了其中的主要原因。海军部听说发现德军战列巡洋舰以后，命令位于罗赛斯（Rosyth）的巡洋舰中队"立即让登陆部队上岸，甚至连他们的装备都不用管，其后赶紧与海上的舰队会合"。在克莱德港（Clyde）满载登陆部队的舰艇也接到了类似的命令。

为什么挪威人没有对这样一支相对弱小的入侵部队做出更有效的抵抗呢？主要是因为挪威军队甚至还没有动员起来。虽然挪威驻柏林公使早已发出警告，挪威陆军总参谋长也一再催促，可是直到 4 月 8—9 日夜间，也就是德军入侵前几个小时，动员令才下达。这为时已晚，入侵德军的迅捷行动打断了动员进程。

而且正如丘吉尔所说，挪威政府当时"主要担心的是来自英国的入侵"。很不幸，英国的布雷行动在德军登陆之前关键的 24 小时内，牵制和吸引了挪威人的注意力，这真是太讽刺了。

挪威人缺乏作战经验，军事组织过时陈旧，也降低了他们在经受最初的打击之后防守反击的机会。挪威军队根本无力抵御现代闪击战，即便这次闪电战的规模是如此之小。入侵的德军迅速冲进各个幽深的峡湾，蹂躏了整个国家，这就是挪威缺乏抵抗能力的明证。如果抵抗更猛烈的话，峡湾两岸山坡上正在融化的积雪会迟滞德军的迂回行动，本来可以给德国人的胜利前景制造十分严重的障碍。

战争初期德军对纳尔维克的袭击最令人震惊，因为这个遥远的北方港口离德国海军基地有 1200 英里之遥。两艘挪威岸防舰英勇地截击来犯的德军驱逐舰，但很快被击沉。岸上的防御部队根本没有试图抵抗——更多是因为无能而不是背叛。第二天，一支英国驱逐舰分舰队冲进峡湾，和德军驱逐舰打了一场两败俱伤的海战，13 日，一支更加强大的英国分舰队在战列舰“厌战”号（Warspite）的支援下彻底结果了德军驱逐舰。可是此时，德军登陆部队早已在纳尔维克港和周围地区站稳了脚跟。

在更靠南的地区，德军舰船在冲过防卫峡湾的海岸炮台的封锁后，轻易地占领了特隆赫姆，而盟军的战争计划专家曾经对这里的峡湾和炮台感到极为头疼。德国人在占据特隆赫姆之后就拥有了通往整个挪威中部的战略锁钥，不过那里的一小撮德军能否及时得到来自南方的增援，依然悬而未决。

在卑尔根，挪威舰船和炮台让德国人遭到了一定损失，可是德军在登陆之后就没有遇到更多的困难。

但德军入侵主力在逼近首都奥斯陆的时候遭到迎头痛击。搭载许多参谋人员的“布吕歇尔”号（Blücher）巡洋舰被奥斯卡堡（Oscarborg）要塞发射的鱼雷击沉，德国人进军一度受阻。直到下午，要塞才在大规模空袭之下投降。于是，夺取挪威首都的重任落到了占领福内布（Fornebu）机场的德军伞兵部队的肩上：这支象征性的部队在下午搞了一场入城行军仪式，结果他们的虚张声势奏效了。不过德军的耽搁至少让挪威国王和政府得以向北撤退，以期重新集结抵抗力量。

德国人预期在到达奥斯陆的同时占领哥本哈根。丹麦的首都从海上是很容易进入的，凌晨 5 点前不久，3 艘小型运输舰在战机的掩护下开进港口。德军在登陆时没有遇到任何抵抗，一个营的部队立即从港口出发奇袭并占领了当地兵营。与此同时，德军还在位于日德兰半岛上的丹麦陆地边界发起了进攻，双方短暂交火之后，丹麦人就放弃了抵抗。德军占领丹麦之后就可以控制从本国港口通向挪威南部的一条有掩蔽的海上通道，并获得前进机场，以支援入侵挪威的部队。虽说丹麦人也许可以抵抗得再长久一些，但这个国家毕竟无力抵御运用现代化武器发动的强大攻势。

在两处关键地点，英军如果能发动更迅速坚定的反击的话，也许能够在当天上午德国人占领之后夺回它们。因为在德国人登陆的时候，海军上将福布斯（Forbes）指挥的英国主力舰队正停泊在卑尔根附近，他考虑要派出一支兵力攻击当地的德军舰船。海军部同意了，还建议在特隆赫姆也发动类似的攻势。可是不久之后，海军部决定先找到德军战列巡洋舰的踪迹，然后再进攻特隆赫姆。与此同时，英军4艘巡洋舰和7艘驱逐舰驶向卑尔根，可是空中侦察发现在卑尔根有2艘德军巡洋舰，而不是当初以为的1艘，海军部变得小心谨慎了起来，取消了行动。

德军已然在挪威建立起桥头堡，此时击退他们的最佳方式是切断他们的补给和增援。而要想做到这一点，就必须封锁丹麦和挪威之间的斯卡格拉克海峡。可是海军部担心遭到德军空袭，不愿意派出除了潜艇以外的任何军舰驶入斯卡格拉克海峡。这种谨慎小心的行为反映出，海军部虽然在战前从不承认空中力量对制海权产生的制约作用，但他们现在已经意识到了。可是这也表明，丘吉尔当初主张把战争扩大到斯堪的纳维亚半岛的判断极为糟糕——因为如果无法切断德国增援的路径，就无法制止他们在挪威南部一步步加强实力，最终德国人的优势必然会越来越大。

盟国如果能够坚守从奥斯陆向北延伸的两条长长的山脉，并尽快消灭特隆赫姆的小股德军，就仍有机会保住挪威中部。英国决心做到这一点。德军进攻一周之后，英军在特隆赫姆北侧的纳姆索斯（Namsos）和南侧的翁达尔斯内斯（Aandalsnes）分别登陆，作为正面强攻特隆赫姆的前奏。

可是做出决定之后就发生了一系列奇怪的不幸事件。受命指挥军事行动的霍特布莱克（Hotblack）将军是一位懂得现代战争观念的优秀战士。他在海军部听取情况简报之后，于深夜里步行回自己的俱乐部，几小时后却被人发现躺在约克公爵纪念碑前的石阶上不省人事，明显是疾病突然发作。他的继任者第二天临危受命，乘坐飞机前往斯卡帕湾，可是座机在目的地机场上空盘旋的时候突然一头栽向地面。

与此同时，三军总参谋长们和海军部又突然改变了决心。17日他们刚刚批准行动方案，第二天却又转而反对这次行动。他们过于担心行动的风险。虽然丘吉尔更希望集中兵力进攻纳尔维克，可是他对陆海军两总部的出尔反尔深感烦闷。

　　参谋长们现在转而提议，增强在纳姆索斯和翁达尔斯内斯的登陆场，进而对特隆赫姆发动两面夹击。从纸面上看，这次行动胜算很大，因为在这个地区，德军只有 2000 人，而盟国已经登陆的部队有 1.3 万人。可是部队需要行军的距离过远，沿途又受到积雪的阻碍，盟军克服困难的能力要逊色德军太多。从纳姆索斯向南的挺进陷于停顿，因为有几支德军小部队在当地一艘德国驱逐舰支援下，于盟军背后特隆赫姆峡湾的顶点登陆，对盟军构成了威胁。从翁达尔斯内斯出发的进攻本应向北指向特隆赫姆，却迅速转变为防御作战，因为德军正从奥斯陆沿居德布兰河谷（Gudbrand Valley）一路击破挪威人的抵抗北上。盟军深受空袭之苦，又缺乏自己的空中支援，前线指挥官因而建议撤出战场。两支部队在 5 月 1 日和 2 日重新装船完毕，这样一来，德国人就完全控制了挪威南部和中部。

　　盟国现在只好集中全力夺取纳尔维克——与其说是为了控制瑞典的铁矿，不如说是为了挽回面子。英军最早于 4 月 14 日在这里登陆，尽管指挥这个区域所有盟军的海军上将柯克 – 奥雷里勋爵（Lord Cork Orrery）一再督促，可是麦克西（Mackesy）将军过于小心谨慎，未能尽快进攻纳尔维克。登陆部队的实力已经达到 2 万人，但他们的进展仍然缓慢。与此同时，2000 名奥地利山地部队得到了来自驱逐舰的同等数量的水兵的增援，在迪特尔（Dietl）将军的高超指挥下，最大限度地利用复杂的地形发挥防御战的优势。德军在 5 月 27 日才被赶出纳尔维克。而此时，德军的西线攻势已经深入法国境内，法国濒临崩溃边缘。于是，纳尔维克的盟国部队在 6 月 7 日撤离。同时挪威国王和政府流亡国外。

　　盟国政府在整个斯堪的纳维亚半岛战局中，都表现出过度的侵略性和糟糕的时间观念——结果给挪威人民带来了灾难。与之相比，希特勒这一次却在很长的一段时间里都不愿意发动侵略。可是他在最终决心先发制人后，就没有再浪费一点时间——德军部队打得迅速而果敢，充分弥补了其在战役关键时期里数量上的劣势。

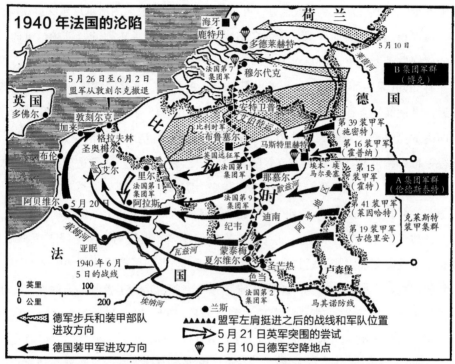

1940年法国的沦陷

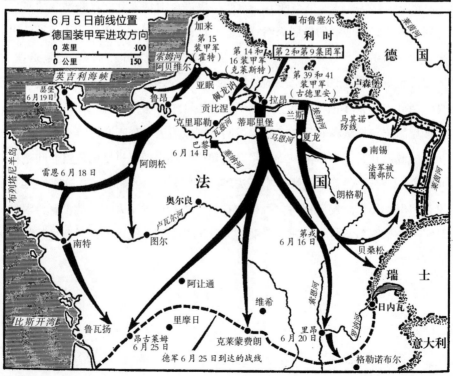

第 7 章

西线的溃败

1940 年 5 月 10 日，希特勒的军队突破西线防御，改变了我们这个时代的走向，并对全世界的未来产生了深远的影响。这场震动世界的戏剧，具有决定性意义的一幕于 5 月 13 日拉开，那一天古德里安的装甲军在色当渡过了默兹河。

同样是在 5 月 10 日那天，精力充沛且性格活跃的丘吉尔先生取代张伯伦成为大英帝国的首相。

色当那条狭窄的裂缝很快扩大成了一个巨大的缺口。德军坦克滚滚而来，在一周之内就通过这里饮马英吉利海峡，并切断了屯兵比利时的盟军的退路。这场灾难导致了法国的沦陷和英国的孤立。英国虽说凭借海峡天险坚持了下来，但也要到这场旷日持久的战争演变为世界大战后，才算真正获救。最终希特勒被美苏的实力压倒，可是欧洲在战后筋疲力尽，被笼罩在共产主义的阴影之下。

灾难发生之后，人们一般都认为法国的失败不可避免，而希特勒的进攻无可抵御。可事实并非像表面上看起来的那样——这一点，我们现在已经能够很清楚地看到。

德国陆军的首脑们对攻势缺乏信心，只是因为希特勒的坚持才不情愿地打响此战。希特勒本人也曾在紧要关头突然丧失信心，于装甲矛头刺破法军防线、面前一片坦途的当口，下令停止前进两天。法国人如果有能力利用好这个喘息之机，本可以使希特勒的胜利前景化为泡影。

可是最奇怪的是，指挥装甲矛头的古德里安因为上级的紧张焦虑，曾一度被解除指挥职务，为的是给他刹一下车，不让他利用已经撕开的突破口扩张战果。要不是因为他"抗命"并神速推进，德军的入侵本来可能会以失败告终，而世界历史的进程也会和实际发生的大相径庭。

人们以为希特勒的军队拥有压倒性的优势，可实际上，德军在数量上是少于对手的。尽管坦克部队的突进被证明是决定胜负的关键，但德军坦克在数量和质量上都不如对手。德军只在空军这最关键的一点上占有优势。

况且早在德军主力投入交战之前，一小部分部队就已经基本上决定了战局的胜负。这支起到决定性作用的部队除了空军以外只包括 10 个装甲师、1 个伞兵师和 1 个机降师——希特勒总共调集的军队有 135 个师。

新式军队所取得的辉煌战绩不仅掩盖了其规模的弱小，也掩盖了胜负仅仅悬于一线这样一个事实。要不是盟国所犯下的错误给敌人提供可乘之机，德军很可能无法获得如此巨大的成功——而这些错误主要得归咎于在盟军中占统治地位的陈旧战争观念。饶是如此，再加上敌对方盲目的领导人无意中提供的帮助，德军入侵的成功还是离不开一连串难得出现的好机会——尤其仰赖于一个人，即古德里安，他机敏地抓住了这些稍纵即逝的机遇，加以最大限度的利用。

法国战役是历史上最振聋发聩的案例，证明一种新的理念，如果由精力充沛的将领加以执行，便足以产生制胜克敌的效果。古德里安曾经回忆，在战前自己的想象力如何被使用独立装甲部队进行深远战略渗透的理论激发起来——也就是运用坦克部队长距离突进，切断敌军后方的主动脉。第一次世界大战之后，一种新的军事思潮在英国兴起，英国皇家坦克部队率先在训练实践中对其加以验证，而古德里安作为一个狂热的坦克倡导者，能够深刻理解这个理论的潜力。大多数德军高级将领和英法当局一样对这个理论持怀疑态度，把它当作纸上谈兵。可是战争开始后，古德里安抓住机会不顾上级的疑虑将它付诸实践。事实证明，这种理论能够发挥决定性的作用，就像历史上其他新的理论一样——这些历史上的革新包括马匹的应用、长矛的发明、马其顿方阵体系、具有弹性的罗马军团体制、"斜线阵列"、马弓手、长弓、火绳枪、大炮、把军队编制成独立机动灵活的师。实际上坦克战理论比以上革新更能带来立竿见影的效果。

西线战役刚刚打响，针对中立国荷兰、比利时境内的关键防御阵地，德军右翼就取得了惊人的胜利。盟军的注意力被德军以空降部队作为矛头的打击吸引，以至于好几天都无暇顾及德军的主力攻势——在战线中部，穿越山峦起伏、林木茂密的阿登地区直指法兰西的心脏。

　　5 月 10 日清晨，荷兰首都海牙（The Hague）和交通枢纽鹿特丹（Rotterdam）遭到德军空降部队进攻，与此同时，100 英里以东的边境防线也受到正面进攻。这种在前线和后方同时发动的双重打击让荷兰陷入混乱和慌张之中，而无处不在的德国空军让这种局面变得更加危急。德军装甲部队乘乱从战线南翼上的缺口涌入，在第 3 天就和鹿特丹的空降部队会合了。他们在刚刚开上来援助荷兰的法国第 7 集团军鼻子底下开过，向既定目标挺进。开战后 15 天，荷兰投降，其实荷兰人的主要防线当时还没有被攻破。德国空军对人口拥挤的大城市发动近距离空袭的威胁也加速了荷兰人的投降。

　　在这个战场上，德军数量远逊于对手。而且实施决定性突击的只有一个第 9 装甲师——这是德军能为进攻荷兰前线腾出来的唯一一个装甲师。这个师前进的道路上遍布着易于防守的运河和宽广河流。成功的机会依赖于空降突击的效果。

　　可是空降兵这个新兵种非常弱小，尤其是和他们取得的战果相比数量更显少得可怜。德国在 1940 年 5 月只有 4500 名训练有素的伞兵，其中 4000 名被调来进攻荷兰。他们编成 5 个营，由一个乘坐运输机机动的 1.2 万人的轻步兵师负责支援。

　　德国空降兵司令施图登特最好地总结了作战计划的要点：

　　　　我军兵力有限，因此必须把力量集中在对作战胜利最为紧要的两个目标上。我亲自指挥主力占领鹿特丹、多德莱赫特（Dordrecht）、穆尔代克（Moerdijk）的桥梁，从南边过来的主要道路是通过这些桥梁跨过莱茵河口的。

　　　　我们的任务是抢在荷兰人炸掉这些大桥之前夺桥，并在我军机械化地面部队赶到之前保持桥梁畅通。我的部队有 4 个伞兵营和 1 个机降团（由 3 个营组成）。我们大获全胜，只付出了 180 人的伤亡。这一仗我们输不起，因为如果失败，整个入侵行动也会随之失败。[1]

　　施图登特本人也是伤员中的一名，他头部负伤，之后 8 个月都未能参战。

　　次要的空降行动指向荷兰首都海牙，目的是俘获荷兰政府首脑和在位的各部

1　Liddell Hart: *The Other Side of the Hill*, pp. 160-1.

部长，破坏整部国家机器的控制功能。在海牙使用的部队有 1 个伞兵营和 2 个机降团，由施波内克（Graf Sponeck）将军指挥。这次突击失败了，不过仍然在荷兰引起了极大的混乱。

入侵比利时的开头也非常顺利。莱歇瑙指挥的强大的第 6 集团军（编成内包括霍普纳［Höppner］的第 16 装甲军）负责实施地面进攻。这个集团军首先要攻克强大的筑垒地域，然后才能有效展开。协助这次攻势的空降兵只有 500 人。他们的任务是占领艾伯特运河上的两座桥梁和比利时最现代化的埃本·埃马尔（Eben Emael）要塞。这座要塞控制着两国边境河流的侧翼。

可是这支小小的分队起到了扭转乾坤的作用。因为德军在到达比利时边境之前，先要经过荷兰国土南端被称为"马斯特里赫特盲肠"（Maastricht Appendix）的突出部分。一旦德军打过荷兰边境，在艾伯特运河畔守卫边境的比利时军队将拥有足够的预警时间，赶在地面入侵部队冲过这段 15 英里宽的狭长地带之前，炸掉桥梁。德军要想完整无损地占领大桥，只能采取在夜间悄悄投送空降部队这唯一的新手段。

用于比利时作战的空降部队规模极为有限，这和当时几十个地区报告发现德军伞兵，加起来有数千人的规模形成了鲜明对比。施图登特解释道，德军为了弥补实际兵力不足，并尽可能给敌方制造混乱，在这个国家各地都空投了伞兵假人。这个诡计明显非常有效，因为人类总有过分活跃的想象力，自然而然地倾向于把真实的敌军数字夸大很多倍。

施图登特说：

艾伯特运河行动也是希特勒的主意。它也许是这个喜欢心血来潮的人想出来的最佳原创点子。他把我找去，征求我的意见。我考虑了一天，确认此次行动可行，受命开始准备。我使用了科赫（Koch）上尉指挥的 500 名士兵。第 6 集团军司令冯·莱歇瑙将军和他的参谋长冯·保卢斯（von Paulus）将军都是能干的军人，但他们认为这次行动是纯粹的冒险投机，对它的成功没有信心。

对埃本·埃马尔要塞的袭击由维茨格（Witzig）中尉指挥 78 名机降工程兵执行。他们中只有 6 人阵亡。这支小分队完全出其不意地机降在要塞顶上，击退了部署在那里的防空部队人员，用此前严格保密的新型高爆炸药炸掉了所有炮位的装甲顶盖和碉堡……奇袭埃本·埃马尔要塞靠的便是这件新式武器，而这件武器又是由另一种新式武器——滑翔运输机——悄无声息地运输到目标地区的。[1]

埃本·埃马尔要塞设计完善，可以抵御来自任何方面的攻击，但面对来自上方的攻击却无能为力。维茨格的一小撮"天降神兵"从要塞顶上成功地封锁了1200名守军24小时，直到德军地面部队抵达。

比利时守卫两座关键桥梁的部队也遭到了奇袭。其中一座桥的守军实际上已经点燃了炸药引信——可是有一架滑翔机的部队紧跟着卫兵冲进了桥头堡，在千钧一发之际熄灭了导火索。

我们注意到，在整个入侵正面上，所有桥梁都被守军按计划炸毁，只有空降部队进攻的那几座除外。这告诉我们，德军胜败其实悬于一发，因为入侵的成功与否取决于时间因素。

到第二天上午，已经有足够数量的德军抵达运河一线，突破了运河背后纵深很浅的比利时防线。此后，霍普纳麾下的第3和第4装甲师开过毫无损伤的桥梁，在河对岸的平原长驱直入。他们的突进导致比利时军队开始总退却——而此时英法军队正在开上来增援。

在比利时达成突破并不是西线进攻的决定性一击，但对战事发展还是产生了重要的影响。它将盟国的注意力引向错误的方向，并在随后的战斗中牵制了盟军机动部队中的大多数师团，这些兵力因而无法向南撤出，去对付5月13日突然在法国边境出现的更大威胁——这个威胁直指法国防线最薄弱的部分，即尚未完成的马其诺防线西端以外的地段。

此刻伦德斯泰特集团军群的装甲矛头正在穿越卢森堡和比利时的卢森堡地区冲向法国。他们穿越70英里长的一段阿登山地并扫除了沿途的微弱抵抗，之后便跨过法国边境，在发动进攻后的第4个清晨就出现在默兹河畔。

驱使大批坦克和机动车辆穿越这片崎岖的山地是非常大胆的创举，因为在传

1　Liddell Hart: *The Other Side of the Hill*, pp. 163-4.

统战略家看来，大规模的部队是"不可能穿越"这里的，更不用说坦克部队了。
但这种看法也增加了攻敌不备的机会，因为茂密的森林有助于部队隐蔽开进并掩
盖自身进攻的实力。

不过对希特勒胜利贡献最大的还是法军总部。法国的作战计划使得阿登突击
的效力倍增，从德国方面看来，简直和他们修改后的计划配合得天衣无缝。与一
般的看法不同，法军并不是败于他们那种消极防守的态度，或者说"马其诺防线
综合征"（Maginot Line complex），他们之所以战败更多要归咎于计划中主动进
攻的那部分。法军从防线左侧挺进比利时，正中了敌人的下怀，主动跳进了对方
的陷阱之中——正像 1914 年的"第 17 号计划"所导致的结果一样。只不过这次
的情势更加危若累卵，因为敌人更加机动化，是以机动车辆的速度而非步兵的速
度进军的。法军失算的代价也更大，因为左侧突进动用的 3 个法国集团军和英国
远征军是盟国部队中装备最现代化、机动性最强的主力。

这几个集团军每向比利时深入一步，他们的后方在伦德斯泰特透过阿登地区
的突击面前就暴露得更加彻底。更糟糕的是，盟军只部署了几个战力较差的法国
师来防守己方挺进路线的枢纽，这些师由上了年纪的老兵组成，缺乏至关重要的
反坦克武器和高射炮。甘末林和乔治将军领导的法军统帅部犯下的最大错误，就
是没有保护好攻击集团的进军枢纽。

德军穿越阿登地区的进军很不容易，其参谋工作开展得可谓异常优秀。在 5
月 10 日拂晓前，战争史上规模最大的坦克部队已集结在卢森堡边境对面。这支
装甲部队包括 3 个装甲军，分成三个部分或者三层部署，前两层是装甲师，第三
层是摩托化步兵师。前锋由古德里安指挥，整个装甲集群的总指挥是冯·克莱斯
特（von Kleist）将军。

在克莱斯特集群右翼部署有独立的第 15 装甲军，指挥官是霍特（Hoth），
这支部队的任务是冲过阿登山地北部，向纪韦（Givet）和迪南（Dinant）之间的
默兹河挺进。

但这 7 个装甲师只不过是沿着德国边界准备杀进阿登山区的大部队中的一小
部分。在这段狭窄但是纵深极深的前线上，德军总共集结了大约 50 个师。

战争的成败取决于德军装甲部队能否迅速穿越阿登山地，强渡默兹河。德军
只有在渡过那条水障之后才能获得足够的空间，以展开坦克兵力。他们一定要在

法军统帅部醒悟过来并调集预备队进行阻止之前渡过默兹河。

德军赢得了这场赛跑，不过过程比较惊险。德军的挺进曾一度因守军按原定计划开展的爆破行动而受阻，如果守军能够利用好这一良机，也许结果就会不一样。对法国的安全来说很不幸的一点是，法军在做完爆破之后，拿不出足够的部队来支援。他们愚蠢到想要依靠骑兵师去迟滞敌军的进攻。

相反，法军如果在这个阶段能向德军侧翼发动装甲反击，也许就能瘫痪德军的进攻——因为这样的进攻将动摇德军高级将领的意志。即便法军实际上没有这样做，德军高级指挥官们也曾因怀疑法军有可能向自己左翼发动反击而吓得够呛。

克莱斯特看到进攻如此顺利，已经在 12 日同意了古德里安的观点，认为不必等待步兵军到达，装甲部队本身就可以尝试强渡默兹河。当然，德军还是安排了强大的空中力量以支援强渡默兹河的行动，其中包括 12 个俯冲轰炸机中队。这些飞机在 13 日下午飞临战场上空，一直把炸弹像冰雹一样投到法军炮兵阵地上，法军炮手被迫缩在掩体里直到天黑才敢出来。

古德里安的进攻集中在色当以西一段仅 1.5 英里长的河段。这里的地形对强渡最为有利。默兹河在这里突然向北拐弯流向圣芒热（St Menges）方向，然后又向南拐回去，形成了一个口袋形突出部。北岸周围有覆盖森林的高地，不仅能掩护德军进攻准备和炮兵阵地，还能为炮兵观察提供极佳的视野。从圣芒热附近可以一览无余地望见河流突出部，还能看到对岸远端作为背景的马尔费森林（Bois de Marfée）高地。

下午 4 点，德军装甲步兵乘坐橡皮艇和木筏发起强渡作战。很快德军就建立起渡口，让轻型车辆过河。河流突出部迅速被占领，进攻者继续前进，目标是占领马尔费森林和南面的高地。到午夜时，德军已经在默兹河防线上打进了一个 5 英里深的楔子，同时在色当和圣芒热之间的格莱里（Glaire）架好一座桥梁，坦克过桥向河对岸不断挺进。

不过德军的桥头阵地在 14 日仍然不够稳固——只有 1 个师渡过河，而且这个师依赖唯一一座桥梁提供增援和补给。盟国空军对大桥发动密集空袭，因为当时德国空军被抽调到其他地方，盟军暂时占有空中优势。不过古德里安装甲军的高射炮兵团在这座重要的大桥上空织成火网，盟军空军损失惨重，终于被击退了。

到下午，古德里安的 3 个装甲师都已过桥。在击退法军一次姗姗来迟的反攻之后，他突然挥兵向西一转，到第二天晚间，已突破法军最后一道防线，于是，向西通往英吉利海峡海岸的道路在他面前打开。

但那天夜晚对古德里安来说非常难熬，其原因不是来自敌人：

> 装甲集群司令部来了一道命令，要我停止前进，把部队控制在已经获得的桥头阵地内。我不想也不能服从这道命令，因为它会让我们拱手让出奇袭的优势，前功尽弃。[1]

古德里安在电话里跟克莱斯特大大争吵了一番，后者终于允许他"继续前进24 小时，以扩大桥头阵地"。

古德里安最大限度地利用这个谨慎的许可令，授予手下各装甲师相机行事的全权。古德里安的 3 个装甲师向西推进，和莱因哈特（Reinhardt）从蒙泰梅（Monthermé）渡河的 2 个师、霍特从迪南附近渡河的 2 个师形成合力。他们一路横扫，如入无人之境，沿途法军抵抗纷纷崩溃。

到 16 日晚间，德军已经向西又挺进了 50 多英里，打到瓦兹河（Oise），直指英吉利海峡。可是德军的挺进又停止了，这次又是被上级而不是敌人逼停的。

德军高层指挥官们想不到能如此轻而易举地渡过默兹河，几乎不敢相信自己的好运。他们仍然预料法军会对自己的侧翼发动反攻。希特勒也有相同的担心。于是，他对装甲兵的挺进做出了限制——停止前进 2 天，以便步兵军能够赶上来沿埃纳河建立一道侧翼屏护。

在向上级司令部争取之后，古德里安获得有限的批准，可以进行强力侦察。古德里安对"强力侦察"一词进行了富有弹性的理解，认为自己在第 12 集团军的步兵军开始沿埃纳河建立起强大的侧翼屏护之前的这两天时间里，可以对敌人保持相当强的进攻压力，而两天后则又可以全力向海峡冲去。

德军在前几个阶段争取到了大量时间，而对手则陷入了极大的混乱中，所以在瓦兹河上的短暂停留并没有对胜利产生多大的不利影响。即便如此，这次停顿

1　Liddell Hart: *The Other Side of the Hill*, p. 177.

也还是揭示出德军内部在时间观念上面的巨大分歧。就这方面而言，德军老派和新派将领之间的鸿沟比德国人和法国人之间的差异更大。

战争结束时，甘末林这样评述德军胜利强渡默兹河之后的战略扩张：

> 这是非同寻常的机动作战行动。可是德国人在事先就完全预见到了吗？我不相信——就跟我不相信拿破仑事先预见到了耶拿战役或者毛奇预见到了 1870 年色当战役一样。这是因势乘便的经典范例。它让我们看到，善于机动且组织得当的指挥官和部队应该如何快速行动——而坦克、飞机和无线电通信也使得他们有能力这样做。这也许是历史上第一次，一支军队不必和敌方主力进行交战，就赢得了决定性会战的胜利。[1]

负责前线指挥的法军副总司令乔治将军说，原以为盟国在比利时和卢森堡按计划执行的阻滞行动"至少能把德国人打到默兹河的时间推迟 4 天"。法军总参谋长杜芒（Doumenc）将军说：

> 我们以己之心来揣度敌人，以为他们会先把足够数量的重炮运送到位，然后才尝试强渡默兹河：而那至少需要 5～6 天，这些时间足够我们加强沿岸防御了。[2]

值得注意的是，法国人的计算跟"山的那一边"的德军高级指挥部的计算竟是如此严丝合缝。可以看出，法军指挥部对德军攻势所做出的基本设想是有理有据的，尽管，在事后不久，这些看法就被证明是明显错误的。可是他们没有把古德里安这个人当成一个因素估算在内。他采用了装甲部队独立进行深远战略渗透的理论，对这个理论的实用性深信不疑，因此不惜临阵抗命。这些都让法军最高统帅部的合理计算化为泡影，而德军最高统帅部依靠自身的才智是绝对做不到这一点的。很明显，正是古德里安及手下的坦克兵拖着整个德军向前追，才造就了

1　Liddell Hart: *The Other Side of the Hill*, p. 181.

2　Liddell Hart: *The Other Side of the Hill*, p. 181.

现代历史上最一边倒的胜利。

在战役的每一个阶段，胜负都取决于时间因素。法国的反攻行动屡次胎死腹中正是因为他们速度太慢，跟不上变化的形势，而这又是因为德军的前锋总是比最高统帅部计划得更快一步。

法军作战计划成立的前提是德军至少要在开战 9 天后才能进攻默兹河防线。这个时间正契合德军高层最初的估计，可是其后古德里安干预了战役进程。法军在计划被打乱后，很快面临着更加糟糕的状况。他们的指挥官是按照 1918 年的慢速作战方法训练出来的，头脑跟不上坦克战的步伐，越来越广泛的瘫痪现象开始出现。

法国总理保罗·雷诺是盟国方面少数及时意识到大祸临头的人之一。他在战前是决策圈外的批评家，曾敦促同胞们发展装甲部队。他对坦克战的效果十分清楚，在 15 日早间，就给丘吉尔打电话说："我们已经输掉了战争。"

丘吉尔答道："过去的一切经验告诉我们，任何攻势经过一段时间都会陷入停顿。我还记得 1918 年 3 月 21 日。在 5 ~ 6 天的进攻之后，德国人不得不停下来等待补给，于是反攻的机会就来了。当时我是亲耳听福煦（Foch）元帅总结这番经验的。"[1] 第二天，他飞往巴黎，强烈反对任何从比利时撤出盟军的主张。其实当时，甘末林就算想把部队撤出，也已经来不及了。丘吉尔现在正盘算着以 1918 年的方式发动一场精心策划的反击——使用大量的步兵师。他一直坚信这个想法的正确性。甘末林的战争观念太过守旧，这是很不幸的，因为他在行动能力方面强过法军任何一位将领。

就在当天，雷诺决定撤换甘末林，把福煦旧日的助手魏刚（Weygand）从叙利亚召回。魏刚 19 日才到位，结果法军总司令的位置虚悬了 3 天。古德里安在 20 日打到英吉利海峡，切断了在比利时的盟军主力的交通线。魏刚比甘末林更加守旧，继续按照 1918 年的战争原则制订计划。结果法国挽回局势的希望越来越渺茫。

总之，盟国领导人不是做事情太慢就是做错了事情，结果根本无力阻止灾难的发生。

1　Churchill: *The Second World War*, vol. II, pp. 38-9.

1940 年，英国远征军能全身而退主要是由于希特勒的个人干预。他手下的坦克部队已经横扫法国北部，把英军从后方基地分割开，正要冲进敦刻尔克。值此当口，希特勒下令让他们停下来——而敦刻尔克是英军能够用以逃脱的最后一个港口了。当时英国远征军主力离这个港口还很远。可是希特勒让他的坦克部队停顿了 3 天之久。

他的行为拯救了山穷水尽的英军。后者这才得以脱身并在本土重整旗鼓，继续战斗，守卫海峡，抵御入侵。因此，希特勒亲手造成了自己和德国 5 年后的最终失败。英国人民对部队脱身的惊险程度十分清楚，可是对内中原因知之不详，于是称之为"敦刻尔克的奇迹"（the miracle of Dunkirk）。

希特勒怎么会下达如此致命的命令呢？他的理由又是什么呢？就很多方面而言，这都是一个谜题，即使德军将领们也是如堕五里雾中，也许我们永远无法确知他做出决定的真正过程和动机。即使希特勒本人亲自做出解释，那也很难说是可靠的，更何况他没有。身居高位的大人物在犯下致命错误后总喜欢文过饰非，而希特勒又不是个热爱真理、有一说一的人。他的说辞和证据很可能只是为了掩盖真相。也有可能他就算想说出来，自己也说不出背后真正的原因，因为他做事的动机总是相互混杂，他本人又经常心血来潮改变主意。而且所有人的回忆都会随着后续事态发展而有所偏颇。

随着人们对这一关键事件研究的深入，很多证据浮出水面，历史学家们不仅得以拼凑出事件的前后过程，还可以还原因果关系可能的链条，对这一决定命运的决策进行合理的追本溯源。

古德里安的装甲军在切断位于比利时境内的盟军左翼的补给线后，于 20 日在阿贝维尔（Abbeville）附近抵达海岸。然后他挥师北进，直指海峡各港口和英军的后方——当时英军仍深陷比利时，抵抗博克集团军群步兵的正面进攻。在右翼协同古德里安北进的，是同属克莱斯特集群的莱因哈特指挥的装甲军。

22 日，布伦（Boulogne）被古德里安包围，23 日，加来（Calais）被围。德军就这样开进格拉夫林（Gravelines），离英国远征军剩下的唯一可用来撤退的港口敦刻尔克只有 10 英里。莱因哈特的装甲军也已经推进到艾尔（Aire）—圣奥梅尔（St Omer）—格拉夫林运河一线。可是上级下达命令要装甲部队停止前进并撤到运河一线背后。将领们纷纷向上级司令部发出紧急抗议和质询，得到的回答是"这是元首本人的命令"。

在对这次拯救了英军的干预追根探源之前，先让我们回顾一下英国方面发生的事情，并一步一步地理清这次大规模撤退的过程。

16 日，英国远征军总司令上将戈特（Gort）勋爵将他的部队从面对布鲁塞尔的前线位置撤了下来。可是还没等英军到达斯海尔德河（Scheldt）沿岸的下一道阵地，那里就已经摇摇欲坠了，因为远在南方的古德里安切断了远征军的交通线。19 日，内阁听说戈特正在"研究在迫不得已的情况下撤向敦刻尔克的可能性"。但是内阁命令他向南打回法国，击破德军在自己后方收紧的包围圈——尽管他们知道戈特只有打 4 天仗的给养和弹药。

以上命令和法军总司令甘末林当天早晨才迟迟制订并下达的新计划正好合拍。当天晚间，甘末林被解职，由魏刚接替。魏刚一上任就一边研究形势，一边撤销甘末林的命令。经过 3 天的耽搁，他拟订了一个相似的计划。事实证明，这个计划只是纸上谈兵而已。

与此同时，戈特虽然抗议说内阁的指示不切实际，但还是让手下 13 个师中的 2 个外加派到法国的唯一一支坦克旅从阿拉斯向南进攻。21 日，反攻开始，但兵力只有 2 个虚弱的坦克营打前锋，2 个步兵营跟随支援。坦克部队取得了一些进展，可是支援跟不上，后续步兵遭到德军俯冲轰炸机的空袭。友邻法国第 1 集团军本应动用自己 13 个师中的 2 个配合英军进攻，可实际上的贡献几乎为零。这几天来，法军多次因德国俯冲轰炸机和迅速机动的坦克而陷入士气瘫痪的境地。

可是值得注意的是，这样一次小规模的装甲部队反攻，居然给德军高层造成了很大的心理影响。他们曾一度考虑命令己方坦克矛头停止进攻。伦德斯泰特本人把这次反攻描述成"危急时刻"，说："我们曾短暂地担心我军的装甲师会在步兵师赶上来支援之前被切断后路。"[1]这表明，英军如果使用 2 个装甲师而不是区区 2 个坦克营发动反攻，将会收到何等奇效。

除了昙花一现的阿拉斯反击外，北面的盟军再也没有尝试突围，而魏刚策划的从南方发动的姗姗来迟的救援又是如此的无力，几乎落人笑柄。德军摩托化师沿索姆河迅速建立的封锁线就是为了让装甲师在北上收网的时候，不受任何干扰，他们轻而易举阻挡住了法军从南方发起的反攻。魏刚指挥的部队行动太慢，他夸张的命令跟丘吉尔的空谈一样毫无实际价值，丘吉尔竟鼓舞军队"放弃在水泥工事或自然障碍物背后抵挡进攻的幻想"，"用暴烈无情的进攻"夺回战场主动权。

当军队高层还在就各种不切实际的作战计划争辩不休的时候，北方被围的各集团军正在以斜线向海岸后撤。他们在正面上处于博克的各步兵军团越来越大的压力之下——不过背后还没有遭到德军装甲部队致命的一击。

24 日，魏刚怒气冲冲地抱怨说，"英军自作主张，一次就向港口方向撤退了25 英里，而此时，我军正从南方挺进，向北方步步紧逼，英国人本应前来会合的"。实际上，南方的法军根本没有取得什么进展，而英军也还没有开始撤退——魏刚的话仅仅表明，他正生活在自己的幻想中。

可是 25 日晚间，戈特终于下定决心撤向敦刻尔克海边。48 小时之前，德军装甲部队已经抵达距离港口仅有 10 英里远的运河一线。26 日，英国内阁批准陆军部电令戈特，同意他采取的步骤，并"授权"他执行撤退行动。戈特又被电令从海路撤出部队。

就在那一天，比利时陆军的防线中段在博克的进攻下破裂，他们已经没有可用的部队能填补防线上的漏洞。利奥波德（Leopold）国王已经数次通过凯斯（Keyes）海军上将警告丘吉尔，形势已变得毫无希望。现在，这个警告一下子变

---

1 从 1935 年起，《泰晤士报》和其他有关方面在预测 1940 年将会出现的那种战局时，都敦促过英国把军事建设的重点放到打造更为强大的空中力量上，他们还认为英国应聚焦于组建 2 ~ 3 个装甲师，一旦德军在法国达成突破，便用其发动反击，而不是派出一支由步兵师组成的远征部队——法国人拥有足够多的步兵师了。1937 年年底，内阁接受了这个主张，但到了 1939 年年初，他们又改变主意，重新打算按照熟悉的模式组建远征部队。到 1940 年 5 月，英国总共向法国派出了 13 个步兵师（包括 3 个所谓"劳工师"），其中没有一个装甲师，结果证明，这些部队丝毫无助于局势之改善。

成了现实。比利时国土大部分已经被占领，比军已经被逼到了海边一处狭长地带，那里还挤满了难民。于是当天下午晚些时候，比利时国王决定求和——第二天清晨，比利时"停火"。

比利时的投降加剧了英国远征军面临的危险，使其有可能在抵达敦刻尔克之前就被切断后路。丘吉尔刚刚致电利奥波德国王请他坚持战斗，私下里，他却对戈特说，这个请求就是"请他们牺牲自己拯救我们"。可以理解，已经陷入重围的比利时人早已知道英国远征军正准备撤退，不会和丘吉尔一样认真对待这个请求。利奥波德国王也不愿意听从丘吉尔的建议"及早坐飞机撤离"。国王认为自己"有必要和军队和人民待在一起"。从长远看，他的决定可能并不明智，可是在当时的条件下，这是一个高尚的选择。丘吉尔后来对国王的批评并不公正，而法国总理和报界发出的强烈谴责就更是完全不讲理——毕竟比利时陷落的根源就是法军默兹河防线的崩溃。

英军向海岸的撤退变成了在德国包围网收紧之前重新登船的一场赛跑，他们已经无暇顾及法国人的抗议和谴责了。幸运的是，英国本土出于其他目的早在一周前就已经开始为撤退做准备了。20 日，丘吉尔就已经批准采取步骤"集中大量小型船舶准备好驶向法国沿岸的港口和港湾"，目的是救出那些在按照计划向南突围过程中可能被分割包围的小股远征军。海军部立即着手准备。而在 19 日，也就是前一天，坐镇多佛尔的拉姆齐（Ramsay）海军中将被任命负责战术指挥。为了这次代号为"发电机"（Operation Dynamo）的行动，海军立刻搜罗了一些渡轮、漂网渔船和小型近海船只。从哈维奇（Harwich）到韦茅斯（Weymouth），海运官员们奉命登记本地 1000 吨以下的所有船舶。

此后几天，形势迅速恶化，海军部很快意识到敦刻尔克将是唯一可行的撤离途径。"发电机行动"在 26 日下午正式启动——在比利时人求和之前 24 小时，也在内阁授权撤退之前。

起初，海军部预料只能救出一小部分远征军。海军部命令拉姆齐争取两天之内撤走 4.5 万人，因为再往后，撤离行动很可能会因德军的追击而无法继续下去。实际上，到 28 日夜间为止，只有 2.5 万人回到了英国，幸运的是，英国人得到的宽限期比想象的长得多。

头 5 天，撤退速度大大受限，因为小船数量不足，无法迅速地把部队从滩头送到停泊在海里的大船上。拉姆齐早就指出过需要大批小艇，可准备的数量还是不足。但海军部现在做出了加倍的努力，以提供小船并为其配备人员。包括渔夫、救生员、游艇驾驶员和其他一切有操艇经验的平民都加入进来，以补充海军人员的不足。拉姆齐记载说，其中表现最好的，也包括伦敦消防队"马西·肖"号（Massey Shaw）消防船的船员。

起初，海滩上混乱不堪，因为等候登船的部队都是后方的基地人员，正处于无组织的状况。拉姆齐认为加剧混乱的因素之一是"陆军军官的制服和士兵不易区分"，他发现"海军军官的制服极易区分，他们的出现有助于恢复秩序……后来，战斗部队到达海滩，以上困难迎刃而解"。

第一次大规模空袭在 29 日傍晚降临，"重要的敦刻尔克港航道没有在这么早的时候就被沉船封锁，这得归功于幸运"。大部分部队都要从港口装船，只有三分之一是从滩头撤走的，因此保持航道畅通就显得更加重要了。

此后 3 天，空袭越来越密集，6 月 2 日白天，撤退不得不暂停。从英格兰南部起飞的皇家空军战斗机尽力抑制德国空军的行动，可是他们一来寡难敌众，二来受限于航程无法在作战区域停留太久，因此无法为撤退提供足够的空中掩护。经常出现的轰炸让等候在滩头的部队非常紧张，不过松软的沙土缓冲了炸弹的爆炸力。盟军在海面上遭受的物质损失还要更多，在用于撤退的 860 艘英国和盟国的各种船舶中，总共有 6 艘驱逐舰、8 艘运输船和 200 多艘小型船只损失。很幸运德国海军没有做出更大的努力，用潜艇或者鱼雷艇阻止英军撤退。而且异常晴朗的天气也为撤退提供了便利。

到 5 月 30 日为止，总共有 12.6 万名军人撤离，英国远征军的其余部队也全部抵达敦刻尔克桥头堡，只有在撤退中被切断退路的零星部队除外。于是此时，面对德军从陆上发动的包围进攻，这个桥头堡阵地的防御已经变得更加稳固。德国人已错失良机。

不幸的是，在比利时境内的法军高级指挥官们仍然死抱着魏刚荒谬的计划，犹豫着没能及时迅速地和英军一起向海峡撤退。这种耽搁的结果是，法国第 1 集团军余部将近一半的部队于 28 日在里尔附近被切断退路，31 日被迫投降。但他们英勇的 3 天战斗有助于其他法军残部和英军的撤退。

到 6 月 2 日午夜，英军后卫也已登船，远征军撤退完毕——总共有 22.4 万人安全撤出，只有大约 2000 人在航渡途中因船只沉没而死亡。大约 9.5 万名盟军士兵，其中大多数是法军，也被撤出。第二天晚间，英国人尽了一切努力来营救剩下的法军部队，虽然困难越来越大，但还是又救出了 2.6 万人。不幸的是，有几千名后卫部队被抛下了，而这让法国人耿耿于怀。

到 4 日清晨"发电机行动"结束的时候，总共有 33.8 万名英军和盟国官兵登陆英格兰。与一开始的期望值相比，这是个了不起的结果，对海军而言，这也是一个伟大的壮举。

同时很明显，如果希特勒没有在 12 天之前（5 月 24 日），叫停克莱斯特位于敦刻尔克外围的装甲部队，那全体英国远征军就根本无法安然而退，以期"来日再战"。

在那时，英军只有一个营守卫着格拉夫林和圣奥梅尔之间 20 英里长的阿河（Aa）地段，而伸向内陆 60 英里远的运河一线的防御状况也强不到哪里去。很多桥梁都还没有被炸毁，甚至还没安置好炸药。所以德军装甲部队在 5 月 23 日如果想要在运河对岸建立几处桥头堡的话，应该毫无难度，戈特在电文里说"我们侧翼唯一的反坦克障碍就是运河了"。一旦德军跨过运河，就没有什么能阻挡他们封锁英国远征军撤往敦刻尔克的通道——除了希特勒下达的停止前进命令。

但很明显，自德军突破法国防线以来，希特勒就一直处于高度紧张和敏感的精神状态中。进攻异乎寻常地轻而易举，德军遇到的抵抗微乎其微，这一切都太不真实了，让他深感不安。这种心理上受到的影响可以从总参谋长哈尔德保存下来的日记里觅得端倪。17 日，即法军默兹河防线戏剧性崩溃的次日，哈尔德这样写道："这一天过得很不愉快。元首极为紧张。他被自己的成功吓坏了，害怕冒险，宁可拉住缰绳，让我们放慢脚步。"

就在那天，古德里安在全力冲向大海的途中被突然制止。第二天，哈尔德记载道："每个小时都很珍贵……元首大本营却持有不同看法……不可理喻地担心南方侧翼的安全。他大发雷霆，尖叫道我们正在毁掉整个战局。"那天傍晚，哈尔德向他保证说后续的步兵集团军正开赴埃纳河一线保护侧翼，直到那时，希特勒才同意让装甲部队继续前进。

两天后，德军装甲部队到达海岸，切断了位于比利时的盟军主力的交通线。这个伟大的成功似乎暂时打消了希特勒的疑虑。可是当装甲部队向北转进时，尤其当英军从阿拉斯发起的那个很小的反攻引起短暂恐慌时，希特勒的疑虑又回来了。他视为珍宝的装甲部队正向英军战区挺进，而希特勒认为英军是特别顽强的对手。同时他也担心南翼的法军可能会有什么动作。

从表面看来，似乎希特勒在 5 月 24 日上午这个关键时间点视察伦德斯泰特的集团军群司令部，是一件很不凑巧的事情。因为伦德斯泰特是一位谨慎的战略家，总是小心翼翼地考虑所有的不利因素，绝不会因为轻敌而犯错。他经常能和希特勒互补，对局势提出冷静周到的分析——可是这次他的分析对德军的战局并没有产生益处。他在综述战场形势的时候强调坦克部队的实力在长途快速进军之后遭到极大削弱，指出装甲部队有可能遭遇南北夹击，尤其是来自南方的攻击。

前一天夜间，伦德斯泰特接到陆军总司令勃劳希契的命令，要他把北方战区完成包围的任务移交给博克，因此他自然会更多地考虑下一步在南方的军事行动。

此外，伦德斯泰特的司令部还在色当附近的夏尔维尔（Charleville）——在埃纳河后方不远的地方，正位于德军南向防线的中段。这个地点让他倾向于把注意力集中在南方正面，而对最右翼的进展较少关注，那里似乎胜局已定。敦刻尔克缩到了伦德斯泰特视线的角落里。

希特勒"完全同意"伦德斯泰特的保留意见，进一步强调为下一步作战而保存装甲部队实力的绝对必要性。

下午，希特勒一回到自己的司令部，就找来陆军总司令勃劳希契，进行了"一场非常不愉快的会谈"。作为结果，希特勒严令部队停止前进——当天晚上哈尔德在日记里难过地总结了这道命令的后果：

> 由装甲和摩托化部队组成的左翼当面没有敌人，却奉到元首的明令停止前进。消灭被围之敌的任务将留给空军去完成！

希特勒停止前进的命令是受了伦德斯泰特的怂恿吗？如果希特勒觉得自己是受了伦德斯泰特的影响，那么在英军撤离后，他几乎肯定会提到此事以作为自己错误决策的借口之一，毕竟他一向就很喜欢诿过于人。可是他后来在解释这件事的时候，从未把伦德斯泰特的意见作为原因之一。这是最有力的一条反证。

更可能的是，希特勒去伦德斯泰特的司令部只是为了印证自己的疑虑，为了迫使勃劳希契和哈尔德改变计划。如果希特勒先前还受到了什么其他人的影响，那么他们可能是他的首席参谋凯特尔（Keitel）和约德尔。当时和约德尔关系密切的瓦利蒙特将军提供的证词特别重要。瓦利蒙特在听到停止前进命令的谣言后，跑去向约德尔询问这件事：

> 约德尔证实的确下达过这道命令，对我的询问很不耐烦。他本人同意希特勒的立场，强调说不仅希特勒，他自己和凯特尔也于"一战"期间在佛兰德地区作过战。他认为装甲部队不可能在佛兰德的沼泽地形作战，勉强而行就要付出惨重的代价——这种代价是必须避免的，因为各装甲军的实力已经大大削弱，但他们还要在即将来临的进攻法国的第二阶段承担作战任务。[1]

瓦利蒙特补充说，如果停止前进命令的主张出自伦德斯泰特，他和其他国防军最高统帅部的同僚肯定会有所耳闻，而支持这项决定的约德尔，"几乎肯定会指出陆军元帅冯·伦德斯泰特是这个命令的发起者，或者至少是支持者"——因为伦德斯泰特"在所有高级参谋军官中，在作战问题上享有无可争辩的权威性"，抬出他的大名肯定会打消任何反对意见：

> 况且，当时我还听说了另一个原因——戈林冒了出来，向元首保证说他的空军可以从空中封闭海上一侧的包围圈，完成合围任务。他肯定是大大高估了自己指挥的军种的效力。[2]

如果再把这段话和前文引用过的哈尔德 24 日日记的最后一句话联系起来看，瓦利蒙特的说法就显得更重要了。此外，古德里安表示，克莱斯特向他传达的命令说："敦刻尔克要留给空军对付。如果拿下加来也有困难，那处要塞也可以一样留给空军。"古德里安评论道："我认为是戈林的虚荣心让希特勒做出了致命的

---

1 Liddell Hart: *The Other Side of the Hill*, p. 197.

2 Liddell Hart: *The Other Side of the Hill*, p. 197.

决定。"

同时，有证据表明，即便德国空军也没有充分发挥应有的战斗力或者说打得足够顽强——某些空军将领说希特勒在空军这边也踩了刹车。

以上种种都让德军高层怀疑，希特勒的军事原因背后还隐藏着一层政治动机。伦德斯泰特的作战计划主管布鲁门特里特（Blumentritt）把停止前进命令和希特勒造访伦德斯泰特司令部时那令人惊讶的谈话方式联系起来看待：

> 希特勒幽默风趣，他认为这次作战的过程"是一个决定性的奇迹"，告诉我们他认为战争在 6 周内就会结束。在那之后，他想要和法国缔结条件合理的和平，这样也就能为和英国媾和铺平道路。
>
> 他用欣赏的口吻谈起大英帝国，谈起大英帝国存在的必要性和为世界带来的文明，这让我们都大吃一惊。他耸了耸肩评论道，英帝国在缔造的过程中所用的手段经常是残酷的，可是"要奋斗就会有牺牲"[1]。他把英帝国比作天主教会——说它们都是世界稳定的必需因素。他说自己只要求英国承认德国在欧洲大陆上的地位。归还德国丧失的海外殖民地虽然听起来不错，但并不必要，如果英国在海外遭遇到什么困难，他甚至可以借兵支持英国。他评论说，殖民地主要不过是国家威望的装点而已，因为它们在战时是根本守不住的，而且反正没有几个德国人能受得了住在热带。
>
> 他得出结论说，自己的目的是跟英国缔结一个对方认为接受起来符合自己荣誉感的和平。[2]

布鲁门特里特后来反思整个事件发生的过程时，经常会想起这段谈话。他认为"停止前进"不仅是出于军事原因，也是让英国更容易接受媾和的一个政治手段。如果英国远征军在敦刻尔克被消灭了，英国也许会觉得这是他们荣誉的一个污点，必须雪耻。希特勒让英军逃走是希望能安抚英国。

这些回忆来源于一批对希特勒持严厉批评态度的将领，而他们本身都承认自

---

1 译注: where there is planning, there are shavings flying, 直译是"要推平木板表面就肯定会有刨花"。
2 Liddell Hart: *The Other Side of the Hill*, pp. 200-1.

己的愿望是歼灭英军，因此这就更显得意味深长了。他们对希特勒在敦刻尔克战役期间谈话的回忆，印证了希特勒本人早年在《我的奋斗》里的论述——值得注意的是，在其他很多方面上，希特勒也都是按照这本书中的信条行事的。他在论述中流露出对英国爱恨交加的情感。他当时关于英国的谈话基调在齐亚诺（Ciano）跟哈尔德的日记中也有所记载。

希特勒的性格非常复杂，也许没有一个单一的解释是完整的。他的决定更有可能是出于好几个不同的原因。其中有三个是很明显的——他希望为下一阶段进攻保留装甲部队的实力；他长期以来对佛兰德泥泞地形的恐惧；戈林为空军争功的因素。不过可能性最大的是，在他脑海里除了以上军事原因外，还交织着政治原因，此人惯于玩弄政治谋略，思想里总是充斥着弯弯绕。

法军新的正面沿索姆河和埃纳河展开，比开战时的正面更宽，而能用来守卫它的部队却少得多。法国在战役第一阶段已经损失了30个师，这还不包括其盟军提供的帮助。（英军在法国只剩下2个师的部队，不过另有2个没有经过完整训练的师正在赶往法国的路上。）魏刚总共搜罗了49个师守卫这条防线，另有17个师守卫马其诺防线。短期之内，法军也无法为加强这条防线做得更多了，法国人很晚才试图运用纵深防御的方法，但短缺的兵力使得这一谋划根本无法执行。法军绝大多数机械化师不是被消灭就是遭受重创，因此也缺乏机动预备队。

相反，德国人已经用新的坦克整整补齐了10个装甲师，而他们的130个步兵师则几乎没有受什么损失。为了发动新的攻势，德军重新调整了进攻部队，第2和第9两个新的集团军被加进来用于加强埃纳河一线（位于瓦兹河和默兹河之间）的力量，古德里安负责指挥由2个装甲军组成的装甲集群，在这个地段准备出击。克莱斯特指挥剩下的2个装甲军，分别从位于亚眠（Amiens）和佩龙讷（Péronne）的索姆河桥头堡出击，以两翼包抄的态势，预定在克里耶勒（Creil）附近的瓦兹河下游合围。霍特指挥其余的装甲军在亚眠和海岸之间攻击前进。

6月5日，德军发起进攻，最初的攻势是在拉昂（Laon）和大海之间的西翼展开。头两天法军顽强抵抗，但战至7日，德军西翼的大部分装甲军已经突破到了通往鲁昂（Rouen）的大道上。法军的防线在一片混乱中瓦解，德国人在9日渡过塞纳河时没有遭遇严重的抵抗。不过这里并不是德军计划中最具决定性的进攻方向，所以他们停顿了下来，这对艾伦·布鲁克（Alan Brooke）将军指挥的一小支英军来讲是极为幸运的，这支部队得以在法国投降前再次成功地撤回国内。

然而，克莱斯特的两翼包抄没能按计划完成。左翼在 8 日突破了法军防线，可是从佩龙讷出击的右翼在贡比涅（Compiègne）附近遭遇顽强抵抗陷于停顿。德军最高统帅部因此决定把克莱斯特的装甲集群撤出来向东转移，去支援在香槟地区完成的突破。

香槟地区的进攻 9 日才开始，但很快就突破了法军防线。一俟步兵大部队强渡马恩河之后，古德里安的坦克就通过突破口向马恩河畔夏龙（Châlons-sur-Marne）横扫，而后转向东方。11 日，克莱斯特扩大了攻势，在蒂耶里堡（Château-Thierry）渡过马恩河。部队以赛跑的速度席卷朗格勒高原（Plateau de Langres）打到贝桑松（Besançon），直抵瑞士边界，包围了马其诺防线上的法国守军。

早在 7 日，魏刚就建议政府赶快请求停战，第二天他宣称"索姆河战役已经失败"。法国政府意见不一，对是否投降仍然感到犹豫不决，但还是在 9 日决定撤离巴黎。它在去布列塔尼（Brittany）还是去波尔多（Bordeaux）之间犹疑了一阵，然后取了个折中去了图尔（Tours）。与此同时，魏刚向罗斯福总统致电请求帮助，电文中宣称："我们会在巴黎城下战斗，我们会在巴黎背后战斗，我们会在某一个外省掘壕据守，如果我们被赶出本土，也会去北非继续战斗……"

10 日，意大利宣战。法国很晚才向墨索里尼提议割让某些海外殖民地，可是墨索里尼为了加强自己在希特勒面前的地位拒绝了法国的条件。但意军直到 10 天之后才发动进攻，然后又被一支较弱的法军轻易地抵挡住了。

11 日，丘吉尔飞往图尔，徒劳地想鼓励法国领导人继续战斗。第 2 天，魏刚向内阁汇报说战争已经输了，他把两阶段作战的失利全都归咎给英国，然后宣称："我有责任明确指出，必须要停战了。"他对军事形势的评估无疑是正确的，法军已经分崩离析，大多数部队根本没有试图抵抗，而是在向南方的撤退途中瓦解掉了。内阁在投降和去北非继续战斗之间意见不一，但最终只是决定迁往波尔多，同时指示魏刚尽力在卢瓦尔河（Loire）稳定防线。

德军在 14 日占领巴黎，并在两翼更深地揳入法国腹地。16 日，德军打到罗讷（Rhône）河谷。同时，魏刚继续为停战向政府施加压力，法军所有主要将领都支持他。丘吉尔为让法国改变主意并去北非继续抵抗做了最后的努力，甚至提出成立英法联邦（Franco-British Union）这一离谱的建议。这个建议除了激怒法国人以外，没有产生任何效果。法国内阁就这个建议进行了投票，大多数阁员拒绝，然后投票结果变成了投降的决定。雷诺辞职，贝当（Pétain）元帅组阁，16日夜间，法国政府致电希特勒请求停战。

20日，希特勒的和平条件被送交给法国使团——就在贡比涅森林里1918年德国使团签署停战协定的同一节铁路车厢里。在双方谈判的同时，德军越过卢瓦尔河一路前进，但在22日，法国接受了德国的条件。停战于6月25日凌晨1点35分生效，此前法国还和意大利安排了相应的停火。

第 8 章

不列颠战役

虽说战争早在 1939 年 9 月 1 日就以德国入侵波兰拉开了帷幕，两天以后英法又相继向德国宣战，可是希特勒和德军最高统帅部居然从未制订过计划或做好准备，以对付英国的抗战，这是历史上最异乎寻常的事实之一。更奇怪的是，从开战到 1940 年 5 月德军在西线大举进攻，中间将近 9 个月的时间里，德国也没有做出任何举动。后来即便法国已明显被击败，注定崩溃，德国也没有做过任何计划。

所以很明显，当时希特勒是指望英国政府能按照他有意提出的宽厚的和平条件同意双方媾和，尽管他一贯野心勃勃，但并不想和英国拼个你死我活。其实希特勒给德军将领们留下的印象是战争已经结束了，部队可以允许休假，部分德国空军被调往其他潜在的战线。此外，希特勒在 6 月 22 日下令复员 35 个师。

即便丘吉尔已明确拒绝任何妥协，还表达了继续战斗下去的决心，希特勒还是死抱着自己的想法，认为丘吉尔在虚张声势，认为英国一定会认识到"自己毫无希望的军事形势"。希特勒的幻想消散得非常缓慢。直到 7 月 2 日，他才下令开始研究通过入侵来击败英国的问题。又过了两周，7 月 16 日，他最终下令为代号为"海狮行动"的入侵作战做准备，此时，希特勒语气中仍然流露着对这一行动必要性的怀疑。不过，他的确说入侵行动必须在 8 月 15 日前准备完毕。

即便那时，希特勒内心仍然不想打，或者至少可以说是举棋不定。这点从他在 7 月 21 日对哈尔德说的话中可以看出来。希特勒说，他想要转身去解决苏联问题，如果有可能的话，想在那年秋天进攻苏联。29 日，约德尔告诉瓦利蒙特说希特勒决心对苏联开战。几天之前，古德里安装甲集群的作战参谋们就已经被

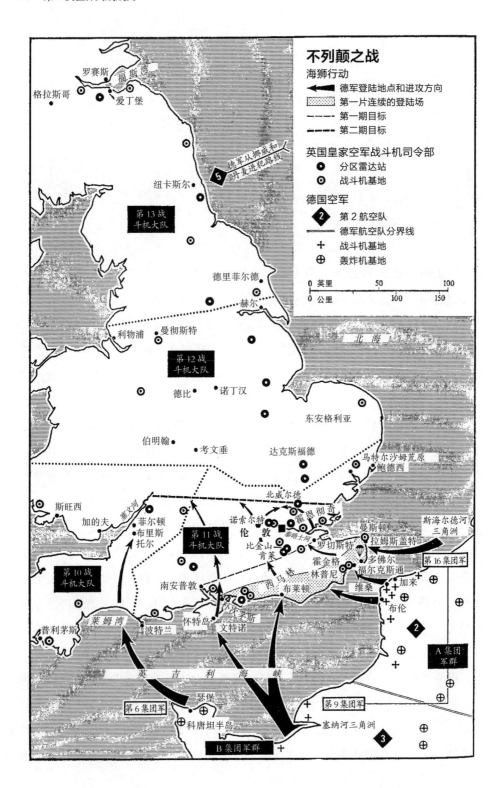

不列颠之战

海狮行动
◀━━ 德军登陆地点和进攻方向
▨ 第一片连续的登陆场
---- 第一期目标
---- 第二期目标

英国皇家空军战斗机司令部
⊙ 分区雷达站
◎ 战斗机基地

德国空军
2 第2航空队
━━ 德军航空队分界线
✚ 战斗机基地
⊕ 轰炸机基地

0   英里   50   100
0   公里   50   100   150

罗赛斯 福斯湾
格拉斯哥 爱丁堡
德军从挪威和丹麦进犯路线 5
纽卡斯尔
第13战斗机大队
德里菲尔德
赫尔
利物浦 曼彻斯特
第12战斗机大队
德比 诺丁汉
东安格利亚
伯明翰 考文垂
达克斯福德
马特尔沙姆荒原
鲍德西
北威尔德
北 海
斯旺西
塞文河
加的夫
菲尔顿 诺索尔特
布里斯托尔
第11战斗机大队
伦敦
霍恩彻奇
曼斯顿
斯海尔德河三角洲
拉姆斯盖特
罗切斯特
泰晤士河
第10战斗机大队
比金山 肯莱
霍金格
多佛尔 福尔克斯通
第16集团军
加来
南安普敦
布莱顿
西马林
林普尼
维桑
布伦
普利茅斯
莱姆湾 怀特岛
波特兰 考茅斯 文特诺
2
A集团军群
英 吉 利 海 峡
瑟堡
第6集团军
科唐坦半岛
第9集团军
塞纳河三角洲
B集团军群
3

调回柏林，以起草征苏战役中装甲部队的部署方案。

法国崩溃时，德国陆军根本没有准备好进攻英国。参谋部根本没有想过这件事，更不用说为此做出研究了。部队没有经受过海运和登陆作战的训练；入侵用的登陆舰艇也还没有开始建造。所以当时能做的事就只剩下匆匆忙忙地搜罗船舶，并把驳船从德国和荷兰调到海峡港口，让部队演练登船和下船。英军在法国丢失了大多数武器装备，一时处于"手无寸铁"的状况，只有在这种情形下，德军准备如此匆忙的入侵作战才会有一丝丝成功的希望。

陆军元帅冯·伦德斯泰特的 A 集团军群将负责入侵作战的主攻任务，其中，布施（Busch）上将的第 16 集团军将被部署在右翼，而施特劳斯（Strauss）将军的第 9 集团军将充当左翼。登陆部队将在斯海尔德河河口和塞纳河（Seine）河口之间的各个港口装船，在福尔克斯通（Folkestone）和布莱顿（Brighton）之间的英格兰东南沿海会合，同时空降师将夺取悬崖壁立的多佛尔 – 福尔克斯通（Dover-Folkestone）地区。根据这份"海狮计划"，10 个师的部队将在第一波入侵中登陆，并于 4 天之内建立起一个宽阔的桥头堡。向内陆发起的主攻将于大约一周后开始，初步目标是占领从泰晤士河三角洲（Thames estuary）到朴次茅斯（Portsmouth）之间弧形地带的高地。下一阶段，入侵部队将从西面切断伦敦与外界的交通。

B 集团军群的第 6 集团军将在冯·莱歇瑙陆军元帅指挥下负责辅助攻势，在第一波入侵中，将使用 3 个师从瑟堡（Cherbourg）起航，在波特兰岬（Portland Bill）以西的莱姆湾（Lyme Bay）登陆，准备向北进攻塞文河三角洲（Severn estuary）。

用来扩大战果的机动部队将在第二波入侵中登陆，总兵力为 6 个装甲师和 3 个摩托化师，编组为 3 个装甲军，其后是第三波 9 个步兵师，第四波 8 个步兵师。第一波登陆部队中虽然没有装甲，但配属了近 650 辆坦克，全都装载在两批运输船中的第一批船上（第一批运输船只搭载第一波登陆部队总共 25 万人中略多于三分之一的步兵）。这两批第一波跨越海峡的部队总共需要 155 艘运输船，总吨位达到 70 万吨，除此之外，还需要超过 3000 艘小型船舶——包括 1720 艘驳船，470 艘拖轮和 1160 条摩托艇。

登陆准备工作直到 7 月下旬才开始，德国海军参谋部宣称，最早也要到 9 月中旬，才能征集到如此多的船只来实施"海狮行动"——而希特勒已经下令要在

8 月中旬完成准备。（事实上，海军总参谋部在 7 月底就建议过应该把行动推迟到 1941 年春季。）

但这还不是"海狮行动"面临的唯一困难。德国陆军将领非常担心部队在航渡中可能会遇到的危险。他们对德国海空军扫清渡海通道的能力毫无信心，敦促尽量拓宽入侵的正面（从拉姆斯盖特到莱姆湾），以分散守军的兵力和注意力。德国海军将领更加担心如何应对英国舰队的出现。他们对自身抵御英国舰队攻击的能力信心不足或者说根本没有信心，起初一直坚持说海军无法为陆军主张的拓宽正面入侵提供充分的保护，只能通过相对狭窄的有水雷保护的海上通道，航渡较小规模的陆军——海军施加的限制更加深了陆军将领的疑虑。最重要的是，雷德尔海军元帅强调，渡海区域上空的制空权是必不可少的。

7 月 31 日，希特勒在和雷德尔讨论之后接受了海军在 9 月中旬之前不可能发动"海狮行动"的观点。但戈林向希特勒保证说空军有能力阻止皇家海军的干预，并把皇家空军从天空驱逐出去，因此行动并没有被明确推迟到 1941 年。陆海军首脑都很乐意让戈林尝试先期发动空中攻势，毕竟，在空军取得胜利之前，他们是不需要承担任何切实的作战任务的。

最终，纳粹空军没有取得胜利，因此在决定性的不列颠战役中，空中交战就成了最主要——事实上也是唯一——的作战方式。

德国空军相对英国皇家空军所占的优势不像当时一般人想象的那么大。德军没有能力像英国公众害怕的那样不停地派出一波又一波的轰炸机，而德国战斗机的数量也比英国多不了多少。

承担主要作战任务的是阿尔伯特·凯塞林（Albert Kesselring）元帅的第 2 航空队和雨果·施佩勒（Hugo Sperrle）元帅的第 3 航空队，前者的基地设在法国东北部和低地国家，后者的基地设在法国北部和西北部。每一个航空队都是可以独立作战的部队，由各机种组成，这种整合方式有利于在波兰和西线配合陆军的推进，但在完全空中的战役中却不那么有利。每个航空队独立制订作战方案，分别上报，没有总的指导方案。

8 月 10 日，空中攻势将要展开的那天，两个航空队总共拥有 875 架水平（高空）轰炸机和 316 架俯冲轰炸机。（后来的战斗证明，俯冲轰炸机在面对英军战斗机的时候难以自卫，所以在 8 月 18 日以后就撤出了战斗，留作登陆作战之用。）

此外，驻挪威和丹麦的由施通普夫（Stumpff）上将指挥的第 5 航空队还有 123 架高空轰炸机，可是第 5 航空队只在 8 月 15 日参战了一天，损失过于惨重，所以就停止了这种远程出击。不过，这支航空队远远的存在本身就起到了牵制作用，英国战斗机司令部不得不在英格兰东北部保持一定的兵力。第 5 航空队还在 8 月后半月调拨了 100 架轰炸机去补充第 2 和第 3 航空队的损失。

8 月 10 日空战开始时，德军总共有 929 架可用的战斗机，其中大部分都是单引擎的梅塞施密特 109 式（Me-109），但也有 227 架双引擎且航程相对较远的 Me-110 式。Me-109 的原型机出现于 1936 年，最高时速超过 350 英里，它的高爬升率使它相对英国战斗机占据进一步优势，但是它在战斗中的转弯和机动能力逊于英机。而且和英国战斗机不同的一点是，战斗开始阶段，大多数 Me-109 都没有安装保护飞行员的装甲板，不过倒是装备了英国战机欠缺的防弹油箱。

德军单引擎战斗机在本次战役中的决定性短板是有限的航程。尽管官方宣称 Me-109 式的航程能达到 412 英里，但这个数字其实是错误的。它真正的来回作战半径只有 100 多英里，只够从加来或者科唐坦半岛（Cotentin Peninsula）飞到伦敦上空，可用于作战的时间很短。换句话说，它只能在空中待 95 分钟，战术飞行时间只有 75 ~ 80 分钟。后来，德军轰炸机损失惨重，又实在难以自卫，因而必须要有战斗机护航。然而如果要给每架轰炸机配备两架战斗机护航，那么德军即使把目标设在英格兰南部，每天也最多只能出动 300 ~ 400 架轰炸机。

Me-109 在起降的时候还很难操纵，起落架结构也不够牢固，而法国沿海的简易机场更加剧了这个问题。

双引擎的 Me-110 战斗机尽管拥有每小时 340 英里的理论航速，实际上却慢得多，经常 1 小时只能飞出 300 英里甚至更少的距离，因此很容易被喷火式战斗机超过，而且它加速缓慢又很难机动。它本来肩负着成为"德国空军战斗机之花"的期望，结果却被证明是最令人失望的技术败笔——最后连它自身都需要 Me-109 来护航。

不过德军战斗机最大的弱点在于其无线电设备的落后。尽管它们也装备有无线电话，可供空战联络之用，但和英国人的无线电话相比，质量更差——地面无法控制这种战机。

英国皇家空军在法国损失了 400 多架战斗机，但到了 7 月中旬，就已经重整了实力，战斗机规模也恢复到了大约 650 架的水平——与 5 月德军发动西线作战前的英国空军实力相当。大多数战斗机是飓风式和喷火式，但仍然有将近 100 架其他旧式战斗机。

战斗机数量恢复如此之快，比弗布鲁克（Beaverbrook）勋爵居功至伟，5 月份丘吉尔组阁的时候，他被任命为新设立的飞机生产部大臣。他精力充沛，四处插手，批评者们抱怨说这妨碍了飞机生产的长远计划。可是战斗机司令部总司令空军上将休伊·道丁爵士（Sir Hugh Dowding）却公开宣称，"这个任命的效果只能用魔术来形容"。到仲夏，英国的战斗机生产量增加了两倍半，全年英国生产出 4283 架单引擎和双引擎战斗机，而德国的产量才刚刚超过 3000 架。

双方战斗机的武器配备则难分上下。喷火式和飓风式只配备了 8 挺机枪，固定在机翼前方。机枪的型号是美国产勃朗宁式——选择它是因为这种机枪遥控可靠，射速又高，每分钟能达到 1260 发。Me-109 一般在整流罩上配备两挺固定机枪，机翼上装备两门 20 毫米航炮，这种航炮是根据西班牙内战的经验设计的。西班牙内战是德国空军的试验场，Me-109 式在那里和如今已被淘汰的其他旧式战斗机一起经历过实战检验。

德军王牌飞行员阿道夫·加兰德（Adolf Galland）在回顾的时候，毫不迟疑地认为 Me-109 的武器配备更优越。英国方面的看法存在分歧，他们认为勃朗宁机枪射速高，能够在短时间里发挥更大的威力。不过英国人也认识到 6 发航炮炮弹的威力远大于勃朗宁机枪同时间能制造的火力——有些英国战斗机飞行员曾抱怨说，就算自己确信击中了敌机，可是结果却"什么也没有发生"。值得注意的是，也有大约 30 架喷火式战斗机在战役期间安装了两门 20 毫米西斯帕诺（厄利孔）航炮，10 月份以后，配备 4 门航炮的飓风式战斗机也开始投入作战。

从一开始就有一点非常明显，德军轰炸机的武备非常糟糕——只有少数几挺回转式机枪——缺了战斗机护航就很难打退英国战斗机。

就战斗机飞行员的情况而言，双方的情况比较起来更为复杂，战役早期阶段，英军实际上处于下风。英军飞行员的训练质量很高，可是人数太少。皇家空军的飞行训练学校扩充缓慢，这个缺点基本上限制了英军的作战。英军不能浪费任何一名飞行员，有的时候甚至不得不让德军的某些空袭得逞。道丁主要的担忧在于飞行员而不是飞机。

道丁在 7 月节约了兵源，因而在 8 月初成功地把战斗机飞行员队伍扩充到 1434 人，其中有 68 人是从海军航空兵处"借调"而来的。可是一个月后，飞行员人数下降到 840 人，平均每周的损失就有 120 人。与之相对，皇家空军作战训练单位一个月能培养出的飞行员不超过 260 人。9 月，飞行员更加短缺，技术特别熟练的飞行员越来越少。匆匆训练出来的新飞行员缺乏经验，伤亡率太高。新调来的空军中队往往比他们替换掉的疲劳的中队损失更大。作战的疲惫通常都伴随着士气低落和"神经紧张"。

德军一开始不存在飞行员人数短缺的问题。虽然他们在五六月的大陆作战中损失严重，但德军飞行训练学校训练出的飞行员多于前线各中队所需要的数量。可是戈林和德国空军其他高级将领把战斗机看作一个单纯"防御性"的兵种，认为它的重要性较低，这种态度深深影响了士气。此外，许多最好的战斗机飞行员都被抽调去轰炸机和俯冲轰炸机部队弥补人员损失，而戈林又反复批评战斗机部队缺乏进取心，认为战斗机部队是德国空军失败的原因，实际上德国空军的败因很大程度上在于他自己在制订计划时缺乏预见性和犯下的错误。与之相比，英国战斗机飞行员知道在那段关键的岁月里，自己就是丘吉尔所说的"如此少的人"，是皇家空军之花和民族英雄，他们的士气因而高涨。

德军战斗机越来越多地被用于甚至可以说被束缚于为轰炸机护航的任务上，往往每天要出击 2～3 次，有时候多达每天 5 次，这让战斗机和飞行员都负担过重，压力倍增。戈林不允许战斗机部队休息，也不允许前线单位轮调。结果疲惫加剧了德军的损失和消耗。到 9 月，德军士气越来越低落。飞行员们目睹入侵准备工作的懈怠和不专业，禁不住怀疑是不是真的会发动入侵战役，士气因而更加低落。他们越来越怀疑自己是不是为了维持一个表面的假象，为了一个已经取消的作战行动而被牺牲掉了。

德军轰炸机组则蒙受了沉重的损失，痛感无力抵抗皇家空军战斗机的进攻。他们虽然一直英勇地执行作战命令，但士气越来越低落。

总之，在战役开始阶段，双方在技术和勇气层面上可谓势均力敌，英国空军尽管损失惨重，但他们能看到并感受到敌人一直在蒙受着更大的损失和消耗，因而随着战役进行，他们越来越占上风。

在整个战役过程中，德军始终存在的一大弱点便是薄弱的情报工作。空军发动攻势作战时的主要指南是一本战前编写的手册，叫作"蓝色研究"（Blue Study），其中综述了当时能够知道的形势、英国的工业布局和在"民用航线试验飞行"过程中进行的综合照相侦察的成果。此外，空军还有自己的情报机构，能够提供极不完整的补充资料，但负责人只是一名少校。在这位施密特少校于1940年7月编写的皇家空军综述中，他大大低估了英国的战斗机产量，认为每个月只有180～300架——事实上，在比弗布鲁克努力增加产量之后，仅在8月和9月战役期间，飓风式和喷火式战斗机的月产量就增长到460～500架。乌德特（Udet）将军的生产部在所做的报告中历数飓风式和喷火式的缺点，却没有指出它们的优点，这也加剧了德军对英军实力的错误印象。

施密特少校的综述报告没有提及皇家空军由雷达站、作战控制室、高频无线电网络所组成的严密的空防系统。位于萨福克（Suffolk）海岸鲍德西（Bawdsey）的英国雷达站，以及沿海岸设置的高耸的雷达天线早在战前就能很容易地被情报机构观察到，很难相信德国人直到1939年仍然缺乏关于英国预警系统关键性能的情报。虽然德国人在1938年就获悉英国正在试验雷达，甚至于1940年5月在布伦（Boulogne）的海滩上缴获过一座可移动雷达站，但德国科学家认为英国雷达还很原始。法国人对保密向来漫不经心，德军在横扫法国大半国土时本可以轻易地获得关于英国雷达更为详细的情报，可是德国人似乎也不曾对这一机会加以利用。戈林本人几乎没有考虑过雷达的潜在作用。

事实上，直到7月，德国人沿着法国海岸建立起自己的监听站后，他们才从英国海岸的雷达天线所发出的电波中意识到，自己正面对着某种极为重要的新型装备。德国空军将领甚至低估了英国雷达的侦察半径和效能，从没有试图干扰或者摧毁英国的雷达系统。他们虽然发现英国战斗机是由无线电紧密控制的，但并没有感到有多忧虑——他们认为无线电控制系统会让战斗机指挥部变得缺乏弹性，而大规模的空袭可以摧毁整个系统。

在紧张的空战中，双方都有夸大对手损失的倾向，不过德国人更离谱。一开始，德国空军情报机构正确地估计了道丁可以动用的战机总数，即大约有50个喷火式和飓风式战斗机中队，总实力大约600架战斗机，其中能部署在英格兰南部的只有400～500架。可是战役开始后，德国人高估了英军损失，低估了英国战斗机的产量，这引发了混乱和计算上的错误。德军飞行员对英军投入战斗的飞机数量如此之多先是感到不解，后来更是深感沮丧。德军报告中被击落的英军战斗机数量甚至远远超过了英军实际拥有战斗机的总数。

　　计算错误的另一个原因在于，每次轰炸完一处英军战斗机指挥中心以后，德国空军将领总是用红笔把驻扎在那里的皇家空军中队一笔勾销。这么做部分原因是照相侦察不力，部分原因是对轰炸效果的分析过于乐观。比如，空军估计到 8 月 17 日，已"永久性摧毁"了不下 11 座英军机场——其实只有位于曼斯顿（Manston）的一座机场在较长的一段时间里无法使用。此外，德军还浪费了很多气力攻击那些并不属于战斗机指挥部指挥的英格兰东南部机场。同时，将领们却没有认识到战斗机指挥部组织架构中各个分区指挥站的重要性——比如，在比金山（Biggin Hill）、肯莱（Kenley）、霍恩彻奇（Hornchurch）设立的，他们不知道这些指挥站的作战控制室暴露于地面，很容易遭到空袭破坏。所以德国空军在 8 月底严重损害了这些分区指挥站之后没有继续扩大战果。

　　德军的另一个弱点在于气候，这包含两方面意思：英吉利海峡上空的气候对于进攻方通常是不利的，而坏天气的风暴系统通常从西方而来，因此英国人能先知道。德国人破获了英国大西洋气象预报的无线电密码，可是没能从中获益，经常面对坏天气措手不及。特别是，德军轰炸机和战斗机经常因预料之外的云层和糟糕的能见度而无法按时会合。法国北部和比利时上空的云层会延误轰炸机编队起飞，因为机组人员没有"盲飞"导航的经验，等轰炸机编队到达预定会合空域时，原定为他们护航的战斗机群因无法在空中浪费燃料早已跟随其他轰炸机群而去，结果就会出现这样一种状况：一个轰炸机编队可能有两群战斗机护航，而另一个则因没有护航而损失惨重。随着秋天临近，天气更加糟糕，此类错漏越来越频繁，后果是灾难性的。

　　不过在有一点上，德军因更好的计划而获益。英军的海空搜救行动起初组织得非常糟糕，在海面迫降的飞行员们要想获救只能靠运气。8 月中旬，将近三分之二的空战都是在海面上分出胜负的，因此这种问题带来的后果也就更加严重。德军在这方面组织得更好。他们使用大约 30 架亨克尔式水上飞机执行搜救任务，战斗机飞行员和轰炸机组人员配备有充气橡皮艇、救生衣、小手枪，还有一种能把周围海水染成亮绿色的化学制剂。海面迫降的飞行员在他的战斗机沉入海底之前能有 40 ~ 60 秒逃脱的时间。如果没有海上搜救装备的保驾，德国空军的士气可能会下降得更厉害。

德国空军在进攻中除了要克服皇家空军战斗机的激烈抵抗，还要面对隶属于英国防空司令部的高射炮。这些高射炮部队和配属英国远征军的高射炮部队一样，编制上隶属于陆军，可是作战上隶属于空军战斗机司令部。虽说高射炮部队在不列颠战役期间打下来的德国轰炸机相对较少，但他们至少对入侵的轰炸机构成了威慑，还影响了轰炸的精确度。

高射炮兵司令部总司令是陆军中将弗雷德里克·派尔爵士（Sir Frederick Pile）。他出身炮兵，1923 年皇家坦克兵部队成军时就转入坦克兵，很快成了装甲机动作战的热切倡导者和支持者。可是 1937 年，他在晋升少将军衔以后，却被陆军委员会任命为第 1 高射炮师的师长，负责伦敦地区和英格兰南部的空防。第二年，英军的 2 个高射炮师扩编为 5 个，后来又扩编为 7 个。1939 年 7 月，战争爆发前不久，绰号"蒂姆"的派尔被提升主管整个高射炮部队，包括部署在机场和其他重要目标附近抗击低空空袭的轻型高射炮兵。

迎击德军空袭的另一种武器是阻拦气球——就是一系列锚定在 5000 英尺高度的香肠形气球由钢缆固定。气球部队归属于皇家空军，是独立部队，不过也在战斗机指挥部控制下。

国土防空兵力的扩展，在战前那些年一直遭到陆军委员会的反对，最多也只是勉强同意——主要因为陆军委员会认为这些举措都是可耻的挖陆军墙脚的举动。所以派尔壮大高射炮部队并提高作战效能的努力在陆军部遭到强烈的反对，而且让他在陆军部变得不受欢迎——对他回归陆军主流并进一步升迁的前景造成了损害。对国家来说幸运的是，他和道丁这个很难共事的人建立了紧密和谐的工作关系，他们合作得非常愉快。

1939 年 9 月初，战争爆发之时，已被批准的高射炮司令部的编制规模成功扩大到 2232 门重型高射炮，几乎是两年前被否定的所谓"理想"（Ideal）计划中规定的两倍，另外还有 1860 门轻型高射炮和 4128 座防空探照灯。不过因为战前的犹豫和耽搁，开战时只有 695 门重型高射炮和 253 门轻型高射炮能部署到位——差不多是当时获批的重型高射炮规模的三分之一，轻型高射炮规模的八分之一。（无论如何，这已经大大好于一年前慕尼黑协定签署那会儿的情形了，当时能投入作战的重型高射炮总共只有 126 门。）探照灯的情况相对较好，批准的 4128 座中已经有 2700 座可以部署，接近三分之二。

战争开始后又出现了一个新问题：海军部要求调拨 255 门重型高炮保卫 6 处舰队锚地——战前海军部从未提出类似要求，因为他们非常自信战舰可以依靠自身配备的高射炮火力击退任何空袭。海军部现在要求部署不少于 96 门大炮来保护福斯湾（Firth of Forth）里的罗赛斯（Rosyth）的舰队锚地——这个数字等于当时能用来保卫整个伦敦地区的高炮数量，或者说 4 倍于保卫重要的罗尔斯 – 罗伊斯飞机引擎工厂所在的德比地区的高炮。

1940 年 4 月，远征挪威的行动又需要并抽调走了一大批轻型和重型高炮。

6 月法国陷落以后，英国本土的空防形势空前紧张，因为这个国家已被从挪威到法国布列塔尼半岛的一系列敌空军基地包围了。

当时，高射炮司令部的实力已经增长到 1204 门重型和 581 门轻型高炮，前者接近开战时的两倍，后者则超过了开战时的两倍。要不是各处的需求分散了力量，情况本来还可以更好些。此后 5 周，司令部又新增加了 124 门重型和 182 门轻型高炮，不过有将近一半重型和四分之一轻型高炮被转用于训练目的，或者因意大利在德国一边参战而被抽调到海外战场。7 月底，英帝国空防指挥部拥有的重型高炮数量只达到开战时认为必需的规模的一半，轻型高炮数量甚至不及三分之一——而开战时候的战略形势要比 7 月底好很多。探照灯数量很充足，现在能动用的大约有 4000 座，几乎达到了需要量——不过随着形势变化，现在需要的数量也变多了。

在不列颠战役的初期阶段，德国空军逐步对英国的船舶和海峡港口展开攻击，还有零星几次行动是为了把英军战斗机吸引出来决战。直到 8 月 6 日，两位主要的战场指挥官凯塞林和施佩勒从未收到过任何关于进攻的明确指示，这就可以解释为何战役初期的德军作战形态如此令人费解。[1]

7 月 3 日，德军开始系统地轰炸英国船舶，次日，87 架俯冲轰炸机在 Me-109 战斗机的护航下空袭了波特兰的军港，不过成效不大。10 日，一小群轰炸

---

[1] 派尔将军给我发来德军每日进攻目标的清单，希望我能找出其中的规律，可是我从中看不出任何模式或者明显的目的。

机在大批战斗机的护航下袭击了多佛尔沿海的一支护航运输队，值得注意的是，Me-110 战斗机在保护护航运输队的英军飓风式战斗机面前表现得尤其糟糕。7 月 25 日，在同一片海域，另一支护航运输队遭到了更加猛烈的空袭，之后海军部决定让护航运输队在夜间穿越海峡，后来德军对英国海军驱逐舰进行了几次成功的空袭，于是海军部决定把驻扎在多佛尔的驱逐舰后撤到朴次茅斯。8 月 7 日，维桑（Wissant）附近海岸悬崖上的德国雷达站发现了一支夜间穿越海峡的护航运输队，第二天，这支运输队遭到好几拨由战斗机护航的俯冲轰炸机反复袭击，每一波都有 80 架之多。德军在空袭中击沉了将近 7 万吨船舶——本身损失 31 架飞机。

皇家空军在 11 日的混战中损失了 32 架战斗机。尽管如此，在 7 月 3 日到 8 月 11 日的这个阶段，德国损失了 364 架轰炸机和战斗机，而皇家空军损失了 203 架战斗机——工厂一周的产量差不多就能弥补。

8 月 1 日，希特勒才姗姗来迟地下达命令，要德国空军"尽快消灭敌空军"。在戈林和主要前线指挥官商讨之后，德军把大规模进攻的开始日定在 8 月 13 日。这一天被命名为"鹰日"（Adlertag）。序战阶段过于乐观的战果报告让戈林相信，如果能有 4 天连续的好天气，德军就能夺取制空权。可是到了 8 月 13 日，天气比之前更加糟糕了。

无论如何，在鹰日当天，德国空军还是对英格兰东南部的英军战斗机基地和雷达站发动了轰炸。曼斯顿、霍金格（Hawkinge）和林普尼（Lympne）的前进机场遭到严重破坏，一些雷达站也在好几小时内变得无法正常工作。怀特岛（Isle of Wight）上位于文特诺（Ventnor）的雷达站完全被炸毁，不过英军用另外一处发射站发出电波，让德军误以为这个雷达站仍在工作。高耸的雷达天线经常吸引俯冲轰炸机的注意力，把它们从基地的作战控制室引开，不过德军原本就错误地以为这些作战控制室都建在地下。这还要归功于空军妇女辅助队的女雷达数据记录员们，她们一直不断地报告德军来犯状况，直到自己工作的雷达站被轰炸为止。

英格兰东南部上空密布的云层使戈林把主攻推迟到下午——可是有几支编队没有收到延期的信号通知，在互不协调的空袭中浪费了精力。下午总攻开始后，攻击部队太过分散，战果令人失望。在那天，德国空军出动 1485 架次，比皇家空军多了一倍，他们付出了 45 架战斗机和轰炸机的代价，只击落了 13 架英军战斗机——不过声称击落了 70 架。

在主攻开始的阶段，德国空军的很多精力被浪费在空袭不属于战斗机司令部的那些机场上，而战斗机司令部的各个机场才应该是他们的关键目标。德军轰炸机编队和战斗机护航编队之间缺乏协调，这也让他们吃尽苦头。

第二天，也就是 8 月 14 日，因为云层的缘故，德军能出动的架次减少到前一天的三分之一，可是 8 月 15 日早晨天气晴朗后，德国空军出动了 1786 架次，为整个战役中单日之最，其中轰炸机超过 500 架。第一波空袭的目标是霍金格和林普尼的机场，虽然比较重要的霍金格机场没有受到重创，但后者瘫痪了两天。

午后不久，第 5 航空队出动两支编队总共 100 多架轰炸机飞越北海空袭纽卡斯尔（Newcastle）附近和约克郡（Yorkshire）的机场。其中，从挪威斯塔万格（Stavanger）起飞的较大的一支编队有 65 架轰炸机，由大约 35 架 Me-110 战斗机护航，可是这些战斗机根本起不到保护作用，这支编队不仅遭遇皇家空军第 13 战斗机大队的顽强抵抗，还受到高射炮的干扰，没有对任何目标造成严重的伤害，自身却有 15 架被击落，而皇家空军没有损失飞机。另一支编队从丹麦阿尔堡（Aalborg）起飞，大约有 50 架轰炸机，没有战斗机护航。皇家空军第 12 战斗机大队出动 3 个中队迎战，但这些德国轰炸机大部分还是成功地突破拦截飞到约克郡德里菲尔德（Driffield）的皇家空军轰炸机基地，造成很大破坏——不过，他们在英格兰上空被击落 7 架轰炸机，还有 3 架在返航途中损失。

在南方，英军的防御没有那么成功——德军的空袭航程更短，力度更大，方式也更加多样。那天午后不久，有一支 30 架德国轰炸机组成的机群在严密的战斗机护卫下突破到罗切斯特（Rochester），轰炸了那里的肖特（Short）飞机制造厂，与此差不多同时，24 架战斗轰炸机空袭了皇家空军位于萨福克郡马特尔沙姆荒原（Martlesham Heath）的战斗机基地，造成严重破坏。德军的出击波次太多，在英国雷达图上造成了混乱，一个个单独起飞的英军战斗机中队在空中来回追逐。对英军来说幸运的是，第 2 和第 3 航空队没能有效地协调他们的进攻，所以丧失了让皇家空军疲于奔命的良机。直到下午 6 点，第 3 航空队才出动由大约 200 架飞机组成的大机群飞越海峡，轰炸英格兰中南部的机场。负责防卫英国南部的第 10 和 11 战斗机大队在良好的雷达预警的帮助下，出动了 14 个以上中队总共约 170 架战斗机迎战这次大规模进攻，德军所获战果寥寥。不久后，第 2 航空队用大约 100 架飞机再次空袭东南部，但这次出击也因英军迅速抵抗而收效甚微。攻击机群就算突破到目标上空，也会发现英军战斗机早已疏散并且掩蔽得很好。

那一天可能是整个不列颠战役中最具决定性的一天，德军在英国上空总共实际损失了 75 架飞机，而英军则损失 30 架战斗机。值得注意的是，德国空军几乎将全部战斗机投入作战，但参加的轰炸机还不足拥有数量的一半，这说明他们已经认识到并且间接承认，轰炸机必须要有战斗机护航。而且这一天的作战确切表明，德军俯冲轰炸机，也就是著名的"斯图卡"式（Stukas），不适于执行分配给他们的任务，而被寄予厚望的 Me-110 式战斗机也不适合作战。

就是这一天的战斗鼓舞丘吉尔说出了那句名言："在人类战争史上，从未有这么少的人为这么多的人做出过这么大的贡献。"

但是第二天，即 8 月 16 日，德国空军再次派出重兵——他们以为皇家空军在 15 日的战斗中损失了超过 100 架战斗机，只剩下 300 架战斗机了。这次空袭虽然在某些地方造成严重损失，但整体上的战果是令人失望的。17 日的天气依然晴朗，但德军没有发动大的空袭。18 日，德国空军发动了一次更为强大的攻势，结果却损失了 71 架飞机（其中一半是轰炸机），而皇家空军则损失了 27 架战斗机。此后，空袭力度逐渐减小。实际上，德军对肯莱和比金山发动的超低空袭击造成了极大的破坏，英国人很难加以抵御，因为德军是从低于雷达侦察平面的高度进入的。但德国人自己没有认识到这一点，只感觉损失太大，攻势无以为继。然后，坏天气给战役又带来了一段平静期。

19 日，戈林再次召集其前线主要指挥官开会。经过讨论，他们决定继续空中攻势，但是把重点目标转为打垮英军的战斗机部队。

8 月 10 日以后的两周内，德国空军损失了 167 架轰炸机（包括 40 架俯冲轰炸机），因此轰炸机部队的指挥官们要求增强战斗机护航兵力。戈林偏袒轰炸机部队，诿过于战斗机部队，这让这两个兵种之间的紧张和摩擦日益加剧。

但英军内部也出现摩擦，尤其是在关键的英格兰东南地区的第 11 战斗机大队指挥官基斯·帕克（Keith Park）空军少将和密德兰（Midlands）地区的第 12

战斗机大队指挥官特拉福德·利－马洛里（Trafford Leigh-Mallory）空军少将之间。帕克强调应在德军轰炸目标前方给予迎头痛击，并击落德军的轰炸机，这样可以迫使德军把越来越多的 Me-109 式战斗机用于近距离护航，而 Me-109 并不适合执行为轰炸机当贴身保镖的任务。利－马洛里认为这种战法会让皇家空军的战斗机飞行员负担过重，因为他们很容易在地面加油的时候遭到轰炸或者还没有爬升到足够高度的时候就遇到截击。

他们在战术上也存在分歧，"利－马洛里派"推崇集中大机群截击兵力的"大联队"理论，而帕克坚持"有限集中策略"，他认为英国空军在雷达的帮助下可以采取更为灵活的策略，即在德军空军到达时再派出截击部队。

另外也有观点认为，道丁和帕克为了民众的士气，都过于倾向死守在英格兰东南部的前进机场，其实，撤到伦敦地区后方，也就是 Me-109 式战斗机和受其保护的轰炸机作战半径之外，也许更加明智。

8 月 8 日到 18 日，英国战斗机司令部损失了 94 名飞行员，另有 60 名飞行员受伤。尽管英国人损失了 175 架战斗机，另有 65 架战斗机被重伤，30 架飞机在地面被击毁，但当时飞机本身并不短缺。

8 月 24 日天气转晴，戈林发动了争夺制空权的第二次攻势。这次，德军的计划更加周密。凯塞林的第 2 航空队通常都会在海峡的法国一侧空域保持一批飞机升空，但英国雷达分辨不出轰炸机和战斗机，也不知道这些飞机什么时候会突然冲过海峡，这就使得帕克不停地猜测德军的意图，席不暇暖。在这个新阶段，第 11 战斗机群的前进机场受到比以前更严重的打击，英国人被迫放弃了曼斯顿的基地。

新作战计划的另一个特点是对伦敦附近的皇家空军基地和设施展开密集攻击——这导致某些炸弹在无意中被扔到了伦敦。24 日夜间，大约 10 架德军轰炸机在飞往罗切斯特和泰晤士河港的轰炸目标途中迷路，把炸弹丢到了伦敦市中心。因为这个失误，第二天夜间，英军派出大约 80 架轰炸机轰炸柏林，作为报复，此后英军又数次夜袭柏林——英国对德国发出的威胁不加理睬，于是希特勒下令对伦敦发动报复性打击。

新攻势发动之前，第 3 航空队的 Me-109 战斗机大部分已转隶给第 2 航空队，以加强加来海峡地区的护航力量。这个调整见效了。皇家空军战斗机在突破德军战斗机屏护的时候遇到了更多困难，损失也在上升，而德军轰炸机突破到目标地区上空的概率大增。而且德国人设计了一种新战术，让大机群飞过英国雷达屏护区后再分散成几个独立的空袭编队。

8月24日进攻开始，北威尔德和霍恩彻奇的分区指挥站靠着高射炮的火力才未被完全摧毁。高射炮火力还把朴次茅斯港区从第3航空队发动的大规模空袭中拯救了下来，不过朴次茅斯城本身被偏离目标的炸弹击中，遭到重创。这次袭击之后，第3航空队转为夜袭，在28日往后连续4个夜里轰炸利物浦（Liver-pool），不过很多德军轰炸机缺乏夜间轰炸训练，而导航无线电波也被英国人干扰，结果找不到默西河沿岸（Merseyside）地区。但这些空袭也暴露了英军防御夜袭不力的弱点。

8月的最后两天对战斗机司令部来说非常糟糕。值得注意的是，德军派出15～20架轰炸机组成的小编队出击，护航的战斗机数量更是3倍于此。31日，皇家空军蒙受了整个不列颠战役期间最严重的损失，39架战斗机被击落，而德军则损失41架飞机。这个损失交换比是皇家空军的有限兵力负担不起的，它开始无法阻吓进攻者。英格兰西南部的大多数机场目前已经遭到严重破坏，其中一些机场所受的破坏相当严重，已经无法使用。

就连道丁上将也在考虑把部署在东南部的战斗机屏护线后撤到德军 Me-109式战斗机的作战半径以外。他还因为保留了20个战斗机中队保卫英国北部而备受批评，因为北部地区只遭受过一次昼间空袭，此后就再也没有被炸过。此外，东安格利亚（East Anglia）和密德兰地区的第12战斗机大队强烈要求更多地参与到空战中去——可是帕克抱怨第12大队不愿按照自己的方式来配合作战。帕克和利马洛里之间的矛盾，道丁和空军总参谋长内维尔（Newall）之间的矛盾都无助于问题的顺利解决。

整个8月，战斗机司令部在战斗中损失了338架飓风式和喷火式战斗机，另有104架重伤，而德军则损失了177架 Me-109式战斗机，24架重伤。就战斗机而言，双方损失比是2比1。由于其他原因，英军还损失了42架战机，而德军损失了54架 Me-109式。

因此，9月开始之际，戈林有充分的理由认为自己已经快要实现摧毁英国战机兵力和东南部基地的目标。可是他没有能乘胜追击，扩大优势。

9 月 4 日，德国空军对英国位于罗切斯特的肖特飞机制造厂和位于布鲁克兰（Brooklands）的维克斯 – 阿姆斯特朗（Vickers-Armstrong）飞机制造厂发动一系列空袭，因此放松了对战斗机司令部下辖各机场的全力打击。德军对英国飞机制造厂的空袭本身成果斐然，可是减轻了战斗机司令部的压力。这次喘息之机非常宝贵，因为当时英军飞行员们的忍耐力和神经已经绷紧到了崩溃的边缘，他们的战绩也呈现明显的下滑趋势。

道丁抓住了问题的主要矛盾，下令全力保护南部的战斗机制造工厂，两天后，德军对布鲁克兰发动了新一轮空袭，但被击退了。对伦敦周围 5 处分区指挥站发动的空袭也被拦截。

8 月 24 日到 9 月 6 日之间的两周，295 架英国战斗机被毁，另有 171 架重伤——而同期新生产和修复的战斗机有 269 架。德国空军损失的 Me-109 式战斗机还不到这个数量的一半——不过德军还损失了 100 多架轰炸机。

德空军的损失，加上为轰炸机加强护航的呼声都严重影响了其所发动或者本来能够发动的进攻。德军曾每天出动 1500 架次，在 8 月的最后两天里也曾短期恢复到每天 1300～1400 架次的出击规模，但在 9 月第一周单日出动的架次从未达到 1000。不列颠战役已经发展成了消耗战，在战役头两个月内，德国空军损失了 800 多架飞机。担任主攻的凯塞林第 2 航空队目前只剩下 450 架轰炸机和530 架 Me-109 战斗机可供使用。因此，在战役第 3 阶段的尾声，胜负的天平终于开始向英国倾斜了。在接下来的第 4 阶段中，由于德空军转移进攻重点，天平还将继续朝英国倾斜。

9 月 3 日，戈林在海牙再次召开前线主要指挥官会议，这次会议明确做出了一项命运攸关的决定：把白昼空袭的目标转向伦敦——凯塞林从战役发起时就建议这么做，现在希特勒也批准了。新攻势的发起日期定于 9 月 7 日。

与此同时，德军将把第 3 航空队的 300 架轰炸机用于夜袭。这个策略也很合施佩勒的胃口，他一直倾向于轰炸英国的船舶和港口设施，越来越怀疑能否消灭英国的战斗机部队并炸毁其机场。

7 日下午，第 2 航空队出动大约 1000 架飞机扑向伦敦，其中有 300 多架轰炸机和 648 架护航战斗机，戈林和凯塞林站在加来和维桑之间的白鼻角（Cap

Blanc Nez）观战。进攻机群在 13,500 到 19,500 英尺高度分层分批次排开，保持紧凑编队队形，分为两个攻击波。德军战斗机屏护部队采取了新战术，分出一支部队在主力机群前方很远的 2.4 万到 3 万英尺高空飞行，另一支护航兵力则负责贴身保护，在轰炸机编队前后左右只有 300 码的位置近距离飞行。

这种新战术很难破解，不过在这次战斗中，德国人其实根本不需要使用这种战术。因为第 11 战斗机大队的作战指挥军官认为德空军还会对英国后方分区指挥站发动另一次空袭，因此当时已经升空的 4 个中队大部分都集中在泰晤士河以北。结果，德空军飞往伦敦的航路是畅通无阻的。第一波德国飞机直接飞到伦敦码头上空，第二波飞越伦敦市中心然后回头飞往东区（East End）和码头区。这次轰炸不像德国人以为的那么准确，很多轰炸机没能瞄准目标，反而把炸弹投到了人口密集的伦敦东区，结果造成了更大的人员伤亡。在对伦敦的这第一次也是最后一次大规模白昼空袭中，300 多名平民被炸死，1300 多人受重伤。

战斗机司令部度过了一个令人沮丧的夜晚。其下辖的大多数战斗机中队赶到现场为时已晚，接着又被德军的新战术迷惑，但还是成功击落了 41 架敌机，自身损失 28 架。从诺索尔特（Northolt）起飞的第 303（波兰）战斗机中队凶猛异常，给德军造成了极大的震撼。

在东区燃起的熊熊大火，成了德军随后夜袭的航标，夜袭从晚上 8 点一直持续到将近凌晨 5 点。戈林给夫人打电话，胜利地宣称"伦敦被笼罩在火焰之中"。英军的微弱抵抗让他和很多部下指挥官都误以为英军战斗机部队已经到了覆灭的边缘。所以，他在第二天下令扩大轰炸伦敦的范围。

与此同时，集结在英吉利海峡边的入侵船队的驳船数量与日俱增，7 日上午，英国政府发出入侵警报。不久之后，空袭就来了，这个入侵警报也因此更显真实，一些平民辅助部队奉命集结了起来，一些原定要在入侵发生时敲响的教堂警钟也响起来了。

皇家空军缺乏夜间战斗机，因此在这个关键阶段，伦敦和其他城市的防空任务主要由高射炮和探照灯部队承担。7 日夜间，现场保卫伦敦的高射炮只有 264 门，不过得益于派尔中将及时的措施，这个数字在 48 小时之内翻了一番。10 日往后，派尔还构筑了"弹幕防御"，让每一门高射炮尽量开火，不管得到什么目标信息都可以开火。虽然实际上很少有敌机被击中，可是这种弹幕的声响不仅给士气注入了一剂强心针，还起到了把德军驱赶至高空的作用。

凯塞林在 9 日下午对伦敦发动了第二次白昼空袭。这一次第 11 战斗机大队严阵以待，9 个战斗机中队已经部署到位，从第 10 和第 12 大队调来的战斗机中队也配合助战。英军战斗机的拦截极为成功，大多数德军编队在离伦敦很远的地方就被打散了。只有不到一半轰炸机突防成功，几乎没有一架成功击中预定目标。

德军发动的新攻势最主要的后果就是减轻了英国战斗机司令部的压力，英国战斗机部队在德空军集中全力的打击下损失惨重，正当它就要崩溃之际，德空军却转而去攻击伦敦了。英国首都和人民遭受的苦难拯救了这个国家的防御力量。

此外，9 月 9 日空袭令人失望的战果让希特勒再次推迟了发动入侵的 10 天警戒期——这次推迟到 9 月 14 日才开始倒计时，即 24 日发起行动。

天气转糟给伦敦的空防提供了喘息之机，可是在 11 日和 14 日，各有一些德军轰炸机突破空防，战斗机的拦截收效甚微，德军飞行员乐观地报告说英军战斗机司令部的抵抗已经开始瓦解。因此，希特勒虽然再次推迟进攻警戒期，但这次只推迟了 3 天，从 17 日开始。

凯塞林在 15 日（星期天）上午发动了新一轮大规模进攻。这次英军战斗机的防御组织和战机捕捉都不错。英军战斗机从海岸上空就开始每次使用 1 到 2 个中队的兵力从各个方向攻击德军大机群，总共投入了 22 个战斗机中队，但仍有 148 架德军轰炸机突破拦截到达伦敦上空——但是他们因受到阻挠而未能精确投弹，大多数炸弹散布面很广。然后正当德军返航途中，英国第 12 战斗机大队达克斯福德（Duxford）联队约 60 架战斗机从东安格利亚扑来，虽然当时还没拉到足够的高度，因此战斗效能受了一些影响，但机群的实力还是让德军飞行员大吃一惊。下午云层有助于德军突防，很多德军轰炸机未受阻挠飞到了伦敦，造成严重破坏，尤其房屋密集的伦敦东区受害尤重。但总的来说，那一天大约四分之一的德军轰炸机被毁，还有很多架受损，受损的飞机上通常有 1 名以上机组成员受伤或阵亡，当这些人被从飞机上抬回基地时，德军机场的士气受到了严重打击。

根据后来的调查发现，德军那一天的实际损失是 60 架飞机，英国皇家空军当时兴高采烈地宣称击落 185 架，但实际战绩还不到这一数字的三分之一——不过，皇家空军自身只损失了 26 架战斗机（半数飞行员被救），相较而言，这个战果非常出色，而且是最近几个星期里最有利的战果了。戈林还是责备手下的战斗机部队，继续他的乐观观点，认为英国战斗机部队在 4～5 天内就会被消灭。可是他的部下和上级已经不像他那样乐观了。

希特勒在 17 日同意德国海军参谋部的观点，认为皇家空军远未被德国击败，强调说今后将有一段时间的坏天气，因此把入侵行动推迟，"直到有进一步通知"。第二天，他下令停止向海峡各港口集结船舶，准许开始疏散——当时已经有 12% 的运输船（170 艘中的 21 艘）和 10% 的驳船（1918 艘中的 214 艘）被英国的空袭击沉。10 月 12 日，"海狮行动"被明确地推迟到 1941 年春季——1 月，希特勒命令停止除少数长期措施以外的一切入侵准备工作。他的注意力现在完全转向了东方。

戈林继续坚持发动白昼空袭，但总体效果越来越令人失望，尽管空袭在一些偏远港口偶尔取得过成功。9 月 25 日，布里斯托尔附近菲尔顿的飞机制造厂遭到严重破坏，第二天，南安普敦（Southampton）附近的喷火式战斗机制造厂由于空袭暂时被毁。但是，德国空军 27 日对伦敦发动的大规模空袭以大败而收场，而在 9 月 30 日发动的最后一次大规模白昼空袭中，只有一小部分轰炸机飞抵伦敦上空，德军损失了 47 架飞机，皇家空军只损失了 20 架战斗机。

9 月后半个月的战果令人失望，损失的轰炸机也越来越多，这使得戈林转而启用战斗轰炸机进行高空轰炸。大约在 9 月中旬，参战的德军战斗机部队接到命令，要抽调出三分之一的飞机改装成战斗轰炸机，这样总共将生产出大约 250 架战斗轰炸机。可是飞行员重新受训的时间不够，飞机的载弹量又太小，无法对目标造成很大破坏，而飞行员们一遭遇敌机就总是急于抛下炸弹。

德军战斗轰炸机部队能起的作用，最多也就是暂时减少己方的损失，并保持对皇家空军的压力。但到 10 月底，德军的损失再次回升到原来的比率，同时坏天气也对战斗轰炸机的机组造成极大的困扰，他们从泥泞的临时基地起飞作战。10 月，德军总共损失 325 架飞机，比英军多很多。

现在，英国受到的唯一严重的骚扰便是德军用"常规"轰炸机发动的夜袭。9 月 9 日，施佩勒的第 3 航空队出动 300 架轰炸机进行夜袭，为之后的夜袭建立起一种标准模式，在此后的 57 个夜间，德军连续轰炸伦敦，平均每次出动 160 架轰炸机。

11 月初，戈林下达新的命令，标志着德军完全改变了策略。空袭将完全采取夜袭的形式，目标是城市、工业中心和港口。德国人从第 2 航空队抽调出轰炸机拨给第 3 航空队，使得可用于夜袭的轰炸机总数达到 750 架，不过每次只动用其中的三分之一。这些轰炸机在夜间可以飞得更慢更低，因此能比白昼时搭载更多的炸弹，一夜之内就可以投下多达 1000 吨的炸弹。可是精确度很糟糕。

11 月 14 日夜间，德空军发动了新的攻势，目标考文垂（Coventry）。此次空袭得到了那晚明亮的月光和一支特殊"先导"部队的协助。但此后，对其他大城市，比如，伯明翰、南安普敦、布里斯托尔、普利茅斯、利物浦等地的夜袭没能复制空袭考文垂的成功。12 月 29 日的空袭给伦敦尤其城中心造成了很大损失，但此后空袭逐渐减少，直到 3 月天气好转才有所恢复。接着，德国空军又发动了一系列猛烈的空袭，其中最大的一次是 5 月 10 日对伦敦发动的危害极大的空袭，那一天正好是西线闪电战发动一周年。可是英国上空的所谓"闪电"在 5 月 16 日往后就结束了——德国空军主力此后被调往东线为入侵苏联做准备。

德军从 1940 年 7 月到 10 月底的空中攻势，给英国造成了很大的损失和混乱，其程度比英国人愿意承认的还要严重，德国人如果乘胜追击，反复对工业中心进行轰炸的话，本来效果会更加显著。但是他们没有达到摧毁英国空军战斗机部队或者英国人民士气的目的。

7 月到 10 月底的不列颠战役期间，德军损失了 1733 架飞机，并非英国宣称的 2698 架，皇家空军损失了 915 架战斗机，也并非德国人宣称的 3058 架。

第 9 章

从埃及发动反攻

德军突破临时拼凑的索姆河 – 埃纳河防线之后,法国败局已定,墨索里尼希望能分享一些胜利果实,便于 1940 年 6 月 10 日宣布意大利参战。在他看来,这似乎是个非常安全的决定,而且会对英国在地中海和非洲的地位构成致命的打击。这是英国历史上的至暗时刻。英国派往法国的军队虽然大部分从海路撤回国,但被迫丢下了大部分武器装备,只能以手无寸铁的姿态面对胜利的德国人迫在眉睫的入侵威胁。意大利驻利比亚和意属东非部队即将入侵埃及和苏丹,但英国抽不出资源去增援守卫着那里的小股英军部队。

形势非常糟糕,因为意大利参战之后,英国穿越地中海的海上通道变得危机四伏,给埃及的增援只能绕道好望角——沿非洲大陆西海岸南下,然后沿东海岸北上进入红海。一支由 7000 人组成的小部队在 1940 年 5 月就已经整装待发,但直到 8 月底才抵达埃及。

从数字上看,意大利军队对陆军上将阿奇博尔德·韦维尔爵士(Sir Archibald Wavell)指挥的小股部队占有压倒性的数量优势,韦维尔将军于 1939 年 7 月在陆军大臣霍尔 – 贝利萨先生的推荐下出任新设立的中东司令部总司令一职,而建立这个司令部便是加强这个地区英军实力的第一批举措之一。可是,即便到了此时,那里的英军也只有 5 万人,而意大利和意大利殖民地的军队加起来有50 万人。

在南方战线,驻厄立特里亚(Eritrea)和阿比西尼亚(Abyssinia)的意军总数超过 20 万人,他们可以向西入侵苏丹,或者向南入侵肯尼亚,守卫苏丹的英国和苏丹部队加起来只有 9000 人,守卫肯尼亚的英军规模也差不多。在这个危机时刻，对苏丹起到保护作用的是崎岖的地形和遥远的距离，还有意大利人低下的效率，以及在控制刚刚征服的埃塞俄比亚人上遇到的困难。意大利人除了在卡萨拉（Kassala）和加拉巴特（Gallabat）两处边境上进行了小规模的蚕食以外，没有开展更多的进攻行动。

在北非战线，格拉齐亚尼（Graziani）元帅指挥着一支驻昔兰尼加（Cyrenaica）的规模更为庞大的军队面对着保卫埃及的 3.6 万名英国、新西兰和印度士兵。在这条战线上，埃及边界以内的西沙漠地区把两军分隔开来。英军最突前的驻地在埃及境内的马特鲁港（Mersa Matruh），这里离边境只有 120 英里，距东边的尼罗河三角洲大约 200 英里。

但韦维尔不想消极等待，他抽调手下一个不完整的装甲师的部分兵力，摆出攻势防御姿态向沙漠挺进。这支部队极具进攻精神，不断地越过国界发动袭击来骚扰意大利人的阵地。因此，战局一开始，克雷（Creagh）将军的第 7 装甲师相较敌人就在士气方面占据了极大的优势，这支部队很快以"沙漠之鼠"（Desert Rats）而闻名天下。韦维尔特别称赞了 J. F. B. 康贝（J. F. B. Combe）中校指挥的第 11 骠骑兵团（装甲车团），说他们"在整个战事期间一直待在前线，经常深入敌后"。

6 月 14 日，J. A. C. 康特（J. A. C. Gaunter）准将指挥一支机动纵队奇袭卡普措要塞（Fort Capuzzo），拿下这个重要的边界支撑点，不过英国人并不想长久坚守这里，他们的战略是保持机动，让自己成为"沙漠的主人"，引诱意军集中兵力，给自己提供打击的目标。到 9 月中旬为止的 3 个月期间，意大利公布的伤亡数字达到 3500 人，而英国只损失了 150 多人，尽管英军经常遭遇来自空中的轰炸和机枪扫射，而当时意大利空军飞机占有数量优势，基本没有遇到什么干扰。

直到 9 月 13 日，意军才集中起 6 个师，开始小心翼翼地进入西沙漠。推进了 50 英里之后，他们在离英军在马特鲁港的阵地还有一半路程的西迪巴拉尼（Sidi Barrani）停顿了下来，并在那里建立了一连串要塞式营地——这些营地分散得太开，无法互相支援。一连好多个星期过去了，他们却根本不想继续前进。与此同时，韦维尔得到了进一步的增援，其中就有按丘吉尔指示大胆用 3 艘高速商船从英国紧急运来的 3 个装甲团。

韦维尔现在决定，既然意大利人不过来，他就主动出击。这次出击将取得令人震惊的战果，整个意大利军队就此毁灭，意大利在北非的占领区也几乎完全崩溃。

但英国人事先没有料到会取得这么戏剧性的战果。在他们的计划中，此次出击并不是一场持续性的攻势，而是一次大规模的突击行动。韦维尔的意图是突然打出一拳，把入侵部队打懵，然后就可以抽调部分兵力南下苏丹，击退那里的另一支意军。所以不幸的是，英军没有做好充分准备来延续后来实际取得的压倒性的胜利。

英军曾做过演练，结果发现原先作战计划在可行性上颇有问题，于是修改了进攻方案，而这一彻底修改正是后来胜利的主要原因。英军如果按原计划进行正面强攻，是很可能会战败的——他们的进攻路线途经一处雷场，这让战败的可能性变得更大——但是修改后的计划选择了一条间接的路线，英军转而从后方攻击敌军的营地。提议这项修改的人是韦维尔派来参加演练的参谋军官多尔曼 – 史密斯（Dorman-Smith）准将。而西沙漠部队指挥官奥康纳（O'Connor）将军立刻就意识到了修改后计划的优点。此后一连串的胜利都得益于他的执行能力，因为高层指挥官韦维尔和 H. M. 威尔逊（H. M. Wilson）中将离得太远，对这样一场快速战役很难发挥什么积极作用。后面会看到，他们反而施加了一些负面的重要影响，这是很不幸的。

迪克·奥康纳的部队由 3 万人组成，敌军有 8 万人，但是他拥有 275 辆坦克，意大利人只有 120 辆。第 7 皇家坦克团的 50 辆重装甲玛蒂尔达（Matilda）式坦克不怕敌人的大多数反坦克武器，在这场战斗和后来的战斗中都起到了特别具有决定性的作用。

12 月 7 日夜间，进攻部队从马特鲁港阵地出发，开始了穿越沙漠的 70 英里行军。第二天夜里，英军穿越敌人营地链条上的缺口，9 日凌晨，印度第 4 师（师长贝雷斯福德 – 皮尔斯［Beresford-Peirse］将军）以第 7 皇家坦克团为先锋从后方突袭占领了尼贝瓦（Nibeiwa）营地。守军受到了奇袭，4000 名官兵被俘，英军的伤亡很小——坦克兵伤亡只有 7 名。

其后，玛蒂尔达式坦克打前锋向北进攻名为"西图玛"（Tummar West）的意军营地，中午后不久就将其攻占，而"东图玛"营地在这胜利的一天日终前也告占领。同时第 7 装甲师向西继续前进到达海岸公路，这就切断了敌军的后撤线路。[1]

第二天，印度第 4 师向北推进，逼近西迪巴拉尼周围的意军营地群。敌人现在已经开始警觉，而猛烈的沙尘暴也给行军增加了难度。该师一度陷入停顿，但其后得到了第 7 装甲师派回来的 2 个坦克团的增援，便于下午发动两翼向心攻击，在日终前攻克了西迪巴拉尼的大部分阵地。

第三天，第 7 装甲师的后备旅被调上来向西再发动一次包围行动，他们打到布克 – 布克城（Buq-Buq）以西的海岸，截获了一支正在撤退的意军大纵队。在这里，他们又俘虏了 1.4 万名意军和 88 门大炮，总战绩达到 4 万名战俘和 400门大炮。

入侵的意大利军队残部逃回利比亚边界，龟缩进巴尔迪亚（Bardia）的海岸要塞里。在那里，他们很快就被第 7 装甲师的大迂回孤立起来。不幸的是，英军手边没有可用的步兵师，无法趁意军斗志低落之机予以重击，因为英军上级指挥部早已计划一俟攻占西迪巴拉尼就把印度第 4 师撤回埃及，继而派往苏丹。英军高级指挥官远离战场，所以未能认清奥康纳取得了一个具有何等决定意义的胜利，也未能意识到这场胜利带来的巨大战机，他们坚持要按原定计划撤回印度第4 师。

结果，在战役的第三日，也就是 12 月 11 日，被击溃的意军在慌乱中向西狂奔，而胜利之师的一半部队也正在向东行军——双方背道而驰！这真是令人叹为观止的奇景，而且导致了致命的耽搁。因为要到 3 个星期后，第 6 澳大利亚师才能从巴勒斯坦赶到，支援英军继续前进。

1941 年 1 月 3 日，英军终于发起了对巴尔迪亚的进攻，使用第 7 皇家坦克团的 22 辆玛蒂尔达式坦克充当"开罐器"。意军的防御迅速崩溃，进攻后第 3 天，守军就投降了——英军俘获了 4.5 万人、462 门大炮和 129 辆坦克。澳大利亚师长麦凯（Mackay）少将说，每一辆玛蒂尔达坦克对他来说都抵得上整整一个步兵营。

第 7 装甲师在攻克巴尔迪亚以后立刻挥师西进，包围托卜鲁克（Tobruk），然后等待澳军跟上来对这座海岸要塞发动进攻。1 月 21 日，英军进攻托卜鲁克，

1　这次战役中指挥第 7 装甲师的是康特准将，克雷将军暂时因病离职。

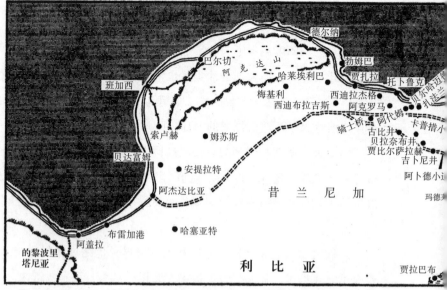

德尔纳
巴尔切　阿克达山
哈莱埃利巴　勃姆巴
贾扎拉　托卜鲁克
班加西
梅基利　西迪拉杰格
西迪布拉吉斯　阿克罗马
骑士桥　阿代姆
卡普措小
索卢赫
姆苏斯　古比井
贝拉奈布井
贝达富姆
安提拉特　贾比尔萨布拉赫
昔　兰　尼　加　吉卜尼井
阿杰达比亚　阿卜德小
玛德
布雷加港　哈塞亚特
阿盖拉
的黎波里　利　比　亚　贾拉巴布
塔尼亚

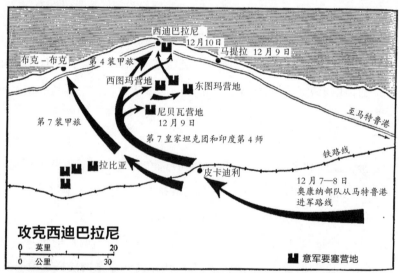

西迪巴拉尼
12月10日　马提拉 12月9日
布克-布克　第4装甲旅
西图玛营地　东图玛营地
第7装甲旅
尼贝瓦营地
12月9日　至马特鲁港
第7皇家坦克团和印度第4师
铁路线
拉比亚　皮卡迪利
12月7—8日
奥康纳部队从马特鲁港
进军路线

攻克西迪巴拉尼

0　英里　20
0　公里　30

■ 意军要塞营地

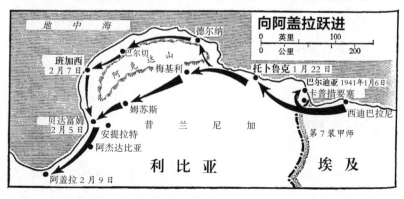

地　中　海　德尔纳
向阿盖拉跃进
0　英里　100
0　公里　200
班加西　巴尔切　阿克达山
2月7日　梅基利
托卜鲁克 1月22日
巴尔迪亚 1941年1月6日
卡普措要塞
姆苏斯
西迪巴拉尼
贝达富姆
2月5日　安提拉特　第7装甲师
阿杰达比亚
昔　兰　尼　加
利　比　亚　埃　及
阿盖拉 2月9日

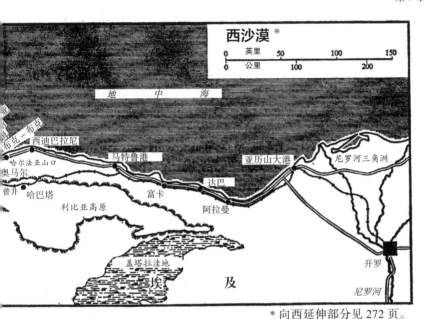

西沙漠 *

地 中 海

布克一布拉克
西迪巴拉尼
哈尔法亚山口
奥马尔
曾井 哈巴塔
利比亚高原
富卡
马特鲁港
达巴
阿拉曼
亚历山大港
尼罗河三角洲
盖塔拉洼地
埃 及
开罗
尼罗河

* 向西延伸部分见 272 页。

贝达富姆之战

至班加西 20 英里

盖米内斯
索卢赫
支援群
谢莱迪马

后撤中的意军纵队

2月6—7日
第7装甲师自
梅基利出击

第4装甲旅在2月
5—6日的位置

第7骠骑兵团

第3骠骑兵团

第7装甲师第1皇
家坦克团在2月6
日的位置

第7装甲师在
2月5—6日和
意军坦克交战

贝达富姆

龙塞山
2月6—7日

第4装甲旅第2皇
家坦克团在2月5—
6日的位置

安提拉特
2月6—7日
第7装甲师师部

锡尔特湾

2月5日下午康贝
部队阻击位置

至阿盖拉 100 英里

第二天就拿下来了，又俘获了 3 万意军、236 门大炮和 87 辆坦克。只有 16 辆玛蒂尔达式坦克留下来参加了这次进攻，但它们又一次发挥了决定性的突破作用。那天晚上，皇家坦克团的几名士兵挤在一起收听新闻广播，听到主播说："我们怀疑是某个著名的骑兵团充当了这次进攻的先锋。"一名坦克兵大怒之下狠狠踢了收音机一脚，大叫："你一定得是殖民地部队、黑人部队或者骑兵才能在这场该死的战争中立上一功。"这个反应可以理解。在战争史上还从来没有一支作战部队像第 7 皇家坦克团在西迪巴拉尼、巴尔迪亚和托卜鲁克那样，在连续几场战役中全都发挥了决定性的作用。

　　考虑到新出现的困难因素，英军快速挺进昔兰尼加的战绩就更加了不起了。本应调拨给奥康纳的援兵、运输车辆、飞机都被扣在埃及，甚至连他手上的部队都被抽调走了一部分。因为丘吉尔先生的想象力正在追逐另一个目标。他循着第一次世界大战期间自己的思路，又受到希腊人正在顽强抵御意大利军队的刺激，开始规划起一幅蓝图，想创造一个巴尔干国家的强大联盟以对抗德国。这是一幅有吸引力的宏伟蓝图，可是脱离现实，因为巴尔干国家的落后军队根本无力抵御德国的空军和坦克部队，而英国又根本帮不上忙。

　　1 月初，丘吉尔决定敦促希腊人接受一支英国坦克和炮兵分队在萨洛尼卡（Salonika）登陆，并命令韦维尔立即准备好派出这样一支部队——但是这就意味着削弱奥康纳本就薄弱的兵力。

　　但时任希腊政府首脑梅塔克萨斯（Metaxas）将军拒绝了这一提议，说这支部队很可能激起德国人的入侵，而部队本身又没有强大到足以抵御德国人。况且希腊军队总司令帕帕格斯（Papagos）将军的观点是，英国人最好先完成对非洲的征服，然后再来考虑其他分散力量的行动。

　　正当希腊政府给出这个礼貌的拒绝之际，奥康纳攻克了托卜鲁克，因此英国政府现在觉得应当允许奥康纳再进一步，攻占班加西港（Benghazi），这样就能彻底征服意属北非的东边半壁江山昔兰尼加。可是首相仍然抱着自己的巴尔干计划不放，命令韦维尔不要调给奥康纳任何增援，以免分散可用于组建巴尔干战场远征军的兵力。

　　奥康纳一得到继续进攻的许可，就再次运用他那支弱小的部队获得了超乎想象的巨大战果。（他的主要机动部队第 7 装甲师已经只剩下 50 辆巡洋坦克和 95

辆轻型坦克——这些轻型坦克的装甲太薄，主炮还不具备有效的穿甲能力。）他发现意军在海岸公路上的德尔纳（Derna）有一处强大的据点，计划一旦更多的物资和巡洋坦克抵达，就发动一次迂回行动拔掉它。他期望这些增援能够及时抵达，以便在 2 月 12 日继续攻势。

可是在 2 月 3 日，空中侦察发现敌军正准备放弃昔兰尼加半岛角落上的班加西，撤退到阿盖拉（Agheila）瓶颈地带，以期在那里封锁住从昔兰尼加通往的黎波里塔尼亚（Tripolitania）的通道。侦察发现意大利大队人马已经在撤退的路上了。

奥康纳立即计划发动一次大胆的突袭拦截撤退的敌军，派遣克雷将军率领实力消耗殆尽的第 7 装甲师穿越沙漠内陆地区，目标是到达班加西以西很远的海岸公路。装甲师从位于梅基利（Mechili）的阵地出发要行军 150 英里，其中第一段长路的地形特别崎岖。他们只携带 2 天的口粮和勉强够用的汽油出发了，这是军事史上最为大胆和令人屏息的赛跑。

康特的第 4 装甲旅在 4 日上午 8 点 30 分出发，第 11 骠骑兵团的装甲车随后跟进。（第 7 装甲旅只剩下第 1 皇家坦克团。）日中时分，空中侦察报告传来令人不安的消息，说后撤的意军已经到达班加西以南。克雷为了加快行军速度进行拦截，下令康特组织一支完全由轮式车辆机动的摩托化步兵和炮兵特遣队，并将这支部队和第 11 骠骑兵团一起交给康贝上校指挥，走在前面。康特反对这项命令，后来的事实验证了他的判断，从行军纵队的末尾抽调出这些兵力再为他们配备特别的运输工具和信号引起了相当的混乱和耽搁。况且，在当天下午他们所要经过的崎岖地形上，坦克的推进速度几乎超过了轮式车辆。康特乘月光一直行军，到午夜之后才暂时停了下来，让他的坦克兵休息几小时。

5 日上午，随着地面变得好走了些，"康贝特遣队"提高了行军速度。到下午，他们已经在贝达富姆（Beda Fomm）以南设立好阵地，封锁住了敌军两条后撤道路。那天夜里，他们伏击了一支颇感意外的意军炮兵和平民撤退纵队。

与此同时，康特的坦克部队紧紧尾随，于下午 5 点左右在贝达富姆以西抵达敌人的撤退路线。天黑之前，他们打散了两支撤退中的意军运输和炮兵纵队。此次，他们在 33 小时内实际行军 170 英里，创造了装甲部队机动的纪录，这次战斗则给这次大进军画上了一个相称的句号。考虑到当地没有道路且地形崎岖，这一壮举就更加令人惊讶了。

6 日上午，敌人的主力由坦克护卫着开始抵达。意大利军队总共有 100 多辆巡洋坦克，康特只有 29 辆。幸运的是意军坦克分批到来，而不是成集中的战斗队形行军，离公路又很近，而英军坦克巧妙地机动到有利的开火阵地，利用地形的起伏保护自己的车体。全天爆发了一系列坦克战，第 2 皇家坦克团的 19 辆巡洋坦克承担了大部分作战任务，到下午只剩下 7 辆坦克，此时，另一个旅的第 1 皇家坦克团及时赶到，又投入 10 辆巡洋坦克。第 3 和第 7 骠骑兵团大胆使用他们的轻型坦克干扰和吸引敌人的注意力。

夜幕降临时，60 辆意军坦克被摧毁，另外 40 辆在第二天早晨被发现遗弃在战场上，英军坦克实际被摧毁的只有 3 辆。坦克被摧毁之后，意大利步兵和其他部队完全失去了掩护，成群结队地投降了。

那些成功躲过第 4 装甲旅的意大利小股部队又被作为第二道防线的康贝部队挡住。天亮后，意军以 16 辆坦克打头，做了最后一次突破这道后卫阵地的尝试，但是被步兵旅第 2 营击退了。

英军在贝达富姆战役中总共俘虏了 2 万名敌军、216 门大炮和 120 辆坦克。康特和康贝的两支部队总共只有 3000 人。1 月 4 日，巴尔迪亚的意大利守军投降的时候，在陆军部工作了 7 个月、刚刚复任外交大臣的安东尼·艾登（Anthony Eden）把丘吉尔的名言改成了另一版本，说"从来没有如此之少的人从如此之多的人手中俘获了如此大量的成果"。用他这句话来形容贝达富姆大捷尤为合适。[1]

但胜利的光辉很快变得黯淡。格拉齐亚尼的集团军彻底覆灭让英军能够通过阿盖拉瓶颈长驱直入的黎波里（Tripoli）。可是正当奥康纳和他的部队希望冲向那里把敌人从北非的最后一个落脚点赶出去的时候，他们被英国内阁的一道命令所阻。

2 月 12 日，丘吉尔给韦维尔发去一份长电，电文首先对提前 3 周攻占班加

1　这次战役的胜利很大程度上应该归功于一个没有参加战斗的人——P. C. S. 霍巴特（P. C. S. Hobart）少将，1938 年，第 7 装甲师刚从埃及组建之时，他就被任命为师长，并训练出了这个师优秀的机动作战能力。可是，他对于应该怎样运用装甲部队，以及装甲部队在战略上独立于传统部队作战时能够获得怎样成就的观点，都和自己极为保守的上级相左。他的"异端邪说"和不妥协的态度导致自己在 1939 年秋天被解职——6 个月后，德军坦克部队将相同的理念付诸实践，证明了这些观点的实用性。

西表示喜悦，其后命令他停止进军，只留下最低限度的兵力守住昔兰尼加，准备最大限度地把兵力调往希腊。奥康纳手下的空中力量几乎全部被立即调走，只剩1 个中队的战斗机。

什么原因导致这个 180 度大转变呢？ 1 月 29 日，梅塔克萨斯将军突然去世，新任希腊总理的性格远没有前者那么强硬。丘吉尔看到自己珍视的巴尔干行动有复活的机会，便立刻抓住了它。他再次向希腊政府兜售这个提议，这一次说服了他们。3 月 7 日，经过韦维尔的同意、三军总参谋长们和中东指挥部三位总司令的批准，5 万名英军中的首批部队登陆希腊。

4 月 6 日，德军入侵希腊，英军很快被打得又重复了一次"敦刻尔克撤退"。他们惊险地躲过了彻底覆灭的灾难，从海路艰难地逃脱，把所有坦克、大部分装备和 1.2 万名士兵留在了德军的魔掌之中。

奥康纳和他的参谋部有信心能占领的黎波里塔尼亚。这次进军需要使用班加西港作为补给基地，还要动用为希腊赌博储备在那里的部分运输车辆。这一切都是有办法做到的。后来出任蒙哥马利参谋长的德甘冈（de Guingand）将军说中东联合计划参谋部确信当时英军能拿下的黎波里塔尼亚，并在春季到来之前把意大利人赶出非洲。

瓦利蒙特将军是希特勒参谋部里的要员，他说德军最高统帅部持相同的观点：

> 我们当时无法理解英国为什么没有对意大利在昔兰尼加的困境加以利用，进军的黎波里塔尼亚。没有任何力量能阻止他们。[1] 留守那里的少量意军惊慌失措，以为英军坦克随时都可能出现。

2 月 6 日，就在格拉齐亚尼的集团军被全歼于贝达富姆的同一天，一位年轻的德国将军埃尔温·隆美尔（Erwin Rommel）奉召晋见希特勒。他曾在法国战役中指挥过第 7 装甲师，战绩非凡，现在被命令指挥一支小型德国机械化部队，前去解救意大利人。这支部队由 2 个小规模的师组成，分别是第 5 轻装师和第15 装甲师。可是前一个师的运输船要到 4 月中旬才能安排好，后一个师则要等

1　Liddell Hart: *The Other Side of the Hill*, p. 250.

到 5 月底才能就绪。此事进展缓慢，而英国人面前一片坦途。

12 日，隆美尔飞往的黎波里塔尼亚。2 天后，一艘德国运输船抵达，带来了一个侦察营和一个反坦克营作为首批部队。隆美尔把他们赶紧派上前线，再用紧急制造的假坦克支援这一小股部队，指望以此来营造浩大的声势。这些假坦克被装在大众牌（Volkswagens）汽车上，也就是德国大批量廉价生产的所谓"人民的汽车"。直到 3 月 11 日，第 5 轻装师配属的坦克团才抵达的黎波里塔尼亚。

隆美尔发现英国人并没有来犯，觉得可以用手头的兵力尝试发动进攻。他的第一个目标只是占领阿盖拉瓶颈。3 月 31 日，这个目标轻易实现了，他决定继续前进。他已经看出来，英国人显然大大高估了他的实力，也许是那些假坦克发挥了作用。而且德国人占有空中优势，可以防止英国人发现德军在地面上的弱点，还让皇家空军在后续作战中发出过错误的侦察报告。

隆美尔抵达的时机也很幸运。第 7 装甲师在 2 月底被调回埃及休整换装。新抵达的第 2 装甲师一部替代它的位置，这个装甲师缺乏战斗经验，另一部还被派往希腊。第 6 澳大利亚师被派往希腊，代替它的第 9 澳大利亚师在装备和训练上都存在不足。奥康纳也获得了休假，由初出茅庐的尼姆（Neame）接替。此外，正如韦维尔后来自己承认的，他当时根本不相信德军即将发动攻势的报告。兵力数字显示他的观点是正确的，他虽然漏算了一个隆美尔，但这很难怪到他头上来。

隆美尔无视上级要求他等到 5 月底再进攻的命令，在 4 月 2 日就用 50 辆坦克开始继续推进，2 个新的意大利师缓慢地跟在后面。他期望用机动性和虚张声势来夸大自己虚弱的实力。隆美尔第一轮进攻给英国人带来了震惊，此后他的阴影显得越来越大，以至于他伸出的两根相隔 100 英里之遥的细小手指，都能被看成魔鬼的包围犄角。

这次大胆突击产生了魔术般的奇效。英军在混乱中匆忙后退，于 4 月 3 日撤离了班加西。在这个紧急关头，奥康纳被派去给尼姆做顾问，可是在撤退中，他们没有护卫的车于 6 日夜间撞上了德军先头部队的背后，两位将军都当了俘虏。与此同时，唯一的英军装甲旅在匆忙的长途撤退中损失了几乎所有坦克，第二天，第 2 装甲师师长率领刚刚抵达的一个摩托化旅和其他部队在梅基利被围投降——隆美尔的部下用成队的卡车扬起尘土，以夸大自己实力并掩盖坦克数量的不足。意大利人还远远地落在后面。

到 4 月 11 日，英国人被赶出昔兰尼加半岛，逃到了埃及境内，只有一支小部队被包围在托卜鲁克。这次反攻和早先英军征服昔兰尼加一样令人震惊，而且速度更快。

英国人现在不得不从头开始清除北非轴心国敌军的作战，而且这次他们在更多方面居于劣势——最主要的就是隆美尔的存在。英国人将为错失 1941 年 2 月的良机付出惨重的代价。

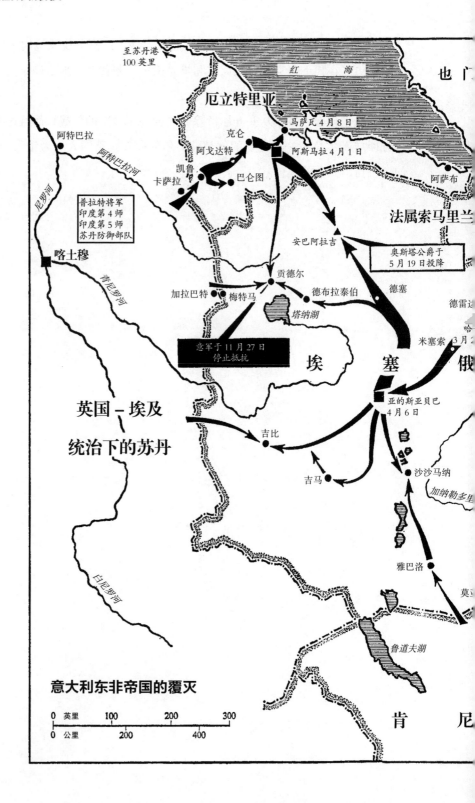

至苏丹港
100英里

红　海

也门

厄立特里亚

克仑

马萨瓦 4月8日

阿特巴拉

阿戈达特

阿斯马拉 4月1日

阿萨布

阿特巴拉河

凯鲁

卡萨拉

尼罗河

巴仑图

普拉特将军
印度第4师
印度第5师
苏丹防御部队

法属索马里兰

安巴阿拉吉

奥斯塔公爵于
5月19日投降

喀土穆

青尼罗河

贡德尔

加拉巴特

梅特马

德布拉泰伯

德塞

塔纳湖

德雷达

米塞索

3月

哈

意军于11月27日
停止抵抗

埃

塞

俄

英国－埃及

统治下的苏丹

吉比

亚的斯亚贝巴
4月6日

吉马

沙沙马纳

加纳勒多

雅巴洛

莫

白尼罗河

意大利东非帝国的覆灭

鲁道夫湖

肯

尼

| 0 | 英里 | 100 | 200 | 300 |
| 0 | 公里 | 200 | | 400 |

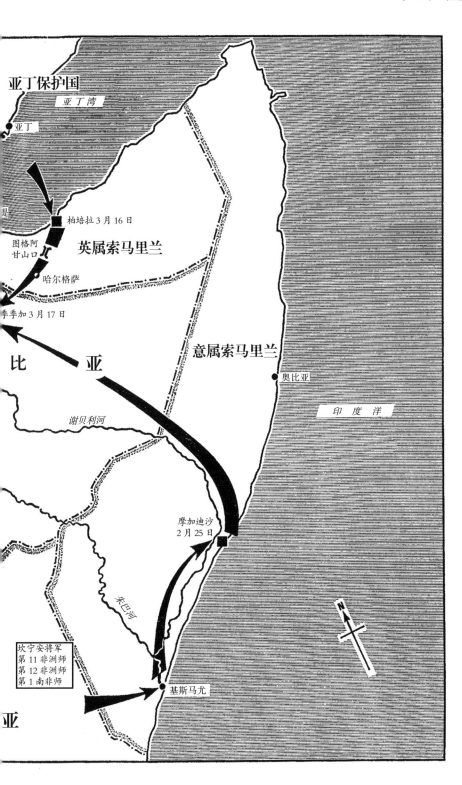

亚丁保护国

亚丁湾

亚丁

柏培拉 3 月 16 日

图格阿
甘山口

英属索马里兰

哈尔格萨

季季加 3 月 17 日

比　　　亚

意属索马里兰

奥比亚

印　度　洋

谢贝利河

摩加迪沙
2 月 25 日

朱巴河

N

坎宁安将军
第 11 非洲师
第 12 非洲师
第 1 南非师

基斯马尤

亚

第 10 章

征服意属东非

1940 年 6 月，法西斯意大利在墨索里尼的策动下参战，那时，意大利在意属东非（包括 1936 年新征服的埃塞俄比亚）的兵力，和在北非一样，数量上大大超过英军。意大利的文件显示，当时那片地区的意大利军队包括约 9.1 万名白人部队和接近 20 万土著部队——不过后者大部分只存于纸面上，把他们的人数打个对折似乎更加合理。1940 年年初，意大利参战前，驻苏丹的英军和土著部队只有大约 9000 人，驻肯尼亚的英国东非部队则有 8500 人。

在这片广阔的战场上（实际有两片战场），意大利人一如在北非时那样，行动迟缓，未能占据战争主动权。其中最主要的原因是，他们认识到由于英国的封锁，很难获得更多的燃料和弹药。但这绝不是个合理的借口，因为这样他们就更应在驻非英军获得充足的增援之前，利用好自己巨大的数量优势。

7 月初，意军迟缓地从西北部的厄立特里亚出动 2 个旅、4 个骑兵团和 24 辆坦克，占领了苏丹边境以内 12 英里处的卡萨拉，意军总数大约 6500 人，而驻守这个据点的苏丹防御部队则只有一个连，大约 300 人。英军在苏丹的指挥官威廉·普拉特（William Platt）少将当时手下只有 3 个分别驻扎在喀土穆（Khartoum）、阿特巴拉（Atbara）和苏丹港（Port Sudan）的步兵营守卫整个广阔的地区。他十分明智，在看清楚意军的行动意图之前，没有急于迎战。意大利军队在占领了埃塞俄比亚西北边境旁的加拉巴特（Gallabat）和肯尼亚北部边境的莫亚拉（Moyale）等几处边境据点后，便停顿了下来，没有继续前进。

意大利人直到 8 月初才对最容易的目标英属索马里兰（British Somaliland）发动了一场像样的攻势，那是一片位于亚丁湾非洲海岸上的条状地区。就连这样有限的攻势也还是以防守为目的的。事实上，墨索里尼已经命令意军保持防守的态势，但是埃塞俄比亚总督兼该地区意军最高指挥官奥斯塔公爵（The Duke of Aosta）认为法属索马里兰的吉布提港（Djibouti）为英军打进埃塞俄比亚提供了有利的入口，而他又不信任和法国签订的停战协定，于是决心攻占紧邻的面积更大的英属索马里兰。

当地的英国守军在查特尔（A. R. Chater）准将指挥下，只有 4 个非洲和印度营，还有一个英国营（第 2 黑衫警卫营）正在赶来的途中。意大利入侵部队有 26 个营，还有大炮和坦克支援。但是，规模很小的索马里兰骆驼兵有效地迟滞了意军的前进速度，后者刚刚到达通往海港首府柏培拉（Berbera）道路上的图格阿甘（Tug Argan）山口时，戈德温 – 奥斯滕（Godwin-Austen）少将赶到了。守军在这里顽强阻击了 4 天，意军无法前进，不过英军因为没有后援，以及更多的防御阵地，最终还是经由柏培拉港从海路撤出——大部分撤离的部队都加入了正在肯尼亚集结的英军部队。在这次战斗中，意军伤亡 2000 人，英军自己只损失了 250 人，还给意大利人留下了深刻的印象，以至对意军下一步的行动造成了战略上的影响。

陆军中将艾伦·坎宁安爵士（Sir Alan Cunningham）于 1940 年 11 月上任指挥驻肯尼亚英军，最初的兵力只有戈德温 – 奥斯滕少将指挥下的第 12 非洲师（下辖第 1 南非旅、第 22 东非旅和第 24 黄金海岸旅），不久又得到第 11 非洲师的增援。

到秋季为止，驻肯尼亚英军已经增加到 7.5 万人的规模，包括 2.7 万名南非人、3.3 万名东非人、9000 名西非人及 6000 名英国人。他们被编为 3 个师：第 1 南非师、第 11 和 12 非洲师。苏丹的驻军总共有 2.8 万人，包括印度第 5 师，而印度第 4 师也预定在参加完成功的北非反击战的第一阶段后调来这里。第 4 皇家坦克团还向苏丹派出了一个中队的坦克。此外还有苏丹的防御部队。

丘吉尔首相认为这么大规模的英军应该更有作为，反复催促英军采取比目前正在进行或计划的作战更加富有进取心的攻势。中东司令部总司令韦维尔和坎宁安一致建议等春天雨季过后在 5 月或 6 月从肯尼亚进军意属索马里兰。11 月，普拉特指挥的从肯尼亚北部发动并指向加拉巴特的第一次进攻遇到挫折，这进一步加深了韦维尔的疑虑。那次进攻由斯利姆（W. J. Slim）准将手下的印度第 10

旅承担，斯利姆行事果决，后来成了大战中战绩最为辉煌的高级将领之一。英军对加拉巴特发动的最初攻势成功了，可是对附近的梅特马（Metemma）据点发动的后续进攻被一个实力相当的意大利殖民地旅击退了。这主要是因为上级不顾斯利姆的反对，在印度旅的部队中插进了一个英国营，本想着加强这个旅，结果没有料到这个英国营反而打了败仗。后来的事态发展证明，在北部这个地区的意军比其他地方的顽强得多。

那年冬天唯一一带来希望的事件，是桑福德（D. A. Sandford）准将的行动，他战前已经退休，战争爆发时被召回现役，然后被派往埃塞俄比亚，在贡德尔（Gondar）附近地区的高原部落中煽动起义。桑福德的行动在冬天得到了行为更加离经叛道的奥德·温盖特（Orde Wingate）上尉手下的一个苏丹营和神出鬼没的"基甸部队"（Gideon Force）的支援和拓展。1941 年 1 月 20 日，英国人把流亡的海尔·塞拉西（Haile Selassie）皇帝空运到埃塞俄比亚，仅仅 3 个月后，他就在温盖特的陪同下于 5 月 5 日重新进入首都亚的斯亚贝巴（Addis Ababa），这比丘吉尔预期的时间还要早得多。

在丘吉尔和南非的史末资（Smuts）持续施压下，韦维尔和坎宁安被催逼着于 1941 年 2 月从肯尼亚发动了针对意属索马里兰的进攻。英军出乎意料地轻易占领基斯马尤（Kismayu）港，从而简化了后勤供应难题，此后坎宁安的部队渡过朱巴河（Juba），长驱 250 英里直抵摩加迪沙（Mogadishu）。摩加迪沙是意属索马里兰的首府和更大的港口，英军在一周之后（2 月 25 日）将其攻克。他们在这里缴获了大批车辆和航空燃料，这是因为英军进攻速度太快，意大利人和在基斯马尤时一样来不及执行计划中炸毁物资的行动。英军的快速推进很大程度上得益于良好的空中支援。

坎宁安的部队接下来转向内陆，进攻埃塞俄比亚南部，到 3 月 17 日，第 11 非洲师在 400 英里的行军之后占领了靠近省首府哈拉尔（Harar）的季季加（Jijiga），从而接近了前英属索马里兰边境，16 日已经有一支从亚丁出发的小部队在英属索马里兰登陆了。到 3 月 29 日，坎宁安部队在击败了一些激烈的抵抗之后，占领了哈拉尔，接着又向西挺进，目标是 300 英里外的埃塞俄比亚西部中心首都亚的斯亚贝巴。仅仅过了一周，坎宁安的部队就在 4 月 6 日占领了亚的斯亚贝巴——一个月之后，海尔·塞拉西皇帝在温盖特的陪同下回到这座首都。有报道说埃塞俄比亚非正规军对意大利侨民妇女施加了暴行，这也让意大利军队愿意更快地向英军投降。

但是从一开始，北方意军的抵抗就很顽强。当地的意大利司令官弗鲁夏（Frusci）将军指挥着大约 1.7 万名装备精良的意军部署在厄立特里亚地区的前线，背后还有 3 个师以上的预备兵力。普拉特将军手下强大的印度第 4 和第 5 师从 1 月第三周开始推进。奥斯塔公爵在英军开始进攻之前，就下令厄立特里亚的意大利驻军后撤，所以双方第一次真正的交战发生在厄立特里亚边境以内 40 英里、卡萨拉以东 60 英里处的凯鲁（Keru）。

这两支印度纵队在巴仑图（Barentu）和阿戈达特（Agordat）的山间阵地遭到了更加激烈的抵抗，这两个地方分别位于凯鲁以东 45 英里和 70 英里处。幸运的是，贝雷斯福德 – 皮尔斯将军的印度第 4 师先到达了更远的那个目标，这才让印度第 5 师向巴仑图的进军变得比较容易。

韦维尔此刻意识到可以扩大作战目标，解放整个厄立特里亚，于是给普拉特将军下达了新的命令。可是首都阿斯马拉（Asmara）离阿戈达特有 100 多英里（马萨瓦港则更远），在两地之间中间位置的地方有位于克仑的山间阵地，那是整个东非最强固的防御阵地，扼守着通向阿斯马拉和意大利海军基地马萨瓦的必经之地。

2 月 3 日早晨，英军第一次强攻克仑被击退，此后几天屡攻屡败。当地的意军指挥官卡尼梅奥（Carnimeo）将军展现了杰出的战斗精神和战术技巧。一周的战斗之后，英军放弃了进攻，并停歇了很长一段时间。直到 3 月中旬，印度第 5 师被调上来并做好了参战准备，英军才重新开始进攻。这次战斗依然旷日持久，意军甚至发动一系列反攻打退了英军攻击部队，但是在 3 月 27 日，第 4 皇家坦克团的一中队装甲很厚的"步兵坦克"突破了意军的防御阵地——在西迪巴拉尼到托卜鲁克的一系列北非战役中，第 7 皇家坦克团起到了同样的决定性作用。

激战 53 天的克仑战役就这样结束了。弗鲁夏将军的部队向南撤进埃塞俄比亚，英军 4 月 1 日占领阿斯马拉，然后向 50 英里以东的马萨瓦乘胜追击，4 月 8 日，一场战斗之后，那里的意军被迫投降。厄立特里亚战役宣告结束。

与此同时，奥斯塔公爵指挥着残余的意军向南撤进埃塞俄比亚境内，准备死守阿斯马拉以南 80 英里处位于安巴阿拉吉（Amba Alagi）的山间阵地。他只剩下 7000 人、40 门大炮和不到 3 个月的给养。此外，意大利人由于听到埃塞俄比亚人虐待战俘的报道而士气低落。因此，尽管公爵是一位英勇的斗士，他还是很愿意接受"体面的"投降条件。意军在 5 月 19 日投降，英国人总共俘虏了 23 万名意军。埃塞俄比亚西南部贾扎拉将军指挥下的意军和西北部贡德尔附近纳西将军指挥下的意军还在进行着零星的抵抗，但他们分别于夏天和秋天被歼灭。这就是墨索里尼短命的非洲帝国的结局。

第四部

蔓延：1941 年

第 11 章

占领巴尔干地区和克里特岛

有种观点认为，尽管威尔逊将军的部队被派往希腊后以匆匆从海路撤回收场，此次行动还是有意义的，因为它把德国对苏联的入侵推迟了 6 个星期。好几位熟悉地中海局势的军人不同意这个观点，把这场行动斥为政治赌博，其中一位著名的反对者是后来蒙哥马利的参谋长德甘冈将军，他当时在开罗的联合军种作战计划部工作。他们认为把兵力不足的部队派往希腊，不但无法拯救希腊免受德军的入侵，而且会坐失良机，无法趁意军在昔兰尼加大败，赶在德国人到达之前拿下的黎波里塔尼亚。

后一派的观点被后来发生的事件证明是对的。希腊在 3 周之内就被完全占领，英军也被赶出巴尔干地区，而德国非洲军在的黎波里塔尼亚登陆后，实力大大削弱的英军也被赶出了昔兰尼加。以上一系列挫败对大英帝国的威望和未来都造成了极大损害，只是在加剧希腊人民的痛苦和不幸。即便希腊战局的确推迟了德国对苏联的入侵，这也不能被用来证明英国政府的决策是正确的，因为当时他们根本就没有把这当成一个目标。

不过，研究一下希腊战局是不是真的起过上面所说的作用，还是有其历史意义的。支持以上观点最直接的证据是，希特勒本来下令应在 5 月 15 日之前做好入侵苏联的准备，可是 3 月底，暂定的进攻发起日期被推迟了大约一个月，定到 6 月 22 日。陆军元帅伦德斯泰特认为，用于巴尔干战役的装甲师迟迟未到，拖延了他的集团军群的作战准备工作，这个因素和天气因素共同构成拖延的主因。

在伦德斯泰特手下指挥装甲部队的冯·克莱斯特元帅说得更加明白："诚然，就我们的总兵力而言，用于巴尔干的部队并不算多，可是就坦克比例而言很高。

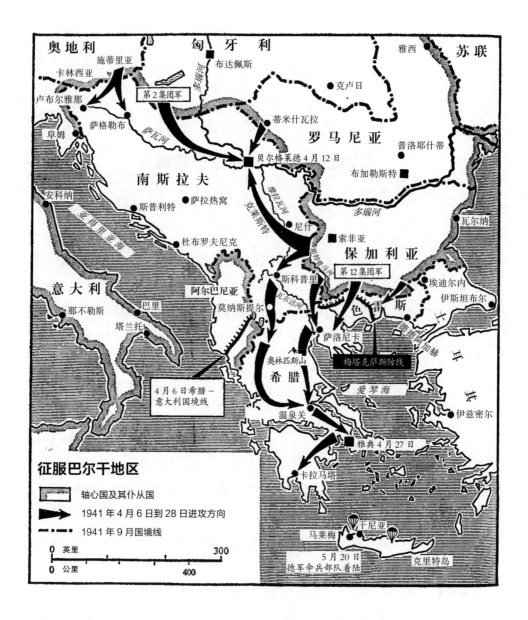

征服巴尔干地区

轴心国及其仆从国

1941年4月6日到28日进攻方向

1941年9月国境线

在我指挥下从波兰南部入侵苏联的大部分坦克部队都参加过巴尔干攻势，坦克需要修理，人员需要休息。很多坦克部队一直向南打到伯罗奔尼撒半岛，还得从那儿原路折回来。"[1]

冯·伦德斯泰特和冯·克莱斯特两位陆军元帅之所以这样认为，当然是因为他们要在所负责战线上发动攻势，就必须等这些装甲师返回。其他德军将领认为巴尔干战役的作用没有那么大。他们强调从波兰北部出发的陆军元帅冯·博克的中央集团军群才是征苏之战的主角，能否取胜，主要还是要看他们的进展。伦德斯泰特的集团军群只起助攻作用，其力量的削弱并不会产生决定性的影响，反正苏军也不可能轻易地从伦德斯泰特眼皮底下被抽调而走。南方兵力的削减，甚至可能会阻挠希特勒在第二阶段作战中把注意力转向南方的倾向——我们后面将会看到，这种倾向对德军在冬天来临之前打到莫斯科的前景产生了致命的拖延作用。如果万不得已，德军其实也可以不等伦德斯泰特集团军群的装甲师从巴尔干回来，就发动对苏联的入侵。但是其后关于延误的争论就转到了地面是否足够干燥以便提早开战的话题上。哈尔德上将的观点是，气候条件其实是适合提早开战的。

将军们事后的观点并不足以说明，如果没有巴尔干战役的干扰，希特勒就会做出另外的决定。不过，一旦决定推迟闪击苏联的日期，那么任何想要在更多的师从巴尔干地区回来以前就开战的想法就都不可能实现了。

但导致德军延误的原因并非希腊战局。希特勒早已决定把入侵希腊放在入侵苏联之前加入 1941 年的作战时间表了。改变侵苏作战时间的关键因素是 3 月 27 日在南斯拉夫发生的意料之外的政变，当时西莫维奇（Simovich）将军和他的盟友们推翻了刚刚加入轴心国的南斯拉夫政府。希特勒对这个令人失望的消息大发雷霆，当天就决定要对南斯拉夫发动排山倒海的进攻。这样的打击需要投入更多的陆军和空军，远超单单希腊战役所需的部队。希特勒这才被迫下定决心，推迟进攻苏联开始的日期。

英军在希腊登陆这一事实本身并不足以让希特勒决心入侵希腊，驱使他采取行动的是对登陆的恐惧，等到英军真的登陆了，他反而放心了。英军的登陆甚至

1　Liddell Hart: *The Other Side of the Hill*, p. 251.

没能阻止南斯拉夫当时的政府向希特勒求和。此外，这次登陆可能确实鼓励了西莫维奇将军推翻政府并反抗希特勒，他成功地推翻了政府，可反抗希特勒不太成功。

执行巴尔干作战的陆军元帅李斯特麾下第 12 集团军参谋长冯·格里芬贝格（von Greiffenberg）将军对整个作战行动的综述给了我们更明确的答案。

格里芬贝格的叙述强调，希特勒还记得协约国 1915 年在萨洛尼卡登陆建立据点，最终在 1918 年 8 月发动决定性的战略攻势，所以他担心英国在 1941 年会故技重演，在萨洛尼卡或者色雷斯地区的南方海岸登陆。这样南方集团军在向东打进苏联南部时，其后方就会受到英军的威胁。希特勒假定英军会和以前一样试图进军巴尔干地区——他还回想起，在第一次世界大战末尾，协约国的巴尔干集团军对战争的结局做出过重要的贡献。

因此他觉得有必要占领萨洛尼卡和德德阿加赫（亚历山德罗波利斯）之间的色雷斯海岸，作为进攻苏联之前的措施。负责执行这次任务的是李斯特的第 12 集团军，包括克莱斯特的装甲兵团在内。德军将在罗马尼亚集结，跨过多瑙河进入保加利亚，从那里突破梅塔克萨斯防线（Metaxas Line）——其右翼以萨洛尼卡为目标，左翼以德德阿加赫为目标。一旦占领海岸，保加利亚盟军将接手保卫海岸的任务，德军只留下极少数部队。第 12 集团军大部，尤其是克莱斯特的装甲兵团之后将掉头经罗马尼亚北上，参加东线南翼的作战。按原来的计划，德军并没有打算占领希腊的大部分国土。

当德国人向保加利亚国王鲍里斯（Boris）展示这份计划时，他说自己不信任南斯拉夫人，他们可能会威胁第 12 集团军的右翼。但是德军代表向鲍里斯国王保证说，南斯拉夫和德国之间签有 1939 年同盟条约，那个方向上不会有什么危险。他们能感觉到，鲍里斯国王对此半信半疑。

事实证明鲍里斯国王是正确的。正当第 12 集团军准备按计划从保加利亚发动攻势的时候，贝尔格莱德突然发生了政变，摄政王保罗被迫退位，当时德军部队正要向希腊出发。

　　似乎贝尔格莱德的某些团体对保罗亲王的亲德政策不满，想要站到西方盟国一边。我们作为士兵，无从知晓是西方盟国还是苏联指使了这次政变。

起码这肯定不是希特勒谋划的！相反这次政变出乎我们的意料，令人极其不快，差一点就全盘推翻了驻保加利亚的第 12 集团军的整个作战计划。[1]

例如，克莱斯特手下的装甲师不得不马上从保加利亚出动向西北方向进攻贝尔格莱德。另一个临时措施是，魏克斯（Weichs）的第 2 集团军迅速调集驻扎在卡林西亚（Carinthia）和施蒂里亚（Styria）的部队，向南攻入南斯拉夫。巴尔干地区的形势恶化，迫使苏联战局从 5 月延期到 6 月。所以从这个意义上来说，贝尔格莱德的政变才真正地影响了希特勒进攻苏联的开始日期。

可是天气在 1941 年也起到了重要作用，这是偶然的。在波兰布格河 – 桑河一线以东地区，直到 5 月，地面作战行动都会受到极大限制，因为大多数道路过于泥泞，整个野外都是一片泥潭。很多未加整治的河流泛滥成灾。越往东走，此类地形上的困难就越明显，尤其是在罗基特诺河（普里皮亚特河）跟别烈津纳河地区泥泞的森林地带。就算在正常的年景，5 月中旬以前，在那里的行动也会大受限制，而 1941 年又是个很反常的年份。那年冬天很长。迟至 6 月初，布格河依然泛滥不已，附近数英里的地方深受其灾。

再往北，情况更是如此。当时在东普鲁士指挥一个先头装甲军的冯·曼施坦因将军说 5 月下旬和 6 月上旬天降大雨。很明显德军如果更早开始入侵的话，前景可能会更堪忧，正如哈尔德所说，提早发动攻势是否具有可行性是很值得怀疑的，而这和巴尔干的干扰无关。1940 年的天气对西线攻势异常有利，可是 1941 年的天气不利于东线攻势。

在一支小型英国增援部队于萨洛尼卡登陆之后，1941 年 4 月，德军入侵希腊，当时希腊陆军主要防守通往保加利亚的各个山口通道，因为德军在保加利亚集结。盟军预料到了德军会沿着斯特鲁马河谷（Struma Valley）而下，可是这一行动背后藏着另一个间接的行动。德军机械化纵队从斯特鲁马河谷出发转而沿着与边界平行的方向向西上溯斯特鲁米察河谷（Strumitza Valley），翻山越岭进入南斯拉夫一端的瓦尔达河谷（Vardar Valley）。这样德军就突破了希腊和南斯拉夫军队的防御接合部，接着沿瓦尔达河迅速前进，扩大突破口，直指萨洛尼卡。

1　Blumentritt in Liddell Hart: *The Other Side of the Hill*, p. 254.

德军就此包围了驻扎在色雷斯的大批希腊军队。

德军在这次打击之后没有从萨洛尼卡直接经英军固守的奥林匹斯山南下，相反，德军又一次以大迂回行动穿越更西面的莫纳斯提尔（Monastir）隘口。通过这次向希腊西海岸的进军，德军包围了驻阿尔巴尼亚的希腊各师，包抄了英军侧翼。此外，由于德军很可能再次向东迂回切断剩余盟军部队的撤退路线，希腊境内所有的抵抗迅速崩溃。大部分英军和盟军从海路撤往克里特岛（Crete）。

完全从空中发动入侵占领克里特岛是这次大战中最大胆和出人意料的行动。它也是大战中最出其不意的空降作战。英国是这场战役的输家——这警示我们将来永远不要对类似的"从天而降"的奇袭放松警惕。

1941年5月20日上午8点，大约3000名德军伞兵从天而降，落在克里特岛。岛上有28,600名英国、澳大利亚、新西兰部队，此外还有加起来差不多人数的两个希腊师。

英国预料德国会在征服巴尔干地区之后进攻克里特岛，英国在希腊的间谍网也提供了关于敌人入侵准备工作的大量情报。可是英军没有对空降行动的威胁给予应有的重视。由丘吉尔推荐指挥克里特岛防务的是维多利亚十字勋章获得者弗赖伯格（Freyberg）将军，据丘吉尔透露，弗赖伯格在5月5日报告说："不理解有任何紧张的必要，我完全不担心空降进攻。"[1]他对来自海上的进攻更加在意——不过，皇家海军消除了德军从海上发动进攻的危险。

丘吉尔则非常担心，尤其"担心空中威胁"。他催促"再运去至少12辆步兵坦克"以加强那里仅有的6辆。[2]岛上防御更大的缺陷是缺乏空中支援来击退德军的俯冲轰炸机，并拦截空降部队。高射炮也很缺乏。

德军在进攻发起日当夜就把抵达岛上的部队人数翻了一倍，其后又不断通过伞降、滑翔机送来增援，从第二夜开始还用上了运输机。在刚被德军夺取的马莱梅（Maleme）机场仍处于守军大炮和迫击炮火力覆盖下的时候，这些运输机就开始在跑道上降落了。德军从空中运来了总共2.2万人左右的部队，其中很多人

1　Churchill: *The Second World War*, vol. III, p.246.

2　Churchill: *The Second World War*, vol. III, p.249.

在着陆的时候因飞机坠毁而丧生或负伤，可是幸存下来的都是最坚强的斗士，而他们的对手虽然数量上占据优势，但所受的训练没有那么好，部分守军在被从希腊赶出来后，仍然惊魂未定。更重要的是，守军装备处于劣势，尤其缺乏近距离无线电设备。不过很多部队打得都很顽强，他们的顽强抵抗产生了十分重要的影响，虽然人们要到后来才能明白过来。

英军的高层指挥部中仍然洋溢着乐观情绪。丘吉尔根据收到的报告，在战役第二天对下院说"很大一部分"德国空降兵已被消灭。中东司令部在此后两天中还在侈谈德国人正在"被肃清"。

但在 26 日，也就是战役开始后的第 7 天，克里特岛的英军指挥官报告说："我认为我指挥下的部队已经到了承受的极限……这里的防御形势毫无希望。"这话出自弗赖伯格这位顽强的战士之口，没有人会怀疑它的真实性。28 日夜间，部队开始撤离，到 31 日夜间已全部撤完——皇家海军在抢运尽可能多的部队的过程中暴露于敌空军压倒性的空中优势之下，遭受了巨大损失。撤离行动总共救出了 16,500 人，包括 2000 名左右希腊士兵，可是其余部队不是死了就是被德军俘虏。海军阵亡 2000 多人。3 艘巡洋舰和 6 艘驱逐舰被击沉。13 艘其他舰船遭到重创，其中包括 2 艘战列舰和当时地中海舰队拥有的唯一一艘航空母舰。

德军阵亡大约 4000 人，伤大约 2000 人。也就是说，除开希腊人和克里特岛本地民兵不谈，德军的永久性损失还不到英军的三分之一。可是，德国损失的大多是唯一伞兵师中的精锐部队，这对希特勒产生了意想不到的影响，反而对英国有利。

但在当时，克里特岛防御的崩溃看起来是灾难性的。它紧随另外两起灾难而至，给英国公众造成了极大的打击。4 月，英军在 10 天之内就被隆美尔赶出了昔兰尼加；而德军入侵希腊 3 周后，英军又被赶出了希腊。韦维尔冬天从意大利人手中夺取昔兰尼加的战绩看上去就像是天空遍布的乌云中短暂露出的骗人的阳光。英国人在德国人手里吃了一连串的败仗，而德国空军于春季再度对英国本土展开轰炸，此时的战争前景看上去比 1940 年更加黯淡。

但是希特勒没有如英国人预想的那样进攻塞浦路斯、叙利亚、苏伊士运河或者马耳他，以扩大在地中海的三场胜利。一个月后，他对苏联发动了进攻，从此永远放弃了把英国赶出地中海和中东地区的大好机会。希特勒错失良机主要是因为他把精力放到了入侵苏联的作战中，但克里特岛的胜利在他心理上施加的影响也起到了推动的作用。征服克里特岛的代价给他带来的冲击远远多于胜利带来的喜悦。这次战役与他以前那些代价低廉、成果却大得多的成功形成了鲜明的对比。

在南斯拉夫和希腊，尽管遇到了崇山峻岭的障碍，希特勒的新型装甲部队依然像是在波兰跟法国的大平原上一样所向披靡。他们如同旋风一样横扫两国，把敌军像九柱游戏中的木柱一样纷纷击倒。

后来的记录显示，陆军元帅李斯特的集团军俘虏了9万名南斯拉夫人、27万名希腊人和1.3万名英军，自身付出的代价只是5000人伤亡。当时英国报纸估计德军损失超过25万人，连一份英国官方战报也估计德军损失"大约7.5万人"。

希特勒在克里特岛的胜利，除了代价巨大这个污点以外，还削弱了他手下唯一一支可以不惧英国海军拦截、跨海夺地的新型地面战斗部队——英国海军尽管损失惨重，但仍然主宰着海洋。实际上可以说，希特勒在克里特之战中"扭伤了手腕"。

战后德国空降兵总司令施图登特令人吃惊地披露说，希特勒起初不太同意克里特岛进攻方案：

> 在打到希腊南部之后，他就想要结束巴尔干战局。我听说此事以后飞去面见戈林，提出只用空降部队占领克里特岛的计划。戈林总是很容易对任何东西发生兴趣，他很快看出了这个想法的可行性，把我派去向希特勒汇报。我在4月21日觐见希特勒。我首先把这个计划解说了一遍，这时，希特勒说，"听起来不错，可我觉得它不切实际"。不过我最终成功说服了他。
>
> 此次战役，我军动用了一个伞兵师、一个滑翔机团和此前毫无空运经验的第5山地师。[1]

此次战役中，里希特霍芬（Richthofen）的第8航空军负责用俯冲轰炸机和战斗机提供空中掩护，这个军在1940年的战役中是砸开比利时和法国大门的决定性力量。

---

[1]　这段和139页的引语都来自 Liddell Hart: *The Other Side of the Hill*, pp. 238-43 中施图登特的话。

　　不需要海运部队。原先也计划过用海军输送援兵，但我们能动用的运输手段只有一些希腊小汽船。于是做了以下安排：将这种小船编成一支护航队，载运远征作战所需的重型武器（比如高射炮、反坦克炮、大炮和一些坦克）及第 5 山地师的两个营……这支运输队被告知英国舰队还在亚历山大港——其实他们已经起航驶向克里特岛。护航队向克里特岛出发，迎面撞上英国舰队，被打得七零八落。德国空军为他们报了仇，从英国海军的头皮上"拔下了许多头发"。可是我军在克里特岛上的战斗因为缺了这些我们依赖的重型武器而大受牵制……

　　我军在 5 月 20 日那天根本没有成功地占领任何一座机场。我们在马莱梅机场取得了最大进展，在那里，我们宝贵的机降突击团与精锐的新西兰部队浴血奋战。5 月 20—21 日的夜间对德军指挥部而言是最关键的时刻。我必须当机立断。我决心将还在手边的伞兵预备队大部投入最终夺取马莱梅机场的战斗中。敌军如果在那天夜里或者 5 月 21 日清晨发动一次有组织的反攻，就有可能成功地击溃当时已然损失惨重且筋疲力尽的机降突击团余部——特别是，这支部队因缺乏弹药而严重受限。

　　可是新西兰部队仅发动了零星的反击。我后来听说，英军司令部预料在空降进攻之外，我军主力会从海路在马莱梅和干尼亚（Canea）之间发动进攻，因此他们选择把部队留下来守卫海岸。在这个决定性的时刻，英军司令部不敢冒险把他们的部队派往马莱梅。21 日，我军预备队成功攻克了马莱梅机场和村庄。夜间，第 1 山地营作为第一支空运部队得以降落——就这样德国赢得了克里特之战。

可是胜利的代价远远高于计划倡导者的预计——部分原因是，岛上英军的数量 3 倍于德国人的预料，但还有其他原因。

　　大多数损失都是因为糟糕的着陆——克里特岛上适于着陆的地点太少，而盛行风又是从内陆吹向海面的。因为怕把部队空投到海里，飞行员总是倾向于把他们空投到离海岸很远的地方——有些部队实际上降落到了英军防线后面。武器收纳箱经常落到离部队很远的地方，这也是导致我军损失严重的另一个原因。少量在场的英军坦克在战斗开始的时候把我们吓坏了——很幸运，它们总数不超过 24 辆。敌步兵大多数是新西兰人，他们在受到奇袭的情况下还是打得很顽强。

元首对伞兵部队所受的严重损失深感烦恼，得出结论说他们已经丧失了奇袭的价值。此后他经常对我说，"伞兵部队的时代已经结束了"……

我在说服希特勒接受克里特岛作战计划的时候，还建议我军应该继续从空中夺取塞浦路斯岛，然后再从塞浦路斯蛙跳占领苏伊士运河。希特勒似乎并不反对这些想法，可是不愿意明确答应进行这些作战——他的思想完全沉浸在即将到来的入侵苏联的大战中。克里特岛之战严重的损失使他深受震动，此后，他拒绝再尝试大规模空降作战。我反复请求他对此加以考虑，但完全无效。

所以，英国、澳大利亚、新西兰的军人们在克里特岛上遭受的损失并非没有任何补偿。施图登特想要占领苏伊士运河的想法也许太过离谱，除非隆美尔的非洲装甲部队得到大大加强，否则绝不可能实现，可是占领马耳他是一个相对容易的任务。希特勒被说服在一年后进攻马耳他，可是后来又变卦取消了此项行动。施图登特说："他认为一旦英国舰队开赴战场，所有意大利舰船都会迅速逃回各自的母港，把德国伞兵部队扔下自生自灭。"

第 12 章

希特勒转向进攻苏联

　　1941 年 6 月 22 日是拿破仑 1812 年侵俄纪念日的前一天，希特勒在这天入侵苏联，战争的整个前景至此迎来革命性的巨变。但历史已经证明，此举对拿破仑来说是致命的，希特勒注定步其后尘，只是结束的时刻会来得相对慢些。

　　拿破仑在当年年底之前就被迫撤出俄国，第二年 4 月，俄国人就打进了他的首都巴黎。希特勒在 3 年后才被赶出苏联，到第 4 年的 4 月，苏军才打进他的首都柏林。他在苏联挺进的距离比拿破仑远 1 倍，不过没能重复拿破仑进占莫斯科的虚幻胜利。他更加深远的挺进得益于优越的机动手段。可是就连这也不足以让他达到自己的目标。广阔的空间先是让他深受挫折，后来又将他推入了失败的深渊。

　　历史还有一点也在重复，那就是侵略者的自杀行为产生的连带效应。正是这种行为把英国从绝望中解救了出来。英国的形势在岛国之外的大多数人眼中已经毫无希望。他们明明白白地看到，这个小岛孤悬于大陆的边缘，深陷险恶无比的敌意中，它所受到的来自大陆的包围比之拿破仑时代有过之而无不及。空中力量的发展也部分抵消了海峡护城河的作用。岛国的工业化使它依赖于进口，而这又让潜艇战的威胁倍增。英国政府拒绝考虑任何和平条件，从逻辑上来说，即便希特勒不去尝试任何入侵行动快速征服英国，英国也会被迫踏上一条越来越物质匮乏直至最终崩溃的道路。绝不妥协之路等于慢性自杀。

　　美国也许可以给英国"打气"，让英国不至于立即覆亡，可是那也只是在拖延这个垂死的过程，无法改变结局。况且丘吉尔在仲夏决定用英国的贫弱国力对德国发起空袭，这就抵消了美国援助这一续命措施的效果。这样的空袭至多不过

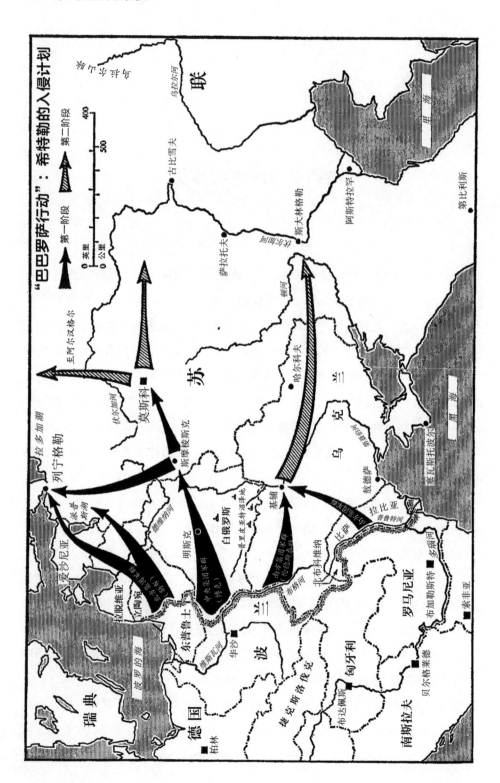

"巴巴罗萨行动"：希特勒的入侵计划

像是蚊子叮咬，可是它确实干扰了希特勒把战争的注意力移向别处。

可是英国人民对本国局势的严峻程度不加理会。他们生性顽固，对战略又所知不多。丘吉尔鼓舞人心的演说有助于让国民从敦刻尔克之后的沮丧中恢复元气，并且给岛民们提供了他们想要的强心针。他们因他铿锵有力的语气而欢欣鼓舞，根本不去思考这些话在战略上是否有意义。

希特勒对英国国民产生的影响比丘吉尔更深。他征服了法国，而且离英国海岸近在咫尺，这比任何之前的关于纳粹暴政和侵略的证据都更能唤起英国民众的斗争精神。他们再一次以本民族固有的方式做出反应——不惜一切代价咬住希特勒不放。英国人长期以来被描绘成牛头狗的民族共性从没有表现得如此淋漓尽致，并且正义凛然，同时又愚不可及。

又一次，一位西方的征服者碰到了一个"不认为自己已被击败"的民族。正如《我的奋斗》所表明的，希特勒比拿破仑更了解英国人民，因此他煞费苦心地不去伤害英国人的民族自尊心。希特勒相信英国人具有现实感，因而无法理解他们怎么会既看不到自己未来之绝望，也意识不到在当时情况下，德国提出的和平条件宽大得异乎寻常。就是在这样一种困惑的状态之下，希特勒对下一步如何行动犹豫不决，于是像拿破仑一样调转方向——去征服苏联，作为跟英国最后摊牌的预先步骤。

希特勒的想法并不是突然改变的，而是一点一点调整而成的。这个因果关系也非常复杂——远比拿破仑的转变更加复杂——而且无法用单纯的一个因素或者缘由来解释。

德国空军在英格兰南部经受的严重损失和 1805 年法国舰队在菲尼斯特雷角（Cape Finisterre）海外洋面上所遭到的挫败相比，虽然在战术上更重要，但是在战略上并不像后者那样具有决定性。因为戈林的挫败对希特勒的决心产生的影响并不像维伦纽夫（Villeneuve）的撤退对拿破仑那样立竿见影。当时希特勒仍然想要做出努力，逼迫英国人民屈服，只不过改变了施加压力的方式而已——从试图摧毁保卫英国的空军力量，改为对工业中心城市进行夜间轰炸。这种压力之所以时紧时松，除了气候因素之外，还与希特勒的犹豫不决有关。如果还有可能说服英国人民接受和平的话，他似乎就很不愿意把事情做绝，所以他死抱着这份希冀，笨拙地追求他的最终目标。

　　与此同时，他的经济需求和恐惧，再加上偏见，使希特勒的思想日益转向另一个方向。他和斯大林的盟约为西线的胜利铺平了道路，但他在西线的征服很大程度上都只是形势使然，实际上他一直以来都处心积虑地想要推翻苏联。这个目标对希特勒来说绝非仅仅是追逐野心过程中的一时心血来潮，反布尔什维克主义是他感情深处的信念。

　　英国的抵抗强烈地影响了这个东向的冲动，可是这个冲动早在英国拒绝希特勒的和平条件之前就已经复活了。

　　1940年6月上旬，希特勒还陷身于法国战局的时候，斯大林抓住时机占领了立陶宛、爱沙尼亚、拉脱维亚。希特勒同意波罗的海诸国属于苏联的势力范围，可没有同意苏联真的吞并这些国家，他认为自己受到了同伙的欺骗，不过他的大多数助手都很现实地认为，苏联进占波罗的海国家是出于对希特勒在西线的胜利之后可能另有所图的恐惧，而采取的自然而然的防范措施。希特勒对苏联深入骨髓的不信任还表现在，在整个西线作战期间，他都因只在东线留下10个师面对100个苏联师而深感担忧。

　　后来，6月26日，苏联又在没有事先通告盟友的情况下向罗马尼亚发出最后通牒，要求后者立即归还比萨拉比亚（Bessarabia），并额外割让北布科维纳（northern Bukovina）——作为苏联在1918年"被夺走"比萨拉比亚省的"小小补偿"。苏联只给罗马尼亚政府24小时的答复时间，后者一屈服，苏军马上就从陆空两路蜂拥而来。

　　这个举动比"给希特勒一记耳光"更厉害，因为苏联人借此得以更加逼近罗马尼亚的油田区，希特勒已经无法从海外获得原油，而罗马尼亚的油田是希特勒依赖的主要供应来源。此后几周中，希特勒对这一风险越来越感到紧张，担心对英国的空袭可能会受到影响。于是，他开始怀疑斯大林的动机。7月29日，希特勒和约德尔谈到，如果苏联试图攫取罗马尼亚的油田，德国可能就需要对苏联开战。几周后，他开始把2个装甲师和10个步兵师调往波兰作为反制措施。9月6日，他在对反情报机构下达的命令中说道："未来几周，东部地区的兵力需要加强。但绝不能让苏联人认为我们调动部队是准备在东线发动攻势。"应该采取频繁变动防区的办法来掩盖德军的实力：

　　另一方面，必须让苏联意识到强大而训练有素的德军正驻扎在波兰总督辖区、帝国的东方省份和摩拉维亚保护国。苏联应该从中得出结论，我们已经准备好随时用强大的军队保卫自己的利益，反抗苏联人的侵吞，尤其是在巴尔干地区。

　　这道训令的主旨是防御性的。它主要是为了防止苏联的进攻，而不是预示着德国的侵略。可是双方的分界线距离希特勒必须保卫的油田太远，他无法给予油田直接的保卫，于是开始考虑在波兰前线发动攻势把苏联人引开。而这种发动佯攻的想法很快演变成大规模入侵——用直面全盘危险的方式来预防局部的风险。

　　9月中旬，有报告显示，苏联宣传部门已经转而在红军中开展反德宣传。这表明，德军在东方首次增兵已经让苏联人疑惧起来了，他们正迅速在部队中为苏德战争做好准备。可是在希特勒看来，这就是苏联进攻意图的明证。他开始觉得，自己不能再等待下去了，不能等到获得并巩固了在西方的胜利之后再来对付苏联。他的恐惧、野心和偏见交织在一起，互相影响，促使他的思想产生了急剧的变化。在这种状态下，他的疑心越来越重。希特勒对英国人似乎完全没有认识到自己的形势何等无望感到迷惑不解，他从苏联身上寻找答案。他月复一月地告诉约德尔和身边其他人说，英国人一定是在指望苏联的干预，否则早就屈服了。英苏之间一定早就达成了某种秘密协定。斯塔福·克里普斯爵士（Sir Stafford Cripps）被英国派往莫斯科并与斯大林会谈证实了这种密约的存在。德国必须先发制人，否则就会被绞杀。希特勒没有想到，苏联人可能也正在害怕他的入侵。

　　9月初，保卢斯将军（保卢斯后来因手下集团军被包围在斯大林格勒而出名）就任陆军副总参谋长时，进攻苏联的计划就已起草完毕，保卢斯受命"探讨这一计划的可行性"。计划设定的作战目标是，先消灭苏联西部的军队；其后深入苏联腹地，抵达阿尔汉格尔至伏尔加河一线，以保护德国不受苏联从东方发起的空袭的威胁。

　　到11月初，作战计划的所有细节均已敲定，其后德军又进行了两三次演习，对其加以验证。希特勒现在已经不那么担心苏联发动进攻，反而更想进攻苏联。准备和构思宏大的战略计划总是能让他如醉如痴。当他和手下将领谈起自己的思路时，将领们表达的疑虑只能让他的决心更加坚定。每次将军们对他能否成功表示怀疑，难道事实不都证实了他总是正确的吗？他必须用更加令人瞠目结舌的方式再次证明这些将领错了——他们的疑虑表明，他们尽管表面上顺从，但还是对他这样一名业余军人有着骨子里的不信任。况且他的陆海军将领对跨海打击英国表现得非常担心，而他不能被动地无所事事。他曾着手制订方案，试图穿过西班牙进攻直布罗陀，以封闭地中海的西端入口，可是那个作战规模太小，无法满足他巨大的胃口。

10 月底的新动向影响了他的决策，从最终的后果来看，这一动向产生的影响更大。那就是墨索里尼在没有通知希特勒的情况下入侵了希腊，这个举措让希特勒对自己的小伙伴无视自己规劝的擅自行动大发雷霆，因为意大利人此举不仅打乱了德国的部署，而且有可能侵蚀希特勒给自己保留的势力范围。虽然意大利人很快遭遇挫折，最后一个可能性烟消云散了，但墨索里尼擅自行事让希特勒加快了自己在巴尔干地区的动作。此事让希特勒在西线战事结束前就把注意力更多地转向了东方。他必须和自己的同党抢夺巴尔干地区的控制权，然后再和苏联清算，至于英国问题，则只能放到日后再说。即便到那时，他仍未能下定决心，但这一想法已经在他的脑海里占据了主导地位。

11 月 10 日，莫洛托夫抵达柏林，来商讨一系列广泛的问题，包括德国提出的苏联明确加入轴心国的提议。会谈结束时，双方发表公报称："双方在互利互信的气氛中，就德国和苏联共同关心的所有问题取得了谅解。"与会的德方代表私下里也对 16 日总结的会谈成果颇感满意。

> 双方暂时不签署明确的条约。苏联似乎愿意在几个进一步的问题得到澄清之后加入三国同盟条约。……德国告知莫洛托夫说，德国正准备在巴尔干采取行动以支援意大利，莫洛托夫没有表示反对。他建议创造合适的条件，让苏联对保加利亚的影响力能达到德国对罗马尼亚的那种程度，德国人并没有对此进行积极回应。但德方表示，自己并不关心土耳其能否控制达达尼尔海峡，而是同情苏联在那里建立基地的愿望……

但是双方完全缺乏所谓"互信"，外交辞令之空洞虚伪前所未有。12 日下达的希特勒第 18 号作战命令这样说：

为澄清苏联目前的态度，政治商谈已在开展中。无论结果如何，仍应继续按照此前下达的口头命令，为东线作战做好准备。

外交官们高谈阔论之时，军事计划正在加紧制订。与其他人不同，希特勒本人对这次会谈的结果不太满意，他认为苏联提出所谓进一步问题其实只是想回避加盟，他越来越倾向于采取攻势。14 日，雷德尔见了希特勒，注意到"元首仍旧倾向于对苏联发动战争"。莫洛托夫回国后，希特勒见了手下几位负责人，明确对他们表示自己准备入侵苏联。这几位负责人想要说服他放弃，但毫无效果。他们争辩说这样做就意味着两线作战——在"一战"中，这种形势被证明对德国来说是致命的——希特勒反驳说不可能指望苏联在英国的抵抗崩溃之前无所作为。要想压倒英国就需要扩充海空军，相应地，就不得不缩编陆军，可是只要苏联仍然是一个威胁，就不可能进行这样的缩编。情况已经改变，"苏联在巴尔干地区表现出的反复无常"证明它是不可信赖的。因此"海狮行动"不得不被推迟。

12 月 5 日，希特勒接到哈尔德关于东线作战计划的报告，18 日，希特勒下达了"第 21 号作战训令——巴巴罗萨行动"（Directive No. 21 — Case Barbarossa）。训令一开头就不容置疑地宣称："德国武装部队必须准备好，在结束与英国的战争之前，以一次快速的战役粉碎苏联。"

为此目的，陆军将动用一切可以动用的部队，只留下部分部队确保被占领国家不会遭受突然袭击。海军的主要兵力仍然集中于对英国作战！

一旦形势需要，我将在预定作战开始前 8 周下令集中部队，以进攻苏联。那些需要更长时间进行的准备工作，如果还没有开始的话，应立即开始，并在 1941 年 5 月 15 日之前完成。（这一天被认为是天气状况所允许的最早的进攻日期。）必须小心谨慎，以免泄露我军发动进攻的意图……

我军将以坦克部队为首，发动大胆进攻，向苏联西部打入四处深深的楔子，以期消灭配置在那里的苏军主力，并阻止做好战斗准备的敌军部队撤入苏联广阔的腹地。

接下来训令提到，如果以上措施还不足以瘫痪苏联，那么德国空军应消灭苏联位于乌拉尔山区的最后一个工业区。德军将通过占领波罗的海各海军基地的方式来瘫痪红海军舰队。罗马尼亚将帮德军在南方牵制住苏军，并在后方负责辅助工作——希特勒在 11 月已经就参与入侵征询过罗马尼亚新独裁者安东内斯库（Antonescu）将军的意向。

尽管"一旦形势需要"这个措辞听起来有点不太确定，但希特勒的决心是无可置疑的。训令的最后一段话也许能解释这个不确定的短语："各高层指挥官根据本训令而下达的所有命令必须使用类似措辞，万一苏联改变目前对我们的态度，便可将其解释成防备措施。"这个计划必须用精心的欺骗手段伪装起来，在这方面，希特勒自然要带个头。

此外，欺骗工作针对的不仅是敌人，还包括本国人民。听他谈过这项行动的人中有很多都担忧入侵苏联的风险，更何况这意味着两线作战，所以希特勒认为最好先装作还未做出最后决定，以此来加以掩饰。这样做可以给人们一些时间适应风向的变化，也给自己时间提出更令人信服的证据，揭露苏联的敌意。他属下的将领们也表达了疑虑，希特勒担心他们的半心半意可能会对战争产生不利影响。他当然可以凭借将领们的效忠宣誓逼迫他们服从，可那并不能在他们的思想中催生出获胜所需要的那种决心。他还需要倚重他们的专业技能，因此需要说服他们。

1 月 10 日，德国和苏联签署了一项新的协定来体现 11 月会谈中和莫洛托夫达成的在边界和经济问题方面的共识。如此，局势表面上显得愈加平静。可是希特勒私下里透露心声说斯大林是一个"冷酷的勒索犯"。与此同时，从罗马尼亚和保加利亚传来了苏联在那里活动的令人不安的报告。

19 日，希特勒接见来访的墨索里尼，并在这次会谈中提及跟苏联之间的不快。他并没有说出自己的进攻计划，不过着重指出德军在罗马尼亚的集结已经引起了苏联的严重抗议。这段话从侧面揭示了他的想法："从前苏联对我们不构成一个威胁，因为一点也无法伤害我们；可是在如今这个空中力量的时代，从苏联和地中海发动的空袭可以把罗马尼亚的油田化成一大片冒烟的废墟，而轴心国的生命系于这些油田。"德军将领们曾提出，即便苏联有意入侵，德军也只需要加强自身的边境防御力量便足以应对这个威胁，并不需要主动进攻。而上述想法便是希特勒针对将领们的观点提出的反驳。

2 月 3 日，希特勒在贝希特斯加登（Berchtesgaden）召集军事首脑开会，具体介绍了"巴巴罗萨"计划的要点，会后他批准了计划的最终定稿。凯特尔估计敌军在苏联西部大约有 100 个步兵师、25 个骑兵师和相当于 30 个机械化师的部队。这和实际情况相差不远，德军实际发动入侵时，苏联在西部可以动用的兵力为 88 个步兵师、7 个骑兵师和 54 个坦克与摩托化师。凯特尔其后说德军虽然兵力没有这么雄厚，"但是质量上远远胜出"。实际上，入侵部队总共有 116 个步兵师（其中 14 个是摩托化师）、1 个骑兵师和 19 个装甲师——此外还有 9 个交通线警备师。历数双方兵力并非为了打消将领们的顾虑，因为这种对比反而表明德军在即将发动的这场巨大攻势中毫无胜算，而且在决定性的要素装甲部队方面居于明显劣势。很明显，计划的制订者把赌注押在了质量的优越性上面。

凯特尔继续说："苏联的作战意图不明。边界地区没有强大的部队。波罗的海国家和乌克兰对苏联的供给来说是至关重要的，因而任何后撤行动都必然只能是局部的。"这个假设在当时看上去是合理的，但后来的事实证明它实在过于乐观了。

入侵部队将分为 3 个集团军群，它们的战斗任务都已被明确下来。勒布（Leeb）的北方集团军群将从东普鲁士出发，穿越波罗的海各国直指列宁格勒（Leningrad）。博克的中央集团军群将从华沙地区出发，沿着莫斯科大道指向明斯克（Minsk）和斯摩棱斯克（Smolensk）。伦德斯泰特的南方集团军群将在普里皮亚特沼泽地以南发动进攻，其战线一直延伸到罗马尼亚，目标是第聂伯河（Dnieper）与基辅（Kiev）。主要突击力量集中于中央集团军群，为此将给予其兵力优势。据估算，北线的兵力和敌军大致相当，而南线德军兵力数量则居于劣势。

凯特尔在形势综述中还提到匈牙利的态度尚不明朗，他强调为了保密，只能在开战前的最后关头和那些可能与德国合作的国家达成某种安排。不过罗马尼亚是个例外，因为与其合作是"不可或缺的"。（希特勒不久前又见过安东内斯库一面，请求他允许德军通过罗马尼亚国土去支援在希腊作战的意大利人，可是安东内斯库有所犹豫，争辩说这一举动有可能加速苏联对罗马尼亚的侵略。在第三次会见中，希特勒向他允诺，为了回报罗马尼亚在进攻中的协助，不仅会归还比萨拉比亚和北布科维纳，而且会把"直到第聂伯河岸"的大批苏联南部国土划给罗马尼亚。）

　　凯特尔进一步提到，大批德军炮兵已被派往东线，因此入侵直布罗陀的行动已经不可能进行。"海狮行动"同样遭到搁置，但"我们应尽一切努力在部队中维持仍在进一步准备入侵英国作战的假象"。为散布假象，德军将会突然封闭英吉利海峡沿岸和挪威的某些地区，而作为欺诈行动的一部分，向东集中部队将被说成是为登陆英国而进行的欺骗行动。

　　伴随着军事行动计划的是一个旨在榨取苏联被占国土上资源的大规模经济计划"奥尔登堡方案"（Plan Oldenburg）。德国组建了一个完全独立于总参谋部以外的经济小组。这个小组在5月2日的一份经济问题综述报告的开头这样写道："到战争的第三年，所有武装部队只有靠产自苏联的粮食，才能把战争打下去。毫无疑问，如果我们从这个国家攫取所有我们需要的物资，苏联将有数百万人饿死。"很难说这段话到底仅仅是冷血的科学描述，还是意在警告不要对掠夺制定过高的目标，需索无度。这份报告继续说："最重要的是攫取和运输油菜籽和油饼，谷物只是第二位的。"最高统帅部战时经济处处长托马斯（Thomas）将军较早提交的一份报告指出，如果运输难题可以得到解决，征服苏联的欧洲部分也许能缓解德国的粮食问题，但是不可能满足德国对其他重要物资的需求——"印度的橡胶、钨、铜、铂、锡、石棉和马尼拉麻的供应问题只有在确保和远东的联系之后才能得到解决"。这个警告对一意孤行的希特勒没有任何效果。可是另一个结论说"在榨取占领区的过程中，不能遗漏高加索的燃料供应"，这对希特勒产生了重要影响，促使他不断扩大进攻，以致丧失平衡。

　　"巴巴罗萨"方案由于开战前的意外而进一步遭遇挫折，产生了迟来但深远的影响。这是因为希腊和南斯拉夫受英国的支持两次在外交上重挫了希特勒，给他带来了心理上的影响。

　　希特勒在入侵苏联之前想要首先保证右肩部不受英国的干扰。他曾希望通过武力外交的恫吓方式，不经激烈的战斗，就能控制巴尔干地区。他认为在西线的胜利之后，做到这一点将会轻而易举。苏联进攻比萨拉比亚，反倒为希特勒进入罗马尼亚铺平了道路，既然罗马尼亚已转而投入他的怀抱，那么下一步也必然会轻易达成。3月1日，保加利亚政府接受了他给的好处，和德国签订条约，允许德军穿越保加利亚国土占领希腊边境的阵地。苏联政府发表声明反对这种背离中立原则的行为，可是也没有做出任何更加强有力的反应，这让希特勒确信苏联还没有准备好开战。

希腊政府对于希特勒的外交手段不加理睬，因为他的轴心国伙伴入侵了希腊，这种反应是很正常的。希腊政府也不畏惧他的威胁。希腊人民最近刚刚击退墨索里尼的侵略，情绪因而高涨。2 月，希腊已做好准备，迎接英军的支援，德军进入保加利亚之后几天内，英军开始登陆。

受这一挑战的刺激，希特勒在一个月之后便对希腊发动了进攻。其结果只是毫无必要地分散了自己本可用于开展主要行动的力量，因为英国能派出的部队太弱，最多只能对他的右肩部造成轻微的刺痛，而希腊人正忙着对付意大利人。

南斯拉夫发生的事件对希特勒的侵苏作战产生了更为不利的影响。希特勒在这里开头很顺利。南斯拉夫政府在德国的压力之下同意在双方妥协的基础上，把自己和轴心国联系起来：南斯拉夫不负担军事义务，但是秘密同意让德军部队使用通向希腊边界的贝尔格莱德—尼什铁路线。3 月 25 日，南斯拉夫代表签署协定，两天后，以南斯拉夫空军参谋长西莫维奇将军为首的一群青年军官在贝尔格莱德发动政变。他们控制了广播电台和电话中心，推翻了政府，其后，西莫维奇将军领导下的新政府否决了德国人的要求。英国间谍帮助他策划了政变，当政变成功的消息传到伦敦时，丘吉尔在演说中宣称："我要告诉你们和全国人民一个好消息。今天上午早些时候，南斯拉夫找回了它的灵魂。"他继续宣布说，南斯拉夫新政府将接受英国给予的"所有援助和救济"。

这次政变彻底改变了巴尔干格局。希特勒无法容忍如此侮辱，丘吉尔的兴高采烈也让他火冒三丈。他立即决定同时入侵南斯拉夫和希腊。德军极为迅速地变更了部署，10 天后，即 4 月 6 日，希特勒发动了进攻。

巴尔干地区反抗希特勒的直接后果是可悲的。南斯拉夫在一周之内就被攻陷，首都被开战时的空袭夷为平地。希腊在 3 周后被攻占，英军部队经过长途撤退，返回船上，根本没有打多少仗。英军每一步都受制于人。这样的结果让人怀疑丘吉尔和所有那些支持他、声称军事干预有可能成功的人的判断力——英国因此丧失了信誉，南斯拉夫和希腊人民也陷入了悲惨的境地。当地人民觉得自己被英国辜负了，这种感觉产生了深远的后果。历史的讽刺之处在于，正是丘吉尔的做法，导致重生的南斯拉夫敌视丘吉尔所代表的一切价值观。

但是，这个事件的间接后果很致命，这点反映在希特勒的判断上。就算用数量乘以质量的公式来估算，他的侵苏部队也只占微弱的优势，根本无力在侵苏的同时再在希腊和南斯拉夫打一仗。就坦克数量而言，德国相较苏联居于明显劣势。要想迅速征服巴尔干就得使用装甲师，而要冒险入侵苏联，他又必须搜罗手头每一个可以动用的装甲师。因此 4 月 1 日，"巴巴罗萨行动"被从 5 月中旬推迟到6 月下半月。

希特勒居然能够这么快征服这两个国家，并保持新的侵苏日期不再推迟，这真是令人惊叹的军事成就。他的将领们其实都认为，如果英国人能成功地守住希腊，"巴巴罗萨行动"根本就无法发动。最终，计划只被耽误了 5 个星期。但希特勒正是因此而丢掉了战胜苏联的机会，侵苏失败还有其他重要因素，包括南斯拉夫的军事政变、8 月因举棋不定而造成的意外耽搁，以及那年提早降临的冬季。

到 5 月 1 日，除了个别被包围投降的部队，英军已经在希腊南部海滩重新登船。同一天，希特勒确定了"巴巴罗萨行动"的日期。他的命令综述了双方的兵力对比，并继续说：

> 对作战过程的预计——预计在边境地区会发生持续最多 4 周的激烈战斗。此后，随着战争进一步发展，敌军抵抗将会逐渐减弱。苏联人会在指定的地点战斗到最后一息。

6 月 6 日，凯特尔下发了详细的进攻时间表。这个表除了历数参与入侵的各部队番号外，还表明有 46 个步兵师被留在西线面对英国，不过其中只有 1 个摩托化师，此外还有 1 个装甲旅。夺取法属北非的"阿提拉行动"和反击英国进攻葡萄牙的"伊莎贝拉行动"仍可在提前 10 天通知的前提下发动，但不能同时进行。"第 2 航空队已从作战中撤出，转调东线，第 3 航空队全面负责指挥对英国的作战。"

以上命令披露，德国从 5 月 25 日就开始和芬兰总参谋部谈判，以确保他们配合进攻。罗马尼亚人已同意配合，将在 6 月 15 日得到有关攻势最终安排的信息。16 日，匈牙利人将会得到暗示，让他们更严密地守卫好本国边界。第二天，德国东部所有的学校将会关闭。德国商船应在不引起注意的前提下悄悄离开苏联，并停止出航。从 18 日起，"不再需要掩盖进攻的意图"。到那时，苏联人再想采取任何大规模增援措施都为时已晚。计划规定取消进攻的最后期限是 21 日 13 点，取消的代号是"阿尔托纳"（Altona），而发动进攻的代号是"多特蒙德"（Dortmund）。越过边境的时间定在 22 日凌晨 3 点 30 分。

尽管德国采取了种种保密措施，但英国情报机构还是早早地获得了关于希特勒进攻意图的令人吃惊的优良情报，并将其转送给了苏联人。英国情报机构甚至精确地预测了入侵的确切日期——比德国人最终做出决定那天还要早一周。可是苏联人不相信这些反复到来的警告，而是继续信任《苏德互不侵犯条约》，英国人对这种态度感到既困惑又恼怒。他们认为苏联人是真的不相信这些情报——希特勒进攻苏联的消息传来时，丘吉尔的广播讲话中流露出了这种看法。红军在开战初期遭逢灾难时，英国人认为，灾难之所以发生，某种程度上是因为红军被打了个措手不及。

研究一下苏联的新闻报道和广播就会发现，英国人的这一印象与事实是不相符的。从 4 月起，苏联就在许多公开报道中暗示已经采取了防范措施，并表明自己知道德军的调动状况。与此同时，还有很多文章提到德国正在严格遵守《苏德互不侵犯条约》，并谴责英美试图在苏德之间拨弄是非，尤其是散布德国准备入侵苏联的谣言。6 月 13 日有一则此类广播，以明显的斯大林的口吻评论说，"德军向德国东部和东北部地区的调动，必须被认为是出于和苏联无关的动机"——这则评论也许让希特勒以为他的欺敌措施产生了预料的效果。双重欺骗可以用再次欺骗的办法来对付。同一则广播还回应了外国对苏联征召预备役军人的报道，说这仅仅是常规夏季演习前的训练。20 日，莫斯科广播电台高调地报道了苏军正在普里皮亚特沼泽地附近进行的军事演习——这次演习也许是为了提高国内信心。广播还宣称将于 22 日（星期天）测试莫斯科民防防空在"实战条件下"的能力。即便如此，他们再次把外国对德国即将发动入侵的报道斥为"敌视苏联的势力的恶意编造"。

德国人知道英国人在竭尽全力警告苏联人。4 月 24 日，德国驻莫斯科海军武官甚至报告说："英国大使预测战事将于 6 月 22 日爆发。"可是希特勒并没有因此而改变日期。有可能是因为他预计苏联人不会相信任何来自英国的报告，也有可能是因为他认为实际哪一天开战无关紧要。

　　希特勒究竟有多相信苏联人没做好准备，这是很难断言的。因为他一贯对自己的亲信掩盖自己的想法。自从春季以来，德国派驻莫斯科的观察员发来的报告，一直在告诉他苏联政府显得很消极，一心只想讨好他；只要斯大林还活着，苏联就不会进攻德国。迟至6月7日，德国驻莫斯科大使还汇报说："所有观察都显示，全权负责制定苏联外交政策的两个人，斯大林和莫洛托夫，正在竭力避免和德国的冲突。"苏联人不但继续忠实地按照贸易协定向德国运送物资，而且和南斯拉夫、比利时及挪威断交以取悦希特勒，这两件事似乎都确认了德国大使的判断。

　　此外，希特勒经常说驻莫斯科的纳粹外交官是全世界最闭目塞听的人。他还向手下将领提供性质相反的报告，这些报告说苏联人正在准备攻势，敦促采取预防措施。他这样做可能是为了故意欺骗手下将领，而不是自己真的相信这些报告，因为他一直和手下将领相处得不愉快，将军们还在不断提出放弃入侵的各种理由。或者，希特勒很晚才意识到苏联人并非像自己希望的那样毫无准备，而这又反过来让他以为苏联人的动机和他一样，也是要掩盖进攻意图。将军们在跨过边境后发现，前线地区没有任何迹象表明苏联人在为进攻做准备，这才明白过来希特勒误导了他们。

第 13 章

入侵苏联

侵苏作战的成败更多地取决于空间、后勤和机械化，而不是战略战术。尽管某些作战方面的决策非常重要，但具有决定性意义的仍是机械化在极为广阔的空间面前的不足，我们必须参照这些基本因素来评估作战决策。只要看一眼苏联地图就能很容易地理解空间因素，可是机械化因素就需要更多的解释了。要理解此次战局，就有必要先来分析一下这个因素。

和希特勒之前的入侵作战一样，这次的成败也完全取决于只在军队中占极小一部分的机械化部队。参战的装甲师只有 19 个，这一数量只相当于德国及其卫星国的师总数的十分之一。其余大量部队中，只有 14 个师是摩托化的，能够跟得上装甲矛头的推进速度。

德国陆军在 1940 年只有 10 个装甲师，到了 1941 年却已经有了 21 个装甲师。可是，表面上翻倍的实力其实只是一个幻觉，是用了稀释的办法才做到的。在西线战役期间，每个装甲师的核心是下辖 2 个团的一个坦克旅——每个团有 160 辆作战坦克。入侵苏联之前，德军从每个师抽调出一个坦克团，并以这根"肋骨"为基础再组建一个新的师。

一些内行的坦克专家反对这个决定，指出它真正的效果是给所谓装甲部队配备更多参谋人员和非装甲的辅助部队，装甲部队的规模根本没变，每个装甲师的战斗力反而因此降低了。在一个 1.7 万人编制的师里，只有大约 2600 人是真正的"坦克手"。可是希特勒执迷不悟。苏联有着广阔的空间，他想要营造一种自己可以用大量的师深入突击的局面，他还认为，苏军在技术上处于劣势，因此自己稀释后的部队不会落入下风。他还强调说，因为较新型的马克 3 型和 4 型坦克

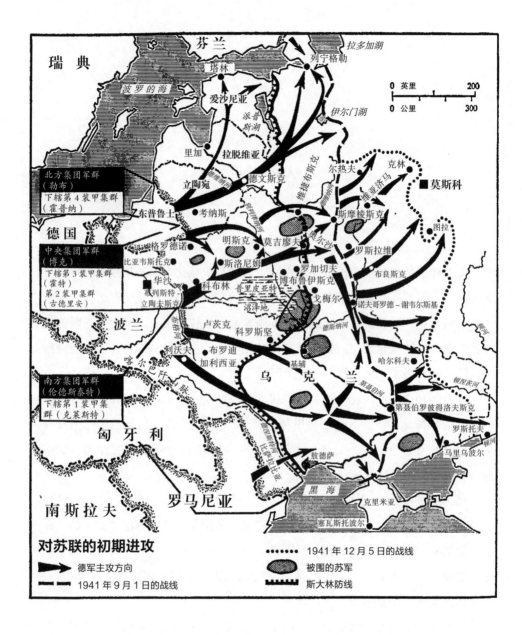

瑞典

芬兰

拉多加湖

列宁格勒

塔林

波罗的海

爱沙尼亚

派普斯湖

伊尔门湖

0　英里　200

0　公里　300

里加

拉脱维亚

维捷布斯克

尔热夫

克林

莫斯科

立陶宛

德文斯克

维亚济马

北方集团军群
（勒布）
下辖第4装甲集群
（霍普纳）

斯摩棱斯克

图拉

东普鲁士

考纳斯

明斯克

莫吉廖夫

贝尔沙

罗斯拉维

德国

格罗德诺

比亚韦斯托克

斯洛尼姆

罗加切夫

布良斯克

中央集团军群
（博克）
下辖第3装甲集群
（霍特）
第2装甲集群
（古德里安）

华沙

布列斯特

立陶夫斯克

科布林

博布鲁伊斯克

戈梅尔

诺夫哥罗德－谢韦尔斯基

卢茨克

德斯纳河

沼泽地

波兰

利沃夫

布罗迪

科罗斯坚

基辅

哈尔科夫

喀尔巴阡山脉

加利西亚

乌　克　兰

第聂伯河

南方集团军群
（伦德斯泰特）
下辖第1装甲集群
（克莱斯特）

第聂伯罗彼得洛夫斯克

罗斯托夫

顿河

马里乌波尔

匈牙利

罗马尼亚

比群拉比亚

敖德萨

黑海

克里米亚

南斯拉夫

塞瓦斯托波尔

对苏联的初期进攻

▶　德军主攻方向

▬ ▬　1941年9月1日的战线

•••••　1941年12月5日的战线

⬬　被围的苏军

▬⊔⊔▬　斯大林防线

的产量增加，每个师三分之二的装甲兵力现在都已由火炮口径更大、装甲厚度加倍的中型坦克组成，而在西线战役中，三分之二的坦克都是轻型坦克。所以，装甲师虽然规模减半，但突击力提高了。在当时的情况下，这倒算是一个好的理由。

但是坦克规模缩减凸显了德国"装甲师"的一个基本弱点，即它的大部分单位都是非装甲的，缺乏越野机动能力。坦克给战争带来的新发展，除了重新运用了装甲以外，更重要的一点是离开道路机动的能力，不需要依赖一条事先准备好的、平滑且坚硬的路面。轮式机动车辆仅能加速行军步伐，以更加灵活的方式重现铁路的效用，但坦克让机动性有了革命性的提高。它在移动时为自己铺设轨道，不需要沿着事先铺好的路轨走固定的路线，因而把一维的机动变成了二维的机动。

最初，英国的机械化作战倡导者们就已经意识到了这个潜力的重要性。早在"一战"结束时，围绕着装甲部队模式这一问题，他们就已经建议将包括补给车在内的所有车辆都换装成履带越野型的。德国比其他任何国家付出的努力都要多，但是就连他们也未能将上述愿景变为现实。

1941 年改组后，一个德军装甲师中，履带式车辆总共不到 300 辆，而轮式车辆有将近 3000 辆，其中绝大部分都离不开道路。这样的车辆太多，在西线战役中影响不大，因为守军的防御部署非常糟糕，部队到处都在崩溃，进攻者可以利用铺设良好的道路网来捕捉战机。可是在东线，合适的道路非常稀缺，在长距离的行军中，轮式车辆被证明是一个决定性的制约因素。德国人实际上落后于他们引以为成功秘诀的理论 20 年，并为此付出了代价。

他们之所以能取得这么大的成功，只是因为他们对手的装备更落后。苏联人在坦克数量方面拥有极大优势，但他们的机动车辆总数极为有限，就连他们的装甲部队都没有实现全摩托化输送。后来的事实证明，在对付德军装甲突进时，这是苏军机动中的一大弱点。

德军在这次攻势中总共动用了 3550 辆坦克，只比西线进攻时多 800 辆。（苏联人在 8 月声称他们已经击毁了 8000 辆德军坦克。）根据斯大林在 1941 年 7 月 30 日给罗斯福发出的电报，红军总共拥有 2.4 万辆坦克，其中一半多都部署在苏联西部地区。

6 月 22 日星期天清晨，德军在波罗的海和喀尔巴阡山脉之间兵分三路，齐头并进，潮水般地冲过了边境。

左翼，勒布指挥的北方集团军群跨过东普鲁士边境进入苏联占领的立陶宛。战线中段的左侧，博克指挥的中央集团军群在华沙以东对苏军在波兰北部形成的巨大突出部的两翼发起巨大的包围战。在战线中段的右侧，有 60 英里的平静地带，在这里，德军进攻的潮水被普里皮亚特沼泽地的西端分隔开来。右翼，伦德斯泰特指挥的南方集团军群沿苏联在喀尔巴阡山脉附近加利西亚（Galicia）地区形成的利沃夫突出部北缘攻击前进。

博克右翼和伦德斯泰特左翼之间的缺口被有意地置之不理，以便能最大限度地集中兵力，尽快向前推进。这样，德军在战斗第一阶段的挺进速度便大大提高了。可是正因为德军没有理会这个普里皮亚特地区，这里便成了苏联人的避难所，他们的预备队可以在它的掩护下进行集结，后来还从这里向南发动了一系列侧翼反攻，严重影响了伦德斯泰特向基辅的进攻。当然，如果博克在普里皮亚特沼泽以北的挺进能够成功地包围明斯克附近的苏军，这种反攻便不会产生太大的作用。

德军的主攻方向放在中段左侧。博克承担此任务。当初入侵西线时，主攻任务本来也应该交给他的，只不过后来被转给了伦德斯泰特的集团军。为了完成这个决定性的任务，大部分装甲部队，包括古德里安和霍特指挥的两个装甲集群都被置于他的指挥之下，而其他集团军群只配备一个装甲集群。博克还下辖第 4 和第 9 集团军，每个集团军下辖 3 个步兵军。

每一个装甲集群（后来改称装甲集团军）都由 4 ~ 5 个装甲师和 3 个摩托化师组成。

所有的德军领导人都同意胜败取决于对这些装甲集群的运用，但是在如何最好地运用它们这个问题上，他们意见不一。这场"理论交锋"影响深远。某些高级指挥官意图在一场决定性的经典包围战中摧毁苏军，以求在跨过边境之后尽快锁定胜局。他们在制订计划时遵循着由克劳塞维茨提出、毛奇确立、施利芬进一步发展完善的经典战略理论。他们还担忧，如果不打败苏军主力，便深入苏联腹地，部队有可能会遭遇危险，因而也就更加强烈地支持上述思路。为了确保计划的成功，他们坚持要让坦克集群和步兵军在战役中紧密配合，从两翼钳形包抄，在敌军后方合拢，完成包围圈。

而以古德里安为首的坦克战专家们持有不同观念。他们希望复制在法国已被证明具有决定性的成功经验，让坦克集群以最快的速度尽量深远地突破。古德里安争辩说，他和霍特的两个集群在突向莫斯科的一路上，不应该耽误一丁点时间，至少也要打到第聂伯河，然后再向内合围。他们越快抵达这条线，苏联人的抵抗便越可能像法国人那样陷入崩溃，而第聂伯河也就更有可能像 1940 年的英吉利海峡那样，起到铁砧的作用。在古德里安看来，应该由步兵军负责包围两支装甲突击力量之间的苏军，两个装甲集群在向前狂奔的同时，只分配相对小规模的部队配合步兵军向内翼包抄。

希特勒对"理论交锋"的裁决有利于正统派。他虽然很大胆，但是没有大胆到敢把命运赌在自己打成功过的一张牌上。他对保守主义的妥协后来产生了比 1940 年时更不利的后果。坦克战专家们的地位相较 1940 年而言已经有所提高，但是他们还是没有机会用他们认为最佳的方式来完成任务。希特勒之所以做出这样的决定，不仅是因为他对坦克专家们的方法存有疑虑，还因为他鲜活的想象力——他脑子里装满了以一场巨大的包围战聚歼苏军主力的愿景。

这一愿景变成了一团游移不定的鬼火，引诱他在苏联境内越陷越深。头两次尝试没有成功。第三次大包围战俘虏了更多的敌军，可是也把他带到了第聂伯河对岸。第四次尝试包围了 50 多万苏军，可是冬天来临，阻止了德国人进一步利用前线大张的缺口。在战役的每一个阶段，德军都在张开和合拢钳子的过程中消耗了时间，结果在试图实现战术构想的同时，错失了战略目标。

古德里安的方法是否会更有效，尚无定论。可是即便在那时，也有一些并不属于坦克战学派的优秀总参谋部军官对其表示拥护，而且直到今天，他们在回顾起此事时，仍然坚定地支持这一办法。他们当然知道如此大纵深的突进在增援和补给上将面临很多困难，但他们仍然认为，这些困难是可以克服的，只要充分利用好手边的空中运输能力，并让装甲部队摆脱累赘——也就是说，让装甲部队的战斗部分继续前进，并专注于保持前进的速度，让辅助性的摩托化纵队跟在后面。可是这种谢尔曼式轻装突进的观点和欧洲传统的战争理论冲突太大，在当时得不到普遍的认同。

"理论交锋"以正统派的胜利告终，按照作战计划，德军应开展大包围战，在打到第聂伯河之前，合围并确保歼灭苏军主力。为了增加成功概率，博克的战线将进行双重合围：第 4 和第 9 集团军的步兵军执行较短距离的包围机动，而装甲集群则将在外侧执行远程包围战，在更深远的突进之后再向内侧合围。这种嵌套模式在某种程度上考虑到了古德里安、博克和霍特的观点，不过做得还是不够。

进军轴线将沿着通往明斯克和莫斯科的大道展开。这条大道贯穿克鲁格手下第 4 集团军负责的地段，古德里安的装甲集群便配属于这个集团军。进军路线的起点处，有布列斯特－立陶夫斯克要塞挡道，而这个要塞又受到布格河的掩护。因此开战最初的课题便是如何在河对岸占领桥头阵地，并清除这个要塞障碍，以便让后续部队得以利用大道获得急速前进的动力。

在寻求这个课题的答案时，需要回答的一个问题是，装甲师究竟应该等步兵师打开突破口呢，还是和步兵师一起合作突破。德军为了节省时间而采纳了后一种方案。步兵师负责攻克要塞，两侧则各部署 2 个装甲师。在强渡布格河之后，装甲师便绕过布列斯特－立陶夫斯克要塞，在其深远后方的大道上会合。为了进一步加快速度，所有参与突破的部队将暂时归古德里安统一指挥。突破之后，装甲集群将像出膛的炮弹一样独立向前猛冲。

博克下辖各集团军进攻正面本就宽广，现在更是攻敌不备，并使用绕道战术，因而在多点上实现了深远突破。第二天，右翼的装甲部队打到了布列斯特－立陶夫斯克后方 40 英里处的科布林（Kobryn），而左翼则占领了铁路中心格罗德诺（Grodno）要塞。苏军位于波兰北部的大突出部——被称为比亚韦斯托克突出部——在钳形攻势的挤压之下，已经变成了蜂腰状。此后几天内，随着德军两翼向巴拉诺维奇（Baranovichi）方向合围，这个钳形攻势的力度更大了，前方地带所有苏军都面临着被一网打尽的危险。苏军数量上非常庞大的坦克部队根本没有做出有效的抵抗，这也有助于德军开展合围行动。

但是苏联人极其顽强的抵抗还是迟滞了德军的推进。德军的机动能力通常优于对手，但很难在战斗中打败敌人。被包围的苏联部队有时候会被迫投降，但在此之前，他们通常都会进行长时间的抵抗，他们面对战略上绝望的态势顽固地迟迟不愿承认，大大迟滞了进攻者的推进步伐。在这个交通非常不便的地区，这样的顽抗起的作用更大。

在德军针对布列斯特 – 立陶夫斯克实施的最初的进攻中，这一作用首次体现了出来。这座旧堡垒的守军在大规模炮击和空袭之下坚守了一周，让攻击部队付出了惨重的代价，最后才投降。战争初期其他地点的类似战斗经验让德国人意识到未来等着他们的是什么样的战斗，在很多道路交会点，苏军的顽强抵抗封锁了离不开道路的德军补给纵队的去路，迟滞了前锋绕道的行动。

入侵部队途经的野外地形特征也加深了他们心中开始出现的沮丧情绪。一位德国将军精确描述了地形给他留下的印象：

> 原野无穷无尽，地平线朦胧不清。单调的景物、无边的森林沼泽和平原都让我们抑郁不已。好的道路太少，糟糕的小径极多，大雨很快就会把沙土和壤土变成泥潭。村庄里都是茅草铺顶的小木屋，看上去悲惨而凄凉。大自然是严厉的，而大自然中的人类也和它一样严厉而迟钝——对天气、饥饿、干渴麻木不仁，甚至对生死、瘟疫、饥馑也无动于衷。苏联的老百姓是顽强的，苏联的士兵更加顽强。他们似乎能无限制地忍受和服从。

第一次合围在原边境线以东 100 英里处的斯洛尼姆（Slonim）附近达到高潮，在这里内层的两翼夹击几乎完全合围了集结在比亚韦斯托克突出部的 2 个苏联集团军。但德国人完成合围的动作不够快，将近一半被围部队成功突围，当然，突围出去的部队也被迫分散开来，相互之间丧失了协调。德军第 4 和第 9 集团军主要由非机械化部队组成，这妨碍了合围作战的完成。

两翼的装甲兵主力比非机械化部队多突进了 100 英里，已经跨过了 1939 年的苏联国界，并从明斯克后方向内合围。6 月 30 日，进攻发起后第 9 天，明斯克被攻克。那天晚上，古德里安冲得最猛的装甲矛头在博布鲁伊斯克（Bobruisk）附近抵达了具有历史意义的别列津纳河（Beresina），那里位于明斯克东南 90 英里处，离第聂伯河只有不到 40 英里。可是，合围行动失败了，希特勒快速取得决定性胜利的梦想也随之破灭。天上突降大雨拯救了陷于苦战的苏联人，而前一年夏天，法国人反复求雨不可得。大雨把沙土变成了泥淖。

在苏联，这个困难比在法国更难克服，因为它不仅让部队完全无法进行越野战术机动，还堵塞了战略意义重大的道路机动。因为在整个区域，唯一铺有沥青的良好道路就是通过明斯克直抵莫斯科的大道，可是它对希特勒的方案而言只能起到部分作用，因为德军并不打算要直扑莫斯科，而是要在两翼使用表面松软的道路进行广阔的大包围行动。7月初的暴风雨之后，这些"流沙"彻底毁掉了入侵部队的机动性，却让占领区内小股孤立苏军部队顽强抵抗的效果倍增。尽管在比亚韦斯托克和明斯克的双重合围战中，德军俘虏了30多万名战俘，但也有差不多同等数量的苏军在包围圈收紧之前成功突围。这些突围部队对加强下一道位于第聂伯河两岸的防线的强度起到了重要的作用。

在这个关键阶段，苏联的地形特征也极大地妨碍了作战。明斯克东南方向有大片森林和沼泽，别列津纳河也并不是一条单独的河流而是由许多穿越黑泥炭沼泽的溪流构成的。德军发现只有两条道路上的桥梁能够载重，其一是经过奥尔沙（Orsha）的主要道路，其二则通往莫吉廖夫（Mogilev）。其他道路上的桥梁都是摇摇欲坠的小木桥。德军挺进神速，但他们还是发现苏联人已经炸掉了那些最重要的桥梁。入侵部队还第一次遭遇了雷场，而且因为行军被束缚在道路上，雷场引起的拖延就更久。别列津纳河当年曾经阻挠过拿破仑撤军，现在也以几乎同等的效果迟滞了希特勒的进军。

以上这些因素都增添了德军想要在第聂伯河以西地区合围苏军的作战难度。

预想中的大包围没能完成，德军统帅部本想避免深入第聂伯河以东地区，现在却已别无选择。德军已经深入苏联境内300英里。现在两翼再次张开，以便开展新的包围战，目标是在第聂伯河一线苏军背后斯摩棱斯克以东地区完成合围。可是，在7月的头两天，他们不得不花时间收拢明斯克包围圈，并等第4与第9集团军的各步兵军赶上来——有些步兵军为了赶来帮助突破斯大林防线（Stalin Line），已经连续两周半每天强行军20英里。

这次进攻战比德军统帅部预料的要容易，因为后撤中的苏联人没有时间重新组织防御，或改进远未完工的防御工事体系。第聂伯河本身是进军路上最大的障碍，但古德里安的装甲师在几个远离主要渡口的地点发动突击，克服了这条河流障碍。到12日，德军已经在罗加切夫（Rogachev）和维捷布斯克（Vitebsk）之间的宽大正面上突破斯大林防线，并向斯摩棱斯克进发。这次的轻易突破证明，如果当初按照古德里安所设想的，允许装甲部队一直突进，收益很可能大于风险。

糟糕的地形和天降大雨给德军带来了极大的困难，其效果甚至超过苏军无组织的抵抗。在这种形势下，停顿下来耽误时间就意味着要付出巨大的代价。每次下大雨都会把入侵部队的机动性暂时降低为零。从空中俯瞰下去，这是一幅奇怪的景象——静止不动的所谓"装甲部队"像斑点一样，成串地散布在上百英里的大地上。

坦克可以继续前进，可是坦克和其他履带式车辆只是所谓装甲师中的一小部分。其补给和大批步兵部队是用大型轮式车辆运载的，这些车辆不能离开路面，而当路面变成泥地时，也不能移动。太阳出来后，沙土路面很快就会被晒干，然后部队才能继续行军。可是多次延误累加起来对战略计划造成了极为不利的影响。

以上这些困难表面上并不明显，因为古德里安的装甲集群沿着通往斯摩棱斯克的主要大道挺进的速度相当快，在 16 日就开进了斯摩棱斯克。他在一周之内就跨越了第聂伯河跟德斯纳河（Desna）之间 100 多英里的距离。可是北翼霍特的装甲集群在进军过程中被沼泽和暴风雨所阻。它进展缓慢，自然影响了希特勒合围计划的实现，给了苏联人更多时间在斯摩棱斯克周围集结部队。在此战役最后阶段，德军两翼都遇到了更加顽强的抵抗。实际上，苏军的防御实在过于顽强，德军两股钳子之间的距离已经不到 10 英里，而包围圈里据估计还有 50 万苏军士兵。这些士兵大部分都突围了，但到 8 月 5 日，德军还是又抓了 30 万战俘。

这次不完全的胜利给德军出了一个难题。它意味着，德军通往东面 200 英里以外的莫斯科的通道仍然被相当可观的敌军封锁着，而且随着苏军新动员的部队到达，防御力量每时每刻都在增强。与此同时，德军却很难通过糟糕的道路把自己的增援部队及时调上来，这就削弱了他们发动新攻势的能力。

延误不可避免，但此次延误时间之长前所未有。直到 10 月，德军才再次向莫斯科前进。夏天最好的两个月被白白浪费了，而博克的各集团军则停在德斯纳河边无所事事。原因就在于希特勒的思路并不确定，而且伦德斯泰特麾下各集团军在普里皮亚特沼泽地以南地区的进展缓慢。

在南方战线，德军开战时并没有占据数量优势。实际上，他们当时面临着起码在纸面上看起来令人胆寒的劣势。布琼尼（Budenny）元帅指挥的苏联西南方面军[1]在波兰南部和乌克兰拥有 30 个坦克和摩托化师、5 个骑兵师，以及 45 个步兵师，其中有 6 个坦克和摩托化师、3 个骑兵师和 13 个步兵师部署在比萨拉比亚，防御罗马尼亚人。就装甲部队而言，他拥有的兵力相当于铁木辛哥（Timoshenko）元帅指挥下面对德军主攻方向的西方方面军的两倍。布琼尼拥有 5000 辆各型坦克，而作为伦德斯泰特装甲矛头的克莱斯特的装甲集群只有 600 辆坦克。而且后者曾在希腊作战，在投身这场大战役之前几乎没有休整补充的时间。

伦德斯泰特必须依赖奇袭、速度和空间方面的优势——还有对方指挥官的笨拙。布琼尼是内战时期著名的骑兵老英雄，他手下一位军官贴切地把他描述为"一个胡子很大但脑子很小的人"。战前的清洗消灭了一些最优秀的指挥官，幸存下来的那些人在政治上是安全的，在军事上却是无能的。只有等那些顽固的老家伙被战争的考验淘汰以后，新一代的精英才能脱颖而出。

伦德斯泰特将主攻放到了布格河沿岸的左翼。其所制订的作战计划最充分地利用了有限的兵力，还发挥了出发地的地理优势，当时，德军正好位于苏军在加利西亚地区形成的利沃夫突出部侧后方。进攻发起地是一个天然的楔子，德军只需稍微向前就可以威胁喀尔巴阡山脉附近所有苏军部队的交通线。莱歇瑙指挥的第 6 集团军强渡布格河后，克莱斯特的装甲部队将通过突破口冲向卢茨克（Luck）和布罗迪（Brody）。

通过奇袭，德军很快就实现了突破，还消弭了苏军本来可能会发动的危险反攻。伦德斯泰特知道，苏军有 25 个师面对着匈牙利的喀尔巴阡山脉边境，预料这支部队有可能会在自己向卢茨克进军的时候，迂回打击自己的右翼。但实际上，这支苏军部队已经撤退了。（苏军的这一反应，再加上苏联前线地区对战争缺乏准备的情况，都让伦德斯泰特和其他德军将领怀疑希特勒声称苏联人马上要发动攻势的说辞有没有根据。）

即便开局如此顺利，伦德斯泰特的部队还是无法像战线中央的博克部队那样神速挺进。古德里安强调绝不能让苏联人停下来或者有机会重整旗鼓。他确信如果不浪费任何时间的话，自己能打到莫斯科，而斯大林权力基础的神经中枢一旦

---

1 译注：原文是集团军群，翻译的时候按照苏联军语改称方面军，而且开战时苏军西南方面军司令员是基尔波诺斯上将，布琼尼元帅从 7 月起出任西南方向总司令，指挥包括西南方面军在内的数个方面军。

遭逢这样决定性的一击，苏联的抵抗必将瘫痪。霍特和他观点一致，博克也支持他们。但是希特勒在 7 月 19 日对下一步作战行动下达的命令中退回到自己最初的主张。装甲部队将从博克的中央地段调出，前往两翼——古德里安的装甲集群向南回转，协助伦德斯泰特打击乌克兰的苏军，而霍特的装甲集群向北协助勒布进攻列宁格勒。

勃劳希契再次妥协，没有立即敦促希特勒改变计划。他认为装甲部队需要在进行下一步作战行动之前获得休整，检修装备并补足实力。希特勒同意这次暂停是必需的。与此同时，高层还在继续讨论着未来作战的方向，甚至到装甲部队已经可以重新发动进攻之后，他们还是没能得出结论。

讨论没完没了地持续了数周，总参谋长哈尔德敦促勃劳希契提出快速向莫斯科进军的建议。希特勒以 8 月 21 日一道更加明确的命令作答。这道命令的开头说道：

我不同意陆军总部 8 月 18 日提出的执行东线作战的提议。因为在冬季来临之前最重要的不是占领莫斯科，而是占领克里米亚半岛及顿涅茨（Donetz）盆地的工业和煤矿产区，并斩断苏联从高加索油田获得补给的通道……

因此，他下令，为扫清通往这些南方目标的道路，包括古德里安装甲集群在内的博克集团军群一部应向南进攻，协助伦德斯泰特击败在基辅周围抵抗的苏军。

哈尔德在接到上述命令时，曾试图动员勃劳希契和自己一起辞职。但勃劳希契说那样只是一个无用的姿态而已，希特勒会拒绝辞呈。至于他们提出的理由，希特勒只用自己经常说的话就一概驳斥了："我的将领们对于战争的经济层面一无所知。"他做出的唯一让步就是答应，一旦基辅地区的苏军被歼灭，博克将被允许继续进攻莫斯科，为此古德里安的装甲部队将归建。

基辅包围战本身是一个巨大的成功，让德军将领充满了对未来的乐观幻想。古德里安向南突击，截断苏军退路，而克莱斯特的装甲集群则同时向北突击。两股钳子在基辅以东 150 英里之处合拢，按照德国人所宣称的，有 60 多万苏联人被封锁在了包围圈内。可是战役结束时已是 9 月，糟糕的道路状况和多雨的天气减缓了包围行动的步伐。这次胜利所带来的光明，被冬季来临的阴影笼罩着，冬季对任何入侵者来说，都意味着重蹈历史覆辙的危险。后来的事实证明，那年夏天被浪费的两个月让打到莫斯科的希望变成了泡影。

9月30日，德军重新发动攻势。当博克的各集团军在维亚济马（Vyasma）附近完成大合围时，战役的前景似乎一片光明，在这里又有60万苏联人被俘。一时间，德军冲向莫斯科的道路似乎畅通无阻。可是维亚济马战役直到10月底才结束，德军部队已经疲惫不堪，随着天气转坏，原野也变成一片泥潭，而新的苏军部队又出现在了莫斯科前面。

大多数德军将领希望暂停攻势，占领一条适宜的冬季防线。他们还记得拿破仑大军的前车之鉴。很多人开始重读科兰古（Caulaincourt）对1812年战局的阴郁描述。但是另一派观点在最高层占据了上风。这次倒不完全是因为希特勒，德军面临的越来越大的困难，以及冬季的天候给他留下了深刻的印象，让他抑郁不已。11月9日，他担心地评论道："敌对两国一旦认识到谁也没有能力消灭对方，就会妥协媾和。"可是，博克催促一定要再接再厉，勃劳希契和哈尔德也这样认为——哈尔德在11月12日的高级参谋人员会议上说，有充分理由认为苏联的抵抗已经到了崩溃的边缘。

勃劳希契、哈尔德及博克自然不愿意停下来，因为他们之前已经花了很大气力说服希特勒接受他们的观点，即攻占莫斯科而不要去追逐南方的目标。因此，11月15日天气暂时好转之后，德军又重新向莫斯科发动进攻。可是经过两周在泥泞和积雪中的搏斗，德军在离莫斯科只有20英里的地方停顿了下来。

就连博克也开始怀疑继续进攻的价值了，尽管他刚刚宣称："最后一个营将决定胜负。"可是远在后方的勃劳希契还在坚持一定要不惜一切代价继续进攻。他已经病了，而且十分忧惧希特勒因战果不彰而发泄的怒火。

12月2日，德军又进行了一次努力，某些分队渗透到了莫斯科郊区，可是整体上来说，此次进攻还是在首都附近的森林里被挡住了。

这就给朱可夫（Zhukov）准备和指挥的苏军大规模反攻吹响了冲锋号。苏军在大反攻中击退了疲惫的德军，包抄了其两翼，德军所面临的局势一下子变得岌岌可危。德军从将军到士兵人人满脑子想的都是拿破仑从莫斯科撤退时的可怕场景。在这种危局之下，希特勒下令严禁全面撤退，只允许做局部最短距离的后退，在当时的局势下，他是正确的。德军既没有冬装也没有合适的装备来打一场冬季战役，希特勒的决定会把部队暴露在面对莫斯科的突出阵地上，吃尽苦头，可是总撤退一旦开始，就很容易蜕变成一场恐慌的溃败。

希特勒在 8 月决定停止前进，转而扫清通往苏联南方的道路，因而丧失了攻占莫斯科的机会。德军在南方所取得的战绩并不能抵消错失莫斯科的后果。基辅大合围战之后，伦德斯泰特攻占了克里米亚和顿涅茨盆地，可是缺了古德里安的坦克，他进攻高加索油田的企图失败了。他指挥的部队成功打到了顿河（Don）上的罗斯托夫（Rostov），却因筋疲力尽，很快就被苏联人击退。此后，他试图退到米乌斯河（Mius）沿线较好的防御阵地，可是希特勒禁止这样撤退。伦德斯泰特答复说，自己不能服从这一命令，要求解职。希特勒立即撤换了他，但其后前线就被突破，希特勒被迫接受了撤退的必要性。这一切发生在 12 月的第一个星期，和莫斯科的挫败同时。

同一周，勃劳希契因健康原因辞职，第二周，博克同样辞职，不久，勒布也辞职了，因为希特勒拒绝了他从列宁格勒附近的北部战线撤退的提议。于是，四位最高级的指挥官都挂冠而去。

希特勒没有任命勃劳希契的继任者，而是抓住机会自任陆军总司令。圣诞节前，他撤换了早期胜利的主要功臣古德里安，因为后者未经批准就把疲惫的部队撤了下来。

入侵失败的一个根本原因是，德军没能算准斯大林能从苏联腹地调来的预备队的数量。总参谋部及其情报机构在这方面和希特勒一样闭目塞听。8 月中旬，哈尔德日记里有一句意味深长的话总结了这个致命的错误：“我们低估了苏联，我们预计他们总共有 200 个师，可现在，能辨认出的番号已经有 360 个了。”

这个错误基本上抵消了开战之初巨大的成功。德国人没能清扫出一条无人防守的通途，现在不得不对付源源不断到达的生力军。苏联规模庞大的动员系统在德军够不着的地方成功地运作着，从 1941 年冬季开始，德军在苏联前线就一直在兵力上居于劣势。依靠自身高超的技术和优良的训练，德军最终用连续的大规模包围战消灭了对阵的苏军，其后却被秋季的泥泞绊住了。等到冬季霜冻重新让地面变得坚硬，德军再次发现新的敌人封锁了前进道路，但自身因过于疲惫而无力朝着目标再做最后一次努力了。

除了误算苏联的资源外，入侵失败的另一个根本原因是，希特勒和德军最高层在无止无休地争论下一步行动方向中浪费了整个 8 月——在德军统帅部的最高层，存在令人吃惊的思想上的怠惰。

下一层级的将领，特别是古德里安十分清楚自己应该做什么——尽快冲向莫斯科，让步兵集团军清理那些被包围的无组织的敌军。1940 年，他以这种方式赢得了法兰西战役。这种战法当然伴随着巨大的风险，但如果成功，德军便有可能在苏联的第二线军队准备好防御之前就拿下莫斯科。后来实际所采取的行动其实面临的风险更大，甚至是致命的。

事实上，苏联之所以能幸存，很大程度上仰赖于它的落后和原始，而苏维埃革命以来所取得的一切技术进步则只起到了次要作用。苏联有坚强的人民和军队，他们能够忍受艰苦的环境，在物资短缺的条件下继续作战，换作西方的人民和军队，早就瘫痪了。苏联还有一项更大的资产，即原始的道路网。这个国家大多数的道路都只是沙土小道而已。这些道路在下雨的时候会变成无底的泥潭，能比一切红军所做出的英勇牺牲更有效地阻挡德军侵略的步伐。如果苏联已经建设起一个堪比西方国家的道路交通网，那么就会和法国一样快速地被德军占领。

但这个结论还有另外一面。希特勒失去了胜利，因为德国陆军的机动性建立在轮胎而不是履带的基础之上。在苏联泥泞的道路上，轮式车辆会陷进去，而坦克可以继续前进。如果装甲部队配有履带式输送工具，那么即便道路泥泞，他们也将能够在秋天就打到苏联最重要的几个中心城市。

第 14 章

隆美尔进军非洲

1941 年，非洲战局出现了几番令人吃惊的变化，双方的期望轮流落空，可最终胜负仍未落定。这是一场高速的运动战——可是双方来回拉锯，胜负的天平反复倾斜。年初，英国人把意大利人赶出昔兰尼加，然后德军在埃尔温·隆美尔将军的指挥下抵达战场，仅仅两个月之后，英国人被赶出了昔兰尼加，只保有小港口托卜鲁克这个据点。隆美尔接连两次进攻托卜鲁克，却被打退，但其后英军连续两次解围行动也吃了败仗。英军用了 5 个月时间积蓄实力，于 11 月发起一场更大的攻势，在此后的一个月里，双方反复拉锯，胜负天平来回倾斜，最后筋疲力尽的德军残部被迫再次撤到昔兰尼加半岛的西部边缘。尽管如此，隆美尔在那年最后一个星期还是发动了边界反攻，预示着英军的挺进将再次遭遇戏剧性的反转。[1]

1941 年 3 月底，隆美尔的开场狂奔再加上其后不遗余力地扩大战果震撼了世界，因为此前英国方面已经否定了敌人这么早发动进攻的可能性。在收到一份关于德军开始抵达的黎波里塔尼亚的警示报告后，韦维尔于 3 月 2 日呈交伦敦三军参谋长的形势评估中强调，敌人需要先把实力增加到 2 个师或更多，然后才能尝试发动一次重大的进攻。他得出结论，鉴于以上困难，"在夏天结束之前，敌人都不太可能发动这样的进攻"。与之相反，丘吉尔却在电文中表示了担忧，认为德国人不会按部就班地等待力量积蓄完毕后再行动。丘吉尔深深感到英军需要

---

1 见本书第 114—115 页地图。

先发制人，不过他对英军部队的实际能力抱有过于乐观的期望。他在 3 月 26 日
向韦维尔发电：

> 我们当然对德军迅速向阿盖拉进军感到担心。他们的习惯是在任何没有
> 遭遇抵抗的地方继续挺进。我假定你的想法是等待乌龟把脑袋伸得足够长后
> 再一刀斩首。但是让敌人尽早见识一下我军的质量也是非常重要的。[1]

可是无论在战术上还是技术上，英军的质量都很低劣。虽然驻守前方实力大
为削弱的第 2 装甲师仍有 3 支装甲兵力，而隆美尔只有两支，而且英军在装备火
炮的坦克方面还占有数量优势，但那些坦克中有一大部分是缴获的意大利 M13
式，英军只是拿它们来补充自己巡洋坦克缺额的。所有坦克几乎全都处于严重磨
损状态。这样一支临时拼凑的部队胜算本就不高，韦维尔还给他们下令"一旦遭
遇进攻"就应该后撤"打一场后卫战"。3 月 31 日隆美尔开始反击时，英军放
弃了阿盖拉以东的瓶颈地带，这就给隆美尔敞开门户，使他得以进入一片沙漠开
阔地，可以在这里选择很多不同的进攻路线和目标，英军第 2 装甲师陷入了晕头
转向的境地，因为它自身的状况并不适合进行如此艰难的机动。此后几天，隆美
尔穷追猛打。大多数英军坦克并非损失于战斗中，而是在长时间毫无组织的撤退
途中用完了燃料或者发生机械故障而被抛弃的。

一周之内，英军从位于昔兰尼加西部边界的阵地撤退了 200 多英里。不到 2
周，他们退却了 400 英里，到达昔兰尼加东部边界和埃及西部边界，只在托卜鲁
克留下一支守军。英军决定坚守这个小港，把这个阵地当作"插在敌人背上的芒
刺"，这深深影响到了此后 12 个月的非洲战局。

迅速蔓延的崩溃自然会动摇英军官兵的信心，让他们夸大敌人的兵力。丘吉
尔身在伦敦，距离战场较远，因而可以更容易地看出敌人实力有限，战略上也有
弱点，他在 4 月 7 日致韦维尔的电报中全面地分析了这些弱点：

> 托卜鲁克有意大利人修筑的永备工事，你肯定能守住那里，除非敌人把

---

1 Churchill: *The Second World War*, vol. III, p. 178.

重炮兵调上来。似乎很难相信在几周之内，他们能调来重炮。敌人如果一边包围托卜鲁克，一面向埃及挺进，就必然会承担极大的风险，因为我军可以通过海路增援并威胁其交通线。所以托卜鲁克似乎是一个应该死守到底的地方，我们绝不应考虑从那撤出。我很想听听你的想法。[1]

韦维尔已经决心尽可能坚守托卜鲁克了，可是 8 日，他从开罗飞抵那里后，向伦敦报告说当地形势已急剧恶化，言辞之中对守住那里没有信心，丘吉尔和各军种参谋长们一道起草了一封更加强硬的电报，告诉他："放弃托卜鲁克要塞是不可想象的。"不过在这封电报发出之前，韦维尔那边就传话来说自己已下决心坚守托卜鲁克一段时间，还在埃及边界集了一支机动兵力来吸引敌人注意，减轻要塞压力，同时尽力"按照旧计划在托卜鲁克以东 200 英里处的马特鲁港地区建立防线"。正因为托卜鲁克港守军的顽强奋战，英军最终没有再撤退，不过要到 8 个月后，托卜鲁克才能得到解围。

托卜鲁克守军大部来自莫斯黑德（Morshead）将军指挥下刚从班加西地区安全撤回的第 9 澳大利亚师。此外，第 7 澳大利亚师的第 18 步兵旅已从海路赶来，而第 1 和第 7 皇家坦克团也于随后到达，共同凑成了一支大约有 50 辆坦克的小型装甲力量。

4 月 11 日耶稣受难日，隆美尔发动了试探性进攻。主攻在复活节星期一清晨发动，指向周长 30 英里的环形防线南面的中段，这里距离港口大约 9 英里远。进攻穿透了薄弱的防御工事，领头的坦克营继续向北开进 2 英里，但被守军的炮火所挡，之后更是被挤出了狭窄的袋形阵地，参与进攻的 38 辆坦克中损失了 16 辆——从这个总数可以看出，隆美尔的兵力何等弱小。意大利人在 16 日尝试进攻，但他们的进攻很快就溃散了，当一个澳大利亚营发起反攻时，将近 1000 名意大利士兵投降。

在罗马，意大利最高统帅部早就对隆美尔的深远突破惴惴不安，现在请求德国最高统帅部制止隆美尔的冒险意图，不让他突入埃及。陆军总参谋长哈尔德同样也想制止任何需要投入增援的海外冒险，因为这将会削弱主战场上的部队，当

1　Churchill: *The Second World War*, vol, III, p. 183.

时德军正在集结起来准备入侵苏联。而且他本能地厌恶希特勒支持隆美尔这种不按照总参谋部模式工作的精力充沛的指挥官。所以，哈尔德的副手保卢斯将军被派往非洲，用哈尔德日记里的挖苦话语来说，"去制止这个战士彻底发疯"。保卢斯来了，看到了，也制止了——但是他在警告一番之后，批准隆美尔对托卜鲁克再发动一次进攻。

这次进攻定于 4 月 30 日，当时，第 15 装甲师的一些先头部队已经从欧洲开来，以增援第 5 轻装师，不过第 15 装甲师的坦克团还没到。这次，打击的目标是防线的西南角，德军将在夜色的掩护下发动进攻。到 5 月 1 日天明时分，德军步兵已经打开了一段 1 英里多宽的口子，随后先头一波坦克开始扩大战果，向北直奔 10 英里外的托卜鲁克。但推进了 1 英里后，他们意外陷入了一处新布设的雷场陷阱，40 辆坦克被摧毁了 17 辆——不过除了 5 辆坦克外，其余的都在敌人火力下换上新的履带安全撤出。第二波坦克和步兵沿着英军环形防线的背后往东南方向攻击，想要卷击防线。可是，他们在横向前行了 3 英里后，遭到了雷场背后的炮兵火力袭击，以及 20 辆英军坦克的反攻，还面临着几处未能拿下的澳大利亚据点的持续抵抗，最终被击退了。至于意大利的支援部队，他们来得慢，逃跑得倒挺快。

第二天，德军最初的 70 多辆坦克只剩 35 辆还能作战，攻击被迫取消。3 日夜间，莫斯黑德用预备队步兵旅发动反攻，不过也失败了，战况让双方都垂头丧气。隆美尔还占据着环形防线的西南角，但很明显没有足够的兵力攻克托卜鲁克，保卢斯在回国前否决了任何继续进攻的动议。结果战斗进入了围城战的阶段，一直持续到年底，这期间韦维尔发起过两次失败的尝试，想要击退隆美尔，解救要塞守军。

5 月中旬发动的第一次攻势代号为"简洁行动"（Operation Brevity），它的过程也和名字一样匆匆了事，但英军在 6 月中旬发动的第二次进攻"战斧行动"（Operation Battleaxe）使用了更强的兵力，并寄予了更高的期望。这次行动冒了很大的风险，所带来的回报却极为有限。为了确保胜利，在丘吉尔的坚持下，英国人在希特勒还没转向苏联之前就不顾本土部队守备低劣这一现状而向埃及运来大批坦克增援，更冒险的是，他们还需要冒着德国空军的夹击通过地中海航线运送这批增援。

丘吉尔的态度和希特勒与哈尔德形成鲜明对比。丘吉尔甘冒双重危险来追求在非洲的成功，保住英国在埃及的地位，而后两人一致同意限制德军在地中海战区的投入。10 月，冯·托马（von Thoma）将军奉派前往昔兰尼加调查访问，他汇报说要想确保入侵埃及的行动成功，需要 4 个装甲师。但是希特勒不愿意做这么大的投入，墨索里尼也不愿意接受这么大规模的德国援助。意大利打了败仗之后，隆美尔小小的两个师的部队才被派去，目的仅仅是保卫的黎波里塔尼亚。即便隆美尔已经证明了自己能靠这么一支小规模装甲部队走多远，希特勒和哈尔德还是不愿意提供相对较少的援助，而这些援兵本有可能一举决定北非战局。由此，他们放弃了征服埃及并将实力尚弱的英国人赶出地中海战区的机会，从长远来看，丧失这次机会日后将迫使德国投入更多的人力物力，并付出更大的牺牲。

英国尽管资源匮乏，却早在 4 月就集结起一支装载大批装甲增援兵力的护航运输队开往埃及。4 月 20 日，正当运输船队准备起航之时，韦维尔发来电报，强调形势严峻，急需更多坦克。丘吉尔立即建议[1]其中 5 艘搭载坦克的高速运输船在直布罗陀掉头东向，走最短的航线横越地中海，这会节省将近 6 周的时间，而他也争取到了三军参谋长们的首肯。丘吉尔还坚持扩大增援规模，包括再派100 辆最新式的巡洋坦克，不过英帝国总参谋长迪尔（Dill）上将反对这么做，因为这会削弱国内已经捉襟见肘的可用来迎击德军春季入侵的兵力。

自从德国空军 1 月出现在地中海战场以来，这次"老虎行动"是第一个试图用护航运输队横越地中海的计划。船队在浓雾天气的帮助下成功完成了穿越，没有在空袭中蒙受太大损失，不过其中一艘装载着 57 辆坦克的运输船在穿越西西里岛附近狭窄海面时触雷沉没。其他 4 艘船装载着 238 辆坦克于 5 月 12 日安全抵达亚历山大港，其中有 135 辆玛蒂尔达式坦克、82 辆巡洋坦克和 21 辆轻型坦克，这些坦克是韦维尔搜罗来守卫埃及的坦克总数的 4 倍。

但韦维尔不等这一大批增援抵达就已经决心利用隆美尔在托卜鲁克的挫败还有据报急缺各种补给物资的状况，命令集结于边界附近的各路部队，在戈特准将

1　丘吉尔在那天给三军参谋长们的个人备忘录中尖刻地写道："中东战事的命运，苏伊士运河的控制权，我们在埃及集结的大部队的成败或恐慌与否，通过红海与美国进行任何合作的前景——这一切都取决于几百辆装甲车辆。必须不惜一切代价将其运到那里。"（Churchill: *The Second World War*, vol. III, p. 218.）

的指挥下发动反击。这就是"简洁行动"。韦维尔最初的目的是重新占领海岸附近的边境阵地，他知道那里防务薄弱，想在敌人加强守军之前就赶跑他们。他在5月13日致丘吉尔的电报里说，自己希望能做到更多："如果行动成功，我会考虑立即让戈特的部队和托卜鲁克的守军会合，将敌人击退到托卜鲁克以西。"

韦维尔调来两支坦克部队为戈特的部队提供装甲突击力量——其中，第2皇家坦克团有29辆经过改装的老式巡洋坦克，第4皇家坦克团则有26辆装甲很厚的玛蒂尔达式坦克，这种坦克速度相对较慢，被官方归入"步兵坦克"一类。第2皇家坦克团配属一个由摩托化步兵和炮兵组成的支援群，任务是绕过敌方强固阵地的沙漠边缘，穿插到西迪阿齐兹（Sidi Azeiz），封锁敌人增援和撤退的通道。第4皇家坦克团则将率领摩托化的第22近卫旅发动正面进攻。

英军连夜行军30英里，在5月15日奇袭拿下了意大利军队守卫的哈尔法亚（Halfaya）山口阵地，抓了几百名俘虏，不过有7辆玛蒂尔达式坦克在接近阵地的时候被守军炮火击毁。瓦伊德井（Bir Waid）和穆萨德（Musaid）两处据点也被英军迅速攻克，可是英军在到达卡普措堡之前就已经失去了奇袭的优势，当一支德军战斗群从侧翼进攻英军时，英军的进攻开始脱节。英军最终还是打下了卡普措堡，但是后来又从那里撤出。与此同时，迂回西迪阿齐兹的行动也因遭到敌军反攻威胁而被取消。此外，前线的敌指挥官被英军这次进攻的兵力吓破了胆，开始撤退。

结果夜幕降临时，敌对双方都在撤退。可是隆美尔紧急从托卜鲁克抽调一个坦克营赶到战场，并取消了德意部队撤退的命令，戈特则决定撤向哈尔法亚，部队已在途中，却接到远方上级指挥部就地坚守的命令。天亮时分，德军发现战场已空——这样他们大松了一口气，因为前来增援的德军坦克营油料告罄，无法行动，而补给要到那天晚些时候才能到达。

英军并没有在哈尔法亚停止撤退，而是在那里留下一小支守军。德军迅速利用了这片阵地的孤立无援态势，在27日以一次多方向的向心突击重新占领这个山口。这次胜利对他们意义重大，因为它严重影响了英军下一次更大规模的进攻——"战斧行动"。而且在战斗间隙，隆美尔在哈尔法亚和其他前进据点挖壕掩蔽88毫米高射炮，给英军坦克设置了陷阱。这种大炮本是高射炮，现在却被用作最为有效的反坦克武器。

隆美尔的这一临时措施在下一次战斗中将发挥至关重要的作用。那时，德军主要的反坦克武器仍然是战前 5 年研制的 37 毫米反坦克炮，比英国的 2 磅坦克炮和反坦克炮差很多。它们很难击毁英国的巡洋坦克，面对玛蒂尔达坦克更是束手无策。甚至德国新式的 50 毫米反坦克炮也只能在非常近的距离击穿玛蒂尔达坦克的厚装甲，而隆美尔只有 50 多门这种炮。可是轮式的 88 毫米炮能在 2000 码距离穿透玛蒂尔达坦克 77 毫米厚的前装甲板。隆美尔只有 12 门 88 毫米高炮，但他在哈尔法亚部署了一个连（4 门），在哈菲德山脊（Hafid Ridge）部署了另一个连——这两个点都是英军计划在进攻开始时占领的要点。

隆美尔此举可谓幸运，因为战斗开始时，他的部队在很多方面都处于极大劣势，尤其是在坦克的数量上，而坦克是沙漠战的主要兵器。德国没有给他任何新的增援，战斗开始时，他只有 100 辆配备火炮的坦克，其中一多半都在围困托卜鲁克的部队里，离战场有 80 英里之遥。然而，"老虎"护航运输队却为英军运来新坦克，让他们得以部署大约 200 辆配备火炮的坦克，战斗开始时，英军在坦克上居于 4 比 1 的优势。胜负取决于英军能否利用这个优势，在隆美尔把隶属第 5 坦克团的其余坦克从遥远的托卜鲁克调上来之前，就粉碎边境地区的敌人。

不幸的是，英国人制订的计划是建立在"步兵思维"之上的，因而错失了胜利的机会。更有甚者，他们还把各型坦克混杂在一起，最终浪费了数量上的优势。

"老虎"护航队让韦维尔得以重新组建 2 个装甲旅用于新的攻势，可是 5 月中旬的"简洁行动"失败后，剩下来的坦克太少，总数只够配齐每一个旅 3 个坦克团中的 2 个。[1] 而且，刚刚到达的新式巡洋坦克只够装备其中一个团，剩下的老式巡洋坦克则只能用来装备第二个团。另一个旅的两个团装备了玛蒂尔达式"步兵坦克"，这就让司令部决定使用这个旅在进攻开始时配合步兵正面进攻敌坚固防线，而不是集中所有坦克兵力在前沿地区粉碎敌装甲部队。事实证明，这一决定对攻势的进展产生了致命的后果。

---

[1] 丘吉尔敦促再次通过地中海路线运送 100 辆坦克（这一数量正好能给每个旅装备第三个团），可是海军部不愿意再次冒险。丘吉尔在回忆录中苦涩地评论说："我本不该回避在这个问题上诉诸内阁并得到内阁的批准，可是韦维尔将军本人没有催促这么做，实际上他持有相反的意见，这就给我拆了台。"（Churchill: *The Second World War*, vol. III, p. 223.）结果，这支运输队选择绕道好望角，直到 7 月中旬才抵达苏伊士。

　　"战斧行动"的目标雄心勃勃——按照丘吉尔的设想，英军应通过此次行动在北非赢取"决定性的胜利"并"摧毁"隆美尔的部队。韦维尔对如此全胜的可能性表示谨慎的怀疑，不过他说自己希望这次进攻能"成功地把敌人赶回到托卜鲁克以西"。这就是他在向负责指挥此次进攻的西沙漠部队（Western Desert Force）总司令贝雷斯福德－皮尔斯将军下达的作战指示中规定的战役目标。

　　进攻计划分三个阶段，第一阶段，以印度第 4 师在第 4 装甲旅（装备玛蒂尔达式坦克）的协助下，进攻哈尔法亚－塞卢姆（Sollum）－卡普措这个坚固筑垒地域，第 7 装甲师余部负责掩护沙漠侧翼。第二阶段，第 7 装甲师将使用全部两个装甲旅向托卜鲁克方向突击，扩大战果。第三阶段，这个师将会合托卜鲁克守军向西追击。这是一份蕴含着失败种子的计划。它规定，在第一阶段使用一半的装甲兵力协助步兵进攻，因而要想赶在另一个德军装甲团从托卜鲁克到来之前，击败前沿地区的敌装甲团，成功的概率减少了一半多，英军在第二和第三阶段作战的成功机会也因此大大降低。

　　为了接敌，进攻部队需要从 6 月 14 日下午就开始一段 30 英里的强行军。在15 日凌晨的月光下，他们走完了最后一段 8 英里路，其后，右翼部队进攻了敌军在哈尔法亚山口的外围阵地，战斗就此打响。可是，守军这一次比 5 月准备得要充分，而英军错失了奇袭的优势，因为计划规定，要先等天色亮得可以开炮后，坦克才能发动冲击。这个决定实际执行起来更糟，因为支援哈尔法亚的一个炮兵连在半路陷进了沙子里。当玛蒂尔达坦克中队引领进攻部队踏上最后一段前进路程时，天光已然大亮，指挥官通过无线电传回来的第一个消息就是："他们正在把我的坦克撕成碎片。"这是他最后的遗言。13 辆玛蒂尔达坦克中，只有 1辆逃脱了隆美尔用 4 门 88 毫米高射炮精心布置的"坦克陷阱"，后来英军用谐音把这里贴切地叫作"地狱火山口"（Hellfire Pass）。

　　与此同时，中央纵队以一整个玛蒂尔达式坦克团为矛头，穿越沙漠高原直扑卡普措堡。此行所经路径上没有 88 毫米炮，守军的抵抗在优势兵力的威胁下土崩瓦解。英军占领了此堡，并在当天晚些时候击退了两次反攻。

　　可是，带领左翼纵队准备迂回敌人侧翼的那个巡洋坦克旅掉进了隆美尔部署在哈菲德山脊上的坦克陷阱里，被挡住了。傍晚时分，这个旅发动了第二次进攻，却只是让自己在坦克陷阱中越陷越深，遭受更严重的损失。等到德军前卫坦克团的主力赶到并发动反侧翼突击时，英军剩下的坦克只能缓缓撤往埃及边境的铁丝网。

到第一天夜幕降临时，英军已经损失了一多半坦克，大多数都是在两处坦克陷阱里被击毁的，而隆美尔的坦克兵力几乎毫发未伤，随着另外一个坦克团从托卜鲁克赶到，实力对比开始变得有利于他。

第二天，隆美尔牢牢抓住战场主动权，使用从托卜鲁克赶来的整个第 5 轻装师包抄英军位于沙漠里的左翼，配合第 15 装甲师对卡普措发动强大的反攻。对卡普措的反攻被击退了，因为英军在那里拥有精心选择、巧妙隐蔽的阵地，占据防御上的优势。可是德军同时从正面和侧翼发起进攻，打乱了英军当天重新发动攻势的计划，到日落时分，德军的包抄行动取得了对英军极为不利的进展。

隆美尔继续扩大他的优势，在第三天清晨把整个机动部队的重心都转移到沙漠一侧，目的是以镰割般的攻势打到哈尔法亚山口，切断英军的退路。这个威胁在上午逐渐显现时，英军高级指挥部经过匆忙商议后下令已被打乱的各部队迅速撤退。卡普措的先头部队险些没能逃出来，可是那里残余的英军坦克顽强抵抗，为依赖卡车运输的步兵逃出生天赢得了时间，到第四天早晨，英军被打回 30 英里以东的进攻出发阵地。

在 3 天"战斧行动"中，双方人员损失很轻微——英军不到 1000 人伤亡或失踪，德军那边也差不多。可是英军损失了 91 辆坦克，德军只损失 12 辆。因为德军留下来控制了战场，他们能回收和修复大部分损坏的坦克，而英军匆忙后撤，就被迫放弃了很多仅仅因为机械故障不能动弹的坦克，如果时间允许的话，这些坦克本来是可以修复的。双方的坦克损失悬殊，这有力地表明英军没能实现进攻发起时被寄予的厚望，更没能达成远大的目标。

托卜鲁克之战、"简洁行动"和"战斧行动"标志着战争的战术趋势已经出现了新的转折。在"一战"期间和前半个世纪中，防御是较强的作战方式，在这几次战役之前，这个观念几乎完全颠倒过来了。从 1939 年 9 月起，由快速运动的装甲部队发动的进攻战在每一个战场上都反复取得了压倒性的成功，在公众和军事专家的眼里，防御已被认为是一种先天弱势的作战方式，人们相信任何进攻都会获胜。可是就像托卜鲁克之战、"简洁行动"预示的，"战斧行动"明确告诉我们，如果在透彻理解现代武器性能的基础之上，巧妙布局，即使在北非沙漠这样开阔的地区，其也可以发挥很大的效用。从此之后，随着战争的继续和经验的积累，人们越来越能看清，以机动的方式进行的防御战又重新获得了"一战"时期般的优势，要想将其击败，进攻者就必须占据绝对优势的兵力，或者运用十分高明的作战技巧。

不幸的是，"战斧行动"的教训不是被忽略了就是被误读了，英军在下一次行动中击溃隆美尔、肃清北非的前景因而大受影响。英军高级指挥部的总结中，忽略的最重要的一点就是德军88毫米炮在防御中发挥的作用。他们对德军运用重型高射炮作为反坦克炮的报告不加理睬。直到秋天，他们在88毫米炮的火力下损失了更多坦克，这才后知后觉地认识到这一点，但仍然顽固地认为这种笨重的武器只能在事先挖掘的阵地里面才能发挥作用。因此当隆美尔的防御战术更上一层楼——开始在运动战中运用88毫米炮时，他们没能预见到并发展出应对这一新战法的策略。

英军作战部队和高级指挥官们没有认识到的另一点是，德军越来越大胆地在防御战乃至进攻战中把常规的反坦克炮和坦克配合使用。这种组合将在未来的战役中成为一个主导胜负的因素，其所造成的影响比88毫米炮更大。确实，事后分析显示，英军坦克的损失率相较德军的而言之所以高得不成比例，主要是因为德军把他们相对小巧轻便的50毫米反坦克炮前置隐蔽于坦克部队前方利用地形褶皱构筑的炮位内。英军坦克兵根本辨不清穿透自己装甲的穿甲弹到底是由坦克还是由反坦克炮发射的，自然倾向归因于更显眼的那个对手。结果，这个错误的推断导致英军误以为自己的坦克和坦克炮比敌人的差得很多，于是越来越多的部队丧失了信心。

除了以上在夏季战局过程中被英军忽略的几点外，还有一个要点被误解了，这严重影响了英军下一次攻势的作战计划。"战斧行动"结束3个月后，韦维尔在电报中得出结论说："我军失败的主要原因无疑在于巡洋坦克和步兵坦克的作战行动很难相互结合……"可实际上他根本就没有试过这种结合，也没有测试过其可行性。两个玛蒂尔达式坦克团在一开始就被从装甲师里抽调出来置于步兵师指挥之下，而且在第一阶段结束后，他也没有按照原计划让它们归建，而是一直控制着这两个团。如果能得到巧妙结合运用，步兵坦克本可以作为巡洋坦克进行攻势机动的强大后盾，在坦克战中发挥重要作用。A10和玛蒂尔达坦克的速度差距并不大，而且在第一次利比亚战役和"战斧行动"中，两者都和更快的巡洋坦克有效地合作过。德军不同类型坦克之间的速度差距比玛蒂尔达坦克和更快的巡洋坦克之间的速度差距更大，但德军自始至终都能很好地把不同类型的坦克结合起来运用。

不幸的是，英军未加验证就认为这种结合非常困难，因而在下一次进攻中把巡洋坦克旅和步兵坦克旅完全分开使用，结果这个攻势变成了两个各自为战的行动。

第 15 章

"十字军行动"

1941 年仲夏，英军在非洲发动的攻势被挫败了，没能取得决定性胜利并将敌人从这块大陆清除出去，丘吉尔却变得更加渴望达成这个目标。他下定决心要用更强大的部队，尽快发动新一波攻势。为此他向埃及调去了大批增援，罔顾自己的军事顾问们的屡次提醒，即根据英国长期以来的政策，远东尤其是新加坡的防务重要性仅次于本土防御，高于中东地区。英帝国总参谋长约翰·迪尔爵士试图提醒丘吉尔仔细权衡这两个地区的相对重要性和各自面临的威胁，可是他为人太过温和，行为举止的习惯也和丘吉尔太不一样，无法在丘吉尔的个性、雄辩和地位形成的合力面前坚持立场。

与此同时，远东地区的危险已经变得空前严重，而驻守那里的英军部队仍然非常弱小。日本迄今为止尚未参战，但罗斯福和丘吉尔在 7 月已采取步骤切断了日本的经济命脉，此举一定会让日本做出唯一可能的反应——拿起武器，铤而走险。日本的犹豫给了英美 4 个多月的额外时间来加强太平洋地区的军备，可是他们没能好好利用这段时间——就英国而言，主要原因就是丘吉尔把心思和精力全都放到了北非地区。因此可以说，隆美尔间接导致了新加坡的沦陷——他对这位颇具个性的首相所产生的个人影响，和他对尼罗河谷和苏伊士运河构成的潜在威胁一样大。[1]

英国为新一轮代号为"十字军行动"（Operation Crusader）的北非攻势准备的部队和装备规模空前。4 个团的坦克部队被扩充到 14 个团，这样就有 4 个三

1　见本书第 114—115 页地图。

团制的齐装满员的装甲旅可用于进攻。英国人还从海上给托卜鲁克的守军派去了一个装甲旅（下辖两个团和一个额外的中队），用以在战斗开始后突破包围圈跟突击部队会合。（各装甲旅主要装备的是新式十字军巡洋坦克或新式美制斯图尔特坦克，后者是非洲战场上速度最快的坦克，不过也有 4 个团装备的是玛蒂尔达式或者瓦伦丁式步兵坦克。）英国人还调来 3 个摩托化步兵师，这样总兵力就有 4 个摩托化师，另外那个师则被送到了托卜鲁克换防——用英国第 70 师替换了在反围攻战中承受主要压力的第 9 澳大利亚师。

与之相比，隆美尔方面从德国收到的增援聊胜于无，除了已有的 4 个坦克团，没有新的坦克部队前来补充。第 5 轻装师被重新命名为第 21 装甲师，可是坦克数量并没有增加。为了扩大兵力，他只能用一些额外的炮兵和步兵营拼凑起一个非摩托化的步兵师（起初被称为"非洲师"，后来获得第 90 轻装师的番号）。意大利另外派来 3 个编制较小的步兵师以扩充原本的 3 个师（其中一个是装甲师）——不过他们装备过时，又缺乏摩托化运载工具，作战价值极低，只能在战役中承担静态的任务，大大妨碍了隆美尔的战略机动自由。

英军在空军方面也占据着极大的优势。其兵力已增长到近 700 架飞机，可以立即用来支援进攻，而德国空军只有 120 架飞机，意大利有 200 架。

英军在装甲兵力方面的优势更大。英军在发动攻势时拥有 710 多辆装备火炮的坦克，其中大约 200 辆是步兵坦克，敌人只有 174 辆德国坦克和 146 辆意大利坦克，而且意大利坦克型号陈旧，没有什么实战价值。因此英军相对整个敌军享有 2 比 1 的优势，相对德军则享有 4 比 1 的优势——德军只有两个装甲师，被英军总司令认为是"敌军的脊梁"。而且除了几辆正在接受修理的坦克外，隆美尔根本没有坦克预备队，英军却有大约 500 辆坦克在预备队里或者正在海运途中——所以英军打持久战的能力比隆美尔强得多。最终，正是英军的预备队决定了战斗胜负的天平。[1]

隆美尔用以弥补坦克数量方面巨大差距的主要资本在于，到秋季时，他三分

1　这里双方坦克实力的对比出处是《英国官方历史》（*British Official History*）30—31 页的表格。英军在作战中拥有 713 辆坦克（包括 201 辆步兵坦克），这一兵力数字是从几个不同记录的不同数字中推算而来的。根据各种记录，另外一个推算结果是英军总共拥有 756 辆坦克（包括 225 辆步兵坦克）。

之二的反坦克炮都是新式的 50 毫米长身管炮，穿透力比旧式的 37 毫米反坦克炮强 70%，比英军装备的 2 磅反坦克炮强 25%。因此他在防御中不必像夏天时那样严重依赖于手头那一小批 88 毫米高射炮。

丘吉尔除了向埃及派去大批增援部队和英国新生产的大多数武器外，还给进攻部队派来了一批新的指挥人员。"战斧行动"失败 4 天后，韦维尔被解职，由驻印度总司令克劳德·奥金莱克爵士（Sir Claude Auchinleck）接替，不久之后，前线指挥官和各装甲师的师长也被替换。丘吉尔对韦维尔的谨慎小心越来越不耐烦，"战斧行动"的失败促使他下决心任命一位新的总司令。可是他很快又懊恼地发现，奥金莱克非常坚定地抵抗他要求尽早发动进攻的压力，坚持要做好充足的准备，直到实力强大到有十足的取胜把握时才行动。所以下一次攻势"十字军行动"在 11 月中旬才发动，那时距离"战斧行动"已经有 5 个月了。与此同时，大大增强的英军被整编为第 8 集团军，由陆军中将艾伦·坎宁安爵士指挥，正是他扫清意属索马里，然后又从南方突入埃塞俄比亚赶跑了意大利军。新的集团军下辖 A. R. 戈德温－奥斯滕中将的第 13 军和 C. W. M. 诺里（C. W. M. Norrie）中将的第 30（装甲）军。可是这班新指挥官除了骑兵出身的诺里外，没有一个有过指挥坦克或者和装甲部队作战的经验，而诺里还是临时拉来的替代，因为原先被选来指挥装甲军的那位坦克专家在进攻开始前不久的一次飞机失事中身亡了。

第 13 军下辖新西兰师和印度第 4 师，另外配属一个步兵坦克旅。第 30 军下辖第 7 装甲师（包括第 7 和第 22 两个装甲旅）、第 4 装甲旅战斗群、第 22 近卫（摩托化）旅及第 1 南非师。第 2 南非师担任预备队。

进攻计划的要点是，由第 13 军牵制守卫边界阵地的敌军，第 30 军迂回这些阵地的侧翼"搜寻并歼灭"隆美尔的装甲部队，然后和埃及边界以西的托卜鲁克的守军会师，守军应同时突围策应第 30 军。因此英国的两个军和它们各自的装甲部队将在相隔很远的不同地区作战，无法形成合力。英军装甲部队中最强大的那个旅装备有玛蒂尔达式和瓦伦丁式坦克，却被分散用于配合步兵，对装甲作战毫无贡献。随着进攻的展开，分散的兵力很快就会铺得太开，结果处处都是弱点。

当时，英军开展战略迂回包抄，打了德军一个措手不及，使其暂时陷入了混乱中。可是，他们主动放弃了这种开场时的优势。他们的进攻变得互不协调，而且很大程度上是自行脱节的。正如隆美尔讽刺地评论说："你有两辆坦克对付我的一辆又怎么样？你只是把它们分散开让我各个击破而已。你们把 3 个旅分开来一个一个地摆在我面前。"

英军的错误来源于军事学院和每一本官方军事条令里奉为圭臬的不易至理："摧毁战场上敌军的主力"才是主要目标，也是指挥官唯一合理的目标。在两次大战之间的年代，那些满脑子步兵意识的指挥官们更加狂热地运用这条定律。当被问到如何运用手边的坦克时，他们会不假思索地回答道："先消灭敌人的坦克，然后我们再开战。"这个思维惯性在下发给第 8 集团军及其装甲军的指令中表现得非常明显："你们的直接目标是消灭敌装甲部队。"可是装甲部队本身并不是一个合适的直接目标，因为它是一支游离不定的力量，很难像步兵部队一样被钉死在一个地方。使用间接的方式更容易摧毁装甲部队，比如，迫使它掩护或收复某些重要的据点。英军想要以直接的手段"消灭"隆美尔难以捕捉的装甲部队，结果把自己的装甲兵力伸展得过远，分散得太开，让自己轻易地被引诱踏进了反坦克炮的陷阱。

英国第 30 军在 11 月 18 日凌晨跨过埃及边境，然后向右转弯直奔托卜鲁克。这次进军由"空中保护伞"加以掩护，以防止被敌人发现或干扰，不过这是不必要的，因为夜间一场暴风雨把敌军的机场变成了泥潭，德军飞机无法起飞。出于同一原因，行军速度因坏天气而减缓也不要紧。隆美尔对这场将要降临的"钢铁风暴"根本一无所知。他的注意力集中在准备对托卜鲁克发起的进攻上，德军的进攻部队已经进入阵地准备出击了，不过他还是在南方的沙漠里部署了一支强大的屏护部队，防止来自英军的干扰。

到 18 日夜幕降临时分，英军装甲纵队已经横跨阿卜德小道（Trigh el Abd），第二天继续向北前进——在击退隆美尔屏护部队的过程中，英军 30 英里的正面延伸到了 50 英里。这次过度延伸的不利后果很快就会显现出来。

在战线中央，第 7 装甲旅的两个先头团到达并攻克了位于西迪拉杰格（Sidi Rezegh）绝壁顶上的敌机场，那里离托卜鲁克环形防线只有 12 英里。可是这个旅其余的部队和师的支援群到 20 日上午才赶到，当时隆美尔已经紧急调来了配备大量反坦克炮的非洲师一部死守绝壁顶端的边缘并封锁道路。英军没有派出增援部队加强那里的部队，因为另外两个装甲旅自己也陷入了麻烦，一个在西边很远的地方，另一个在东边，而第 1 南非师也被派往了西面。

在西翼，第 22 装甲旅遭遇意军坦克部队，在追击时被引诱去攻击古比井（Bir el Gubi）附近意军的坚固筑垒阵地。第 22 旅下辖几个义勇骑兵团（yeomanry regiments），刚刚配备了坦克，没有沙漠作战经验。他们以"巴拉克拉瓦轻骑兵旅冲锋"的不朽精神发起了勇敢的突击，却遭到掘壕固守的意大利炮兵的沉重打击，损失了 160 辆坦克中的 40 多辆。军长以为这次进攻进展顺利，还把南非师派去那里占领古比井。

在东翼，第 4 装甲旅因追击一支德军侦察部队而把行军队列拉长到超过 25 英里，被突然出现在队伍末尾的强大的德军装甲部队打了个措手不及，它的后卫团遭受重创，后来两个前卫团之一回援才击退敌人。这次打击拉开了隆美尔首次反攻的帷幕，发动反击的是被派往南方侦察形势的一个强大的战斗群，由第 21 装甲师的两个坦克团组成。

在这个侧翼的英军装甲部队很幸运，因为他们不必面对第二天上午由整个非洲军发动的全力打击。这是因为，非洲军军长克鲁威尔（Cruewell）接到错误的报告，误以为英军的主力突进来自北路卡普措小道（Trigh Capuzzo）。所以他把两个装甲师全都派往那里，结果发现卡普措附近空空如也。德军缺乏空中侦察，仍然被笼罩在"战争的迷雾"里。更糟糕的是，第 21 装甲师在向东进发的途中油料告罄，暂时被耽搁在那里回不来了。当天只有第 15 装甲师回来，下午这个装甲师遭遇了仍然被孤立在贾比尔萨拉赫（Gabr Saleh）的第 4 装甲旅，结果这个旅在两天之内连续遭遇德军反攻的重击，再次蒙受巨大损失。英军高级指挥官们对敌军动向有很清楚的情报，但他们没能充分利用非洲军暂时被调离战场造成的机会，行动非常缓慢。他们也没能立即采取措施来集中 3 个相隔遥远、各自为战的装甲旅。但是将近日中时分，当第 4 装甲旅面临巨大危险时，原本应开往西迪拉杰格跟第 7 装甲旅会合的第 22 旅被派往东面增援。第 22 旅需要赶很长的一段路，从战线的一个顶端到另一个顶端，所以直到夜幕降临才到位，而这时已经太晚，来不及参加当天的战斗了。

在这段时间里，新西兰师和第 13 军的步兵坦克旅就在 7 英里外的吉卜尼井（Bir Gibni），热切地想要前去支援。可是他们参战的请求被拒绝了，没有得到参加坦克战的命令。"两分法"（two-compartment）的思想在这次战役中何等根深蒂固，由此可见一斑。

11 月 21 日清晨来临时，位于贾比尔萨拉赫的英军装甲旅发现敌人已从当面消失。这一次，他们不会无的放矢，因为隆美尔此时已经对英军的部署有了一个清晰的了解，下令克鲁威尔用两个装甲师对西迪拉杰格的英军先头部队发动一次集中打击。

诺里刚刚命令自己的部队冲向托卜鲁克，并让托卜鲁克的守军开始突围。但是，部队还没前进多远，行动节奏就被打乱了。早晨 8 点，英军发现两支德军装甲纵队从南方和东方扑来。位于西迪拉杰格的 3 个装甲团有 2 个被匆匆派去迎战。因此只剩下第 6 皇家坦克团引领冲向托卜鲁克的攻势，德军大炮布置得很巧妙，能集中火力打击这个团，于是很快粉碎了英军的进攻。这是又一次"巴拉克拉瓦轻骑兵旅冲锋"，不过这次的轻骑兵也未免太轻了。与此同时，另外两个装甲团遭到整个非洲军全力打击。其中，第 7 骠骑兵团被第 21 装甲师冲垮，几乎全军覆没。第 2 皇家坦克团大胆而熟练地对第 15 装甲师发起进攻，用其行进中开火的高超技术，迫使敌人掉头撤退了。可是德军在下午重新发动进攻，狡猾地使用新战术，把反坦克炮隐蔽地推到坦克部队前面，迂回敌军两翼。德军让英军付出了惨重代价，第 7 装甲旅的残部实力急剧下降，直到等待良久的第 22 装甲旅终于从贾比尔萨拉赫赶到，才免于被全歼，而第 4 装甲旅到第二天才赶上来。至于从托卜鲁克突围的部队，他们突入德意围城阵地 4 英里远，但在听说第 30 军遭受挫败后，便停顿了下来，于是，突围部队被搁浅在了一个地形不利的狭长突出部里。

第 5 天拂晓，非洲军再次从战场上消失，这次只是为了补充燃料和弹药。隆美尔对如此短暂的撤离也感到不满意，中午前后，他抵达战场附近的第 21 装甲师师部，指挥这个师选取一条间接的路线发动进攻。坦克团向西穿越西迪拉杰格以北的山谷，迂回过来打击那里的英军阵地西侧。德军坦克沿着山坡冲上来，占领了机场，在两个剩余的英军装甲旅赶来增援之前就击溃了支援群的一部。两个英军装甲旅姗姗来迟的反攻协调得不好，夜幕降临时分，在一片混乱状态下草草收场。从"一天休假"中回到战场的第 15 装甲师在黄昏时袭击了第 4 装甲旅的后卫，并包围了旅部和预备队第 8 骠骑兵团所在的地区。英军受到了奇袭，大多数人员被俘，坦克、无线电台被缴获。旅长正在西迪拉杰格指挥反攻，因此逃过此劫，但到了 23 日天亮时，他发现自己的旅已被打得七零八落，散布各处，自己却没有办法指挥集结残部。因此，在这样一个尤为关键的日子里，他却根本无法采取任何行动。

非洲军在 23 日遭遇了和英国第 4 装甲旅相同的命运，这对英国人来说算是个小小的补偿，只是相应效果没有立刻显现出来而已。之所以出现这种状况，是因为坎宁安终于下达命令让第 13 军开始前进，不过只能有限地推进。新西兰师在 22 日攻占卡普措，其后它的第 6 旅奉命向西迪拉杰格继续前进。23 日拂晓后不久，他们遭遇并冲散了非洲军军部。克鲁威尔刚刚离开，上前线指挥下一阶段作战，因此幸免被俘。但是，他损失了作战参谋和无线电台，这给后面几天的战斗带来了极大的困扰，不过英国人对德军的困难一无所知，他们正为自己的麻烦和越来越高的伤亡数字发愁呢。

11 月 23 日是个星期天，在英国还是"耶稣降临节前的第二个星期天"，在德国则被称为"亡灵星期天"。考虑到那一天在沙漠中发生的战事，德国人所起的名字倒是有着一种恐怖的贴切感。

夜间，驻西迪拉杰格的英军向南撤了一小段距离，等待正在赶来增援的第 1 南非师。可是双方没能会合，因为两个德军装甲师从晨雾中冒出来，集中力量发动突袭，把英军和南非军打了个措手不及，使这两支部队分割开了，还扫荡了他们各自的运输车队营盘，使其惊慌逃窜。要不是克鲁威尔在这个节骨眼上发出信号要装甲师暂停进攻，这场灾难本来会更严重。克鲁威尔当时对形势并不了解，想让德军先与意大利的阿利埃特师会合，然后再发动决定性的打击。但意军小心翼翼，前进得太慢，直到下午，克鲁威尔才从南方发动进攻，目标是诺里的先头部队主力，即现在已陷入包围的第 5 南非旅和第 22 装甲旅——第 22 装甲旅的一小股部队成功地从空隙里突出了包围圈。克鲁威尔发动进攻时，英军已经组织好了防御。德军集中兵力猛攻，最终成功突入阵地并打败了守军，3000 名英军阵亡或被俘。可是非洲军也损失了剩下的 160 辆坦克中的 70 多辆。

德军在这次对防御阵地发起的正面强攻中损失的坦克，基本上抵消了之前几天用高超的机动获得的利益。实际上，这次战术上的胜利代价高昂，德军所遭受的战略打击远超"十字军行动"中遭遇的任何其他挫败。英国第 30 军遭受的损失更大，战斗开始时的 500 辆坦克只剩下大约 70 辆还适于作战，可是英国人拥有一支强大的预备队，可以从中补充坦克兵力，而隆美尔没有这样的后备力量。

11 月 24 日，战局出现了另一个戏剧性的转折。隆美尔现在想要乘胜追击扩大战果，使用手头所有的机动兵力发动一次远程突击，打到并越过埃及边境，直抵第 8 集团军的后方。他不愿意因集结部队而浪费时间，一俟第 21 装甲师准备就绪就亲自领头出发，并让第 15 装甲师随后跟进，意大利机动军（下辖阿利埃特装甲师和的里雅斯特摩托化师）答应他会为德国装甲师提供支援，以封闭对英军的包围圈。

隆美尔夜间给柏林和罗马发去的报告显示，他起初的目的是利用英军部队的分散状态，解救边境阵地上的德意守军。但是他手下的主要作战参谋的证词显示，他在当夜扩大了作战目标，司令部的作战日志支持这种说法，日志中记载说："总司令决定以装甲师追击敌人，以恢复塞卢姆前线的态势，同时进攻位于西迪奥马尔地区的英军后方交通线……这一行动意味着敌军很快将被迫放弃战斗。"

隆美尔打击的不仅是敌军部队的后方和补给线，也是敌军指挥官的思想。当时发动这样一次攻击成功的机会比他自己想象的还要大。因为就在前一天，坎宁安在得知坦克战灾难性的结果后，正考虑后撤到埃及境内，不过，奥金莱克从埃及赶来，制止了坎宁安，坚持继续打下去。但是，随着隆美尔冲向边境，一路上的英军望风逃窜，第 8 集团军司令部自然陷入了更大的恐慌中。

隆美尔用了 5 小时穿越沙漠向前推进了 60 英里，到下午 4 点时，便已抵达谢菲尔曾井（Bir Sheferzen）附近的埃及边境。其后，他立即派出一支战斗群穿过边境铁丝网朝东北方向开往哈尔法亚山口，以控制第 8 集团军往东的补给和撤退路线，同时给英军后方造成威胁。隆美尔带领这支战斗群走了一段路，又折了回来，可是因发动机故障，在沙漠里动弹不得。幸运的是，克鲁威尔正好坐着自己的指挥车经过这里，带上了他。可是天快黑了，他们无法在边境铁丝网上找到一处缺口。于是，这两位指挥官和他们的参谋长就在这个地区的英军和印度部队中过了一夜，他们的安全完全仰赖于普通战士那种"让沉睡的将军好好睡觉"的自然天性[1]，因为克鲁威尔的指挥车是从英军手里缴获来的。这辆车帮助他们在拂晓时分不受阻拦地逃脱出来，安全地返回了第 21 装甲师师部。

---

1 译注：改编自英国谚语"让狗好好睡觉"，比喻别去主动惹麻烦。

在"耽搁"了 12 小时之后，隆美尔刚一回来，就发现第 15 装甲师还没有到达边境，而阿利埃特师跟随前进不久，一看见第 1 南非旅的阵地拦在自己的前进道路上，便停了下来。携带燃料补给的运输纵队也没有到达。这种种耽搁不仅妨碍了隆美尔的反击，还把反击的规模缩小了很多。隆美尔无法按照原计划派出一支战斗群向东占领英军在哈巴塔（Habata）的铁路末端，封锁从山崖上下来的路和沿着山崖顶通向埃及的主要内陆通道。他还被迫放弃向南派遣一支战斗群沿着经过玛德莱娜堡（Fort Maddalena）的小道向贾拉巴布绿洲（Jarabub Oasis）出击的想法，要知道，第 8 集团军的前进指挥所就在那里，如果此举成真，必然会让那里的英军陷入成倍的混乱和恐慌中。即便在边境地区，德军也基本荒废了一天，没能开展任何成果更大的行动。唯独第 21 装甲师实力大为削弱的坦克团对西迪奥马尔发动了代价高昂的进攻，但是失败了。兵力更强的第 15 装甲师终于到来，其后便沿着边境向北扫荡，却只摧毁了一个英军野战维修站，当时有 16 辆英国坦克在里面修理。

前一天来势汹汹，这一天的进展却如此有限，这就给了英军喘息之机去恢复平衡。而且第三天（11 月 26 日）清早，坎宁安被解除第 8 集团军司令职务，由奥金莱克的副参谋长尼尔·里奇（Neil Ritchie）代理，在这样一个紧急关头更换司令，是为了确保战斗能够迎着任何风险打下去。英国人很幸运，德军在前进途中错过了阿卜德小道以南的两处补给物资堆栈，英军依赖这两处的物资才能继续战斗并恢复反攻。当时，德军装甲师从西迪拉杰格向东南进军，在堆栈北边很远的地方冲了过去，而意军的行军路线本来离堆栈很近，他们没有继续前进。

隆美尔的反攻丧失了动力，但英军的形势在 26 日早晨依旧岌岌可危。第 30 军被打得很惨，整整一天都没有试图去解除敌人对第 13 军后卫的威胁，而第 13 军的部队不仅散布得太开，而且由于无线电通信中断而陷入孤立。不过德军也因同样的原因遇到了麻烦。德军的胜利取决于以快速协调的行动对敌人后方造成威胁，而英军在那里能做的最好的应对措施，就是待在边境地区的阵地里面坚守，等着第 13 军的先头部队继续向西进军，和托卜鲁克的部队会合，共同威胁隆美尔的后方。这一威胁已经迫使位于阿代姆（El Adem）的非洲装甲集群司令部连续不断地发电，要求装甲师返回减轻自己的压力。

来自后方令人不安的召唤，加上前方的无线电联络中断和燃料短缺，让隆美尔的反攻无以为继。他在 26 日当天命令克鲁威尔使用第 15 和第 21 装甲师从两侧同时发起进攻"快速扫清塞卢姆前线",却沮丧地发现第 15 装甲师上午早些时候已经返回巴尔迪亚去补充燃油和弹药,后来等这个师终于回到战场时,第 21 装甲师又因错误理解命令而从哈尔法亚撤了回来,而且很可能也正在去巴尔迪亚补充物资的路上。所以那一天没有战斗发生,晚间,隆美尔不情愿地决定让第 21 装甲师继续返回托卜鲁克。第二天清晨,第 15 装甲师发起进攻,成功地打掉了新西兰旅后卫补给纵队和旅部,其后隆美尔下令这个师也跟进返回。这次反击开场如此令人期待,却结束得虎头蛇尾。

今天我们已经知道这场突击以失败收场,因此在对其进行回顾和评价时自然会被这种认知影响。醉心于战术的评论者认为隆美尔在西迪拉杰格胜利后应集中兵力于当地扩大战果:彻底消灭第 30 军残部,或者消灭位置突出的新西兰师,或者攻占托卜鲁克,因为这样就能扫清自己的侧翼和补给线。可是以上战术行动无法获得击溃英军的战略效果,反而会带来更大的风险,德军很可能会因徒劳的进攻浪费时间,将兵力消耗殆尽。从一开始,隆美尔在数量上就处于极大的劣势,如果打一场消耗战,他肯定会被击败。如果他试图乘胜追击,消灭第 30 军残余的坦克,英军完全可以避战,毕竟英军坦克速度比德军快。另外两个建议意味着隆美尔要去进攻待在防御阵地里的英军步兵和炮兵。既然他打不起一场消耗战,那么只要有其他更好地获得战果的办法,他就不应该去执行以上任何一种战术性的行动。而他实战中的行动,即集中所有机动部队进行深远的战略突破,本身就提供了一种更好的可能性。此外,他终于诱使墨索里尼把意大利的装甲军交给自己指挥,这就更增加了成功的概率。

隆美尔的进攻经常在事后被批评为鲁莽。可是战争的历史一再表明,此类打击很多次都成功了,尤其是因为它会给敌军及其指挥官带来心理上的巨大打击。隆美尔自己的战斗经历也证明了这一点,在 4 月和 6 月,他用更少的兵力进行类似的战略突击,在尚未构成这样威胁的情况下,便两度将英国人击退,第一次,英国人还被打得溃不成军。两个月后,也就是 1942 年 1 月,他第 4 次深度突破,尽管这次没有像 11 月那次走得那么远以切断英军撤退的路线,但还是让英军陷入了崩溃。而且与其他 3 次战略反击时相比,当他在 11 月发动突击时,敌人的兵力更为分散。

我们在叙述那关键的几天时，便已指出他此次失败的原因，那就是，当隆美尔率领第 21 装甲师突进时，负责支援的第 15 装甲师却姗姗来迟，而意大利装甲军更是惰性十足；结果进攻部队丧失了动力，无法扩大"冲击波"；在边境地区，徒劳地开展盲目的军事行动，这在某种程度上与缺乏准确情报、无线电联络中断及误读命令有关；英军对德军的后卫造成了威胁；奥金莱克决心战斗到底，非但不撤退，反而要求进行反攻；关键时刻，第 8 集团军换帅。继任的第 8 集团军司令受命于危难之际，只能不顾一切风险战斗到底，这种做法有可能导致致命的后果，但结果证明，这是个幸运的决策（两个月后，继任司令官在面对较小风险时的表现，和前任在 11 月时一样）。

从军事角度分析以上事件并总结经验教训时，还应该注意并强调一点。如果隆美尔造成的溃败散播开来的话，那么继续战斗的决定不但徒劳无益，反而会导致更严重的灾难。不过，第 30 军不在隆美尔进军路线上的各支"残部"尽管分散，却还是坚守在以前的阵地上或者附近，第 13 军也是如此。英军力量分散，第 30 军在前几日更是被打蒙，这反而让如此分散的各部队没能像通常那样向自己的基地撤退而去。此次，敌军向东狂飙，已然越过了他们所在的地域，对英军来说，尽管无法保证补给源源不断，但"原地坚守"在旋涡的边缘似乎是一项更安全的选择。

在隆美尔的战略性反击未能达成目的之后，第一个问题是他能不能从挫败中恢复，第二个问题是他能不能重占上风。考虑到他的种种弱点，令人惊叹的是，他成功地解答了这两个问题。但他还是不能从夺回的优势中获益，最终因消耗战的累积影响而被迫撤退。最后的结果其实证明，他在 11 月 24 日那天做出的看似鲁莽的纵深战略反攻是正确的选择——因为此举给他提供了最好的把握决定性胜利的机会。

非洲军带着残存的 60 辆坦克（其中三分之一是轻型坦克）向西撤退，此时，它用直接行动挽回托卜鲁克局势的可能性很小，自身的处境也岌岌可危。因为新西兰师在将近 90 辆瓦伦丁式和玛蒂尔达式坦克的支援下向西挺进，于 11 月 26 日打破了隆美尔的包围圈，并和守卫托卜鲁克的英军会师，托卜鲁克守军本身还有 70 辆坦克（包括 20 辆轻型坦克）。与此同时，从后方送上来的增援让第 7 装甲师的坦克实力上升到将近 130 辆，于是英国人现在在坦克数量上再次享有 5 比 1 的优势（就装备火炮的坦克数量而言则是 7 比 1）。如果英国人以集中的方式运用这些坦克，非洲军几乎没有幸存的可能性，第 7 装甲师单凭自己就应该能粉碎非洲军。

在撤退的第一阶段，非洲军一直处于危险之中，尤其是因为第 21 装甲师在撤退道路上被一处阻击阵地耽搁，无法助第 15 装甲师一臂之力，后者在 11 月 27 日下午被拥有 3 倍坦克的英军第 7 装甲师的两个装甲旅截住并攻击。英军第 22 装甲旅挡住了去路，第 4 装甲旅则从侧翼进攻德军的行军纵队，在运输部队中引起混乱。德国人挨过起初的危险并成功地击退了进攻，但自身也只能停止通过卡普措小道向西撤退。可是日近黄昏，英军坦克便按照通常的做法向南撤进沙漠，结成防御性的夜间营地自保。这就给了德国人利用夜幕掩护继续西撤的机会。第二天，英军装甲旅继续进攻，但被敌人的反坦克屏护部队阻挡，入夜之后，德军再次得以不受干扰地撤退。

非洲军在 29 日清晨再次和隆美尔其他的部队会合，减轻了他们的压力。第二天，隆美尔集中兵力打击位于西迪拉杰格的第 6 新西兰旅，同时使用阿利埃特师掩护侧翼，预防南方的英军装甲部队前来干预自己的作战行动。他的坦克迂回到英军阵地的另一端，从西面进攻，步兵从南面进攻。入夜，第 6 新西兰旅被赶下了山脊，但是残部脱离战斗，在贝尔哈迈德（Belhamed）附近和下方山谷里的师主力会合了。英军又有一大批增援坦克开到，由第 4 装甲旅统一指挥，装甲部队的实力因而大增，可是他们没有做出有力的行动，以突破隆美尔的"幕墙"，营救友军。英军坦克指挥官们由于曾多次被引诱进陷阱，遭到敌人配合巧妙的坦克与反坦克炮的痛击，现在已经变得过于小心。

12 月 1 日凌晨，隆美尔的部队加紧了对贝尔哈迈德附近的新西兰军的包围，切断了他们和托卜鲁克守军之间的"走廊"。4 点 30 分，英军第 4 装甲旅收到命令"全速"向北进发，"不惜一切代价"与敌坦克交战。这支部队大约在早晨 7 点出发，9 点到达西迪拉杰格机场，下了陡坡后，便和新西兰士兵会合了。其后，英军计划对敌军坦克（估计有 40 辆左右）发动反攻。可是这时，新西兰师一部已被德军的进攻冲垮，英军下令全线撤退。新西兰师残部撤向东面的扎法兰（Zaafran），其后又趁夜色撤向边境，第 4 装甲旅则向南撤退到 25 英里外的贝拉奈布井（Bir Berraneb）。

德军在第三轮战斗中能取得这样的战果，真可谓一项了不起的成就，要知道，战斗开始时，德军就坦克数量而言居于 1 比 7 的劣势，等到了结束时，这一劣势仍然保持在 1 比 4。

奥金莱克再次飞往第 8 集团军指挥部。他正确地估计了隆美尔部队的弱点，下定决心战斗到底，还为此调来了生力军和预备队的坦克。边境地区的印度第 4 师由第 2 南非师接替，自身则前去和第 7 装甲师共同进行迂回包抄，目的是切断隆美尔的补给和撤退路线。

当隆美尔得知这个新的更大的威胁时，他决心向西撤退，收拢剩余的坦克部队对英军的迂回部队进行打击。因此 12 月 4 日夜间，非洲军向西悄悄溜走，放弃了对托卜鲁克的包围。

那天清晨，印度第 4 师的先头旅对位于古比井（西迪拉杰格以南 20 英里）的意军阵地发功攻击，但被守军的火力击退。第二天上午，印度师再次发动进攻，但是又被击退。英军装甲兵在这两次进攻中负责警戒印度师的北翼以防隆美尔的干预，但不幸的是，5 日下午，英军坦克后退，想要尝试一种新的结成营地的体系。下午 5 点 30 分，隆美尔的装甲部队突然出现在古比井战场，冲散了没有掩护的印度旅一部，该旅其余部队则在夜色掩护下成功逃脱。

这次挫败后，第 30 军军长诺里决定推迟指向阿克罗马（Acroma）的侧翼包抄，因而错过了切断隆美尔撤退路线的机会。第 4 装甲旅奉命在英军重新推进之前寻歼敌装甲部队。但这个目的没能达到，这个旅刚收到新送来的 40 辆坦克，坦克总数已上升到 136 辆，几乎 3 倍于非洲军的残余坦克，但今天留下来的文件没有显示这个旅做过什么努力去完成使命。该旅在后面两天里都待在古比井的阵地上，偶尔短促出击，徒劳地希望能诱导敌人对印度第 4 师的炮兵阵地发动正面进攻。

12 月 7 日，隆美尔知道自己年底以前都不会再得到任何增援，于是决定后撤到贾扎拉（Gazala）防线，当夜非洲军开始脱离战斗。英国人迟迟都没有意识到发生了什么，直到 12 月 9 日，英军装甲部队才开始向"骑士桥"（Knights-bridge）推进，那里是阿克罗马以南的一处公路枢纽。他们在离骑士桥还有 8 英里的地方被敌军后卫阻挡，关心更多的是保护自己而非如何围歼敌军。到 11 日，隆美尔的部队已经安全返回贾扎拉，这里之前就已经建起了一条备用防线。

戈德温－奥斯滕将军的第 13 军现在负责追击，该军于 12 月 13 日对贾扎拉防线发起进攻。正面进攻很快被挡住了，可是掩护隆美尔内陆侧翼的意大利装甲军在压力之下迅速退却，英军左翼打到贾扎拉防线背后 15 英里处的西迪布拉吉斯（Sidi Breghisc）。但德军坦克发动的反攻让这次包抄行动停顿了下来。

14 日，戈德温－奥斯滕在继续进攻之前派第 4 装甲旅发动一次更大范围的侧翼包抄，目标指向贾扎拉和梅基利之间多条道路的交会点哈莱埃利巴（Halegh Eleba）。这次包抄隆美尔后方的行动于下午 2 点 30 分开始，这个旅在向南行进了 20 英里后停下休息过夜。早上 7 点，第 4 装甲旅继续行军，它还需要迂回 60 英里，却因道路难行，直到下午 3 点才到达哈莱埃利巴，比预定时间晚了 4 小时，因而未能按计划把隆美尔的坦克预备队吸引过来，以协助主攻。更有甚者，这支旅在到达后便原地不动，根本没有发挥自身的作用，结果德军直到第二天上午才知道这支部队的存在。

与此同时，15 日的主攻也被击败了。英军在靠近海岸的进攻中夺取了贾扎拉防线上的一个落脚点，可是侧翼包抄行动在中午时分被德军装甲部队的反攻击败，德军还消灭了进攻部队的前锋。

英军高级指挥部仍然希望已经运动到敌后的强大的装甲旅能在第二天获得决定性的战果。可是 16 日白天，这个旅向南退了 20 英里，希望能在特别安全的地带加油，下午，它在返回前线某个地点时，被一支德军反坦克屏护部队所阻，便又退往南边，结营过夜。根据记录，该旅曾在远距离和敌军交火，可是没有伤亡。分析者得出的印象是，英军最想的是送敌人离开，于是敌人便沿着英军留出来的道路大摇大摆地离开了。

原因是，德军坦克在 15 日发动的成功反击中虽然损失很小，但非洲军还是只剩下 30 辆坦克了，而英军现在则拥有将近 200 辆。隆美尔在评估形势后认为，已无法在贾扎拉防线长时间坚守，于是决定大踏步后撤，与敌军完全脱离接触，同时等待增援。他将回到的黎波里塔尼亚边界的布雷加港瓶颈地带。那里的阵地非常适合防守，是他发动第一次攻势的跳板，将来还会再次起到这个作用。因此 12 月 16 日夜间，他开始撤退，非洲军和意大利装甲军走沙漠路线，意大利步兵师则沿海岸公路步行撤退。

英军发起追击的速度很慢，第 4 装甲旅直到第二天下午 1 点才出发，两小时后，便在离它之前位于哈莱埃利巴的阵地还有 12 英里的地方停了下来过夜，同时为下一步行军进行后勤准备。18 日，它沿一条沙漠路径到达梅基利以南的一个据点，随后向北迂回，但刚好错过了敌人撤退纵队的尾巴。

与此同时，印度第 4 师乘坐摩托化交通工具，在步兵坦克的伴随下沿靠近海岸的路线追击，一路穿越阿克达（Akhdar）地区崎岖的山地。19 日上午，他们占领了德尔纳，可是敌人徒步行军的纵队大部已经安全通过了这处瓶颈。英军努力想要在更靠西的地方截住他们，却因地形崎岖和缺乏燃料而失败，只抓住了小股零星部队。此时，追击部队主力已因缺乏燃料而停顿了下来。

英军使用摩托化步兵跨越班加西大弧形地带的沙漠弓弦领头追击。他们在 12 月 22 日到达安提拉特（Antelat），发现拥有 30 辆坦克的敌装甲部队正驻守在贝达富姆附近掩护意军沿海岸步行撤退的部队，英军在那里被牵制到 26 日，然后隆美尔的后卫部队又后撤了 30 英里到达阿杰达比亚（Agedabia）。与此同时，重新装备完毕的第 22 装甲旅也已赶上来增援追击部队。近卫旅紧跟敌军后卫，对阿杰达比亚发动了一次正面进攻，但失败了，而第 22 装甲旅则深入沙漠 30 英里，经哈塞亚特（El Haseiat）发动迂回包抄。这次包抄行动出乎意料地被挫败了。因为在 27 日，这个旅本身的侧翼遭到了德军装甲部队的突然袭击，并于随后 3 天的战斗中被包围。大约 35 辆英国坦克成功突围，但损失的坦克有 65 辆。19 日德军刚要撤离班加西港时，正好有两个坦克连总共 30 辆坦克到达，这是"十字军行动"开始以来，隆美尔得到的第一支援兵，他们协助发动了这次反突击。

英军在哈塞亚特的挫败为此次长途追击画上了令人沮丧而又失望的句号，英军正为在托卜鲁克周围的战役中取得胜利而兴高采烈，这回兜头被浇了一盆凉水。但隆美尔被迫撤退还是给英军带来不少好处，他把埃及边境的德国和意大利守军丢下不管，任由其部队陷入被包围的绝望境地。巴尔迪亚守军在 1 月 2 日投降，剩下两处边境据点的守军在 17 日投降。包括早先在西迪奥马尔抓的俘虏在内，英军在边境地区抓获的战俘已达到 2 万人，轴心国总伤亡 3.3 万人，英国方面伤亡不到 1.8 万人。可是轴心国损失的三分之二士兵都是意大利人，在 1.3 万名德军伤亡人员中，很大一部分是行政人员，而英军在为期 6 周的战斗中，损失的大部分是战斗部队，包括很多训练有素的沙漠战老兵，这些人是很难补充的。

下一次战斗将再次证明，缺乏经验的部队是靠不住的，尤其是在沙漠战中。下次战斗在 1 月的第 3 周就开始了，隆美尔那支被认为已经丧失战力的部队又发起了一次出乎意料的进攻，这一次的结果和 1941 年第一次进攻的结果相似得令人惊讶。

第 16 章

远东的涨潮

日本自 1931 年以来就一直咄咄逼人地在亚洲大陆上扩展地盘，蹂躏被内战削弱的中国，并损害英美在这个地区的利益。那一年，他们入侵了中国东北，并在那里建立起了傀儡国。1932 年，日本渗透到中国其他地区，从 1937 年起，日本不断地努力在这片广阔的国土上建立自己的控制，却越来越深地陷入游击战的罗网，最终只能通过向南继续扩张的方式寻求解决问题的答案，试图封锁中国接受外来援助的通道。

1940 年，希特勒征服法国和低地国家后，日本人趁法国无能为力，以武力威胁迫使其同意日本"保护性地"占领法属印度支那。

作为对日本侵略行径的回应，罗斯福总统在 1941 年 7 月 24 日要求日本从印度支那撤军，为了增加要求的砝码，他在 26 日下令冻结日本在美国境内的所有资产，并对其实施石油禁运。丘吉尔先生同时采取了措施，两天后，流亡伦敦的荷兰政府也被说服照样行事——用丘吉尔的话来说，这意味着"日本一下子就被剥夺了至关重要的石油供应"。

早在 1931 年的讨论中，人们就已经认识到，如此瘫痪性的打击将迫使日本开战，因为这是崩溃或者放弃侵略政策以外唯一的出路。值得注意的是日本将开战推迟了 4 个多月，在此期间则力图通过谈判解除石油禁运。美国政府拒绝解除石油禁运，要求日本先从印度支那及中国撤军。任何一个政府都无法接受如此屈辱的条件，丢这么大的脸，日本政府就更不可能了。因此，从 7 月的最后一周起，盟国有一切理由相信太平洋地区的战争随时会爆发。在这种情况下，英美在日本开战之前还能有 4 个月的宽限时间是很幸运的。可是他们没能利用这段时间来加强防御准备。

1941 年 12 月 7 日早晨，一支由 6 艘航空母舰组成的日本海军舰队对美国在夏威夷群岛的海军基地珍珠港进行了毁灭性的空袭。这次打击效法 1904 年日本在日俄战争爆发时对旅顺港的突袭，也是不宣而战。

直到 1941 年年初，日本的计划还是，一旦同美国开战，便用主力舰队在南太平洋地区配合进攻菲律宾，并迎击跨海前来营救当地守军的美国舰队。美国人料想日本会采取这样的策略，而且日军最近占领印度支那的举动也验证了以上判断。

但是山本海军大将同时酝酿了一个崭新的奇袭珍珠港的作战方案。打击舰队经过千岛群岛，采用大迂回路线从北面悄悄地接近夏威夷群岛，然后在拂晓前从距离珍珠港 300 英里的地方，用 360 架飞机发动空袭。美军 4 艘战列舰被击沉，1 艘搁浅，其他几艘受重创。仅用了一个多小时，日本人就控制了太平洋。

这次打击为日本人不受干扰地从海路入侵太平洋上的英美荷领地扫清了道路。正当日军打击舰队主力驶向夏威夷群岛之际，其他海军部队也护送着运输舰驶进了西南太平洋。几乎和空袭珍珠港同时，日军开始在马来半岛和菲律宾登陆。

日军登陆马来半岛，目标指向英军位于新加坡的大型海军基地，他们没有试图从海上发动攻击，而英军防御体系主要是设计来迎击海上袭击的。日军采取了非常间接的进攻路线。他们在马来半岛东北海岸的哥达巴鲁（Kota Bharu）登陆，以夺取当地的机场，并吸引英军注意力，主力部队则在新加坡以北大约 500 英里处的暹罗地峡下船。日军从这些僻处东北角的登陆场出发，沿着半岛西海岸蜂拥南下，成功地迂回了英军试图阻挡他们的防线。

日军因选择了艰难的进军路线而受益，还抓住了茂密丛林提供给他们的机会进行出人意料的渗透。英军节节败退，大概 6 周后，于 1 月底被迫从大陆撤到新加坡岛上。2 月 8 日夜间，日军跨过一英里宽的海峡，在多点登陆，并沿着宽大正面开始新的渗透作战。2 月 15 日，守军投降，英国失去了西南太平洋的锁匙。

12 月 8 日，日军用一次规模较小的独立作战对香港的英军基地发动进攻，在圣诞节迫使这块殖民地上的守军投降。

在菲律宾主岛吕宋岛，日军先在马尼拉以北登陆，很快又在首府背后登陆。美军部队在这种左支右绌的情况下，又面临着被两面夹击的威胁，于是在 12 月

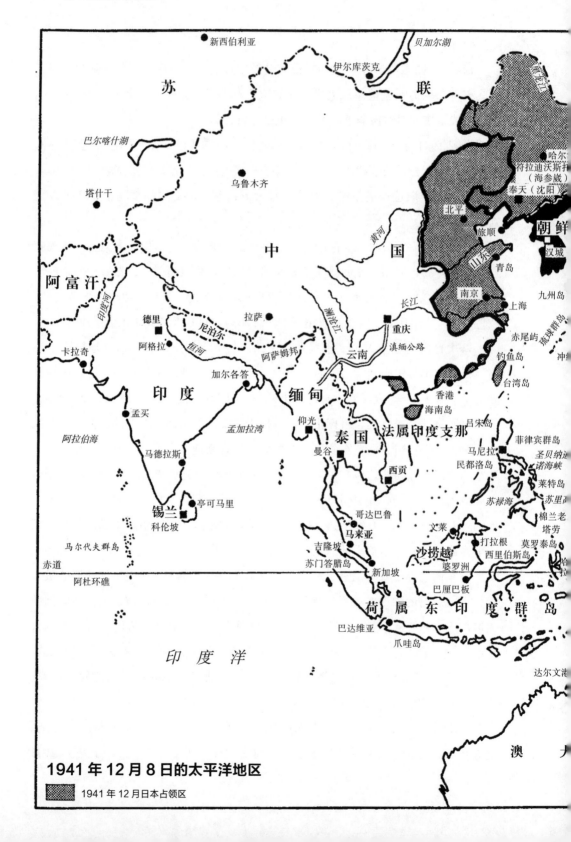

1941 年 12 月 8 日的太平洋地区

　1941 年 12 月日本占领区

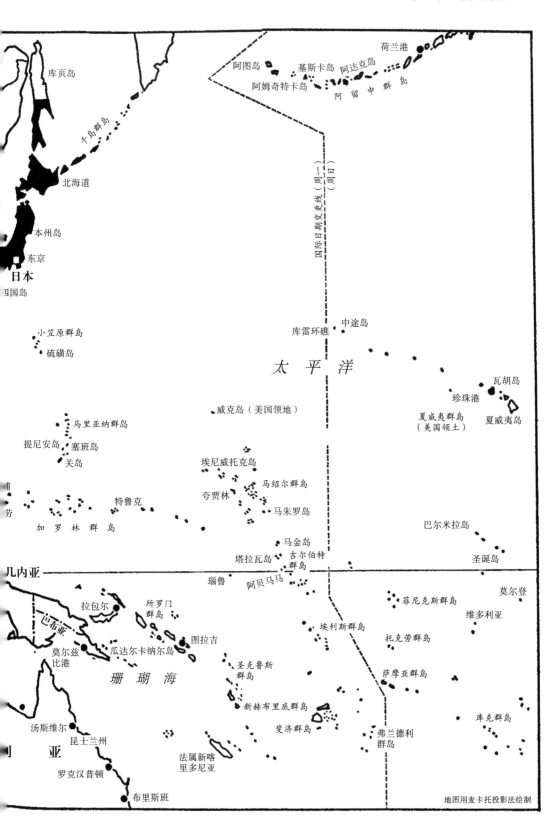

库页岛

千岛群岛

北海道

本州岛

东京

日本

马国岛

小笠原群岛

硫磺岛

阿图岛　基斯卡岛　阿达克岛　荷兰港

阿姆奇特卡岛

阿留申群岛

国际日期变更线（周一）（周日）

库雷环礁　中途岛

太 平 洋

威克岛（美国领地）

瓦胡岛

珍珠港

夏威夷群岛（美国领土）

夏威夷岛

马里亚纳群岛

提尼安岛　塞班岛

关岛

埃尼威托克岛

夸贾林

马绍尔群岛

马朱罗岛

巴尔米拉岛

圣诞岛

甫

芳

特鲁克

加 罗 林 群 岛

马金岛

塔拉瓦岛

吉尔伯特群岛

瑙鲁　阿贝马马

莫尔登

菲尼克斯群岛

维多利亚

几内亚

拉包尔

所罗门群岛

图拉吉

巴布亚

莫尔兹比港

瓜达尔卡纳尔岛

珊 瑚 海

埃利斯群岛

托克劳群岛

萨摩亚群岛

圣克鲁斯群岛

新赫布里底群岛

斐济群岛

弗兰德利群岛

库克群岛

汤斯维尔

昆士兰州

法属新喀里多尼亚

亚

罗克汉普顿

布里斯班

地图用麦卡托投影法绘制

底撤到了狭小的巴丹半岛（Bataan Peninsula）。那里和吕宋主岛不同，美军可以将防线收缩，迎击正面强攻，因而得以坚守到 4 月才被打败。

远在 4 月之前，甚至在新加坡陷落之前，日本征服的狂潮就已经席卷马来列岛。1 月 11 日，日军在婆罗洲和西里伯斯岛（Borneo and Celebes）登陆，24 日，又有一支更加强大的部队开来。5 周之后，也就是 3 月 1 日，在用迂回行动孤立了爪哇岛后，日军对这座荷属东印度群岛的核心岛屿展开进攻。不到一周的时间里，整个爪哇岛就像一枚熟透的李子落入日本人的魔掌。

不过，当时日军还没有对澳大利亚构成直接威胁。日军的主攻现在转向相反的西面，想要征服缅甸。日本在亚洲大陆上的主要目标，是瘫痪中国的抵抗，从泰国向仰光发动的宽正面的直接进军乃是一种间接路线战略。因为英美通过滇缅公路向中国运输的装备给养都是从仰光这个港口进入的。

与此同时，通过这一狡猾的作战行动，日军还可以征服太平洋的西侧门户，在那里建立起一道坚固的屏障，封锁英美以后可能从陆路发动攻势的必经之地。3 月 8 日，仰光陷落，两个月后，英军部队被逐出缅甸，经崇山峻岭撤回印度。

日本人就这样占领了一个从自然地理上来说极为强大的掩护阵地，任何企图夺回这里的反攻都将面临极大的困难，并且耗时漫长。

盟军花了很长时间才调集起足够的兵力，从东南端着手收复日本人征服的土地。澳大利亚的幸存给盟军提供了便利，使其拥有了一处靠近日本前哨链的大规模基地。

日本因 1868 年开始的明治维新而进步迅速，成为欧洲和北美外唯一一个先进的工业化国家。但日本社会在内心深处还是"封建"的，地位崇高的是武士阶层，而非工商业人员。天皇拥有神格，统治阶级实力雄厚。而且军部的影响力异常强大，他们狂热地爱国，通常同样狂热地仇外，渴望在整个东亚地区，尤其是中国，建立日本的统治。20 世纪 30 年代以来，军部以刺杀相胁迫，实际上掌控了日本的国家政策。

自从开始现代化以来，日本从未战败，这影响了它应对政治和战略难题的倾向。日本人民在 1904—1905 年的日俄战争后，普遍相信帝国不可战胜——那时，日军的陆海军部队向全世界展示了自己的优越性，宣告欧洲人对世界其他民族的统治是可以被推翻的。

自 1902 年以来，日本便一直是英国的盟友。1914 年 8 月，日本出兵占领了德国在中国的租界地青岛和山东[1]，还占领了德国在太平洋上的殖民地马绍尔群岛、加罗林群岛和马里亚纳群岛。"一战"结束后，1919 年的凡尔赛条约确认了日本的领土扩张，于是日本成为西太平洋上的统治性力量。尽管如此，日本人对战争所获仍然不满，和意大利一样觉得自己是"被剥削"国家。所以日本人才觉得自己和意大利与德国同病相怜。

1915 年，日本人在美国的抗议之下不得不撤回试图控制中国的"二十一条"，他们的挫折感可能便来源于此。自 1895 年甲午战争以来，中国就一直是日本军方最主要的侵略目标。尽管"一战"结束后，《帝国国防方针》采用海军的观点，把美国列为主要的假想敌，但陆军一直都更加担心苏联，认为后者驻远东的庞大军力是日本大陆政策面临的更严重的威胁。

其后，日本在 1921—1924 年间遭受了一系列羞辱。首先，英国礼貌地拒绝了延长和日本的联盟关系。双方关系之所以破裂，在某种程度上是因为日本流露出了在太平洋地区进行扩张的种种迹象，但真正的原因是来自美国的强大压力。日本把这当作一个羞辱，认为是白人联合起来反对日本的一个迹象。美国还连续采取立法措施限制日本移民，最后甚至于 1924 年颁布排斥一切亚洲移民的法案，日本因而愈加愤怒。它极为怨恨这种双重"丢脸"打击。

与此同时，英国宣布将在新加坡建设足以容纳作战舰队的远东海军基地。很明显，这是为了遏制日本，日本人也将此举视为挑战。

这些都把那些签署 1921 年华盛顿海军军备限制条约的日本政治家置于不利的地位，他们接受了条约中日本与英美海军吨位保持 3∶5∶5 的条款，正日益受到攻击。此外，他们还被指责将山东省归还中国，并于 1922 年签署了担保中国领土完整的九国公约。

其实具有讽刺意义的是，《华盛顿海军条约》反而削弱了太平洋地区遏制日本的力量，有助于后来日本的扩张，因为英美在这个地区预计要建设的海军基地不是被耽搁就是防御薄弱。而日本自己在公开废弃这个条约之前的 13 年里，倒

---

1 译注：原文如此，似乎作者认为青岛和山东是并列的两个城市。

不难规避条约对造舰火力和吨位的限制。

　　观点较为开明的日本政治家们还因 1929 年开始的世界经济危机而备受打击，日本遭受经济危机影响颇深，结果国内不满甚嚣尘上，军国主义者得以利用这种不满，主张只有对外扩张才是解决日本经济问题的唯一出路。

　　1931 年"九一八事变"给了当地日本驻军一个借口和机会扩张到中国东北地区，并建立起傀儡国"伪满洲国"。根据条约驻守南满铁路的日军部队以遭受威胁、进行自卫为借口，攻击了沈阳城及周边的中国守军并将他们解除武装。借口当然是虚构的，而日军则在其后数月之内占领了整个东北。国联和美国不承认日本对中国东北地区的占领，对此进行了抗议和广泛的批评，这反而给了日本在 1933 年退出国联的借口。3 年后，日本加入了纳粹德国和法西斯意大利的阵营，签订了三国《反共产国际条约》。

　　1937 年 7 月，"卢沟桥事变"发生，日本关东军借机入侵华北。在此后的两年时间里，入侵一直在扩大，可是日本人也越来越深地陷入了与中国军队的战争中，日军在 1937 年夏天进攻上海时遭受了一次挫败。但从长远来说，挫折反倒对日本人有好处，刺激他们纠正战术弱点，以及日俄战争以来过分自负的倾向。不过，在他们有所改正之前，在西满地区因边境纠纷而引起的冲突中，日本人又再一次被苏联红军击败。1939 年 8 月在诺门罕地区，苏联人调来 5 个机械化旅和 3 个步兵师，将日军大约 1.5 万人包围，使其损失了 1.1 万多人。

　　同一个月，《苏德互不侵犯条约》签订这一出人意料的消息传来，日本政坛再次转向，较为温和的政府回归执政。可是这个趋势随着 1940 年希特勒征服西欧戛然而止，1940 年 7 月，军方支持近卫公爵建立亲轴心国政府。日本加速在中国的侵略步伐，9 月底，日本和德国、意大利签订《三国同盟条约》，条约规定三国承诺共同反对任何新加入同盟国的国家——这个条约主要是针对美国的干预。

　　1941 年 4 月，日本和苏联签订中立条约以进一步确保自己的安全。这使得日本得以把军队抽调出来南进扩张——不过就算到了这个时候，日本陆军仍然对苏联人的目的有所怀疑，因而只抽调了 11 个师团用于南进，留在中国东北的有 13 个，留在中国其余地区的有 22 个。

　　7 月 24 日，日本在法国维希政府的勉强同意之下接管了法属印度支那。两天后，罗斯福总统"冻结"所有日本资产，英国和荷兰政府很快也跟进。日本与上述三国的贸易被中断，尤其是石油贸易。

在和平时期，日本 88% 的原油消费要依赖进口。实施禁运期间，日本的储备够正常使用 3 年，但如果要满足全面战争的需要，就只够用一年半。而且日本陆军部的一份调查显示，结束侵华战争估计需要 3 年时间，而原油储备在那之前就会告罄，所以在中国战场获胜就越发重要。唯一能够获得的石油来源在荷属东印度群岛，报告预计荷兰人在日本夺取油田之前就会破坏油田设施，但在本土原油储备降低到危险的程度之前，日本还来得及修复设备，恢复生产。来自爪哇和苏门答腊的原油可以拯救日本，让日本完成对中国的征服。

征服包括马来亚在内的整个东南亚地区还能让日本拥有全世界五分之四的橡胶和三分之二的锡产量。日本通过此举不仅能获得极为宝贵的财富，还能对其对手们造成比损失原油更沉重的打击。

这就是日本领导人在面对贸易禁运时考虑的主要因素。除非美国被说服取消禁运，否则日本只有两个选择，一个是放弃侵略野心，而这很可能引起国内陆军政变，另一个便是攫取石油并和白人列强开战。这两个选择截然相反。如果日本继续侵华，但是从印度支那撤军并停止南进扩张，贸易禁运可能会得到某种程度的减轻，可是日本自身也会变得更加虚弱，也难以抵制美国方面提出的进一步要求。

孤注一掷的赌博总是会让人犹豫，这或许可以解释日本人为什么拖延了 4 个月，这么晚才发动进攻。军方领导人自然也本能地希望获得足够的时间来完成开战的准备工作，并就应采取的战略进行长期争论。有一派人甚至乐观地希望并争辩说，如果日本仅夺取荷兰和英国的地盘，美国人也许会继续置身事外。

8 月 6 日，日本恳求美国解除禁运。同一个月，美国决定一旦开战应坚守菲律宾群岛，同时日本人却要求美国停止向菲律宾运送增援。日本的请求被坚决拒绝，美国警告日本不要发动进一步的侵略行动。

日本内部又进行了两个月的争论，近卫公爵的政府被东条英机将军为首的政府取代，这一事件可能决定了局势的走向。即便如此，日本还是进行了更长时间的讨论，直到 11 月 25 日才做出开战决定。促使日本开战的因素之一，是有报告显示 4 月到 9 月之间日本的总石油储备减少了四分之一。

即便在那时，日本联合舰队司令长官山本五十六海军大将仍然得到命令说，如果在华盛顿的谈判能够成功，就会取消对珍珠港的打击。

下表列出了 1941 年 12 月太平洋地区各国的海军实力：[1]

	主力舰	航空母舰	重巡洋舰	轻巡洋舰	驱逐舰	潜艇
英帝国	2	—	1	7	13	—
美国	9	3	13	11	80	56
荷兰	—	—	—	3	7	13
自由法国	—	—	—	1	—	—
盟国总计	**11**	**3**	**14**	**22**	**100**	**69**
日本	10	10	18	18	113	63

值得注意的主要一点是，虽然敌对双方在大多数方面实力不相上下，但是日本在关键的舰种航空母舰方面拥有极大优势。而且这个表格无法体现出双方质量上的差距。日军精干，训练有素，尤其擅长夜战，不像盟军受制于指挥和语言沟通方面的困难。盟国两大主要基地新加坡和珍珠港之间相隔 6000 英里的海洋。日本海军装备更加优越，有很多新的舰船，其中大多数武器更新，速度更快。在主力舰方面，只有皇家海军"威尔士亲王"号（Prince of Wales）堪与日军更好的战列舰相比。

在陆军兵力方面，日军总共有 51 个师团，但只能出动 11 个师团用于西南太平洋作战。作战部队不到 25 万，加上行政人员总数在 40 万左右。盟军的数字不太确定。日军在决定进攻时估计，英军在香港有 1.1 万人，在马来亚有 8.8 万人，在缅甸有 3.5 万人，总共 13.4 万人；驻菲律宾的美军有 3.1 万人，另有 11 万菲律宾部队；荷兰有 2.5 万名正规军和 4 万名民兵。乍看起来，以如此微小的兵力

1　Figures from Roskill: *The War at Sea*, vol. I, p. 560.

优势发动如此大规模的进攻似乎是一场大胆的赌博。实际上这是一场计算精准的赌博，制海权和制空权会让日军在局部常常占据数量上的优势，而日军就战斗经验和训练质量而言也占据上风，尤其擅长两栖登陆、丛林战和夜袭。

在空中兵力方面，日军航空兵只动用了1500架一线作战飞机中的700架，不过他们得到了驻中国台湾的第11航空舰队480架海军作战飞机的增援，此外还有360架用于空袭珍珠港的飞机。舰队航空母舰一开始需要并被指派为南方的作战行动提供空中掩护。但在开战前仅4周的11月，本身性能优于盟军各型战斗机的日本零式战斗机的航程增加了，驾驶此机可以从台湾岛跨越450英里的距离飞到菲律宾然后再飞回来。于是航母部队就可以腾出来用于袭击珍珠港。

美国在菲律宾有307架作战飞机可用于对抗这支强大的日军空中力量，其中包括35架B-17远程轰炸机，可是在质量上逊于日本飞机。在马来亚，英军也有158架一线飞机，其中大多数都是过时的型号。荷兰人在自己的地区还有144架飞机。英军当时在缅甸只有37架战斗机。日本在数量和质量上都占优势，尤其零式战斗机的性能可谓上佳。

日军要在如此广阔的大洋上跨越群岛和海湾作战，还有赖于他们两栖登陆战法的熟练。他们唯一真正的弱点在于商船队太小，刚过600万吨，不过直到战争后期，这个弱点才真正妨碍了日本的作战行动。

总之，日本在开战阶段拥有各方面的优势，尤其是在质量方面。在开战阶段，真正的危险在于美国太平洋舰队的迅速干预，可是他们通过奇袭珍珠港先发制人地消除了这个威胁。

另一个因素是情报，只不过在评估双方实力对比时，这个因素很少被论及。总体来说，日本人的情报工作做得不错，主要是因为他们提前对这个地区做了长期细致的研究，可是美国人有一个巨大的优势，那就是在威廉·F.弗里德曼上校的领导下，他们于1940年夏季破译了日本外交密码。从此以后，美国人可以阅读所有日本外务省或军部发出的密电，在战前的谈判中，他们预先就知道东京的最新外交动议。只有确切的日期和发动进攻的目标没有被告知日本大使。

尽管美国人在珍珠港遭受奇袭，他们对日本密码的破译还是给了自己极大的优势，当他们懂得如何更好地利用所破译密码之后，这一优势就变得更为明显。

日本的战略目标同时具有攻势和守势两重性质，一方面要夺取足以供他们征服中国的原油供应，同时以横扫太平洋来切断中国获得坚持抗战所需物资的来源。日本决心冒险挑战美国这个潜力远超自己的对手，日本的领导人被欧洲所发生的一系列事件鼓舞着。轴心国几乎主宰了整个大陆，苏联疲于招架希特勒的进攻，抽不出手来干预远东局势。如果日本人达成自己的梦想，建立起一道北起阿留申群岛、南到缅甸的环形防御圈，他们希望美国人在尝试突破这个防御圈失败之后，最终会接受日本征服的既成事实，默认所谓"大东亚共荣圈"的建立。

这个计划和希特勒的理念异曲同工，希特勒以进攻代替防守，希望建立一道从阿尔汉格尔到阿斯特拉罕的防御壁垒，将亚洲排除在外。

起初，日本人预料美军将取道岛屿托管地发起反攻，他们的计划是占领菲律宾，等待美军反攻，而后集中日本海军兵力将其击退。（根据其所制订的三阶段战争计划，日本人估计可在 50 天内完全占领菲律宾，100 天内占领马来亚，150 天内占领荷属东印度群岛。）但是 1939 年 8 月，山本大将就任联合舰队司令长官。他是航母价值的忠实拥护者，敏锐地指出有必要一开始就用突然袭击的方式瘫痪美国太平洋舰队，以拖延它的反攻。山本把太平洋舰队称作"指向日本咽喉的一柄利剑"。日本海军军令部心存怀疑，但还是勉强地接受了他的观点。

时间安排和时区的差异让开战的进攻问题变得更为复杂，夏威夷时间 12 月 7 日（星期天）是马来亚时间 12 月 8 日（星期一）。最后，日本人决定，所有的主要作战行动将于格林尼治时间 17 点 15 分到 19 点之间展开，攻击行动将于各地当地时间的凌晨发动。

从政治角度来说，美国人长期以来都认为放弃菲律宾是不可想象的，可是从军事角度来说，防守这个距离夏威夷珍珠港有 5000 英里之遥的群岛是无法做到的。最后，军事观点占了上风，根据作战计划，美国人只会在吕宋岛上首都马尼拉附近坚固设防的巴丹半岛保留一个立足点。但 1941 年 8 月计划改变了，美国下决心守住整个菲律宾。

作战决心改变的原因之一是来自道格拉斯·麦克阿瑟（Douglas MacArthur）将军的压力。自从 1935 年以来，麦克阿瑟便担任菲律宾政府的军事顾问，1941 年 7 月底，他被召回美国陆军现役，担任远东地区总司令；罗斯福总统对麦克阿瑟的判断力评价极高，1934 年，麦克阿瑟作为陆军参谋长的 4 年任期结束，总统本人又把他的任期延长了一年。另一个原因是罗斯福总统开始觉得，既然德国被牵制在苏联战场上，自己可以冒险对日本采取更强硬的立场，正如他已经对日本实施石油禁运一样。第三个原因是 B-17 远程轰炸机的到来，美国人寄希望可以用它有效地打击中国台湾，甚至日本本土。但是日本在美国可以将大量 B-17 派往菲律宾增援之前便发动进攻。更何况，美国各军种的参谋长们都没有严肃地考虑过日本奇袭珍珠港的可能性。

第 17 章

日本的征服狂潮

　　袭击珍珠港的计划，无论拟定还是执行，都有赖于山本海军大将的推动。很多个月以来，被派驻檀香山日本领事馆的受过训练的海军情报军官不断地传回关于珍珠港的情报，尤其是关于美国在当地进行舰船调动的情报。在日军舰队里，军舰和飞机上的作战人员为此次作战积极训练，准备在任何气候条件下发动进攻，每个轰炸机组至少进行过 50 次飞行演练。

　　上文提过，这次行动得益于零式战斗机航程之增加，航母舰队因而可以从协助西南太平洋作战的任务中解脱出来。它还得益于 1940 年 11 月英国海军袭击塔兰托的经验，英国舰队的航空兵只使用了 21 架鱼雷轰炸机就击沉了停泊在坚固设防的港口内的 3 艘意大利战列舰。即便在那时，人们一般还是认为不可能从空中向水深少于 75 英尺的浅水区投放鱼雷，塔兰托港的平均水深差不多就是 75 英尺，而珍珠港水深只有 30～45 英尺，因此那里被认为不可能遭到鱼雷攻击。可是到 1941 年时，英国人就已经运用在塔兰托获得的经验，能够向仅仅 40 英尺水深的地方发动空投鱼雷攻击了，他们的做法是给鱼雷装上木制的稳定翼，防止鱼雷"上下乱窜"并撞上浅水海底。

　　日本人从驻罗马和伦敦的大使馆获得了这些情报，也决定进行这样的实验。此外，为了让进攻计划更加有效，他们还给水平轰炸机搭载装上稳定翼的 15 英寸和 16 英寸口径穿甲弹，这样这些穿甲弹就能像炸弹一样落下来。没有任何一艘军舰的甲板装甲能抵御这种垂直下落的穿甲弹。

　　美国太平洋舰队可以给主力舰装上防鱼雷网，来防止塔兰托式的空袭，这个可能性让日本人非常担心——可是太平洋舰队司令赫斯本德·E. 金梅尔（Husband

E. Kimmel）海军上将和海军部都认为当时可用的防鱼雷网过于笨重，会妨碍舰船的移动和小型船只的交通。后来的事实证明，这个决定基本上断送了珍珠港内的舰队。

多种因素决定了进攻发起的日期。日本人知道金梅尔上将总是在周末将舰队带回珍珠港，那时军舰上将不满员，这有助于增加奇袭的效果。于是，星期天就是一个很自然的选择。12 月中旬过后，季风强度将会到达顶点，这种气候条件将不利于在马来亚和菲律宾的两栖登陆，以及给珍珠港进击部队进行海上加油。东京时间 12 月 8 日，即夏威夷的星期天，那天没有月光，黑暗的掩护将有助于航母打击部队悄悄地接近夏威夷。那里的潮汐也适于登陆，最初日军考虑过在夏威夷登陆，但最后还是将其放弃，因为他们缺乏运兵船，而且无法让这么大一支入侵部队不被美军发现。

日本人在选择进击部队航线时考虑过三条路线。一条是经过马绍尔群岛的南线航路，另一条是经过中途岛的中线航路。这两条路线都比较短，可他们最后还是选择了从千岛群岛出发的北线航路，因为采用这一航线，他们可以避开商船航线，减少被美军侦察机发现的风险，当然，这意味着需要海上加油。

日本人还得益于所谓“不等距航程攻击”（unequal leg）战术。航空母舰在夜间接近目标，天一亮就到达离目标最近的地点并起飞舰载机，此后掉头驶离目标，但是不从原路直接返回，回收舰载机的地点比起飞的地点离目标更远。这样日军飞机要飞一短一长两个航段，而追击的敌机则不得不飞来回两个长的航段。美军防御计划的制订者并没有考虑到这个不利条件。

按照重要性排序，应袭击的目标依次是：美军航空母舰（日军希望停泊在珍珠港内的会有 6 艘，至少也会有 3 艘），战列舰，油轮和其他港口设施，停放在惠勒（Wheeler）、希卡姆（Hickham）、贝洛兹（Bellows）几个主要基地机场上的飞机。用于此次进攻的日军航空母舰有 6 艘，共搭载 423 架飞机，其中 360 架参加了空袭，包括 104 架水平轰炸机、135 架俯冲轰炸机、40 架鱼雷机及 81 架战斗机。掩护部队包括 2 艘战列舰、3 艘巡洋舰、9 艘驱逐舰、3 艘潜艇，另有 8 艘补给油船伴随，总指挥是南云忠一海军（Nagumo）中将。日军还计划趁乱同时用袖珍潜艇发动进攻。

11 月 19 日，潜艇部队驶离日本的吴港海军基地，拖曳着 5 艘袖珍潜艇。主力部队于 22 日在千岛群岛的单冠湾（Tankan Bay）集结，26 日出发。12 月 2 日，舰队接到通报说攻击令得到复核，于是各舰进入无线电静默。不过，就算在那时，复核还是有一个前提的，即如果舰队在 12 月 6 日之前被发现，或者在华盛顿的谈判于最后一分钟达成协议，那么攻击就应取消。4 日，日军舰队进行了最后的海上加油，并将航速从 13 节增加到 25 节。

不断有情报从驻檀香山的日本领事馆经本土中转传来，就在攻击发动前夕的 6 日，有报告显示珍珠港内没有美军航母，日本舰队里一片失望。（实际上美军航母有一艘在加州海岸，另一艘正搭载轰炸机前往中途岛，还有一艘刚刚完成向威克岛航渡战斗机的任务，此外还有 3 艘部署在大西洋。）但据报，有 8 艘战列舰正停泊在珍珠港，而且没有配备防鱼雷网，于是南云中将决心发动攻击。第二天清晨夏威夷时间 6 点到 7 点 15 分之间，日军战机从珍珠港以北大约 275 英里的地点起飞。

有两则最后关头的警报本可能影响战斗的结果，但最终还是没起到作用。第一次是美军自凌晨 3 点 55 分以来已数次发现日本潜艇部队；美军驱逐舰在 6 点 51 分击沉了其中一艘，海军航空兵在 7 点击沉了第二艘。其后，岛上 6 座美军雷达站中位置最靠北的那座在 7 点以后不久发现一个大机群正在接近，明显有超过 100 架飞机。可是情报中心认为这是预定从加利福尼亚飞来的一队 B-17 轰炸机——尽管那个机群只有 12 架飞机，而且应该从东边而不是北边飞来。

7 点 55 分，空袭开始，一直持续到 8 点 25 分，然后由俯冲轰炸机和水平轰炸机组成的第二攻击波在 8 点 40 分来袭。但决定性因素还是第一攻击波中使用的鱼雷轰炸机。

美军 8 艘战列舰中，"亚利桑那"号、"俄克拉何马"号、"西弗吉尼亚"号和"加利福尼亚"号被击沉，"马里兰"号、"内华达"号、"宾夕法尼亚"号和"田纳西"号受重伤。[1] 另有 3 艘驱逐舰和 4 艘小型船只被击沉，3 艘轻巡洋舰和 1 艘水上飞机供应舰受重伤。美军 188 架飞机被击毁，63 架受损。日军只有 29 架飞机被击落，7 架受损，此外 5 艘袖珍潜艇在一次完全失败的攻击中全部损失。人员损失方面，美军 3435 人伤亡，日军的数字不详，但阵亡人数不到 100。

---

1 "内华达"号搁浅，"加利福尼亚"号后来被打捞出来。

返航的日军飞机在 10 点 30 分到 13 点 30 分之间着舰。12 月 23 日，打击舰队主力回到日本。

这次突袭为日本带来了三个巨大的优势。美国太平洋舰队基本上失去了作战的能力。西南太平洋的战斗可以避免任何来自海上的干扰，而袭击珍珠港的打击舰队也可以被用来支援这些作战行动。日军现在有了更多的时间来扩张并加强自己的防御圈。

主要的缺点在于，袭击错过了主要目标，即美军的航空母舰，那将是未来作战的关键。日军还错过了油船和其他重要的港口设施，如果这些目标被摧毁，美国恢复实力的速度就会大大减慢，因为珍珠港是美国唯一能容纳整支舰队的基地。此次不宣而战，虽然达成了奇袭效果，但激起美国的愤怒，公众现在团结在罗斯福总统周围，对日本满腔怒火。

讽刺的是，日本人原本想的是尽量在合法的范围内利用奇袭获得好处，换句话说，就是尽可能地打法律的擦边球。针对美国在 11 月 26 日提出的要求，日本人特地选择于 12 月 6 日星期六深夜将答复发给驻华盛顿的日本大使，大使则将在星期天 13 点将其递交给美国政府，而这时正是夏威夷时间早晨 7 点 30 分。这样，美国人将只有半小时的时间来通知夏威夷和其他各地的指挥官战争就要爆发，而这是很难做到的，日本人则可以声称自己的行为是符合国际法的。但是，日本的回复文电过于冗长，有 5000 多字，大使馆在译码的过程中耽误了时间，直到华盛顿时间 14 点 20 分，大使才准备好递交文书，此时对珍珠港的袭击已经开始了 25 分钟。[1]

美国将袭击珍珠港斥为野蛮行为，其语气之激烈，其意外之明显，用历史的眼光来看是令人惊讶的。因为日本此次袭击与他们对旅顺港俄国舰队的突袭如出一辙，美国人本应牢记前事不忘后事之师的道理。

1903 年 8 月，日俄之间就双方在远东问题上的分歧开始谈判。可是经过了 5 个半月的谈判，日本政府得出结论，俄国的态度不可能让日本得到令人满意的结果，于是在 1904 年 2 月 4 日决心诉诸武力。6 日，双方谈判破裂但是没有宣战。东乡平八郎海军大将指挥的日本舰队秘密启航，扑向被俄国占据的中国海军基地

1　华盛顿时间比夏威夷时间早 6 小时，原书"35 分钟"疑有误。

旅顺港。8 日夜间，东乡派出他的鱼雷艇袭击锚泊在旅顺港的俄国海军支队，俄军两艘最好的战列舰和 1 艘巡洋舰在奇袭中被打瘫，从此之后，日本海军就在远东确立起压倒性的优势。直到 2 月 10 日，日本才宣战，而俄国也在同一天宣战。

英国已于两年前和日本结成英日同盟，那时他们的反应跟 37 年后附和美国谴责日本的做法形成了鲜明的对比，可谓讽刺之极。《泰晤士报》1904 年 2 月发表的一篇社论这样写道：

> 由于天皇和他的大臣们充满男子气概的决心，日本海军业已采取大胆的行动开战，掌握了主动权。……俄国的海军支队停泊在暴露的港外泊地中，简直像是在引人来打击。于是，我们英勇的盟国海军便抓住了战机，以其迅捷且准确的行动为自身赢得了荣耀。……这次作战所留下的精神遗产将十分丰厚，会影响并改变整个战争的进行方式……日本海军做出如此英勇的行动，从其政治家赋予他们的主动性中获益匪浅，已经在士气上牢牢控制了局面。

1911 年版《大英百科全书》在"日本"词条中也赞扬了日本选择对俄战争的行为，称其拿起武器"反抗军事独裁和自私的单方面限制政策"。

1904 年 10 月 21 日是特拉法尔加战役 99 周年纪念日，海军上将约翰·费希尔爵士（Sir John Fisher）出任英国第一海务大臣。他很快开始敦促英王爱德华七世和其他有影响力的政治家，为了应对德国舰队实力增长给英国带来的越来越大的威胁，英国应该使用"哥本哈根方式"先发制人——就是说不经宣战发动突然袭击。他甚至还为这种突袭到处做宣传。德国政府自然也听到了这种鼓吹，他们比英国的政界更把这个威胁当一回事。

我们不知道费希尔上将的建议是在日本突袭旅顺港之前还是之后提出来的。无论如何，纳尔逊（Nelson）曾在未宣战的情况下于哥本哈根突袭并消灭了丹麦舰队，这一役已是英国海军史上的著名篇章，每一位水手都耳熟能详。东乡平八郎作为一名年轻的海军军官在英国学习过 7 年。因此纳尔逊对东乡 1904 年主动出击的影响，可能和东乡对费希尔计划的影响一样大。

对美国人来说，尽管有历史教训，但 1941 年突袭珍珠港仍然构成了极大的意外，在美国引发了震动。人们不仅普遍批评以罗斯福总统为首的政府，而且深深怀疑，有比盲目和混乱更为邪恶的幕后因素应该为这场灾难负责。这种怀疑在罗斯福的批评者和政敌中非常盛行，而且经久不息。

虽说罗斯福总统的确长期以来就期望寻求一种方法让美国参与到反抗希特勒的战争中去，但是，有关陆海军指挥部门的自满和失算的证据已经足够推翻美国"修正主义"历史学家口中捕风捉影的说法，这些人认为是罗斯福为了达到目的而策划或密谋了珍珠港的灾难。

香港沦陷

英国在远东的这处前哨很早便失守乃是一个最清楚的明证，说明人们经常会因虚幻的威望而白白牺牲掉战略和常识。[1] 就算日本人也不曾像此事中的英国人那样"为了面子"铸成如此大错。香港是英国全球地位中一处明显的弱点，本身就比新加坡还要难防守。这座孤岛港口毗邻中国大陆海岸，离日军在中国台湾的空军基地只有 400 英里远，而离新加坡的英国海军基地则有 1600 英里远。

英国三军参谋长们在 1937 年年初的一份局势评估中，把日本当作仅次于德国的假想敌，并把英国本土和新加坡列为大英帝国赖以生存的两大基石，因此强调，绝不能因英国在地中海的安全利益考虑而妨碍向新加坡派遣一支舰队。在谈到香港问题时，他们一致认为，任何增援绝对无法在 90 天之内赶到香港，而且即便守军在得到增援后能够守住这个地区，日本从中国台湾起飞的空中力量也能使其港口失去作用。但是，他们又以一种脱离现实的一厢情愿，拒绝接受唯一符合逻辑的结论，不肯撤军，因为他们认为撤军将有损帝国威望，并且不利于鼓励中国坚持抗日。他们得出的结论是"应该尽可能久地坚守香港这处重要但不是至关重要的前哨"[2]。这个结论注定了守军的命运。

---

1 1935 年 3 月，时任总参谋部作战与情报部部长迪尔上将请我赴陆军部和他商谈当前和未来的防务问题。我们主要讨论了远东的问题，尤其是一旦和日本开战，是否应该试图守卫香港。那天晚上讨论的记录记载："我建议，与其加强防守使它成为精神上的凡尔登或者旅顺港，以至一旦失守让我们的威望遭受重大打击，还不如冒失守的危险只给予其简单的防守。而他似乎也同意我的观点。"

2 *Official History: The War Against Japan*, vol. I, p. 17.

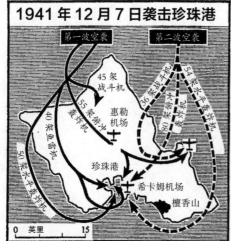

1941年12月7日袭击珍珠港

第一波空袭　第二波空袭

45架战斗机
55架俯冲轰炸机
40架鱼雷机
惠勒机场
36架战斗机
80架俯冲轰炸机
54架水平轰炸机
珍珠港
50架水平轰炸机
希卡姆机场
檀香山

0　英里　15

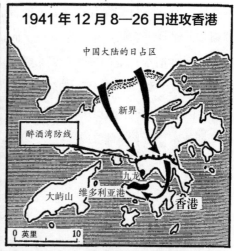

1941年12月8—26日进攻香港

中国大陆的日占区

新界

醉酒湾防线

大屿山　维多利亚港

九龙

香港

0　英里　10

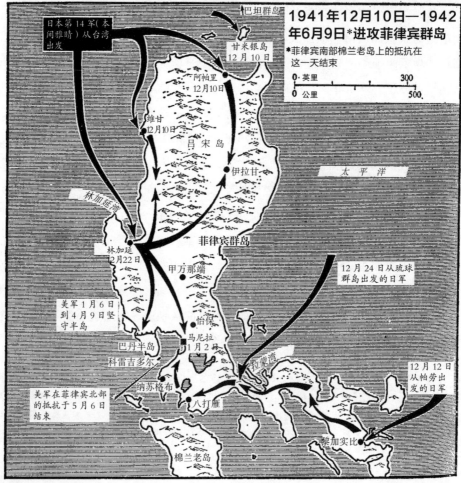

1941年12月10日—1942年6月9日*进攻菲律宾群岛

*菲律宾南部棉兰老岛上的抵抗在这一天结束

0　英里　300
0　公里　500

日本第14军（本间雅晴）从台湾出发

巴坦群岛

甘米银岛
12月10日

阿帕里
12月10日

维甘
12月10日

吕宋岛

伊拉甘

太平洋

林加延湾

林加延
12月22日

菲律宾群岛

甲方那端

美军1月6日到4月9日坚守半岛

怡朗

马尼拉
1月2日

巴丹半岛
科雷吉多尔

纳苏格布

八打雁

拉蒙湾

12月24日从琉球群岛出发的日军

12月12日从帕劳出发的日军

黎加实比

美军在菲律宾北部的抵抗于5月6日结束

棉兰老岛

两年后，1939 年年初，一份新的形势评估报告给出了大致相同的结论，但是其中出现了一个重要的改变，那便是把地中海的安全优先级别置于远东之上。这本身就让香港的防务变得更加困难，更何况，一支日本远征部队已经在香港南北两侧的中国大陆上集结起来，英国占领的这座小岛已被孤立，正处于陆上进攻的威胁之下。

1940 年 8 月法国沦陷后，新的各军种总参谋长班子再次评估时局，迪尔作为帝国总参谋长代表陆军。这次，他们直面香港无法防守的事实，建议撤出当时 4 个营的守军。丘吉尔领导的战时内阁接受了他们的观点。可是英国没有做任何事去落实这个建议。而且一年后，他们又改变了主张，建议丘吉尔接受加拿大政府主动提出的派自己两个营增援香港的提议，之所以会出现这一提议及转变，与 A. E. 格拉塞特少将（A. E. Grasett）的乐观主张有关。格拉塞特是加拿大人，不久前指挥过驻港英军，当时正在返回英国的路上，他告诉加拿大陆军总参谋长，只要增加两个营就能让香港强大到足以长时间抵抗进攻。英国的三军参谋长们建议接受加拿大政府的好意，说就算发生最糟糕的情况，这么做也能让守军"更加像样地"防守香港——这又是一个有关"威望"而无关战略的理由。1941 年 10 月 27 日，两个加拿大营首途香港，把无谓的牺牲增加了将近 50%。

日本于 12 月 8 日凌晨从大陆展开进攻，其部队武器精良，规模在一个师团以上（有 12 个大队），拥有充足的空中和炮火支援。第二天，英军撤退到九龙半岛上所谓醉酒湾防线（Gindrinkers Line），10 日清晨，日军一个支队占领了防线上一处关键的堡垒。这次突袭促使英军提前放弃了醉酒湾防线，并撤退到香港本岛，而日军当时还在调集部队准备按计划进攻醉酒湾防线。

日军先是数次试图强渡维多利亚海峡，守军虽然将其击退，但自身兵力也分散了。其后，18—19 日夜间，日军主力在港岛东北角登陆，集中兵力发起突击，很快打到港岛南端的深水湾，把守军一劈两半。其中一半在圣诞节夜间投降，另一半于第二天早晨步其后尘。香港尽管得到了增援，但还是只守了不到 18 天，是预计时间的五分之一。日军伤亡不到 3000 人，俘获了将近 1.2 万人的全部守军。香港岛沦陷的那天正是英军强占香港 100 周年之日。

菲律宾沦陷

　　12 月 8 日凌晨 2 点 30 分，美军驻菲律宾司令部接到日本袭击珍珠港的消息并进入戒备状态。与此同时，中国台湾上空的晨雾耽搁了日军计划中对菲律宾发动的空袭。可是这一耽搁其实对日军有利，因为美军方面对是否要立即起飞 B-17 轰炸机轰炸台湾岛以作为回击莫衷一是——此事长期以来都在争论中。结果，B-17 机群奉命环绕吕宋岛飞行以免在地面上遭到空袭。11 点 30 分，机群降落为出击台湾岛做准备，却在这时被迟到的日军轰炸机群抓个正着。美军预警系统有缺陷，大多数飞机因而在开战第一天就被摧毁于地面上，尤其是 B-17 轰炸机和先进的 P-40 战斗机。于是，日军以中国台湾为基地的 190 架陆军航空兵和 300 架海军航空兵岸基飞机主宰了天空，兵力对比发生了有利于日军的变化。17 日，美军将剩下的 10 架 B-17 轰炸机撤往澳大利亚，而哈特海军上将手下那支被夸大其词地称为亚洲舰队的一小撮水面舰艇也撤离了，只有 29 艘潜艇留在了这个地区。

　　至于地面部队，军方在麦克阿瑟的一再坚持下，做出了坚守整个菲律宾的新决策，可是，麦克阿瑟本人十分精明地采取了与新决策背道而驰的做法，把 3.1 万名包括美军和菲律宾侦察兵在内的正规军大部集于马尼拉周边，只用名义上有大约 11 万之众的二流菲律宾部队守卫广阔的海岸线。这个做法在战略上是明智的，但也意味着日军不管在哪里登陆都不会遇到多少抵抗。

　　日军方面负责此次进攻的是本间雅晴（Homma）中将指挥下的第 14 军。本间在登陆和第一阶段作战中动用了 5.7 万人。这个数字相对不算大，因而出敌不意和空中优势就显得更为重要。日本人还需要占领一些外围岛屿和防御薄弱的海岸地区，以迅速建立野战机场，供近程陆航飞机使用。

　　日军在进攻发起日占领了吕宋以北 120 英里处的巴坦群岛（Batan Islands）的主岛，10 日又跃进到吕宋北面紧邻的甘米银岛（Camiguin）。另有两支部队在同一天登陆吕宋本岛北海岸的阿帕里（Aparri）和维甘（Vigan），12 日，从帕劳（Palau）群岛出发的第四支登陆部队未遇抵抗就在吕宋岛最南端的黎加实比

（Legaspi）登陆。这些行动为 12 月 22 日日军主力于马尼拉以北仅 120 英里处的林加延湾（Lingayen Gulf）开展的登陆扫清了道路。共 82 艘运输船负责搭载本间中将的 4.3 万名士兵。24 日，另外 7000 名从琉球群岛出发的部队在马尼拉对面吕宋岛东海岸的拉蒙湾（Lamon Bay）登陆。所有日军部队在登陆时都没有遭遇强烈的抵抗，缺乏战斗经验且装备低劣的菲律宾军队一触即溃，尤其当坦克向他们冲过来时更是如此，而美军的支援又来得太晚。到此时为止，日军只有不到 2000 人伤亡。

麦克阿瑟意识到已无法按照自己原定的计划抢在日军登陆站稳脚跟之前将其粉碎，在 23 日决定回归原计划，让剩下的部队撤到巴丹半岛。他之所以仓促下此决心，是因为收到了将日军实力夸大一倍的报告，而且对手下的菲律宾部队缺乏信任。26 日，马尼拉被宣布为不设防城市。麦克阿瑟的部队虽然一开始有些慌乱，但还是按部就班地在日军压力下于 1 月 6 日成功撤进了巴丹半岛，当然日军实际的兵力只有他们的一半，这也是他们能够做到这点的原因之一。

巴丹半岛大约有 25 英里长，20 英里宽，美军一到半岛就发现自己要供养包括平民在内的 10 万人，而不是原计划估计的 4.3 万人。半岛上疟疾横行，很快就只剩四分之一美军的身体状况还适于作战了。

日军对半岛上的阵地开展的数次进攻都被击退了，从侧翼进行的两栖迂回也失败了。2 月 8 日，日军实力经过一个月的战斗已大为削弱，有 1 万人得了疟疾，第 48 师团还被调去助攻荷属东印度群岛，于是他们停止了进攻。3 月初，日军只剩 3000 人还守在防线上，可是美国人不知道这一状况，并没有尝试发动进攻。而且美军自己的实力也只剩下五分之一，士气更是因麦克阿瑟在 3 月 10 日去了澳大利亚而受到打击。美国现在显然也不会给他们派来救援，华盛顿当局早在 1 月初就做出了这个决定。

3 月底，日军派来 2.2 万名生力军及更多的飞机大炮增援前线。4 月 3 日，日军再次展开进攻，美军沿半岛节节败退，直到 4 月 9 日，剩下的部队在金（King）将军的命令下无条件投降，以避免遭到"集体屠杀"。

现在战斗转移到了要塞岛屿科雷吉多尔（Corregidor），共有将近 1.5 万名守军守卫这里及附近的 3 座小岛。不过，这里离巴丹半岛只有 2 英里，日军可以隔着海峡用大炮日夜轰击。炮击持续了一周又一周，最终摧毁了岛上的防御工事，打哑了大部分美军大炮，还击中了岛上的淡水供应系统。5月4日，炮击强度达到1.6万发。5日午夜前，2000名日军横渡海峡登陆。他们遭遇了激烈抵抗，还没上岸就损失了一半多兵力，登陆的坦克虽然只有3辆实际投入使用，却扭转了局面，击溃了守军。第二天（5月6日）早晨，从撤离半岛后便一直负责科雷吉多尔防务的温赖特（Wainwright）中将用广播宣布投降，以避免无谓的损失。

本间雅晴中将一开始拒绝接受这种局部投降，因为美国和菲律宾的分遣队还在南方的岛屿上和吕宋岛边远地区坚持游击战。温赖特后来同意下令总投降，因为害怕现在已经放下武器的科雷吉多尔守军会遭到日军屠杀。但仍有一些分遣队响应麦克阿瑟从澳大利亚发出的号召继续战斗，直到6月9日才完全停止抵抗。

美军在此次战役中损失了大约3万人，菲律宾盟军损失了11万。当然菲律宾部队大部分是因为士兵开小差而瓦解的，总计有8万美菲部队在巴丹半岛上投降，另有1.5万人在科雷吉多尔岛上投降。日军的损失情况很难估计，除了因病减员外，似乎只有1.2万人伤亡。

尽管菲律宾的防御一开始就出现了崩溃迹象，但在没有任何外来的有效援助和补给的条件下，这里的守军还是比其他任何地方的守军都坚持了更久，他们在巴丹坚持了4个月，在整个菲律宾则坚持了6个月。

马来亚和新加坡的沦陷

在日军计划中，征服马来亚和新加坡的任务被分配给了山下奉文（Yamashita）中将的第25军，下辖3个师团，战斗兵力大约7万人，总兵力约11万。而且可以动用的海上运输船仅够把大约四分之一的部队直接运过暹罗湾，即战斗部队1.7万人，总共2.6万人。这支前锋部队的任务是夺取北部的机场，山下奉文的主力将取陆路，从印度支那穿越泰国，南下穿越克拉地峡（Kra Isthmus）尽快增援海运的前锋部队，然后沿马来半岛西海岸南下继续追击。

表面上看，要完成这么远大的计划，这支远征部队小得异乎寻常，他们的兵力也的确不如帕西瓦尔将军指挥下防御马来亚的英军，后者总兵力为8.8万人，其中包括1.9万英军，1.5万澳大利亚军，3.7万印度军队和1.7万马来军队。可是英军方面的部队驳杂不齐，和日军相比装备和训练都很落后，而山下手下的近卫师团、第 5 和第 18 师团，乃是整个日本陆军中最精锐的部队。山下的 3 个师团有 211 辆坦克负责支援，而马来的英军没有坦克，山下还有 560 架飞机，4 倍于英军在马来的飞机数量，其质量也远为出色。此外，日军估计 11 月到 3 月的季风会阻碍英军的反攻，因为在这种恶劣的天气里，只有较好的道路才能通行。他们还估计马来半岛的中央山脊高达 7000 英尺，其上覆盖着茂密的丛林，会把英军防线分割成首尾不能相顾的两部分，而他们自己则可以按计划从东海岸转移到西海岸。

英军的部署简直充满了讽刺意味，他们将地面部队四散开去，守卫那些根本没有足够空中力量的机场，而这些机场又是建造来掩护那些根本没有舰队的海军基地的。这些机场和海军基地只会让日本人得益。

日军的主要登陆点位于马来半岛泰国克拉地峡的宋卡（Singora）和北大年（Patani），另外还有 4 个辅助登陆点位于更靠北的泰国海岸。第三重要的登陆点是马来亚边境处的哥达巴鲁。这支部队在夺取当地英军机场之后将沿东海岸南下，实行佯攻，而日军的主力则将沿西海岸南下。以上登陆都将在当地时间 12 月 8 日早间发动，5500 名日军在哥达巴鲁登陆的时间其实比袭击珍珠港还早 1 小时。短暂的战斗之后，英军放弃了那里的机场，至于泰国境内的机场，日军更是不费吹灰之力就将其拿下。英军本来计划要发动一次先发制人的进攻，代号为"斗牛士行动"，可是他们不愿意在日军侵犯泰国中立地位之前越过边境，所以发动得太晚。早在 12 月 6 日，英军空中侦察就已经在暹罗湾发现了一支日军舰队，但由于坏天气，无法对其行踪和目标进行进一步侦察。"斗牛士行动"的准备工作仅仅是打乱了英军的防御部署。到 12 月 10 日上午，日军第 5 师团已经机动到半岛西海岸并渗透进了马来亚边境，沿着两条道路打进吉打（Kedah）。

同一天，一场决定性的灾难从海上降临到了英国人头上。

自 7 月决定对日石油禁运以来，丘吉尔已慢慢地"意识到了禁运的严重后果"。8 月 25 日，他建议向东方派出一支他所谓"威慑性"海军部队。海军部本打算向那里调集"纳尔逊"号、"罗德尼"号（Rodney）及 4 艘旧式战列舰、1 艘战列巡洋舰、2 到 3 艘航空母舰。丘吉尔倾向于动用"最少量的最好的军舰"，建议只派出 1 艘新式"英王乔治五世"级战列舰、1 艘战列巡洋舰和一艘航空母舰。

他在 8 月 29 日告诉海军部：

> 我不认为日本敢面对英美苏三国的联合力量……我所提到的那支部队，尤其是那艘"英王乔治五世"级，只要一出现，就必能最大限度地让日本人陷入犹豫。这将是真正起到决定作用的威慑力量。[1]

就这样，"威尔士亲王"号和"反击"号（Repulse）战列巡洋舰被派往新加坡，但是那艘本应同行的航空母舰没有去，因为它在牙买加搁浅了，不得不进坞修理。实际上，当时在印度洋上还有另一艘航母可以到达新加坡，可是它没有收到前去的命令。因此，这两艘大舰不得不依赖岸基战斗机提供空中掩护，可就算不考虑战斗开始阶段在北部机场遭受的损失，岸基战斗机为数也很少。

"威尔士亲王"号和"反击"号于 12 月 2 日抵达新加坡，次日，海军上将汤姆·菲利普斯爵士（Sir Tom Phillips）抵达并就任"远东舰队"司令官。前文提到过，6 日据报有大股日军护航运输队从印度支那启航前往马来亚。8 日中午，菲利普斯听说这支运输船队在宋卡和哥达巴鲁卸载部队，至少有 1 艘"金刚"级战列舰、5 艘巡洋舰和 20 艘驱逐舰负责掩护。傍晚时分，菲利普斯带着两艘大舰，以及 4 艘护航的驱逐舰组成的 Z 编队勇敢地向北进发，去进攻日军运输船，但是因为那边的机场已经失守，岸基飞机根本无法飞到如此遥远的北方，为他提供空中掩护。

9 日夜间天气转晴，菲利普斯舰队也随之丧失了天然的掩蔽。他的 Z 编队被日军空中侦察发现，因此转向南方前往新加坡。可是当天夜里，一则来自新加坡的报告错误地称，有一支日军在菲利普斯和新加坡之间半途处的关丹（Kuantan）登陆。菲利普斯预计自己可以奇袭那里登陆的日军，而这一行动的风险也可以接受，于是改变航向扑向关丹。

日军早已针对 Z 编队的任何拦截行动做好准备，因为 Z 编队到达新加坡的消息早已向全世界广而告之。日军精锐的第 22 航空战队就驻扎在印度支那南部西贡的机场，拥有日本最优秀的海军航空兵飞行员。此外还有 12 艘潜艇组成巡

1　Churchill: *The Second World War*, vol. III, p. 774.

逻线警戒从新加坡通往哥达巴鲁和宋卡的航道。9 日午后不久，日军屏护线最东边的潜艇就已经发现 Z 编队正在向北航行，并将这一消息上报。报告一到，原本正准备前去空袭新加坡的第 22 航空战队紧急把炸弹换成鱼雷，出发夜袭 Z 编队，可是没能找到，因为此时菲利普斯已掉头向南航行。日军航空战队在拂晓前再次起飞，这一次在关丹附近海面发现了 Z 编队。日军出动了 34 架水平轰炸机和 51 架鱼雷机，前者在 11 点后不久开始进攻，后者也随后分批投入进攻。与停在珍珠港内遭遇奇袭的美军军舰不同，英军军舰处于高速机动中，其中"威尔士亲王"号更是装备了 175 门高射炮，每分钟能发射 6 万发炮弹，但日军两种轰炸机的炸弹还是以极高的精确度落下。两艘军舰都被击沉了，"反击"号沉没于 12 点 30 分，"威尔士亲王"号则沉没于 13 点 20 分。这两艘军舰共有 2800 名舰员，护航的驱逐舰成功救出了其中的 2000 人，但菲利普斯海军上将本人随舰同沉。日军没有干扰救援工作，他们只损失了 3 架飞机。

战前，海军部首脑对飞机能够击沉战列舰的想法嗤之以鼻，丘吉尔也倾向于支持他们的看法。这个幻想甚至一直持续到 1941 年 12 月那些致命的日子。而且丘吉尔也承认："我们和美国人当时都严重低估了日军空中作战的效率。"[1]

这次袭击决定了马来亚和新加坡的命运。日军至此得以不受阻碍地继续登陆，并在岸上建立航空兵基地。日本的空中力量远远超过英国在马来亚薄弱的空中力量，因而得以发挥决定性的作用，成功地瓦解英军地面部队的抵抗并帮助自己的地面部队沿着马来半岛顺利南下砸开新加坡的后门。新加坡的沦陷源于早先的疏忽和判断错误，主要责任在伦敦。

12 月 10 日后，英军不断地沿西海岸撤退。他们建立起来的各处阻击阵地，比如说，位于日得拉（Jitra）的较大阵地，不是被日军坦克和炮兵攻克，就是被日军步兵穿越附近的丛林进行的侧翼渗透绕过。马来亚北部的英军指挥官希思（Heath）将军本指望在霹雳河（Perak）一线固守，可是这条防线被从北大年成斜线向南进攻的日军纵队击溃。日军还使用前进中缴获的小艇从海上侧翼迂回了更后方位于金宝（Kampar）的一处坚固阵地，并将其击破。

12 月 27 日，陆军中将亨利·波纳尔爵士（Sir Henry Pownall）接替空军上

---

1 Churchill: *The Second World War*, vol. III, p. 551.

将罗伯特·布鲁克 – 波帕姆爵士（Sir Robert Brooke-Popham）出任远东总司令。

1月初，英军退守斯利姆河（Slim），掩护雪兰莪（Selangor）州和通往吉隆坡（Kuala Lumpur）附近南部机场的接近地。可是在7—8日夜间，日军一个坦克连突破了组织混乱的防线，长驱直入占领后方20英里处的公路大桥。位于河北的英军被包围，损失了大约4000名士兵和所有装备，日本人则只损失了6辆坦克和少数步兵。印度第11师被击溃。这次灾难迫使英军提前放弃马来亚中部，还危及了英军久守柔佛州（Johore）北部以等待足够的援兵从中东由海路赶来新加坡的计划。

就在这场灾难发生的同一天，韦维尔将军到达新加坡，他此行的目的是前往爪哇岛就任紧急组建的美英荷澳（A.B.D.A.）司令部最高司令。波纳尔转任韦维尔的参谋长，远东司令部则被取消。韦维尔决定在柔佛州建立新防线，把最好的部队和援兵集中在这里。这就意味着，英军要快速撤退，而不能像帕西瓦尔将军原先计划的那样逐步后撤。1月11日，英军放弃吉隆坡，13日，又放弃了淡边（Tampin）的瓶颈地带（原计划是24日撤守）。此举还让日军得以利用柔佛州更好的公路系统，将两个师团同时派上阵，而不是轮流使用，于是，澳大利亚部队在金马士（Gemas）的顽强防御失去了效用。而穿越柔佛州的撤退甚至比原先预想的还要快。

为了配合西海岸的撤退，英军同时沿东海岸撤退，1月6日放弃了关丹和那里的机场，21日在受到海上迂回的威胁之后又放弃了兴楼（Endau），到30日东西两支部队都已退到马来半岛的最南端。第二天夜间，英军后卫渡过海峡进入新加坡岛。日军陆军航空兵的战斗力不如海航，未能对这次撤退构成多大阻挠，只是在袭击机场的时候表现得不错。

于是，日军就在54天之内征服了马来亚。他们总伤亡只有4600人，而英军则损失了大约2.5万人（大多被俘）和大批装备。

1942年2月8日（星期天）夜间，日军入侵部队两个领先的师团在横扫500英里的马来半岛之后，又渡过了新加坡岛和大陆之间的海峡。这条海峡宽不到1英里，正面达30英里，日军的横渡正面是8英里。负责防守海峡的是第22澳大利亚旅的3个营。

第一波登陆部队乘坐装甲登陆车辆进攻，其余日军则使用他们能找到的任何船只，甚至有些日军带着枪支弹药泅渡。有些船只被击沉，但大部分攻击部队安全登陆，而守军方面一些难以解释的失误也帮了他们大忙。海滩上的探照灯从来都没有启用过，通信手段不是失灵就是没被使用，而大炮很晚才打出计划中的防御性弹幕。

天色大亮时分，日军已有 1.3 万人登陆，澳大利亚部队退守内陆的阵地。日中前，日军兵力上升到 2 万多人，他们在岛西北部建立了一个颇有纵深的滩头阵地。稍晚些，第三个日本师团登陆，日军总人数已远超 3 万人。

日军在后面大陆上还有另外两个师团，但是山下将军认为无法有效地将这么多部队在岛上展开。不过，在后面几天里，他还是派来了足够多的替换部队。

从数量上说，岛上的守军有足够兵力击退日军，尤其是因为日军的登陆发生在预料之中的地点。帕西瓦尔将军即便在当时手下也还是有大约 8.5 万人，大部分是英国、澳大利亚、印度部队，还有少量当地的马来亚和中国部队。可是大多数部队训练不足，不是精挑细选出来的日军攻击部队的对手，屡次在茂密的丛林或橡胶园里被日军愚弄。英军将领的指挥能力实在低劣。

从战斗一开始，英国空军在数量和质量上就被日军压倒，残余的空军在战斗的最后阶段被撤离战场。地面部队本来就因穿越马来半岛的长途后撤而沮丧不堪，现在还要在缺乏空中保护的情况下面对敌军连续不断的猛烈空袭，士气因而愈显低落。

国内政府没能提供足够的空中掩护兵力，这固然是个失败，丘吉尔和他的军事顾问们现在下达的命令更不能补救这个失败，他们还在侈谈"不惜一切代价战斗到底"，指挥官"应该为了大英帝国的荣誉和部队共存亡"，执行"全面焦土政策"，销毁一切可能资敌的物资，"不需要考虑部队的安全和老百姓的需要"。所有这一切都表明国内政府对战争心理无知到了惊世骇俗的地步。战线上的士兵看到背后被烧毁的储油罐冒出的浓烟，士气绝不会高涨。他们知道自己注定会战死或被俘，当然也不会受到鼓舞。一年后，当希特勒下令不惜一切代价死守非洲时，就连顽强的德军非洲老兵也很快就崩溃了，因为他们的前线已被突破，背后只剩下敌军控制的海洋。呼吁部队"背水一战"很少能让他们不顾一切地挺身奋战。

在日军登陆整整一周后，新加坡终于在 2 月 15 日星期天迎来末日。当时守军已经被挤压到位于南海岸的新加坡城郊区了。他们的食品储备不足，淡水供应随时都可能被切断。当天晚上，帕西瓦尔将军举着白旗出来向日军司令官投降。对一个勇敢的人来说，这是痛苦的一步，可是投降是不可避免的，帕西瓦尔将军决定亲自前往谈判，希望可以为手下的部队和老百姓争取到比较好的待遇。

新加坡这两个黑色的星期天标志着所谓"日不落帝国"国运的转折。

不过，未能击退日本陆军并非主因，新加坡失陷实则是两个月前海上败仗的后果。

它也是一系列错误和疏忽的必然结果。英军建设新基地及其防御工事的步伐缓慢得令人痛心。政治上不愿意拨款不是唯一的障碍。建设新加坡海军基地的决定做出后，就如何防卫它，白厅内部爆发过激烈的争论。本应团结成三位一体的军种参谋长委员会内部争吵最为激烈。空军参谋长特兰查德（Trenchard）强调飞机无与伦比的重要性。第一海务大臣贝蒂（Beatty）倡导大舰巨炮，同时对飞机可以对战列舰产生威胁的观念嗤之以鼻。两人都是名将，性格也都很强硬。

政府不愿意就他们两人的观点做出仲裁，直到此二人各自退役后很久，争论仍在继续。总的来说，"历史更悠久"的军种占了上风，英国为新加坡派去了大炮，而非飞机。不幸的是，当进攻终于到来时，它并非来自炮口指向的方向，而是来自背后。

20世纪30年代，研究过新加坡防务问题的很多军人都提出，进攻可能来自背后的马来半岛。之所以这种可能性更大，是因为海军基地本身是建在新加坡北面的狭窄海峡里的。1936年到1937年间，任马来亚部队参谋长的帕西瓦尔就持这种观点。时任总司令多比（Dobbie）将军也支持这种观点，他于1938年开始在马来半岛南部建设一道防线。

霍尔–贝利萨当时已经就任陆军大臣，他很快就认识到有必要加强那里的小规模驻军，因为就职后，他主推的政策要点之一，就是将帝国防御的优先级置于欧陆行动之上。当时，英国和德意两国同时开战的危险已迫在眉睫，因而加强地中海部队是第一要务，但是，霍尔–贝利萨还是劝说印度政府向马来亚派去2个旅，当地守军的实力这才增加了3倍。战前，英国的资源实在有限，他也无法做到更多了。

1939年9月，战争爆发后，英国可以动用的资源倍增。可是在当时，战事还只局限于西欧，绝大部分资源自然会被用于那里。接着就发生了1940年5月和 6 月的大灾难，法国崩溃，而意大利则参战。在那次可怕的危机中，放在第一位的自然是加强本土防御，第二位则是增强地中海地区防务。想要同时满足以上两项需求本来就已经非常困难了。实际上，丘吉尔最大胆和伟大的行动就是在本土的安全还未得到确保的情况下便着手加强埃及的防务。

对这一时期英国政府给予马来亚的增援进行挑剔是不公正的。考虑到当时的局势，在 1940—1941 年那个冬天，英国能把那里的守军增加到 6 个旅已经是个了不起的成就。不幸的是，那里的空中力量并没有得到相应的增强，而这一点更为重要。

1940 年年初，远东总司令邦德（Bond）将军便已指出，新加坡的防御依赖于马来亚的整体防务。他估计，要想做到这点，最少需要 3 个师，他还建议皇家空军应承担起防卫的主要职责。英国政府在原则上同意以上观点，但做出了一项重要的修改。尽管马来亚的各级指挥官都认为至少需要 500 架现代化飞机，但是三军参谋长委员会认为 300 来架就足够了，还说要到 1941 年年底，才能提供这么多。此外，直到 1941 年 12 月，日军发动入侵时，马来亚实际的一线作战飞机也只有 158 架，而且大多都是过时的型号。

1941 年，除去英国本土空防需要，大多数现代化战斗机都被派往地中海地区去支援失败的攻势。下半年，英国还给苏联送去了大约 600 架飞机。可是马来亚没有得到任何飞机。英国每天夜里都使用数百架远程轰炸机去执行在当时毫无价值的对德空袭任务，却没有向马来亚派遣哪怕一架。很明显，马来亚防务的需要没有引起应有的重视。

丘吉尔在他自己的战争回忆录里为我们提供了解谜的线索。5 月初，帝国总参谋长约翰·迪尔爵士在向首相呈交的一份报告中，反对不顾英国本土和新加坡的安危，而继续增强北非的进攻兵力。

> 丢掉埃及将会是一场灾难，但我认为这不太可能发生……德军只有入侵本土成功，我国才会最终战败。所以最重要的是英国本土而非埃及，本土的防御必须是第一位的。埃及在优先顺序上甚至排不到第二，因为根据我国战略中一项公认的原则，在万不得已的情况下，新加坡的优先级别高于埃及。可是，新加坡的防御仍然不达标。

在战争中，我们当然要冒险，但是也要冒有算计的风险。我们绝不能犯忽视最重要地区安全的错误。[1]

丘吉尔还想继续进攻隆美尔，梦想尽早在北非取得决定性胜利，因而对这份与其意见相左的报告很不满意。"按照这个方案，我们就只能彻底转向防御……我们手里将再也没有兵力可用来反客为主了。"他尖刻地回答道。

> 我猜想，你可能宁愿丢失埃及和尼罗河谷，任由我们集结在那里的 50 万人投降或者毁灭，也不愿意丢掉新加坡。我不同意这种观点，也不认为新加坡就会沦陷……就算日本参战，美国也极可能在我们这一边参战；况且日本不太可能一开战就围攻新加坡，因为如果日本人选择这么做，而非把巡洋舰和战列巡洋舰散布到东方贸易路线上，那么他们要冒的风险就太大了，而我们会经受的损害则要小得多。[2]

很明显丘吉尔在盛怒之下歪曲了帝国总参谋长的观点。问题根本不是削弱埃及防务，而只是推迟丘吉尔心心念念、抱有过高期望的进攻。结果，北非的 6 月攻势被证明是一场大败，11 月，英军在获得大批援兵后再次进攻，可是也没有取得任何决定性的成果。丘吉尔对迪尔元帅的回答还表明，他对新加坡所面临的风险失算到何种程度。令人震惊的是，在后来回顾时，他竟还能说出以下这段话：

> 据我所知，很多政府在面对这种最高专业权威人士说出的重话时，都会有所动摇，可是我轻易地说服了我的政坛同事，当然也同时得到了海空军首脑的支持。我的观点占了上风，增援依然源源不断地被运往中东。[3]

7 月，罗斯福总统派他的私人顾问哈里·霍普金斯（Harry Hopkins）去伦敦，表达自己对这一政策明智性的不安，并警告说，"将太多的精力放在中东"可能会给其他地区带来风险。美国的陆海军专家支持总统的警告，并表示新加坡的优

---

1 Churchill: *The Second World War*, vol. III, p.375.

2 Churchill: *The Second World War*, vol. III, p.376.

3 Churchill: *The Second World War*, vol. III, p.377.

先级应该高于埃及。

以上这些论点都无法动摇丘吉尔。"我绝不容许放弃埃及的战斗，无论在马来亚要付出什么代价，我都无所谓。"可是他并没有真的意识到那里的危险。他直率地说："我承认，在我心里，日本的威胁和我们其他方面的需要相比只存在于朦胧的微光之中。"显然，丘吉尔应当为没能给马来亚提供足够防御负起主要责任，就是他非要在北非过早发动进攻的。

丢失新加坡的战略后果是灾难性的，因为此后日本便迅速地征服了缅甸和荷属东印度群岛——前者让日本人的威胁逼近印度，后者则将澳大利亚置于险地。此后，战斗又持续了 4 年，盟军付出了巨大的代价，直到日本在筋疲力尽又挨了两颗原子弹后投降，新加坡才最终光复。

可是新加坡沦陷的深远影响是无法修复的。新加坡是一个象征，一个西方国家在远东统治的杰出象征，这种统治是由英国的海上力量建立并长期维持的。自从"一战"以来，英国对在新加坡建立一处强大的海军基地给予了太多的强调，因而它的象征性价值甚至超出了战略价值。1942 年，新加坡的轻易沦陷严重打击了英国和欧洲列强在亚洲的威望。

姗姗来迟的光复并不能抹杀这种印象。白人随着自身魔法破产而丧失了优越地位。亚洲人民认识到了他们的脆弱性，因而在战后广泛地掀起了反抗欧洲统治或干涉的斗争。

缅甸的沦陷

英国丢失缅甸是马来亚沦陷后接踵而来的余波，让日军得以占领通往中国和太平洋的西部大门，并完成日本战略计划中设想的大国防圈。虽然缅甸战役是马来亚战役的后续，但它本身是一次独立作战，由饭田祥二郎（S. Iida）陆军中将的第15 军执行。

这个军只有两个师团，就算加上支援部队总共也只有 3.5 万人。它的任务是占领包括克拉地峡在内的泰国，并在第 25 军从地峡的宋卡地区登陆场向南冲进

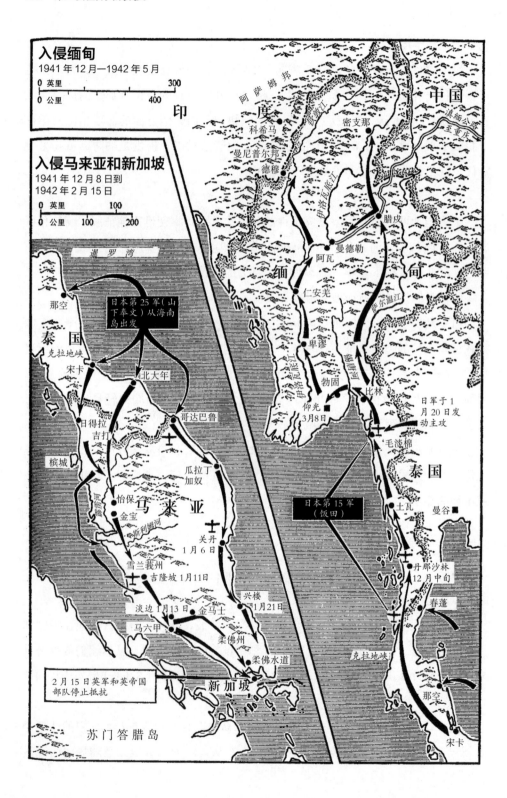

入侵缅甸
1941 年 12 月—1942 年 5 月
0　英里　　　300
0　公里　　　　400

入侵马来亚和新加坡
1941 年 12 月 8 日到
1942 年 2 月 15 日
0　英里　　　100
0　公里　100　　200

温罗湾

日本第 25 军（山下奉文）从海南岛出发

那空
泰国
克拉地峡
宋卡
北大年
日得拉
吉打
槟城
哥达巴鲁
瓜拉丁加奴
怡保
金宝
马来亚
斯利姆河
关丹
1 月 6 日
雪兰莪州
吉隆坡 1 月 11 日
兴楼
11 月 21 日
淡边 1 月 13 日　金马士
马六甲
柔佛州
柔佛水道
2 月 15 日英军和英帝国部队停止抵抗
新加坡
苏门答腊岛

印度
阿萨姆邦
科希马
曼尼普尔邦
德穆
缅甸
伊洛瓦底江
阿瓦
仁安羌
卑谬
勃固
仰光
3 月 8 日
比林
毛淦棉
中国
密支那
至重庆
滇缅公路
腊戍
曼德勒
萨尔温江
钦敦江
日军于 1 月 20 日发动主攻
泰国
曼谷
土瓦
日本第 15 军（饭田）
丹那沙林
12 月中旬
春蓬
克拉地峡
那空
宋卡

马来亚时，掩护其后方。其后，第 15 军将开始自己独立的缅甸入侵作战，第一目标直指首都仰光。

驻守缅甸的英军部队数量少、质量差，因此日军用这么少的部队去执行这么大规模的任务，倒也是合理的。起初，缅甸守备部队在数量上只略多于一个师，大多是刚刚征召的缅甸部队，只有两个英国营和一个印度旅，而作为总预备队的第二个印度旅还在赶来的路上。危机来临时，大多数可用的增援部队都被转派马来亚，可是他们到得太晚了，没能拯救新加坡。直到 1 月底，训练不足且员额不满的印度第 17 师才开始抵达缅甸，他们是答应派来的更多援兵中的先头部队。空中的形势更糟糕，刚开始，英军只有 37 架飞机对抗日本的 100 架，日军在 1 月初攻占马尼拉后又派来一个航空兵旅，日本在缅甸的战机数量至此翻番。

早在 12 月中旬，日军就开始了缅甸入侵作战，当时第 15 军一支部队开进克拉地峡缅甸一侧的丹那沙林（Tenasserim），占领那里 3 处关键的机场，于是阻断了英国空军对马来亚的增援。12 月 23 日和 25 日，日机对仰光发动猛烈空袭，那里的印度劳工放弃了修筑防御工事，四散奔逃，将道路堵塞了起来。1 月 20 日，日军开始进攻缅甸本土，从泰国出发向毛淡棉（Moulmein）推进，经过一场激烈而混乱的战斗，于 31 日占领了毛淡棉，守军背靠宽广的萨尔温江入海口，好不容易才惊险地逃脱了灾难，未被俘虏。

12 月底，韦维尔派他在印度的参谋长陆军中将 T. J. 赫顿（T. J. Hutton）指挥缅甸所有部队，赫顿又任命新到达的印度第 17 师师长、维多利亚十字勋章获得者 J. G. 斯迈思（J. G. Smyth）陆军少将指挥所有防守毛淡棉和通往仰光的道路的部队。

毛淡棉陷落后，日军继续向西北方向乘胜追击，于 2 月上半个月在那里和上游大约 25 英里的地方横渡萨尔温江。斯迈思始终主张让部队大踏步地撤退到一个可以集中兵力的阵地，可是他获准的时候太晚了，已来不及依托比林河段（Bilin River）组织这样的防御，因为此处河流本身很窄，有很多地点都可以徒涉。很快，这条防线也被打破了。其后，敌对双方展开了向后方 30 英里以外锡唐河（Sittang）的赛跑，这条河河面宽达 1 英里，距离仰光 70 英里。英军出发较晚，日军虽然不得不通过丛林绕道迂回，但还是比英军抢先到达，2 月 23 日凌晨，至关重要的锡唐河大桥被炸毁，斯迈思的主力还在河东没有撤过河。只有不到 3500 人想尽各种办法归队，其中一大半都丢掉了步枪。3 月 4 日，乘胜追击的日军打到并包围了勃固（Pegu），那里是一处铁路公路交会点，斯迈思的残余部队和少量援兵正在那里集结。

第二天，陆军上将哈罗德·亚历山大爵士（Sir Harold Alexander）到达，从赫顿中将手中接过缅甸的指挥权。在当时，丘吉尔做出这个紧急决定是非常自然的，尤其考虑到英国高层完全没有预见到溃败之势这么早就会出现。可是这对于"汤姆"·赫顿将军不公平，因为他不但对守住仰光的可能性表达过疑虑，而且颇有先见之明地把补给送到了仰光以北 400 英里处的曼德勒（Mandalay）地区，还加速修筑一条从印度曼尼普尔邦（Manipur）出发的山间公路，以便与曼德勒和通往重庆的滇缅公路建立陆路连接。在这个阶段及之前，英国国内深受韦维尔所谓日军能力被大大高估的观点影响——他认为采取有力的反击便可以戳破日军的神话。

亚历山大一到，先是坚持要守住仰光，下令反攻以挽救危局。但是这一尝试徒劳无功，尽管刚到达的第 7 装甲旅和一些步兵部队战斗得很英勇。于是，亚历山大很快回心转意，接受了赫顿的观点，于 3 月 6 日下午下令，次日下午破坏当地所有物资之后撤出仰光。于是，日军在 3 月 8 日惊讶地进入了一座空城。即便如此，仰光的守军还是险些在向北经过卑谬（Prome）的公路上被日军包围，幸运的是，他们找到了一处缺口，这才惊险突围。

其后，战事暂时告一段落，而在此期间，日军得到了第 18 和第 56 师团，以及两个坦克联队的增援，日军的空中力量也翻倍，战机总数达到 400 多架。英军得到的增援要少得多。在空中，他们有 3 个筋疲力尽的英军战斗机中队外加 2 个蒋介石借给他们的美国志愿空军中队，一开始总共只有 44 架飓风式和战斧式战斗机。但是，他们有效地击退了日军对仰光的空袭，让来犯的日军遭受了不成比例的严重损失。可是，随着仰光弃守，大多数英军已撤回印度，到 3 月底，初步增援从中东到达，大约有 150 架战斗机和轰炸机。仰光失守打乱了早期预警系统，于是剩下的英军飞机和之前在马来亚时一样无法有效地抵挡日军飞机来袭。

4 月初，经过加强的日本第 15 军沿伊洛瓦底江（Irrawaddy）北上前往曼德勒，目的是切断并封闭通往中国的滇缅公路。英军现在大约有 6 万人，守着曼德勒以南 150 英里处的一条东西向防线，其东侧翼则有中国远征军的协助。可是，日军大胆迂回到防线西翼，包围了守军，并于 4 月中旬攻占仁安羌（Yenang-yaung）油田。蒋介石的左右手美国将军约瑟夫·史迪威（Joseph Stilwell）制订了一个计划，打算故意让日军沿锡唐河上溯，然后以钳形攻势包围他们，可是日军大胆地从东翼发动更大范围的迂回，直指滇缅公路上的腊戍（Lashio），从而打乱了史迪威的部署。东翼的守军迅速以退却回应这个危机，局势很快明了，腊戍和通往中国的供应线都保不住了。

于是，亚历山大明智地决心不再像日军希望他做的那样坚守曼德勒，而是撤往印度边境。在后卫部队的掩护下，英军从 4 月 26 日开始踏上这条超过 200 英里的漫漫长路，30 日，他们将伊洛瓦底江上的阿瓦桥炸毁，就在第二天，日军迂回推进到腊戍。

现在主要的难题是，如何在 5 月中旬之前赶到印度边境的阿萨姆邦（Assam），因为再往后，雨季到来，河流将会泛滥，继而淹没道路。日军沿钦敦江（Chindwin River）而上拦截英军撤退，但英军后卫成功绕道避开了日军，在雨季开始前一周到达德穆（Tamu）。他们在最后一程狂奔中损失了包括坦克在内的大多数装备，但是大部分部队得救了。即便如此，缅甸战役中，英军的损失仍然 3 倍于日军：13,500 对 4500。缅甸的英军能在千里行军之后成功撤出，主要是因为第 7 装甲旅不断使用坦克发动反击，干扰了日军，此外，英军在决定放弃仰光后，十分冷静地组织了撤退，这也是顺利撤退的原因之一。

锡兰与印度洋

在缅甸，日本陆军以不可阻挡之势，由仰光向曼德勒推进，而此时，英国人又接到警报，说日本海军开进了印度洋。锡兰大岛坐落于印度次大陆的东南角外海，英国人认为这里至关重要，因为日本海军如果占领了这里，并将其作为一块潜在的跳板，便可以威胁英国经好望角通往中东的运兵补给线，以及通往南非、印度及澳大利亚的海路。此外，在马来亚失守后，锡兰的橡胶对英国也很重要。

英军参谋长们告诉韦维尔说，保住锡兰比保住加尔各答（Calcutta）更重要。因此，英军为锡兰调来了 6 个旅，而同一时间，缅甸的部队极为不足，印度的部队更是薄弱不堪。此外 3 月，英国人又在那里集结了一支新的海军力量，由海军中将詹姆斯·萨默维尔爵士（Sir James Somerville）指挥，包括 5 艘战列舰（尽管其中 4 艘都陈旧不堪）和 3 艘航空母舰，其中那艘"竞技神"号（Hermes）航母又旧又小。

与此同时，日军正在准备用 5 艘航空母舰（曾参与袭击珍珠港）和 4 艘战列舰组成一支强大的舰队，从西里伯斯（Celebes）打进印度洋。消息传来时，守住锡兰的前景看起来十分暗淡。不过这次危机并不像看上去那么严重，因为日本海军攻势的目的是防御性的。他们没有足够的陆军兵力入侵锡兰。他们的目的是通过袭击驱散集结在那里的英国海军舰队，保卫自己由海路向仰光航渡的增援部队。

萨默维尔预料日军将于 4 月 1 日发动进攻，他把舰队分为两个部分，航速较快、战力较强的 A 编队负责巡逻，其后又被派往西南方向大约 600 英里处的马尔代夫群岛（Maldive Islands）中的一处新的秘密基地阿杜环礁湖（Addu Attol）加油。日军实际发动进攻的日期是 4 月 5 日，那天，100 多架飞机空袭科伦坡港（Colombo），造成了很大破坏并击退了空中反击。下午，又有 50 架日军轰炸机前来空袭，击沉了 2 艘英国巡洋舰。萨默维尔的两支编队赶到得太晚，来不及参战，只得撤退，较老旧的那支撤往东非，快速的那支则驶向孟买。但日军舰队在 9 日对亭可马里（Trincomalee）成功发动过一轮突袭后就撤退了，日本舰队派出攻击商船的分队在此期间于孟加拉湾击沉了 23 艘船只，总计 11.2 万吨。

这是英国海上力量遭遇的又一场羞辱性的失败，幸好灾难没有进一步扩大。其实，如果英国人没有在锡兰集结这么一支陈旧得可怜的海军兵力挑事的话，日本人原本是不会进攻的，因为这里超出了他们设计的防御圈范围。

此事还有一个后续，不仅分散了兵力，还让英法关系再次变得紧张，那就是英国派出了一支陆海军联合部队占领了法属马达加斯加（Madagascar）以北的迭戈苏亚雷斯港（Diego Suarez），以防日军占领这里。5 月这次昂贵的行动之后，英军于 9 月又发动了一次规模更大的远征，彻底占领了马达加斯加岛。就像 1940 年英国在阿尔及利亚的奥兰（Oran）军港米尔斯克比尔（Mers-el-Kebir）击沉法国舰队一样，恐惧从长远来看终究是一个糟糕的发动战争的理由。

第五部

潮洄：1942 年

第 18 章

苏联的转机

1940 年战局始于 4 月 9 日德军进攻挪威和丹麦。1941 年的战局则始于 4 月 6 日德军进攻巴尔干地区。但 1942 年的战局开始得没有那么早。这个事实显示，德军在 1941 年速胜苏联的企图失败后，自身已筋疲力尽，深陷苏联战场的泥潭中。早春的天气固然不利于德军在苏联战场上发动攻势，却不会影响他们对英国在地中海两端岌岌可危的阵地采取行动。然而，在这些对英国海外交通线至关重要的地区，德国人也没有发动任何进攻的意思。

在苏联战场，红军自 12 月发动冬季反攻以来已经持续作战了 3 个月，不过所取得的成效越来越差。到 3 月，红军在某些地段已经推进了 150 英里。可是德军仍然坚守着冬季防线上那些主要据点，比如，施吕瑟尔堡（Schlüsselburg）、诺夫哥罗德（Novgorod）、尔热夫（Rzhev）、维亚济马（Vyasma）、布良斯克（Briansk）、奥廖尔（Orel）、库尔斯克（Kursk）、哈尔科夫（Kharkov）、塔甘罗格（Taganrog）这些城镇，尽管苏联人已从空隙地区渗透进了多数城镇后方很远的地方。

从战术角度来看，这些城镇据点都易守难攻，在战略上，它们作为稀疏的道路交通网络上的节点，也对战局起到主宰的作用。虽说德国守军没法阻止红军从各要点之间极为广阔的空间渗透过去，但这些交通节点只要还没有失守，就会对任何渗透的敌军产生挤压和限制其扩张的作用。从广义上来说，它们正好起到了法军希望马其诺防线上各处堡垒能起到的作用——要不是法军防线的要塞链条中途断裂，让德军有充分空间迂回过去，这条要塞链也许本可以成功起到设计中的功效。

红军未能将这些据点彻底拔掉，因而在深入空隙地区之后，反而陷入不利的形势。渗透形成的突出部天然就没有那些城镇据点容易防守，因此要守住这些地区，苏军只得派来大量的部队，而德军可以将据点作为反攻的跳板，用侧翼进攻轻而易举地切断苏军这些突出部。

1942年春季的苏联前线犬牙差互，看上去就像挪威峡湾与陆地交错的海岸线。德军能守住这些"半岛"，充分证明一支拥有足够武器的军队凭借娴熟的技巧和顽强的意志进行的现代化防御战可以发挥强大的威力。这条经验比1941年苏联防御战的经验更加深刻，它驳斥了从战争初期那些速战速胜的进攻中得出来的浅薄经验，因为在这些进攻中，进攻者在武器方面占据绝对优势，而防御一方则训练不足，又被打得晕头转向。它在大得多的规模上印证了"一战"期间圣米耶尔突出部的防御经验，那个理论上无法防守的突出部竟然持续4年未曾陷落。1941年冬季战役的经验还印证了一点，那就是从历史的长远观点来看，进攻的几种冲击效应的合力主要是心理上的，在进攻的初始阶段危险性最大，如果被半包围的守军没有立刻崩溃，那么突如其来的进攻冲击效应就会递减。

回顾这次战役，希特勒否决德军大范围撤退的决定明显发挥了重要作用，使德军恢复了信心，免于彻底崩溃。此外，他坚持建立起豪猪式的防御部署，让德军在1942年战局开始时占据了重要优势。

不过，德军也因这种缺乏弹性的防御而付出了巨大的代价。这次成功让他们相信可以在第二年冬季远为不利的条件下如法炮制。另一个更直接的损害是，空军不得不在冬季条件下为这些多少可以说是与世隔绝的据点长时间进行空中补给。由于气候恶劣，事故率居高不下，德国人不得不在天气晴朗时出动很多飞机补足给养的缺额，有时候为了给一个军提供给养，一天就要出动多达300架运输机。为整个暴露的前进阵地链条提供如此大规模的补给，让德国空军的空运组织工作元气大伤，而且很多有战斗经验的空军部队都被调往了其他战场，东线空军的效力受到进一步的限制。

陆军没有准备好应付冬季战役如此巨大的压力，因而在其他方面也面临着滞后的严重影响。冬季结束之前，很多师都已只剩下原有兵力的三分之一，后来再也没有补充到满员。直到入夏后很久，他们的实力都没有得到恢复，以至于无法发动进攻。此外，在冬季期间，国内又新组建了许多师，不过总数完全是虚幻的。自 1942 年以来，所有在激战中几乎被全歼的师都得以保留番号，以作为欺敌的手段，但它们实际上并没有得到补充。这些只存在于纸上的师有的只有两三个营的兵力。

德军将领们告诉希特勒，要想在 1942 年恢复进攻，必须再提供 80 万兵员。但是，军备生产部部长阿尔伯特·施佩勒（Albert Speer）说无法从军需工厂抽调出这么多人力。

为了补足人力上的缺额，德国最终选择对部队编制进行大刀阔斧的变革。步兵师的兵力由 9 个营减少到 7 个营。步兵连的作战兵力最多 80 人，之前是 180 人。这次缩编有两个原因，一是训练有素的年轻军官损失很大，接替他们担任连长的军官再指挥旧编制的大型连队时往往无力胜任，二是经验表明，较大的连队会经受较大的损失，但在作战效力上与小连队并无二致。

每个师的步兵营及战斗人员数量皆已被削减，在后来的几年里，这让盟军的情报人员在估算德军兵力时总是会得出不现实的结果，因为他们仍然用过去的老眼光估算德国师的数量。把两个德国师折算成一个英美师是更合适的估算方法。到 1944 年夏季快结束时，就连这么算也得不到真实情况了，因为很少有几个德国师能实际达到应有的兵力。

1942 年战局中，德军坦克实力也似乎增长了不少，但这种增长是流于表面的。冬天新组建的两个装甲师，部分是由之前保留的骑兵师改编而来的，可是它们后来并没有能发挥什么作战价值。摩托化步兵师下辖的坦克数量获得了一定的增长，可是现存的 20 个装甲师中，只有不到一半的师坦克数量满编。

总之，德军的资产平衡表表明，他们持续进攻的物质基础并不稳固。就算做出最大的努力，甚至不得不向盟友抽调素质较差的兵员，他们仍然无法将兵力恢复到之前的水平。德军已经没有余力再去打一场代价高昂的败仗了。他们还面临着一个更严重的问题，那就是无力将空军和装甲部队这两大进攻利器增加到对敌人占有明显优势的规模。[1]

1　即使远在西方的旁观者也能看到这些缺陷。在 1942 年 3 月我写的一份评论中，我的结论是，"可以合理地推断，德国人在这个夏天不只会重复上个秋天的失利，还会面临一次明确的潮流逆转"。

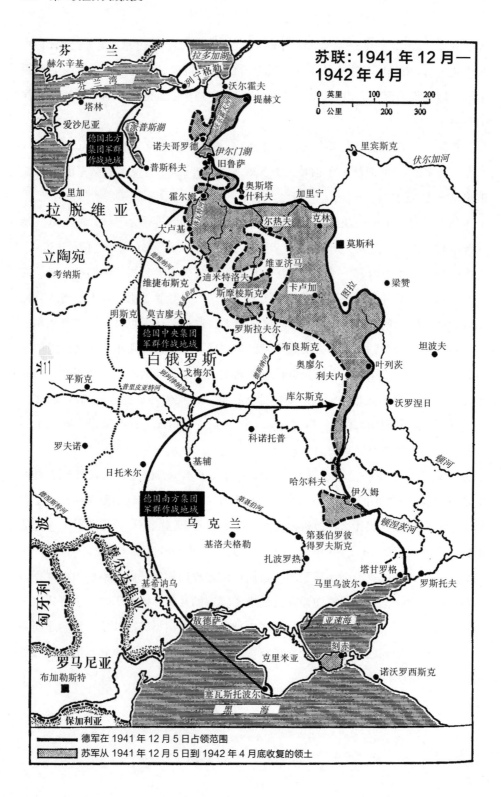

苏联：1941 年 12 月—
1942 年 4 月

芬 兰

赫尔辛基
塔林
爱沙尼亚
里加
拉 脱 维 亚
立 陶 宛
考纳斯

拉多加湖
列宁格勒
沃尔霍夫
提赫文
派普斯湖
诺夫哥罗德
普斯科夫
旧鲁萨
伊尔门湖
奥斯塔什科夫
加里宁
霍尔姆
德国北方
集团军群
作战地域
大卢基
尔热夫
克林
莫斯科
维亚济马
迪米特洛夫
卡卢加
图拉
梁赞
维捷布斯克
斯摩棱斯克
明斯克
莫吉廖夫
罗斯拉夫尔
德国中央集团
军群作战地域
白 俄 罗 斯
戈梅尔
布良斯克
奥廖尔
坦波夫
利夫内
叶列茨
库尔斯克
沃罗涅日
平斯克
科诺托普
罗夫诺
基辅
哈尔科夫
伊久姆
日托米尔
顿涅茨河
德国南方集团
军群作战地域
乌 克 兰
基洛夫格勒
第聂伯罗彼
得罗夫斯克
扎波罗热
塔甘罗格
基希讷乌
马里乌波尔
罗斯托夫
匈 牙 利
布加勒斯特
罗 马 尼 亚
敖德萨
亚 速 海
刻赤
克里米亚
诺沃罗西斯克
塞瓦斯托波尔
黑   海
保加利亚

里宾斯克
伏尔加河

德军在 1941 年 12 月 5 日占领范围
苏军从 1941 年 12 月 5 日到 1942 年 4 月底收复的领土

0   英里   100   200
0   公里   200   300

德军总参谋部意识到了局势不利，可是部里的首脑们对希特勒的影响力越来越小。来自希特勒的压力太大，他们很难抗拒，而局势施加于希特勒的压力也很大。他只能继续前行。

早在 1941 年 11 月，德军已经就 1942 年如何继续进攻的问题进行了讨论，那时德军尚未对莫斯科进行最后一次进攻。伦德斯泰特说，自己曾在 11 月的讨论中主张转入防御，并一直撤到波兰境内的进攻出发线。据说勒布同意他的主张。其他最高级的将领不主张这么彻底的改弦易辙，但他们大多也对东线战局将走向何方越来越感到焦虑，并不想继续进攻。他们的疑虑因 12 月进攻莫斯科失败和冬天的严酷考验而加重。

但是，1941 年战役失败后，高级指挥层经历了人事上的变动，这削弱了军事上反对意见的分量。伦德斯泰特建议停止向高加索推进并撤到米乌斯河上的冬季防线，但希特勒否决了这项建议。于是，11 月，伦德斯泰特提出辞职并获准。就去职的时机和方式而言，他至少还算幸运的。当整个战役败局已定之时，勃劳希契被解职的消息于 12 月 29 日被公布，公告中所用的措辞暗示勃劳希契才是要对此负责之人。这样做可谓一举两得，不但找到了替罪羊，而且为希特勒接管陆军指挥权铺平了道路。博克曾是希特勒最后一次莫斯科攻势的最热心支持者，但在 12 月中旬，他因焦虑和紧张引起的胃疼而告病，12 月 20 日希特勒批准了他的辞职。勒布暂时留任，很难责怪他进攻列宁格勒未果，因为是希特勒本人在攻势即将发起之际叫停了此次行动，害怕巷战带来的损失过高。可是，勒布在意识到无法说服希特勒让德军撤出德米扬斯克（Demyansk）突出部时，也提出了辞职。

随着勃劳希契和最早的三位集团军群司令去职，总参谋长哈尔德对希特勒的制约也相应减弱。而新上任的将领们在一开始自然倾向于抑制自己的怀疑，并顺从元首的意愿，希特勒的地位自然更加稳固了。希特勒很懂得用晋升来诱使别人改变判断并保持顺从。越是有野心，便越难抵挡这种晋升的诱惑。

伦德斯泰特的继任者是莱歇瑙，博克的继任者是克鲁格，稍晚勒布的继任者是屈希勒尔。博克卸任中央集团军群司令职务是因为暂时的疾病，所以 1 月莱歇瑙因心脏病突发而猝死后，他便又回来继任南方集团军群司令。但是，到 7 月，南方部队在夏季攻势中改组时，博克最终去职。这次改组中，德军从南方集团军群中分兵组建了 A 集团军群，以进攻高加索地区，指挥是陆军元帅李斯特。南方集团军群余部改称 B 集团军群，司令先是博克，后来又改成魏克斯。

1942 年年初，德军便完成了再次发动大型攻势的计划。希特勒的决策受到来自经济专家的压力的影响。他们称，德国只有获得高加索地区的石油、小麦和铁矿石，然后才有能力持续作战，这个观点后来被证明是错误的，因为德国在没有得到高加索石油的情况下，又打了 3 年仗。但希特勒更愿意听此类经济理由，因为它们和他自己的本能冲动不谋而合，那就是要做点什么，要进攻。他本能地厌恶后退的主张，不管后退能带来什么缓解或潜在的好处，他都不管。既然他不愿意后退，那就只能再次前进。

这个本能让他对某些令人不安的事实视若无睹。例如，德军情报机构得到情报说，苏联在乌拉尔和其他地区的工厂每月能生产 600～700 辆坦克。可是当哈尔德把证据呈给希特勒时，他把文件拍在桌子上，声称这种生产速度是不可能的。他绝不相信自己不想相信的东西。

不过，他还是认识到了德国的资源是有限的，承认有必要限制新攻势的规模。正如早春时制订的计划所规定的，德军将在两翼而不是全线发动进攻。

主攻将在黑海附近的南翼展开，德军将沿着顿河和顿涅茨河形成的走廊推进，并于顿河南部河湾和黑海入海口之间的下游渡过该河。其后，德军将向南转，直指高加索油田区，并向东往伏尔加河上的斯大林格勒扩展。

在构想以上双重战役目标时，希特勒本来有着这样一个想法：占领斯大林格勒，也许就能打开通往北面的门户，那样德军便可以向北迂回到守卫莫斯科的苏联各集团军背后，他的一些亲信甚至谈起向乌拉尔地区前进。可是经过反复争辩，哈尔德让希特勒相信这个计划的野心太大，所以实际的战役目标是，到达斯大林格勒后，再稍微推进一段距离，只需要能给这个战略要点提供战术上的掩护即可。此外，当时还规定，占领斯大林格勒的目的仅是为冲进高加索的部队提供战略侧翼掩护。因为斯大林格勒在伏尔加河边，控制着伏尔加河和顿河之间的陆桥，作为交通枢纽，仿佛是这个瓶颈地带中一个潜在的瓶塞。

希特勒 1942 年的作战计划还有一个次要目标，即在夏天占领列宁格勒。北方的这场进攻除了可以赢得威望外，还能确保德国跟芬兰之间的陆地联系，将芬兰从孤立中解放出来。

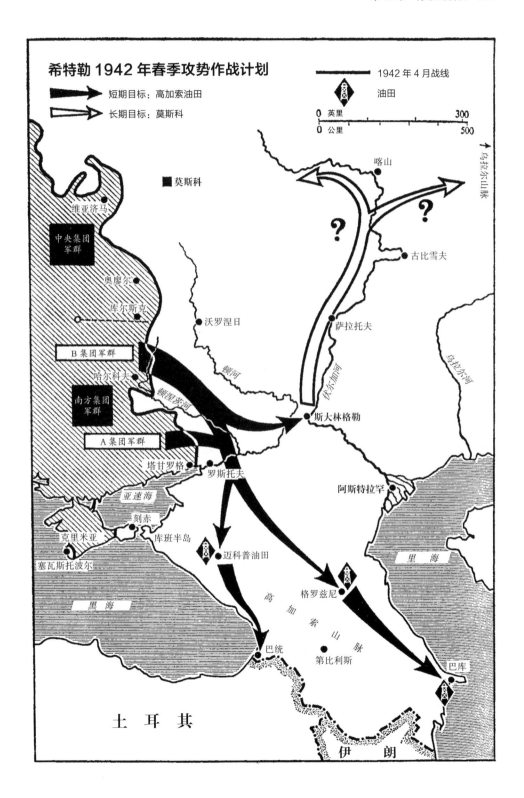

德军在东线其他部分将采取守势，加强防御阵地。简言之，德军1942年的攻势将仅限于两翼。这表明，德军预备队已不足到何等程度。此外，南翼攻势若想顺利发动，德军在深入的过程中还得依靠其盟国提供大多数后卫部队和侧翼掩护。

只在一翼深远突破，而不同时对敌军战线中部施加压力，这种战法背后的理念与德军将领从年轻时代就耳濡目染的战略教条完全背道而驰。在他们眼中，此次侧翼行动注定会在苏军主力和黑海之间备受夹击，情况将会变得更糟。更何况，德军的侧翼将不得不依赖罗马尼亚、匈牙利、意大利部队的保护，这些将领们因而更加坐立不安。对这些问题，希特勒给予了决定性的答复，称德国只有获得高加索的原油才能继续作战。至于依赖盟国的部队保护侧翼，他说这些部队只需要驻守顿河沿线，以及斯大林格勒到高加索之间的伏尔加河沿线，河流本身也能帮助防守。德军部队将承担攻占和防守斯大林格勒的任务。

5月8日，德军在克里米亚发动进攻，作为大陆上主攻的序曲，目的是占领克里米亚半岛东部的刻赤（Kerch）半岛，去年秋天，苏联人曾在这里击退德军。在密集的俯冲轰炸机的掩护下，德军以精心准备的进攻，在苏军防线上撕开突破口并蜂拥而入。其后，德军向北迂回，把大批守军逼到海边，俯冲轰炸机很快就迫使他们投降了。德军廓清道路后，便横扫了50英里长的刻赤半岛。在距离半岛尖端12英里处历史上著名的"鞑靼壕沟"（Tartar Ditch）防线短暂受阻之后，德军于5月16日攻占了刻赤城本身，于是除了克里米亚西南角上已长期被围的孤立的要塞塞瓦斯托波尔（Sevastopol）之外，整个克里米亚半岛已经没有苏军了。

设计这次进攻，是为了给进攻主要目标提供助力，德军在跨越刻赤海峡后，可在高加索西边尽头的库班（Kuban）半岛登陆。按原计划，德军可取道这里进攻，但是陆路指向高加索的主攻进展神速，就不需要利用这个助力了。

5月12日，苏军向哈尔科夫方向发动进攻，目标是保卢斯的第6集团军，这为德军扫清了前进的道路，因为当时德国第6集团军本就打算发动进攻消除苏军的伊久姆（Izyum）突出部。苏军的这次行动是不合时宜的，在德军的防御技巧面前，苏军的能力尚有不足。铁木辛哥元帅在其"每日命令"开头表达过苏军的雄心与奢望："我在此命令部队展开决定性的攻势。"旷日持久的哈尔科夫攻势可谓正中德国人下怀，苏军投入了太多预备队，极易遭受对手致命的反攻。苏联人在哈尔科夫地区突破了德军防线，向西北和西南方向展开。根据希特勒的命令，保卢斯的第6集团军和克莱斯特的第1装甲集团军提前一天发动预定的攻势，以消除伊久姆突出部，而博克也通过反攻迫使苏军停顿了下来。苏联两个完整的诸兵种合成集团军和另外两个集团军的一部被击溃，到5月底，24.1万名红军当了俘虏。等到德军于6月发动自己的主攻时，苏联人手边已经没有预备队来应付了。

就其方向和时机而言，德军攻势是分阶段不平衡的。德军在苏联南部的战线起自塔甘罗格附近的海岸，沿顿涅茨河直抵哈尔科夫和库尔斯克，整体呈斜线延伸，按照计划，主攻将沿这条战线全面展开。这是一条呈梯次配置的前线。左翼最后方的部队应率先行动。右翼突前的德军要等左翼赶上来再推进，但在此期间也要利用自己位于敌军侧翼的优势施加压力，削弱左翼的抵抗。

德军右翼是第11集团军和在克里米亚半岛的第17集团军，第17集团军左后方是第1装甲集团军。7月9日后，这两个集团军被编组成A集团军群，任务是入侵高加索地区。其左翼是博克的B集团军群，由第4装甲集团军、第6集团军、第2集团军和匈牙利第2集团军组成。两个装甲集团军将发动最具决定性的攻势，从德军的后翼指向苏军最突前的阵地，其中，第1装甲集团军从哈尔科夫地区发动进攻，第4装甲集团军从库尔斯克地区进攻。"步兵"集团军跟随支援。

主攻发动之前，德军于6月7日对塞瓦斯托波尔要塞展开围攻，由曼施坦因的第11集团军执行。苏军抵抗异常激烈，但德军火力更强，技巧更高，最终还是占据了上风，不过，要到7月4日，要塞连同整个克里米亚半岛才会完全被德军占领。苏联人失去了在黑海地区主要的海军基地。但他们的舰队仍然存在，只是一直都在消极地防御。

和克里米亚这次行动几乎同时，德军随后还在离主攻预定地区更近的地方发动另一次重要的佯攻。6月10日，德军强渡顿涅茨河，在北岸建立了一个立足点，以扩大他们打进伊久姆的楔子。在把这个立足点扩展成一处很大的桥头阵地后，德军于22日向北发动了一次强大的装甲突击，两天之内就打到河北大约40英里处的交通枢纽库皮扬斯克（Kupiansk）。这次佯攻为6月28日开始的东向主攻提供了极大的侧翼助力。

在主攻方向的左翼，双方激战数日，苏军预备队告罄，于是，第4装甲集团军在库尔斯克和别尔哥罗德（Belgorod）之间的地段突破防线。此后，德军迅速横扫100英里的大平原打到沃罗涅日附近的顿河河边。这个行动似乎预示着，德军想要直接强渡顿河上游，越过沃罗涅日切断莫斯科通往斯大林格勒和高加索地区的横向铁路线。不过，德军实际上并无这种打算。德军得到的命令是，在到达顿河以后停止前进，依托河流为向东南方向继续进军建立防御性的侧翼屏护。第2匈牙利集团军被调上来接替第4装甲集团军，后者则转向南方，沿着顿河和顿涅茨河之间的走廊进攻，第6集团军跟随其后，任务是夺取斯大林格勒。

左翼的整个作战行动掩盖了右翼正在形成的主要威胁。当敌对双方的注意力都集中在从库尔斯克突向沃罗涅日的进攻上时，克莱斯特的第1装甲集团军从哈尔科夫地区发动了更加危险的突击。他的进攻得益于两个有利条件，一是苏军部队在进攻被阻后所处的阵地组织得非常糟糕，二是德军已通过库皮扬斯克将楔子插进苏军的侧翼。克莱斯特的装甲师很快便突破了苏军阵地，向东沿着顿河和顿涅茨河走廊打到了莫斯科通往罗斯托夫的铁路线上的切尔特科沃（Chertkovo）。其后，德军向南旋转，冲过米列罗沃（Millerovo）和卡缅斯克（Kamensk），指向顿河下游位于罗斯托夫及其以北的那一段。

德军左翼从出发阵地长驱250英里，并于7月22日渡过顿河，其间没有遇到什么抵抗。第二天，德军右翼打到了罗斯托夫防线外围并向里面插进一个楔子。罗斯托夫城地处顿河左岸，位置暴露，很容易遭受德军的冲击，而且苏军匆忙撤退，也没有时间好好组织起这里的防御。德军的侧翼迂回加剧了混乱，罗斯托夫很快便陷落。德军攻克这座城市，就可以切断高加索通往后方的输油管道。此后，苏军要想获得石油，便只能用油轮经里海运来，或者用沿大草原边缘匆匆修筑的新铁路线输送。苏联还丧失了很大一部分小麦供应。

德军此次进攻漂亮至极，但也有一个重要的遗憾：他们虽然击溃了大量苏军部队，但抓到的俘虏数量无法与1941年的相提并论。德军挺进的速度不够快。这与其说是因为他们遭到了更强的抵抗，不如说是因为他们已经损失了训练最好的坦克部队，且总是倾向于采取更加谨慎的措施。1941年的装甲集群被改组成了装甲集团军，步兵和炮兵在里面占据了更大的份额，补给需要的增加降低了推进的速度。

尽管有大量苏军部队被德军的突进所孤立，但其中很多都能在被消灭之前突围出来。德军向东南方向进军，自然迫使他们向东北方向撤退，于是苏军统帅部可以很方便地将这些部队收拢在斯大林格勒及附近地区，并对突入高加索的德军侧翼造成威胁。这对战役的下一阶段产生了很大影响，迫使德军沿两个不同的方向分兵，一部冲向高加索的油田，另一部向斯大林格勒附近的伏尔加河段进攻。

克莱斯特的第 1 装甲集团军在渡过顿河下游后，便向东南方向旋转，打进了马内奇（Manych）河谷，这条河通过运河与里海相连。苏联人炸掉了河上的大坝，让水淹没河谷，暂时阻挡住德军坦克的推进。可是停顿了两天之后，德军成功渡过了马内奇河，然后沿着宽广的正面展开，继续突向高加索。克莱斯特的右翼纵队发现沿途地形开阔、苏军抵抗微弱，士气大受鼓舞，几乎朝正南方向穿过阿尔马维尔（Armavir），于 8 月 9 日一口气冲到罗斯托夫东南方向 200 英里处的迈科普（Maikop）大油田。同一天，克莱斯特中央纵队主力也到达了迈科普以东 150 英里处高加索山脉脚下的皮亚季戈尔斯克（Pyatigorsk）。他的左翼纵队向更靠东的布琼诺夫斯克（Budenovsk）方向推进。德军以摩托化部队领先猛冲，结果 8 月渡过顿河以后突进的步伐令人叹为观止。

可是德军推进的步伐突然又慢了下来，正如之前突然加速一样。其主要原因是缺乏燃料和群山连绵。再加上，远在斯大林格勒的苦战牵制了大量可投入高加索地区的部队，这些部队本可以为突进注入决定性的动量。

对这样远程的推进而言，要想源源不断地供应油料本就很困难，更何况，德军要想用铁路将油料送过罗斯托夫瓶颈地带，就必须把这里的苏联宽轨换成中欧轨道，而且由于苏联舰队仍然存在，德军又不敢冒险通过海路运输。虽然德军还通过空运输送油料，但数量也十分有限，从铁路和空运途径运送的燃料不够保持推进的动量。

山脉本身就是阻挡德军到达目标的天然屏障，其效力又因苏军越来越顽强的抵抗而倍增。以前，德军想要绕过试图抵抗的苏军部队并不困难，而苏军在被包围前一般都会撤退，而不会像 1941 年时那样顽强死战。这种改变也许是因为苏军采取了更具有弹性的防御策略，但德军统帅部在讯问战俘后深信，那些被迫回包抄的苏军部队，特别是那些来自亚洲地区的士兵，越来越想要找路回家。可是，当德军打到高加索时，抵抗增强了。守军中有很多人都是从当地征召的，他们觉得自己是在保卫家园，而且对作战的山地地形十分熟悉。以上因素都增强了苏军的防御，而自然地理条件像运河一样把德军如潮水般涌来的装甲部队分成几股，因而束缚住了进攻者的手脚。

在第 1 装甲集团军执行侧翼扫荡冲进高加索地区的同时，第 17 集团军正徒步通过罗斯托夫瓶颈地带，继而向南朝黑海海岸进军。

占领迈科普油田后，德军为各部队重新分配了高加索前线的地段并指定下一步的进攻目标。第 1 装甲集团军负责拉巴河（Laba）与里海之间的主要战线，第一个目标是占领从罗斯托夫到第比利斯（Tiflis）之间大道的山区段，第二个目标是占领里海边的巴库（Baku）。第 17 集团军负责从拉巴河向后到刻赤海峡之间较窄的一段，第一个目标是从迈科普和克拉斯诺达尔（Krasnodar）向南推进，穿越高加索山脉西段，占领黑海港口诺沃罗西斯克（Novorossiisk）和图阿普谢（Tuapse），第二个目标是沿图阿普谢城外的海岸公路推进并打开通向巴统的道路。

虽说从图阿普谢往南的公路蜿蜒地穿过高山，但第 17 集团军的任务乍看上去相对简单，因为他们只要走不到 50 英里就能到达海边，而高加索山西端地形逐渐平缓，变成丘陵地带。可实践证明这个任务没有那么容易。德军要想推进，就必须渡过库班河，而河口处两岸有广阔的沼泽，再往东走，山峰也很陡峭，是难以克服的障碍。第 17 集团军到 9 月中旬才攻占诺沃罗西斯克。它最终也未能打到图阿普谢。

相比之下，主要突击方向上的第 1 装甲集团军推进得更远，可是他们也行进得越来越慢，停顿得越来越频繁。在向山区推进过程中，最主要的困难是缺乏燃料。装甲师有时候为了等待补给会停好几天。这个困难让德国人错失良机，未能趁着奇袭的效果尚未消退、敌人防御有待加强之际，一鼓作气冲过各个山口。第 1 装甲集团军在需要强攻突破山区时，遇到了困难，因为大多数专门的山地部队都被配属给了第 17 集团军，以帮助后者向图阿普谢推进并打开通往巴统的道路。

德军一到捷列克河（Terek），便遭遇了第一次严重的顿挫，这条河掩护着通向第比利斯的山间公路还有山脉以北位置更为暴露的格罗兹尼（Grozny）油田。捷列克河不像伏尔加河那么宽广，那么让人望而生畏，可是水流湍急，是一道难以逾越的障碍。克莱斯特当时试着向东面下游方向绕道，并于 9 月的第一周在莫兹多克（Mozdok）附近强渡成功。可是，他的部队又为捷列克河对岸树木茂密的山地所阻。格罗兹尼离莫兹多克的渡河点只有 50 英里，但德军用尽一切手段也没能打到那里。

　　德军此次挫败的主要原因之一是苏联人向格罗兹尼附近的机场调来了数百架轰炸机。这些轰炸机突然出现，对阻止德军推进起到了较大的作用，克莱斯特的高射炮部队和大多数空军此前已被抽调去斯大林格勒附近助战，因而它们能不受干扰地轰炸德军，还点燃了德军正挣扎穿越的大片森林地带，这也增加了德军的困难。

　　苏联人调来骑兵师沿里海海岸骚扰克莱斯特暴露的南翼，让德军的兵力变得更加分散。苏联骑兵在大草原上对战德军极度伸展的防御屏护部队，能够最好地发挥自身的长处。在广阔的平原上，他们可以在任意地点渗透进德军防线，切断后方补给。苏军还用从阿斯特拉罕往南铺设的铁路向德军侧翼集中起越来越庞大的兵力。这条铁路不用路基，直接铺在大草原上，也无须路堑和路堤。德国人很快发现想要切断这条铁路毫无意义，因为无论他们切断哪一段，苏联人都可以很快再铺设一段新的。同时，德军还很难捕捉到敌军，侧翼的威胁与日俱增。虽然德军的机械化分队渗透到了里海沿岸地区，可那片海仍然像海市蜃楼般可望而不可即。

　　整个 9 月和 10 月，克莱斯特都在尝试从不同地点上用突袭的方式从莫兹多克向南推进。每次他都被阻止了。然后他决定把主攻方向从中央的左翼转换到右翼，向奥尔忠尼启则（Ordzhonikidze）发动钳形攻势，奥尔忠尼启则是通往达里亚尔（Daryal）山口的门户，由此山口可沿山间公路前往第比利斯。克莱斯特在 10 月最后一周发动这次进攻，动用了手边可以搜罗到的一切空中支援。他的右翼钳子向西迂回占领了纳尔奇克（Nalchik），然后又占领了穿越马米松（Mamison）山口的另一条军用公路的起点阿拉吉尔（Alagir）。德军从阿拉吉尔接着向奥尔忠尼启则攻击前进，同时溯捷列克河谷向上游发动另一路向心突击。雨雪天气延误了攻势的最后阶段，正当克莱斯特的部队就要打到第一阶段目标时，苏军发起了时机拿捏准确、目标选择巧妙的反攻，击溃了罗马尼亚山地师，这个师在进攻过程中表现良好，但是也已经快到极限了。结果，克莱斯特只好撤退并放弃计划。双方的战线稳定了下来，德军仍然面对着曾屡次徒劳地试图突破的山地防线。

　　德军在高加索中部最后一次被击退，与苏联在斯大林格勒发动大反攻是同时发生的。

　　德军还计划在高加索西部再做最后的努力，但计划胎死腹中。希特勒为这次攻势决定动用精心保留了很久的伞兵王牌，但是已经太晚了。为了伪装仍然保留第 7 航空师番号的伞兵师集结在克里米亚半岛周围地区，准备配合第 17 集团军重新发动进攻，占领从图阿普谢通往巴统的海岸公路。但就在此时，苏军在斯大林格勒发动反攻，同时在尔热夫恢复进攻。8 月，朱可夫指挥的部队就在尔热夫进行过一次反攻，试图间接救援斯大林格勒，那次攻势险些就突破了德军防线。希特勒对苏军的这两场大反攻非常担心，取消了最后一次进军巴统的尝试，下令伞兵部队即刻乘火车前往斯摩棱斯克以加强中央战线。

　　以上一切的挫败和危局都是因为德军在斯大林格勒打了败仗。斯大林格勒原本是一个次要的目标，但逐步升级成了主战场，将德军完成主要目标所需的陆空预备兵力卷了进来，最终把整个德国的兵力都白白地耗尽。

　　具有讽刺意味的是，德国人在战争的第一阶段因为遵循传统的战略原则而付出了失败的代价，后来又因为违反这些原则再次付出失败的代价。之前集中兵力，造成了后来致命的分散兵力。

　　保卢斯的第 6 集团军承担向斯大林格勒发动正面进攻的作战任务。德军沿顿河和顿涅茨河之间陆地走廊北侧推进。得益于装甲部队在南方的大跃进，第 6 集团军起初进展顺利，可是越往前推进，它的兵力就越弱，因为越来越多的师被用于掩护沿顿河日益延伸的北侧翼。德军在暑热下长途快速行军，还要与敌军交战，兵力损失日益上升。这种损失令德军难以克服后撤苏军接连不断的抵抗。战斗越激烈，德军损失便越大，能用于克服下一处阻击的兵力也就越少。

　　当第 6 集团军接近顿河东向大河曲时，这个效果表现得非常明显。7 月 28 日，德军的机动部队矛头在卡拉奇（Kalach）附近到达顿河，这里离德军攻击出发线有 350 英里远，离斯大林格勒那里的伏尔加河西向河曲不到 40 英里。但是，这种进展只是昙花一现，很快便被苏联人的顽强抵抗挡住了。第 6 集团军正面变窄，和各个装甲集团军相比，机动兵力的比例较低，因而机动能力大受限制。德军花了 2 周时间才粉碎了顿河河曲部的苏军。然后又花了 10 天时间才渡过顿河在对岸建立起桥头阵地。

　　8 月 23 日，德军准备好以钳形攻势向斯大林格勒做最后的冲刺。第 6 集团

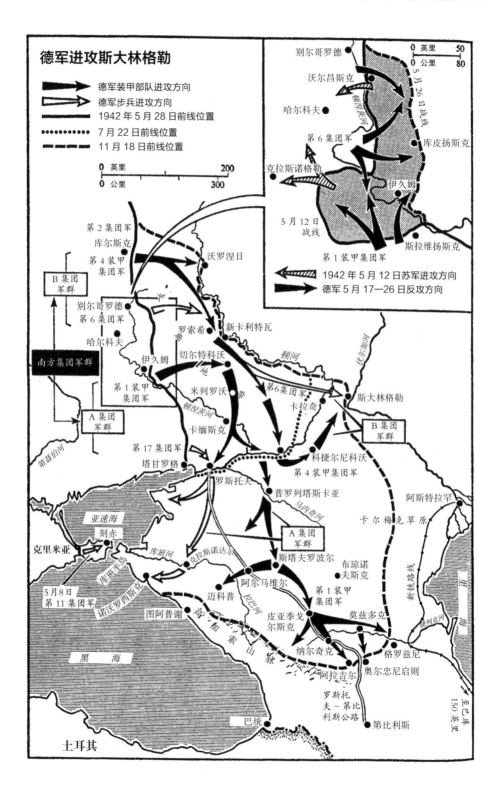

德军进攻斯大林格勒

➤	德军装甲部队进攻方向
➪	德军步兵进攻方向
▬	1942 年 5 月 28 日前线位置
•••••	7 月 22 日前线位置
▬ ▬	11 月 18 日前线位置

0　英里　200
0　公里　300

别尔哥罗德

沃尔昌斯克

哈尔科夫

第 6 集团军

克拉斯诺格勒

伊久姆

5 月 12 日
战线

斯拉维扬斯克

库皮扬斯克

第 1 装甲集团军

0　英里　50
0　公里　80

5 月 26 日战线

➪ 1942 年 5 月 12 日苏军进攻方向
➤ 德军 5 月 17—26 日反攻方向

第 2 集团军
库尔斯克
第 4 装甲集团军

沃罗涅日

B 集团
军群

别尔哥罗德
第 6 集团军

哈尔科夫

南方集团军群

伊久姆
第 1 装甲集团军

A 集团
军群

罗索希
新卡利特瓦
切尔特科沃

顿河

伏尔加河

米列罗沃

顿涅茨河

卡缅斯克

第 6 集团军
卡拉奇

斯大林格勒

B 集团
军群

第 17 集团军

塔甘罗格

罗斯托夫

普罗列塔斯卡亚

科捷尔尼科沃

第 4 装甲集团军

马内奇河

阿斯特拉罕

卡尔梅克草原

第聂伯河

亚速海

刻赤

克里米亚

库班河

克拉斯诺达尔

A 集团
军群

斯塔夫罗波尔

布琼诺
夫斯克

新铁路线

5 月 8 日
第 11 集团军

库班半岛

诺沃罗西斯克

图阿普谢

迈科普

高加索山脉

库巴河

皮亚季戈
尔斯克

阿尔马维尔

第 1 装甲
集团军

莫兹多克

格罗兹尼

里海

黑海

纳尔奇克

阿拉吉尔

奥尔忠尼启则

罗斯托
夫－第比
利斯公路

巴统

第比利斯

至巴库
150 英里

土耳其

军从西北方向出发，第 4 装甲集团军则从西南方向展开。同一天夜间，德军机动部队打到了斯大林格勒以北 30 英里处的伏尔加河岸，并接近了斯大林格勒以南 15 英里的伏尔加河曲。可是，在守军的抵抗之下，德军始终无法合围。在下一个阶段，德军从正西发动进攻，这样就完成了半包围圈，苏军指挥部向前线打电话要求不惜一切代价战斗到最后一人，这样急切的语气反映了形势的急迫性。苏军以非同寻常的顽强战斗来回应这些要求，他们所处的条件艰苦异常，补给和增援问题也很棘手。他们背后那段宽达 2 英里的伏尔加河并不全然不利，对如此顽强的军队来说，背水一战固然会带来各种困难，但也会令抵抗变得更加激烈。

德军沿着苏军弧形防线一次又一次地发动进攻，经常变换进攻地点和作战方式，但是并未取得多少战果，无法弥补付出的代价。有时候，德军已经突破防线，但因深度不够，守军只需在局部稍为后撤。更多的时候，德军无法达成任何突破。屡次失败之后，这个地方在其心理上的重要性日益上升，就像 1916 年的凡尔登一样。这个城市的名字更是起到了火上浇油的作用。"斯大林格勒"对苏联人来说是一个鼓舞人心的象征，而对德国人来说，尤其对元首来说则是一个具有催眠般魔力的符号。这座城市把希特勒催眠得鬼迷心窍，使其忘记了所有战略和未来的规划。这座城市比莫斯科更致命，因为它的名字比莫斯科更加意味深长。

任何头脑冷静且具有战斗经验的分析家都很清楚疲兵久战的无谓和危险。除非守军孤立无援，或者国家的后备力量告罄，否则这种反复的攻击很难得到什么好结果，而在这次战役中，不能承受长期消耗的一方是德国。

苏联虽然损失惨重，但后备的人力资源仍然远远超出德国。苏联最短缺的是装备，他们在 1941 年损失的装备太多，这也是 1942 年再次失败的原因之一。苏军缺少大炮，很大程度上依赖用卡车运上前线的迫击炮来补足。他们还严重缺少坦克和所有形式的机械化运载工具。可是，当夏季快要结束时，后方的工厂和英美都送来了越来越多的新装备。与此同时，自开战以来施行的大规模征兵现在开始结出硕果，苏联从亚洲调来了越来越多的新编师。

斯大林格勒战场非常靠东，更容易接受来自东方的人力物力，这有助于城市的防御。这座城市因地形原因而不便直接接受增援，但其北翼的苏军兵力越来越多，也间接地起到了重要增援的作用。要不是这里的苏军缺乏各种现代战争的主要兵器，他们早就能扭转战局了。但德国人陷入局部的消耗战中无法自拔，耗尽了有限的兵力兵器储备，反过来让苏联人外围援助的效果得到增强。在这种消耗战中，德军作为攻方相应地消耗也更大，可他们相对于苏联而言又更加耗不起。

德军总参谋部很快也预感到了其中的危险。每天，哈尔德跟希特勒开完例会回来，经常会用既恼怒又失望的手势告诉助手，今天又未能让希特勒恢复理性。随着冬天逼近，哈尔德越发急切地反对继续进攻，希特勒的神经也越发紧张，于是两人之间变得水火不容。希特勒在商讨作战计划时，照例不可一世地用手在地图上大幅划过，可实际上，德军现在的进展小得在地图上几乎看不出来。他越无法扫清苏联人的抵抗，便倾向于扫除不听话的军事顾问。他本就怀疑"老派将领"并未全力以赴地执行自己的计划，越来越觉得，正是因为总参谋部的掣肘，这些计划的进展才越来越缓慢。

结果，9 月底，哈尔德继数名助手之后去职，接替他的是年轻得多的库特·蔡茨勒（Kurt Zeitzler），时任西线总司令伦德斯泰特的参谋长。1940 年，蔡茨勒曾担任克莱斯特装甲集群参谋长，很大程度上正因为他在补给方面的大胆供应计划，才让德军从莱茵河到英吉利海峡的长途装甲进军在后勤上变得可能。除了以上资质以外，希特勒还觉得在向里海和伏尔加河长途推进这样的问题上，自己跟一名比较年轻的军人更容易打交道——尤其是因为此人刚刚被火箭式提拔到最高的军事岗位上。起初，蔡茨勒的表现证明希特勒的期望是对的，他并没有像哈尔德那样不停地提出反对意见让希特勒心烦意乱。可是不久，蔡茨勒自己就开始心烦意乱了，当攻占斯大林格勒的希望变得越来越渺茫，他开始和希特勒争论，认为把德军前线摆在这么突出的位置是不切实际的举动。后来的事实证明了他的警告是对的，希特勒再也听不进他的建言，在 1943 年越来越疏远蔡茨勒，他的建议对希特勒越来越起不到作用。

导致德军进攻斯大林格勒失败的那些基本因素，也同样有助于苏联后来的反攻，最终让德军攻势彻底退潮。

德国人越接近城市，机动能力就丧失得越彻底，而战线变窄有利于守军沿着较短的弧线迅速地把预备队调动到受威胁的地点。与此同时，德国人也不再能像之前那样通过分割敌人兵力来占据优势。自夏季战局开场以来，直到德军推进到顿河之前，苏联人都一直猜不透他们的目标，因此难以抵抗，可是现在德军的目标非常明显，苏军统帅部因而得以放心大胆地投入预备队。因此，进攻一方虽然在斯大林格勒集中起越来越强的兵力，但收到的效果越来越弱，因为集中的进攻遇到了集中的防守。

与此同时，德军为了集中兵力攻打斯大林格勒，也逐渐将掩护侧翼的预备队抽调光了，而侧翼的掩护兵力本就因战线拉长变得非常紧张——从沃罗涅日沿着顿河到斯大林格勒"地峡"有将近 400 英里远，从那里穿过卡尔梅克草原，到捷列克河，又是同等的距离。虽然南方荒芜的草原限制了苏军向德军第二段战线发动反攻的规模，但在顿河地区，他们不受限制。顿河虽然可以起到掩护的作用，但一旦封冻，德军战线就会变得很脆弱，因为苏联人可以找到很多不设防的地点让大部队渡河。此外，他们在斯大林格勒以西 100 英里处的绥拉菲莫维奇（Serafimovich）附近的顿河对岸还留有一处桥头堡。

苏军自从 8 月以来就对这条过度延伸的侧翼发动过一些小规模的试探性进攻，预示了未来的灾难。这些试探性进攻表明，这条防线非常薄弱，而且主要由德国的盟国军队把守：从沃罗涅日往南由匈牙利人负责；顿河在新卡利特瓦（Novaya Kalitva）附近向东转弯的地方起由意大利人在防守；斯大林格勒以西顿河最后一处向南的河曲，以及斯大林格勒城外则靠罗马尼亚人把守。这么长的侧翼防线上，只有个别德国团或者偶尔几个德国师穿插在盟国军队之间加强防守。一个师的防线往往长达 40 英里，其间还缺乏合适的筑垒阵地。铁路终点站往往在前线背后上百英里的地方，周围的旷野一无所有，就连可用来构筑防线的木材也找不到。

德军总参谋部早在 8 月就不安地意识到了以上这些危险，告诉希特勒说，顿河一线作为防御性的侧翼到冬天是根本守不住的。希特勒听不进去他们的警告。所有防御方面的考虑都要从属于攻占斯大林格勒的目标。

9 月中旬之后，随着德军打进楼房林立的郊区，然后又进攻工厂区，过于直接的进攻产生的限制作用便表现得更加明显。进攻一方陷入巷战本就是兵家大忌，而对一支主要以高超的机动能力见长的部队来说，巷战的危害就更大了。与此同时，守军却可以组织工人民兵参战，他们为了保卫家园战斗得特别顽强。此种情况下，在战斗最关键的几周里，由于苏军大批援兵还没有扭转胜负天平，当地工人民兵便成了守军——崔可夫（Chuikov）将军指挥的第 62 集团军和舒米洛夫（Shumilov）将军指挥的第 64 集团军一部——重要的补充力量。第 62 集团军在顿河以西的战斗中曾遭到重创，指挥整个地段的叶廖缅科（Eremenko）将军很难找到其他兵员来补充它。

在进入楼房林立的地区之后，德军原本的大攻势便逐渐分化成了一系列小规模的局部进攻，其潮涌般的动量因而减弱。这种限制让本来就喜欢用步兵思维去思考问题的旧派将领恢复了老习惯——把坦克分散使用，而不是集中起来。德军在很多进攻中只使用了区区 20~30 辆坦克，在少数几次大的攻势中也只部署了 100 辆坦克支援，平均下来每 300 名士兵只有一辆坦克。坦克比例这么小，反坦克武器当然会占据上风。数量如此之少的坦克不仅迫使德军采取糟糕的战术，还暴露了德军物质上越来越匮乏的态势。空中支援的规模越来越小，同样也表明了德军的匮乏状态。德国人赖以成功的两大利器数量越来越少，结果自然就是，步兵的负担越来越重，推进所付出的代价也越来越高。

表面上，防御圈不断缩小，德军离市中心越来越近，守军的形势似乎越发危险甚至绝望。10 月 14 日是最危急的一天，可是罗季姆采夫（Rodimtsev）将军的近卫步兵第 13 师挡住了德军的进攻。这次危机过去后，守军形势却依然危急，现在他们离背后的伏尔加河越来越近，已经没有空间来实施缓冲进攻压力（shock-absorbing）的战术。他们再也担负不起以空间换取时间。可实际上，有几个基本的因素正逐渐变得对守军有利起来。

德军伤亡日益增大，士兵们越来越沮丧，随着冬天到来，士气越发低落。他们的预备队已经用光，过度伸展的侧翼因而失去了弹性。苏联最高统帅部一直筹划的反攻时机已经成熟，他们已积蓄了足够的预备队，能够给予如此过度伸展的对手以有效的打击。

反攻分别在 11 月 19 日和 20 日发动，时机选择得恰到好处，正好处在第一场霜冻和大雪降临之间，霜冻冻硬了地面，部队可以快速进军，大雪则阻碍了德军的机动。而此时，德军正因为自己的进攻失败而精疲力竭。

这次反攻的战略和心理目标选择得都非常巧妙：它在双重意义上运用了间接路线原则。红军在斯大林格勒的德军两翼组成钳形攻势，每只钳子都有几股锋芒，目的是把第 6 集团军及第 4 装甲集团军与 B 集团军群的其余部分分割开来。钳子

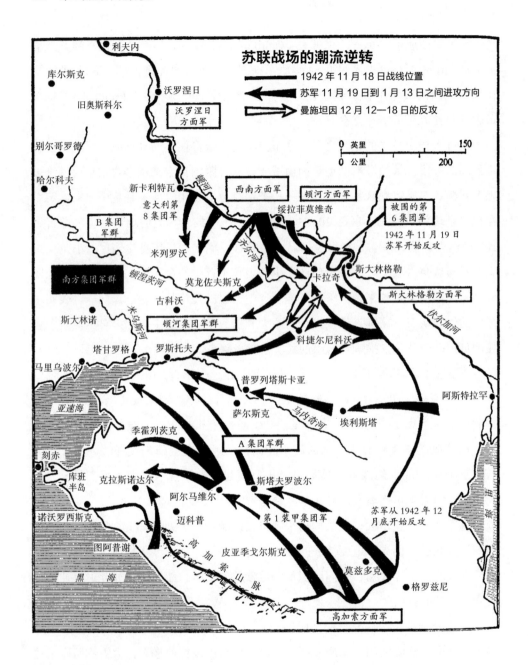

苏联战场的潮流逆转

━━━━　1942 年 11 月 18 日战线位置

◄━━━　苏军 11 月 19 日到 1 月 13 日之间进攻方向

◁━━━▷　曼施坦因 12 月 12—18 日的反攻

利夫内

库尔斯克

沃罗涅日

旧奥斯科尔

沃罗涅日
方面军

别尔哥罗德

哈尔科夫

新卡利特瓦

顿河

意大利第
8 集团军

西南方面军

顿河方面军

绥拉菲莫维奇

被围的第
6 集团军

1942 年 11 月 19 日
苏军开始反攻

斯大林格勒

B 集团
军群

米列罗沃

顿涅茨河

卡拉奇

斯大林格勒方面军

伏尔加河

南方集团军群

古科沃

莫龙佐夫斯克

米乌斯河

顿河集团军群

斯大林诺

塔甘罗格

罗斯托夫

科捷尔尼科沃

马里乌波尔

亚速海

普罗列塔斯卡亚

马内奇河

阿斯特拉罕

萨尔斯克

季霍列茨克

A 集团军群

埃利斯塔

刻赤

库班
半岛

克拉斯诺达尔

斯塔夫罗波尔

苏军从 1942 年 12
月底开始反攻

里
海

诺沃罗西斯克

阿尔马维尔

第 1 装甲集团军

迈科普

皮亚季戈尔斯克

图阿普谢

高加索山脉

莫兹多克

格罗兹尼

黑　海

高加索方面军

0　英里　150
0　公里　200

出击的地方主要是由罗马尼亚部队防守的侧翼。这份作战计划是由苏军总参谋部最聪明的三驾马车朱可夫、华西列夫斯基（Vasilevsky）和沃罗诺夫（Voronov）制订的。主要的执行者包括西南方面军司令员瓦图京（Vatutin）将军、顿河方面军司令员罗科索夫斯基（Rokossovsky）将军，以及斯大林格勒方面军司令员叶廖缅科将军。

　　这里应该提一下，莫斯科的最高统帅部把整个东线划分为直属大本营的 12 个方面军。苏联人现在已经形成惯例，不在方面军之上直接设置更高一级的集群指挥部，而是从大本营派出一位高级将领带着参谋人员来协调数个方面军在某一个系列攻势中协同作战。每个方面军平均由大约 4 个集团军组成，这些集团军比西方的集团军规模小，每一个一般直接指挥到师，没有军这一层司令部。装甲和摩托化部队组织成下辖几个旅的集群，这些集群被称作军，但相当于大型的师。这些军由方面军司令员直接掌握。

　　1943 年夏天，苏联人在没有经过充分试验论证之前就重新恢复了军一级编制。通过简化指挥层级并让高级指挥官掌握更多的下属单位，苏联人加快了作战节奏，提升了部队机动的灵活性。指挥链条上每多出一级就多一处缺点，会在下情上达、上情下达的时候浪费时间。而且指挥链条加长也会削弱控制力，指挥官更容易脱离现实。因此中间层级的指挥部越少，作战就越有活力。此外，一个指挥部控制的下级单位越多，便拥有越大的灵活性，能更好地发挥机动力。更灵活的组织能适应不同局势，在决定性的地点集中兵力，因此拥有更强大的打击力。一个人如果在拇指以外，只有一两根手指，那么与有 4 根手指相比，就更难抓住东西或对手。他的手就没有那么灵活，也不能集中握力。西方国家的军队普遍存在这种问题，因为他们大多数部队单位都被分成了仅仅两三个可以机动的部分。

　　在斯大林格勒西北方向，苏军矛头沿顿河向卡拉奇和通向后方顿涅茨盆地的铁路推进。在斯大林格勒西南方向，左翼钳子的锋芒向西直指通向南方季霍列茨克和黑海的铁路线。在切断铁路线之后，他们继续向卡拉奇攻击前进，23 日合拢了包围圈。之后几天，包围圈进一步收紧，德军第 6 集团军和第 4 装甲集团军的一个军深陷其中。在这几天的快速机动作战中，苏联人不仅完成了战略上的逆转，还保持着战术上防御的优势——这就是间接路线战略通常都会带来的双重好处。德国人现在被迫继续进攻——不是为了打进城，而是为了突围出来。德军的突围和之前的向前进攻一样不成功。

与此同时，另一支强大的苏军部队从绥拉菲莫维奇桥头阵地出击，越过顿河河曲以西的原野，分多路沿顿河－顿涅茨河走廊向南进攻，去和从卡拉奇出击的左钳子在齐尔河边会师。这个外围的包围行动对整个作战计划来说至关重要，因为它打击了敌军作战的基地，在援救保卢斯的部队可能采取的最直接路线上拉下了一道铁幕。

所以，作为应对之策，德军从顿河以外的西南方向发动攻势，沿着科捷尔尼科沃（Kotelnikovo）向北进攻斯大林格勒。为此，他们从各处匆匆搜罗所需的部队，交由曼施坦因的第 11 集团军司令部统一指挥，并将这个集团军从中央集团军群抽调出来，改称"顿河集团军群"。可是，其规模根本配不上这样一个令人印象深刻的名称，曼施坦因只能依靠微薄的后备兵力，包括刚从法国布列塔尼半岛用火车运来的第 6 装甲师，来尝试为斯大林格勒解围。

曼施坦因以高超的战术手段最大限度地发挥了手下有限的装甲兵力的作用，成功地向苏军的掩护阵地里打进一个很深的楔子。可是这次临时匆匆发动的进攻在离被围部队还有 30 英里的地方被阻挡住了，结果，部队在侧翼受压后便逐渐撤退了。至此，一切解救保卢斯的希望都已破灭，因为德军最高统帅部已经没有预备队再做一次尝试了。但是曼施坦因仍然不顾危险尽可能长时间地坚守在暴露的阵地上，以掩护给被围德军输送少量给养的空中生命线。

与此同时，苏军在 12 月 16 日向西边远处发动了一次新的外围包抄攻势。沃罗涅日方面军司令员戈利科夫（General Golikov）以左翼在新卡利特瓦和莫纳斯特尔希纳（Monastyrshchina）之间一段 60 英里的顿河沿岸，选择几个点，渡过了顿河中游。防守这一段的是意大利第 8 集团军。苏军发动猛烈炮击，意大利部队纷纷逃窜，天一亮，苏军坦克就跨过了深度冰封的顿河河面。暴风雪让为数寥寥的抵抗者什么也看不见，但并没阻止苏联人进攻的脚步，他们向南方朝着米列罗沃和顿涅茨河急进。同一时间，瓦图京的部队从齐尔河出发向西南方向的顿涅茨河进攻。只用了一周的时间，苏军的合围行动就肃清了几乎整个顿河－顿涅茨河走廊。德军的防线太过薄弱，溃败得太快，苏军因而在第一阶段进攻中没有抓到很多俘虏，但在战役第二阶段，大量后撤的轴心国军队被追截并遭到包围。

当年年底，也就是战役开始后第二周周末，苏军已俘获了 6 万名战俘。

这次进攻威胁到了坚守在顿河下游和高加索地区的所有德军的后方。但由于积雪日深，德军又在米列罗沃和顿涅茨河以北其他几处交通枢纽进行了顽强的抵抗，这次危局才得到暂时的缓解。

可是苏军的威胁是如此严重，而且还有很大可能进一步增大，就连希特勒最后都意识到，如果他还坚持自己征服高加索的梦想，并强迫那里的德军就地坚持，任由背后 600 英里的侧翼完全暴露，那么比斯大林格勒包围战更大的灾难将会不可避免地降临。因此，他在 1 月下令高加索德军后撤。这个决定来得正是时候，德军这才逃脱被分割包围的命运。他们成功的后退延长了战争进程，但是，早在斯大林格勒守军实际的投降之前，这件事便已向全世界昭告德国的入侵正在退潮。

苏军在反攻中的表现显示出了朱可夫大将在选择突破点时兼顾地形和心理因素的高超技巧。他打击了敌军部署上的士气弱点。当部队失去局部优势和让敌人全线溃败的机会时，他还十分擅长寻找替代攻击方案。集中力量的突击在打击守军的防御能力时，效果会逐渐递减，朱可夫便在宽正面上进行一系列突击，来保持一开始的进攻动量，扩大敌人的消耗。当反攻消耗完弹簧反弹的力量而演变成一场进攻战时，朱可夫的这种做法通常更加有利，能够避免己方陷入筋疲力尽的境地。

在其他所有物质和士气因素之下，主宰战争进程的更基本的条件是兵力和空间的比例。东线的空间如此广阔，进攻方如果没有把注意力集中在太过明显的目标上的话——比如，1941 年的莫斯科，1942 年的斯大林格勒，他就总能找到迂回机动的空间，所以德军只要有质量上的优势，即使数量居于下风，也可以获得进攻战的胜利。那时的苏军在机械化部队和机动能力方面尚无法与德军匹敌，因而东线广阔的深度倒成了一个救命的因素。

但德国人已经丧失了技术和战术方面的优势，同时消耗了大部分人力。苏联巨大的空间因而变成了不利的因素，使他们无法守住这么长的前线。现在问题变成了，他们能否用收缩正面战线的办法来恢复平衡，抑或者，他们是否已经把力量分散得太厉害，以致丧失了所有的机会。

第 19 章

隆美尔进攻狂潮的顶点

相较 1941 年而言，1942 年的非洲战局有着更多激烈且影响深远的转折。战局开始时，双方在昔兰尼加的西部边境对峙，和 9 个月前的位置一样。但是新年后第三周，隆美尔再次发动战略反攻，长驱直入 250 英里，把英军打到了离埃及边境只有三分之一路程的地方。其后，英军重新集结，战线在贾扎拉防线稳定了下来。

将近 5 月底，隆美尔先发制人，再次进攻，就像去年 11 月英军抢了他的先一样。在又一场旋风般令人透不过气来的攻防转换之后，英军再次被迫撤退，他们撤退得既快又远，直到抵达阿拉曼防线才停了下来，而这里已是通向尼罗河三角洲的最后门户。这次，隆美尔乘胜追击，在一周之内突进了 300 多英里。可是，到那时，他的进攻动量和兵力都已接近枯竭。他向亚历山大港和开罗发动的进攻被击退，在双方都因筋疲力尽而停战之前，隆美尔差点就被打败了。

8 月底援兵到达后，隆美尔再次发动进攻。可是英军的增援更多，在以陆军上将哈罗德·亚历山大爵士（Sir Harold Alexander）和中将伯纳德·蒙哥马利爵士（Sir Bernard Montgomery）为首的新领导班子指挥下，英军挡住了隆美尔的进攻，德军被迫放弃一开始获得的少量战果。

10 月底，英军以前所未有的兵力再次发动决定性的攻势。经过 13 天的交战，隆美尔的资源告罄，坦克也几乎全部用完。德军防线崩溃，他本人还算幸运，率领残部成功逃走。德军过于虚弱，无法在中途进行有效的抵抗，8 周后，也就是当年年底，隆美尔已被赶回的黎波里塔尼亚的布埃拉特（Buerat），那里离阿拉曼有 1000 英里。然而，就连这里也只是长途撤退中的一个暂时的落脚点而已，第二年 5 月，他们最终撤退到突尼斯，在那里，非洲所有的德意两国军队被全歼。[1]

1942 年 1 月初，英国人认为自己在阿杰达比亚受阻只是向的黎波里塔尼亚进军途中遇到的一个短暂的挫折而已。他们忙于为此次作战制订计划并积蓄力量——这次作战被称为"杂技家行动"，这个代号真是太贴切了，因为他们在月底之前就已经翻了一连串筋斗，不过都是向后翻的。

1 月 5 日，6 艘运输船成功地偷越英军海空巡逻帷幕，到达的黎波里塔尼亚，运来了一批新坦克，隆美尔的坦克兵力因而增长到超过 100 辆。隆美尔接到报告说英军先头部队兵力还很弱，于是开始秘密计划立即发动反攻。1 月 21 日，他正式发动进攻，23 日，意大利陆军部部长飞抵隆美尔的司令部提出反对意见，但当时隆美尔的进攻矛头已经向东推进了 100 多英里，而英军向东跑得更快。

隆美尔发动进攻时，英军先头部队主要由一个新到达的第 1 装甲师组成，它的装甲旅有 150 辆巡洋坦克，但下属的 3 个坦克团都是刚刚由骑兵团改编而来的，缺乏坦克战和沙漠战的经验。隆美尔新一批三号坦克的装甲板有 50 毫米厚，比旧的三式坦克的更好，而德军反坦克炮手也进一步发展了在进攻战中和自己的坦克配合的新战术。海因茨·施密特这样描述这种战术革新：

> 我们带着 12 门反坦克炮从一个有利地点跃进到另一个有利地点，而我军的坦克则静止不动，尽可能把车身隐藏起来，给我们提供火力掩护。然后，我们建立好阵地，在坦克重新推进时，为他们提供火力掩护。这一战术收效明显，敌军坦克火力很强，却无法阻止我们的推进。敌人一直遭受损失，只能不断地后撤。我们不禁觉得面前的已不是在卡普措小道痛击我军的顽强且经验丰富的对手。[2]

更糟糕的是，英军 3 个装甲团是一个个投入战斗的。德军在安提拉特附近发动奇袭时，英军在第一轮交战中就损失了一半的坦克。其后，隆美尔的挺进暂时

1　见本书第 114—115 页地图。
2　Schmidt: *With Rommel in the Desert*, pp. 125-6.

停顿了下来，因为意大利陆军部部长卡瓦列罗拒绝批准意大利机动军跟随非洲军前进。但英国人未能利用这次停顿发动强力反攻，这让隆美尔变得更为大胆。于是 25 日，德军再次向前推进，指向姆苏斯（Msus），突破了近卫旅和第 1 装甲师把守的防线，第 1 装甲师残余的 30 辆坦克向北撤退，避开了德军的进攻轴线。

隆美尔向姆苏斯进行的深远且具有威胁性的突进迫使英军匆忙下令，让班加西的印度第 4 师撤离当时正挤满各种军需品的港口，退到德尔纳 – 梅基利一线。当夜，奥金莱克从开罗飞到第 8 集团军司令部会见里奇，他一赶到就取消了撤退令，命令英军准备反攻。但是他的干预不像 11 月那次那么恰当，因为英军为了保卫从班加西到梅基利之间 140 英里长的地带，将不得不分散开来，保持静止。而隆美尔从姆苏斯的中央位置出发，拥有充分的时间和自由采取行动，随意地选择下一步的目标。

在接下来几天里，隆美尔不断变换威胁的地段，而英军司令部则陷入了"命令、取消命令"的混乱循环中。造成的一个结果是，军长戈德温 – 奥斯滕请求解职，因为集团军司令越过他直接向下属师长下令。但更糟糕的还在后面呢。

隆美尔的兵力太弱，他决定下一步先向西进攻班加西，消除那个方向对自己后方的威胁，同时向东佯攻梅基利。德军的佯动让英军司令部慌忙向梅基利派出援兵，而伸展得过远的印度第 4 师则没有其他部队支援。隆美尔迅速转攻班加西，让英军大吃一惊并匆匆放弃了这座港口和所有堆积如山的军需物资。隆美尔利用这次行动在英军心理上造成的冲击，派出两支小规模的战斗群向东推进，以一系列进攻和威胁混合的手段迫使英军放弃了一连串可以据守的阵地，撤退到贾扎拉防线——其实非洲军主力因为缺乏燃料还没有前进到姆苏斯以东呢。2 月 4 日，英国第 8 集团军撤退到贾扎拉防线的庇护之下，而隆美尔直到 4 月初才打消了意大利高级司令部的犹疑，并把部队开到英军阵地附近。

这一次贾扎拉防线上的阵地准备好了，英军修筑野战工事，敷设雷场，真正把这条线变成了坚固设防的防线。但是很快，英军重新转入进攻的计划就妨碍了防线的修筑，这里虽然很合适作为进攻的跳板，但太过单薄，缺乏纵深，因而并不适合防守。除了沿海地区以外，各处筑垒据点相隔太远，无法提供有效的交叉火力支援。这条防线从海岸向南延伸 50 英里，中间的空隙越来越宽。防线左翼在哈凯姆井（Bir Hacheim），离西迪穆夫塔（Sidi Muftah）有 16 英里远，由柯尼希（Koenig）将军指挥的第 1 自由法国旅把守。防线的另一个缺点是，英军为了转攻为守，将前进基地和铁路终点站建在了贝尔哈迈德（Belhamed）。那里成了敌军侧翼进攻的一个明显的目标，在整个战役期间，英军各级指挥官都在为如何掩护堆积在那里的大批物资而伤脑筋，因而无法自由地调动部队。

关于提早发动进攻的可行性和必要性，英军内部意见不一，这也妨碍了作战方略的制定。自 2 月以来，丘吉尔就一直在催促提前行动。他指出在中东战场上，63.5 万名英军无所事事，而苏联人却在死战，近在咫尺的马耳他岛在凯塞林的不断空袭之下也已经到了山穷水尽的地步。但是奥金莱克对英军在技术上和战术上的缺陷有着非常清醒的认识，希望等到里奇的兵力积累到足以抵消隆美尔在质量上的优势之后再动手。最后丘吉尔否决了奥金莱克的所有理由，下定决心给他下达了一道明确的进攻命令，奥金莱克"要么从命，要么被解职"。可是隆美尔在 5 月 26 日再次先发制人，而英军的攻势原本预定要到 6 月中旬才开始。

双方都得到了增援，兵力都比 11 月"十字军行动"期间更强，不过师的数量还是一样：3 个德国师（其中两个是装甲师）外加 6 个意大利师（其中一个装甲师）对 6 个英国师（其中两个装甲师）。如果像政治家和将军们一般习惯的那样用师的数量估算双方兵力对比，那么隆美尔就是在以 9 个师对战 6 个师，英国人便用这样的数字游戏来解释自己的失败。

可是双方兵力对比的真实图景完全相反，这告诉我们用"师"的数量来估算兵力是多么容易让人误入歧途。5 个兵力薄弱的意大利步兵师里有 4 个没有摩托化，所以在贾扎拉之战这样高度机械化的运动战中起不了什么积极作用。英国第 8 集团军不仅有充分的摩托化运载工具，而且在 6 个师之外还拥有两个独立旅级摩托化战斗群和两个集团军直属坦克旅，两个装甲师之中，第 1 装甲师拥有两个装甲旅而不是一个，要知道，英军今日标准编制的装甲师只下辖一个装甲旅。第 8 集团军在战场上一共有 14 个坦克团，还有 3 个团正在开来的途中，隆美尔只有 7 个坦克团，其中只有 4 个德国装甲团装备了具有战斗效力的坦克。

从数字上来说，第 8 集团军的装甲部队拥有 850 辆坦克，另外还有 420 辆可以作为增援。轴心国部队总共有 560 辆坦克，但其中 230 辆是过时且性能不可靠的意大利坦克，而 330 辆德国坦克中还有 50 辆是轻型坦克，只有那 280 辆装备火炮的德军中型坦克在作战中能够发挥作用。此外，除了处于维修中的大约 30

辆坦克，以及刚刚到达的黎波里塔尼亚的大约 20 辆坦克，隆美尔根本没有坦克预备队。所以更现实的估计是，英军在坦克战开始时拥有 3∶1 的优势，如果战局发展成了消耗战，英军则占有 4∶1 以上的优势。

就炮兵而言，英军在数量上占 3∶2 的优势，但是这个优势未能发挥应有的作用，因为英军将大炮分散在各师中使用，而隆美尔集中 56 门中型火炮，建立起一支机动预备队，并置于自己的控制之下。

就空中力量而言，在这次战役中，双方的兵力比以往各次更加平衡。英国沙漠空军有将近 600 架一线飞机，包括 380 架战斗机、160 架轰炸机和 60 架侦察机，德国和意大利总共有 530 架飞机，包括 350 架战斗机、140 架轰炸机和 40 架侦察机。不过，德军的 120 架 Me-109 式战斗机在质量上优于英军的飓风式和小鹰式战斗机。

更大的问题是，双方坦克在质量方面的对比如何。第 8 集团军战败之后，英国人自然会认为自己的坦克不如敌人的，奥金莱克在官方报告中也表达了这种观点。可是如果分析一下双方各自的火炮和装甲的技术数据和试验数据，得出的结论正好相反。德军大多数中型坦克装备的都是短管 50 毫米坦克炮，穿透力比所有英军坦克都装备的初速较高的 2 磅坦克炮稍逊。在装甲方面，1941 年时，大多数德国坦克的防护都不如新的英国巡洋坦克（最大装甲厚度 30 毫米对 40 毫米），但是现在除了在炮塔部位以外，德军坦克车体防护已经超过了英国坦克，某些新到的德国坦克有厚达 50 毫米的车体装甲板，其余坦克则在车体最暴露的部分加装了防护甲板。不过所有德国坦克的防护性能都比不过玛蒂尔达式（装甲厚度 78 毫米）和瓦伦丁式（装甲厚度 65 毫米）坦克。

新式的德国三号坦克 J 型坦克在此战中首次登场，它装备有一门长身管 50 毫米主炮，类似于他们的反坦克炮。但是只有 19 辆这种坦克已到达前线，另外还有 19 辆刚刚运抵的黎波里塔尼亚。这批增援，远远比不上抵达埃及的 400 多辆崭新的美国格兰特式坦克。战斗打响时，英军在贾扎拉的两个装甲师总共装备了将近 170 辆格兰特式坦克，这种坦克装备有一门 75 毫米主炮，穿透力比德国三号坦克 J 型坦克的长身管 50 毫米主炮更强，格兰特式坦克的装甲也更厚（有 57 毫米，而德国坦克只有 50 毫米）。因此，人们常常说的英军坦克不如德军坦克之类的废话其实是没有根据的。恰恰相反，英军就坦克而言在数量上占有优势，在质量上更是大占上风。[1]

就反坦克炮而言，英军也已重新获得优势，当时 6 磅（57 毫米）反坦克炮已经大量运抵，足够装备摩托化旅和装甲旅中的摩托化营，其穿透力更是比德军的长身管 50 毫米反坦克炮高出 30%。虽然德军的 88 毫米炮依然是最令人生畏的"坦克杀手"，但隆美尔总共只有 48 门，而且这种炮身形高大，比双方任何一种制式反坦克炮都要脆弱。

技术上的分析无法充分解释第 8 集团军在贾扎拉战役中所遇到的挫败。现有证据清晰地表明，英军战败的根本原因在于德军战术上的总体优越性，特别是他们善于将坦克和反坦克炮有机结合。

英国第 13 军在陆军中将"扫射者"戈特（'Strafer' Gott）的指挥下防守坚固的贾扎拉防线，下辖 2 个步兵师前置部署，第 1 南非师在右，第 50 师在左。第 30 军的军长还是诺里，该军拥有大部分装甲部队，负责掩护防线南翼，并对防线中部敌坦克的突击发起反击，奇怪的是，英军指挥官们认为隆美尔最有可能对防线中段发起主攻。这一双重任务导致两个装甲师的部署位置非常不利，第 1 装甲师集结在卡普措小道附近，第 7 装甲师（只有 1 个装甲旅）则在南面大约 10 英里处，分散得很开，以便掩护和支援驻守哈凯姆井的法国旅。奥金莱克写信建议里奇把两个装甲师集中部署，不幸的是，现场指挥官没有遵从他的建议。

5 月 26 日月圆之夜，隆美尔率领 3 个德国师和意大利机动军中的 2 个师迅速绕过英军防线的侧翼，剩下的 4 个意大利非摩托化步兵师则留下来面对贾扎拉方向"做鬼脸"。虽然英军在天黑之前就已发现并上报了隆美尔 1 万辆各型车辆做出的大迂回，天亮前又在敌军扫过哈凯姆井阵地时再次上报，但英军指挥官仍然认为隆美尔的主攻方向一定会像他们预料的那样指向中部。英军各装甲旅行动缓慢，因此以添油战术进入战斗，而南翼的那两个离得很远的摩托化旅则被分割开来，陷入孤立无援的境地。第 7 装甲师师部被德军捣毁，师长 F. W. 梅塞维（F. W. Messervy）少将被俘，不过他后来成功逃出来了。这是他几个月之内第二次这么时乖命蹇，1 月，第 1 装甲师在安提拉特遭到隆美尔奇袭被击溃时，他就

1　关于这个问题的更多解释参见 Liddell Hart: *The Tanks*, vol. II, pp. 92-8, and 154-6。

是该师师长。

可是，隆美尔虽然在开局占了上风，却没能像他所希望的那样，成功地打到海边，包围贾扎拉防线上的英军各师。他的装甲师第一次在战场上遭遇了装备75毫米坦克炮的格兰特式坦克，并被震惊到了。他们发现面对敌军坦克的毁灭性火力，自己却因距离太远而无法还击，后来只好调来反坦克炮，包括3个连的88炮。与此同时，德军的坦克则改为从侧翼发动进攻，因为英军装甲部队各团和各旅位置太分散，容易被迂回。即便如此，夜幕降临时，德军装甲师在付出了惨重代价后，也只沿着卡普措小道向北推进了3英里，离海岸还有20英里路程。隆美尔本人在日记里写道："我们从贾扎拉防线背后击溃敌人的计划没能实现……新式美国坦克的到来使我军队伍被打出了很多缺口……在这一天的战斗中，我军损失了三分之一以上的坦克。"[1]

第二天，隆美尔再次向海岸发动进攻，但也只是遭受了更多的损失，没能取得什么进展。到夜间，他速胜的希望已经破灭，但英军没有能利用这个击败隆美尔的最佳机会扩大战果。尽管如此，隆美尔所面临的形势还是危急异常，因为他的补给纵队必须绕过哈凯姆井，走很远的路，时刻处在被英军装甲部队和空军截击的危险之中。他本人在乘坐指挥车外出时曾险些被俘，更幸运的是，他在回到战斗指挥所时发现"自己不在时，英国人击溃了我的参谋部"。非洲军只剩下150辆能用的坦克，意大利军队剩下90辆，而英国人手里还有420辆坦克。

他在连续两天失败之后命令部队就地转入防御。这是一处很危险的阵地，位于坚固设防的贾扎拉防线以东，和自己的其他部队中间隔着英国守军和广阔的雷区。"背靠石墙"战斗固然危险，背靠雷区战斗就更加危险了。

此后几天，英国空军用雨点般的炸弹轰炸阵地，陆军则从地面反复攻击，这里成了名副其实的"釜地"（the Cauldron）。报纸上充斥着隆美尔已经被瓮中捉鳖的捷报，英军指挥部里也洋溢着乐观的气氛，认为可以轻易对付隆美尔，因为他只能投降。

可是到了6月13日夜间，局势完全改观。14日，里奇放弃了贾扎拉防线，开始迅速撤向埃及边境，任由托卜鲁克守军陷入孤立的境地。21日，隆美尔攻

1　*The Rommel Papers*, pp. 207-8.

克托卜鲁克要塞，俘虏了其中的 3.5 万名守军，连同堆积如山的物资。这是除了新加坡沦陷之外英国在战争中遇到过的最大灾难。第二天，第 8 集团军残部放弃了塞卢姆附近的边境阵地向东匆匆越过沙漠遁逃，而隆美尔则在背后紧紧追赶。

是什么导致了这场戏剧性的翻盘？很少有一场战斗如此错综复杂，其中的千头万绪从来没有被完全理清过。所谓"釜中之谜"一直困扰着试图从英国的角度写下这个故事的人们，不断出现的许多传说让这一切变得更加令人困惑。

除了隆美尔拥有更多坦克这个不实传说之外，另一个传说称，6 月 13 日的战斗是一个转折点，英军在这天损失了大多数坦克。事实上，灾难已经持续了好多天，只不过在那一日达到了顶点。解开"釜中之谜"的基本线索可以从隆美尔的日记里找到。5 月 27 日晚上，他写道：

> 尽管处境岌岌可危，棘手问题重重，我还是一直充满希望地展望战斗将会如何发展。里奇把装甲部队逐次投入战斗，这就给了我们机会用刚刚够用的坦克将其各个击破……他们不应该犯下这种分散兵力的错误……[1]

然后他记载道，他占领这处看上去危险地暴露的防御阵地……

> 是因为我假设……（在德军装甲部队还威胁着其后方的情况下）英国人不敢使用他们的装甲部队主力去进攻贾扎拉防线上的意大利人……所以我预计，英军机械化旅将会继续在我军组织良好的防御阵地上碰得头破血流，并在这个过程中耗尽实力。[2]

隆美尔神机妙算。英军坚持不懈地以添油战术向他的阵地发起进攻，损失惨重。这样的直接进攻看似谨慎，实则糟糕至极。隆美尔在击退英军进攻的同时，占领了自己背后第 150 步兵旅驻守的孤悬在西迪穆夫塔的"盒子"（box，指据点），并为补给纵队开辟了一条贯穿雷场的通道。

1　*The Rommel Papers*, p. 208.

2　*The Rommel Papers*, p. 211.

4 天后，也就是 6 月 5 日，里奇对隆美尔的阵地发动大规模进攻。可是这次进攻仍然犯下了逐次增兵的错误，而守军则得以利用很长的战斗间隙重新组织和加强阵地。进攻计划过于复杂，执行上纰漏不断，英军最终发动了一系列过于直接且缺乏协调的连续进攻，被守军各个击破。第二天，英军坦克兵力已经瓦解，400 多辆坦克因战损和故障只剩下 170 辆。而隆美尔则利用英军的混乱状态在第一个夜晚就突然发动一次钳形反攻，击溃了印度第 5 师的一个旅，然后绕到另一个旅背后，并于第二天消灭了这个旅及全部师属支援火炮。猎物丰厚异常，包括 4 个团的炮兵和 4000 名俘虏。

英军各装甲旅在这次作战中被牵制住了。他们的救援行动零星而不协调，英国第 7 装甲师师长梅塞维在前一天晚上德军坦克袭击印度第 5 师师部时被逐出战场，这就使得英军陷入了更加失控的状态，梅塞维在这次战役中已经第二次暂时退出舞台了。

与此同时，隆美尔也在对第 8 集团军的另一处重要阵地做"截肢手术"。拔掉西迪穆夫塔的据点后，隆美尔立即在 6 月 1 日夜间派出一个德国战斗群和的里雅斯特师进攻战线最南端第 1 自由法国旅驻守的更加孤立的哈凯姆井据点。这个任务极端艰巨，隆美尔本人不得不赶赴前线亲自指挥突击部队，他说："在非洲其他地方，我从没经历过如此激烈的战斗。"直到第 10 天，他才突破防御，而大多数法军则在夜色的掩护下溜走了。

现在隆美尔又可以按照自己的意愿去重新发动一场距离更长的攻势了。尽管英军在获得新的增援后所拥有坦克数量已恢复到 330 辆，是非洲军剩余坦克的两倍多，但他们的信心已经严重动摇，德国人开始嗅到了胜利的气息。6 月 11 日，隆美尔向东进击，并于次日把 3 个英军装甲旅中的 2 个逼进了两个德军装甲师之间的狭窄死角，而他则可以用向心交叉火力打击英军。英军本可以努力尝试突围，却在此时再次丧失了指挥，因为梅塞维在前去面见集团军司令的路上遇到了挺进的德军，和自己的部队分割开来了，这已是 3 周里梅塞维第三次遇到这种状况了。到 12 日下午，英军 2 个装甲旅被围，其残部逃脱，而前来增援的第三个旅在德军精心布置的防御阵地前遭到重创。13 日，隆美尔向北回转把英军挤出了骑士桥据点（Knightsbridge Box），并继续打击英军装甲部队残部。夜幕降临时，英军装甲部队只剩下不到 100 辆坦克。隆美尔在坦克兵力上第一次占据了数量优势，而且他占领着战场，因而可以回收并修复很多损坏的坦克。这是英军所做不到的。

6 月 14 日，隆美尔派遣非洲军向北越过阿克罗马（Acroma）向海岸公路挺进，驻守贾扎拉防线的两个师现在面临着迫在眉睫的被切断和包围的危险。但这次挺进被那里的雷场耽搁了，非洲军直到下午很晚才通过雷区，当时，装甲部队太疲惫了，夜间一停下来就睡着了，完全不顾隆美尔继续前进切断海岸公路的命令。对南非部队来说，这是非常幸运的，他们的摩托化运输纵队整个晚上都在海岸公路上不断地向东滚滚而过。但是清晨，德军装甲部队继续向海岸进发，还是切断了他们后卫一部。贾扎拉防线上的另一个师第 50 师向西打过意大利人的防线，然后向南绕了一个大圈子，再向东撤向埃及边境，这才成功突围出来。

第 1 南非师在沿着海岸公路脱身出来以后也继续向 100 多英里外的埃及边境（在托卜鲁克以东 70 英里）撤退。

如此大踏步的撤退违背了奥金莱克的意图，他在给里奇下达的指示中要求第 8 集团军应该在托卜鲁克以西集结并固守一条防线。可是里奇没有告诉总司令贾扎拉防线上的各师正在返回埃及边境，等到奥金莱克获悉此事时，一切已经太晚，他已来不及制止他们了。更糟糕的是，英军部队"两头都落了空"。

6 月 14 日英军正在撤退时，丘吉尔先生发来一封强硬的电报声称："任何情况下都不得放弃托卜鲁克，这一点是不容置疑的。"15 日和 16 日，他又在电报里重复了以上警告。这种来自伦敦的远程指挥铸成了大错。因为英军在大部撤向边境的同时，于托卜鲁克匆匆留下了第 8 集团军的一部坚守，这就给了隆美尔机会，在托卜鲁克的防务还没来得及组织好之前一举消灭这支孤立的守军。

在隆美尔指挥之下，德军装甲部队在打到海岸之后再次迅速向东进攻，绕过托卜鲁克防线，或攻克或孤立了第 8 集团军在后方设立的各处据点，继而夺取了托卜鲁克以东的甘布特（Gambut）机场。这次进军中，德军驱散英军各装甲旅的残部，但没有追击他们，而是任由他们向边境撤退。隆美尔一占领甘布特机场就挥兵西向，以极快的速度进攻托卜鲁克。托卜鲁克得到加强的守军包括克勒珀（Klopper）将军的第 2 南非师（编成中包括印度第 11 旅）、近卫旅和拥有 70 辆坦克的集团军属第 32 坦克旅。可是守军看到隆美尔的装甲部队向东开去，没有料到会遭到进攻，因而也没有准备好迎击。6月20日凌晨5点20分，德军用炮兵和俯冲轰炸机对防御圈东南部展开飓风般的火力急袭，随后步兵发动进攻。到早晨8点30分，德军坦克通过防线上打开的缺口蜂拥而入，隆美尔本人就在现场指挥扩大战果。下午，装甲部队已经击溃了晕头转向的守军的抵抗并突入托卜鲁克城。第二天早晨，守军司令克勒珀将军得出结论，继续抵抗是徒劳的，撤退又不可能，于是做出投降的决定。虽然有零星小部队成功突围，但还是有3.5万名英军当了俘虏。

这场灾难之后，里奇幸存的部队头也不回地逃进埃及，而隆美尔则在后面紧追不放。从托卜鲁克缴获的大量物资有助于隆美尔的追击。非洲军参谋长拜尔莱因说，此时隆美尔80%的运输工具都是缴获的英国汽车。不过，缴获的物资虽然给他提供了运输工具、燃料和食品来保持部队的机动性，却无法让其部队恢复战斗兵力。6月23日，在打到埃及边境时，非洲军已经只剩下44辆可用的坦克，而意大利人只剩下14辆。不过，隆美尔还是下定决心要再次遵循"穷追逃敌"的名言。

陆军元帅凯塞林在托卜鲁克陷落前一天从西西里飞来，要求隆美尔在非洲不要继续前进，并归还他的空军部队，以便对马耳他发动之前获准的攻击。意大利驻非洲最高统帅部也不同意继续前进，巴斯蒂科实际上在22日向隆美尔下达过停止前进的命令，而隆美尔回答说自己无法"接受这一建议"，并开玩笑地邀请自己名义上的这位上司在开罗一起吃饭。他刚刚取得如此大捷之后，自然开得起这种玩笑，更何况，希特勒的总部已经发来消息说为奖励他的胜利，晋升他为陆军元帅。与此同时，隆美尔直接向墨索里尼和希特勒请求继续进攻。希特勒和他的军事顾问们对拟议中进攻马耳他的行动都很没有信心，觉得意大利海军在面对英国海军时未必会支援德军，而德军空投在马耳他岛上的伞兵将会因缺乏补给和援兵而陷入孤立的境地。一个月前，也就是5月21日，希特勒已经决定，如果隆美尔能成功占领托卜鲁克，那么进攻马耳他的"大力神作战"将被取消。墨索里尼在看到可以用不那么困难的行动来取代"大力神"这一艰巨任务后，也松了一口气，他急于拥抱更加光辉的前景。因此，隆美尔在24日凌晨接到无线电报称："领袖同意装甲集团军追击敌人并进入埃及的意图。"几天后，墨索里尼飞往德尔纳，同行的另一架飞机还运来了一匹白马，准备参加开罗的凯旋入城式。根据意大利人的记载，就连凯塞林似乎也觉得向埃及追击比攻击马耳他更加可取。

早在隆美尔到达边境之前，英军就已仓促撤离，由此可见，隆美尔大胆的行动是具有合理性的。这是反映士气效应的生动事例，也印证了拿破仑经常被人引用的那句名言"在战争中，士气对物质的比例是 3 比 1"。里奇在决定弃守边境地区时，给奥金莱克发电报说这是在"用空间换取时间"，此时，他在那里还有 3 个几乎未受损伤的步兵师，第 4 个新的师也正在赶来的路上，他所拥有的坦克 3 倍于非洲军。

可是托卜鲁克的消息深深地震动了里奇，促使他放弃了守卫边境的任何尝试。他是在 6 月 20 日夜间做出这项决定的，比克勒珀决定投降还要早 6 小时。

里奇的意图是在马特鲁港（Mersa Matruh）停下来，用边境地区撤下来的师，加上从叙利亚刚刚到达的第 2 新西兰师，跟隆美尔一决高下。可是 6 月 25 日晚间，奥金莱克从里奇手中接过了第 8 集团军的直接指挥权。在和主要参谋埃里克·多尔曼 - 史密斯（Eric Dorman-Smith）一起研究过这一问题后，奥金莱克取消了在马特鲁港坚守设防阵地的命令，决定在阿拉曼地区打一场更为机动的战役。这是一个困难的决定，因为要想把军队和物资调离，英军注定会遇到很多困难，而这一决定也肯定会在国内，尤其是白厅，引发新的恐慌。奥金莱克在做出这个决定时展现出了冷静的头脑和坚强的神经。从双方物质对比上来看，继续撤退的决定很难说是正确的，但考虑到马特鲁港容易被迂回的不利地形，以及双方士气的对比，这个决定可能是明智的。从边境地区撤回来的部队虽然没有完全丧失士气，但他们已经信心动摇，陷入了一种混乱的精神状态中。新西兰部队指挥官兼军事历史学家陆军少将霍华德·基彭伯格爵士（Sir Howard Kippenberger）看着这些部队在到达马特鲁地区时"混杂在一起，已经毫无组织"，他"没有看到任何一支完整的战斗部队，不论是步兵、装甲兵或者炮兵"。[1]隆美尔不给他们重新组织的时间，他追击的速度让里奇放弃边境"用空间换取时间"的想法化为泡影。

隆美尔一得到罗马的授权令，就于 6 月 23 日到 24 日夜间越过边境，在月光下穿越沙漠，到 24 日夜间，他已经挺进了 100 多英里，紧跟着撤退的英军，到达西迪巴拉尼以东很远处的海岸公路，不过他只截住了英军后卫的一个尾巴。第

1　Kippenberger: *Infantry Brigadier*, p. 127.

二天夜晚，他的部队已经接近英军在马特鲁港及其南方占领的阵地。

马特鲁港很容易被迂回，因而戈特第 13 军的机动部队奉命驻扎在南面的沙漠，由新西兰师负责支援，而马特鲁港本身则由霍尔姆斯的第 10 军用两个步兵师防守。两个军之间有一处将近 10 英里的缺口，由雷场加以掩护。

德军没有时间进行一场精心准备的进攻。隆美尔兵力不足，只有靠速度和奇袭来弥补。英军的坦克已经恢复到 160 辆，其中将近一半是格兰特式，而他自己只有不到 60 辆德国坦克，其中四分之一还是轻型的二号坦克，再加上一小撮意大利坦克。隆美尔的 3 个师步兵人数加在一起才 2500 人，而 6 个意大利师步兵总数也只有大约 6000 人。要想用这样薄弱的兵力发动进攻，就必须依赖胆略——而胆略如果得到速度和士气效应的帮助，便能带来胜利。

3 个大受削弱的德国师领头前进，在 26 日下午发动进攻。其中 2 个师到达了上文提到的英军防线缺口对面。第 90 轻装师幸运地到达雷区最薄的地段。到午夜时分，这个师已经越过雷区 12 英里了。（第二天早晨，它再次抵达海岸公路，封锁了英军由马特鲁后撤的直接路线。）第 21 装甲师遇到了双重雷区，用了比较长的时间才通过，但到天亮时，也已经推进了 20 英里远。其后，它迂回到了位于明阔卡伊姆（Minqar Qaim）的新西兰师的背后，击溃了新西兰师的部分运输车队，然后被阻挡住了。更靠南的第 15 装甲师遭遇英军装甲部队，因而在这一天的大部分时间里都无法前进。但是，第 21 装甲师深远且迅速的突破对英军后撤路线造成了威胁，下午，戈特只得下令撤退，可是，撤退迅速演变成了毫无组织的溃逃。新西兰师被孤立地丢在后面，不过在天黑以后，成功突破了敌人薄弱的包围圈。马特鲁的第 10 军直到第二天拂晓时才听说第 13 军已经撤退，而此时，它的退路已经被封锁了 9 小时。不过，将近三分之二的马特鲁守军在那天夜里利用夜色的掩护，分成小股向南成功突围。可是，还是有 6000 人当了俘虏，这一数字比隆美尔整个进攻部队人数还多，英军还留下了大批给养物资和装备，让隆美尔大获其利。

与此同时，隆美尔的装甲矛头继续挺进，其速度十分之快，英军甚至无法在富卡停下来抵挡一阵。28 日傍晚，德军到达海岸公路，截住并消灭了一个印度旅的残部，这个旅在进攻开始时就已被德军击溃，第二天早晨，德军包围了几支从马特鲁逃出来的英军纵队。第 90 轻装师被留下打扫马特鲁战场，在下午重新沿着海岸公路向东前进，到午夜已经推进了 90 英里，超过了德军的装甲矛头。第二天（6 月 30 日）早上，隆美尔兴高采烈地给自己妻子写信说："还有 100 英里就到亚历山大港了！"那天傍晚，他离目标只有 60 英里，埃及的锁匙似乎已在他的掌握之中。

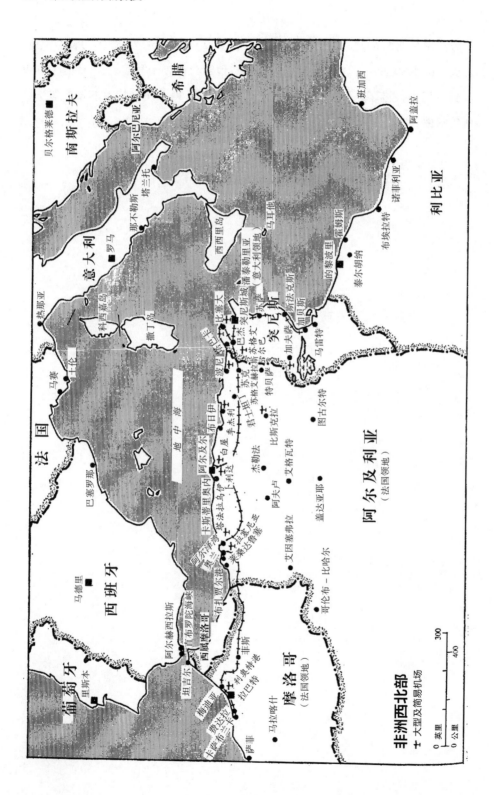

非洲西北部
╈ 大型及简易机场

0 英里   300
0 公里   400

第 20 章

非洲的转折

6月30日，德军一边等待意大利军队到达，一边慢慢逼近阿拉曼防线。这一次，隆美尔为了收拢实力而短暂停下攻势，结果错失了良机。因为那天早晨，英军各装甲旅的余部仍待在海岸公路以南的沙漠里，根本不知道他们的撤退路线已被隆美尔的装甲部队遮断。德军兵力实在单薄，他们这才得以逃脱被包围俘获的命运，并撤回阿拉曼防线的庇护之下。

隆美尔之所以暂时停下攻势，可能是因为关于英军防御阵地强固程度的错误情报。这条防线实际上由 4 处据点构成，从海边绵延 35 英里一直通往盖塔拉（Qattara）洼地，洼地的盐沼和松软的沙子可以限制敌军的侧翼迂回。最大最强的据点在阿拉曼海岸边，由第 1 南非师把守。第 2 个阵地强固程度相仿，是在南边的代尔谢因（Deir el Shein）新建的，由印度第 18 旅把守。再往南 7 英里处的第三个阵地叫作"盖塔拉之门"（the Bab el Qattara Box），由第 6 新西兰旅把守，德军把这里称作"卡拉特阿布德"（Qaret el Abd）。最后，又隔 14 英里，有一处名为纳克卜德维斯（Naqb el Dweis）的阵地，由印度第 51 师的一个旅防守。负责掩护各处阵地之间空隙的是一连串小规模机动化纵队，他们来自这 3 个师和马特鲁港守军两个师的残部。

7月1日，在制订进攻计划时，隆美尔并不知道新建于代尔谢因的据点，也不知道英国装甲兵曾经被自己的挺进遮断撤退道路，现在才刚刚回到阿拉曼。所以他预计英军装甲部队有可能被部署在南方掩护侧翼。根据这个判断，他计划在那里发动佯攻，然后非洲军迅速北移，在阿拉曼和盖塔拉之门中间的地段突破英军防线。但是非洲军在路上遭遇了"未知的"代尔谢因阵地，被挡到夜间才攻克

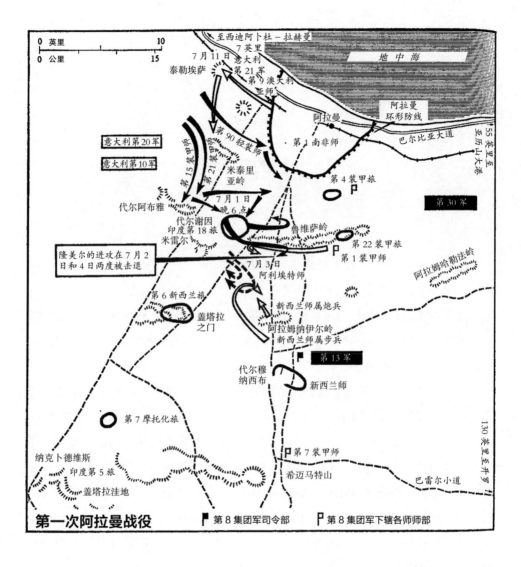

第一次阿拉曼战役

英里 0 ——— 10

公里 0 ——— 15

至西迪阿卜杜－拉赫曼
7英里
7月11日 意大利
泰勒埃萨 第21军
第9澳大利亚师

地 中 海

阿拉曼
环形防线

阿拉曼

巴尔比亚大道

第1南非师

55英里至亚历山大港

意大利第20军
意大利第10军

第90轻装师

第15装甲师
第21装甲师
米泰里亚岭

第4装甲旅

第30军

代尔阿布雅

7月1日
晚6点

代尔谢因
印度第18旅
米雷尔

鲁维萨岭

第22装甲旅
第1装甲师

阿拉姆哈勒法岭

隆美尔的进攻在7月2日和4日两度被击退

7月3日
阿利埃特师

第6新西兰旅

盖塔拉
之门

新西兰师属炮兵

阿拉姆纳伊尔岭
新西兰师属步兵

第13军

代尔穆纳西布

新西兰师

第7摩托化旅

130英里至开罗

纳克卜德维斯
印度第5旅

盖塔拉洼地

希迈马特山

第7装甲师

巴雷尔小道

🚩 第8集团军司令部　🚩 第8集团军下辖各师师部

这处阵地，大多数守军投降。但是，他们坚守的时间已经足以打破隆美尔快速突破并扩张的期望。英军装甲部队到得太晚，救不了代尔谢因，但其出现仍然阻止了非洲军继续前进。隆美尔下令乘月光继续前进，可是英军飞机利用月光轰炸并驱散了德军的补给纵队，隆美尔的这个意图也没有得逞。

7月1日（星期三）那天是整个非洲战局中最危险的一天。与8月底再次击退隆美尔进攻的战役及导致隆美尔最终撤退的10月大战相比，这次作战更配得上转折点这一称谓——10月的大战因为结局显然更富有戏剧性而独得了"阿拉曼战役"之名。实际上，有一系列的"阿拉曼战役"，而这"第一次阿拉曼战役"是最关键的。

隆美尔打到阿拉曼的消息使英国舰队驶离亚历山大港，穿过苏伊士运河撤到红海。烟柱从开罗各军事指挥部的烟囱里腾空而起，这是因为英军正在匆忙烧毁文件。英军战士颇为黑色幽默地把这一天称为"灰烬星期三"（Ash Wednesday）。"一战"的老兵还记得这一天是1916年索姆河攻势发动的周年纪念日，那一天英国陆军损失了6万人，是英军历史上单日损失最惨重的一天。开罗的老百姓看到雪片一样飞落的烧焦的黑色纸屑，自然会将其当作英国人正在撤离开罗的信号，于是急于逃难的人群挤满了埃及火车站。外部世界听到这样的消息，便以为英国已经输掉了中东的战争。

但是到了日落时分，前线局势已经变得更有希望，守军鼓起了信心，这和后方的一派恐慌景象形成鲜明的反差。

7月2日，隆美尔继续进攻，但非洲军尚能作战的坦克只剩不到40辆，部队也疲惫至极。德军新的进攻直到下午才真正发动，可是很快便停顿了下来，因为他们看到了两支英军坦克大部队，一支拦在前进道路上，另一支在迂回侧翼。奥金莱克冷静地评估局势，找出隆美尔进攻部队的弱点，部署了这次反攻，希望能借此扭转乾坤。他的计划在执行时走了样，没有按照预定的意图发展，令他失望不已，但也确实使隆美尔的目标落空了。

7月3日，隆美尔又做了一次努力，但非洲军到那时只剩下26辆坦克还能作战，那天上午向东的进攻被英军装甲部队所阻，不过下午再次进攻时，倒是推进了9英里才停了下来。阿利埃特师试图发动向心突击但被击退，战斗中，第19新西兰营突然对阿利埃特师的侧翼发动反攻，几乎缴获了这个师的全部火炮——"剩下的人在慌乱中四散奔逃"[1]。这次崩溃是轴心国军队过度绷紧的明证。

第二天，也就是 7 月 4 日，隆美尔在家信中忧郁地写道："不幸的是，形势没有像我们希望的那样发展。敌军抵抗太强烈，而我军的兵力已经枯竭。"英军不但挡住了他的进攻，还以反攻还以颜色。他的部队过于疲惫，兵力也过于微弱，此时不足以发动新的进攻。隆美尔被迫停止进攻让部队稍事喘息，这意味着给奥金莱克时间把增援部队调上来。

奥金莱克重新掌握了战场主动权，在援兵到达之前，他就几乎已经彻底扭转了胜负的局面。他的计划与前一天的做法大致相仿——诺里的第 30 军负责挡住非洲装甲集团军的进攻，戈特的第 13 军则在南方北上打击敌军的侧背。但这一次装甲部队主力留在北方受第 30 军指挥，13 军则掌握最近改组的第 7 装甲师，现在这个师是一个"轻装甲师"，掌握一个摩托化旅，拥有装甲汽车和斯图尔特坦克。这个师缺乏冲击力，但是拥有快速深远的机动性，可以在强大的新西兰师攻击敌军侧翼时，迂回到背后。

不幸的是，英军的无线电保密工作做得不够，德军的监听部门截获了奥金莱克的计划并向隆美尔汇报。隆美尔把第 21 装甲师撤回来迎击英军的包抄行动，而德军的对策又让英军前线指挥官们在执行奥金莱克的决定性作战计划时表现得更加犹豫。在北方战线，英军也显露出了类似的犹豫。当第 21 装甲师回到当面时，第 1 装甲师的一些斯图尔特坦克开始推进，这次并不重要的推进产生了重要的影响，第 15 装甲师的战斗兵力现在只剩下 15 辆坦克和大约 200 名步兵，这支羸弱的部队中突然爆发了恐慌。这样一支身经百战的部队居然会陷入如此恐慌，足见德军紧绷的程度。但英军的装甲师和军都没有抓住机会全线反攻，这样的反攻很可能会决定这次战役的胜负。

当天晚上，奥金莱克用比以往更加不容置疑的口气命令部下把进攻进行到底，他在命令中说道："我们的任务依旧是在尽可能靠东的地区消灭敌人，不让他们作为一股完整的力量逃跑……绝不给敌人喘息之机……第 8 集团军将进攻并把敌人消灭在目前的阵地上。"可是，他没能把自己充沛的斗争精神通过指挥链条灌输给下级。他把自己的战术指挥部转移到离 30 军军部不远的地方，但是那

---

1 *The Rommel Papers*, p. 249.

里离前线仍然有将近 20 英里，离南方的第 13 军军部的距离也差不多。德国非洲装甲集团军司令部离前线只有 6 英里，隆美尔本人经常上前线和前方部队待在一起，亲自推动其前进。不论在德国还是在英国，比较正统的军人都批评隆美尔的行为，认为他不应该经常远离指挥部，更不应该热衷于亲自掌握战斗进程。可是，这种直接控制正是他取得极大成功的主要原因，当然，他自己因此遇到过一些麻烦。它在现代战争中复活了古代名将的做法和个人影响力。

7 月 5 日，在贯彻奥金莱克的命令和目标时，第 13 军无所建树，第 30 军所做更少。新西兰师各旅预定领先进攻隆美尔的后方，可是没有收到关于总司令作战意图和期望他们发起决定性行动的任何通知。我们可以批评奥金莱克把装甲部队主力留在 30 军指挥下，而不是调给 13 军增强计划中的后方攻击，可是我们没有理由认为这些装甲部队在那里能比在中部发挥更大的活力，而且考虑到德军的虚弱，英军在中部的积极进攻很可能会奏效。第 1 装甲师的坦克数量现在已经增加到 99 辆，而面对它的德军第 15 装甲师只剩下 15 辆坦克，整个非洲军也只有不到 30 辆坦克。

之所以如此，最好的理由是长期紧张战斗之后的疲惫，这也可能是真正的原因。在这个关键的战役第一阶段，双方都疲惫不堪，最终陷入了僵持。

总而言之，这种僵持对轴心国部队来说可能短期是有利的，但长远来看终归是不利的。表面上看，英军的处境可谓前所未有的绝望，但实际上，到 7 月 5 日那天，隆美尔的部队离全面崩溃比离全面胜利更近。

在随后的短暂平静期内，剩下的意大利步兵师赶了上来，接管了现在处于静态的北部地区防线，这样德军就能腾出手来在南部发动隆美尔计划中的突击。但是，直到 7 月 8 日他试图发动进攻时，3 个德国"师"的兵力也只增长到不足 50 辆坦克和大约 2000 名步兵，7 个意大利"师"包括新到达的利托里奥装甲师在内也只有 54 辆坦克和大约 4000 名步兵。而英军有两个新的团，以及新到达的第 9 澳大利亚师的增援，这个师在 1941 年积极地防御过托卜鲁克，英军坦克总数已增加到 200 辆。澳大利亚师被配属给第 30 军，该军军长已换成了陆军中将 W. H. 拉姆斯登（W. H. Ramsden），他之前是第 50 师师长。

隆美尔这次的作战意图转到南方，这正中奥金莱克的下怀，奥金莱克的新计划是使用澳大利亚师沿海岸公路向西进攻。当德军向南调动时，新西兰部队向东撤离盖塔拉之门阵地，这样，德军 7 月 9 日发动的进攻只会在那里扑空。

第二天早上，奥金莱克在海岸发动进攻，很快就击溃了当面的意大利师。虽然匆忙赶来的德军挡住了澳军，并夺回了部分被占领的地段，但是隆美尔在己方海岸公路补给线面临严重威胁的情况下，还是只能放弃向南方发动突击的计划。奥金莱克马上准备扩大战果，对准隆美尔现在实力减弱的位于鲁维萨岭（Ruweisat Ridge）上的中央阵地发动突击。但是设计良好的计划再次被下级指挥官的无能所累，英军步兵和装甲兵之间也缺乏有效的配合，而这种配合正是德军成功的秘诀。

英军各部队之间战术配合不佳，长期以来，步兵越来越怀疑，自己在前进途中遭到德军装甲部队反击时，能否得到己方装甲兵的支援：

> 当时，不仅新西兰师，整个第 8 集团军都特别不信任甚至憎恨我们的装甲兵。到处都可以听到其他兵种在战斗中被装甲兵抛弃的故事，坦克绝不会在被需要的时候及时出现，这几乎已经成了一个公理。[1]

即便如此，英军的突击和威胁还是耗尽了隆美尔本已贫乏的资源，而他尝试在北部发动的反攻也没有取得什么成果。英军坦克尽管在迎战进攻己方步兵的德国坦克时行动迟缓，但它们成功地把意大利军队吓得大批投降。隆美尔在 7 月 17 日的家信中写道：

> 目前一切对我来说都糟糕透顶，起码在军事上是这样。敌人正在运用他们的优势，尤其是步兵方面的优势，把意大利部队一一摧毁，而德国部队又太弱不能独自作战。形势真是让人想大哭一场。[2]

第二天，第 7 装甲师对隆美尔的南方侧翼构成一个新的威胁，德军实力进一步捉襟见肘。与此同时，奥金莱克准备使用刚刚到达的援兵发动一次新的更大规

1　Kippenberger: *Infantry Brigadier*, p. 180.

2　*The Rommel Papers*, p. 257.

模的攻势。新的进攻目的还是在中部达成突破，但这次突破点选在了鲁维萨岭的南侧，矛头指向米雷尔（El Mireir）。刚刚到达的第 23 装甲旅（装备有 150 辆瓦伦丁坦克）将负责这次进攻，不过，它 3 个团里的 1 个将被调去帮助澳大利亚师在北部的米泰里亚岭发动助攻。

在这个坦克旅和给其他部队的补充到达之后，第 8 集团军现在拥有将近 400 辆坦克，让这次进攻成功的希望大增。隆美尔的坦克兵力比对手知道的还弱，整个非洲军也剩下不到 30 辆。不过，凭借判断力和运气，它们被正好部署在英军主突方向上，而且事实上，英军只有一小部分坦克在那里真正投入了战斗。

奥金莱克这次的计划是，先用新西兰师向北发动侧翼进攻，削弱德军防御，然后再以步兵（印度第 5 师）沿鲁维萨岭及其南面的山谷直接推进，并以宽正面夜袭突破隆美尔的战线中央。其后，新的第 23 装甲旅将在白天冲到山谷另一头的米雷尔，而第 2 装甲旅则将赶上来扩大战果。这个计划的想法很好，可是需要将整个过程的各个细节仔细敲定，而英军根本做不到这点。在军里召开的作战会议上，与会人员没能充分协调好各个步骤，戈特手下的指挥官们对各自承担的任务一知半解。

进攻在 7 月 21 日夜间发动，新西兰部队完成了他们的任务，可是德军坦克开了上来乘夜反攻，引发了混乱。白天，德军打击了位置最突前的新西兰旅，而预定掩护新西兰部队进攻侧翼的第 22 装甲旅不在现场。和德国人不一样，第 22 装甲旅的旅长声称坦克不能在夜间行动。

与此同时，印度第 5 师的夜袭没能完成任务。更糟糕的是，它没能在雷区为随后跟进的第 23 装甲旅清扫出一处缺口。清晨，第 40 和第 46 皇家坦克团在向前挺进时迎面遇到退下来的印度部队，却未能从他们那里得到前进道路上雷场是否已经被清理的准确消息。他们就勇敢地向前闯去，发动了一场被颇为仰慕的新西兰人贴切地称为“真正的巴拉克拉瓦冲锋”的进攻。他们很快发现雷场没有被清除，自己陷入三重陷阱之中：闯进雷区，置身于德军坦克和反坦克炮的猛烈火力之下，还进退不得。只有 11 辆坦克退了回来。这场时乖命蹇的进攻唯一起到的正面作用是，这两个新的皇家坦克团让步兵，尤其是新西兰步兵，重拾了对英军坦克兵的信心，觉得自己在需要的时候不会因装甲兵指挥官的过度小心而被抛弃。这个旅的另一个团在北部的进攻中表现出了同样的进攻精神。可是代价是非常高昂的，那一天英军总共有118辆坦克被摧毁，德军只损失了3辆。即便如此，英军坦克兵力还是10倍于隆美尔。可是进攻刚开始就被打败，让各级官兵都变得灰心丧气，英军没有利用自己压倒性的优势兵力发动更多的进攻。

经过4天的休整与编组，英军再次在北面发动突击，尝试突破隆美尔的防线。进攻刚开始一切顺利，澳大利亚部队借月光占领了米泰里亚岭，他们南面友邻第50师也有所斩获。可是原定越过步兵继续进攻的第1装甲师师长觉得雷区的缺口还不够宽。他的耽搁搞砸了整个进攻。直到上午时间过去了一半，领头坦克才开始越过雷区，然后就被匆匆赶来北面的德军坦克钉死在原地。已经越过雷区的步兵被切断，然后被德军的反攻打得落花流水。与此同时，澳大利亚部队也被赶下山岭，其中一部还被包围了。

奥金莱克虽然不情愿，但还是决定中止进攻。经过长时间战斗，很多部队都显露出了疲惫的迹象，越来越容易在被包围后投降。很明显，在如此窄的正面上，防守一方拥有战术优势，而这种优势又随着德国增援终于到来而变得更大——到8月初，隆美尔的坦克兵力相较7月22日时增加了5倍。

英军进攻虽然失败，但他们的形势比战役开始时改善了太多。隆美尔以最后一句话判定了此战中英军的得失："在此次阿拉曼地区的战斗中，英军的损失高于我们，但是对于奥金莱克来讲，代价并不算太大，对他来说最重要的是制止我军的前进，很不幸，这一点他做到了。"[1]

在7月的阿拉曼战役中，第8集团军损失了1.3万人，但也抓了7000名俘虏，其中包括1000名德国人。如果英军能够更加有力且高效地执行作战计划，那么代价会小得多，战果也会更大。可是，就算打成这样，双方的总损失相差并不大，而隆美尔更难承受这种损失。他所遭受的这一挫折是致命的，因为英国方面的增援正在潮水般地涌进埃及。

他本人的叙述清晰地表明自己在7月中旬有多么接近失败。7月18日，他在写给妻子的家信中说得更清楚："昨天是特别艰难且关键的一天。我们又挺过来了。可是不能总这样，否则前线迟早有一天会崩溃。从军事角度来说，这是我经历过的最难熬的一段时间。当然，援兵就要来了，可是我们能不能活着看到那

---

1 *The Rommel Papers*, p. 260.

一天还是一个问题。"[1] 4 天后，德军在预备队变得更少的情况下，还要迎接一次更大的进攻，但是，他们幸运地挺过来了。

隆美尔在接下来的叙述中高度赞扬了英军总司令："奥金莱克将军在阿拉曼亲自接管了指挥权，他以相当高超的技巧指挥部队……似乎他在以非常冷静的头脑来判断局势，因为他从不允许自己因我们的行动而仓促地接受某种'二流的'应对方案。在后来的战事中，这一点表现得非常明显。"[2]

可是，奥金莱克在他智计多端的首席参谋军官多尔曼－史密斯辅佐下设计出来的一个接一个"一流的"应对方案，却被三流的执行者所误。指挥链条的纵向传达也不顺畅。出现这种梗阻的一个重要原因是，英军由英联邦中各国部队混杂而成，士兵们都处于紧绷的状态，而指挥官则被来自各自政府的焦急的问题和警告困扰。在最近几个月不愉快的战争经历之后，出现这样的焦虑是很自然的事情，但这毕竟倍增了战争的摩擦。

7 月的战斗结束后，英军内部充满了失望情绪，人们自然再次想起 6 月灾难后得出的结论，即指挥官的能力太过糟糕，认为需要对高层指挥进行重大改组。通常，批评意见会集中针对最高层，而不是真正发生滑坡和错漏的下面。需要重振部队士气这个理由倒是更有道理，因为奥金莱克反攻的失败再次动摇了部队的信心。在这种情况下，撤换指挥官是最容易的给部队注入兴奋剂的办法，不管这对被撤职的指挥官有多么不公平。

丘吉尔决定飞往埃及评估形势，8 月 4 日，他抵达开罗，这一天是英国参加第一次世界大战的周年纪念日。尽管丘吉尔承认并明确表示奥金莱克"制止了不利的狂潮"，但回头看来，潮水是否真正转向在那时其实还不是那么明显。隆美尔仍然驻军在离亚历山大港和尼罗河三角洲只有 60 英里的地方，令人十分不安。丘吉尔当时已经在考虑撤换指挥官，当他发现奥金莱克强烈抵制他尽早发动进攻的压力时，这一倾向变成了决定。奥金莱克坚持说，进攻必须推迟到 9 月，这样可以让援兵有时间适应形势并在沙漠条件下进行一些训练。

丘吉尔与应邀飞来埃及的南非总理史末资（Smuts）元帅进行了商讨，并在

1　*The Rommel Papers*, p. 257.

2　*The Rommel Papers*, p. 248.

后者的影响下最终下定了决心。他起初想要任命极为干练的帝国总参谋长陆军上将艾伦·布鲁克爵士——可是布鲁克因为某些微妙的动机和政策规定，不想离开陆军部接替奥金莱克的职务。于是经过进一步商讨，丘吉尔给伦敦战时内阁的其他成员发电，建议任命亚历山大为总司令，让戈特指挥第 8 集团军——这个选择令人惊讶，因为在最近的战斗中，这位英勇的军人作为军长的表现相当糟糕。可是第二天，戈特在飞来开罗的途中死于飞机失事。幸运的是，蒙哥马利被从英国调来填补空缺。另外还有两位新的军长被调来——陆军中将奥利弗·利斯爵士（Sir Oliver Leese）接手第 30 军，陆军中将布莱恩·霍罗克斯（Brian Horrocks）填补第 13 军军长的空缺。

但是讽刺的是，这些人事变动反而让英军的反攻被推迟到比奥金莱克建议的更晚的日期。缺乏耐心的首相不得不屈从于蒙哥马利坚定的决心，即一定要等到部队全部完成准备和训练。这就意味着把战场主动权让给隆美尔，让他再次得到一个机会，在所谓"阿拉姆哈勒法战役"中追逐胜利，但实际上，这场战役只不过给了他"足够长的吊死自己的绳子"。

8 月，只有一个德军伞兵旅和一个意大利伞兵师到达增援隆美尔。两支部队都没有运输工具，只能被用作步兵。不过，新兵和新装备的到来还是在相当程度上弥补了参战各师的损失，当然，意大利师得到的增援要远大于德国师得到的。隆美尔计划 8 月底发动进攻，进攻前夕，他的两个德国师总共有 200 辆装备火炮的坦克，两个意大利装甲师则有 240 辆。意大利坦克还是陈旧的型号，现在已经更加过时了，但德国的三号坦克中有 74 辆装备了长身管 50 毫米主炮，还有 27 辆四号坦克装备有新型长身管 75 毫米主炮。这在质量上是一个飞跃。

但是，英军在前线的坦克兵力已经增长到 700 辆（其中 160 辆是格兰特式）。最终，在这次短暂的装甲战中，只有大约 500 辆正式参与了作战。

筑垒防线还是由 7 月的那 4 个步兵师防守，这几个师的兵力已经得到了补充，第 7（轻）装甲师还在前线，第 1 装甲师则已撤回后方整补，由 A. H. 盖特豪斯（A. H. Gatehouse）少将的第 10 装甲师接替，这个师有两个装甲旅，分别是第 22 装甲旅和新到的第 8 装甲旅，战斗开始后，重新装备后的第 23 装甲旅也被划归第 10 装甲师指挥。另有一个新到达的步兵师也被调上来，守卫阿拉姆哈勒法山脊上的后方阵地。

英军没有对多尔曼 – 史密斯设计、奥金莱克批准的防御体系做出太大的改动。战役胜利后，有很多报道说指挥层换人后，防御计划被全盘更改过。所以这里应该强调指出，亚历山大在他的电报里诚实地陈述过事实，粉碎了这些报道和声明。他说自己从奥金莱克手中接过指挥权时：

> 我军的作战计划是，尽量坚守大海和鲁维萨岭之间的地区，从阿拉姆哈勒法岭上事先构筑的强固筑垒地域出发，威胁任何敢于从鲁维萨岭以南进攻的敌人侧翼。新任第 8 集团军司令蒙哥马利原则上接受了这个计划，我对此也同意，并希望如果敌人给我们足够的时间，他可以尽量加强我们的左翼或者说是南翼，来改善我们的阵地。[1]

阿拉姆哈勒法的阵地在隆美尔进攻之前得到了加固，不过这里的防御没有遭到德军猛烈进攻，因为，决出此战胜负的关键在于，装甲部队是否选择了合适的阵地并进行有效的防御。

防线北部和中部地段的工事极其坚固，只有在新西兰部队防守的位于阿拉姆纳伊尔岭（Alam Nayil Ridge）上的阵地和盖塔拉洼地之间的那一段 15 英里的南部地区，德军的快速突破才能有希望取得成功。因此，隆美尔必然会采用这条进攻路线。这是显而易见的，奥金莱克在制订防御计划时正是想达成这一效果。

既然无法出其不意地选择目标点，隆美尔就不得不依靠时间和速度来达到攻敌不备的效果。他希望能快速突破南翼并遮断第 8 集团军的交通线，以便让英军失去平衡，防御瓦解。他的计划是，以夜袭占领雷区，然后非洲军携意大利机动军一部向东突进，于拂晓前推进约 30 英里，然后折向东北方向进攻海岸附近第 8 集团军的后勤补给地区。他希望这一威胁可以吸引英军装甲部队发动追击，从而让自己有机会设置陷阱摧毁他们。与此同时，第 90 轻装师和意大利机动军的其余部队将组成一道强大的保护性屏障防止英军从北方发动反击，直到他在英军后方赢得坦克战为止。用他自己的话来说，他"寄希望于英军指挥部的反应迟钝，

1　Alexander: *Despatch*, p. 841.

经验告诉我们，他们总是需要一段时间才能下定决心并付诸行动"。

可是 8 月 30 日夜间进攻发起时，德军才发现，雷区比预想的要深。天亮时，隆美尔的矛头才越过雷区前进了 8 英里，非洲军主力要等到上午 10 点才能开始向东的猛冲。而到了那时，非洲军大批车辆正遭受着英国空军的猛烈空袭。军长瓦尔特·内林（Walter Nehring）刚开战不久就受伤，在战役剩余的时间里，指挥非洲军的是参谋长弗里茨·拜尔莱因（Fritz Bayerlein）中将。

隆美尔此时已经明了了，德军已经丧失了奇袭的效果，前进速度也大大落后于预定时间，便想放弃进攻撤出战斗。可是，在和拜尔莱因商讨后，隆美尔还是决定遵从自己的直觉，将进攻继续下去，当然，他还是调整了进攻路线并更换了比较有限的目标。很明显，英军装甲部队有充分时间占领战斗阵地，并从侧翼威胁深远突击的德军部队，因而隆美尔认为必须"比预定计划更早地向北转"。于是，他命令非洲军立即向北迂回，向阿拉姆哈勒法岭的制高点 132 高地前进。这次调转方向使德军进入了英军第 22 装甲旅的作战地域，那里是一片流沙区，坦克的机动性大受限制。按照原先计划的突击线路，德军本应远远地绕开这片"黏人"的地区。

第 8 装甲旅的战斗阵地在第 22 装甲旅东南方向大约 10 英里处，选择这个地点主要是为了正面阻止德军绕过英军防御，而不是从侧翼位置间接阻止或威胁德军突进。蒙哥马利之所以愿意把两个旅拉得这么开，是因为每个旅的坦克兵力几乎都和整个非洲军不相上下，所以应该能坚守到另一个旅前来支援。

但是第 8 装甲旅直到凌晨 4 点 30 分才到达指定阵地，幸运的是，德军也耽误了很久，因为按照隆美尔的原计划，非洲军本应在拂晓前到达这片地区。如果两军在夜色中遭遇，又或德军黎明时分发起攻击，当时还立足未稳的第 8 装甲旅就会陷入非常危急的境地，特别是，这个旅还是第一次参加战斗。

隆美尔比计划提前转向，结果德军的进攻直接并且唯一地打在了第 22 装甲旅头上——不过是在当天晚些时候。因为持续的空袭和载运油料和弹药的补给车队迟到，非洲军的前进严重受阻，他们直到下午才开始执行这次经过缩水的向北转向行动。德军在接近第 22 装甲旅的战斗阵地阿拉姆哈勒法时，坦克纵队遭到严阵以待的英军坦克和整个诸兵种合成旅级战斗群支援火炮交织而成的火力网猛击，这个旅的新旅长年轻的"皮普"·罗伯茨（'Pip' Roberts）娴熟地指挥着部队，

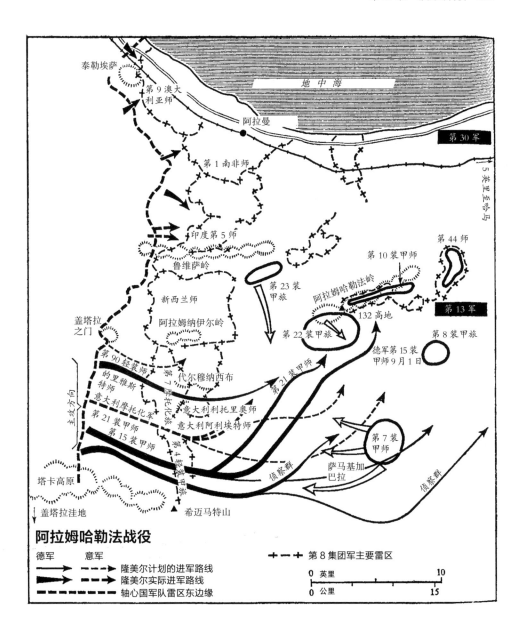

泰勒埃萨

第 9 澳大
利亚师

地 中 海

阿拉曼

第 30 军

5 英里至马鲁

第 1 南非师

印度第 5 师

第 44 师

第 10 装甲师

鲁维萨岭

阿拉姆哈勒法岭

第 13 军

第 23 装
甲旅

新西兰师

阿拉姆纳伊尔岭

132 高地

盖塔拉
之门

第 22 装甲旅

第 8 装甲旅

德军第 15 装
甲师 9 月 1 日

第 90 轻装师

主攻方向

代尔穆纳西布

的里雅斯
特师

第 7 摩托化旅

意大利摩托化军

第 21 装甲师

意大利托里奥师

第 7 装
甲师

第 21 装甲师

意大利阿利埃特师

第 15 装甲师

第 4 轻装甲旅

侦察群

塔卡高原

侦察群

萨马基加
巴拉

盖塔拉洼地

希迈马特山

阿拉姆哈勒法战役

德军	意军	
➡	⇢	隆美尔计划的进军路线
➡	⇢	隆美尔实际进军路线
▬	╍	轴心国军队雷区东边缘

╈╈╈ 第 8 集团军主要雷区

0　英里　　10

0　公里　　15

打退了德军多次进攻和局部侧翼迂回。夜幕降临后，守军赢得了来之不易的喘息之机，而德军进攻部队中弥漫着失望的情绪。

不过这次进攻失败也不仅仅是因为英军的英勇抗击，由于非洲军的燃料极度短缺，隆美尔在下午过去一半时取消了自己全力进攻占领 132 高地的命令。

到了 9 月 1 日清晨，德军燃料仍然短缺，隆美尔被迫放弃了在那天进行任何大规模作战的念头。他最多只能尝试用一个第 15 装甲师进行局部有限的进攻，试图攻克阿拉姆哈勒法岭。非洲军现在身陷非常难堪的险境，他们夜间遭受英军轰炸机的持续空袭，白天还不停地被霍罗克斯第 13 军炮击，损失不断上升。德军装甲部队虽然缩小了进攻的规模，但还是相继被得到增援的英军所阻，因为那天早上蒙哥马利确信敌军不会向自己的后方继续包抄，下令另外两个装甲旅赶来和罗伯茨会合。

下午时分，蒙哥马利“命令准备开始反攻以夺回主动权”。他的想法是从新西兰部队的阵地向南旋转，堵上德军涌进来的瓶颈。他还命令把第 10 军军部调来准备“指挥一支追击部队”，这支部队“准备好使用一切后备力量向达巴（Daba）进攻”。

隆美尔现在手边只剩下一天的燃料，只够各部队运动大约 60 英里。所以在经历了第二个被不间断轰炸的夜晚之后，他决心停止进攻，逐渐后撤。

在白天，德军面对阿拉姆哈勒法的部队逐渐减少，开始向西运动。英军请求追击，但被驳回，蒙哥马利的策略是避免装甲部队像以前经常发生的那样被引进隆美尔的圈套。同时蒙哥马利下令新西兰师在其他部队支援下，于第二个晚上，也就是 9 月 3 日到 4 日夜间开始向南进攻。

但是隆美尔的部队在 9 月 3 日开始全面撤退，而追击他们的只有英军巡逻部队。当晚，英军对德军后卫第 90 轻装师和的里雅斯特师发动“瓶塞”进攻。这次进攻异常混乱，英军损失惨重，只得停止。

此后两天，也就是 9 月 4 日和 5 日，非洲军继续撤退，英军只限于使用小股前锋以非常谨慎的方式跟踪追击，没有再试图将其切断。6 日，德军在进攻出发线以东 6 英里处的高地停了下来，明显想要在这里打一仗。第二天，蒙哥马利决定结束战斗并获得亚历山大批准。所以隆美尔得以在南部保有一小块有限的新攻占的土地。相对于他的损失和原计划所遭受的决定性失败而言，这是个微不足道的安慰。

对第 8 集团军来说，看着敌人撤退，即便这一撤退十分有限，他们内心的喜悦也远远超过了没能切断敌人的失望。这是潮流转变的明显迹象。蒙哥马利已经在部队中点燃了新的信心，部队对他有着坚定的信心。

但是关键问题仍是，英军是否错失了一个截断非洲军后路而一劳永逸地摧毁敌军未来抵抗能力的机会呢？如果能做到这点，英军后来就不需要进攻敌军的预设阵地，从而可以避免由此带来的所有麻烦和伤亡。不过就本身而言，阿拉姆哈勒法战役是英国人的一次伟大成功。战役结束时，隆美尔已经明确无疑地丧失了战场主动权，鉴于英国人得到的援兵源源不断，下一次战役注定会成为隆美尔自己贴切地形容的"无望之战"。

战后，我们在对双方的兵力和资源都有了清楚的了解之后，便可以看出，7月的第一次阿拉曼战役中，当隆美尔冲进埃及被挡住时，他的最终失败便已注定，因而那次战役可以被认为是实际上的转折点。可是，他在 8 月底再次发动更强大的进攻时，看上去仍然是一个巨大的威胁，而且那时双方兵力对比比之前和之后都更加接近平衡，如果对手像之前好几次优势远为明显时那样迟疑或者退缩，那么隆美尔是有可能成功的。可是最终，这种可能性一去不返了。"阿拉姆哈勒法"之战虽然与其他几次阿拉曼战役在相同的地区展开，却有着自己单独的名字，这就显示了此战非同寻常的意义。

这次战役在战术上也很有特点。因为此战中，防守方通过专守防御制胜，不但没有采取任何反攻手段，甚至都没有认真地想过要反攻。因此，它和第二次世界大战及过去战争中的其他转折点形成了鲜明对比。蒙哥马利决定不去用进攻的手段发展防御战的胜利，也许因而丧失了包围并摧毁隆美尔部队的机会（在当时，这算是一个非常好的机会），但并不妨碍这次战役作为战局转折点的决定性意义。从此之后，英军对最终的胜利充满信心，士气高昂，而敌人在绝望的情绪下苦战，感觉无论自己付出怎样的努力和牺牲，都只不过是在暂时推迟结局的到来而已。

从这次战役的技术细节上可以学到不少经验教训。英军的防御部署和战场选择对胜负影响很大。灵活的部署也发挥了很大作用。最重要的是，空军在配合地面部队作战时表现得极有默契，而这种默契的原因又在于此战作为防御战的固有属性。此战中，隆美尔的部队被装进了陷阱里，英军地面部队紧守周围阵地，空军则可以不断地轰炸这个陷阱。在这种模式中，空军可以最好最自由地发挥效力，因为它知道包围圈里的任何部队都是敌人，都是自己的空袭目标，而在运动战中，这种空袭就会受到限制。

英军隔了 7 个星期才发动进攻。不耐烦的首相对延误极为不满，可是蒙哥马利下定决心要等到一切准备工作完成并对成功有了把握以后再开战，而亚历山大也支持他。年初英国灾祸频仍，丘吉尔的政治地位摇摇欲坠，因而，他不得不向他们的立场低头，把进攻推迟到 10 月下旬。

D 日的确切日期由月相决定，因为根据计划，英军在开战伊始将发动一场夜袭，以限制敌军的防御火力，而为了清扫雷区，充足的月光照明是必需的。所以，进攻发起日被定在 10 月 23 日夜间，而 24 日是满月。

丘吉尔想要提早发动进攻的一个关键原因是，英美联合在法属北非登陆的大行动"火炬行动"当时已预定将在 11 月初开始。如果英军在阿拉曼能取得一场决定性的胜利，法国人便会更加欢迎自由的火炬手们把他们从轴心国的统治下解放出来，而佛朗哥将军也会更加不愿意让德军进入西班牙和西属摩洛哥——德军如果能进入两地，便会对盟军的登陆造成威胁。

可是亚历山大认为，如果自己的"捷足行动"在"火炬行动"之前两周发动，那么，中间这段时间，"既足够让我们消灭当面的大部分轴心国军队，又不会长到让敌人来得及大规模增援非洲"。无论如何，他认为最重要的是确保在自己这头能打胜仗，这样另一头的新登陆行动才能取得好的战果。"决定性的理由是，我能肯定，在没准备好之前就发动进攻，即便不会迎来灭顶之灾，也会招致失败的风险。"这些理由占了上风，尽管亚历山大提出的日期比早先丘吉尔向奥金莱克提出的日期几乎晚了一个月，丘吉尔还是同意把日期推迟到 10 月 23 日。

到那时，英军无论在数量还是素质上的优势都比以往任何时候大。用传统的以师数计算的方式，双方似乎势均力敌，每一方各有 12 个师，其中 4 个装甲师。可是实际部队数量差异极大，第 8 集团军的战斗兵力有 23 万人，隆美尔的兵力还不到 8 万，其中只有 2.7 万德国人。此外，第 8 集团军拥有 7 个装甲旅总共 23 个装甲团，隆美尔只有 4 个德国的和 7 个意大利的坦克营。实际坦克数量对比更加悬殊。战斗开始时，第 8 集团军拥有 1440 辆装备火炮的坦克，其中 1229 辆随时可以投入战斗，如果战役持续下去，还可以再从基地仓库和埃及的修理站里抽调大约 1000 辆。隆美尔只有 260 辆德国坦克，其中 20 辆正在修理，30 辆是轻型的二号坦克，他还有 280 辆意大利坦克，全都是陈旧的型号。只有 210 辆装备火炮的德国中型坦克可以被用来打一场坦克战，所以实际上英军开战时，就适合战斗的坦克数量而言，占有 6：1 的数量优势，而且补充战损的能力更强。

就坦克战的战斗力而言，英军的优势更加明显，因为大批更新更好的谢尔曼坦克现在已经从美国运来，以支援格兰特坦克。开战时，第 8 集团军有 500 多辆谢尔曼和格兰特式坦克，还有更多的正在路上，而隆美尔只比阿拉姆哈勒法战役期间多了 34 辆新的四号坦克，这种坦克装备高速 75 毫米主炮，可以和那些新的美国坦克相提并论。此外，隆美尔还丧失了早先在反坦克炮方面的优势。他的反坦克 88 炮增加到 86 门，此外新获得了 68 门缴获的苏联造 76 毫米反坦克炮，但是他的标准德国 50 毫米反坦克炮只有在近距离才能穿透谢尔曼、格兰特和英国瓦伦丁坦克的装甲。美军坦克配备了高爆炮弹，能在远距离击毁敌人的反坦克炮，这就让技术对比更加一边倒了。

在空中，英军的优势也比以往更加明显。中东空军总司令阿瑟·泰德爵士（Sir Arthur Tedder）现在可以动用 96 个作战中队，包括 13 个美军中队、13 个南非中队、1 个罗得西亚中队、5 个澳大利亚中队、2 个希腊中队、1 个法国中队和 1 个南斯拉夫中队。一线飞机数量加起来总共有 1500 架。其中，有 1200 架作战飞机以埃及和巴勒斯坦为基地，随时可以支援第 8 集团军的进攻，而德国跟意大利加起来在非洲只有 350 架作战飞机可用来支援装甲部队作战。这一空中优势具有重要价值，英国人可以用空军骚扰德军装甲部队的运动，攻击其各师的后勤补给，保护第 8 集团军的后勤不受敌方类似的骚扰。但是，对战役胜负而言，空军和英国海军潜艇的间接战略行动无疑价值更大，他们共同封锁了德军的海运补给线。9 月，大约三分之一德军补给在横渡地中海时被击沉，很多船只被迫返航。10 月，航运中断得更彻底，只有不到一半的物资能到达非洲。炮弹极为短缺，德军无以回击英军的炮击。油轮所经受的损失最为惨重，在英军发动进攻之前那几周，没有一艘能到达非洲，结果轴心国军队在战役开始时只有 3 个基数的燃料，而不是通常要求的最低储备量 30 个基数。如此严重的短缺在各个方面都限制了德军的反击行动，他们的机动部队被迫分成小股散布，无法在进攻地点迅速集结，在战斗过程中，更是变得越来越动弹不得。

粮食供给的损失也是部队中疾病流行的一个重要原因。战壕（尤其是意大利军队的战壕）里糟糕的卫生条件也加剧了这一问题。在 7 月的战役中，英军常常被占领的意大利人战壕里面的污秽和臭气熏出来，结果还没来得及自己开挖战壕，就在开阔地上被德军装甲部队逮个正着。可是对卫生的无视最终是有飞去来器效应的，痢疾和传染性黄疸病不仅在意大利部队里散播，还传染到了德国盟军，非洲装甲集团军里的一些重要军官也得了病。

最重要的一位"病员"是隆美尔本人，早在 8 月，也就是阿拉姆哈勒法进攻战之前，他就病倒了。在那次战斗中，他的身体多少恢复到了能指挥作战的程度，可是后来病势再次加重。9 月，他回欧洲治病休养，职务由施图姆（Stumme）将军暂代，而非洲军军长的空缺则由冯·托马（von Thoma）将军填补。这两位指挥官都来自苏联前线，缺乏沙漠作战经验。英军即将到达，隆美尔却不在军中，德军的计划制订和准备工作都大受干扰。英军进攻发起一天后，施图姆开车去前线，遭遇猛烈炮击，从车上摔下来死于心脏病突发。当天夜里，希特勒打电话给隆美尔问他能否返回非洲，于是隆美尔只能结束在奥地利的疗养并于第二天（10 月 25 日）飞回非洲。夜间，他到达阿拉曼附近，接管防御，而那时，轴心国防线已被顶出一个大凹陷，将近一半的坦克也在徒劳无功的反击中尽数损失。

按照蒙哥马利原先的计划，英军左右双拳将同时出击（北面是奥利弗·利斯的第 30 军，南面是布莱恩·霍罗克斯的第 13 军），然后赫伯特·拉姆斯登（Herbert Lumsden）的第 10 军将集中使用装甲兵主力突前，切断敌军的补给线。但是，10 月初，他得出结论，认为"鉴于集团军的训练水准有缺陷"，这个计划的胃口太大，于是将其修改成了一个比较有限的计划。根据这个代号为"捷足行动"的新计划，主力部队将在北面靠近海岸的泰勒埃萨和米泰里亚山脊之间的一段 4 英里宽的地带正面发动突击，而第 13 军则在南方进行佯攻吸引敌人注意，除非敌方防御崩盘否则不强求突破。这个谨慎的有限计划导致战役时间拖长，代价高昂，考虑到第 8 集团军兵力上的巨大优势，如果采用原先那个更大胆的计划，这种情况本来是可以避免的。战役打成了消耗战，英军机动性已然丧失，每前进一步都举步维艰，甚至一度濒临失败。但是双方兵力差距太大，即使损失率相差悬殊，最终能实现目的的也必然是在任何作战中都坚忍不拔的蒙哥马利。在事先计划好的限度之内，他擅长变换突击方向，能以战术优势让对手失去平衡。

10 月 23 日（星期五）晚上 10 点，1000 门大炮狂轰滥炸 15 分钟后，英军步兵开始进攻。攻势开局很顺利，德军缺乏炮弹，施图姆只能让德军炮兵停止轰击英军的集结阵地。但是纵深极大、密度极高的布雷区构成了一个很大的障碍，清除雷区的速度比预想的要慢，因此，天亮时分，英军装甲部队有的还在雷区里的小道上，有的则干脆还没进入。第二天夜间，步兵再次发动进攻，转天上午，4个装甲旅这才在雷区对岸成功展开，他们从原来的战线只前进了 6 英里，在穿过如此狭窄的通道时遭受了沉重的损失。与此同时，南翼第 13 军也遭遇到相同的挫折，不得不在第二天（25 日）停顿下来。

可是英军在北部防线上打进的楔子威胁性非常大，守军指挥官在那天只能逐次投入坦克部队发动反击，力图防止这个楔子扩大。这个行动正落入蒙哥马利的算计之中，英军装甲部队现在占据着良好的阵地，正好让德军在间或抽风的反击中蒙受巨大损失。到傍晚，第 15 装甲师只剩下四分之一的坦克还能作战，而第 21 装甲师还在战线南方。

次日（10 月 26 日），英军继续进攻，但被抵挡住了，装甲部队为失败的突击付出了沉重的代价。突入已越来越不可能发展成突破。英军坦克的楔子陷入了德军反坦克炮组成的包围圈中。第二天夜里，拉姆斯登和手下师长们就已经在抗议，认为不应该让装甲部队在这么狭窄的小道上硬撞出一条血路，随着损失越来越大，越来越多官兵都感觉装甲部队被错误地使用了。

蒙哥马利表面上不动声色故作镇定，其实早已敏锐地意识到最初的突击已经失败，防线上的缺口被堵住了，他必须让主攻部队休息一下，同时重新设计一个新的进攻方案。无论在此战还是在后来的战役中，蒙哥马利都能根据形势，随机应变，这种做法其实比起事后习惯性地夸夸其谈"一切尽在掌握之中"，更能给部队注入信心，也是对他指挥艺术的更高赞誉。讽刺的一点是，那种事后文过饰非的习惯却模糊并矮化了他的随机应变、足智多谋的品质。

新作战计划代号是"增压行动"（Operation Supercharge），这个代号很不错，能让下级觉得它跟以前的行动截然不同并且有更大的成功机会。第 7 装甲师作为

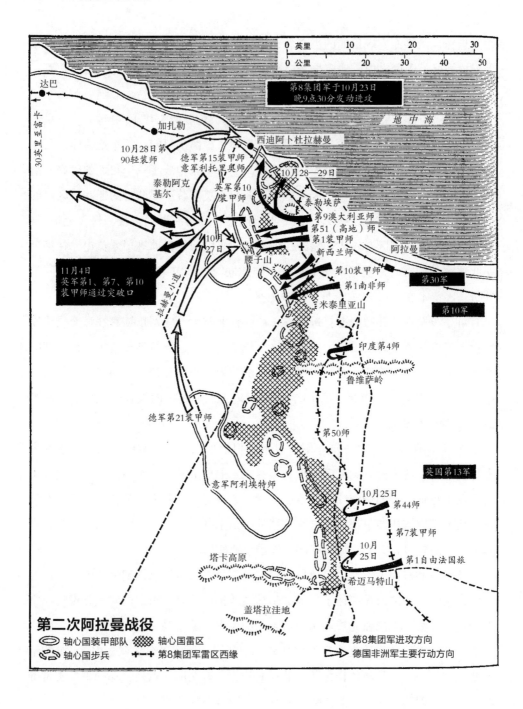

第8集团军于10月23日
晚9点30分发动进攻

地中海

达巴

加扎勒

30英里至富卡

10月28日第
90轻装师

西迪阿卜杜拉赫曼

德军第15装甲师
意军利托里奥师

泰勒阿克
基尔

英军第10
装甲师

10月28—29日

泰勒埃萨

第9澳大利亚师

第51（高地）师

阿拉曼

10月
27日

腰子山

第1装甲师
新西兰师

第10装甲师

第30军

11月4日
英军第1、第7、第10
装甲师通过突破口

拉赫曼小道

第1南非师

第10军

米泰里亚山

印度第4师

鲁维萨岭

德军第21装甲师

第50师

意军阿利埃特师

英国第13军

10月25日

第44师

塔卡高原

第7装甲师

10月
25日

第1自由法国旅

希迈马特山

盖塔拉洼地

第二次阿拉曼战役

◎ 轴心国装甲部队　▧ 轴心国雷区
⌇ 轴心国步兵　┼┼┈ 第8集团军雷区西缘

◀ 第8集团军进攻方向
▷ 德国非洲军主要行动方向

援兵被调向北翼。不过，隆美尔也利用战斗间隙重新部署部队，第 21 装甲师已经在向北进军途中，阿利埃特师随后跟进。英国第 13 军在南方发动的助攻没能达到目的，无法使敌军分散注意力并在南翼保持一部分装甲兵力。向北转移主力，于是两军就会在那里集中大批兵力，这在战术上是对隆美尔有利的。英军越来越依赖单纯的强攻和消耗。幸运的是，他们的数量优势太大，就算损失比例对自己极端不利，只要以坚持不懈的决心把"杀戮"进行到底，便一定能在消耗战中获胜。

10 月 28 日夜间，蒙哥马利发动了新的攻势，英军由打进敌军防线上的大楔子出发向北朝着海岸突击。蒙哥马利的意图是用钳形攻势消灭敌军海岸"口袋"，然后沿着海岸公路向西面的达巴和富卡方向扩大战果。可是，新的突击在雷区里停顿了下来，随着隆美尔迅速地把第 90 轻装师调到这个方向，英军突击的成功希望变得渺茫。即便如此，当英军逐渐停顿下来时，隆美尔也认为自己很幸运，因为德军的资源正在迅速耗尽。非洲军只剩下 90 辆坦克，而第 8 集团军在战场上还有 800 多辆能够作战的坦克，因此，尽管双方坦克损失的比例接近 4∶1，英军的优势反而上升到了现在的 11∶1。

隆美尔在 29 日给妻子的家信中写道："我已经不抱什么希望了。夜里，我睁着双眼躺着，因为肩上的千钧重担而难以成眠，白天，我却深陷极端的疲惫中。如果我们在这里失败了，那么会出现什么后果呢？我的思绪昼夜都被折磨困扰着。如果真的发生了这种状况，我不知道该怎么办。"[1] 从这封信可以看出，部队乃至指挥官都已紧绷到了极限，而隆美尔仍然是个病人。那天清晨，他曾想过下令向 60 英里以西的富卡全面撤退，可终究还是不愿意这样做，因为这样就意味着要牺牲掉手下大部分非机动部队，所以他推迟了这个命运攸关的决定，希望蒙哥马利再受一次挫折便会停止进攻。事后看来，英军反而因自己向海岸的突击被挡住而受益，因为如果当时隆美尔及时逃脱，英军一切的计划都将落空。

蒙哥马利看出海岸突击已经失败，便决心回归到最初的进攻路线上，希望能趁着敌人把有限的预备队北调而有所斩获。这是一个明智的决定，也是他灵活性的另一个例证。可是他的部队没有那么灵活，需要时间重新部署，因而直到 11

---

1 *The Rommel Papers*, p. 312.

月 2 日才发动新的攻势。

进攻反复受阻，这一次又停顿了下来，伦敦的失望和焦虑日益加剧。丘吉尔对攻势的进展之缓慢深感失望，费了好大劲才忍住没有给亚历山大发去一封挖苦的电报。帝国总参谋长陆军上将艾伦·布鲁克爵士承受了首相的怒火，这位爵士努力地让内阁放心，可是自己内心里越来越不确定，焦急地想弄个明白"是不是我错了，蒙蒂打了败仗"。就连蒙哥马利本人也不再像表面上那样信心十足，他私下里承认了自己的焦虑。

11 月 2 日凌晨发动的新攻势再次受挫，让人越发觉得攻势可能不得不取消了。雷场又一次耽搁了进攻部队的行动，而德军的抵抗比预料的也要更强。拂晓时分，领头的装甲旅还"耽搁在拉赫曼小道上面对德军强大反坦克屏护部队的炮口，按照计划，他们此时应该已经走出了小道"[1]。在这个狭窄的阵地上，这个旅遭遇隆美尔装甲部队残余兵力的反攻，一天之内就损失了四分之三的坦克兵力。幸存部队英勇地战斗着，后续各旅这次得以通过防线上的缺口，可是他们刚通过拉赫曼小道就被阻挡住了。夜幕降临，战斗停止，此时，英军因战斗或者机械故障已经又损失了将近 200 辆坦克。

英军再次遭受挫败，局势看起来非常严峻，从遥远的伦敦看来就更是如此，但其实曙光就在眼前。因为到那天日终时，隆美尔已经山穷水尽。德军能坚守防线这么久，真可谓让人惊叹的奇迹。他们的核心是非洲军的两个装甲师，可就算在战役刚开始时，他们的战斗兵力也只有 9000 人，后来经过战斗更是减员到 2000 人出头。更糟糕的是，非洲军只剩下不到 30 辆坦克还能作战，而英军还有 600 多辆，所以英军对德军的优势现在扩大到了 20∶1。至于那些薄皮的意大利坦克，它们已被英军火力粉碎，很多幸存者则早已向西逃之夭夭，从战场上消失了。

当天夜晚，隆美尔决定分两步撤到富卡阵地。3 日午夜不久，当撤退已经全面展开之时，希特勒下来死命令，要求不惜一切代价守住阿拉曼阵地。隆美尔以前从未受到过希特勒的干预，更不懂抗命的必要性，所以他制止了撤退并召回已经踏上路途的纵队。

---

1 Alexander: *Despatch*, p. 856.

这次回头之后，德军再也无法在后方阵地进行有效的抵抗，而想要继续坚守阿拉曼就更是徒劳了。英军在 3 日清晨就已经通过空中侦察发现并上报了德军向西撤退这一情况，这当然会促使蒙哥马利继续加强攻势。白天，英军两次试图迂回敌人的屏护部队被打退，但是当晚，第 51 高地师和印度第 4 师发动了又一次步兵夜袭，斜刺里指向西南方向，成功地突破了非洲军和意大利部队的接合部。4 日拂晓后不久，3 个装甲师通过缺口展开，奉命向北突击封锁敌人沿着海岸公路撤退的路线。摩托化的新西兰师和它指挥下的第四个装甲旅也加入进来开展这次扩大战果的进军。

现在，围歼隆美尔全军的良机出现了。非洲军军长托马在清晨的混乱中被俘，撤退令到下午才下达，而希特勒准许撤退的命令直到第二天才姗姗来迟，这一切都让英军全歼隆美尔部队的机会大增。可是隆美尔一下达撤退令，德军便登上剩下的运输车辆，行动得非常迅速，而英军的追击则又像过去一样谨慎、迟疑、缓慢，机动正面也过于狭窄。

3 个英国装甲师在通过突破口并展开阵势后奉命向北，指向离德军被突破的前沿只有 10 英里处的加扎勒的海岸公路。这个迂回幅度太小，非洲军因而有机会以快速的横向移动封锁住他们的去路。英军前进了几英里后，就被这层薄薄的屏障挡住了，直到下午非洲装甲集团军奉命撤退。其后，夜幕降临，英军出于谨慎停下过夜。此时，他们位于敌军的背后，比轴心国残部主力更靠东，因而这次停顿就显得更加不合理了。

第二天（11 月 5 日），英军的包抄行动还是幅度太窄、速度太慢。第 1 和第 7 装甲师起初指向加扎勒背后只有 10 英里处的达巴，中午时分，其前锋才到达巴，发现撤退的敌军已经溜走了。第 10 装甲师奉命冲向再往西 15 英里处的加拉尔（Galal），在那里截住了敌军的尾巴，缴获了大约 40 辆坦克，其中大部分都是油料用完的意大利坦克。直到第二天傍晚，英军坦克部队才开始追击撤退的敌军大部队，可是，才前进了短短 11 英里，便照惯例停下扎营过夜了，而此时，他们离新目标富卡的峭壁只剩不到 6 英里。

新西兰师及其配属的装甲部队得到命令，在达成突破后，攻向富卡，可是，由于交通管制不利，他们在跟随装甲师通过突破口时被耽搁了，其后又浪费很多时间清除进军道路上的意大利军队。所以 4 日夜幕降临时，他们停下宿营的地方离富卡还有一半路程。5 日中午，他们接近目的地，却被一片疑似雷场挡住了去路，其实那是英军当初为了掩护自己撤往阿拉曼而故布的疑阵。新西兰师还没通过这片地区，夜幕就已经降临了。

与此同时，第 7 装甲师在过早迂回达巴之后又被派回沙漠里，向富卡以西15 英里处的巴克什（Baqqush）进军。可是，他们在穿过新西兰师队尾时被耽搁了，其后也受阻于疑似雷区，于是便停了下来过夜。

第二天清晨，这 3 个追击的师合围了富卡和巴克什，可是撤退的敌军已经向西溜走了。他们只抓住了几百名掉队士兵和几辆燃料用完的坦克。

现在，截住隆美尔纵队的主要希望落在了第 1 装甲师的身上，这个师先前没能在达巴截住敌军，此时奉命穿过沙漠走更远的迂回线路切断马特鲁港以西的海岸公路。可是他们因油料不足而两次停下，第二次停下时离海岸公路只有几英里远。第 1 装甲师的师长为此大动肝火，因为他和其他军官此前就敦促过，要把至少一个装甲师的部分弹药运输车装上燃料，以便其能向塞卢姆做长途追击。

11 月 6 日下午，海岸地带开始下雨，入夜之后，雨势变大。所有的追击行动被迫暂停，隆美尔这才得以逃脱。事后，这场大雨成了截击敌军失败的主要借口。可是仔细分析就会发现，早在下雨之前，英军就已经失去了最佳战机，原因在于他们开展迂回的幅度太小，过于谨慎，时间观念又不强，不愿意趁夜行军，只顾聚焦战斗本身而忽视了开展决定性追击的必要需求。英军如果能够更加深入沙漠的话，便可到达像塞卢姆的陡峭山崖这样更远的阻击阵地，因而也就不会遭遇敌军抵抗或者受天气因素的干扰，因为海岸地区可能会下雨，但沙漠内陆下雨的概率很小。

7 日夜间，隆美尔从马特鲁港撤到西迪巴拉尼，并于那里稍作停留，而此时，他的运输车队正通过塞卢姆和哈尔法亚山崖上的山口，从埃及边境上的瓶颈地带后撤。在英军猛烈的空袭之下，运输车队一度拥塞于海岸公路上，首尾长达25 英里，但是多亏了有力的交通管制，大部分车队还是在当天夜里通过了。因而 9 日，在还有 1000 台车辆尚未通过瓶颈地带的情况下，隆美尔已下令后卫撤向埃及边境。

与此同时，蒙哥马利用第 7 装甲师和新西兰师组织了一支特别追击部队。两个装甲师则奉命停下来，以免再次用光燃料，给隆美尔一个向动弹不得的部队发动反击的机会。这次更长距离的追击于 8 日开始，但是新西兰师直到 11 日才到达边境。第 7 装甲师的两个装甲旅穿越海岸公路以南的沙漠，在前一天下午越过了边境，但未能在 11 日敌军通过卡普措时追击到他们的后卫。

隆美尔从蒙哥马利的掌心溜走，不断地规避英军每一次拦截的尝试，可是他的兵力太弱，无法在埃及边境或者更远的昔兰尼加建立起新防线。此时，他的战斗兵力已经只剩下大约 5000 名德国人和 2500 名意大利人、11 辆德国和 10 辆意大利坦克、35 门德国反坦克炮、65 门德国野战炮和少量意大利大炮。虽说有大约 1.5 万名德军战斗部队安全撤退，但其中三分之二损失了所有战斗装备，逃出来的意大利军队中丢掉武器的比例更大。第 8 集团军除了击毙几千名敌军之外，还俘虏了包括后勤人员在内大约 1 万名德国人和 2 万多意大利人，另外还缴获了大约 450 辆坦克和 1000 多门大炮。对自身损失 13,500 人且因隆美尔逃走"来日再战"而倍感失望的英军来说，以上战果起到了巨大的补偿作用。

为了等待补给运上来，英军稍事停留后，又继续前进。可是，他们只敢尾随，而不敢追击，隆美尔过去反手一击的战绩给英军留下的印象太深，以至于他们只是沿着海岸公路小心翼翼地前进，而没有跨越班加西地区的沙漠弓弦抄近道追击。11 月 26 日，直到跨过昔兰尼加边界两周后，领头的装甲部队才抵达布雷加港，这时隆美尔早已回到这处瓶颈阵地的庇护之下。在通过昔兰尼加半岛撤退的整个过程中，隆美尔的部队碰到的唯一严重问题和危险是燃料短缺。他在布雷加港得到一个新的意大利装甲师桑托罗师和 3 个意大利步兵师的一部的增援，不过这些步兵师没有摩托化运载工具，更多的是累赘而不是资产。

英军又花了两个星期，等待增援和补给开到，以便对布雷加港阵地发动进攻。蒙哥马利再次制订了一个"把敌人消灭在防御阵地里"的计划，打算用强大的正面进攻牵制住隆美尔，同时派遣另一支强大的部队以大迂回切断他的后撤路线。英军将在 11—12 日夜间发动大规模夜袭，把敌人的注意力从包抄行动上吸引过来，然后在 14 日再发动正面进攻。可是隆美尔在 12 日夜间溜走了，因而英军的计划失去了用武之地。他迅速撤到布雷加港以西 250 英里处布埃拉特附近的阵地，这里离第 8 集团军在班加西港的新前进基地有 500 英里。

隆美尔到年底时仍然守着布埃拉特阵地，蒙哥马利为了调集部队、积蓄实力，给了德军一个月的喘息时间。但是现在非洲战事的潮流明显已经逆转。隆美尔的部队已经不可能再增强到足以与第 8 集团军的兵力相匹敌的程度，而他的大后方，甚至后方阵地现在已经因英美第 1 集团军从阿尔及利亚向东进军突尼斯，而备受威胁。

可是希特勒的幻想很快复活，而墨索里尼则一直都绝望地抱着自己的幻想不放，因为他无法眼睁睁地看着意大利的非洲帝国分崩离析。实际上，就在隆美尔躲开追兵并把残兵败将救出来尚成问题时，他们的幻想就已经表露无疑。隆美尔刚刚安全到达布雷加港，就收到命令要他"不惜一切代价"守住那条防线，阻止英军进入的黎波里塔尼亚。为了加强这道痴人说梦的命令的效力，隆美尔再次被置于巴斯蒂科元帅的指挥之下，就像挺进埃及之前那样。隆美尔在 11 月 22 日会见巴斯蒂科时，直截了当地告诉他，在那条沙漠边境上"抵抗到底"的命令会让剩余的部队走向毁灭——"我们要么提前 4 天丢掉阵地，但可以保留部队，要么延后 4 天，把两者都丢掉"。

其后，卡瓦列罗和凯塞林于 24 日飞来会见隆美尔，隆美尔告诉他们说，德军拥有武器的人员不到 5000 人，因而为了守住布雷加港阵地，在蒙哥马利进攻之前，必须赶紧运来 50 辆装备新型长身管 75 毫米主炮的四号坦克、50 门 75 毫米反坦克炮及足够的油料和弹药。隆美尔对部队需求的估计可以说是很保守的，可是很明显，这个要求无法得到满足，绝大多数可用的装备和兵员都被运往突尼斯了。可是卡瓦列罗和凯塞林还是敦促隆美尔在布雷加港坚守。

于是，为了让希特勒面对现实，隆美尔飞往东普鲁士森林中的拉斯腾堡（Rastenburg）元首大本营。在那里，他受到了冷遇，当他表示最明智的方案就是撤出北非时，希特勒"勃然大怒"，拒绝再听任何辩解。这次爆发比以前任何事情都更深地动摇了隆美尔对于元首的信心。他在日记里写道："我开始认识到阿道夫·希特勒根本不想认清真实的形势，他意气用事地对抗自己凭借理智肯定早已得出的结论。"希特勒坚持说："继续在非洲守住一个大的桥头堡是政治上的需要，因此绝对不能从布雷加港防线撤退。"[1]

可是，隆美尔在返回非洲的路上去了一趟罗马，他发现，墨索里尼倒是更听得进建议，也更了解把足够的补给运到的黎波里塔尼亚并前送至布雷加港的困

---

1 *The Rommel Papers*, p. 366.

难。所以，隆美尔得到墨索里尼的准许，在布埃拉特准备一处中间阵地，提前把意大利的非摩托化步兵后送，如果英国人进攻，再后撤他的薄弱兵力的其余部分。隆美尔在得到准许后，便迅速付诸行动，之后，英军一表现出要进攻的迹象时，他便指挥部队在夜色掩护下溜走了。而且，他下定决心不在布埃拉特或者的黎波里塔尼亚前面停留，不给蒙哥马利抓住自己的机会。他已经计划好直接撤到突尼斯边界和加贝斯瓶颈地带，在那里，他不会轻易遭到迂回，还可以用手边比较近的增援发动一次有效的反攻。

第 21 章

"火炬行动"——来自大西洋的新潮流

1942 年 11 月 8 日，盟军在法属北非登陆。此次进攻西北非比英军在阿拉曼进攻隆美尔的防线晚了两周，比德军阵地崩溃则晚了 4 天。

1941 年圣诞节，盟国在华盛顿召开美国参战后的第一次同盟会议，即"阿卡迪亚会议"（Arcadia Conference）。会上，丘吉尔先生提出了"西北非计划"，认为通过这一举措可以"拉紧德国脖子上的绞索"。他告诉美国人，英国已经酝酿了一个代号为"体育家"（Gymnast）的计划，一旦第 8 集团军在昔兰尼加取得决定性的胜利，能够向西指向突尼斯边境，英军就会在阿尔及利亚登陆。他继续建议说，"假设法国人同意，美军可应邀在摩洛哥海岸同时登陆"。罗斯福总统喜欢这个计划，很快就意识到它在大战略上的政治好处，但是他的三军顾问们对计划的可行性表示怀疑，而且担心它会影响尽早对希特勒在欧洲的占领区发动比较直接的进攻的前景。他们最多只肯同意继续研究这场已被重新命名为"超级体育家"的行动。

此后几个月，为了满足斯大林开辟"第二战场"的要求，盟国主要讨论的是，如何在 8 月或者 9 月发动跨英吉利海峡的进攻。美国陆军总参谋长马歇尔（Marshall）上将和他指派到伦敦担任欧洲战场美军指挥官的艾森豪威尔（Eisenhower）少将一致敦促，把科唐坦（瑟堡）半岛作为第一选择。英国人强调了在兵力不足的情况下过早登陆欧洲的缺点，指出一系列风险，比如，滩头阵地可能会被封锁，可能会被消灭，没法有效地帮助苏联人。可是罗斯福总统对这个行动施加了自己的影响，他在莫洛托夫 5 月底访问华盛顿时承诺，他"希望"并"期待"于 1942 年在欧洲开辟"第二战场"。

　　6 月，隆美尔对贾扎拉防线发起先发制人的进攻，英军在东北非竟意外地陷入崩溃的境地，这促使盟国重提西北非登陆行动。

　　6 月 17 日，丘吉尔带着三军参谋长飞抵华盛顿开会时，贾扎拉之战已经出现了不利的转折。丘吉尔一到就继续飞往罗斯福在哈德逊河畔的私人住宅海德公园与其进行私人会谈。在那里，他又一次强调了过早登陆法国的缺点和风险，认为复活"体育家行动"是更好的选择。6 月 21 日，英美三军参谋长在华盛顿举行会谈，双方在瑟堡行动问题上意见不一，却一致认为北非登陆是不稳妥的。

　　他们对这个方案的一致否定意见很快由于形势转变的压力及罗斯福的意见而迎来逆转，罗斯福非常渴望在 1942 年采取某种积极行动来兑现自己对苏联人的承诺，哪怕只是间接的兑现也好。6 月 21 日，消息传来，隆美尔已攻克托卜鲁克要塞，而英国第 8 集团军残部则正撤往埃及。

　　此后几周，英军的形势持续恶化，美军在非洲进行直接或者间接干预的理由相应加强。到 6 月底，隆美尔紧跟着英军撤退的脚步抵达并开始进攻阿拉曼防线。7 月 8 日，丘吉尔给罗斯福发电说，必须放弃当年登陆法国的"大锤行动"（Sledgehammer），他再次提倡"体育家行动"。其后，他又通过时任英国参谋长委员会驻华盛顿代表陆军元帅约翰·迪尔爵士发电称，"体育家行动是美国能在 1942 年打击希特勒的唯一手段"，否则的话，英美两国都得"在 1942 年无所事事"。

　　美军的参谋长们就这个争论，对"体育家行动"提出新的反对意见——马歇尔斥之为"费而不惠"，海军上将金（King）支持马歇尔的观点，声言"海军不可能一边履行其他战场义务，一边为这次行动提供所需的海运和护航舰船"。他们还一致把英国人拒绝在 1942 年登陆法国视为 1943 年也不愿意为之冒险的证据。因此在金的支持下，马歇尔建议来个战略大改变——除非英国人接受美国人及早跨越海峡进攻的计划，"我们应该转向太平洋战场，给予日本人决定性一击；换言之，除了空中作战以外，美国将对德国采取防御姿态，并把一切资源用于太平洋战场"。

　　但是，总统反对向英国盟友发去这样的最后通牒，也不同意对战略做那样的转变，他告诉参谋长们，除非他们能说服英国人在 1942 年发动跨越海峡的作战，否则就必须登陆法属北非，或者给中东派去强大的援兵。他强调，出于政治上的需要，必须在年底之前采取某种打击行动。

面对总统的决策，美军参谋长们被认为也许会选择暂时增援中东英军而不是采纳他们如此强烈且一致反对的"体育家行动"（Gymnast）。而且，马歇尔的作战计划人员在研究了两个行动方案之后得出结论，两害相权，前者是比较轻的那个。可是和外界的预期相反，他和金改变意见赞成采纳"体育家行动"。7月中旬，他们和总统的私人代表哈里·霍普金斯一起飞往伦敦，发现英国三军参谋长们坚决反对艾森豪威尔在瑟堡附近尽早登陆的计划，于是西北非登陆成了他们青睐的替代方案。

据哈里·霍普金斯所说，马歇尔选择西北非作为替代方案，而不是增援中东，主要是因为"我们的部队如果和埃及英军混在一起，便会引发困难"。其实，两军就算在西北非联合登陆也必然会混编，但很明显，如果美国向中东派遣援兵的话，出任总司令的将是一位英国将领。

7月24日和25日，英美两国的参谋长们又开了两次会，一致决定采纳"超级体育家"计划。罗斯福很快表示了支持，并在电报中强调计划中的登陆"不应晚于10月30日"——这个指令是霍普金斯在一封私人电报里建议的，为的是"避免拖延和延误"。为了鼓舞人心，经丘吉尔提议，这次作战被重新命名为"火炬行动"。双方还一致同意，最高司令官的职位将由美国人出任——丘吉尔非常愿意做出这样的姿态，以安抚美军参谋长们受伤的感情——26日，马歇尔通知艾森豪威尔，他将出任这个职务。

"火炬行动"现在已经决定下来了，但双方还没有研究过时间地点的问题，更没有仔细研究过全盘计划。于是，围绕着上述问题，双方又爆发了新的冲突。

在时间选择上，英国的三军参谋长在丘吉尔的督促下提出把10月7日作为目标日期。可是美军参谋长们推荐11月7日，他们认为，"根据作战登陆舰的供应状况，这一天是最早的合理登陆日期"。

在地点问题上，双方的分歧更大。英国认为部队应该由地中海登陆非洲北海岸，这样才有可能迅速向突尼斯进军。可是美国参谋长们坚持6月修订的"体育家"计划中规定的有限目标，即由美国部队独自在摩洛哥西海岸（大西洋沿岸）的卡萨布兰卡周围地区登陆。他们担心法国人的抵抗，以及西班牙的反应，还认为德国人会通过反击夺取直布罗陀，封锁进入地中海的门户。在这个战略性问题上，美国人竟采取如此谨慎小心的态度，这让英国人深感失望。他们争辩说，这样做就给了德国人时间，以夺取突尼斯，并在阿尔及利亚和摩洛哥加强或者取代法国人的抵抗，从而挫败盟国行动的目标。[1]

艾森豪威尔和他的参谋部倾向于同意英国人的观点。他在 8 月 9 日完成了作战计划的第一版，内里对双方的观点取了个折中。根据这版计划，英军和美军将同时在地中海内外登陆，但为避开敌人从西西里岛（Sicily）和撒丁岛（Sardinia）发动的空袭，登陆点应位于阿尔及尔以西地区，当然也有例外，为了夺取波尼（Bône）的机场，盟军将在那里进行小规模登陆（波尼在阿尔及尔以东 270 英里处，比塞大 [Bizerta] 以西 130 英里处）。英军计划人员对这个折中方案不满意，因为它没有满足成功的主要条件，那就是："渡过直布罗陀海峡后，我们必须在 26 天内，最好是 14 天内，占领突尼斯的各个要点。"英军计划人员认为，只有在波尼甚至更远的地方进行大规模登陆，盟军才能迅速挺进到突尼斯。

总统被以上论据说服了，继而命令马歇尔和金重新研究行动方案。艾森豪威尔也被说服了，他向华盛顿报告说，自己的参谋人员现在对英国人推断的合理性感到信服，他正在起草新的方案，取消卡萨布兰卡登陆并把日期提前。

8 月 21 日，他的参谋部提出了第二份计划，内里基本上遵从英国人的建议。卡萨布兰卡不再作为登陆点，美军将在直布罗陀以东 250 英里处的奥兰（Oran）登陆，而英军则将在阿尔及尔和波尼登陆。可是，艾森豪威尔本人对这个计划不怎么热心，他强调，这种完全在地中海内开展的远征会面临侧翼过于暴露的问题。艾森豪威尔的这个结论和马歇尔的观点一拍即合。

美军参谋长们对第二份计划大纲感到不满，正如英军不愿意接受第一份计划大纲一样。马歇尔告诉总统，"只有一条穿过直布罗陀海峡的交通线，风险实在太大"，而且他反对在地中海内奥兰（离比塞大不到 600 英里）以东更远的地方

---

1 6 月 28 日，在华盛顿会议讨论复活西北非计划之后不久，我被咨询对这个计划的看法。在被告知盟军打算将主要登陆放到大西洋沿岸的卡萨布兰卡后，我指出这个地点离比塞大和突尼斯有 1100 英里之遥，而这两地才是战略上的要点，我还说，及早取胜的关键在于尽快占领比塞大和突尼斯，因而应该在离它们尽量近的地方登陆。我还强调在阿尔及利亚北海岸登陆的重要性，这里"在法国人的背后"，盟军遇到的抵抗将比正面进攻和从卡萨布兰卡向前推进时可能遭遇的要小。

进行任何登陆。

丘吉尔偕同布鲁克将军访问埃及和莫斯科回来后，才得知计划已经发生转变的消息。访问期间，斯大林就西方国家未能开辟"第二战场"大肆奚落了一番，他轻蔑地问道："我们在浴血奋战，你们却想要作壁上观？你们是不是根本不想开始战斗？你一旦开始战斗，会发现情况没那么糟糕的！"此类问题自然刺激了丘吉尔，可是他成功地燃起了斯大林对"火炬行动"潜力的兴趣，绘声绘色地描述了这次作战将如何间接地减轻苏联的压力。所以，当发现美国人竟建议削减这次行动规模时，丘吉尔感到非常震惊。

8月27日，丘吉尔给罗斯福发去一份长电，抗议美军参谋长们建议的改动"将会危及整个计划"，他表示，"如果我们不在第一天就拿下阿尔及尔和奥兰，整个行动将会丧失意义"。他还强调，缩小作战目标会给斯大林留下很坏的印象。

罗斯福在30日回复说，"无论如何，我们的登陆地点中必须有一个在大西洋沿岸"。因此，他建议，由美军在卡萨布兰卡和奥兰登陆，而英军则负责以东的地点。而且他想到了英国在北非、叙利亚及世界其他地方与维希法国军队发生过的军事冲突，提出了一个新的问题：

> 我强烈主张，最初的进攻必须完全由美军地面部队来执行……我甚至可以进一步说，英美两军同时登陆将导致北非的所有法国人全力抵抗，而如果一开始登陆的只有美军，法国人很有可能会不加抵抗，或者只象征性地抵抗一二……我们相信，德国空军或伞兵部队至少在进攻后开始两周内不可能大规模抵达阿尔及尔或者突尼斯。[1]

英国人对进攻开始后等一个星期再在东面登陆的主张大感惊诧，因为就战略目标而言，东面的登陆比西面的更重要也更急迫，而且英国人也不满美国人关于德军不可能在两周之内做出有效干预的乐观估计。

丘吉尔非常愿意利用美国驻维希政府大使李海（Leahy）海军上将的说服力，在政治上和心理上减轻登陆的阻力。"为了维持此次远征的美国性"，丘吉尔愿

---

1 Churchill: *The Second World War*, vol. IV, p. 477.

意让英军部队"尽可能留在幕后",但他不相信能把大部分登陆船只、空中掩护、海军部队都是英国人的这个事实掩藏得太久,更何况这些部队都会在地面部队之前被发现。他在 9 月 1 日给罗斯福的电报中委婉地指出了以上几点,并强调"我和您一样认为我方有很大机会能以政治上的手段取得一次兵不血刃的胜利,可是,万一没能达到目的,一场军事上的灾难就会发生,其所带来的后果将会很严重"。丘吉尔继续写道:

> 最后,尽管看起来很困难,但是,在占领卡萨布兰卡和奥兰的同时,占领阿尔及尔对我们来说是非常重要的。阿尔及尔是整个北非最友好且最有希望成功登陆的地点,通过登陆那里,我们将取得政治上的决定性效果。放弃阿尔及尔,而选择不太可行的卡萨布兰卡登陆,我们认为是一个后果非常严重的决定。如果德国人因此抢在我们前面出兵占领突尼斯和阿尔及利亚,那整个地中海地区的力量对比都将变得对我方极为不利。

丘吉尔的这番论断极为有力,阐述了将阿尔及尔登陆包含在整体计划之中的价值,但是没有提及在更远的东面和比塞大附近登陆的必要性,这一忽略和让步让及早取得战略性成功的概率锐减。

罗斯福在 9 月 3 日回电丘吉尔,同意在计划中保留阿尔及尔登陆,并建议美军部队应首先登陆,"英军部队在 1 小时之后跟随"。丘吉尔立即接受了这个方案,条件是减少在卡萨布兰卡登陆的部队数量以保证阿尔及尔登陆顺利进行。罗斯福稍作修改后同意了这个条件,并建议将原定登陆卡萨布兰卡和奥兰的"团级战斗队"各减少一个以提供"1 万人用于阿尔及尔"。丘吉尔在 9 月 5 日回电:"我们同意您所建议的军事部署。我们拥有足够多经受过良好登陆训练的部队。如果方便的话,他们可以穿美军制服。他们会很自豪这么做的。运输不成问题。"同一天,罗斯福回了一句:"太好了(Hurrah)!"

就这样,在罗斯福和丘吉尔的电文往返中,所有问题都得到了解决。3 天后,艾森豪威尔将 11 月 8 日定为登陆日,同时谢绝了丘吉尔让英军突击队穿上美军制服的提议,因为他很想在登陆开始时保留"全美式"的观感。丘吉尔接受了延迟和计划的修正。事实上,在 9 月 15 日致罗斯福的电报里,他谦卑地说:"在整个火炬行动期间，无论在政治上还是军事上，我都把自己当作您的下属，只要能被允许把自己的观点毫无保留地向您汇报，我就很满足了。"[1]

罗斯福9月5日的"太好了"电报结束了所谓"跨越大洋的作文竞赛"——不过，马歇尔一直表现出疑虑，而他直接的政治上司陆军部部长亨利·史汀生（Henry Stimson）向总统强烈地抱怨登陆北非的决定。不过，总统做出决策之后，大家总算可以迅速地推进详细计划，以弥补拖延的时间。但是，这一计划本身带有任何妥协方案的双面属性。它降低了在北非迅速获得决定性胜利的概率，让盟军在地中海的行动变得旷日持久——一位美国官方历史学家认识到并强调了这一点。[2]

根据最终的作战方案，乔治·S. 巴顿（George S. Patton）少将将指挥24,500名完全由美国士兵组成的部队沿大西洋沿岸登陆，占领卡萨布兰卡，负责运载他们的是H. 肯特·休伊特海军（H. Kent Hewitt）少将指挥的西部海军特遣部队。这支舰队从美国直接出发（主要来自弗吉尼亚的汉普顿锚地），有102艘舰船，其中29艘是运兵船。

劳埃德·R. 弗雷登多尔（Lloyd R. Fredendall）少将指挥18,500名美军组成的中部特遣部队，执行攻占奥兰的任务，不过护航的是托马斯·特鲁布里奇海军（Thomas Troubridge）准将指挥的英国海军。这支特遣部队从克莱德湾（Clyde）起航，因为它主要由8月初就已经运到苏格兰和北爱尔兰的美军组成。

海军少将哈罗德·巴罗斯爵士（Sir Harold Burroughs）指挥下的东部海军特遣部队负责执行进攻阿尔及尔的任务，成员完全是英国人，不过进攻部队由9000名美军和9000名英军组成，指挥官查尔斯·赖德（Charles Ryder）少将是美国人。此外，2000人的英军突击队里也编入了美军士兵。之所以做出这种特殊的混编，是希望把美军推到橱窗的最前面展示，让法国人以为突击队全都是美军。11月9日，新组建的英国第1集团军司令肯尼思·安德森（Kenneth Anderson）中将接管了阿尔及利亚所有盟军部队的指挥权。

奥兰和阿尔及尔的两支攻击部队由两支大护航船队分别载运，一同从英国

1　Churchill: *The Second World War*, vol. IV, p. 488.

2　莫里斯·马特洛夫和埃德温·斯内尔在《联合战争的战略规划：1941—1942》（*Strategic Planning for Coalition Warfare: 1941-1942*）一书中的分析尤为有力和透彻。

出发，慢速的一支在 10 月 22 日起航，快速的一支则晚 4 天出发。这么安排是为了让他们在 11 月 5 日夜间同时穿越直布罗陀海峡，此后的航段将由海军上将安德鲁·坎宁安爵士（Sir Andrew Cunningham）指挥的英国地中海舰队一部掩护。英国地中海舰队的出现本身就足以震慑意大利舰队，使其甚至在盟军登陆后都不敢露头干涉，结果，正如坎宁安所说，他强大的舰队只好"无所事事地不停游弋"。不过，作为艾森豪威尔手下的盟军海军总司令，他对"火炬行动"的整个海上环节负有责任，因此手边有很多活要干。包括 10 月初随先遣护航队到达的军需船在内，总共有 250 艘商船从英国起航，其中大约 40 艘是部队运输舰（3 艘是美国运输舰）。此次行动中，英国海军共动用 160 艘各型战舰，用于护航和掩护。

在史册中，登陆前的外交工作就像是间谍小说和"西部片"电影的大杂烩，中间还穿插着喜剧。美国驻北非的首席外交代表罗伯特·墨菲（Robert Murphy）一直积极地为登陆做铺垫工作，在他觉得有可能同情和帮助盟军登陆的法国军官中谨慎地吹耳旁风。他特别依赖指挥阿尔及尔法军部队的马斯特（Mast）将军（此人从前是总司令朱安将军的参谋长），还有指挥卡萨布兰卡驻军的贝图阿尔（Béthouart）将军，不过整个地区的法军都在海军上将米舍里耶（Michelier）的指挥之下，这一点美国人并不知道。

马斯特敦促盟军秘密向阿尔及尔派遣一名高级军官来和朱安将军及其他人进行幕后谈判并商讨计划。因此刚刚被任命为"火炬行动"副总司令的马克·克拉克（Mark Clark）将军带着 4 名关键的参谋军官飞往直布罗陀，这批人搭乘海军上尉 N. A. A. 朱厄尔（N. A. A. Jewell）指挥的皇家海军"六翼天使"号（Seraph）潜艇前往阿尔及尔以西 60 英里某处海边别墅密会法国人。10 月 21 日凌晨，潜艇到达海岸外，可是此时已经太晚了，没法在天亮前把马克·克拉克的小组送上岸，于是一整天都潜在水下，而困惑失望的法国人回家了。潜艇向直布罗陀发报，通过秘密无线电台接力转到阿尔及尔，让墨菲和其他一些法国人第二天夜里又回到别墅，克拉克一行人乘坐 4 艘帆布划艇上岸，其中一艘在他们登艇时翻掉了。别墅里有一盏背后挂有白色毯子的灯，他们便循着其照出窗外的光线找到了会谈地点。

马克·克拉克以大而化之的措辞告诉马斯特一支美国大军正准备在英国海空

部队的支援下开到北非，这个声明不够坦诚。此外，为了保密需要，他没有告诉马斯特盟军登陆的时间地点。马斯特的合作态度是至关重要的，在和这样一个人打交道时，如此注重保密实在不太明智。马斯特和同谋者不知道必要的信息，因而也就无法策划并采取合作的步骤。克拉克授权墨菲在登陆日近在眼前时再告诉马斯特，但即便那时也不能泄露登陆地点。对马斯特来说，这太晚了，他根本来不及通知在摩洛哥的同谋者。

法国警察起了疑心来到现场，暂时戏剧性地打断了会议。警察搜查别墅时，马克·克拉克和他的随行人员匆匆藏进了地窖。一位引导这一行人登岸的英军突击队士兵忍不住咳嗽，情况变得危急，马克·克拉克递给他一块口香糖压制咳嗽，可是他很快又问克拉克要糖，说这糖怎么一点味道都没有，克拉克答道："这不奇怪，我已经嚼了它两小时了！"警察总算走了，但仍然满腹狐疑，很可能再来。黄昏时分，克拉克等人打算重新上船，却又遇到了麻烦，海浪太大，他差点因划艇翻覆而被淹死。天亮前不久，他们又试了一次，其他人的划艇翻了，不过大家最终全都冲过白浪，虽然浑身湿透，却安全地回到了潜艇上。第二天，他们改乘水上飞机回到直布罗陀。

此次会上进一步讨论的一个重要问题是，选谁作为最合适的法国领袖来把北非的法军部队团结到盟国一边呢。总司令朱安私下里表达过倾向盟国的政见，但是他的行为表明，他更想尽量长时间地"骑墙"，而且不愿意采取主动行动。他手下的主要指挥官们全都缺乏足够的威望，而且也并不比他更愿意采取明确步骤，无视甚至违抗维希政府的命令。维希政府所有武装部队的总司令达尔朗海军上将很可能会在年迈的贝当元帅去世后接任政府首脑，他倒是在 1941 年向李海暗示，并在最近也向墨菲暗示，他可能愿意背弃与德国人合作的政策，如果美国能确保提供大规模军事援助的话，他愿意把法国人带到盟国这一边来。可是他和希特勒合作的时间太久了，他的暗示让人很难产生信心。而且，他有反英倾向，1940 年法国崩溃后，英国在奥兰和其他地方对法国舰队采取军事行动，达尔朗的这种倾向自然变得更加强烈。考虑到很难掩盖英军在"火炬行动"中扮演重要角色这个事实，达尔朗的态度就更加令人起疑。

戴高乐将军因为截然相反的原因而被排除在外——1940 年，他对抗贝当，此后更是站在丘吉尔一边参加了针对达喀尔、叙利亚和马达加斯加的军事行动，因而所有仍然忠于维希政府的军官都不愿意接受他的领导，甚至连那些最急切地想要摆脱德国枷锁的法国军官都不愿意接受他。墨菲强调过这一点，罗斯福总统本来就不信任戴高乐的判断力，且讨厌他的傲慢，于是立即接受了墨菲的观点。

最近才自称过"您的属下"的丘吉尔马上屈从了罗斯福的观点，于是戴高乐直到登陆发生之后才知道有这个行动。

鉴于以上情况，自总统以下所有美国人都很容易接受马斯特将军及其同谋的观点，认为吉罗（Giraud）将军是领导北非法军最理想且最合适的人选——在这次会议之前，墨菲就已经向国内传达了这个看法。吉罗在 1940 年 5 月是一名集团军司令，后被德军俘虏，但在 1942 年 4 月越狱，回到了未被占领的法国。他被允许留下来，前提是答应支持贝当的政权。他住在里昂附近，虽然受到监视，但还是跟法国本土和北非的很多军官建立了联系，这些军官和他一样想在美国的帮助下发动反对德国统治的起义。吉罗的观点反映在他写给支持者奥迪奇（Odic）将军的信里："我们并不想让美国人来解放我们，我们想删让他们帮助我们解放自己，这是完全不同的两件事。"此外，他在和盟国谈判时提出条件，要求任命自己为有法军战斗的法国领地上所有盟军的总司令。根据收到的一则电报，他自以为罗斯福接受了他的条件，可是艾森豪威尔在 11 月 7 日登陆前夕去直布罗陀会见吉罗时，对此一无所知。

吉罗在法国南部海岸的一处会合点被英国潜艇"六翼天使"号接走[1]，之前送马克·克拉克去阿尔及利亚海岸执行秘密使命的也是这艘潜艇。其后，吉罗转乘水上飞机去往直布罗陀，不过在转乘时差点被淹死。一到那里，他就听说盟军第二天凌晨会在北非登陆，大吃一惊，因为曾被告知登陆将在下个月展开，此外，他还发现登陆的总指挥是艾森豪威尔而不是他自己。这引起了一场激烈的辩论，他认为自己的军衔较高，早先还得到过保证，不断地来回重复说，如果他担任除

1　出于政治原因，吉罗要求必须派美国船来接他，所以盟国满足了他的要求，让一名美国海军军官杰拉德·莱特海军上校在名义上指挥"六翼天使"号，艇上还有一面美国国旗，以备在必要的时候展示出来。吉罗由他的儿子和两名青年参谋陪同，在计划这场戏剧性的争取法国陆军反对德国的行动中，其中一位名叫安德烈·博弗尔（André Beaufre）的上尉扮演了重要的角色。后来在北约部队中，莱特和博弗尔都在各自的军种里升到了很高的职位。

了最高司令官以外的任何职务，法国和他自己的荣誉都会受损。可是，在第二天（8日）上午的会谈中，他接受了现实，当然也得到明确保证说他将成为北非所有法军和行政机构的首脑——出于权宜之计，这个诺言后来很快就被弃之不顾了，因为达尔朗海军上将拥有的政治资本无疑更多。

美国人为了把自由的"火炬"带给法属北非，把保密工作做得太过火了，连自己的朋友和帮手都被搞得一头雾水，不过，敌方那边反而没那么混乱。盟军的法国同谋者完全没有准备好帮助盟军扫清道路，大多数法军指挥官在突然袭击的震惊之下，都以这种形势下最自然的方式做出反应，那就是继续效忠以贝当为象征的合法政权。于是，登陆美军在开始阶段就遭到了抵抗，不过在阿尔及尔所受抵抗比在奥兰和卡萨布兰卡所受的要弱一些。

7日深夜，法军驻卡萨布兰卡的军分区司令贝图阿尔将军收到消息说，登陆将在8日凌晨2点发生。他从部队里派人去逮捕德国停战委员会的成员，并让手下军官去北面50英里处的拉巴特（Rabat）海滩欢迎美国人，因为那里没有海岸炮台而且是法国驻摩洛哥的首府所在地，他以为美军会在那里登陆。

在做完以上初步部署后，贝图阿尔亲自带着一个营士兵去占领拉巴特的陆军司令部，并把当地陆军司令监视了起来。贝图阿尔还向法国驻摩洛哥总督兼驻军总司令诺盖（Noguès）将军和海军的米舍里耶将军发信，通知他们说美军马上就会登陆，吉罗正赶来接任法属北非的总司令，他本人已获吉罗任命接管驻摩洛哥法国陆军。他在给诺盖和米舍里耶的信里要求他们同意自己下达的不抵抗美军登陆的命令，否则就躲到一边别碍事，等情况方便时，再来接受既成事实。

收到这封信后，诺盖本想在形势澄清之前骑墙，可米舍里耶已经迅速采取了行动。他的海空巡逻部队没有在日落之前发现有大舰队迫近的迹象，因此他直接得出结论，以为贝图阿尔不是受骗上当就是自己发神经。米舍里耶向诺盖保证于海岸外没有发现大部队，诺盖深信不疑，即便凌晨5点出头时，第一批关于登陆的报告被放到他面前，诺盖依然深信那只不过是突击队袭击。因此他选择了反美的立场，下令法军抵抗登陆，以叛国罪逮捕贝图阿尔。

巴顿的主登陆场位于卡萨布兰卡以北15英里处的费达拉（Fedala），另外，美军还在往北55英里处的梅迪亚（Mehdia），以及往南140英里处的萨菲（Safi）进行了辅助登陆。费达拉是离卡萨布兰卡城市及其坚固设防的港口（此港是摩洛哥在大西洋沿岸唯一设施齐全的大型港口）最近的适于登陆的滩头。选择梅迪亚，是因为这处登陆地点离利奥特港机场最近，而该机场是摩洛哥唯一铺设有水泥跑道的机场。选择萨菲，是因为右翼部队在这里登陆便可以阻挡在马拉喀什（Marrakesh）的强大的法军前来卡萨布兰卡干预，也因为这里有个港口可供中型坦克登陆，当时，新发明的坦克登陆舰刚投入量产，在"火炬行动"中还没来得及被投入应用。

11 月 6 日，美军舰队已顺利航渡大西洋，正在接近摩洛哥海岸。当时，有报告传来称当地"风浪极大"，根据气象预报，8 日海浪将大得无法登陆。可是，休伊特将军自己的气象专家预测风暴会过去，于是他决定冒险执行在大西洋沿岸登陆的原定计划。大海在 7 日开始平静下来，到了 8 日，已经完全平静了，只有很小的拍岸浪。海浪比那个月任何一天早晨都更小。即便如此，美军还是因为缺乏经验造成了许多纰漏和耽搁。

可是，事情至少比巴顿预期的要好很多，上船前，他曾在最后一次会议上做过一次典型的"热血"式发言，当时，他以夸张的语气挖苦海军人员，说他们精心制订的登陆计划肯定会"在头 5 分钟之内"土崩瓦解，他宣称："历史上，从来没有一支海军能把一支陆军在预定的时间送到预定的地点。不过，如果你们能在 D 日一周之内把我们送到费达拉方圆 50 英里内的任何地点，我就能冲上岸打胜仗。"

幸运的是，法军中的混乱和迟疑让一批批登陆部队在守军真正开火之前就安全冲上了岸，那时天已大亮，美国海军的大炮得以压制住法军的海岸炮台。可是滩头上和后方又出了新的麻烦，原因是陆军滩头部队缺乏经验和频频出错，于是巴顿把火暴脾气转而发泄到了自己的陆军和辅助部队的头上。士兵和船只全都负担过重。第二天，登陆部队终于开始向卡萨布兰卡推进，而且一路未遇重大抵抗，可是因为缺乏装备，受到牵制突然停顿了下来——装备都堆在海滩上，没能前送到战斗部队。第三天，进展十分有限，守军的抵抗却在增强，战役前景变得黯淡了起来。

登陆第一天，法国海军在卡萨布兰卡外海的一场老式炮战中被打哑，如果不是这样，局势本来还会更加严重。早晨 7 点之前，汉克角（Cap El Hank）的海岸炮台和停泊在港内的"让·巴尔"号（Jean Bart）战列舰向海军少将 R. L. 吉芬（R. L. Giffen）指挥的支援群开火，战斗至此拉开序幕，"让·巴尔"号是最新法国战列舰，可是尚未建造完成，没法从船坞里出来，美军支援舰群由战列舰"马萨诸塞"号（Massachusetts）、2艘重巡洋舰、4艘驱逐舰组成。美国军舰没有被击中，不过遇到几枚近失弹，他们的回击非常有效，暂时打哑了汉克角炮台和"让·巴尔"号。不过他们太过专注于激烈的炮战，忽略了压制其他法国军舰的任务。上午9点，法军1艘轻巡洋舰、7艘驱逐舰、8艘潜艇溜出港外。其中，驱逐舰扑向费达拉，那里的美军运输舰成了"活靶子"。还好休伊特将军命令1艘重巡洋舰、1艘轻巡洋舰和2艘驱逐舰前往拦截，这才将法国驱逐舰逐退。其后，支援舰群应休伊特将军的召唤前来拦截法国军舰。不过，法军航海技术精湛，又能巧妙运用烟幕，潜艇也前来救援，起到了干扰性的作用，法军舰队这才成功地在美军压倒性的集中火力打击下幸存了下来，只损失了1艘驱逐舰，然后再次英勇地尝试接近登陆场。可是在这第二次交战中，法军又损失了1艘驱逐舰，8艘法国军舰里只有1艘得以完好地返回港口。在港内，又有2艘军舰沉没，其余的则被空袭炸得进一步瘫痪掉了。

可是海战的结果并不具有决定性，因为汉克角的炮台和"让·巴尔"号的15英寸主炮又打响了。美军舰艇消耗的炮弹太多，如果驻达喀尔的法军战舰像美国人担心的那样北上迎战，他们便很可能无法将其逐退。

还好卡萨布兰卡和整个大西洋海岸的形势已经决定性地好转，因为阿尔及尔的政局发生了有利的改变。傍晚时分，诺盖将军辗转得知，当地以达尔朗海军上将为首的法国当局已经在10日下达停火令。诺盖很快根据这个未经证实的报告采取行动，命令自己属下各级指挥官停止积极的抵抗，准备正式停火。

与此同时，在奥兰登陆的美军遇到了更为强烈的抵抗。不过，美军特遣部队和把他们运到战场送上岸的英国海军之间，倒是按照共同的计划，配合得很好。此外，特里·艾伦（Terry Allen）少将指挥下的美军先头部队第1步兵师是一支训练有素的部队，还得到了第1装甲师一半部队的支援。

按照计划，美军将以双重包围夺取奥兰城和港口——特里·艾伦的两个团级战斗队将在奥兰以东24英里处的阿尔泽湾（Gulf of Arzeu）登陆，西奥多·罗斯福（Theodore Roosevelt）准将指挥第3个团级战斗队则将在奥兰以西14英里处的莱桑达鲁塞（Les Andalouses）滩头登陆。其后，一支轻装甲纵队将从阿尔泽湾滩头阵地向内陆推进，而另一支规模较小的装甲纵队则将从奥兰以西30 英里处布扎贾尔港的另一处更远的登陆点同时推进，目的是占领奥兰以南的机场并从背后封锁城市。其中，比较重要的目标是尽快封锁城市，因为据预计，城里 1 万人的守军如果能够得到内陆驻军的支援，人数可以在 24 小时之内增长1 倍。

行动开始很顺利。11 月 7 日夜幕降临时，护航船队假装经奥兰向东驶去，其后，又在夜色的掩护下绕回来。凌晨 1 点，美军在阿尔泽准时登陆，只迟了半小时，莱桑达鲁塞和布扎贾尔港两处的登陆也开始了。美军达成了完全的奇袭，滩头没有抵抗。这一段海岸有 14 处炮台掩护，但直到天亮之后，法军才从这些炮台零零散散地以火力进行骚扰，得益于海军舰船的支持和烟幕掩护，这些骚扰几乎没有造成损害。部队下船和卸货整体上开展得非常顺利，只是因为士兵个人装备过载，每个人要背负将近 90 磅[1]的装备，速度这才放缓下来。运输舰装载着中型坦克，等到阿尔泽港口被占，便将其卸在了码头上。

为了防止守军破坏船舶和港口设施，登陆部队试图直接占领奥兰港，这才遭逢了唯一严重的挫败。为了执行这项大胆的计划，盟军动用了两艘英国巡逻快艇"瓦尔内"号（Walney）和"哈特兰"号（Hartland），以装载 400 名美军，同行的还有两艘摩托艇。美国海军当局指责这次行动过于鲁莽，简直就是"自杀任务"，结果证实了他们的观点。尤其不明智的是，进攻时间被安排在登陆发起 2 小时后，而那时法国人正好被其他地点登陆的消息惊醒。作为预防措施，进攻部队展示了一面很大的美国国旗，但这没能阻止法国人回以致命的火力，两艘巡逻艇被打瘫，一半的船员和士兵阵亡，剩下人员大多数负伤被俘。

9 点，甚至更早，美军便已经开始从滩头阵地向内陆推进，11 点出头，沃特斯（Waters）上校指挥下从阿尔泽出发的轻装甲纵队就已经到达塔法拉乌伊（Ta-faraoui）机场，1 小时后，发回的报告说，机场可以接收从直布罗陀飞来的飞机，可是这个纵队向北转弯后在拉塞尼亚（La Sénia）机场前被挡住了，罗宾奈特（Robinett）上校从布扎贾尔港出发的纵队也是如此。从阿尔泽和莱桑达鲁塞登陆

---

1 1 磅 ≈0.45 千克。

场出发发动向心攻击的两支步兵部队也在接近奥兰时遇到抵抗停顿了下来。

第二天几乎没有进展，法国人加强了抵抗，并对阿尔泽滩头侧翼发动反攻。慌乱的报告夸大了这个威胁，导致整个作战计划被打乱，弗雷登多尔将军不得不从执行其他任务的部队中抽调兵力。下午，美军占领了拉塞尼亚机场，但是大多数法国飞机已经飞走，持续的炮击也让美军无法利用这个机场。美军在第二天夜间绕过了通向城市的道路上的一些零星的抵抗点，并于第三天上午对奥兰发动向心攻击。从东西两面发动的步兵进攻被挡住了，可是成功吸引了守军的注意力，两支轻装甲纵队的先头部队由南面未遇抵抗就冲进了城市，中午之前打到了法军司令部门口。法军司令同意投降。经过 3 天作战，美军的损失不到 400 人，法军就更低。法军指挥官们知道阿尔及尔正在谈判，所以双方的损失轻微，尤其是在最后一天，抵抗也逐渐减弱了。

阿尔及尔登陆更为顺利迅速，这主要得感谢当地驻军司令马斯特将军和他的同谋们。登陆部队在大多数地方都没有遇到认真的抵抗，不过，与奥兰那里的情况相似，试图提早强攻港口的行动遭到了法军的抵抗。

7 日拂晓，美国运输舰"托马斯·斯通"号（Thomas Stone）在离阿尔及尔 150 英里处的海面上被一艘德国潜艇发射的鱼雷击中，暂时动弹不得，不过此后，在整个深入地中海的海上航程中都没有遇到其他的麻烦。尽管被几架敌机发现，但是运输船队在天黑后向南转弯奔向登陆滩头之前，一直没有遭遇空袭。其中一个战斗群在阿尔及尔以东大约 15 英里处的马提富海角（Cap Matifou）附近登陆，另一个在城市以西 10 英里处的西迪法鲁赫角（Cap Sidi Ferruch）登陆，第三个战斗群则在再往西 10 英里处的卡斯蒂里奥内（Castiglione）附近登陆。为了进行政治伪装，最靠近阿尔及尔的登陆由美军部队执行，其中混编了英军的突击队，英军则主要在更靠西的卡斯蒂里奥内附近登陆。

凌晨 1 点，这里的英军准时登陆，尽管滩头的海浪既大又危险，登陆部队倒是没有遇到什么事故。他们刚刚开进内陆一小段路，就遇到了法军，这些法军称自己奉命不抵抗。早晨 9 点，英军到达卜利达（Blida）机场。阿尔及尔以东的登陆开始得稍为晚了一点，且出现了些混乱，但是因为没有遭遇抵抗，很快局面就稳定了下来。

清晨 6 点后不久，盟军便抵达重要的白屋（Maison Blanche）机场并将其占领，期间，守军只象征性地放了几枪。但是盟军在向阿尔及尔城推进的途中，先是遭遇一处不让通行的村庄据点，后来又受到 3 辆法国坦克的进攻威胁，只好停顿了下来。马提富角的海岸炮台也拒绝投降，盟军动用战舰和俯冲轰炸机进行了两次轰击，这才迫使守军在下午屈服。

抢占阿尔及尔港的行动结果不佳。英国驱逐舰"布罗克"号（Broke）和"马尔科姆"号（Malcolm）搭载一个美军步兵营，升起大幅美国国旗执行这次任务。按照计划，进港的时间被定在登陆 3 小时后，希望到那时，守军要么已经屈服，要么已经被调走。实际上，两艘驱逐舰一接近港口就遭遇猛烈火力。"马尔科姆"号遭受重创只好撤退，"布罗克"号试了 4 次才冲过法军火力封锁来到码头边靠岸让部队下船。起初守军没有抵抗，让他们占领港口设施，可是大约 8 点钟，法军开始炮击"布罗克"号，迫使它起锚撤退。登陆部队被法国非洲部队团团围住，弹药越来越少而且看不到大部队前来救援的希望，于是在中午过后不久就投降了。不过，法军奉命向登陆部队开火目的是挡住他们，而不是消灭他们。

在阿尔及尔西侧西迪法鲁赫角附近，登陆行动出现了更为严重的耽搁和混乱，数艘登陆舰船走错路线，开到了更西面的英军海滩。每一个营的人员都散布在 15 英里长的海岸上，很多登陆艇被海浪冲毁或者因为引擎故障而延误。此次登陆本来必然会遭遇惨败，让盟军付出巨大代价，幸运的是，起初法国人对登陆部队还算友好，并没有进行抵抗，马斯特及其手下一些军官前来迎接并为登陆部队扫清了道路。经过匆忙整编，部队开始向阿尔及尔挺进，他们一路上在好几个地方都遇到了抵抗。这是因为，马斯特现在已经被解职，他下达的与盟军合作的命令也被撤销，手下部队奉命抵抗盟军的挺进。

盟军在阿尔及利亚的合作者到登陆前不久才知道此次行动的消息，对于登陆地点更是所知甚少，但是，面对这种种困难，他们出色且忠实地履行了自己的职责。他们迅速行动起来，执行协助登陆的计划，军官被派到海岸欢迎并引导美军，有组织的小队控制了要点，他们还封锁了大部分电话设施，占领了警察局和派出所，监禁了政见不同的高级军官，并接管了广播电台，随时准备播出吉罗或者其代理人所做的有望对局势起到决定性作用的广播讲话。总之登陆发生时，法国合作者做了足够多的努力来瘫痪抵抗，他们在 7 点以前控制着城市，比事先预计可能或者认为必要的时间还长。可是，盟军从登陆滩头向城市的进军开展得太慢，无法满足需要。

　　直到 7 点，美国人也没能出现，于是，合作者对同胞们影响力的有限就表现出来了。此外，吉罗本人没有如预期的那样赶来，他们在广播中以吉罗的名义号召起义的企图完全失败，这表明，他们其实高估了吉罗的影响力。局面很快失控，他们不是被置之不理就是被捕。

　　与此同时，高层仍然在进行决定命运的讨论。午夜后半小时，罗伯特·墨菲去见朱安将军，向他透露了一则消息，说绝对强大的军队马上就要登陆，敦促他合作，立即指示法军不要抵抗。墨菲说，美军是应吉罗的要求来帮助法国人解放自己的。朱安不想接受吉罗的领导，也不认为吉罗有足够的威望，说自己必须向达尔朗海军上将请示，后者当时正巧在阿尔及尔，是从法国飞来看望自己病重的儿子的。达尔朗被电话叫起来，请求他来朱安的别墅听墨菲带来的紧急消息。他一到，听说登陆在即，第一个反应就是生气地大叫："我从来都知道英国人愚蠢，可是一直以为美国人聪明一点。现在我开始相信你们和他们一样会犯很多错误。"

　　经过一番讨论，达尔朗终于同意向贝当元帅发电汇报局势，请求授权他以贝当的名义便宜行事。与此同时，别墅被一批反维希政府的法国武装人员包围，达尔朗事实上已被监控了起来。可是不久之后，一支机动卫队又赶走了他们，并逮捕了墨菲。其后，达尔朗和朱安像两只充满疑心的猫那样互相监视着前往阿尔及尔的司令部。在那里，朱安采取对策重新掌控了局势，释放了科尔茨（Koeltz）将军和其他被马斯特及其同谋逮捕的军官，并逮捕了马斯特等人。不过，8 点不到，达尔朗再次向贝当元帅发报，指出"局势越来越糟，防御很快会瓦解"，显然，他是在暗示现在向强权低头是明智的。贝当的回电给了他要求的授权。

　　刚过 9 点，美国驻维希代办平克尼·塔克（Pinkney Tuck）去见贝当，递交了罗斯福的一封信，要求贝当合作。贝当递给他一份早就拟就的答复，对美国的"侵略"表示"困惑和悲痛"，宣称法兰西帝国将抵御一切进犯，即便进犯者是老朋友。——"这就是我下达的命令"。不过，他对待塔克的态度亲切和蔼，看起来似乎也完全不悲痛。实际上，他的行为给人的印象是，正式答复其实是为了缓解德国人的狐疑和干涉。不过，几小时后，总理皮埃尔·赖伐尔（Pierre La-val）在希特勒的压力下被迫接受德国提供的空中支援。到当天傍晚时分，轴心国已经在集结派往突尼斯的部队。

与此同时，达尔朗已自行向阿尔及利亚地区的法国陆军和舰船下达了停火命令。尽管这个命令不适用于奥兰和卡萨布兰卡地区，但达尔朗授权朱安在整个北非安排停火。此外，那天傍晚早些时候，双方同意将在晚上8点把阿尔及尔的控制权交给美军，到第二天（9日）天一亮，盟军就可以使用港口。

9日下午，马克·克拉克抵达，进行必要的全面谈判，肯尼思·安德森接手指挥所有向突尼斯挺进的盟军部队。吉罗也到了，比计划的稍早，发现自己在当地的头面人物之中并不受欢迎，于是远远地躲到一处偏僻的人家。马克·克拉克说，"他基本上转入了地下"——不过，第二天早晨，他又钻出来参加了克拉克和达尔朗、朱安，以及他们主要下属的第一次会谈。

会上，克拉克催促达尔朗下令法属北非立即全面停火，后者犹豫了，争辩说自己已经把条件摘要报告给维希当局，必须等待回复，克拉克开始拍桌子，说他会让吉罗代替达尔朗来签署命令。达尔朗对此回答说，吉罗缺乏合法的权威，也没有足够的个人威望。他还宣称这样一道命令"会导致德国人立即占领法国南部"——这个预言很快被证实了。经过进一步的争论和拍桌子，克拉克生硬地告诉达尔朗说，要是不马上签发命令，自己就逮捕他——克拉克事先采取措施在房子周围部署了武装警卫。其后，达尔朗和幕僚们简短讨论一番，接受了这份最后通牒，他的命令于11点20分下达。

此项命令向维希通报之后，贝当自己的反应是批准这个命令，可是赖伐尔在应希特勒的紧急召见去慕尼黑途中听说了此事，他给贝当打电话说服他撤销了这道命令。下午，克拉克收到消息说维希政府拒绝停火。克拉克告诉达尔朗此事后，达尔朗沮丧地说："我无能为力，只能撤销今天上午签署的命令。"克拉克马上反驳说："不许你这么做。绝不可以撤销那些命令，为了确保这一点，我会把你关起来。"克拉克之前就已经对达尔朗暗示过美国人的这种解决方案，达尔朗表现得非常愿意接受，回复贝当说："我撤销了自己的命令并因此成了战俘。"——这个撤销只是给维希政府和德国人的耳目看的。第二天，贝当迫于希特勒通过赖伐尔施加的压力，宣布将北非的一切权力从达尔朗转移到诺盖之手，但此前，他已经密电达尔朗说，这份声明是在德国压力之下做出的，是违背自己意志的。法国局势危险，贝当这才不得不使用这种两面派的诡计，不过，这也让整个局势，以及法国在阿尔及尔以外北非地区的各级指挥官陷入了更严重的混乱中。

幸运的是，希特勒帮助澄清了局势，解决了法国人的疑惑，因为他下令德军占领根据1940年停战协定留给维希政府控制的法国领土。11月8日和9日，维希政府对希特勒提供军事援助的提议迟迟不给答复，并提出各种保留意见，这让希特勒的疑心变得更重。10日，赖伐尔到达慕尼黑会见希特勒和墨索里尼，当天下午希特勒坚持突尼斯的所有港口和空军基地必须开放给轴心国部队。赖伐尔还在试图拖延，说法国不同意意大利军队进入，而且有权决定此事的只有贝当。希特勒丧失了所有耐心，会谈结束不久便下令早已做好准备的部队在午夜开进法国未被占领的地区，并偕同意大利军队占领突尼斯的海空基地。

法国南部很快就被德国机械化部队占领，同时意大利6个师从东面开进来。9日下午，德军飞机开始抵达突尼斯城附近机场，与之同至的还有在地面上保护飞机的部队，不过，法军在机场周围构建起了包围圈，因而这些护卫部队的活动被限制在了机场里。从11日起，空运加倍，附近的法军被缴械，坦克、大炮、运输车辆和军需品也从海路运抵比塞大。月底之前，已经有1.5万名德军到达，配备的坦克大约有100辆，不过大部分人是后勤人员，是来组织供应基地的。还有约9000名意军到达，主要是从的黎波里塔尼亚由陆路而来，负责掩护南方侧翼。轴心国在四面受逼的境况下能于仓促之间搞出这样的举动，确实是相当大的成就。可是这支部队和盟军部署在法属北非的军队的规模相比，实在太小。如果"火炬计划"能将盟国远征部队中一大部分用于向突尼斯挺进，或者盟军统帅部能让部队推进得更快些的话，轴心国几乎没有可能抵挡住盟军。

德国入侵法国南部震惊了非洲的法军指挥官们，盟军在北非的局势因而得到了极大的改观。11日上午这个消息传来之前，盟军和法国人曾在阿尔及尔进行了另一轮拉锯。起先克拉克去见达尔朗，催逼他马上做两件事情——命令法国土伦港的舰队开来北非港口，并命令突尼斯总督埃斯特瓦（Esteva）海军上将抵抗德军进入突尼斯。达尔朗起初闪烁其词，辩称法国政府已经广播声明他被解除了指挥法军的职务，因此自己的命令不会有人服从。克拉克进一步进行逼迫，达尔朗则干脆拒绝合作。克拉克跑出房屋，用力拉上房门，以发泄不满的情绪。可是下午，克拉克接到电话请他回去见达尔朗，这次因为法国局势的发展，达尔朗同意顺从克拉克的愿望，不过他给土伦舰队司令的电文用的措辞是急切建议，而不是命令。另一个对盟军有利的转变是，维希政府任命的达尔朗的接替者诺盖将军同意第二天来阿尔及尔会面。

12 日清早，克拉克听说达尔朗让突尼斯抵抗德军的命令被撤销了，又暴跳如雷。他把达尔朗和朱安叫到自己下榻的酒店，很快发现朱安是这次改变的始作俑者。朱安说自己并没有撤销命令，而是暂停前令，等诺盖到来再做决定，因为诺盖现在是他的合法上司。法军有着拘泥于合法性的传统，不过，在克拉克看来，这只是在找托词。在克拉克的坚持下，二人屈服了，不等诺盖到来，便立即重新下令给了突尼斯，可是，他们后来又拒绝吉罗参会，这让克拉克的疑心更炽。克拉克对他们的推托火冒三丈，声言除非他们在 24 小时内做出令人满意的决定，否则要把所有法军将领逮捕并关在港口中的一艘船上。

与此同时，贝当发来第二封密电重申了自己对达尔朗的信任，并强调自己和罗斯福总统保持着紧密的联系，但因为有德国人在身边，所以无法公开说出自己的想法。这封密电大大加强了达尔朗在其他非洲法军领导人中的相对地位。达尔朗比他的很多同事更加实用主义，贝当的信任有助于达尔朗就如何与盟军合作及承认吉罗等问题与诺盖及其他人达成共识。在 13 日的又一次会上，克拉克再次威胁要把会场封锁起来，这才加快了他们商讨的速度。那天下午，所有问题都已议定，刚从直布罗陀飞来的艾森豪威尔也立即对结果表示支持。根据协议，达尔朗将就任北非高级专员兼海军总司令，吉罗任陆空军总司令，朱安任东部地区司令，诺盖则担任西部地区司令兼法属摩洛哥总督，法军将立即开始和盟军合作，以解放突尼斯。

跟克拉克一样，艾森豪威尔认识到达尔朗是唯一能够带领法国人投向盟军的人，他还记得临离开伦敦时丘吉尔说过的话："我痛恨达尔朗，可是如果我能见到他，我会很高兴用双手双脚爬上 1 英里，只要他答应把他的舰队带到盟军这一边。"因此，艾森豪威尔马上就对上述协议表示支持。艾森豪威尔的决定也得到了罗斯福和丘吉尔同样迅速的支持。

可是"和达尔朗做交易"在英美引起了舆论风暴，因为这个人长时间被新闻界描绘成一个邪恶的亲纳粹分子，尤其是在戴高乐所在的英国，戴高乐分子尽全力煽动公众表达不满情绪。丘吉尔和罗斯福都没有预见到这场风暴会如此严重，罗斯福试图以公开声明安抚这股风暴，他在其中引用了丘吉尔私人电报里的话，说和达尔朗做交易"仅仅是权宜之计，完全是因为战事过于紧迫"。此外，在不见诸正式记录的一次记者招待会上，他用东正教会的一句古老谚语描述这件事："我的孩子们，你在受到严重威胁时，可以和魔鬼一起行走，直到你跨过那座桥。"

罗斯福把这个安排解释为"权宜之计"自然震惊了达尔朗，他觉得自己受骗上当了。他在写给马克·克拉克的一封抗议信中挖苦地评论说，无论从公开声明还是私下谈话中来看，他都仅仅被当作"美国人的一只柠檬，挤干了汁水，就要扔掉"。罗斯福的声明更遭到支持达尔朗跟盟军达成协议的法国军官的一致责难。艾森豪威尔对此深感不安，致电华盛顿强调"目前法国人的情绪和我们之前预计的没有一点相似之处，因此绝不能匆忙行事破坏我们目前业已达成的均衡"。史末资将军在从伦敦返回南非的路上飞抵阿尔及尔时也致电丘吉尔说："关于达尔朗的公开声明已经在当地法国领导人中产生了令人不安的影响，沿着这条路走下去是危险的。诺盖威胁要辞职，而他控制着摩洛哥人民，他辞职将造成深远的影响。"

与此同时，达尔朗和克拉克之间达成了明确且详细的合作行动协议。他还劝说西非的法国领袖追随自己，开放达喀尔的关键港口和飞机场为盟军所用。可是他在圣诞节前夜被一名狂热的年轻人博尼埃·德·拉·夏佩勒（Bonnier de la Chapelle）刺杀，此人属于保王党和戴高乐一派，而戴高乐的追随者要求达尔朗下台。用这一方法让他快速下台帮助盟国解决了一个棘手的政治问题，为戴高乐的上台扫清了障碍，同时，盟国已经从"与达尔朗交易"中获取了所有的利益。丘吉尔在回忆录中这样评论："无论谋杀达尔朗是多么罪恶深重的一件事，它毕竟为盟国解决了与他合作导致的尴尬局面，同时又留下了所有他在盟军登陆期间能够给予的好处。"根据吉罗的命令，军事法庭审判了刺客并迅速将其处决。第二天，法国领导人一致同意选择吉罗继任达尔朗的高级专员一职。吉罗"填补了空缺"，但为时很短。

盟国如果没有得到达尔朗的帮助，问题会比实际更加棘手。因为法军在北非有将近12万之众——在摩洛哥有差不多5.5万人，在阿尔及利亚有5万人，在突尼斯有1.5万人。这些法军虽然散布得很广，但如果持续顽强抵抗的话，还是有可能给盟军造成很大麻烦的。

　　达尔朗的协助和权威只在一个重要方面没有达成预想的效果，那就是把法国主力舰队从土伦带到北非。舰队司令德·拉博德（de Laborde）海军上将在接到达尔朗的召唤后陷入了犹豫，要不要不经贝当的核准就采取行动，而达尔朗派来的特使又被德国人截获。拉博德的犹豫拖延得太久，德国人很聪明，在海军基地外围止步，不去占领军港触动法国守军，这种做法也暂时平息了拉博德的焦虑。同时，德国人制订了突袭计划，目的是完整地夺取舰队，他们在港口出口处布雷后，便于11月27日发动突袭。法国人因耽搁错失了突围的良机，但至少及时执行了事先准备的凿沉舰队的计划，让德国人攫取军舰的打算落了空——这也就兑现了达尔朗在11月10日和克拉克在阿尔及尔初次会见时提出的保证："我们的舰队绝不会落入德国人手中。"盟国对法国舰队没能开往北非虽然感到失望，但随着舰队沉没，为德国人所用反对盟军的威胁已经不复存在，因而也感到如释重负。

　　在这段关键时期，尤其是最初几天，另一件令人感到宽慰的事情是，西班牙没有进行任何干预，希特勒也没有试图通过西班牙来对进入地中海的西端门户进行反击。西班牙陆军本来可以从阿尔赫西拉斯（Algeçiras）炮击，让直布罗陀的港口和机场无法使用，还可以切断巴顿的部队和阿尔及尔盟军部队之间的联系，因为从卡萨布兰卡到奥兰的铁路线离西属摩洛哥边界很近，最近的两处地点只相隔20英里。英国人在计划"火炬行动"时就说过，如果佛朗哥要干预的话，就不可能使用直布罗陀[1]，而艾森豪威尔的作战计划参谋估计需要5个师用3个半月才能占领西属摩洛哥。幸运的是，佛朗哥满足于按兵不动，做个"不参战"的轴心国伙伴，美国人一直在进口西班牙产品，允许西班牙从加勒比海地区进口石油，所以佛朗哥就更满足了。而且轴心国的文件显示，希特勒之前见识过佛朗哥规避自己穿越西班牙进攻直布罗陀的技巧，并没有真的考虑过在1942年11月尝试这样的反攻。这个想法只在1943年4月被墨索里尼重新提起来过，当时轴心国在突尼斯的部队四面楚歌，意大利担心盟军提早发动对意大利的进攻。即便在那个时候，希特勒也拒绝了墨索里尼的请求，一来他担心自己这位"不参战的

1　这不是一个新鲜的结论。1936年西班牙内战爆发后，我就在无数文章、讲演和私下讨论中强调过，如果佛朗哥政权主宰了西班牙，如果西班牙决定和轴心国紧密合作，将会出现怎样危险的局面。

轴心国伙伴"会激烈顽固地抵抗德军穿越西班牙，二来他相信轴心国部队有能力守住突尼斯。11 月底派去突尼斯的极少量轴心国部队在当时挡住了盟军的突进，这次非同凡响的成功更加强了希特勒的信心。

第 22 章

向突尼斯赛跑

　　盟军向突尼斯城和比塞大的进军从一场距离很短的两栖跃进开始，目标是阿尔及尔以东 100 英里处的布日伊（Bougie），距离比塞大只有 25 英里。当初，盟军假定法国人会立即给予全面的合作，计划使用伞兵和两栖特种部队在 11 月 11 日、12 日、13 日接连 3 天占领波尼、比塞大和突尼斯城 3 处的机场。与此同时，阿尔及尔登陆部队的一支海上预备队将前去占领布日伊港及前进基地以东 40 英里处的季杰利（Djidjelli）机场，但是，实际发动的针对布日伊的两栖进攻只是上述计划的缩小版。阿尔及尔登陆之后，情况捉摸不定，盟军认为以上计划太过危险，便取消了指向更远地区的进攻。实际上，9 日，盟军决定占领布日伊和附近机场，然后派出一支部队冲向突尼斯边界附近的苏格艾赫拉斯（Souk Ahras）铁路终点站，同时用另一支两栖空降部队占领波尼。

　　10 日傍晚，两支受到严密保护的船队从阿尔及尔起航，载运着维维安·伊夫利（Vyvyan Evelegh）指挥下的英国第 78 师的先头部队第 36 旅级战斗群和为这次远征准备的军需品。这支部队于第二天凌晨到达布日伊外海，可是因为害怕遭遇敌对攻击而在大浪中错过了在附近海滩登陆的时机，实际上当地守军很友好。由于海浪太大，本来计划在季杰利附近开展的登陆被取消，进攻部队直到两天后才占领了那里的机场，因而没能及时用战斗机提供掩护，结果，有几艘船在空袭中被摧毁。不过，12 日清早，一支突击队偷偷摸进了波尼的港口，另一支伞兵部队则在机场空降，两支部队都受到了当地法军的欢迎。

　　13 日，在布日伊登陆的旅级战斗群开始向前开进，第 78 师的其余部队则从阿尔及尔沿陆路开进，紧随其后的是 R. A. 赫尔（R. A. Hull）上校指挥下的"布雷德部队"（Blade Force），这支装甲部队由第 17/21 枪骑兵团和配属支援部队组成[1]，刚刚登陆，是第 6 装甲师的先头部队。[2] 为了扫清道路，盟军计划用一个英国伞兵营于 15 日在突尼斯境内离突尼斯城 80 英里远的苏格艾尔巴（Souk el Arba）先期空降，另派一个美军伞兵营在特贝萨（Tebessa）附近空降以掩护南翼并占领那里的前进机场。在 E. D. 拉夫（E. D. Raff）上校的指挥下，美军如期完成空降，两天后，他们向东南方向跃进 80 英里，占领了离加贝斯湾和通往的黎波里塔尼亚的瓶颈通道只有 70 英里远的加夫萨（Gafsa）机场。因为天气原因，英军空降部队耽搁了一天，不过，地面的先头部队速度极快，在 16 日就已经到达苏格艾尔巴。到那时，坐落在通向比塞大的道路上的突尼斯小港塔巴卡（Tabarka）也被沿着海岸公路前进的另一支纵队占领了。

　　第二天（17 日），安德森将军让第 78 师在完成前沿集结后"向突尼斯前进并摧毁轴心国部队"。此次停下集结确实很有必要，但终归是不幸的，因为当时开到的轴心国部队非常少，在突尼斯，有 11 日刚从意大利空运而来的实力不足的伞兵团 2 个营，在比塞大，还有 2 个营的兵力，其中一个是空降工兵营，另一个是步兵营。16 日，曾在阿拉姆哈勒法战役中重伤且刚刚痊愈的内林将军带着一名参谋前来指挥这支大约 3000 人的骨架部队。甚至到了月底，这支部队也只有一个师的兵力。

　　德军不等部队集结就迅速向西冲刺，以大胆的行动掩盖兵力的不足。突尼斯的法军虽然兵力多得多，却在德军面前后退，避免在盟军援兵到达之前过早爆发冲突。17 日，克诺赫（Knoche）上尉指挥下的一支大约只有 300 人的德军伞兵营沿着突尼斯城 – 阿尔及尔公路向前推进，驻防在那里的法国战斗群撤到了突尼斯城以西 35 英里处的公路中心迈贾兹巴卜（Medjez el Bab），那里有一座横跨迈杰尔达河（Medjerda）的重要桥梁。18 日夜间，法军在这里得到了布雷德部队一部的增援，包括一个英军伞兵营和一个美军野战炮兵营。（第 17/21 枪骑兵

1　译注：这是一个装甲团的番号，历史上由第 17 和第 21 枪骑兵团合并而成，不是两个团，所以番号如此奇怪。

2　第 17/21 枪骑兵团和这个师的其他装甲团一样，每个中队都有两个排装备新式快速的十字军三型坦克（拥有强大的 6 磅主炮），另外两个排装备 2 磅主炮的瓦伦丁式坦克，瓦伦丁坦克虽然速度比较慢但远为可靠，装甲也较厚。

团和他们的坦克还没有到达，先头坦克中队于 18 日到达苏格艾尔巴，但还没有开上来。）

凌晨 4 点，法国突尼斯驻军司令巴雷（Barré）将军被召去会见一名德军使节，德军使节给了他一封内林将军写的最后通牒，要求法军必须撤到突尼斯边境一线。巴雷试图谈判，可是德国人看出来这只是争取时间的伎俩，而清晨的侦察早已发现了盟军部队的踪迹。于是上午 9 点，德军结束谈判，15 分钟后，正式开火。一个半小时后，德军俯冲轰炸机来到战场上空助其声势，令守军大震。其后，德军伞兵又发动了两次小规模地面进攻，守军被德军空中的强力演出迷惑了，以为其兵力十分强大。守军指挥官觉得，如果得不到进一步增援就难以守住，但安德森将军已下令，盟军在完全集结好向突尼斯进军之前，不许提供增援。

天黑之后，克诺赫上尉派遣多股小部队游过河，他们通过这一伪装行动成功地让敌人以为己方的兵力正在增加。盟军从桥头后撤，没有炸桥。午夜前不久，当地的英军指挥官把法军司令官找到指挥部，坚持说要马上撤到后方 8 英里处高地上比较安全的阵地去。法军这么做了，德军占领了迈贾兹巴卜。一支兵力只有敌方十分之一的小部队以大胆的虚张声势能创造怎样的奇迹，这便是一个惊人的例证。

再向北，维茨格（Witzig）少校指挥下的空降工兵营配备少量坦克，从比塞大出发沿着海岸公路西进，在阿比奥德山（Jebel Abiod）遭遇了第 36 步兵旅战斗群的先头营，即第 6 皇家西肯特郡营。德国人击溃了先头营的一部，但该营英军成功守住了阵地，直到该旅的其他部队开上来解救自己。

与此同时，向南派出的小股德军占领了通往的黎波里塔尼亚道路上的各个要地：苏萨（Sousse）、斯法克斯（Sfax）和加贝斯。大约 50 名德军伞兵由空运到达加贝斯，以虚张声势吓走了法国驻军。20 日，2 个意大利营从的黎波里塔尼亚开过来增援他们，正好及时到达，阻止了美军拉夫上校指挥下的伞兵对这里发动的进攻。22 日，一支小型德军装甲纵队把法国人赶出斯贝特拉（Sbeitla）的中央道路交会点，在那里留下一支意大利部队，然后回到突尼斯城，不过，这支意大利部队很快被拉夫上校那个营的另一支分队驱散了。

尽管如此，内林的骨架部队还是保住了突尼斯城和比塞大的桥头堡，他们甚至把这两个桥头堡扩展成了包括突尼斯北部大部分地区在内的巨大桥头阵地。

直到 25 日，安德森计划中夺取突尼斯的攻势才开始。在这段间歇期，德军
孱弱的兵力增长了 3 倍，不过真正有作战能力的还是只有 2 个伞兵团（每个团 2
个营）、1 个空降工兵营、3 个由征召兵员组成的步兵营和 190 坦克营的两个连。
这两个连共 30 辆坦克，其中有若干新式长身管 75 毫米主炮的四号坦克，是德军
重要的资本。所以，因安德森长期屯兵突尼斯边界，完成集结，轴心国和盟军之
间巨大的兵力差距已有所缩小。

安德森本人在 21 日对兵力是否足够达到作战目的表示过疑虑。于是根据艾
森豪威尔的命令，更多美军赶来增援，尤其是第 1 装甲师的 B 战斗群从 700 英
里外的奥兰赶来，其中轮式和半履带式车辆通过公路行军，坦克则用铁路装运。[1]
不过，这支部队只有一部在发动进攻时及时赶到。

英军分三路进攻，第 36 旅级战斗群在左靠近海岸，兵力大得多的布雷德部
队在中央，第 11 步兵旅战斗群在右，沿着主要公路进攻，每一支进攻部队都有
美军装甲兵和炮兵负责支援。

左翼沿着多山的海岸公路，比预定日期晚了一天才发动进攻，他们十分谨慎
小心，头两天每天只前进了 6 英里——维茨格小小的空降工兵营在他们到来前就
已经撤退了。其后，在 28 日那天，他们推进了两倍的距离，却在贾夫纳（Djefna）
车站中了维茨格的埋伏，前锋营损失惨重。30 日，他们发起了更大规模的进攻，
又在德军加强的防御面前败下阵来，然后就停止了进攻。因为此次挫败，英美混
合突击队大胆的两栖行动也失败了，这支部队于第二天清晨在贾夫纳以北的海岸
登陆，封锁了德军背后马特尔（Mateur）以东的道路，可是 3 天过去了，援兵依
然迟迟未能开到，补给也快要用完了，于是，该部队不得不撤退。

中路进攻由布雷德部队担任，该部队得到了一个美军轻型坦克营（第 1 装甲
团 1 营，装备斯图尔特坦克）的增援，现在已拥有 100 多辆坦克。25 日，在突
破一支小规模轴心国分队防守的外围防线后，他们向前突进了 30 英里，打到乔
伊吉（Chouigui）山口。可是第二天早晨，一支有 10 辆坦克的德国装甲连在两

---

1 在战争的这个阶段，美军装甲师由 2 个装甲团（每个团有 1 个轻型和 4 个中型坦克营）、1 个
装甲步兵团（下辖 3 个营）及 3 个装甲野战炮兵营组成。一个师总共有 390 辆坦克，其中包括
158 辆轻型坦克和 232 辆中型坦克。作战时，各个师被分散到 A、B 两个战斗群，后来又增添了
第 3 个战斗群。

个步兵连的支援下从马特尔向南发动突击，将布雷德部队挡住了。8 辆德军坦克被击毁，大部分都是美军 37 毫米反坦克炮的战果，可是他们的牺牲制造了这次侧翼威胁，英军高级指挥部被迫停止布雷德部队的突击，把这支部队转用于掩护右路进攻的侧翼。

双方都在"战争的迷雾"中摸索，可是，在这样一个紧急关头，与德军的大胆相比，英军的谨慎其实是不明智的，尤其考虑到前一天下午，布雷德部队的一支小分队刚刚利用偶然的机会吓了德军高层指挥部一大跳。当时，赫尔命令美军轻型坦克营营长约翰·K.沃特斯（John K. Waters）中校侦察泰布尔巴（Tebourba）和吉德达（Djedeida）附近迈杰尔达河上的桥梁。于是，鲁道夫·巴罗（Rudolph Barlow）少校指挥下的 C 连被派去执行这个任务，碰巧开到了德军新启用的吉德达机场边缘。巴罗看到机会马上抓住，用他的 17 辆坦克横扫机场，摧毁了大约20 架敌机——在战报里被夸大为 40 架。这次深远渗透在内林收到的报告中也被夸大了，内林大惊之下，决定把部队后撤，近距离保卫突尼斯城。

盟军沿主要公路发动的右翼突击在进攻迈贾兹巴卜[1]时就被挡住了，其后，德军发动数次小规模的反击，盟军慌忙后撤。可是 25 日夜间，内林因受到吉德达袭击的震动，命令守军后撤，害怕其会被英军新发动的攻势消灭掉。盟军纵队紧跟着后撤的德军在 27 日清晨占领了 20 英里以外的泰布尔巴。但是第二天，在前进了一小段路之后，盟军在离突尼斯城 12 英里处的吉德达突然被一个诸兵种混成营级战斗群挡住了去路。29 日，盟军重新发动进攻，可是又被击退。伊夫利将军建议暂停进攻，以等待更多的援兵和更近距离的战斗机屏护，因为德军的俯冲轰炸机正越来越多地骚扰盟军部队，折磨他们的神经。

安德森和艾森豪威尔都接受了以上建议。那两天，艾森豪威尔正好在视察前线地区，美国军官不停地诉苦："我们见鬼的空军在哪儿？为什么我们只看见德国飞机？"他在回忆录里评论道："每次路边谈话，交谈者都会对损失情况做出惊人的夸大，尽管如此，'我们的部队一定要撤退，这种条件不是人待的'这样的话，还是会让人感觉不祥。"[2]

---

1 防守迈贾兹巴卜的是一个德军伞兵营、一个意大利反坦克连，以及 2 门 88 毫米炮，另有第190 坦克营的一个连 17 辆坦克负责支援。

2 Eisenhower: *Crusade in Europe*, p. 120.

　　凯塞林元帅此时也在突尼斯城视察，他斥责内林过于谨慎，太注重防守。他无视盟军兵力大得多的理由，以及援兵因盟国空袭机场而无法运进的事实，批评撤守迈贾兹巴卜的决定，命令内林收复失地，至少也要把泰布尔巴拿回来。于是，德军在 12 月 1 日用 3 个坦克连大约 40 辆坦克和几支支援部队（包括一个三门炮的野战炮兵连和两个反坦克连）发动反突击。反突击并不直接针对进攻吉德达的盟军部队，而是从北面指向侧翼的乔伊吉山口，目的是迂回到泰布尔巴附近，攻打盟军背后。德军以两路纵队发动向心进攻，首先打击布雷德部队，该部队因担任侧翼掩护，兵力非常分散，部分兵力已被击溃或歼灭。然后在下午，德军向泰布尔巴推进，不过在到达目的地并截断主路之前被炮火和空袭挡住了。

　　但是，德军持续施加的压力对这根大动脉造成了极大的威胁，盟军在吉德达的先头部队被迫回撤到泰布尔巴附近的阵地。3 日，德军的压力增加到几乎令人窒息的程度，而且越来越集中，因为内林把所有能搜罗到的兵力全都投入战役，只在突尼斯城里留了少量人员负责警卫。当夜，盟军前锋被挤出泰布尔巴，险些被消灭，最后走了河边的渣土小路才逃出来，可是也被迫扔掉了大部分装备和运输车辆。德军在反攻中抓了 1000 多名俘虏，还缴获了 50 多辆坦克。

　　在这里有必要提一下，德军最近的增援包括 5 辆最新的 56 吨虎式坦克，装备长身管 88 毫米主炮。这些巨怪是"秘密武器"，但是希特勒决定向突尼斯派来几辆进行实战检验，其中 2 辆在这次泰布尔巴争夺战中被配属给了吉德达的战斗群。

　　此后几天，盟军指挥官们计划使用更多兵力尽快重新发动进攻。可是内林提前动手扩大战果，让盟军进攻的前景变得黯淡。他计划使用自己的小型装甲兵力向迈杰尔达河以南进行大迂回，来重新夺回迈贾兹巴卜。美军第 1 装甲师 B 战斗群刚刚被部署在这里，这样部署有两重目的，一是准备重新发动进攻，二是这支部队可以不用和英军混编，作为整体独立作战。美军战斗群的一支前锋部队被部署在泰布尔巴西南的盖萨山（Jebel el Guessa），从这里可以俯瞰南面平坦的原野。德军在发动迂回包抄之前，于 12 月 6 日一早进攻了这块利于观察的制高点。守军被击溃，在匆忙后撤中乱成一团。美军派来的援兵出发得太晚，刚赶到战场，就被打退了，损失惨重。

　　德军新的反攻和威胁迫使英国第 5 军新任军长阿尔弗雷（Allfrey）中将下令

河北面的部队从泰布尔巴附近的阵地后撤到离迈贾兹巴卜更近的 290 高地（英国人把这里叫作"长停山"）附近的阵地。他还进一步建议撤到迈贾兹巴卜以西的防线。安德森支持他的提议，可是艾森豪威尔将其否决了。不过，英军还是撤出了长停山。

艾森豪威尔在 7 日写给朋友汉迪（Handy）将军的信里说："我觉得这样描述我军到目前为止的作战行动最恰当，我们违反了每一条公认的战争原理，跟教科书上列举的所有作战和后勤方法背道而驰，将会在往后的 25 年里被利文沃斯堡的指挥参谋学院和战争学院的所有课程从头贬损到尾。"

德国人在 12 月 10 日继续侧翼突击，使用的部队包括大约 30 辆中型坦克和 2 辆虎式坦克，但他们在离迈贾兹巴卜还有 2 英里的地方被占领有利阵地的法军炮兵连挡住了，他们想要离开大路迂回敌人，却暂时被地形陷住，后来自身后方又受到了美军 B 战斗群派出的一支分队的威胁，因此被迫撤退。可是德军间接获得了一次意外的胜利，因为天黑后，从暴露的阵地上撤退的 B 战斗群于途中被搞糊涂了，再加上接到虚假的德军威胁的情报，于是走了回头路，沿着河边一条泥泞的车辙路拐下大路，剩下的很多坦克和其他车辆被淤泥陷住，不得不弃之而走。这场灾难暂时让他们失去了战斗能力，也影响了盟军及早向突尼斯重新进军的前景。一时之间，B 战斗群只剩下 44 辆坦克还能作战，不到满员兵力的四分之一。这两次德军反突击极其有效地破坏了盟军的计划和取胜的前景。

与此同时，约尔根·冯·阿尼姆（Jurgen von Arnim）上将奉希特勒的派遣就任突尼斯的轴心国最高指挥官，部队被编为第 5 装甲集团军。他于 9 日从内林手里接过指挥权，在收到更多援兵之后，开始把掩护突尼斯城和比塞大的两个防御圈扩展为一个巨大的桥头阵地，在 100 英里长的防线上布置了一连串防御据点，从比塞大以西大约 20 英里处的海岸开始，一直延伸到东海岸的安菲达维尔（Enfidaville）。整个阵地分为三个部分，北面由临时拼凑的冯·布罗伊希（von Broich）师防守，这个师是以师长名字来命名的；中央部分（从乔伊吉以西到刚过蓬迪法的地方）由逐次运到的第 10 装甲师防守；南部由意大利的苏佩尔加（Superga Division）师防守。盟军情报机构估计，12 月中旬，轴心国大约有 2.5 万名战斗部队、1 万名后勤人员及 80 辆坦克，这个估计比实际的要多。盟军作战兵力接近 4 万人，其中大约有 2 万名英军、1.2 万名美军、7000 名法军，盟军的后勤机构远比德军庞大，因而事实上总兵力要更多。

部分出于天气原因，盟军兵力集结得很慢，安德森只得推迟发动进攻的日期。不过 16 日，他决定于 24 日发动进攻，这样步兵可以利用满月进行夜袭。参加这次进攻的部队包括英国第 78 师、第 6 装甲师和美国第 1 步兵师一部。

为了获得让部队展开的空间，进攻部队在总攻前需要先夺回长停山，和更北面通向泰布尔巴的路线上的 466 高地。两处进攻都因不利气候陷入混乱，变成了旷日持久的拉锯战，结果主要攻势不得不再次推迟。到 25 日，德军已经完全收复了战斗开始时的所有阵地，很自然，他们把"长停山"改名为"圣诞山"（Christmas Hill）。

圣诞前夜，天降大雨将战场化为泽国，考虑到以上挫败，艾森豪威尔和安德森在不情愿中决定放弃原定攻势。盟军在"向突尼斯的赛跑"中落败了。

可是命运就是这么讽刺，这次失败后来被证明是最大的隐藏的幸运。要不是这次失败，希特勒和墨索里尼也不可能向突尼斯倾注大量的援兵，把这个桥头阵地的防御兵力加强到超过 25 万人，这些部队不得不在敌人主宰了背后大海的情况下作战，一旦失败就无处可逃。5 月，当轴心国部队最终失败时，南欧已无兵可守，盟军 7 月的西西里登陆战这才打得轻而易举。盟军如果没有在 12 月失败，也就不会在 5 月俘虏这么多敌军，那么盟军在重返欧洲之战中就很可能被击退。丘吉尔喜欢说的所谓"欧洲柔软的下腹部"地形多山，对入侵部队来说本来是块硬地，它之所以变得柔软，只是因为缺乏守军。

第 23 章

太平洋的潮流逆转

日军在太平洋进攻的目标是建立所谓"大东亚共荣圈"，这个目标在 4 个月之内就基本上实现了。到那时，他们已经完全征服了马来亚、荷属东印度群岛和香港，缅甸南部和几乎整个菲律宾。又过了一个月，岛屿要塞科雷吉多尔投降，于是美国在菲律宾的最后据点也告陷落。一周之后，英军被逐出缅甸撤回印度，于是中国和盟国的联系也被切断。为取得这一连串巨大的胜利，日本只付出了大约 1.5 万人伤亡、380 架飞机和 4 艘驱逐舰的代价。

在轻取这一连串胜利之后，日本人自然不想按照战略计划规定的那样转入防御。他们担心转入防御将会让部队的战斗精神逐渐松懈下来，而经济上远为强大的西方敌人也会因此获得喘息之机，恢复元气。日本海军尤其急于消除夏威夷和澳大利亚这两处美军在太平洋上可资利用的反攻基地。他们指出，美国海军航空母舰部队仍可以从夏威夷出击，而澳大利亚也明显地正在变成盟军的据点和反攻跳板。

日本陆军的注意力仍然集中在包括东北在内的中国大陆，不愿意为海军的远征调出这么多兵力，尤其是，如果入侵澳大利亚，陆军将需要投入大规模远征兵力。陆军此前已经拒绝过联合舰队参谋部建议的合作夺取锡兰的计划。

可是，海军希望能在这两个方向中的任何一个方向上再打几个胜仗，认为这样也许就能克服陆军首脑的反对意见，说服他们提供其中一个方向的远征部队。不过，在下一步的进攻方向这一问题上，海军内部也有意见分歧。山本海军大将和联合舰队参谋部倾向于占领珍珠港以西 1100 英里处的中途岛，以此引诱美军太平洋舰队出击并将其彻底击败。可是海军军令部希望冲过所罗门群岛（Solomon

Islands）出击，占领新喀里多尼亚（New Caledonia）、斐济（Fiji）和萨摩亚（Samoa），因为只要占领这一串岛链，便能切断美国和澳大利亚之间的海上交通线。支持后一个进攻方向的一条非常重要的理由是，日军已经征服了这条岛链上的很多地方，到 3 月底为止，他们已经从拉包尔（Rabaul）挺进到所罗门群岛和新几内亚的北部海岸。

1942 年 4 月 18 日，美军空袭东京，此举打断了日本海军不同战略计划之间的争论，并迫使日本海军决定了今后的进攻方向。

空袭东京

空袭日本首都东京（本土心脏）的目的，是给珍珠港复仇，此项行动策划始于 1 月。美国残存的基地离东京的距离都太远，因而参与空袭的飞机必须从海军的航母上起飞。可是美军知道日本在离本土 500 英里处已经设置了哨舰（picket boat）侦察线，空袭飞机将不得不从大约 550 英里以外起飞，来回至少飞行 1100 英里，海军航空母舰舰载机航程不够。此外，海军剩下的少数几艘宝贵的航母如果要原地等待空袭飞机返航，所面临的危险太大。因此，美军决定使用航程更远的陆军航空队轰炸机，这批飞机在完成轰炸后应继续向西飞到中国的机场着陆。

执行此次任务的轰炸机需要从航母出发，并飞行 2000 英里。因此，美军选择了 B-25 米切尔式轰炸机。这款轰炸机配有副油箱，可以搭载一枚 2000 磅炸弹飞行 2400 英里。飞行员在陆军中校詹姆斯·H. 杜利特尔（James H. Doolittle）的带领下则苦练短距起飞和海上长途飞行。陆航轰炸机体形太大，没法被塞进飞行甲板下的机库，其在起飞时还要保持足够距离，因而只能用 16 架飞机执行空袭任务。

4 月 2 日，负责执行空袭任务的航母"大黄蜂"号（Hornet）在巡洋舰和驱逐舰的护航下从旧金山起航，13 日，它和以"企业"号（Enterprise）航母为核心的第 16 特遣舰队会合，这是因为"大黄蜂"号自己的舰载机被存放在机库里，需要由"企业"号编队掩护。18 日凌晨，航母编队在离东京还有 650 英里距离的地方被日军巡逻船只发现。舰队司令威廉·F. 哈尔西（William F. Halsey）海军中将在和杜利特尔商议后一致同意，尽管起飞距离比计划的远，但最好还是让轰炸机立即起飞。事实证明，这个决定是明智且幸运的。

8点15分到9点24分之间，轰炸机群在浪涛汹涌的海面起飞，4小时之后抵达日本，打了日本人一个出其不意，在东京、名古屋、神户投下炸弹（包括燃烧弹）。其后，机群顺风继续飞往中国。不幸的是，衢州机场因为误会没有准备好接收这些飞机，结果机组只好迫降或者跳伞弃机。总共82名机组人员中有70人返回，有3人被日军以轰炸平民目标的罪名处决。两艘航空母舰完整无损地返航，于25日回到珍珠港。

另一件幸运的事情是，日本人尽管接到了巡逻艇的警报，却以为空袭会在一天后（19日）发生，他们预计航空母舰要开到足够近的位置再让轰炸机起飞。而到那时，日本的空中力量将会严阵以待，南云中将的航母也会抵达预定位置展开反攻。

此次空袭的主要结果是，因珍珠港袭击而严重受挫的美军士气一时大振，而日本人也被迫在本土保留4个陆航战斗机大队以保卫东京和其他城市。此外，为了对美军轰炸机降落的浙江省发动惩罚性扫荡，日军还出动了53个大队，兵力因而愈加分散。另外一个后果更为重要，即为了防止类似的空袭，日军决定发动中途岛作战，并突进切断澳大利亚和美国之间的联系。这种两面出击的做法让日军无法集中精力和兵力。

根据修改后的计划，日军第一步行动本身也是分成两个部分的，他们将一面深入所罗门群岛，占领图拉吉（Tulagi），并将其作为水上飞机基地，以掩护下一步向东南方向的跃进，一面攻占新几内亚南部海岸的莫尔兹比港（Port Moresby），把澳大利亚昆士兰州（Queensland）纳入日军轰炸机的打击半径。其后，山本将率领联合舰队占领中途岛和阿留申群岛中的几个关键地点。如果能如愿消灭美国太平洋舰队，日军将采取第三步行动，即向东南方向挺进，封锁美国到澳大利亚的海上交通线。

以上第一步行动导致珊瑚海（Coral Sea）海战，第二步行动导致中途岛海战，第三步行动导致旷日持久且紧张激烈的瓜达尔卡纳尔岛（Guadalcanal）争夺战，这座大岛屿靠近图拉吉。

日军这个四面出击的计划产生了一个具有讽刺性的间接后果，正好弥合了美军作战计划和指挥结构上的漏洞。

4月初，美国承担起了整个太平洋地区除苏门答腊岛以外的作战任务，英国则继续负责苏门答腊岛和印度洋地区。中国是在美国援助下的一个单独战区。美军的作战区域又被分为两部分，其中西南太平洋战区由麦克阿瑟上将指挥，司令部在澳大利亚，太平洋战区则由海军上将切斯特·W. 尼米兹（Chester W. Nimitz）指挥。两位总司令都是强有力的人物，很可能会发生冲突。日军的计划给两个人提供了足够的挑战和发挥空间。而且他们各自战区的分界线在所罗门群岛，要对付日军在那里发动的两栖攻势，麦克阿瑟的陆军和尼米兹的海军就需要通力合作。因此，他们必须建立起能够正常工作的指挥结构。

珊瑚海海战

为了执行第一步进攻计划，日军陆空部队在新不列颠岛的拉包尔集结，海军部队在拉包尔以北1000英里处加罗林群岛的特鲁克（Truk）集结。在执行两处登陆任务的两栖舰群背后有一支航母打击舰队，可以随时击退美国海军的任何干扰。这支打击舰队由航空母舰"瑞鹤"号（Zuikaku）和"翔鹤"号（Shokaku）组成，有125架舰载机（其中42架战斗机和83架轰炸机），由巡洋舰和驱逐舰护航。日军在拉包尔另有150架飞机可供助战。

盟国的主要优势在于情报工作，美军情报机构发现了日军作战计划的蛛丝马迹，尼米兹上将把手边所有可用的部队都派往南方迎战——"约克城"号和"列克星敦"号航空母舰从珍珠港出发，拥有141架舰载机（其中42架战斗机和99架轰炸机），还有两个巡洋舰群护航。（另外两艘美军航空母舰"企业"号和"大黄蜂"号执行完空袭东京的任务，正在返航途中，也接到命令兼程赶往珊瑚海，不过没有赶上战斗。）

5月3日，日军在图拉吉岛登陆，未遇抵抗便占领了该岛，因为驻守这里的澳大利亚小部队在得到警告后已撤离。当时"列克星敦"号正在海上加油，弗莱彻海军少将指挥的"约克城"号离图拉吉更远。不过，第二天，"约克城"号从离图拉吉岛大约100英里远的位置发动了几次空袭，收效甚微，只击沉了1艘日军驱逐舰。"约克城"号很幸运地逃脱了日军反击，原因是，两艘日本航母被派去给拉包尔运送一些战斗机——只是为了节省区区几次飞机摆渡行动，便被调离了战场。这是双方所犯的一系列错误和造成的误解中的第一个，总的来看，美国人从这些错误中获益更多。

高木武雄海军中将[1]的航母机动部队现在向南方开进，从所罗门群岛以东经过，迂回进入珊瑚海，希望能对美军航母特遣舰队背后发动奇袭。与此同时，"列克星敦"号和"约克城"号会合，向北拦截首途莫尔兹比港的日军入侵部队。5月6日那天是科雷吉多尔岛投降的黑色日子，两支敌对的航母舰队互相搜索却都没有发现对方，在某一个时间点上，它们之间曾仅仅相隔 70 英里远。

7 日清晨，日军侦察机报告发现一艘航空母舰和一艘巡洋舰，高木迅速下令全力对这些舰船发起进攻，很快便把两艘船都炸沉了。可实际上，这两艘船只是一艘油轮和一艘护航的驱逐舰，所以日军浪费了时间和精力。当天傍晚，高木[2]又尝试发动一次较小规模的空袭，结果出动的 27 架飞机被击落了 20 架。与此同时，弗莱彻的航空母舰也被一份错误的侦察报告误导，对莫尔兹比港入侵部队的近程掩护舰队发动了远距离打击。这次空袭在 10 分钟之内就击沉了轻型航空母舰"祥凤"号（Shoho）——创造了整个战争中最快击沉纪录之一。一个更加重要的后果是，日军被迫推迟入侵，命令部队返航。美军攻击了错误的敌舰，却颇为讽刺地获得了好处。这也是那一天双方好几次盲目进攻中的一次。

5 月 8 日上午，两支航母编队总算抓住了对手。双方兵力相当，日军拥有 121 架舰载机，美军 122 架，双方护航队的实力几乎相等，日军有 4 艘重巡洋舰和 6 艘驱逐舰，美军有 5 艘重巡洋舰和 7 艘驱逐舰。不过，日军在云层的掩护下行动，而美军则在晴天下作战，由此产生的主要后果是，"瑞鹤"号航母始终没有被发现。不过，"翔鹤"号中了 3 颗炸弹，被迫撤出战斗。另外，"列克星敦"号被两枚鱼雷和两颗炸弹命中，此后舰体内殉爆，水手们只能放弃了这艘被他们称为"列克斯夫人"的爱舰。较小的"约克城"号只中了一颗炸弹，便逃脱了。

下午，尼米兹命令特遣舰队从珊瑚海撤出，此时莫尔兹比港的威胁已经解

---

1 译注：很多关于珊瑚海海战的资料声称高木武雄是海军少将，他晋升中将的日期是 5 月 1 日，在战斗开始前仅仅两天。

2 译注：原文 Tugaki 似为 Takagi 的谬误，两次进攻应该都是从日军航母上发动的。

除，因此他很乐意下达此令。日军误以为美军两艘航空母舰都被击沉，也撤出了战场。

从绝对的损失数量上来说，美军损失的飞机比日军稍少，总计只有74架，而日军损失的则超过80架，而且美军伤亡只有543人，日军伤亡在1000人以上，可是美军损失了一艘舰队航空母舰，日军只损失了一艘轻型航母。更重要的是，美军挫败了日军占领新几内亚的莫尔兹比港的战略企图。现在他们用高超的技术能力及时地修复了"约克城"号，使其赶上了太平洋海战的下一个阶段，而参与珊瑚海海战的两艘日军航母都无法参加更具决定性的第二次海战。

珊瑚海海战是历史上第一次敌对双方舰队在视距外打的海战，战列舰对战的极限距离大约为20英里，这次双方的距离拉长到了100英里以上。很快，这样的战斗将以更大的规模重演。

中途岛海战

日本帝国大本营已经在5月5日下令开始下一阶段作战。联合舰队参谋部精心制订的作战计划是极其详尽的，可是灵活性不够。几乎整个帝国海军都将参战，总共有大约200艘军舰，包括8艘航空母舰、11艘战列舰、22艘巡洋舰、65艘驱逐舰和21艘潜艇。助战的将有600多架飞机。尼米兹海军上将只能搜罗到76艘军舰，其中有三分之一隶属北太平洋舰队，根本没有参战。

日军为中途岛作战部署的兵力主要包括：（1）一支潜艇先遣部队，分3条警戒线进行巡逻，意在瘫痪美国海军的反攻；（2）近藤信竹海军中将指挥的中途岛进击部队，包括12艘运输舰，搭载5000名陆军，由4艘重巡洋舰提供近距离掩护，另有一支由2艘战列舰、1艘轻巡洋舰和另外4艘重巡洋舰组成的编队进行远程掩护；（3）南云忠一的第1航空舰队，由4艘航空母舰组成，搭载250多架飞机，由2艘战列舰、2艘重巡洋舰及1艘驱逐舰护航；（4）山本亲率的主力战斗舰队，有3艘战列舰、1艘轻型航空母舰和一支驱逐舰屏护部队。其中1艘战列舰是刚刚建成入役的巨舰"大和"号（Yamato），排水量7万吨，装备9门18英寸主炮。

日军为阿留申群岛作战指派的部队包括：（1）一支由 3 艘运输舰组成的入侵部队，运载 2400 名登陆兵，由 2 艘重巡洋舰组成的支援群护航；（2）一支由 2 艘轻型航母组成的航母编队；（3）4 艘旧式战列舰组成的掩护部队。

整个作战将从阿留申群岛开始，日军将于 6 月 3 日空袭荷兰港，其后于 6 日在 3 个地点登陆。同时，南云的舰载机将于 4 日对中途岛上的机场发起空袭，第 2 天占领 60 英里以西的库雷环礁（Kure Atoll），建立起一座水上飞机基地。6 日，巡洋舰部队将炮击中途岛，部队则在近藤的战列舰掩护下登陆。

日军预料，登陆之前中途岛海域不会有美军舰只，他们期望美国太平洋舰队一接到阿留申群岛遭到空袭的消息就奔向北面，这样他们就可以用两支航母兵力发动夹攻。可是，日本人因战术部署而使消灭美军航母部队这一战略目的大受妨碍。6 月初，"瑞鹤"号还没有补充完在珊瑚海海战中损失的舰载机，因而无法为其他航母提供增援，可是，山本出于月相有利这一缘故，不愿意继续等待。以至 8 艘能够用于作战的航母中，又有 2 艘被派往阿留申群岛，另 2 艘则陪伴战列舰编队。此外，日军舰队的机动能力受限于慢速运兵船的航速。况且，既然日军的主要作战目标是歼灭美军航母编队，而不仅仅是占领中途岛，那么很难看出，分兵阿留申群岛有什么意义。最糟糕的是，日军的目光盯住在指定的时间攻占一个指定的目标，因而也就放弃了战略上的灵活性。

在美军方面，尼米兹主要担心的是日军压倒性的兵力优势。自从珍珠港的灾难以来，他已经没有战列舰了，珊瑚海海战后，更是只剩下 2 艘适合作战的航空母舰，即"企业"号和"大黄蜂"号。可是，美军通过惊人的努力，只花了 2 天时间便修复了"约克城"号，把航母作战兵力提高到 3 艘，要知道，原先预计的修理时间为 90 天。

尼米兹手中有一个很大的优势可以抵消日军的兵力优势，那就是搜集情报的手段和情报供应。3 艘美军航空母舰搭载 233 架飞机部署在中途岛以北，因而既可以逃脱日军侦察机的探知，又可以利用中途岛上的远程"卡塔利娜"式水上飞机对日军的动向进行预警。所以，美军希望对日军发动侧翼进攻。6 月 3 日，航空母舰到达阵位后一天，空中侦察发现航速缓慢的日军运输舰出现在中途岛以西 600 英里处的海面。日军侦察机的搜索盲区使美军航空母舰部队得以从东北方向接近日军而不被发现。山本和南云以为美国太平洋舰队还没有出海，这一点也帮

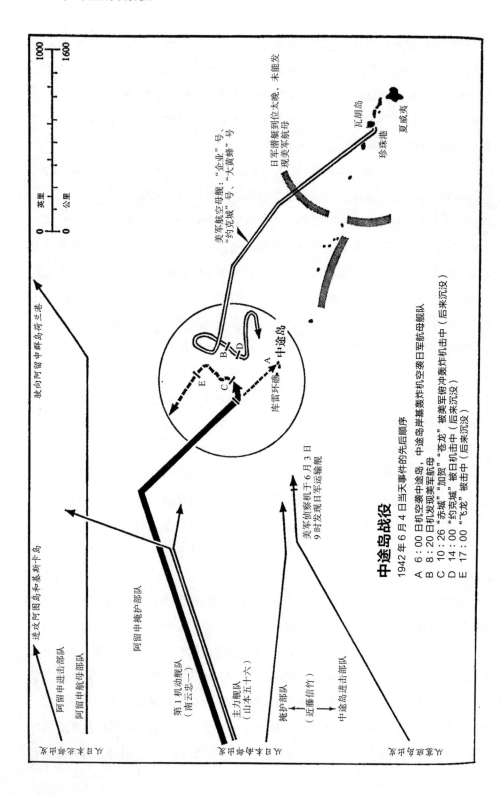

中途岛战役

1942年6月4日当天事件的先后顺序

A　6:00 日机空袭中途岛，中途岛岸基轰炸机空袭日军航母舰队
B　8:20 日机发现美军航母
C　10:26 "赤城""加贺""苍龙"被美军舰载俯冲轰炸机击中（后来沉没）
D　14:00 "约克城"被日机击中（后来沉没）
E　17:00 "飞龙"被美舰载机击中（后来沉没）

美军航空母舰："企业"号、"大黄蜂"号

美军航空母舰："约克城"号

日军潜艇到位太晚，未能发现美军航母

瓦胡岛

珍珠港

夏威夷

美军侦察机于6月3日
9时发现日军运输舰

库雷环礁

中途岛

驶向阿留申群岛荷兰港

进攻阿图岛和基斯卡岛

阿留申进击部队

阿留申航空母舰队

阿留申掩护部队

第1机动舰队
（南云忠一）

主力舰队
（山本五十六）

掩护部队
（近藤信竹）

中途岛进击部队

助了美军。

6 月 4 日清晨，南云出动 108 架舰载机空袭中途岛，同时准备以相当的兵力攻击任何被发现的敌舰。在第一波空袭中，日机对中途岛的岸上设施造成了很大破坏，本身损失很小，不过，他们回报南云说有必要进行第二波空袭。当时，日军还没有发现美军航母。由于自己的航母正遭受着来自中途岛的美军空袭，南云认为仍有必要把岛上的机场瘫痪掉，因而下令第二攻击波卸下鱼雷改装炸弹以轰炸中途岛。

不久后，有侦察报告称，在大约 200 英里以外海面发现一群美舰，不过起初以为其中只有巡洋舰和驱逐舰。可是 8 点 20 分传来的第二份更加准确的报告声称，这个舰群中有一艘航空母舰。南云一时陷入了尴尬，因为现在大多数鱼雷轰炸机都已装上了炸弹，而大多数战斗机都在执行空中巡逻。他还必须回收第一波空袭中途岛返航的飞机。

不过，南云一接获发现美军的消息便把航向改为东北，因而避开了从美军航母编队起飞打击他的第一波俯冲轰炸机。9 点 30 分到 10 点 24 分之间，接连 3 波共 41 架速度相对较慢的美军鱼雷机进攻日军航母舰队，其中 35 架被日军战斗机和高射炮击落。日军一时之间以为自己已经赢得了海战的胜利。

可是 2 分钟后，从"企业"号起飞的 37 架俯冲轰炸机在海军中校克拉伦斯·W. 麦克拉斯基（Clarence W. McClusky）指挥下从 1.9 万英尺高空呼啸而下，出敌不意，完全没有遭到拦截。日军战斗机刚刚击落第三波来袭的美军鱼雷机，因而根本没有机会爬高拦截。南云的旗舰航空母舰"赤城"号（Akagi）在舰载机换装鱼雷的当口被炸弹命中，很多枚鱼雷被引爆，舰员被迫弃舰。"加贺"号（Kaga）航母被炸弹命中舰桥，全舰从头至尾燃起大火，最后在傍晚沉没。"苍龙"号（Soryu）航母被从"约克城"号上起飞刚刚赶到战场的俯冲轰炸机命中 3 颗千磅炸弹，20 分钟之内便沉没了。

日军仅存的一艘未受损伤的舰队航空母舰"飞龙"号（Hiryu）下午发动反击，重创"约克城"号，"约克城"号在珊瑚海海战中受重伤，虽经仓促修理，结构强度仍然不足，这次舰员只得弃舰。但是下午晚些时候，24 架美军俯冲轰炸机，包括 10 架来自"约克城"号的飞机，逮住"飞龙"号猛击，将其重创，日军只好于 5 日凌晨弃舰，9 点整，"飞龙"号沉没。

6月4日一战是海军史上成败气运反转最为迅速的一战，显示了新式远距离海空战斗中极大的"偶然性"。

山本大将听说航母舰队遭遇灾难后，第一个反应是把战列舰部队调上去，同时从阿留申群岛收拢他的 2 艘轻型航空母舰，仍旧希望打一场传统的海战来反败为胜。可是其后，"飞龙"号沉没的消息传来，而南云又发来令人失望的汇报，山本改变了主意，于 5 日清晨决定取消进攻中途岛。他还希望向西撤退把美国人引进陷阱，可是在这次关键性的海战中，指挥美军"企业"号和"大黄蜂"号航母的雷蒙德·A. 斯普鲁恩斯（Raymond A. Spruance）海军上将把大胆和谨慎完美地结合起来，挫败了山本的企图。

同时，日军在北太平洋发动的对阿留申群岛的进攻于 6 月 3 日凌晨按计划展开，为这次作战配备的 2 艘轻型航空母舰出动 23 架轰炸机，在 12 架战斗机护航下空袭了荷兰港。这支部队兵力太少，除非运气特别好，否则注定无法获得重要战果。可是，云层遮蔽了地面目标，他们根本未能造成什么破坏。第二天天气放晴，日军再次空袭，他们虽然击中了一些目标，但还是没有取得任何值得一提的战果。其后，日军航母在 6 月 5 日奉召赶往南方增援主战场。但是 7 日，日军的小型两栖部队在 3 座目标岛屿中的基斯卡岛（Kiska）和阿图岛（Attu）登陆，未遇抵抗便占领了那里。日本人把这些微不足道的战果加以大力宣传，以掩盖中途岛的关键性失败。表面上看来，攻占这几个地方似乎是个重要的战果，因为阿留申岛链分布于北太平洋，临近从旧金山到东京的最短航线。可实际上，这些荒凉的岩石岛屿经常大雾弥漫，风暴怒号，对双方跨越太平洋的进攻来说，都不适合作为海空基地。

总之，在 1942 年 6 月的战斗中，日海军遭遇了毁灭性的失败。他们在中途岛战役中一次性损失了 4 艘舰队航空母舰和大约 330 架飞机，大多数飞机随航母沉没，另外还有 1 艘重巡洋舰——而美军只损失了 1 艘航空母舰和大约 150 架飞机。美军这边的关键性兵器是俯冲轰炸机，相比之下，90% 以上的鱼雷机都被击落，而陆军航空兵的大型 B-17 轰炸机在对付战舰时完全没能起到作用。

除了上文提到的基本战略失误以外，日军还犯下了各种各样的错误。"指挥"方面的失误包括，山本待在旗舰"大和"号上，因而几乎陷入了孤立，南云慌张失措，山口多闻和其他日军指挥官因海军传统选择与舰同沉，而不是努力寻求夺回战场主动权。尼米兹和山本不同，他留在岸上，因而能够全面把控战略局面。

一连串的战术失误也使日军的困难加剧——日军未能出动足够的侦察机及时发现美军航空母舰；在高空缺乏战斗机掩护；糟糕的损管工作；出动所有 4 艘航母的舰载机进攻，这就意味着日军要同时回收这些飞机并重新装弹，结果就出现了整个航母编队失去打击力的一个窗口期；在换装鱼雷的同时冲向敌舰队，给了美军飞机可乘之机，在日军来得及回击甚至用战斗机自卫之前就轻易发现南云的部队并进行打击。以上大多数失误都可归因于轻敌自满。

在损失这 4 艘舰队航空母舰及其训练有素的飞行员之后，日军在战列舰和巡洋舰方面保有的兵力优势丧失了用武之地。这些军舰只能在自己岸基航空兵的掩护区域才能出动作战，而日军在瓜达尔卡纳尔旷日持久的争夺战中失败，主要就是因为缺乏制空权。中途岛战役让美国人获得了宝贵的喘息之机，等到年底新式的"埃塞克斯"级航空母舰便开始投入作战。因此，可以很合理地认为，中途岛战役是为日本送终的转折点。

中途岛海战之后的西南太平洋

即便如此，中途岛海战的结果也只是妨碍，或者说阻挡了日军在西南太平洋的挺进，却没能完全让他们停止进攻。日军虽然无法再使用舰队助力进攻，却仍然选择继续两路推进——在新几内亚，从陆路对这座巨大岛屿东部的巴布亚半岛发动进攻；在所罗门群岛，逐岛进攻，并沿岛链建立机场掩护连续的短途跃进。

新几内亚和巴布亚

1941 年 12 月日本参战时，澳大利亚作战部队主力正在北非和英军并肩战斗——不过，如果情况紧急，澳大利亚可以召回这些部队。新几内亚离澳大利亚近得令人发慌，而这里仅有南海岸驻巴布亚首府莫尔兹比港的一支旅级部队实力尚可。北海岸和驻扎在俾斯麦群岛和所罗门群岛的少量部队在日军逼近时已经撤离。但是，澳大利亚认为必须守住莫尔兹比港，因为日军从这里可以空袭澳大利亚本土的昆士兰州本身。澳大利亚人民对这一威胁当然非常敏感。

1942 年 3 月初，从拉包尔出动的日军在新几内亚北海岸的莱城（Lae）登陆，逼近巴布亚半岛，但是上文说过，由于 5 月那场原本并不具有决定性的珊瑚海海战，日军撤回了从海上进攻莫尔兹比港的远征部队。与此同时，道格拉斯·麦克阿瑟将军出任西南太平洋战区盟军最高司令。6 月初的中途岛海战之后，盟军的地位比之前无论在直接还是间接层面上都变得更加巩固，因为大部分澳大利亚部队此时已经回防本土，新的师也正在组建，美国也在澳大利亚部署了 2 个师和 8 个陆航大队。澳军在巴布亚的兵力也增长到超过一个师的规模——2 个旅在莫尔兹比港，第 3 个旅在半岛东段尽头的米尔恩湾（Milne Bay），另有两个营正沿着科科达小道（Kokoda trail）向北海岸的布纳（Buna）推进，目的是在那里建立一座机场，掩护盟军计划中沿着新几内亚海岸向西的两栖进攻。

可是 7 月 21 日，日军先发制人，阻止了盟军的行动，日军此前明显开始消退的威胁"复活"了，他们在布纳附近部署了一支大约 2000 人的部队，作为经陆路重新进攻莫尔兹比港的行动的一部分。更让盟军大吃一惊的是，29 日，日军横跨半个半岛，攻占了科科达，8 月中旬，这支日军兵力增长到超过 1.3 万人，澳军被逼沿着丛林小道节节后退。虽然半岛在这里只有 100 多英里宽，可是这条小道穿过欧文斯坦利山脉（Owen Stanley Mountains）的地点高达 8500 英尺。穿越如此困难的地形进行补给的难度越来越大，对进攻一方而言，更是如此，而盟军空袭也增加了日军推进的难度。不到一个月，日军就在离目标还有大约 30 英里的地方被挡住了。同时一支规模较小的日军（大约 1200 人，后来增兵到 2000 人）于 8 月 25 日在米尔恩湾登陆，经过 5 天激战，成功打到了那里的机场边缘，但是，他们其后便遭到澳军反攻，不得不上船撤走。

到 9 月中旬，麦克阿瑟在巴布亚集结了第 6 和第 7 澳大利亚师的主力，外加美军一个团，准备发动进攻。23 日，西南太平洋战区盟军地面部队司令澳大利亚陆军上将托马斯·布莱梅爵士（Sir Thomas Blamey）到达莫尔兹比港指挥作战。他的部队在攻向科科达及布纳的途中，也遭到了日军顽强的抵抗，不过盟军利用空中运输缓解了部分补给难题。日军在山脉最高点坦普尔顿路口（Templeton's

Crossing）构建了 3 处连续的防御阵地，不过，到 10 月底，盟军已将其尽数攻下。11 月 2 日，澳军重新占领科科达，并开放了那里的机场。日军试图在库穆西河（Kumusi）再次据守，但盟军空投舟桥设备，同时向北海岸空运新锐澳军和美军，威胁日军侧翼，最终攻克了日军的防线。

尽管如此，在整个 12 月，日军还是成功地在布纳周围旷日持久地进行着最后的防御战，盟军从海路和空中调来更多援兵，这才在 1943 年 1 月 21 日清除了日军在海岸的最后一个据点。在 6 个月的战斗中，日军损失超过 1.2 万人。澳大利亚的战斗伤亡是 5700 人，美军 2800 人，总共 8500 人，可是，盟军因丛林地带的湿热气候和疟疾横行而病倒减员的人数 3 倍于此。但是他们证明即便在骇人的丛林条件下，盟军也能够成功地和日军作战，而且在各种战斗形式下，空中力量都能为盟军带来决定性的优势。

瓜达尔卡纳尔岛

中途岛海战后，麦克阿瑟和尼米兹自然都想迅速转守为攻，乘胜追击，瓜达尔卡纳尔岛战役这才发生。他们都得到了各自在华盛顿的军种首脑马歇尔上将和金海军上将的支持，只要这一攻势不和英美既定的"先击败德国"的总体战略相冲突就行。双方均同意唯一适合及早发动攻势的地区是西南太平洋。可是在由谁来指挥反攻的问题上，双方很自然出现了意见分歧。由于敌军对中太平洋夏威夷群岛的压力已然减轻乃至消失，海军当然更急于在接下来必然是两栖作战的进攻中大展拳脚。金上将虽然接受了先打败德国并为此优先在英国积聚兵力的政策，可是内心不太情愿。英国反对在 1942 年及早跨越海峡进攻法国，这让马歇尔转而赞同把战略重点放到太平洋战场，金非常欢迎马歇尔转变观点，就算这种转变只是暂时的也好——而且这项转变不太可能赢得罗斯福总统的支持进而变成永久性的。

两军种一致同意在西南太平洋立即转入进攻，可是，在让谁来指挥这一问题上，双方争论不休，到 6 月底，争论变得白热化。最终，根据马歇尔的提议，联合参谋长委员会在 7 月 2 日的命令中给出了一个折中方案。[1]进攻将被分为三个阶段，第一阶段将占领圣克鲁斯群岛（Santa Cruz）和所罗门群岛东部，尤其是图拉吉岛和瓜达尔卡纳尔岛。为此，将对两大战区的边界做出调整，将整个地区置于尼米兹指挥下，并由他指挥第一阶段攻势。第二阶段则将攻占整个所罗门群岛和新几内亚海岸直到莱城以远的胡翁半岛（Huon Peninsula）。第三阶段将占领日军在西南太平洋的主要基地拉包尔，以及俾斯麦群岛的其余岛屿——根据重新划分的战区，后两个阶段将由麦克阿瑟指挥。

麦克阿瑟并不喜欢这个折中方案，中途岛海战胜利后，他便提倡迅速大举进攻拉包尔，自信能很快地拿下拉包尔和俾斯麦群岛的其他岛屿，并把日军赶回特鲁克（位于 700 英里以北的加罗林群岛中）。不过他也不得不承认，自己是不可能获得这项作战所需要的兵力的——除了自己已有的 3 个步兵师以外，还需要 1 个海军陆战师和 2 艘航空母舰。所以折中的三阶段计划最终被采纳——而且实现这个计划所需的时间比任何一位将领预料的都更长。

和进攻巴布亚时一样，盟军尚未来得及实施攻占东所罗门群岛这一计划，便又被日军捷足先登。7 月 5 日，美军侦察机报告说日军从图拉吉岛向附近的瓜达尔卡纳尔岛（这座岛有 90 英里长，25 英里宽）调去了部分兵力，正在隆加岬（Lunga Point）建造一座简易机场（这个机场后来被命名为"亨德森机场"）。从那里出击的日军轰炸机具有明显的威胁性，美军立即调整战略，于是，瓜达尔卡纳尔岛本身变成了主要目标。瓜达尔卡纳尔岛以山脉为背脊，上覆森林，全岛多雨，气候恶劣，不是理想的用兵之地。

在尼米兹的总指挥下，作战方面的整体战略指挥权被交给了南太平洋战区总司令罗伯特·L. 戈姆利（Robert L. Ghormley）海军中将，弗莱彻海军少将负责战术指挥——他还控制着以"企业"号、"萨拉托加"号、"黄蜂"号（Wasp）为中心分别组建的 3 个航空母舰掩护编队。岸基空中支援只由来自莫尔兹比港、昆士兰和各个岛屿简易机场的航空兵提供。陆战队少将亚历山大·A. 范德格里夫特（Alexander A. Vandegrift）指挥的登陆部队包括海军陆战队第 1 师全部和第

---

[1] 译注：我故意避免翻译成参谋长联席会议，是因为这个机构在第二次世界大战以后才正式成立，"二战"期间美国空军还没有独立，在一些书中虽然有这个名称但并非正式机构。

2 师的一个团，总共 1.9 万名海军陆战队员官兵，分乘 19 艘有护航舰护送的运输舰。舰队开近瓜岛时没有发现敌人。8 月 7 日一早，美军对瓜岛进行海空火力准备，9 点整，开始登陆。到晚上，1.1 万名海军陆战队员已上岸，他们在第二天早晨占领了接近完工的机场。岛上 2200 名日本人基本上都是建筑工人，大多数都逃进了丛林。在图拉吉岛，1500 名日军做过比较顽强的抵抗，直到第二天傍晚，才被登陆那里的 6000 名海军陆战队员击败并消灭。

日军的反应非常迅速，不过，具有讽刺意味的是，他们受错误侦察报告的误导以为美军登陆部队只是实际人数的一个零头，因而发动反击的速度太快了一点。他们没有暂时停下来，以便做出充足准备，而是分期分批派出小股部队增援，让部队规模逐渐加大，结果，敌对双方计划发动的迅速打击和反击演变成了旷日持久的争夺战。

不过日本海军的护航部队更强大，他们不断推进，导致了一系列重大的海上遭遇战。发生在瓜达尔卡纳尔岛外西北海面的萨沃岛（Savo）海战是这一系列海战中的第一场，也是美军打得最糟糕的一场。8 月 7 日傍晚，驻拉包尔的日军司令三川军一海军中将集结了一支 5 艘重巡洋舰和 2 艘轻巡洋舰的编队起航奔赴瓜岛。第二天，日军悄悄地溜进所罗门群岛两列岛链之间被称为"槽海"（Slot）的狭窄海域，并在傍晚接近了萨沃岛——当时弗莱彻刚把燃料和战斗机掩护兵力都不足的美军航空母舰编队撤回。美军巡洋舰和驱逐舰虽然采取了夜间警戒措施，可是协调和瞭望工作都做得很糟糕。凌晨时分，三川先后奇袭了美军南北两支编队，在 1 小时之内通过了槽海高速北撤，身后美军的 4 艘重巡洋舰有的已经沉没，有的则正在下沉，另有 1 艘受重伤——5 艘无一幸免，而他自己的舰队则毫发无伤。

日军舰队擅长夜战，拥有高质量的光学仪器，更有 24 英寸口径的"长矛"鱼雷，因而大为受利。这是美国海军历史上打得最惨的一次海战。对盟军来说，幸运的一点在于，三川没有完成任务——打击隆加岬锚地毫无自卫能力的大批运兵和补给船只。他并不知道盟军的航空母舰已经撤退，还以为如果不赶紧回到相对安全的槽海的庇护之下，就会在天亮时遭到空中反击。而且他也不知道美军在瓜达尔卡纳尔岛登陆的规模实际上有多大。评判一个指挥官的决策必须基于他当时所能获得的情报。

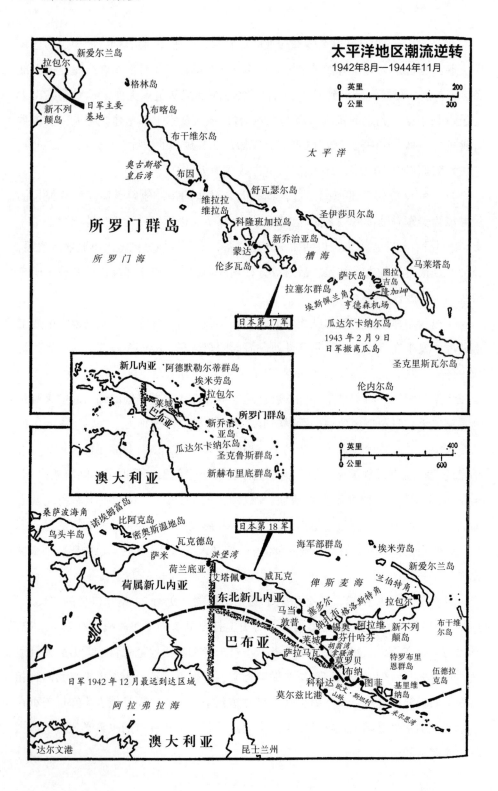

太平洋地区潮流逆转
1942年8月—1944年11月

可是，盟军残余的海军部队在当天下午集体向南撤退以避战，而当时只有不到一半的食品和弹药补给已经完成卸载。岛上部队的口粮被缩减到一天两餐，而且此后两个星期，陆战队陷入孤立，失去了海空支援。直到 20 日，亨德森机场投入使用，第一个陆战队航空兵中队才飞抵这里。即便到那时，空中掩护也非常有限。

日军错失战机，主要是因为大大低估了在瓜达尔卡纳尔岛登陆的美国海军陆战队的实力，他们估计登陆部队有 2000 人，认为一支 6000 人的部队足以击败美军并夺回岛屿。他们派出两支先遣支队总共 1500 人搭乘驱逐舰，于 18 日在隆加岬东西两侧登岛。这批日军不等后续部队到达就匆忙发起进攻，结果被陆战队迅速全歼。后续舰队运载大约 2000 兵力于 19 日从拉包尔起航。这支陆军兵力不强，却得到极为强大的海军支援，日本人和中途岛之战时一样，希望以此为诱饵，吸引美军舰队踏进圈套。这次进击由轻型航空母舰"龙骧"号（Ryujo）领头，它本身也是诱饵之一，后面跟着近藤信竹海军中将指挥的 2 艘战列舰和 3 艘巡洋舰，再后面是南云忠一中将指挥的舰队航空母舰"瑞鹤"号和"翔鹤"号。

这个诱饵计划导致所谓东所罗门群岛海战，不过，美军并未落入日军的陷阱之中。因为戈姆利海军中将从"海岸瞭望哨"那里及时得到了警告，知道日军舰队正在逼近——海岸瞭望哨是一个主要由澳大利亚皇家海军情报军官和当地种植园主组成的组织。戈姆利在瓜达尔卡纳尔岛东南海面集中了以"企业"号、"萨拉托加"号和"黄蜂"号为中心的 3 支航母特遣编队。日军"龙骧"号在 24 日早晨被发现，下午被美军航母的战机击沉。美军还发现了日军的两艘舰队航空母舰，因此当日军舰载机像预料的那样飞临美军航母上空时，美军所有战斗机掩护兵力都已升空迎战，重创日军，击落了 70 多架敌机，自身只损失 17 架。唯有"企业"号航母受重伤。这次不具有决定性的海战之后，双方舰队都在夜间撤退了。

这次效果不彰的海战之后，海面上出现了一段平静时期，不过，陆地上并不平静，薄弱的日军地面部队试图打到亨德森机场，被海军陆战队击败，日军真正"战至最后一人"，几乎被全歼。可是，日军驱逐舰分期分批又小规模地送来后续兵力，这种运兵方式间隔很规律而且不间断，陆战队员们将其叫作"东京快车"（Tokyo Express）。于是日军在瓜岛上的地面部队兵力稳步增长，到 9 月初，又运来了 6000 多人。9 月 13—14 日夜间，这支部队反复强攻被称为"血岭"（Bloody

Ridge）的海军陆战队阵地，可是都被击退了，损失超过 1200 人。

与此同时，南太平洋战区的美国海军兵力却日渐枯竭，在日本潜艇的攻击之下，"萨拉托加"号受了重伤，"黄蜂"号被击沉。由于"企业"号还在修理中，"大黄蜂"号成了唯一一艘可以提供空中掩护的航空母舰。

日军试图夺回瓜岛，却反复受挫，9 月 18 日，帝国大本营下令，将瓜达尔卡纳尔岛战役的优先级置于新几内亚作战之上。可是日军仍旧大大低估了岛上海军陆战队的实力，认为不会超过 7500 人，基于这一估算，日军认为派出一个师团，再临时用联合舰队配合一下，便应该足以击退美军。第一次增援的海上准备行动导致双方于 10 月 11—12 日夜间在瓜岛外海又爆发了一次海战。这次战斗被称为埃斯佩兰角（Cape Esperance）海战，双方损失都不大，比较来看对美军更有利，因而起到了振奋士气的作用。不过，战斗过程中，日军成功地把登陆兵送上瓜岛，使岛上日军总兵力达到 2.2 万人。与此同时，美军把瓜岛兵力增加到 2.3 万人，另外在图拉吉岛还有 4500 人。

即便如此，10 月中旬仍是美军在整个争夺战期间最危急的时刻，尤其是因为在那时，有 2 艘日本战列舰炮击亨德森机场，把地面犁了一遍，引着了燃料堆栈，让岛上的美军飞机从 90 架减少到 42 架，还迫使美国陆军航空队的重型轰炸机撤到新赫布里底群岛（New Hebrides）。日军反复空袭，士兵们日益紧绷，而湿热的气候及匮乏的食品也造成了很大的兵员损失。

10 月 24 日，日军展开了被大雨和密林所延误的地面攻势。南方是主攻方向，但美国海军陆战队的防御阵地经过精心部署，炮兵火力支援得当，日军被击退，数千人伤亡，而美军只伤亡了几百人，26 日，日军被迫撤退，留下了 2000 多具尸体。

与此同时，山本指挥的联合舰队共 2 艘舰队航空母舰、2 艘轻型航空母舰、4 艘战列舰、14 艘巡洋舰、44 艘驱逐舰在所罗门群岛东北海面待机，等候陆军如期占领亨德森机场的消息。美军这边虽然新到了战列舰"南达科他"号（South Dakota）和几艘巡洋舰，可能搜罗到的海军兵力还是不到日军的一半。战列舰更是只有 1 艘。可是"企业"号已经修复，可以增援"大黄蜂"号，在现代海战中，航母才是真正重要的战力。美军还任命哈尔西海军中将接替过度疲劳的戈姆利，这也为部队注入了新鲜的活力。10 月 26 日，两支舰队遭遇，此战后来被称为圣克鲁斯群岛海战，又是一场由双方空中兵力主宰的战役。"大黄蜂"号被击沉，"企业"号受损，日军方面"翔鹤"号和轻型航母"瑞凤"号（Zuiho）都严重受损。27 日，两支舰队各自撤离战场。但日军在飞机方面的损失比美军大得多——70 多架日机没能返回，在以此战为高潮的 10 天作战里，日军总共损失了 200 架飞机，而自 8 月最后一周到这 10 天之前，日军还损失了另外 300 架飞机。美军很快得到了新的增援，包括 200 多架飞机、第 2 海军陆战师全部，以及陆军美国新喀里多尼亚师一部。[1]

　　尽管如此，日军还是得到了充分的增援，以便重新发动攻势，支持他们战斗下去的不仅有骄傲，还有关于美军损失乐观到荒唐的战报。这些攻势又导致了两次海战，统称为"瓜达尔卡纳尔海战"。第一次交战发生于 11 月 13 日星期五凌晨，虽然只打了半小时，但是美军 2 艘巡洋舰沉没，日军战列舰"比睿"号（Hiei）重伤瘫痪，第二天只好自沉——这是日军在战争中损失的第一艘战列舰。

　　这场海战的第二幕发生在 14—15 日夜间，双方角色颠倒，日军想要在近藤中将的重型舰只掩护下，以顽强不屈的田中赖三海军少将指挥一支庞大的驱逐舰队护航，向岛上运送 1.1 万援兵。7 艘运兵船在航渡中被击沉，剩下的 4 艘虽然到达瓜岛，却在早晨遭遇美军空袭痛击，只有 4000 名日军登陆，急需的补给品几乎没能运到岛上。

　　随之发生的海战中，美军驱逐舰损失惨重，可是，午夜时分，美军"华盛顿"号战列舰在 8400 码距离外用雷达引导的主炮开火，不到 7 分钟，近藤剩下的一艘"雾岛"号（Kirishima）战列舰在毁灭性的火力之下陷入了瘫痪，很快便只能自沉。

　　与此同时，岛上的海军陆战队和其他美军部队由于现在已经在补给方面占了优势，因而转守为攻，扩大防御圈。到月底，岛上的美军航空兵力已增加到 188 架飞机，日军再也不敢用慢速护航队来运输援兵或者补给了。12 月，日军只能用潜艇涓滴细流地偷运援兵和给养。

---

1 译注：这个师是"二战"中唯一在美国领土以外组建的陆军师，当时没有数字番号，连官方战史里都称其名字 Americal division，中文经常望文生义翻译成美国师，但美国的英语应该是 American。Americal 这个名字是"American, New Caledonian Division"的简称。"二战"后，该师改称陆军第 23 步兵师。

　　日本海军损失极为惨重，海军首脑敦促放弃瓜达尔卡纳尔岛，但是陆军首脑现在已经在拉包尔集结了 5 万人，仍旧希望把这些援兵派去增援岛上的 2.5 万名日军。可是，到 1943 年 1 月 7 日，岛上的美军已经增加到 5 万人以上，给养也十分充足，而日军的口粮被缩减到正常配给的三分之一，他们虽然继续顽强死守着，却因饥饿和疟疾而体力大减，根本无望发动攻势。

　　因此帝国大本营在 1 月 4 日终于不情愿地面对现实，下令让岛上部队逐渐撤退。美军并不知情，谨慎地向前推进，所以日军得以从 2 月 1 日夜间开始分 3 批撤退，到 2 月 9 日全部撤完，整个过程只损失了一艘驱逐舰。

　　但总的来说，日本人在旷日持久的瓜达尔卡纳尔岛争夺战中遭遇了一次严重的失败。日军损失了 2.5 万人左右，其中 9000 人死于饥饿或者疾病，美军损失小得多。更糟糕的是，日军损失了至少 600 架飞机及其训练有素的机组人员。同时，随着美国人力和工业能力的动员大踏步全面展开，美军各方面的实力都在不断增长。

缅甸 1942 年 5 月—1943 年 5 月：失败的反攻

　　随着英军从缅甸撤到印度，到 1942 年 5 月，日军已经达到了他们计划中在东南亚扩张的极限，于是转入防御，试图巩固征服的成果。与此同时，英军计划在 1942 年 11 月下一个旱季开始时反攻。因为补给方面的困难，双方都没有如愿。英军只发动了一次非常有限的若开（Arakan）攻势，可是遭遇了灾难性的失败。

　　从后勤角度来说，最关键的印度阿萨姆邦和孟加拉邦（Bengal）从来没有被规划成或当作军事基地区。机场、兵站、公路、铁路和输油管道都得新建，港口需要扩大，整个地区都需要重组。

　　印度司令部面对的第一个主要困难是运输，因为大多数军需物资都要从海外运来。可是其他战区的优先级别更高，即便印度面临着入侵的威胁，盟国在供应大西洋和北冰洋的护航运输队、地中海和太平洋战场之后，剩下能留给印度的船只也寥寥无几。印度得到的船只只达到将这个地区建作进攻跳板所需的三分之一。

　　本地的运输也是一个大难题。印度东北部的公路铁路系统陈旧杂乱。要想从加尔各答和其他港口把物资运到前线，首先需要整修公路铁路系统。而一切物资都很短缺，工程进度大受影响。雨季也构成了阻碍，雨水会引发滑坡并冲走桥梁。日军的空袭加剧了困难，而劳工问题和政治上的动荡局势更是棘手，尤其是在 1942 年夏末克里普斯使团（Cripps mission）的使命失败之后，印度国大党号召全民不合作运动，在印度造成大面积的骚乱和政治风险。其中推波助澜的，不仅有国大党内部的亲日分子，还有印度逐渐恶化的经济形势。最大的困难是缺乏火车头——韦维尔请求调拨至少 185 辆车头，但只得到了 4 辆！

　　另外，盟国决定把印度建成一座大的反攻基地，可以容纳 34 个师和 100 个空军中队，这就成倍加剧了后勤上的困难。为修建 220 个新机场，盟国雇用了100 万人，致使其他项目（其中最需要的是筑路）可用的劳工数量大大减少。而且印度需要给 40 万缅甸难民提供食品，供应上的难度也因此大增。

　　虽说印度司令部现在拥有大量的师，但大多数都是在战时印度陆军扩军大潮中刚刚组建的，缺乏装备和训练，也缺乏有战斗经验的军官和士官。少数有战斗经验的部队因缅甸战役及疟疾肆虐而筋疲力尽、伤亡惨重，他们在撤退途中丢掉了大多数装备。在名义上大约 15 个师中，只有 3 个师在不久的将来可被用于作战。

　　除了后勤上的困难之外，盟军还面临着指挥结构上的难题，尤其是因为中国军队已经撤进印度，与之同来的还有美国陆航第 10 航空队，以及暴躁易怒的史迪威将军。

　　为了保护印度本土，确保输向中国的补给源源不断，并为反攻缅甸的胜利提供重要的空中掩护，另一个关键因素是空中优势。幸运的是，1942 年 5 月雨季一到，日军就把大量飞机派往西南太平洋助战，剩下的航空兵则转入休整。盟国因而可以在相对平静的环境中积蓄自己的空中力量。到 1942 年 9 月，印度境内已经有 31 个英国和印度空军中队。可是，其中有 6 个还不能作战，9 个留作锡兰防御之用，还有 5 个被用于执行运输和侦察任务，只剩下 7 个战斗机中队和 4个轰炸机中队在印度东北部作战。不过，来自英美两国的飞机每个月都在增加，到 1943 年 2 月，印度境内已经有 52 个中队了。此外，盟军已有的飞机也获得了升级换代——包括米切尔式轰炸机、解放者式轰炸机、飓风式战斗机和英俊战士式战斗机。珊瑚海海战和中途岛海战之后，日军从海上入侵印度的可能性变得微乎其微，因而大多数飞机都能直接飞到阿萨姆邦和孟加拉邦的新机场。

1942 年 4 月，韦维尔改组印度总司令部。当时驻阿格拉（Agra）的中央司令部负责训练和补给，另设 3 个陆军军区：西北军区、南方军区和东部军区，其中东部军区负责作战。

制订收复缅甸的作战计划就需要和两支中国军队合作，一支是现在在阿萨姆邦的驻印军，还有一支是中国云南省境内的远征军。1942 年 10 月，中国人的作战计划是用 15 个名义上的师从云南，3 个师从阿萨姆邦，连同大约 10 个英国和印度师一起向缅甸发动向心进攻。在中国的计划中，英印军除了需要承担攻入缅甸北部的任务外，还应对仰光发动两栖进攻。韦维尔原则上同意这个计划，但是怀疑他所认为必要的两个先决条件能否得到满足——那就是足够强大且可以夺取缅甸制空权的空军，以及一支包括 4 到 5 艘航空母舰的强大的英国舰队，以获得印度洋的制海权并掩护仰光攻势。实际上，鉴于海军在世界其他战场的任务，第二个条件是不可能满足的。蒋介石把这些先决条件看作韦维尔的借口，认为英国人不愿意真心实意地作战，于是在 1942 年年底愤怒地取消了他那部分作战行动。

若开攻势，1942 年 12 月—1943 年 5 月

不过韦维尔还是决定发动一次有限的攻势，沿梅宇半岛（Mayu Peninsula）南下 100 英里收复若开海岸地区，同时在下一个半岛尖端的阿恰布岛（Akyab）发动两栖进攻，占领那里的机场——日军从那里可以空袭印度东北部大部分地区。盟国的空军中队如果能重新占领那里的机场，其作战半径便可以覆盖整个缅甸北部和中部。可是，后来因为缺乏登陆舟艇，作战计划里收复机场这一重要部分却不得不被取消。

即便如此，韦维尔还是坚持对若开发动地面攻势而不愿无所事事。1942 年 12 月，印度第 14 师开始进攻，但是行动非常缓慢，日本第 15 军军长饭田中将这才得以向那里调去援兵，并于 1 月底挡下了英军的推进，2 月日军再次增兵。尽管东部军区司令诺尔·欧文（Noel Irwin）将军提出抗议和争辩，警告说部队已经战斗力枯竭，在疟疾影响之下更是士气低落，可韦维尔仍然坚持继续前进。

于是，日军得以从背后进攻印度第 14 师，在 3 月 18 日打到了梅宇河畔的蒂兹维（Htizwe），英军在侧翼受到威胁的情况下被迫撤退。当时，印度第 26 师已接替印度第 14 师上前线，可是日军的反攻仍在继续，他们穿过梅宇半岛，于 4 月初打到了因丁（Indin）的海边。其后，日军向北推进，试图在 5 月雨季到来前占领孟都（Maungdaw）到布迪当（Buthidaung）一线，进而打乱英军在 1943 年 11 月到 1944 年 5 月的下个旱季反攻缅甸的计划。

4 月 14 日，印度第 15 军军长 W. J. 斯利姆（W. J. Slim）中将接手指挥若开的所有部队，他惊骇地发现部队因正面强攻日军阵地而损失惨重，加上疟疾肆虐，其体力和士气都受到了沉重的打击。他一边希望能够守住海边和梅宇河之间的孟都到布迪当一线，一边计划如果必要的话，就再往北退 50 英里，撤到边境以外起自科克斯巴扎尔（Cox's Bazar）的一条内陆防线。那里的地形比较开阔，相比梅宇半岛的丛林和沼泽，更有利于英军发挥在炮兵和坦克方面的优势，而日军从海岸向北延伸的交通线将变得更长，因而也更加脆弱。

不过这两个计划都没有付诸实施。5 月 6 日天黑后，日军把英军赶出了布迪当，孟都的英军在这一侧翼威胁之下被迫弃守。因为雨季就要来临，日军决定在新占领的防线停止前进。总之，在没有两栖登陆辅助的情况下，英军想要单靠地面进攻收复阿恰布及其机场，最终以彻底的惨败收场。日军十分擅长迂回包抄和丛林渗透，而英军发动代价高昂的正面强攻，完全无视间接路线，结果让部队的士气深受打击。到 1943 年 5 月，英军又被打回去年秋天据守的防线。

钦迪特

缅甸战场上，战事正处于阴云密布的阶段，唯一的一缕光明来自北端的第一次"钦迪特"（Chindit）作战行动。这个名字是奥德·温盖特所起，源于一种传说中的神兽"钦特"。这种神兽半鹰半狮，缅甸无数佛塔口都有它的雕像。这种类似于格里芬的神兽大大激发了温盖特的想象力，它象征着该部队在作战行动中所需要的空地紧密合作。"钦迪特"的第一次行动是在北缅跨过钦敦江发动的，这个事实有助于在公众头脑中镌刻下这一名字。

1938 年秋天，当时还是巴勒斯坦驻军上尉的奥德·温盖特从回国休假，他遇到了一些有影响的大人物，并给他们留下了深刻印象。那年早些时候他还认识了时任驻巴勒斯坦英军司令韦维尔将军，和掌管北部地区的约翰·埃维茨（John Evetts）准将。[1] 但是，他在 12 月返回巴勒斯坦后，发现在犹太复国主义者圈子里的政治活动让自己成为英国军官团怀疑的目标。韦维尔的继任者海宁（Haining）将军当初批准他建立"S.N.S."特别夜战中队，现在决定不让他指挥这支部队，调他去自己的参谋部当个无足轻重的参谋。后来在海宁的要求下，温盖特于 1938 年 5 月被调回国内，在防空司令部当了个参谋。

不过，1940 年秋天，他终于从死水一潭的环境中解脱出来，奉派去埃塞俄比亚组织反对意大利控制东非的游击战。这项任命是由加入战时内阁的利奥·埃默里（Leo Amery）提出的，并马上被韦维尔欣然接受。1941 年 5 月，这次东非战役以胜利告终，其后，温盖特的私人生活又经历了另一次低谷，他陷入了抑郁状态，有一次疟疾发作时甚至企图自杀。可是他在国内康复期间又受到另一次机遇的召唤，这次机会与英国在远东的灾难有关，还是韦维尔给来的，韦维尔本人已经在失败的北非夏季攻势之后，于 6 月从中东司令部解职，被调往印度。那年年底，日军成功入侵马来亚和缅甸，韦维尔陷入比北非更大的危机。1942 年 2 月，当缅甸的局势也变得日益严重，韦维尔召唤温盖特来，希望他在缅甸发动游击战。

温盖特到达后，敦促组建一支接受专门训练的"远程渗透集群"（Long Range Penetration Groups），令其在缅甸的丛林中作战，袭击日军的交通线和孤立的外围据点。他认为，这支部队必须既足够大，能取得有影响的战果，又十分小，可以避开敌人。他认为旅级的兵力规模是最合适的，为此目的，第 77 印度旅接受了改组。这些"钦迪特"队员必须变成比日本人更好的丛林战士，他们中将包括各种各样的专家，特别是要有爆破和无线电通信方面的专家。他们还必须

---

[1] 他来看过我好几次，和我讨论"特别夜战中队"（S.N.S.）的训练问题，他在那年春天获准精心挑选犹太"地下"抵抗武装哈加纳里的年轻人来组建这支特种部队，目的是对付当时在巴勒斯坦地区制造了很多麻烦的阿拉伯武装分子。他告诉我，自己是怎样在游击作战中运用我的战术理论，并给了我一套关于这一主题的论文。他当时还以明显的自豪感谈起自己是 T.E. 劳伦斯的远房表亲——不过，他在自己成名后经常诋毁劳伦斯。我应温盖特的请求给温斯顿·丘吉尔写信介绍他们认识。

进行空地一体配合作战，并靠空运获得补给，为此，每支纵队都将配属一小支皇家空军部队。在一支纵队里，交通工具则是骡马之类驮兽。

为了展示打击敌军士气的能力，重振英军士气，也为了检验这种远程渗透集群的价值，温盖特强烈要求早日开展行动。韦维尔希望到英军全面进攻快开始时或者期间再使用这支部队，但还是批准了温盖特想提早实验的愿望，因为这样可以积累经验和情报，是值得冒险的。

这个旅有 7 个纵队，为了执行作战计划，被分为南北两个战斗群，北群有 5 个纵队 2200 人、850 头骡子，南群有两个纵队 1000 人、250 头骡子。1943 年 2 月 14 日夜间，在正规军的佯攻掩护下，这两个战斗群渡过钦敦江。他们按照预先的安排，分成纵队，向东进发，然后对日军外围据点发动了一系列袭击，切断铁路线，炸毁桥梁，在公路上设置埋伏。3 月中旬，各纵队渡过钦敦江以东 100 英里处的伊洛瓦底江。但到那时，日军已经警觉起来，从驻缅甸的总共 5 个师团中抽调了 2 个师团的大部进行清剿。各个纵队不堪日军清剿的压力及其他困难，被迫撤退，到 4 月中旬，他们已返回印度，损失了三分之一兵力，丢掉了大部分武器装备。

这次行动在战略上价值不大，日军的伤亡也微不足道，但是它显示英印军也能在丛林中作战，并为空投补给提供了宝贵经验，证明了制空权的重要性。

这次袭击也使得日本第 15 军军长牟田口中将意识到，不能把钦敦江看作一条绝对保险的屏障，为了先发制人地制止英军的反攻，他必须继续进攻。因此，这次作战导致了日军在 1944 年侵入印度边境和关键性的英帕尔（Imphal）战役。

未来的计划

英军资源匮乏，在后勤上也面临诸多困难，因而不得不取消原定于 1942—1943 年旱季发动的大规模进攻。1943 年 1 月，在卡萨布兰卡会议上，盟国敲定了下一个旱季（1943—1944 年）的主要进攻计划，即首先在北缅发动中英联合进攻，占领海岸上的几个关键地点，此后再对仰光发动代号为"阿纳基姆行动"（Operation Anakim）的两栖进攻。为了达成这些作战目标，盟军必须夺取空中优势，调集一支强大的海军，还要有足够的登陆器材，并解决后勤和陆地运输方面的问题。

要满足这么多要求是非常困难的，因而在 1943 年春季，韦维尔倾向于撤出缅甸，并进攻苏门答腊，作为击败日军的一个间接方法。4 月，他在访问伦敦时与丘吉尔及三军参谋长会谈，说服他们推迟或者取消"阿纳基姆行动"并用进攻苏门答腊（代号"长炮行动"）取而代之。这个间接行动很吸引丘吉尔，可还是被放弃了，原因和"阿纳基姆行动"流产一样，而且美国人坚持认为，尽快重开通往中国的陆地供应线是非常重要的。于是南方的作战行动被搁置，尽管计划仍在继续拟订。这个战区唯一的作战行动，只能在北缅进行。

第 24 章

大西洋之战

　　1942 年下半年和 1943 年上半年，大西洋战役进入最关键时期，不过，在整个 6 年的大战期间，它都在起伏跌宕地进行着。其实，我们可以说大西洋战役早在大战爆发之前就已开始，因为 1939 年 8 月 19 日，第一艘德国潜艇便已从德国起航驶向大西洋中的战斗阵位。那个月月底，德国入侵波兰前夕，大西洋上总共有 17 艘德国潜艇，另外还有大约 14 艘德国近海潜艇部署在北海。

　　尽管德国很晚才开始重新装备潜艇，但是到战争爆发时，他们已经拥有 56 艘潜艇，只比英国海军少 1 艘，不过，其中 10 艘还不能投入作战，另有 30 艘是所谓"北海鸭子"（North Sea Ducks），不适于远航大西洋。

　　9 月 3 日，德国入侵波兰后两天，英国宣战。当天，德国潜艇击沉从英国出发的班轮"雅典娜"号（Athenia），取得了第一个击沉纪录。这实际上违反了希特勒的明令，即潜艇战必须遵循海牙公约的规定，因为潜艇未经警告就发射了鱼雷，潜艇艇长坚决声称，他相信这艘班轮是一艘武装商船，以此为自己辩解。此后几天，又有几艘英国商船被击沉。

　　其后，17 日，U29 号潜艇在英伦三岛的西部通道外海击沉了英国航空母舰"无畏"号（Courageous），取得了一次重要的胜利。3 天前，"皇家方舟"号（Ark Royal）航空母舰差点被 U39 号潜艇击沉，不过护航驱逐舰迅即发动反击击沉了这艘潜艇。这种明显的风险致使英国人将航空母舰撤出了德国潜艇的猎杀范围。

　　德国潜艇在攻击商船的行动中也取得了很大成功。开战第一个月（9 月），盟国和中立国有 41 艘船总共 15.4 万吨被击沉，到 1939 年年底，损失已达到 114 艘船，超过 42 万吨。10 月中旬，普里恩（Prien）海军上尉还指挥 U47 号潜艇潜入斯卡帕湾的英国舰队锚地击沉了"皇家橡树"号（Royal Oak）战列舰，英国舰队只得暂时撤离了这个主要基地，直到防务改善才回来。

不过值得注意的是，11月和12月的商船损失相较开战头两个月而言少了一半多，而被水雷击沉的商船比被潜艇击沉的要多。此外，有9艘德国潜艇被击沉，这相当于德军潜艇总数的六分之一。德军对海运发动的空袭很令人讨厌，但所造成的后果并不算太糟糕。

开战早期，除了对潜艇外，德国海军还对其水面舰艇寄予厚望，但这种期望没有得到现实的支持。开战时，袖珍战列舰"海军上将斯比伯爵"号（Admiral Graf Spee）就已在中大西洋就位，其姐妹舰"德意志"号（Deutschland）（后来改名"吕佐夫"号）也已开到北大西洋，不过直到9月26日，希特勒才允许它们袭击英国航运。这两艘军舰所获战果无几，"海军上将斯比伯爵"号在普拉塔河口被英国军舰围困，12月被迫自沉。新的战列巡洋舰"格奈森瑙"号（Gneisenau）和"沙恩霍斯特"号（Scharnhorst）11月曾短暂出击，在冰岛到法罗群岛之间的水道击沉了一艘武装商船，可是过后便逃回了母港。盟国根据1917—1918年的战争经验已经组织好护航运输队，虽说护航舰只严重短缺，还有很多船队根本没有护航，可是这种做法确实构成了十分有效的威慑。

1940年法国沦陷后，英国海运航线受到了更加严重的威胁。所有经过爱尔兰南部海面的商船现在都暴露在德国潜艇、水面舰只、飞机的打击之下。几乎所有航线都很危险，唯一安全的一条进出英伦三岛的通道要绕过爱尔兰北部，这就是所谓西北通道。可是，即便是这条西北通道，也可能会被从挪威斯塔万格或者法国波尔多附近的梅里尼亚克（Merignac）起飞的德国第一款远程飞机——四引擎的福克－沃尔夫"兀鹰"式（FW-200）侦察和轰炸。1940年11月，这些远程轰炸机击沉了14艘商船，总计6.6万吨。此外，潜艇的击沉战绩在10月再次大幅度增长，达到63艘商船，总计超过35万吨。

这个威胁极其严峻，大批原本负责防御入侵的英国战舰被抽调出来，投入保卫西北通道的战斗。即便如此，水面和空中的护航能力还是异常薄弱，危险至极。

6月，战略形势第一次发生变化，德国潜艇的战绩上升到58艘船，计28.4万吨，尽管7月稍有下降，但此后，平均每个月的战绩都在25万吨以上。

1939年最后几个月，空中布雷造成的损失比潜艇大，1940年春季德军进攻挪威和低地国家后，这种威胁的压力加剧了。

此外，当年秋天，袖珍战列舰"海军上将舍尔"号（Admiral Scheer）悄悄地溜进了北大西洋，并于 11 月 5 日半道截击了一支从加拿大新斯科舍的哈利法克斯（Halifax）驶向英国的护航运输队，5 艘商船被击沉。唯一的护航舰武装商船"杰维斯湾"号（Jervis Bay）牺牲了自己，为其他船只争取到了逃跑的时间。"海军上将舍尔"号在这条重要的护航线路上突然出现，临时打乱了整个跨越大西洋的海运，其他护航运输队被迫停下两周，直到确认"海军上将舍尔"号已经进入南大西洋才再度起航。"海军上将舍尔"号在南大西洋没有找到多少目标，不过到 4 月 1 日结束这次超过 4.6 万英里的"巡航"安全返回基尔港时，它还是把总战绩提升到了 16 艘舰船，计 9.9 万吨。11 月底，巡洋舰"海军上将希佩尔"号（Admiral Hipper）也突入了大西洋，但是在圣诞节拂晓进攻一支护航运输队时被后者兵力之雄厚吓了一跳，原来这是一支向中东运兵的船队。"海军上将希佩尔"号被护航的英国巡洋舰赶跑了，又因自身的机器故障被迫向布雷斯特港（Brest）返航。2 月，它从布雷斯特出发再度出击，这次，取得了比较好的战果，在非洲沿海击沉了一支无护航船队中的 7 艘船，不过，它的燃料也逐渐见底，于是，舰长决定返航布雷斯特。3 月中旬，德国海军总参谋部命令这艘巡洋舰回国接受全面检修，于是它在"舍尔"号之前几天回到了基尔港。"海军上将希佩尔"号巡航时间短促，说明此类军舰除了在机械方面有缺陷外，本身就不适合袭击商船。

除了潜艇和布雷外，德国在海战中第三有效的武器是为破交目的而专门改装的伪装袭击舰。它们从 1940 年 4 月开始被派出去进行长途巡航，到 1940 年年底，第一批 6 艘已经击沉了 54 艘商船，总计 36.6 万吨，多数都是在遥远的海域。它们的存在或者存在的可能性，和它们实际的击沉战绩一样让英国人既焦虑又混乱，而德国人则巧妙地在秘密集结点给它们进行加油和补给，因而让这种威胁变得更加严重。海上袭击进行得非常娴熟，目标选择得很好，只有一艘袭击舰被迫进行过海战，但未受重伤便逃脱了。而且它们的舰长们，除了一人外，行为都很人道，会给遭到袭击的商船船员弃船登上救生艇的时间，并宽厚地对待战俘。

面对各种各样的威胁，尤其是德国潜艇对通往英国的大西洋航道的威胁，皇家海军的护航资源捉襟见肘，无力应对。德国潜艇从法国大西洋沿岸的港口，比如，布雷斯特、洛里昂（Lorient）、拉罗谢尔（La Rochelle）附近的拉帕利斯（La

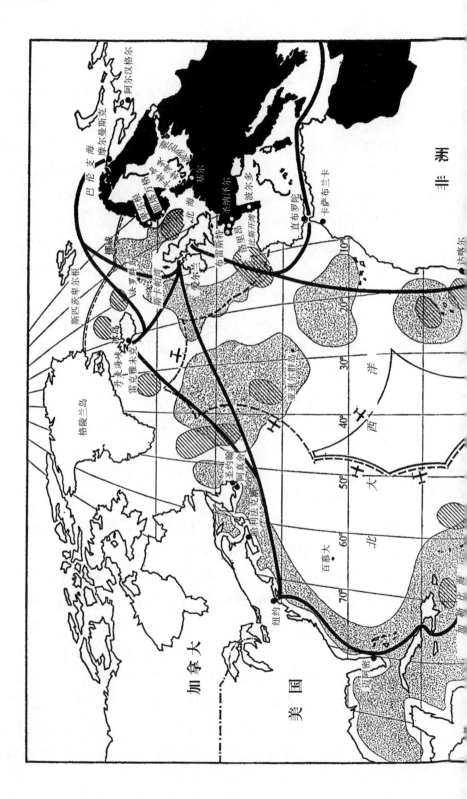

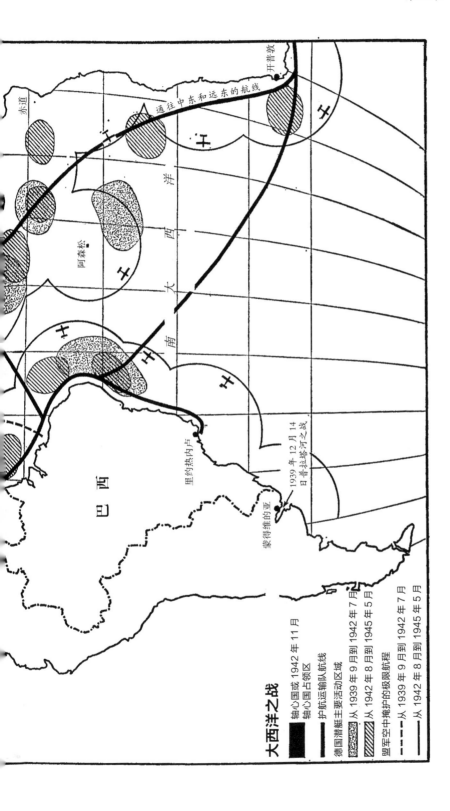

大西洋之战

■ 轴心国或 1942 年 11 月
□ 轴心国占领区

—— 护航运输队航线

德国潜艇主要活动区域
　从 1939 年 9 月到 1942 年 7 月
　从 1942 年 8 月到 1945 年 5 月

盟军空中掩护的极限航程
　从 1939 年 9 月到 1942 年 7 月
　从 1942 年 8 月到 1945 年 5 月

通往中东和远东的航线

开普敦

赤道

阿森松

巴　西

里约热内卢

蒙得维的亚

1939 年 12 月 14 日普拉塔河之战

大　西　洋

南

Pallice），最远可以航行到西经 25 度，而 1940 年夏季，英军只能护航到西经 15 度，也就是爱尔兰以西大约 200 英里处的洋面。此后，驶向美洲的护航运输队只能分散或者在没有护航的情况下继续编队航行。即便到了 10 月，英军也只能把护航范围扩大到西经 19 度，也就是爱尔兰以西大约 400 英里处的洋面。而且护航运输队的护航兵力一般只有一艘武装商船，直到年底，才增加到每支平均 2 艘。只有向中东运兵的船队有更强的护航兵力。

在这里有必要说明，大西洋护航运输队在西面的主要终点是加拿大新斯科舍省的哈利法克斯。从这里运送食品、油料和弹药回英国的船队在最初 300～400 英里的航程上由加拿大驱逐舰护航，其后由远洋护航队接替，直到船队到达防护较好的西部通道地区。

1940 年春季，轻型护卫舰的出现大大有助于解决护航问题。这种小型军舰只有 950 吨，当其航行在恶劣天气之下，船员们会累得精疲力竭。它们速度很慢，甚至跑不过浮在水面上的潜艇，可还是在所有气候条件下英勇地执行了护航任务。

更大的帮助来自丘吉尔和罗斯福总统达成的协议，在 2 个月的说服工作之后，美国同意把"一战"期间剩余的 50 艘旧式驱逐舰交给英国，而英国则将大西洋西侧 8 处海军基地租给美国 99 年。这批驱逐舰尽管十分陈旧，在投入使用之前必须要加装声呐潜艇探测设备，但很快就为解决护航难题和反潜作战做出了重要贡献。而且，这次交换让美国获得了保护本国远洋和近海航运所需的基地，至此，这个中立的大国向卷入大西洋战役迈出了第一步。

冬天来临，气候恶劣，自然给护航队和护航舰只带来更多的困难，可是也减少了德国潜艇的活动。到 1940 年 7 月，德国的统计数字表明，潜艇兵力相较开战时增加了一半，减去损失的 27 艘，还剩 51 艘。1941 年 2 月，可用于作战的潜艇数量已下降到 21 艘。但是德国利用法国的海港，得以在总数缩减的情况下把更多潜艇派出海，还能在远洋航线上部署他们较小的近海型潜艇。

此外，意大利海军对作战的贡献几乎可以忽略不计。尽管意大利潜艇从 8 月起就在大西洋作战，直到 11 月，数量更是超过 26 艘，但所获战果则基本上没有。

在冬天，主要因恶劣的天气，德国潜艇战的威胁有所缓解，不过，到 1941

年年初，其威胁再次上升，与此同时，邓尼茨（Dönitz）海军中将[1]发明了"狼群战术"，英军所面临的压力倍增。根据这种战术，德国不再让潜艇单独行动，而是同时出动数艘，协同作战。新战术自 1940 年 10 月开始实施，此后数月又获得进一步完善。

"狼群战术"的打法是，当一支护航运输队的存在和大致方位确定之后，岸上的潜艇部队司令部便发电告诉距离最近的潜艇群，这个集群则派出一艘潜艇找到并跟踪护航运输队，并用无线电"引导"其他潜艇找到目标。潜艇群到达现场并完成集结后，将在夜间从水面发动进攻，最好是从护航运输队的上风方向进攻，并持续几夜。白天，潜艇将退到远离船队和护航舰只的地方。潜艇在水面发动攻击的优势是速度比船队快。夜间水面进攻在"一战"期间就实施过，邓尼茨本人在二次大战之前出版的一本书里就描述过他打算怎么做。

英国人对这种新战术一无所知，他们主要考虑的还是水下攻击，因而对可以探测水下 1500 码距离目标的声呐寄予厚望。可是，声呐无法探测到在水面上像鱼雷艇一样接近船队的潜艇，当潜艇在夜间摆开阵势时，护航舰只基本是盲人瞎马。德军利用潜艇在水面展开夜袭，因而使英国应对潜艇战的准备工作完全无效，让英国人失去了平衡。

要想获得对抗这种新战术的最好战机，便需要及早发现跟踪的潜艇，也就是"接触者"（Contact-Keeper），并赶跑它。护航舰只如果能迫使潜艇下潜，便能使其无法作战，因为潜艇的潜望镜在夜间完全无用。夜战中的一个重要的反击手段是照亮整个海域。起初，英国依靠照明弹和发射火箭照明，后来又改用被称作"雪片"（Snowflake）的更有效的照明手段，这种"雪片"能把黑夜照得如同白昼，同时，英军还在负责护航和反潜巡逻任务的飞机上安装了一种以发明者名字命名的强光探照灯，叫作"利灯"（Leigh Light）。更重要的一种设备是雷达，它可以辅助视觉上的搜索。英军不仅安装了新式装备，而且加强了船队和护航舰只的训练，并大幅度改善了情报机构。

可是一切改进都需要时间，很幸运，当时德国潜艇数量太少，这种"狼群战术"的发挥因而受限。战前，邓尼茨将军预计，如果英国在全球范围采用护航运

---

1 译注：1942 年 3 月 14 日晋升上将。

输队体系，那么德国需要 300 艘潜艇才能取得决定性的战果，而 1941 年春季，德国的潜艇作战兵力只达到这个规模的十分之一。

3 月，德国使用其他战舰和飞机进行的破交战达到了新的高峰，因而德国潜艇数量不足对英国人来说就更是幸事一件了。当月，袖珍战列舰"舍尔"号、战列巡洋舰"沙恩霍斯特"号和"格奈森瑙"号击沉或俘获了 17 艘舰船，远程轰炸机击沉了 41 艘，潜艇也击沉了 41 艘，总计造成了 139 艘超过 50 万吨船舶的损失。

可是，3 月 22 日到达布雷斯特港的两艘德国战列巡洋舰于 4 月被英国对港口发动的空袭炸伤，在那里动弹不得。

5 月中旬之后，新的德军战列舰"俾斯麦"号（Bismarck）在新的重巡洋舰"欧根亲王"号（Prinz Eugen）的陪伴下驶入大西洋，加剧了海上破交战的威胁。英军情报机构成效卓著，伦敦早在 5 月 21 日就收到警报，说这两艘军舰出现在卡特加特（Kattegat）海峡，同一天晚些时候，海岸司令部的飞机发现它们又出现在卑尔根附近。海军中将 L. 霍兰（L. Holland）立即率领战列巡洋舰"胡德"号（Hood）和战列舰"威尔士亲王"号从斯卡帕湾起航，打算到那两艘军舰预计会通过的冰岛北部海面予以截击，第二天傍晚，侦察报告显示两艘德舰已不在卑尔根区域，于是，托维（Tovey）海军上将率领主力舰队也从斯卡帕湾出击，驶向同一方向。23 日傍晚，这两艘德舰被英军巡洋舰"诺福克"号（Norfolk）和"萨福克"号（Suffolk）在丹麦海峡发现——丹麦海峡位于冰岛以西和格陵兰东部冰原边缘之间。当时，霍兰将军的编队离海峡南口很近。

在纸面上，英军编队优势明显，因为排水量 4.2 万吨的"胡德"号名义上是英德双方海军里最大的军舰，装备 8 门 15 英寸口径主炮，而伴随其同行的又是英军最新战列舰"威尔士亲王"号，排水量 3.5 万吨，装备 10 门 14 英寸口径主炮。可是"胡德"号建造于《华盛顿条约》签署之前的 1920 年，从未进行过彻底的现代化改装，1939 年 3 月，海军部本打算给它在水平和垂直方向安装更完善的装甲保护，可是随着战争迫近，这个计划告吹，而"威尔士亲王"号又太新，其舰上的武器都没有得到过充分的检测。[1] 而按道理来说德国军舰应该遵守裁军条

1　当时舰上其实还有一些克莱德河岸造船厂的工人。

约的限制，也就是战列舰不超过 3.5 万吨，重巡洋舰不超过 1 万吨，但实际上各自排水量有 4.2 万吨和 1.5 万吨，因而可以拥有比看上去更好的装甲保护。此外，她们的主炮虽然就口径而言居于下风（"俾斯麦"号有 8 门 15 英寸主炮，"欧根亲王"号有 8 门 8 英寸主炮），但问题不大，因为英军"威尔士亲王"号大炮也有缺陷，而德舰有更好的测距设备，更何况，英舰投入交战的方式也给了德军可乘之机。

日出前 1 小时，在 5 点 35 分拂晓的微光中，英军发现德舰，5 点 52 分，双方所有 4 艘军舰在大约 2.5 万码（相当于 14 英里）的距离上开火。英军以"胡德"号领先，两艘德舰的火力都集中在它身上。"胡德"号不仅是英军编队旗舰，也是最脆弱的一艘，尤其经不起垂直火力的打击，因此它想要尽快缩短距离。双方紧逼在一起，英军后炮塔无法瞄准，而德舰可以全舷射击。德舰第二次或者第三次齐射命中，效果显著。6 点整，"胡德"号爆炸，20 分钟之内就沉没了，1400 多名官兵中只有 3 人幸存。这让人不禁想起四分之一世纪之前英国战列巡洋舰在日德兰大海战中遭遇的不幸命运。

现在，"威尔士亲王"号遭到两艘德舰集火，在几分钟之内就被"俾斯麦"号的大炮击中受损，还挨了"欧根亲王"号的 3 发炮弹。因此 6 点 13 分，"威尔士亲王"号舰长明智地决定撤出战斗，在烟幕掩护下转向逃离。此时双方距离已缩小到 14,600 码。海军少将维克－沃克尔（Wake-Walker）本负责指挥两艘巡洋舰，霍兰阵亡后，他已接管整个编队。他批准了撤出战斗的决定，下令仅仅跟踪敌人，等待托维率领主力舰队赶到战场。英军主力舰队现在在大约 300 英里之外，上午能见度正在变差，拦住德舰的前景并不乐观。所以，托维在午后不久听说"俾斯麦"号改变航向且速度已降至大约 24 节时，松了一口气。

"威尔士亲王"号在早晨的短暂交火中命中"俾斯麦"号两弹，其中一发炮弹让其燃油泄漏，续航力大减。于是，德国海军上将吕特晏斯（Lütjens）放弃了进入大西洋实施破交作战的原定计划，改变航向驶向法国西部的港口——他也没有选择在几支英国海军编队赶来截击之前掉头逃回德国。

当天下午，托维从主力舰队中派出柯蒂斯（Curties）上将的第 2 巡洋舰中队和搭载着要运往地中海战场的战斗机的"胜利"号（Victorious）航空母舰加速开往距离"俾斯麦"号 100 英里以内的海面，在这个距离，"胜利"号甚至可以出动上面的 9 架鱼雷机。夜里 10 点，英军 9 架鱼雷机在非常恶劣的天气下起飞，费了很大力气才找到"俾斯麦"号，最终在午夜后成功地对其实施了打击。一枚鱼雷击中了"俾斯麦"号，但是没有给这艘有厚重装甲保护的战列舰造成严重创伤。25 日凌晨，"俾斯麦"号成功地逃过追踪者的监视，那一天余下来的时间里，英军都在徒劳地到处寻找它。

26 日上午 10 点 30 分，海岸司令部的一架"卡塔利娜"式巡逻飞机才在距离布雷斯特 700 英里的海面再次发现"俾斯麦"号并报告了它的位置。当时托维的舰队散布太广，燃料将尽，很难在德舰逃进港口的庇护所之前截住它。不过，当时在萨默维尔（Somerville）海军上将指挥下从直布罗陀出发的 H 编队距离接近，可以拦截"俾斯麦"号。而且这支编队里包括大型航空母舰"皇家方舟"号。英军发起的第一次空袭失败了，可是晚上 9 点左右发动的第二次空袭比较成功。发射的 13 枚鱼雷中有 2 条中的，其中一条击中"俾斯麦"号的主装甲带，没有起到什么效果，但另一条击中右舷后方，打坏了军舰的螺旋桨和转向装置，把舵卡住了。这一击是决定性的。

维安海军上校指挥驱逐舰收紧包围圈，并在夜间进一步实施鱼雷攻击，战列舰"英王乔治五世"号（King George V）和"罗德尼"号赶到战场，用重炮发射穿甲弹猛轰已经瘫痪的"俾斯麦"号一个半小时。10 点 15 分，"俾斯麦"号已燃成一团火焰。其后，英军战列舰奉托维的命令撤退，以防德国潜艇和中型轰炸机对重型军舰造成威胁，只留下巡洋舰结果这条正在下沉的军舰。"多塞特郡"号（Dorsetshire）用三条鱼雷完成了这个任务，10 点 36 分，"俾斯麦"号消失在大西洋的波涛之下。

在沉没之前，"俾斯麦"号至少被 8 条（也许是 12 枚鱼雷）击中，还遭到很多重型炮弹的打击。这是对军舰设计者非同寻常的赞美。

24 日，"欧根亲王"号离开"俾斯麦"号，去中大西洋加油，其后引擎出了故障，所以舰长决定放弃出击返航布雷斯特。在返航途中，被英军侦察到了，不过还是在 6 月 1 日安全抵达。

不过，后来的事实证明，1941 年 5 月的这些戏剧性事件标志着德国计划并力图使用水面袭击舰打赢大西洋战役的高潮和最后的失败。

潜艇战打的时间长得多，构成极其严重的威胁，不过整个过程是跌宕起伏的。

潜艇在 5 月的击沉战绩急剧攀升，到 6 月再创新高，突破 30 万吨，确切地说是击沉 61 艘舰船，计 31 万吨。这就相当于一个大型护航运输队全部船舶的数字。水手们仍然不惧危险驾船出海，舰队从来没有缺过人手，这是非常了不起的。

但是那年春天也出现了几个有利的因素。3 月 11 日，美国《租借法案》（Lend-Lease Bill）正式生效。当月，美国用驱逐舰和水上飞机组建了"大西洋舰队支援群"（Atlantic Fleet Support Group）。4 月，美国把由美国海军巡逻的"安全区"从西经 60 度向东扩大到西经 26 度。

同样在 3 月，美国在格陵兰东海岸开设了空军基地，并在百慕大群岛修建基地设施，5 月，美国海军接管了纽芬兰岛东南部阿真舍（Argentia）的租借基地。7 月初，美国海军陆战队接替英国驻军守卫冰岛的雷克雅未克（Reykjavik）。从此之后，美国海军开始保护美国和冰岛之间来往的美国船只。美国在大西洋上的"中立"变得越来越有倾向性。4 月，英国的舰船已经获得在美国船坞修理的许可，美国根据《租借法案》开始为英国制造军舰和商船。

同时加拿大在大西洋的战争中也助了英国一臂之力。6 月，加拿大组建护航部队，基地在纽芬兰岛的圣约翰（St John's）。皇家加拿大海军承担了向东直到冰岛以南洋面会合点的远洋反潜巡逻任务。这样英国海军部就可以制订计划为船队提供全程护航了。

1941 年夏季，加拿大和英国的护航舰只在西经 35 度线附近的"中大西洋会合点"会合并互相移交护航运输队。冰岛和西部通道的两支护航兵力在西经 18 度附近的"东大西洋会合点"会合并移交护航运输队。

7 月之后，直布罗陀护航运输队在近距离护航群的保护下从英国一直航行到直布罗陀，塞拉利昂（Sierra Leone）护航运输队也在从英国沿着西非海岸南下的全程中得到了持续的护航。

现在每支护航运输队平均可以得到 5 艘护航舰的保护。一支由 45 艘商船组成的船队需要保护的周边长度超过 30 英里。即便如此，每一艘护航舰的声呐只能探测长度为 1 英里的弧线，所以仍然存在很宽的缺口让潜艇悄悄地潜入船队内部。

在空中掩护方面，根据《租借法案》从春季开始提供给英国的"卡塔利娜"式水上飞机使得空中掩护范围从英伦三岛向西伸展到大约 700 英里处（迫使德国潜艇离开西部通道），从加拿大向东伸展到 600 英里处，从冰岛向南则伸展到

400 英里处。但是，在中大西洋仍然留有一片大约 300 英里的空白区，只有超远航程的美国"解放者"式轰炸机能覆盖这里，而"解放者"式在 1943 年 3 月以前的数量还不敷使用，到 4 月中旬为止，总共也只有 41 架在役。

与此同时，德国潜艇的数量在不断地增加。到 1941 年 7 月，德国有 65 艘作战潜艇，到 10 月，又增加到了 80 艘。9 月 1 日，德国潜艇的总兵力为 198 艘，此前被击沉的则有 47 艘。总之，新潜艇入役的速度远比损失的速度快。而且潜艇的强度也得到了大大提升，事实证明焊接工艺的耐压艇壳比英国的铆接板材艇壳更难打破，深水炸弹要在比以前更接近的地方爆炸才能击沉它。

9 月，4 支护航运输队都因缺乏足够的空中掩护而遭受了严重的损失。

但是，8 月，罗斯福和丘吉尔会晤之后，两国海军在 9 月的合作开展得更加紧密，因为总统批准了精心计划的美国"第四号西半球防御计划"。根据这份计划，美国海军可以为非美国船只护航，开始把一些跨大西洋护航运输队一直护送到中大洋会合点，这个会合点也向东挪到了西经 22 度附近。

这就帮助英国减轻了为中大洋会合点到英伦三岛之间地区提供足够护航兵力的压力。到年底，英军把护航群增加到 8 个，每个有 3 艘驱逐舰和大约 6 艘轻型护卫舰。另有 11 个护航群名义上是机动预备队，每群 5 艘驱逐舰，可以增援任何遇到麻烦的护航运输队，或者打击集中的德国潜艇群，不过它们大多数时候都忙于常规的护航任务。

10 月，德国潜艇的战绩下降到 32 艘舰船，计 15.6 万吨。重要的是，在任何一个海岸司令部基地附近半径 400 英里之内，没有一艘船被击沉。这表明潜艇不愿意进入远程侦察机和轰炸机覆盖的海区，不过，战绩下降的部分原因是德军把潜艇派往地中海支援隆美尔的北非作战。

11 月，德国潜艇的战绩再次下降，只相当于 10 月战绩的三分之一多些，12 月，他们在北大西洋的战绩再次下降。可是随着日本参战，远东的船舶损失严重，英国总共损失的船舶有 282 艘，将近 60 万吨。

在西半球，1941 年下半年，德国远程轰炸机成为比潜艇更严重的威胁，尤其是对开往直布罗陀的护航运输队而言。英国人这才意识到为护航队提供近距离战斗机支援的重要性，于是在 6 月开始引进第一艘护航航空母舰"果敢"号（Audacity），这艘军舰配备弹射起飞的战斗机。"果敢"号在 12 月为一支从直布罗陀开往英国的运输队成功进行了护航，并发挥了关键性作用，不过自己也在这9天的战斗中被击沉。

1941 年年底，德国潜艇作战兵力达到 86 艘，另有大约 150 艘正在训练或者试航中。可是，现在有 50 艘潜艇被用在了地中海或者通往地中海的航道上，只剩下 36 艘被用于北大西洋。6 月，英军在大西洋上扫荡潜艇供应舰，截获了 9 艘，导致德国潜艇完全撤出了南大西洋。1941 年 4 月到 12 月这 9 个月期间，德国和意大利潜艇总共击沉 328 艘舰船，计 157.6 万吨，不过其中只有三分之一属于护航运输队。而轴心国同期损失的 30 艘潜艇中有 20 艘是被运输队的护航兵力击沉的。很明显，增强的护航兵力和更加隐蔽的航线，让英军在与德国潜艇的斗争中暂时占了上风。

在这里让我们简单总结一下 1942 年年初的护航形势。海军上将珀西·诺布尔（Percy Noble）指挥的西部通道司令部有三处大型作战基地，分别位于利物浦、格里诺克（Greenock）和伦敦德里（Londonderry），下辖 25 个护航群，总共 70艘驱逐舰和 95 艘小型舰只。

它们被分为四类：（1）短航程的驱逐舰，用于中东和北冰洋护航运输队的第一段路程护航，并在用客轮开始运输美军部队时为其护航；（2）远航程的驱逐舰和轻型护卫舰，用于直布罗陀运输队，以及北大西洋运输队从西大洋会合点到英国之间的航程；（3）远航程的护航舰、驱逐舰和巡逻快艇，承担塞拉利昂运输队全程大部分的护航任务；（4）防空护航群，在德国轰炸机作战半径内支援护航运输队，也承担北冰洋和直布罗陀护航运输队的防空支援任务。

在直布罗陀还有相当于两个护航群的兵力为当地的船队护航，弗里敦（Free-town）护航部队还有一支驱逐舰分队和大约 24 艘小型护卫舰。纽芬兰护航部队主要由加拿大海军组成，拥有 14 艘驱逐舰、大约 40 艘轻型护卫舰和 20 艘其他船只，用于当地护航任务。

1942 年年初，大西洋战役的前景虽然开始好转，但是也面临着好几个严峻的困难。其中之一是缺乏飞机。前一年夏天，菲利普·茹贝尔·德·拉·费尔泰爵士（Sir Philip Joubert de la Ferté）在接掌海岸司令部的时候估计需要大约 800架各型飞机，他还特别强调了远程轰炸机的重要性。可是在新的一年里，海岸司令部的轰炸机被转调给了轰炸机司令部，所有的新轰炸机也都被分配给了轰炸机司令部以执行空袭德国的任务。两个司令部争夺优先权的斗争白热化。此外，舰队航空兵也很难为自己订购的 31 艘新的护航航空母舰配齐战斗机。

另一个困难是，美国为英国新造的巡防舰不能像预期的那么快入役，主要原因是，造船的优先权给了跨越海峡作战所需的登陆舰艇，美国人仍然希望就算不能在 1942 年，至少在 1943 年能发起登陆。这种优先顺序的选择导致英国在大西洋的作战中一直处于弱势，航运也因此蒙受了更严重的损失。

第三个困难是，1942 年年初，美国自身的海运也遇到了麻烦，在太平洋，他们遭遇了珍珠港灾难，在大西洋上，德国潜艇扩大了活动范围，美国自己的船舶也随之遭受损失。

邓尼茨海军上将和他的参谋部在 1942 年 5 月估计，要想击败英国，必须每月平均击沉 70 万吨船舶。他们知道自己在 1941 年没能达到这个平均数——不过他们不知道，月平均击沉数其实没有超过 18 万吨。但是，他们认为美国参战后，德国在大西洋西部的活动自由就会增加，因而也就会有更多的机会找到没有护航的目标。

德国只能派出少量潜艇去美国海岸作战，但这些潜艇获得的战绩大得不成比例。因为美国的海军将领们和"一战"中的英国海军将领一样，不愿意组织护航运输队，行动也很迟缓。美国人也没能迅速采取其他防范措施。海峡的航标灯一直亮着，船只可以不受限制地使用无线电，这些都给德国潜艇大开方便之门。在迈阿密等地的海边度假村，长达数英里的海滩上，霓虹灯依然于夜间闪耀着，照亮了整片滨海区，航船的背影在灯光的映衬下清晰可见。德国潜艇白天潜在海岸外的水里，夜间抵近从海面用鱼雷或舰炮发动袭击。

尽管在美国海岸外巡航的德国潜艇从来没有超过 12 艘，但到 4 月初，这些潜艇已经击沉了将近 50 万吨船舶，其中 57% 是油轮。

这对英国的处境影响极大。美国海军被迫把护航舰艇和飞机撤回来保护本国沿海，渡过大西洋的英国商船在到达美国海域后变成了脆弱的猎物。

邓尼茨上将深受以上战绩的鼓舞，想要把所有手边能用的潜艇都派往美国海岸。对盟国来说幸运的是，希特勒的"直觉"在这个关键时刻帮了他们的忙。1月 22 日，希特勒在会上说自己深信挪威才是"决定命运的地方"，坚持要把所有可用的水面舰艇和潜艇都派往那里击退盟军进攻。3 天后，邓尼茨接到了一项完全出乎意料的命令，要他首批派遣 8 艘潜艇掩护通往挪威的海上通道。1 月，新战列舰"蒂尔皮茨"号（Tirpitz）被调往挪威，随后，"舍尔"号、"欧根亲王"号、"希佩尔"号和"吕佐夫"号也被调去了那里。

希特勒的预见并非空穴来风，4 月，丘吉尔的确让英国三军参谋长们研究过在挪威登陆的可能性，目的是减轻德国对北冰洋护航运输队的压力——可是英美两国的三军首脑们都质疑这个行动的可行性，于是这个行动始终没有得到落实。

盟国另一个幸运之处在于，1941—1942 年的冬天非常寒冷，德国潜艇在波罗的海的训练因此受到耽误。到 1942 年上半年，总共只有 69 艘潜艇做好了作战准备。其中有 26 艘最后被派往挪威北部，2 艘前往地中海，12 艘替换损失，因此，大西洋海区净增的潜艇只有 29 艘。

尽管如此，轴心国潜艇的战绩还是月月攀升——2 月达到 50 万吨左右，3 月超过 50 万吨，4 月下降到 43 万吨，5 月又达到 60 万吨，6 月上升到 70 万吨这一不祥之数。到 6 月底，这半年间，因各种原因沉没的船只总吨位达到 4,147,406 吨，其中超过 300 万吨是被潜艇击沉的——近 90% 是在大西洋和北冰洋击沉的。直到 7 月，由于反潜手段全面改进，加上美国采用了护航运输队体系，潜艇给船舶造成的损失才回落到 50 万吨以下。

1942 年夏季的好转，只是幻影。随着德国新造的潜艇入役，到 8 月，总兵力已上升到超过 300 艘，其中大约一半可以投入战斗，它们被编组成格陵兰海域、加拿大近海、亚速尔群岛（Azores）海域、西北非外海、加勒比海及附近、巴西外海等多个作战群。8 月，潜艇战绩再次突破 50 万吨大关。此后数月，德国潜艇在特立尼达（Trinidad）附近海域取得了特别丰厚的战果，因为那里还有很多船舶在单独航行。8 月中旬，潜艇击沉了 5 艘巴西船，从政治和大战略角度来讲，这一行为用意不明，因为其后，巴西立刻对德宣战，而盟国得以利用巴西的基地加紧了对整个南大西洋的控制，从此把德国水面袭击舰赶出这片海域。

但是相较以前而言，这已经没那么重要了，因为所谓"潜水巡洋舰"（U-cruisers）已经接替了武装商船在遥远海域破交的功能，这些更大更新的潜艇排水量为 1600 吨，作战半径远达 3 万英里。

当时，德国的潜艇已经可以下潜得更深，到达 600 英尺深处，在紧急状况下还能再深，不过这个优势很快就被抵消了。因为此时，盟军的深水炸弹已经可以在更深的水下爆炸，而且数量也越来越多。新型的德国潜水油轮能在海上为潜艇加油，无线电情报的效率也正在提高，这些都有助于德国潜艇作战。而且德国人现在又能够破译英国的护航运输队控制密码了，就像 1940 年 8 月之前一样。

此外，在英国科学家的所有成就中，最重要的一项是新的 10 厘米波长雷达设备，德国潜艇根本无法对其信号进行拦截。1943 年年初，这项发明和"利"式探照灯全面投入空战使用，让盟军在夜间和弱光条件下重新获得主动权，并难住了德国潜艇所使用的 1.5 米雷达搜索接收器。

这一时期，邓尼茨的战时日记反映出，他对英国这种新型定位设备的效果深感焦虑，并且非常担心英军在大西洋东部不断增长的飞机数量。

在整个大西洋战役期间，邓尼茨都表现出自己作为一名优秀战略家的风范，他能不断寻找敌人的弱点，在防御薄弱的地方集中全力猛攻。他从一开始就牢牢掌握了主动权，盟国的反潜部队在每一步上都被他牵着鼻子走。

1942 年下半年，邓尼茨将作战计划重点放在格陵兰以南海域的空中护航空白区，目的是在盟国护航运输队进入这片海区之前就探测到他们，然后趁其通过这片海区时集中全力进攻，并待其恢复空中掩护时撤离。

此外，到秋天时，邓尼茨已经拥有足够多的潜艇，可以在出现战机的任何地点主动发起"狼群进攻"。

因此，自 7 月以来，潜艇给盟国带来的压力越来越大，11 月，击沉数已上升到 119 艘舰船，共计 72.9 万吨。不过，其中大部分都是在南非或者南美海域脱离护航队独自航行时被德国潜艇抓住的。

当年秋天，英美在西北非执行"火炬行动"，护航的需要因而大增，直布罗陀、塞拉利昂和北冰洋的护航运输不得不暂停。从冰岛向英国运输美国部队也需要新的护航兵力。这些快速运输队至少要有 4 艘驱逐舰来护送 3 艘运兵船。

唯一不需要护航的是用两艘 8 万吨巨型班轮"玛丽女王"号和"伊丽莎白女王"号改装的运兵船，每艘都能载运 1.5 万名以上官兵，这相当于一个师的大部分兵力。它们的速度超过 28 节，除了在起航和进港阶段，航渡过程中任何驱逐舰都赶不上，所以这些巨轮就单纯依赖高速，并通过曲折航行和变换航线来保证安全。这个冒险的策略大获成功，自 8 月以来，它们在多次跨越大西洋的航程中从来没被潜艇拦截过。

总的来说，无论过去还是现在，海军护航和空中掩护能力都难以应对德国潜艇产量上升带来的日益加剧的威胁。平均每个月，有 17 艘新潜艇入役，到 1942 年年底，总共 393 艘德国潜艇中有 212 艘可以作战，而年初，潜艇总数为 249 艘，可以作战的只有 91 艘。有 87 艘德国潜艇和 22 艘意大利潜艇被击沉，无法跟上生产的速度。

在这一年里，轴心国在全球各海域总共击沉 1160 艘舰船，共计 626.6 万吨，再加上其他各种武器击沉的舰船，总数为 1664 艘，计 779 万吨。

自开战以来，盟国每年新下水服役大约 700 万吨船舶，可是跟当年损失的船舶相比，还是会有近百万吨的赤字。1942 年，英国进口量下降到不足 3400 万吨，相较 1939 年少了三分之一。特别是，英国商用储备燃料的数量已经下降到了危险的程度，只剩 30 万吨，而一个月的消耗就达到了 13 万吨。尽管可以从皇家海军的油料储备里挪借，但是只有在最危急的时候，才能使用这种手段。

所以 1943 年 1 月，当盟国领导人在摩洛哥海岸的卡萨布兰卡开会制定下一步战略方针的时候，他们正面临着商船吨位损益平衡表显示出来的非常令人不安的形势。只有先克服德国潜艇的威胁，打赢大西洋战役，然后才能让反攻欧洲变成现实。这场战役变得和 1940 年的不列颠之战同样关键。胜负在本质上取决于双方谁在物质上和心理上能坚持得更久。

指挥官的变动影响了斗争过程。11 月，海军上将珀西·诺布尔爵士被任命为英国海军驻华盛顿使团团长，就此成为英国第一海务大臣驻联合参谋长委员会美国一方的代表。他在担任西部通道总司令的 20 个月任期中，为改进反潜手段做出了很大贡献，他尽力表明自己了解护航和航空兵的困难，并与官兵建立起个人接触，以此鼓舞士气。幸运的是，他的继任者是海军上将马克斯·霍顿爵士（Sir Max Horton），这一选择非常恰当。霍顿在"一战"期间曾是一位出色的潜艇艇长，自 1940 年年初以来一直负责指挥英国本土的潜艇舰队。他不仅为反潜战带来了关于潜艇和潜艇官兵的专业知识，还注入了催人奋进的能量和想象力。这些素质让他和邓尼茨棋逢对手。

霍顿的计划是对德国潜艇发动更加强大且集中的反攻。轻型护卫舰和其他小型舰只航速不够，在和潜艇作战时很难持续追击，因为如果它们追得太远，回头就赶不上需要护卫的船队了。英军需要更多的驱逐舰和护卫舰独立作战，援助船队的护航兵力，并在发现德国潜艇后追踪到底。为此目的，支援群已在 9 月开始组建，不过，霍顿一上任就全力发展支援群，为此甚至不惜削减近距护航的兵力。他想要在中大西洋海域用数个新建立的支援群和航母舰载机，与护航兵力及超远程飞机紧密合作，对敌人发动奇袭。他强调支援群不应该再犯过去常犯的错误而把时间浪费在到处搜索潜艇上。发现德国潜艇的地方就在护航队附近，支援群应该和护航舰群紧密合作。每一支护航运输队在格陵兰的空中掩护空白区都将由一个支援群负责增援，如果有可能的话，还会得到飞机增援。他认为，德国潜艇习惯了来自护航运输队所在方向的攻击，如果支援群从四面八方发动攻击的话，潜艇狼群就会被打得失去平衡。

德国方面，新年前夜，"希佩尔"号、"吕佐夫"号和 6 艘驱逐舰从阿尔滕峡湾（Altenfiord）出击北冰洋护航运输队，所获战果甚微，希特勒对此大为光火，后果很严重。他一怒之下声言做出了"坚决而不可改变的决定"，要把大型水面舰艇拆解掉。为此，雷德尔海军元帅在一个月后辞职，邓尼茨接替出任海军总司令，同时仍然保留潜艇部队司令的职务。邓尼茨比较擅长应付希特勒，在他的争取下，希特勒最终同意把"蒂尔皮茨"号、"吕佐夫"号和"沙恩霍斯特"号留在挪威组成一支"相当强大的特遣舰队"。

12 月和 1 月，大西洋上迎来一段平静时期，德国潜艇的战绩下降到不足 20 万吨。这主要是因为风暴天气。可是，护航运输队中的商船，尤其是那些马力不足的，也因此而被驱散并受到重创，所以这种平静并没有给英国人带来多少喘息之机。

2 月，德国潜艇战绩几乎翻番，3 月，战绩已上升到 108 艘舰船，计 62.7 万吨，再次迫近 1942 年 6 月和 11 月的高峰。最令人担忧的是，其中三分之二都是在护航运输队里被击沉的。3 月中旬，38 艘潜艇围攻两支恰好相隔很近的返回英国的护航运输队，在 20 日空中掩护恢复之前，击沉了 21 艘船总计 14.1 万吨，自己只被击沉 1 艘。这是整个战争期间规模最大的护航运输队攻防战。

事后，英国海军部记载说，"德国人从来没有像 1943 年 3 月的头 20 天那样接近于切断新旧世界之间的交通线"。更有甚者，海军总参谋部开始怀疑护航运输队作为一个防御体系是否还有效。

但是那个决定命运之月的后三分之一，即 3 月的最后 11 天，局势骤变。北大西洋只有 15 艘船被击沉，要知道，前 20 天有 107 艘。4 月，被击沉的吨位减半，5 月更少。马克斯·霍顿的协调反攻战术奏效了，而且在短时间内就达到了预期的效果。

在 3 月最危急的时刻，美国人请求退出北大西洋护航，转而承担南大西洋航线的护航任务，尤其是南大西洋和地中海之间的航线。他们还要兼顾太平洋。不过实际影响并不大。美国政府把第一艘用于支援群的护航航空母舰交给英国人指挥，还提供了超远航程的"解放者"式轰炸机。因此，从 4 月 1 日起，英国和加拿大已开始全权负责美洲大陆和英国之间往来的所有护航运输队。

1943 年春季，德国潜艇在围绕护航运输队展开的一系列攻防战中遭到失败，损失惨重。5 月中旬，邓尼茨在给希特勒的报告里敏锐地提道："我们正面临着潜艇战中最严重的危机，因为敌人以新式的定位设备……让我们的战斗无法进行下去，并正给我们造成严重的损失。"5 月，德国潜艇的损失数上升了 1 倍，达到出海兵力的 30%，这种损失率是无法长期忍受的。因此，邓尼茨在 5 月 23 日从北大西洋撤回了所有潜艇，等待有可用的新式武器时再战。

到 7 月，盟国制造的商船数量超过了被击沉的。这是问题的关键，也是潜艇攻势失败的明证。

不过，回头来看，很明显，英国在 3 月差一点就被打败了。这种危险的主要原因自然是缺乏保护船队的远程飞机。1 月到 5 月，在有空中掩护的情况下，大西洋上只有 2 艘商船被击沉。一旦护航队拥有足够的空中掩护，尤其得到远程"解放者"式轰炸机提供的保护，德国潜艇就越来越难以施展"狼群战术"。现在它们随时可能发现头顶上有飞机，指引着支援群找到它们。

正如邓尼茨认识到并强调的，德国潜艇探测不到英国的新型 10 厘米波长雷达，这当然也是一个重要的胜利原因。新型反潜装置"刺猬弹"和爆炸力更大的深水炸弹也做出了贡献。1942 年年初组建的西部通道战术分析小组发展并完善了对付德国潜艇的最佳战术系统，而 P. M. S. 布莱克特教授（Professor P. M. S. Blackett）针对护航队配置做出的作战分析，也起到了作用。此外，英国在 1943 年 5 月底开始启用一种新的航运控制密码，切断了德国人最宝贵的情报来源。

不过，胜利最重要的原因也许还是护航舰艇及飞机的训练标准提高了，水手和飞行员之间的配合也越发紧密。

在个人方面，前文已经强调过，海军上将马克斯·霍顿爵士在击败德国潜艇方面发挥了重要作用。1943年2月，在战役最紧急的当口出任海岸司令部总司令的空军中将约翰·施莱瑟爵士（Sir John Slessor）也做出了很大贡献。在那些优秀的护航舰群指挥官中，有两位的功绩值得特别指出，分别是1941年起执行护航的海军上校 F. J. 沃克（F. J. Walker）和1942—1943年间的海军中校 P. W. 格莱顿（P. W. Gretton）（后来晋升为海军中将皮特爵士）。

1943年6月，没有任何一支护航编队在北大西洋上遭到攻击，7月，德国潜艇损失惨重，英国海岸司令部的空中巡逻队在比斯开湾（Biscay）那里取得了尤为丰厚的战果。那个月，试图穿越比斯开湾的86艘潜艇中，有55艘被发现，17艘被击沉（除了一艘外，其余都是被飞机击沉的），还有6艘被迫返航。邓尼茨失望地向希特勒汇报，德国潜艇要想开出比斯开湾，只能走紧贴西班牙海岸的一条很窄的航线。但盟军的反潜巡逻队也为以上战果付出了相当大的代价，自身被击落了14架飞机。

在1943年6—8月这3个月期间，德国潜艇在全世界除地中海之外各个海域击沉的盟国商船不超过58艘，而且其中将近一半是在南非外海和印度洋取得的战绩。它们为获得这个平庸的战绩付出了79艘的代价，其中58艘以上是被飞机击沉的。

邓尼茨试图再据上风，敦促希特勒在大西洋上部署远程空中侦察，并对潜艇进出的航线加大空中掩护力度——他确实比雷德尔更擅长说服希特勒，因而能成功地克服戈林不愿意跟潜艇部队合作的障碍。邓尼茨还获准把潜艇的产量从每月30艘提高到40艘，并优先生产水下航速较高的新型潜艇。可是使用柴油和过氧化氢混合动力的潜力很大的"瓦尔特"式潜艇在实验过程中遇到了太多麻烦，直到1945年战争结束也没有投入现役。不过德国潜艇有了新的进步，安装上了1940年以前荷兰发明的"施尔诺克"（Schnorkel）潜艇呼吸管，以便进气并排出柴油废气，因而可以停留在潜望镜深度进行充电。到1944年年中，总共有30艘潜艇安装了这种设备。

1943 年中期，德国另外两项新设备是能追踪舰船螺旋桨声音的"寻的"鱼雷（homing torpedo）和滑翔炸弹（glider bomb）。但是在德军再次发动潜艇战的头两个月，也就是 9、10 两个月，盟国在北大西洋 64 支护航运输队的 2468 艘舰船里，只损失了 9 艘商船，德国潜艇被击沉了 25 艘。再次惨败之后，邓尼茨放弃了把潜艇编成大型机动集群的战法。

10 月 8 日，英国按照与葡萄牙达成的协议接管了亚速尔群岛的两处空军基地，至此，整个北大西洋上空都已被置于空中掩护之下。

1944 年头 3 个月，德国潜艇的损失更大。在总共 105 支护航运输队 3360 艘跨越北大西洋的舰船中，只有 3 艘商船被击沉，而德国则损失了 36 艘潜艇。现在邓尼茨取消了打击护航队的一切作战行动，告诉希特勒说，在新型潜艇和新的防御设备投入使用及空中侦察得到改善之前，他无法重新对护航队发动进攻。

1944 年 3 月底，邓尼茨奉命组织 40 艘潜艇在近海活动，预防盟军在西欧登陆。到 5 月底，他已经在比斯开湾各个港口集中了 70 艘潜艇，只在北大西洋留下了 3 艘，以继续执行气象观测任务。

德国人放弃了北大西洋的潜艇战，海岸司令部这才松了一口气。到 1944 年 5 月为止，第 19 护航群的飞机在 41 个月的反潜作战中共进出比斯开湾巡航 2425 次，击沉潜艇 50 艘，击伤 56 艘。在此期间，第 19 群自身也在比斯开湾内损失了 350 架飞机。如果海岸司令部能得到更多战斗机，来承担这项关键的任务，也许损失会更少，战果会更大。

这个时期的其他事件包括，英军对挪威北部锚地中的"蒂尔皮茨"号发动过两次致命空袭，1943 年 9 月用 3 艘袖珍潜艇对其发动过攻击，1944 年 3 月用舰队航空兵空袭，最终在那年 11 月出动皇家空军的重型轰炸机把"蒂尔皮茨"号炸沉了。德国的这艘军舰只在针对斯匹茨卑尔根发动的一次袭击中主动发射过主炮，可是，挨过这么多损伤才沉没，足以证明德国海军造舰工业设计之优秀、实力之雄厚。此外，它作为一艘"现有的军舰"仅仅待在那里，就能形成威胁，并大大影响英国的海洋战略，牵制了很大一批英国海军兵力。

前一年 12 月，英军已经消除了"沙恩霍斯特"号造成的威胁，它在试图拦截一支北冰洋护航队时，被本土舰队一支强大的编队截住并击沉了。

1944 年上半年，英国在领海内遇到的最主要的麻烦来自德国人发明的被叫作"E 艇"的小型鱼雷快艇。它们虽然为数从未超过 36 艘，却可以从一条护航航线很快地转移到另一条航线上，选择合适的战机，给英国造成了很大困扰。

到 6 月诺曼底登陆前，德国潜艇已经安装了通气管装置，因此在空袭面前不再那么脆弱了，他们被集中到法国西部港口，防御盟军跨越海峡的行动，却没有起到什么作用。

8 月中旬，当美国第 3 集团军从诺曼底突出接近布雷斯特、洛里昂、圣纳泽尔（St.Nazaire）等法国西部港口时，大部分潜艇转移到了挪威。至此，往返英国的航运除了使用绕过英格兰北海岸的航线外，又可以取道旧的通常使用的绕过爱尔兰南部的航线了。

从 8 月下半月开始，一连串德国潜艇从挪威和本土出动，绕过苏格兰和爱尔兰北部，近岸航行，逼近航运繁忙的角落，向南远达英格兰南海岸的波特兰岬。这种近岸作战无甚成效，不过得益于所使用的通气管，它们可以一直潜伏在海面以下，因而所遭受的损失比以往小很多。在 1944 年 9—12 月这 4 个月期间，潜艇在英国近海只击沉了 14 艘舰船。

北冰洋护航运输队

1941 年 9 月底，英国护航队开始驶往苏联北部。冬天，阿尔汉格尔（Archangel）港被冰封，因而护航队只能使用苏联唯一的不冻港摩尔曼斯克。德国人没能从陆上发动强大攻击占领这里，实是一个战略失误，他们因而丧失了在这条北方补给线最为脆弱的时候将其绞杀的机会。

当德国人意识到英国船只及后来的美国船只通过这条航线向苏联输送援助的规模有多大时，他们匆忙向挪威增调海空兵力，并于 1942 年 3 月、4 月、5 月间对盟国的北冰洋护航队发动了一系列强有力的打击。6 月底从英国开向苏联的PQ17 护航队受的打击最大。海军部误以为船队和护航兵力马上就会被德军的水面战舰压倒，于 7 月 4 日下令护航运输队在巴伦支（Barents）海上解散。无助的商船遭到德国潜艇和飞机轮番袭击，36 艘商船中只有 13 艘幸存。这支护航运输队运送的飞机中，只有 87 架送达，其余 210 架全部损失；坦克中，有 164 辆送达，430 辆损失，非战斗车辆则只送达了 896 辆，其余 3350 辆损失，还有其他货物也损失了三分之二，总计大约 99,316 吨。

这次灾难后，直到 9 月，下一支驶向苏联的护航运输队才起航，这支运输队的护航兵力强大得多，雷德尔元帅得到无线电预警，出于谨慎，不让大型水面舰艇出击，因而错失了击溃护航兵力的机会。结果，PQ18 护航运输队总共 40 艘商船里有 27 艘安全到达阿尔汉格尔，德国飞机和潜艇损失惨重。德国人此后在极北地区再也没有部署过这么庞大的航空兵力。

又经过一段时间，英国在冬天再次派出几支规模较小的护航运输队。苏联人虽然反复催促派出更多运输船队，却没有在长途越洋的航程中帮助保护它们，只在最后将要进港的时候提供过些微帮助。从 1943 年 3 月起，随着白昼变长，本土舰队总司令托维海军上将不愿意再冒险派出更多运输船队。而当时，大西洋上的形势也越发紧张，于是，北冰洋的护航兵力被转调到了大西洋，在当年春天击败德国潜艇的决定性战斗中发挥了重要作用。

到 11 月北冰洋运输队重启时，英国能动用的护航兵力更强大了，其中还包括新的护航航空母舰。这些兵力让日益衰弱的德国空军和潜艇蒙受了重大损失，同时为苏联安全运来大批物资。

自 1941 年起，40 支护航运输队共 811 艘舰船驶往苏联，其中 58 艘被击沉，33 艘因为各种原因返航，720 艘安全抵达，给苏联送去了大约 400 万吨物资。运抵的物资中包括 5000 辆坦克和超过 7000 架飞机。为了运输这么大批的援助物资，盟军损失了 18 艘战舰和 98 艘商船，包括从苏联返回的商船，而德国在试图阻止它们的过程中损失了战列巡洋舰"沙恩霍斯特"号、3 艘驱逐舰及 38 艘潜艇。

最后的阶段

1945 年头几个月，德国潜艇舰队的兵力仍在扩充，一方面，新生产的潜艇不断入役，另一方面，由于装备了通气管且不再向大西洋远航出击，损失也在减少。1 月，30 艘新潜艇入役，之前几个月每月平均只有 18 艘。其中一些是经过改进的新型潜艇，巡航距离更远，水下速度更高，包括 1600 吨的 21 型远洋潜艇和 230 吨的 23 型沿海潜艇（其中三分之二是较大的型号）。3 月，潜艇舰队的兵力达到峰值，共有 463 艘。

直到 3 月，盟军的轰炸才开始对潜艇生产造成严重影响。对盟国来说幸运的一点是，在波罗的海的空中布雷虽然相对所付出精力而言战果不大，但也产生了盟国海军首脑们意料之外的重大效果，即妨碍了德国潜艇的试航和训练，使其新潜艇无法被大量用于实战。要知道，这些新型潜艇如果大批加入作战，便有可能造成 1943 年时那样重大的威胁。

不过，当盟军在 3 月渡过莱茵河，并与东线而来的苏军共同逼近柏林时，所有各方面的压力就大到足以对潜艇战产生瘫痪性的效果。

在战争最后几个星期里，德国潜艇主要活动于不列颠岛的东部和东北部沿海。尽管没有什么战果，但值得注意的是，这些新型潜艇在以上海域也没有损失任何一艘。

5 月德国投降后，159 艘潜艇投降，另有 203 艘被艇员凿沉。这充分体现出潜艇部队成员顽强的自豪感和不可动摇的士气。

在 5 年半的战争中，德国人建造了 1157 艘潜艇入役，还攫取了 15 艘外国潜艇，其中损失的有 789 艘，包括 3 艘外国潜艇。德国海军还拥有大约 700 艘袖珍潜艇。在海上被击沉的潜艇有 632 艘，其中绝大多数（共 500 艘）是被英军或者英国指挥的部队击沉的。另外，德国、意大利、日本潜艇击沉了 2828 艘舰船，总计接近 1500 万吨。这么巨大的击沉数字，绝大部分都是德国人贡献的，德国潜艇还击沉了 175 艘盟国战舰，大多数都是英国的。在盟国被德国潜艇击沉的船只中，有 61% 是未加入护航运输队独立航行的船只，9% 是从船队里掉队的，只有 30% 是在护航运输队中被击沉的，而在有空中掩护的情况下，护航运输队损失的商船极少。

盟国在大西洋之所以遭受如此损失有两个重要因素，一是德国占领法国比斯开湾的各大海军基地 4 年，二是爱尔兰拒绝盟军使用其西部和南部的海岸线，虽然爱尔兰本身也严重依赖那些护航运输队运来的补给。那唯一通往英国的航线能一直保持畅通，很大程度上是因为盟军占领着北爱尔兰和冰岛。

第六部

潮落：1943 年

第 25 章

肃清非洲

盟军原本打算用新到的第 1 集团军从突尼斯向东进攻，会同第 8 集团军，两面夹击隆美尔。可是，1942 年 12 月，盟军没能占领突尼斯，由此导致的第一个结果就是，不得不放弃原先的计划。两个集团军目前只得分别对付的黎波里塔尼亚的隆美尔和突尼斯的阿尼姆。随着隆美尔越来越接近阿尼姆，德军将会拥有中心位置的优势，可以集中力量打击两股进攻者中的任意一股。

圣诞节前，艾森豪威尔被阻挡在突尼斯城前，眼看着雨季结束之前都要因泥泞而束手束脚，他试图在更靠南的地方发起突击，打到斯法克斯附近海岸，切断隆美尔的补给线和撤退路线。为了执行这个"绸缎行动"（Operation Satin），他打算主要使用美国部队，集结在特贝萨附近，组建美国第 2 军（由弗雷登多尔少将指挥）。1 月中旬，联合参谋长委员会陪同罗斯福和丘吉尔来非洲开卡萨布兰卡会议，商议下一步战略目标，艾森豪威尔向他们汇报了自己的作战意图。在讨论这一计划时，他们重点指出，让没有经验的部队进攻隆美尔的老兵很快便可能到达的地区有很大的风险，艾伦·布鲁克上将对这种风险尤为担忧，于是艾森豪威尔被说服取消了计划。

这一决定将下一步行动交给了蒙哥马利，12 月中旬，他正停留在诺菲利亚（Nofilia）附近集结兵力，准备进攻 140 英里以西的布埃拉特防线。自上一阶段从埃及撤退以来，隆美尔和他的集团军残部便守在了这里。

蒙哥马利在 1 月中旬重新发动进攻。进攻的模式和以往一样——以正面进攻牵制住敌人，再通过沙漠内陆包抄封闭敌人的后路。不过这一次，他没有做任何事先的试探，以免暴露意图或"把敌人从目前的防线吓跑"。此外，蒙哥马利只用了一道装甲车屏障来监视敌人的阵地，主力则被远远地藏在后方，直到进攻前一天才开始向前线长途开进，15 日早晨直接投入作战。第 51 师将在坦克支援下沿海岸公路进攻，第 7 装甲师和新西兰师执行计划中的包抄任务。可是英军起初根本没有遇到抵抗，在布埃拉特防线以西虽然遇到了抵抗，但那也只是轴心国的后卫部队而已。隆美尔已经从布埃拉特防线撤出，再次逃出了给他设计好的包围圈。亚历山大在电报中婉转地责备道："新西兰师和第 7 装甲师在迂回敌军反坦克屏护南部顶端时，表现得过于谨慎"，这才让隆美尔能够更加轻易地逃脱。

这一次，隆美尔的主要战斗还是跟轴心国最高统帅部斗。墨索里尼坐在安全而遥远的罗马城，又一次脱离现实，于圣诞节前一周下了一道在布埃拉特防线"尽全力坚守"的命令。于是，隆美尔通过无线电询问意大利最高统帅部参谋长卡瓦列罗元帅，如果英国人绕过防线向西进攻，自己该怎么办，毕竟这道防线很容易被迂回。卡瓦列罗没有正面回答，只强调说绝不能再像在阿拉曼那次一样，把意大利部队丢在包围圈里。

隆美尔向巴斯蒂科指出，墨索里尼的命令和卡瓦列罗的指示之间存在明显矛盾之处。巴斯蒂科跟极权主义政权的大多数奴仆一样，竭力避免做出决定并承担责任，以免拂逆领袖的意愿和梦想。可是隆美尔紧追不放，迫使他同意并且下达命令，把非摩托化的意大利部队撤往 130 英里以西靠近的黎波里塔尼亚的泰尔胡纳 - 霍姆斯（Tarhuna-Homs）防线。其后，卡瓦列罗在 1 月的第二个星期要求抽调一个德国师去加贝斯隘道，以防美军向那里突击，上文说过，盟军没有把这个想法付诸实施。当然，隆美尔也愿意迎合这个请求，因为这正好暗合他自己的计划，于是便派去了第 21 装甲师。这样他手里就只剩下第 15 装甲师的 36 辆坦克，和桑托罗师 57 辆过时的意大利坦克，来对付蒙哥马利为新攻势集结的 450 辆坦克。隆美尔无意与具有如此压倒性兵力的敌军打一场毫无希望的仗，于是一从无线电侦听部门听说英军已经准备好在 1 月 15 日进攻，便立即开溜了。

进攻头两天，英军受阻于遍布的雷区，又因试图突破德军屏护部队而损失了50 辆坦克，变得越发谨慎小心。于是，隆美尔在 17 日把摩托化部队撤到了泰尔胡纳 - 霍姆斯防线，然后立刻告诉已经到达那里的意军步兵向的黎波里塔尼亚回撤。泰尔胡纳 - 霍姆斯防线比布埃拉特防线容易防守，可是蒙哥马利在防线南侧施加的装甲压力太大，19 日，隆美尔已经看出坚守这里无望，撤退之路也将困难重重，于是在夜间开始把剩下的部队后撤，同时炸毁的黎波里塔尼亚的港口设施。

凌晨，卡瓦列罗来电说，墨索里尼对此次撤退非常不满且坚持一定要守住这条防线 3 个星期。那天下午，卡瓦列罗亲自赶到前线监督执行。隆美尔讽刺地指出，在得到足够的增援之前，任何此类时间上的限定都取决于敌人的行动。他最后又把 11 月巴斯蒂科要求他死守布雷加港防线时，对巴斯蒂科说的话向卡瓦列罗重复了一遍："要么你在的黎波里塔尼亚多守几天，损失掉军队；要么早几天丢掉的黎波里塔尼亚把部队保住以防守突尼斯。你自己挑吧。"卡瓦列罗没有做出明确的决定，只是间接地告诉隆美尔说，军队必须保住，的黎波里塔尼亚也要尽可能长时间地坚守。隆美尔立即开始后撤非摩托化的意军，同时撤走能搬动的所有物资。其后在 22 日夜间，他率领其余的部队撤出泰尔胡纳－霍姆斯防线，直奔的黎波里以西 100 英里的突尼斯边境，然后从那里再度撤往 80 英里以西的马雷特防线。

越过布埃拉特防线后，英军的追击，正如蒙哥马利所说的，是"困难的"。这是因为，德军于沿途布雷并破坏道路，而英军则在对付敌军后卫屏护部队时表现得过于小心。蒙哥马利在回忆录中强调，英军在沿海岸公路前进时"表现得总是缺乏主动性和生气"，他还引用自己 20 日日记中的一段话作为佐证："派人叫来第 51（高地）师的师长，好好训了他一顿，这下马上见效了。"可实际上，隆美尔当时已经撤到了泰尔胡纳－霍姆斯防线。22 日，他又下令放弃这条防线撤向突尼斯边境，这与沿海岸公路的强力追击无关，而是因为其内陆侧翼面临着巨大的坦克压力。51 师星夜兼程，并用坦克搭载先头步兵进行追击，却发现敌人已经消失。到 1 月 23 日天亮时分，向心前进的英军纵队的矛头没有遇到任何抵抗，便开进了的黎波里塔尼亚。

自 1941 年起，的黎波里塔尼亚便是英军多次攻势的目标，占领这里就结束了从阿拉曼开始的针对隆美尔的 1400 英里大追击，自英军进攻发起日以来，时间刚好过去了 3 个月。对蒙哥马利和他的部队来说，占领的黎波里塔尼亚是一个令人欢欣鼓舞的成就，他本人也大大松了一口气，蒙哥马利说过："自接任第 8 集团军司令以来，我正经历着第一次真正的焦虑。"1 月第一周，一场旋风对班加西港造成极大破坏，港口卸货能力从每天 3000 吨下降到不足 1000 吨，迫使他退回去使用离的黎波里塔尼亚有 800 英里的托卜鲁克港，这就意味着已经很长的公路补给线进一步被拉长。为了加强公路运力，蒙哥马利让第 10 军停下来，动用这个军的运兵车辆帮忙运给养，不过，他还是担心，除非能在新的进攻发起后 10 天之内打到的黎波里塔尼亚，否则就要被迫停止前进。

蒙哥马利的幸运之处在于敌人不知道他在时间和补给方面遇到的问题，他们只知道盟军正以极大的坦克优势泰山压顶——相对第 15 装甲师真正有作战能力的坦克数量而言，蒙哥马利拥有 14：1 的优势。当初，德军如果没有调走第 21 装甲师，以对付美军对加贝斯瓶颈地带突击的威胁，便有可能能坚守住泰尔胡纳—霍姆斯防线——第 21 装甲师被调走 2 天后，也就是 13 日，美军取消了这次突击。如果德军坚守防线，那么根据蒙哥马利自己的说法，他就可能被迫停止前进并撤回布埃拉特防线，因为他进入的黎波里塔尼亚那天离 10 天期限只有 2 天了。

蒙哥马利在的黎波里塔尼亚停留了数周，以调集部队并清理被破坏的港口。直到 2 月 3 日，才有第一艘船进港，9 日第一支护航运输队抵达。英军只派出轻型部队尾随撤退的敌军，蒙哥马利的先头师直到 16 日才越过突尼斯边境，而隆美尔的后卫已经在前一天夜里离开，撤进了马雷特防线的前方接近地，当初，法国人建这条防线是为了阻挡意大利人从的黎波里塔尼亚入侵突尼斯，防线上只有一连串老旧的碉堡，隆美尔认为，最好还是依赖在旧碉堡之间空地上新挖掘的野战工事。事实上，在巡视了马雷特防线后，隆美尔极力要求，退到 40 英里以西处的阿卡里特谷（Wadi Akarit）（位于加贝斯以西 15 英里）一线建立阵地，以守卫通往突尼斯的道路，因为那里的内陆侧翼依托杰里德盐沼（Chott el Jerid），不可能被迂回。但是远方的独裁者还在满怀希望地建造着"空中楼阁"，绝不愿接受他的提议，而隆美尔的政治资本则已处于历史最低水平。

为了表达自己对的黎波里塔尼亚失守的极度不满，墨索里尼召回了巴斯蒂科，并用安布罗希奥（Ambrosio）将军替换了卡瓦列罗。与此同时，隆美尔在 1 月 26 日接到电报说，鉴于他健康状况不佳，要求他在新的马雷特防线巩固之后交出指挥权，他的集团军将改称意大利第 1 集团军，由乔万尼·梅塞（Giovanni Messe）将军指挥。但是他可以自行选择交接和离开的日期——隆美尔充分利用了这个让步，让盟军大吃苦头。

隆美尔生病了，最近3个月的战况给他带来的神经紧张也无助于健康。不过，他在2月的行动仍然表明，自己具有充沛的精力，还很能打。

他没有因美军逼近自己通过突尼斯南部的后路而垂头丧气，反而嗅到了在蒙哥马利赶上来之前进攻那里的机会。马雷特防线虽然不稳固，倒也确实起到了迟滞坦克进攻的作用，应该能够让蒙哥马利耽误一阵。此外，隆美尔自己的兵力也在恢复。随着向西撤退，他已经离补给港口越来越近，得到的人员物资已经比长途撤退中损失的要多，现在隆美尔的兵力和秋天阿拉曼战役开始时一样多。抵达突尼斯时，非洲装甲集团军总共有将近3万名德军[1]和大约4.8万名意军，不过，这其中包括已经派往加贝斯—斯法克斯地区的第21装甲师和派去警戒美军加夫萨阵地对面的盖塔尔（El Guettar）隘口的桑托罗装甲师，不过，就装备而言，局势远没有阿拉曼战役开始时那么好——德军各部的坦克数量只达到满编的三分之一，反坦克炮为四分之一，大炮为六分之一。此外，在大约130辆坦克中，适合作战的还不到一半。无论如何，现在的总体形势相对而言还是不错的，一旦蒙哥马利有足够时间充分利用的黎波里塔尼亚港，在突尼斯边境积累起强大的兵力，到那时，形势就不可能维持了。

所以隆美尔现在计划运用被战略家称为"内线优势"的理论，发动一场拿破仑式的两面出击，即利用中心位置，在两支向心攻击的敌军中的一支没来得及增援之前，先打另一支。如果能够粉碎背后的美军，他便能腾出双手对付蒙哥马利的第8集团军，此时第8集团军因补给线拉长，实力已经削弱。

这是一个出色的计划，可是隆美尔在将它付诸实施时遇到的最大困难是，成败取决于不在他控制之下的部队。他从马雷特防线上抽调出兵力编组成一个大型战斗群，交由冯·里本施泰因（von Liebenstein）上校指挥，可是人数还达不到半个师的规模。他手下著名且值得信赖的第21装甲师早先被派回突尼斯，现在正位于他准备发动进攻的地点，可是这个师已经被划归冯·阿尼姆将军的集团军指挥了。因而，从一开始，能决定主攻目标及兵力投入数量的人便是阿尼姆，而隆美尔则只能尽力为此战提供助力。

这次反攻的目标是美国第2军（包括一个法国师）。这个军的正面战线有90

---

1 这大约相当于满编兵力的一半，和阿拉曼战役开始时一样。

英里宽，但实际需要重点防守的只有穿过山脉通向大海的 3 处道路，其先头部队被部署在加夫萨、法伊德（Faid）和丰杜克（Fondouk）3 处山口，与科尔茨将军指挥的法国第 19 军相邻。以上山口非常狭窄，守军觉得固若金汤，盟国高级指挥部把注意力主要集中在防御轴心国在丰杜克以北地区发动的试探性进攻上。

可是 1 月底，经验丰富的第 21 装甲师突然袭击法伊德山口，在美军援兵姗姗赶到之前就击败了那里装备差劲的法国守军，这就为下一步更大规模的进攻夺取了一个出发点。这次突袭让盟国高级将领们怀疑敌人正在策划一场攻势，可是，他们没有料到实际的进攻方向，而是把准备性的法伊德突袭战当成了佯攻，认为主攻会指向丰杜克附近。奥马尔·布莱德雷（Omar Bradley）将军在回忆录里说道："这个判断形成的假设差点断送了战役。"这个判断不但在艾森豪威尔司令部，还在安德森的第 1 集团军司令部成为主流意见。在亚历山大到位之前，安德森暂时负责盟军在突尼斯的整条前线。根据卡萨布兰卡会议的任命，亚历山大到达突尼斯后，第 1 和第 8 集团军将组建新的第 18 集团军群。而亚历山大将在艾森豪威尔手下指挥该集团军群。为了防备德军的进攻，安德森把 B 战斗群连同半个美国装甲师保持在丰杜克山口背后作为预备队。这个失算让敌人的进攻变得更容易了。

2 月初，突尼斯的轴心国部队已经增长到 10 万人，包括 7.4 万名德军和 2.6 万名意军，此时，他们与盟军兵力的比例相较 12 月已大为改善，也比盟军兵力完成集结后可能出现的比例要好。其中大约 30% 是非战斗人员。可用的装甲兵力几乎全部来自德军，坦克数量刚过 280 辆，其中第 10 装甲师有 110 辆，第 21 装甲师有 91 辆（恰好为当时满编兵力的一半），一支特别部队有 12 辆虎式坦克，而隆美尔也把里本施泰因战斗群有 26 辆坦克的一个营派去增援守在加夫萨道路上的桑托罗师剩下的 23 辆意大利坦克。轴心国坦克数量比盟军少得多，就算把全部坦克集中在突尼斯南部预定的进攻正面上，也还是形不成局部兵力优势。因为仅支援这段战线的美国第 1 装甲师，在不满编的状态下就有大约 300 辆作战坦克（不过其中 90 辆是斯图尔特坦克），还有 36 辆坦克歼击车，炮兵方面也远远强于一个德国装甲师。[1]但是隆美尔失望地发现，阿尼姆因计划用第 10 装甲师在更北面的地方发动进攻，只派了第 10 装甲师的一部（只有一个中型坦克营和一个 4 辆虎式坦克的连队）南下增援第 21 装甲师，而且只限于反攻的开始阶段。

2 月 14 日，真正的德军反攻开始了，第 21 装甲师协同第 10 装甲师一部再次从法伊德发动进攻。阿尼姆的副司令齐格勒（Ziegler）将军直接指挥这场进攻。第 10 装甲师的两个小型战斗群从法伊德山口挺进，像张开的钳子牢牢抓住美国第 1 装甲师的前锋 A 战斗群，与此同时，第 21 装甲师的另外两个战斗群（每个以一个坦克营为核心）在夜间向南做更大范围的迂回，包抄美军。在西迪布济德（Sidi Bou Zid）附近，部分美军在包围圈合拢之前成功突围，但是武器装备方面的损失非常大。战场上到处是燃烧的美军坦克，美军在这场战斗中损失了40 辆坦克。第二天上午，C 战斗群被匆忙派往前方发动反攻，却很快被德军迂回包围，只有 4 辆坦克突围。敌人十分擅长从劣势资源里集中起局部优势，美军在这种逐次添油的战斗中就这样被接连消灭了两个很好的中型坦克营。幸运的是，德国人此后并没有能很快地发动追击。

早在 14 日，隆美尔就已经催促齐格勒连夜继续进攻，充分扩张战果——"美国人没有实际战斗经验，我们要从一开始就向他们灌输深刻的自卑感。"可是齐格勒觉得自己要等阿尼姆的授权才能采取行动，只有在 17 日，他才向美军集结地斯贝特拉（Sbeitla）前进了 25 英里。结果德军在那里遭遇了顽强的抵抗，因为保罗·罗宾奈特（Paul Robinett）准将指挥的 B 战斗群已经向南赶到了。直到黄昏，他们都在阻击德军，并协助掩护其他两个被打残的战斗群撤退，其实，B 战斗群自己也撤退了——此次撤退是盟军南翼根据安德森的命令向西多尔萨山脊

1　以上统计数字明确显示，如果像盟军指挥官及很多官方历史学家在记载中常做的那样，用战斗中双方部署的"师"的数量来对比盟国和轴心国的兵力，是多么容易误入歧途。在当时，一个美国装甲师的满编坦克数量（390 辆），比正常情况下一个德国装甲师（180 辆）的两倍还多。可是，双方的实际比例通常要更悬殊，因为德国人很难给装甲师补充兵力缺额。我们可以看到，即便不满编的第 1 装甲师拥有的坦克数量都相当于对面德军装甲师平均坦克数的 3 倍。那时，英国装甲师的编制刚刚缩减到大约 270 辆坦克，不算特种坦克。那年晚些时候，美军装甲师除了个别师，也按照差不多的规模进行过重组。但是在 1944 年，英军装甲师用坦克替换了师属侦察营的装甲车，于是拥有的坦克数量又重新扩编到 310 辆，所以就作战坦克数量而言，盟军装甲师的实际力量通常是德国装甲师的 2 到 3 倍。德军要想势均力敌，就必须依赖质量上的优势。

（Western Dorsal）防线总撤退的一部分。尽管德军攻克斯贝特拉的行动被延误了，总战绩仍然有100多辆坦克和近3000名俘虏。

与此同时，隆美尔调来的战斗群向加夫萨附近盟军南翼顶点发起进攻，于15日盟军撤离后，打进了这个公路枢纽，然后加快步伐向西北方向横扫，到17日又前进了50英里，经过费里亚纳（Feriana），占领了美军在泰勒普特（Thelepte）的机场。这样这支战斗群现在几乎和第21装甲师齐头并进，不过比后者要靠西35英里，因而离盟军的交通线也更近。亚历山大于当天到达战场，并在19日接管了两个集团军的指挥权，他在电报中说："撤退中，美军、法军和英军混杂在一起，难以分开，没有协调一致的防御计划，也没有明确的指挥结构。"隆美尔听说盟军已经开始烧毁下一道山岭以西40英里处特贝萨物资仓库，认为这是敌军"草木皆兵"的明证。

现在战役的真正转折点来了，尽管盟军指挥官们以为它在3天后才会出现。隆美尔想乘乱用所有可用的机动兵力向特贝萨进攻，他觉得向盟军的主要交通中心发动这样深远的突破"必会迫使英美军把主力撤回阿尔及利亚——这也正是内心焦虑的盟军指挥官想到的最可能发生的未来"。

可是他发现阿尼姆不愿意进行这场冒险，并且已经召回了第10装甲师。于是隆美尔把建议提交给意大利最高统帅部，指望墨索里尼会因为想"获得一次胜利以加强自己的国内政治地位"而同意——同时拜尔莱因争取到了驻突尼斯空军指挥官对作战计划的支持。

时间在一点一滴地流失，直到18日将近午夜时分，罗马才来电授权继续进攻，并指派隆美尔负责，为此把两个装甲师全都置于他的指挥之下。可是这份命令说，突击应指向北方的塔莱（Thala）和卡夫（Le Kef），而非西北方的特贝萨。隆美尔认为这个修改是"令人震惊且难以置信的短视行为"，因为这就意味着此次联合攻势"离前线太近，势必会让我们撞上强大的敌军预备队"。

结果进攻正好在亚历山大预料的地方发生了，而亚历山大基于误算，认为隆美尔会寻求一次"战术性胜利"而非间接的战略目标，因而已下令安德森"集中装甲部队防守塔莱"。对盟军来说，这个错误的估计带来了非常幸运的结果，这多亏了意大利最高统帅部，如果隆美尔获准向他所希望的方向发动进攻，盟军就会被打个措手不及并失去平衡。因为英美南下的援兵大部分都被派往了塔莱和东

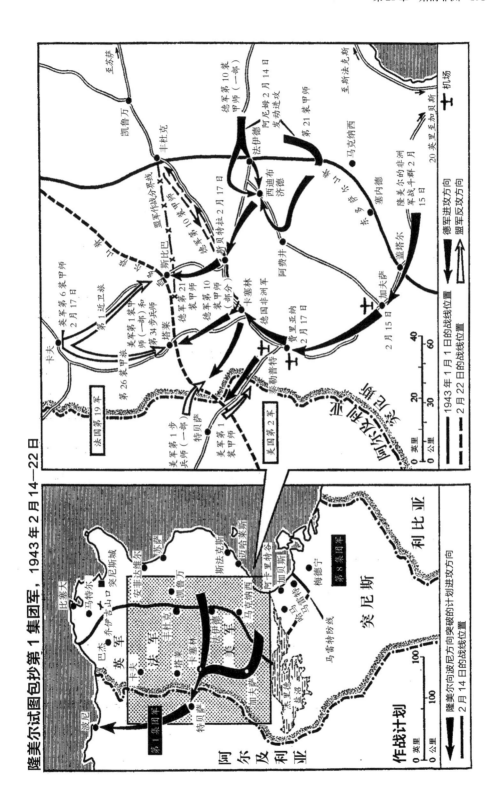

面的斯比巴（Sbiba），而特贝萨防御薄弱，只有美国第 1 装甲师的残部在掩护。

英国援军主力是第 6 装甲师。这个师的坦克主力第 26 装甲旅驻扎在塔莱，更多的步兵和刚刚到达的美国第 9 步兵师的炮兵也被派往那里增援。第 6 装甲师乘卡车机动的步兵单位第 1 近卫旅同美国第 1 步兵师和第 34 步兵师的 3 个团级战斗队一起守卫在斯贝特拉以北的斯比巴山口。

隆美尔在接到意大利最高统帅部批准后几小时之内，就于 2 月 19 日凌晨发起突击。由于之前的耽搁，此次行动的前景黯淡，更何况，第 10 装甲师曾被阿尼姆调往北面，现在虽然受命赶回来，却已来不及在新攻势的第一阶段发挥作用。因为以上困难，隆美尔决定把自己非洲军战斗群掉转过来，领头穿过塔莱向卡夫发动进攻，让第 21 装甲师走经过斯比巴且同样通往卡夫的公路发动向心攻击，希望两股力量能够形成合力，互相帮助。

通往塔莱的路要经过斯贝特拉和费里亚纳中间的卡塞林（Kasserine）山口，斯塔克（Stark）上校指挥的一支美军混合部队把守在这里。德军一开始想要奇袭山口，但被打退了，下午盟军几支增援兵力到达，斯塔克部队的兵力已经大大超出了进攻的非洲军战斗群，后者只有 3 个小型的营（1 个坦克营和 2 个步兵营）。可是美军防线协调得不好，德军于傍晚时分成功地在几个点上渗透进防线，入夜之后，渗透得更深。与此同时，第 21 装甲师在向斯比巴推进的过程中也被雷区封锁住了，雷区后面还部署有强大的盟军部队。第 21 装甲师只有 2 个步兵营，能够用于作战的坦克只剩不到 40 辆，而盟军则拥有 11 个步兵营，在大炮和坦克方面也占绝对优势。因此，夜里隆美尔决定集中进攻防御看起来不那么稳固的卡塞林山口，并把迟到的第 10 装甲师派往那里。但是德军突破的希望本就不大，现在更小了，因为第 10 装甲师只到了 1 个坦克营、2 个步兵营和 1 个摩托化营。阿尼姆扣下了差不多半个师及其配属的虎式坦克营，隆美尔本指望这支部队能成为手中的王牌。

直到 20 日下午，隆美尔才终于发动对卡塞林山口的集中进攻，因为到那时，第 10 装甲师才到位，这个延误让他"极为愤怒"。上午的进攻被守军火力击退了，不过下午 4 点 30 分，隆美尔亲临前线，把所有可用的 5 个步兵营（其中还包括 1 个意大利的第 5 狙击手营）派上去同时发起冲击，于是很快突破了美军防线。但进攻方此后遇到了 A. C. 戈尔（A. C. Gore）中校率领的一支很小的英军分队顽强抵抗，这支分队只有 1 个坦克连、1 个步兵连和 1 个野战炮兵连，是奉命来增援山口防御的，德军调上来坦克营，击毁了英军全部 11 辆坦克，这才击溃他们的抵抗。美国官方军史以在任何国家官方史中难得一见的诚实态度强调了这支小分队异乎寻常的顽强抵抗，还对其他地方被轻易突破进行了引人注目的评论："敌人对完整缴获的美军武器装备的数量和质量感到不可思议。"[1]

攻占山口后，隆美尔向通往塔莱和特贝萨的两条岔路都派出侦察分队，目的是让盟军搞不清该往哪里派预备队，也试探一下能否按照自己原来的计划占领美军在特贝萨的巨大补给兵站。隆美尔的进攻本身已经达到了第一个目的。弗雷登多尔早晨命令罗宾奈特的 B 战斗群从防线极右翼开往塔莱，后来又把他改派去防守从卡塞林通往特贝萨的分岔路。与此同时，查尔斯·杜飞（Charles Dunphie）准将的英军第 26 装甲旅（下辖 2 个装甲团和 2 个步兵营）已经从塔莱南下，在离卡塞林山口大约 10 英里处占领阵地，并期待 B 战斗群来支援他们。盟军幸运之处在于德军兵力比他们想象的少得多。

第二天（2 月 21 日）清早，隆美尔先是坚守不动，预期盟军会发动反击收复卡塞林山口。盟军没有意识到隆美尔的兵力和自己调集的相比有多弱，所以觉得隆美尔的停顿不可思议。隆美尔看到对手按兵不动，就以第 10 装甲师归他指挥的一部沿着通往塔莱的道路推进，这支部队的兵力只相当于一个战斗群，有 30 辆坦克、20 辆自行火炮及 2 个营的装甲掷弹兵（其实就是摩托化步兵）。杜飞的旅级战斗群在德军面前撤退，沿着每一道山岭停下来抵抗，直到被德军迂回并遭到侧射火力打击才后退。可是，黄昏时分，当英军坦克退进已经准备好的塔莱防御阵地时，一队德军坦克狡猾地以一辆缴获的瓦伦丁式坦克领头紧跟了进来，他们被误认为掉队的英军。于是德军冲进防御阵地，攻占了部分步兵阵地，开火捣毁了很多车辆，引起了极大的混乱。虽然经过 3 小时混战，德军被击退了，但是他们到撤离时已经抓了 700 名英军俘虏。德军从卡塞林山口出发，一路激战，损失了 12 辆坦克，却击毁盟军坦克接近 40 辆，包括迷失方向在第二天拂晓闯进德军坦克过夜营地的一个英军坦克连。

隆美尔预计盟军会发动更大的反攻，决定严阵以待，然后防守反击。可是上

1　Howe: *U.S. Army in World War II. Northwest Africa; Seizing the Initiative in the West*, p. 456.

午，德军空中侦察发现大批盟军援兵已赶到战场，更多的还在途中，显然通过塔莱方向进一步扩大战果的先机已经失去，轴心国部队的左翼现在越来越危险。前一天下午，非洲军战斗群沿着特贝萨分岔路推进，目标是占领那里的山口，掩护德军向塔莱进攻的侧翼，可是被来自高地上美军炮兵阵地的猛烈炮火打回去了。22 日上午，非洲军再次进攻，只前进了一小段路，损失却已超出了能承受的范围，因为美军罗宾奈特的 B 战斗群和特里·艾伦（Terry Allen）的第 1 步兵师一部已经集结在这个地段，其兵力大大超出德军。

当天下午，凯塞林飞来和隆美尔见面，两人共同得出结论，再向西反攻已经于事无补，应停止进攻，把进攻部队调回来准备向东对英国第 8 集团军发动反攻。按照这个决定，轴心国部队奉命从当晚开始撤退，首先退往卡塞林山口。

与此同时，艾伦从一大清早开始就试图组织对轴心国侧翼发动反攻，可是他和罗宾奈特联系不上，反攻因而受到耽搁，直到下午晚些时候才展开。美军的反攻把非洲军战斗群加速赶回卡塞林山口，意大利部队撤退得很混乱。美军战术技巧日益成熟，炮火射击极为准确，武器也很充足，给隆美尔留下了深刻的印象。如果美军发动更大规模和范围的反攻，他自己相对虚弱的部队将会陷入非常危险的境地。

可是盟军的高级指挥部并不知道隆美尔的虚弱和局势发生的变化。美国官方历史记载，弗雷登多尔"指挥部队地面进攻撤退中的敌人，他表现得异常犹豫，尽管此时敌人正处于最脆弱的时候"。安德森也满脑子想着防御。事实上，当晚驻守斯比庞大的盟军部队往北撤了差不多 10 英里，害怕隆美尔可能会突破塔莱威胁自己的后方。盟军另一翼也出于同样的担心而开始考虑撤离特贝萨。23日早晨，盟军发现德军撤离了塔莱，但即便在此时，他们也没有追击，直到当天后半夜，才发布了将在 25 日发动全面反攻的命令。到那时，敌军早已安全撤过卡塞林瓶颈地带，盟军"摧毁"敌人、"收复"山口的战斗变成了尾随行军，只需要面对已经消失的敌人在背后到处留下的地雷和公路爆破装置。

在对双方力量及越来越强烈的抵抗做出估量后，我们可以明显看出，轴心国结束进攻正逢其时。再前进一步就会变成错误，将要面对盟军集结起来的优势兵力。从物质上来说，德军进攻的战果远大于代价，抓了 4000 名战俘，自己损失刚过 1000 人，大约 200 辆盟军坦克被击毁或者动弹不得，而德军损失的坦克则少得不成比例。作为一场"目的有限"的进攻，这是一次漂亮的胜仗。可是它没能达到迫使盟军从突尼斯撤退的战略目标，尽管已经非常接近了。如果从反攻一开始，就调来整个第 10 装甲师，并让隆美尔全权指挥这次行动，允许其自由地指挥这个师直指特贝萨，德军本来是有可能达到战略目的的。如果德军能迅速地攫取美军的主要基地和机场中心，缴获那里堆积如山的物资，盟军是不可能保住突尼斯的阵地的。

　　2 月 23 日，罗马来了一道命令，让隆美尔指挥突尼斯的所有轴心国部队，这真是命运的极大讽刺。任命隆美尔指挥新成立的"非洲装甲集团军群"显示，这次戏剧性的反攻使隆美尔的声誉在墨索里尼和希特勒心目中重新恢复。不过，这个决定来的时机让隆美尔感到非常苦涩，因为那天上午，撤退已经开始，命令到得太晚，丧失的战机已无法挽回。

　　当时，已经来不及取消阿尼姆计划中的北部反攻了，阿尼姆就是为这次反攻才扣住预备队不放，而那些预备队本来可以在隆美尔的反攻中发挥更大的作用。根据作战计划，这次反攻将在 26 日发动，使用的兵力包括 2 个坦克营和 6 个步兵营，有限目标是占领迈贾兹巴卜（Medjez el Bab）。阿尼姆派了一名参谋向隆美尔通报自己的有限作战计划，然后在 24 日拂晓亲自飞往罗马见凯塞林。那天晚些时候，他们两人讨论出了一个野心大得多的计划。根据这个计划，德军将沿着北海岸和蓬迪法（Pont-du-Fahs）之间一段 70 英里的正面在 8 个地点发动进攻，目标是英国第 5 军（下辖第 46 师、第 78 师、第 Y 师及一个靠近海岸的法国团级战斗群）。德军将动用一个装甲群对突尼斯城以西 60 英里处的公路中心巴杰（Beja）发动主攻，同时将用一次较短距离的钳形攻势占领迈贾兹巴卜。所有能搜罗到的兵力都被投入作战，可是兵力的增加跟不上进攻正面的扩大。为了进攻巴杰，两个装甲营组成的战斗集群的坦克数量被增加到 77 辆（包括 14 辆虎式坦克），可即便这样的规模，也还是通过把刚刚运抵突尼斯增援南方第 21 装甲师的 15 辆坦克挪用过来才凑齐的。隆美尔听到这个新计划时大吃一惊，认为它"完全不切实际"，不过，他误以为该计划是意大利最高统帅部的主意，其实意军统帅部听说之后也和他一样吃惊。

　　阿尼姆在 25 日下达作战命令，第二天德军将开始进攻，这样就能和原先预定发动的较小规模进攻的日期同步。德军制订计划的速度和弹性是了不起的，但也许做这么大的改变确实过于仓促了一些。即便如此，曼陀菲尔（Manteuffel）的师在最北部地段还是取得了新扩大的攻势中最大的进展，差一点打到盟军位于阿比奥德山的公路主动脉，在那里的英法守军中抓了1600名俘虏。可是，负责主攻的德军装甲战斗群在攻占了英军位于西迪纳绥尔（Sidi Nsir）附近的前哨阵地后，便在离巴杰还有10英里的一处狭窄泥泞的隘口中了埋伏，遭到英军野战炮和反坦克炮的重大杀伤。所有德军坦克中只剩下6辆还能作战，进攻陷于停滞。对迈贾兹巴卜发动的钳形助攻也先胜后败，更南方的进攻也失败了。阿尼姆通过此次进攻抓到了2500名盟军俘虏，但己方损失也超过1000人，更重要的是，他们有71辆坦克被击毁或出现故障，英国只损失了不到20辆。德国人的坦克本来就短缺，而这些坦克也很难补充。

更糟糕的是，这次失败的进攻让计划调给隆美尔的师迟到了，隆美尔原计划用这些师参加他的第二次进攻，对付蒙哥马利在马雷特防线对面的梅德宁（Medenine）阵地。凯塞林要求第10和第21装甲师待在离美军侧翼足够近的地区足够长的时间，阻止美军把预备队北调协助抵御阿尼姆的攻势。这个延误极大地影响了隆美尔向东反攻的胜算。因为直到2月26日，蒙哥马利在梅德宁的前进阵地上都只有一个师。蒙哥马利承认自己一度很紧张，手下参谋也加紧工作争取抢在隆美尔进攻之前弥补兵力不足。到3月6日德军开始进攻时，蒙哥马利的兵力增长了4倍，相当于4个师，有将近400辆坦克、350门大炮和470门反坦克炮。

因此，就在这个等待的间隙，隆美尔以优势兵力进攻的机会溜走了。他的第10、第15、第21装甲师总共只有160辆坦克，还不够一个满员装甲师的编制，支援火力不超过200门大炮和1万名步兵，再有，就是驻防马雷特防线的几个很弱的意大利师。此外，蒙哥马利现在有3个战斗机联队可以从各个前进机场起飞作战，因而掌控着空中优势，而早在3月4日，也就是进攻两天前，隆美尔的装甲师就已经被侦察到并上报了，因而他发动奇袭的希望也破灭了。

在这种形势下，蒙哥马利能够充分发挥自己精心组织防御网的能力，德军此次进攻比6个月前的阿拉姆哈勒法战役失败得更彻底。前进的德军很快就被英军集中的火力钉住并消灭掉。隆美尔认识到继续进攻徒劳无益，便在傍晚叫停，到那时，他已经损失了40多辆坦克，不过人员伤亡只有645人。守军的损失小得多。

这次失败彻底打消了人数和兵器都居劣势的轴心国部队想在两个盟军集团军会师并联合进攻之前先瘫痪其中一支的任何希望。早在一个星期之前，隆美尔就向凯塞林发去了一份清醒且严峻的局势评估报告，综述了自己和手下两位集团军司令阿尼姆和梅塞的观点。他在报告中强调，轴心国部队正据守着将近 400 英里战线，敌军拥有极大的兵力优势——2 倍的士兵和 6 倍的坦克[1]，而轴心国部队在防线上的兵力则拉伸稀释到危险的程度。他敦促应该把战线缩短成一条掩护突尼斯城和比塞大的 90 英里的弧线，还说除非每个月运输量能增加到 14 万吨，否则这条缩短的防线也没法守住，他还委婉地询问高级指挥部对突尼斯战局有何长期打算。经过几次催促，他得到回复称元首不同意他对局势的判断。回复还附了一个双方部队番号数量对比表，却完全罔顾实际的兵力和装备数字，这和盟军指挥官们当时和后来用以粉饰自己战功的错误对比方法如出一辙。

梅德宁失败后，隆美尔得出结论，德国意大利部队再在非洲待下去"等于自杀"。所以在 3 月 9 日，他开始休拖延了好久的病假，把集团军群指挥权委托给阿尼姆，飞往欧洲想要说服主子们看清局势，结果只是让他自己和非洲的战局断了干系。

一到罗马，他就去见了墨索里尼，墨索里尼"似乎缺乏对不利局面的任何感知能力，只是在不停地寻找论据支持自己的观点"。其后，隆美尔去见了希特勒，希特勒完全听不进去隆美尔的论点，直白地说他认为"我已经变成了一名悲观主义者"。他禁止隆美尔马上回非洲，要他抓紧时间恢复健康"准备指挥针对卡萨布兰卡的作战"。考虑到卡萨布兰卡坐落在大西洋沿岸很远的地方，很明显，希特勒仍在幻想自己还能把盟军完全清除出非洲，他已经完全进入了幻觉状态。

与此同时，盟军正以绝对优势兵力发动向心进攻，争取攻克通往突尼斯的南大门，好让第 1 集团军和第 8 集团军会合，消灭梅塞的"意大利第 1 集团军"，也就是以前隆美尔的"非洲装甲集团军"。（拜尔莱因虽然名义上只是梅塞的参谋长，但直接并完全地掌控着集团军里的所有德国部队。）

1　隆美尔估计盟军兵力为 21 万人、1600 辆坦克、850 门大炮及 1100 门反坦克炮——这个估计低于实际数字。盟军 3 月的真实兵力超过 50 万人，不过战斗部队不到一半。坦克总数接近 1800 辆，大炮数量超过 1200 门，反坦克炮则有 1500 多门。轴心国的战斗部队有 12 万，不过他们只有 200 辆可以作战的坦克。

德军在梅德宁的反攻彻底失败后，蒙哥马利并没有试图去利用这次防御战的胜利和敌人受到震动的状态乘胜追击，而是有条不紊地继续积聚兵力和补给，准备对马雷特防线发动精心策划的进攻。他计划在 3 月 20 日，也就是梅德宁战役两周后，再发动进攻。

为了协助蒙哥马利的攻势，美国第 2 军将于 3 天前，也就是 3 月 17 日，利用自己在敌人背后的优势在突尼斯南部首先进攻。安德森给美军分配的进攻任务有三项——吸引敌人可能用于阻击蒙哥马利的人力物力；收复泰勒普特附近的前进机场以便支援蒙哥马利进攻；在加夫萨附近建立一个前进补给中心，以便在蒙哥马利进攻的时候为他提供补给。不过，美军没有被要求开向海岸公路以截断敌人的退路，亚历山大也支持安德森提出的目标。这样限制美军的进攻目标是因为不放心美军发动深远突击的能力，毕竟从进攻发起地到海边有 160 英里之遥，安德森不想让美军再像 2 月那样遭到德军的反攻。可是这种种限制激起了巴顿的进取热情，他此时接替弗雷登多尔出任第 2 军军长。第 2 军现在有 4 个师 8.8 万人，四倍于轴心国能用来阻挡他的兵力。而且据估计，目标区域只有大约 800 名德军和 7850 名意军，意军主要是驻防加夫萨附近的桑托罗师的部队。[1]

美军进攻一开始虎虎生风。17 日，艾伦的第 1 步兵师未经战斗就占领了加夫萨，意军后撤将近 20 英里，退到盖塔尔以东的一处隘口阵地，据守通往海岸城镇加贝斯和迈哈莱斯的岔道要冲。20 日，沃德的第 1 装甲师从卡塞林地区推进到从加夫萨通往海岸的第三条道路的侧翼，第二天早晨占领了塞内德车站（Station de Sened），准备向东打过马克纳西（Maknassy）指向更远处的山口。

亚历山大在那天放松了对巴顿的限制，让巴顿准备发动一场切断海岸公路的强大的装甲突击，更有力地支援蒙哥马利对马雷特防线刚刚发起的进攻。可是巴顿的进攻被山口和周围高地上由鲁道夫·朗（Rudolf Lang）上校指挥的德军小分队挫败了。23 日，美军对地势险要的 322 高地反复发起冲击，都被挫败了，那里的守军只有大约 80 人，由以前隆美尔的警卫连组成。第二天，美军动用 3 个步兵营，在 4 个炮兵营和 2 个坦克连的支援下继续进攻，又被打退，而守军只

1　就连这一数字也是高估了——桑托罗师在 2 月的战斗开始之前只有 5000 人，后来在战斗中进一步遭到削弱。

不过增加到 350 人而已。25 日，美军再次进攻，这次，沃德接到巴顿要求必胜的蛮横电话命令，便亲自带队再次进攻。可是，进攻还是失败了。随着敌人援兵陆续开到，美军只能放弃进攻。巴顿抱怨说，这个师是在"混日子"，并于随后解除了沃德的职务。巴顿满脑子都是进攻，他没能认识到，即使在面对一支兵力优势极大的敌军时，防御方固有的优势也是不可小觑的。更何况，如果防御方战法娴熟，而攻击方经验不足，这种优势会变得更大。

防御的优势在盖塔尔地区的战斗中也有所体现，这次的进攻部队是美军第 1 步兵师，虽然相对来说经验不足，但训练有素。21 日，艾伦的部队在这里突入意军阵地，第二天又有所进展，可是在 23 日遭遇了德军反击。这次反击是由被打得支离破碎的第 10 装甲师发动的，他们属于集团军群的主力预备队，刚刚从海岸赶来，兵力包括 2 个坦克营、2 个步兵营、1 个摩托化营和 1 个炮兵营。进攻的德军冲垮了美军的前沿阵地，却受阻于雷区，其后又遭到艾伦的师属炮兵和坦克歼击车痛击。这次打击挫败了德军进攻的锋芒，当天傍晚，德军再次进攻仍然无果，一名美军步兵兴高采烈地汇报说："我们的炮兵用高爆炮弹狠揍他们，他们像苍蝇一样纷纷倒下去。"虽然德军在第二次进攻中的损失没有这位士兵绘声绘色描述的这么夸张，但是这一天，他们在炮火或者地雷阵中损失了大约 40 辆坦克。

美军通过这次有限的进攻把德军装甲预备队主力吸引进了这场代价高昂的反攻，进而为自己在马克纳西的进攻失败带来了补偿。这次战斗不仅转移走了德军能够影响蒙哥马利胜算的一块重要砝码，还消耗了很大一部分敌人稀缺的坦克兵力。2 月中旬有利的法伊德反击之后，德军接连发动了 3 次不成功的反击，为盟军带来了最后的胜利，相较而言，盟军自己的进攻价值则要低得多。德军过度地消耗了自己的实力，盟军这才有可能在战场上占上风。后来，敌人继续在失败的反击中不断消耗剩余的兵力，如果不是这样，这场旷日持久的战争本来还是可以拖下去的。

3 月 20 日夜间，蒙哥马利发动对马雷特防线的进攻。为此，他把第 10 和第 30 两个军都调了上来，共 16 万官兵、610 辆坦克、1410 门大炮。虽然梅塞的集团军名义上有 9 个师，蒙哥马利只有 6 个，但敌人兵力不到 8 万，算上在加夫萨附近的第 10 装甲师总共也只有 150 辆坦克和 680 门大炮。所以进攻方就兵力、

至斯法克斯
阿卡里特谷
杰里德盐沼
哈马
地中海
加贝斯
杰尔巴
新西兰军和第1装甲师
3月26—27日突破防线
德军第21装甲师
德军第15装甲师
德军第164轻装师
3月24日轴心
国军队开始撤退
马雷特
防线
马雷特
英国第30军
3月20—22日
第8集团军
"李子"垭口
齐格扎乌后
新西兰军
3月20
梅德宁
索塔尼井
第10军和第1装
甲师3月23日
哈卢夫
山口
新西兰军
第4步
兵师3月
24日
富姆泰塔温

**第8集团军迂回
马雷特防线**

●●●●●●轴心国3月21日
战线的大致位置

0 英里 30
0 公里 40

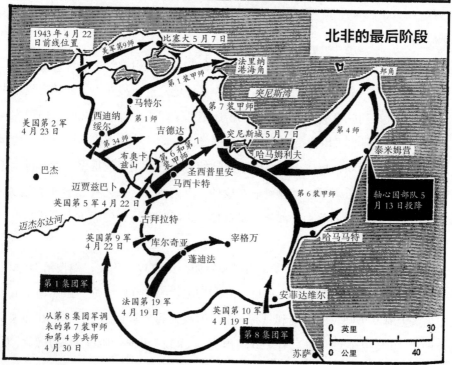

北非的最后阶段

1943年4月22
日前线位置
美军第9师
比塞大 5月7日
法里纳
港海角
第1装甲师
美国第2军
4月23日
突尼斯湾
马特尔
第1师
西迪纳
绥尔
第7装甲师
第34师
吉德达
邦角
突尼斯城 5月7日
第6和第7
装甲师
哈马姆利夫
第4师
泰米姆营
巴杰
布奥卡
兹山
圣西普里安
马西卡特
迈贾兹巴卜
轴心国部队5
月13日投降
英国第5军4月22日
第6装甲师
古拜拉特
迈杰尔达河
哈马马特
英国第9军
4月22日
库尔奇亚
宰格万
蓬迪法
安菲达维尔
第1集团军
法国第19军
4月19日
英国第10军
4月19日
从第8集团军调
来的第7装甲师
和第4步兵师
4月30日
第8集团军
0 英里 30
0 公里 40
苏萨

大炮和空军力量而言拥有超过 2∶1 的优势，双方的坦克之比则为 4∶1。

此外，马雷特防线从海边向马特马塔山（Matmata Hills）绵延 22 英里，马特马塔山以外的侧翼是一望无际的沙漠。鉴于这种地形，相对较弱的轴心国部队在这条马雷特防线上更为明智的做法是，仅仅使用机动部队进行迟滞作战，改在加贝斯北面的阿卡里特谷阵地进行死守，那里是大海和盐沼之间的一处宽仅 14 英里的瓶颈地带。自从 11 月阿拉曼撤退以来，隆美尔就一直主张这条路线。3 月 10 日，他在面见希特勒时成功说服了希特勒，后者指示凯塞林让马雷特防线上的意大利非机动师先撤到阿卡里特谷修筑防线。可是意大利将领们宁愿坚守马雷特防线，凯塞林同意他们的意见并说服希特勒取消前令。

根据蒙哥马利起初的作战计划"拳击步法行动"（Pugilist Gallop），奥利弗·利斯将指挥第 30 军 3 个步兵师发动正面主攻。他们应在海岸附近突破防线，然后布莱恩·霍罗克斯的第 10 军装甲部队将穿过这个缺口扩大战果。与此同时，临时组建的由伯纳德·弗赖伯格（Bernard Freyberg）指挥的新西兰军，将以大迂回向加贝斯内陆方向 25 英里处的哈马（El Hamma）前进，威胁敌军后方，钉死敌人的预备队。

正面进攻失败了。英军 1 个步兵旅和 1 个装备 50 辆步兵坦克的装甲团在靠近海岸的狭窄正面发动进攻，却只在敌人阵地上炸出一个浅浅的坑——掩护敌人阵地的是宽 200 英尺、深 20 英尺的齐格扎乌谷和谷外一条反坦克壕。谷底地面松软，还布了雷，坦克和支援的大炮很难过去，步兵在谷地以外的阵地又遭到敌人侧射火力的集中打击。第二天夜里，英军以更大的兵力再次发动进攻，将桥头堡的范围稍微扩张了点，很多意大利士兵一遭到攻击就趁机投降。可是英军反坦克炮还是被泥泞的地面所阻，下午，由于支援还是不足，步兵前锋被德国人的一次反击击溃了。[1] 英军借助夜色掩护撤过了谷地。于是到 22 日夜间，英军不仅没有能够通过正面进攻突破足够的深度，甚至还丢掉了原先在敌人阵地上占据的立足点。

与此同时，迂回行动开局顺利，但后来也被阻挡住了。新西兰军从第 8 集团军后方地区出发，长途行军，跨过一片艰险的沙漠，在 20 日夜间海岸主攻开始

1　发动此次反攻的部队隶属第 15 装甲师，他们仅有不到 30 辆坦克和 2 个步兵营的兵力。

时，终于把本军的 2.7 万名官兵和 200 辆坦克开到一处叫作"李子"（Plum）的垭口（位于加贝斯以西 30 英里处，哈马西南 15 英里处）。可是，在扫清前进道路后，新西兰军在这处垭口遭到长时间阻击，这里的意大利守军先是得到预备队第 21 装甲师的增援，后来又获得从马雷特防线右翼调过来的第 164 非洲轻装师的 4 个营的增援。

3 月 23 日凌晨，蒙哥马利清楚地认识到，海岸攻势已无望重启，于是决定变更计划，把所有兵力集中到内陆的迂回上面，因为那里的希望比较大，如果能用更大的兵力再次发动进攻，便有可能突破到哈马。他下令霍罗克斯和他的第 10 军军部，以及雷蒙德·布里格斯（Raymond Briggs）少将指挥下拥有 160 辆坦克的第 1 装甲师在当夜向内陆机动，穿过沙漠长途迂回进军支援新西兰军。与此同时，弗兰西斯·塔克（Francis Tuker）少将的印度第 4 师从梅德宁向内陆侧面移动，跨过马特马塔山扫清哈卢夫山口。通过控扼这个山口，英军可将在沙漠侧翼进行机动的大部队的补给路径缩短 100 多英里。其后，塔克将沿着山顶向北推进，跨过马雷特防线的最近的侧面，以此加强对敌人侧翼的威胁，并开辟另一条进攻战线，以便在"李子"垭口的更大幅度的迂回被挡住时，加以利用。

新计划的概念非常好，转换也很利落。它显示，蒙哥马利拥有灵活变换进攻点的能力，能够在受阻时创造新的优势，他这一次的表现甚至比阿拉曼战役期间还要优秀——可是事后，他还是习惯性地淡化自己灵活行事应得的赞誉，言谈之间好像一切从头到尾都是"按照预定计划"进行的。其实灵活性才是军事指挥艺术的标志。就很多方面而言，马雷特防线之战是他在战争中最精彩的一仗，不过，他最初想要在海岸附近过于狭窄的沼泽正面强行突破的作战计划为后续的行动带来了麻烦，而且起初没有给沙漠迂回行动配备足够的兵力来保证迅速成功，从而过早暴露了自己的意图。

意图过早暴露，成了新计划"增压二号"（Supercharge Ⅱ）的主要缺点，这个代号来自对阿拉曼战役最终成功的计划的回忆。20 日，轴心国指挥部就已经因为出现在"李子"垭口附近的新西兰军而变得警觉了起来，23 日和 24 日傍晚，山头上的观察哨又两次在这个方向发现英军的进一步调动，于是，他们很快得出结论，下一步蒙哥马利将要改变计划，把进攻重点放到沙漠侧翼那一面。于是，早在英军增援到达这个地区两天前，德军第 15 装甲师就已调回哈马附近，准备增援第 21 装甲师和第 164 轻装师，正好赶上英军按照计划在 3 月 26 日发动的进攻。

因为丧失了突然性，"增压二号"行动的胜算大减，可是另有 4 个因素起到了补偿作用。首先，24 日，阿尼姆决定把梅塞的集团军撤到阿卡里特谷阵地，不让它冒被包围的危险，阿尼姆否决了梅塞在马雷特防线坚守的愿望，所以垭口的守军只需要顶住进攻足够长的时间，让马雷特防线上的非机动师撤出来就行。其次，英军构建空中"弹幕"，以 16 个战斗轰炸机中队，每次 2 个中队，每波间隔 15 分钟用炸弹和航炮不断进行低空轰炸，扫清进攻道路。指挥沙漠空军的哈里·布罗德赫斯特（Harry Broadhurst）空军少将借鉴了德军"闪电战"的做法，组织了这种空中支援战术，其效果十分显著，令守军大为震撼，不过，他在伦敦的皇家空军上司们眉头大皱，因为这种做法叛离了空中作战的正统观念。再次，英军做出了让装甲部队乘夜进攻的大胆决定——德军常常这么做并且得益匪浅，而英国人迄今为止还不愿意尝试。最后是好运气——沙尘暴遮蔽了英国装甲部队的集结，帮助他们在第一阶段闯过两侧敌人反坦克炮林立的垭口。

26 日下午 4 点，英军趁着太阳从背后射来暂时让守军睁不开眼睛的时候发起进攻，领头的是第 8 装甲旅和新西兰步兵师。然后雷蒙德·布里格斯的第 1 装甲师在傍晚 6 点超越他们，在沙尘和黄昏的掩护下突进了 5 英里，7 点 30 分天黑后才停下来稍事休息，午夜前月亮升起后，又"排出紧密方阵"再次推进。3 月 27 日日出时分，这个师已安全穿越瓶颈地带打到了哈马边上。

但是在这里，英军被德军的反坦克屏护部队阻挡了两天，德军还用第 15 装甲师的大约 30 辆坦克对英军侧翼发动反攻。这次耽搁的时间足够让马雷特防线的大部分守军徒步行军都能逃脱被分割包围的威胁，撤到阿卡里特谷阵地。英军大约俘虏了 5000 名意军，主要是在战役初期阶段；还在哈马附近的战斗中俘虏了大约 1000 名德军。他们自我牺牲的战斗掩护了海岸的撤退走廊，令轴心国主力得以安全逃脱，连武器装备都没怎么丢下。英军如果能迅速变换突击方向，也许能打到海岸包围他们，不过这个机会已经错过了。在蒙哥马利准备好进攻敌人新防线前，前线出现了一周多的平静时期。

与此同时，巴顿重新向海岸进军攻击敌人的后方，为此，他得到了美军第 9 和第 34 步兵师的增援。美军主突方向是从盖塔尔指向加贝斯，第 1 和第 9 步兵师为第 1 装甲师打开突破口，同时第 34 步兵师攻占北面 100 英里的丰杜克山口，打开冲向海岸平原的另一条通路。可是，3 月 27 日对丰杜克的进攻很快被一道极为薄弱的防线阻挡住了。第二天，第 34 步兵师放弃进攻，并向西回撤 4 英里，退出交火地区调整部署。这次撤退让敌人在一份战场报告中得出结论说："美军一遭到进攻就放弃了战斗。"

从盖塔尔发动的主攻于 28 日开始，美军经过苦战得到了一小片地盘，其后也被击退了。到那时蒙哥马利已经突破哈马，打到加贝斯，于是亚历山大命令巴顿不必等待步兵打开突破口，即刻出动装甲纵队向海岸方向进攻。敌人精心设置的反坦克炮阵地链条挫败了这个企图，经过 3 天徒劳的战斗，美军又把步兵调上来清理道路，尽管巴顿反复督促，也没有取得更好的战绩。不过，向敌人后方突破的威胁迫使德军把第 21 装甲师派到这个地区增援第 10 装甲师，这就进一步分散了敌人本就薄弱的装甲预备队，为蒙哥马利正面进攻阿卡里特谷防线助了一臂之力——蒙哥马利动用了 570 辆坦克和 1470 门大炮进攻该防线。

这条防线地理位置优越，海岸边平坦的地方只有 4 英里宽，阿卡里特谷的深沟掩护着这里，谷地开始变浅变窄的地方却又有一列边缘陡峭、海拔不高的小山从平原上拔地而起，一直延伸到盐沼带的边缘。可是轴心国撤守马雷特防线的决心下得太晚，他们已经没有足够时间加固阵地并加大防御纵深。对守军来说更糟糕的是，他们缺乏弹药，在过早且过于靠前的防御战中，他们把有限的供给已经用掉了一大部分。

蒙哥马利最初的想法和马雷特防线之战时一样，在靠近海岸的狭窄正面突破敌人防线，然后以装甲部队通过突破口扩大战果。第 51（高地）师将承担打开突破口的任务，塔克的印度第 4 师则负责攻占山地障碍的东端，以掩护 51 师的侧翼。可是塔克要求加宽进攻正面，将其向西延伸，以占领战线中央的制高点，这正合了山地战"第二高峰毫无用处"的箴言。他自信手下的部队在山地战和野战方面都获得过足够的训练，能应对如此困难的地形。蒙哥马利接受了他的提议，拓宽了进攻正面，使用第 30 军的 3 个步兵师进行突破。此外，他不再为满月等待一周时间，大胆地决定在夜色中发起进攻，相信暗夜的优势能够抵消部队混乱的风险。

4 月 5 日夜幕降临时，印度第 4 师开始推进，早在 6 日拂晓前就已经深入山区，抓了大约 4000 名俘虏，其中大多数是意大利人。凌晨 4 点 30 分，第 50 师和 51 师在将近 400 门大炮的支援下发动进攻，50 师被一条反坦克壕挡住，但 51 师很快在敌军防线上撕开了一个口子，不过突破口没有印度第 4 师打开的那么大。两路突击为霍罗克斯指挥的第 10 军装甲部队快速扩大战果提供了机会，这些装甲部队为此就部署在前线附近。

上午 8 点 45 分，霍罗克斯来到塔克的师部，官方记录记载："印度第 4 师师长向第 10 军军长指出，我们已经打开了敌军防线，接下来的进攻将结束北非战事。现在是时候掏出鞭子，不吝惜人力物力全力进攻了。第 10 军军长给集团军司令打电话要求允许第 10 军上去保持进攻的动量。"可不幸的是，这一行动发起得太晚了，又在开始追击时耽误了更长的时间。亚历山大的电报说，"蒙哥马利将军在 12 点整决定把第 10 军开上去"。在那时德军第 90 轻装师已经对英国第 51 师发起反攻，收复了英军攻占的一些地方，并部分封闭了突破口。其后，到下午，姗姗来迟的霍罗克斯第 10 军装甲部队开始通过突破口，又被德军唯一可用的预备队第 15 装甲师挡住。与此同时，英军全天都没有使用第 10 军的强大兵力去利用印度第 4 师打开的突破口。

蒙哥马利以他一贯的认真作风制订计划，打算在第二天早晨靠强大的空袭和炮击，完成突破。可是等到了早晨，敌人消失了，他计划中的决定性一击又一次变成了尾随从自己手里溜走的敌军。

蒙哥马利虽然失去了获得决定性胜利的机会，但他的对手也丧失了封锁突破口并守住阿卡里特谷防线的机会，因为德军 3 个装甲师中的第 10 和第 21 装甲师已被调去阻挡美军对后方的威胁。所以前一天晚上，梅塞告诉阿尼姆，没有这些援兵，自己不可能在阿卡里特谷再多守一天，阿尼姆同意他撤向北面 150 英里的安菲达维尔（Enfidaville）防线，这又是一条海岸平地很窄且有山地障碍拱卫的防线。

6 日天黑后不久，轴心国部队开始撤退，尽管多数部队徒步行军，他们还是在 11 日安全到达安菲达维尔防线。第 8 集团军用两个军并肩追击，直到 2 天后才到达那里，这两个军完全摩托化，而且实力远远强过偶尔停下来顶住追击的薄弱的德军后卫。

亚历山大为了阻止敌军撤退，用第 1 集团军的第 9 军发动攻击，目的是攻占丰杜克山口，然后向东经过凯鲁万（Kairouan）前进50英里到达安菲达维尔以南大约20英里的海岸城镇苏萨。这个军刚刚组建，军长是约翰·克罗克（John Crocker），下辖英国第6装甲师、第46师的一个步兵旅，以及拥有250辆坦克的美军第34步兵师。步兵的任务是攻克丰杜克山口两侧的制高点，为装甲部队打开突破口。这次进攻准备得很仓促，本应在4月7—8日夜间发动，可是第34师的部队发动进攻晚了3小时，在失去夜色掩护后，很快被敌人火力挡住。10天前，他们曾经历过失败的进攻，因而现在更倾向于停下来寻找掩护。敌人借此机会，得以把部队北调挡住第46师的那个旅，那个旅在山口北边更高的制高点取得了更好的进展。因此，克罗克决定不等步兵打开山口，派装甲部队强行突破，因为整个进攻的成败取决于是否能尽快突破到海岸平原。

　　第二天（4月9日），凯特利（Keightley）少将指挥的第6装甲师发动进攻，损失了34辆坦克（不过只有67名官兵伤亡），这个损失数字似乎很高，但相较于所遇到的种种困难而言，已经非常轻微了，毕竟他们需要冲过雷场及德军15门反坦克炮守卫的狭窄山口，而德军的15门反坦克炮被全部击毁。不过，直到下午，装甲部队才突破山口，于是克罗克决定第二天早晨再扩大战果，把部队召回，准备到山口入口处的掩蔽阵地过夜。这个决定十分谨慎，与他早先的大胆形成对比。可是，雷区还没有清扫出让轮式车辆通过的道路，还有报告说拜尔莱因指挥的德军装甲部队从南方撤回，正在向凯鲁万迫近的途中。4月10日黎明，第6装甲师继续向东推进，但是当它到达凯鲁万时，敌人的撤退纵队已经安全通过了这个公路枢纽。防守丰杜克地区的德军小分队（由2个步兵营和1个反坦克连组成）也逃走了，他们已经完成了拜尔莱因交付的任务，即阻击第9军直至4月10日，掩护梅塞集团军沿海岸走廊北撤。这支部队腹背受敌，所处形势极为严峻，却能成功从优势极大的敌军手中脱险，这真是一个了不起的奇迹。

　　两个轴心国的集团军现在会师，保卫从北海岸到安菲达维尔之间的100英里防线。他们所处的局面暂时好转，可是，之前战斗中所受的损失，尤其是装备方面的损失，却抵消了这个好处。盟军现在已经在这条弧形防线前集结起拥有巨大优势的兵力和武器，因而对战力缩水的轴心国部队而言，就连这条已经缩短了的防线也显得太长。此外，3月底4月初，阿尔弗雷中将的英国第5军已经夺回了2月阿尼姆通过反攻在迈贾兹巴卜附近及以北地区获得的土地。这样盟军就占领了向东对突尼斯城和比塞大再次发动进攻的有利阵地。

盟军即将到来的进攻意在一劳永逸地结束北非战局，其进攻地区的选择受政治和心理因素影响很大。在 3 月 23 日致亚历山大的信及后来致其他人的信中，艾森豪威尔敦促，为了鼓舞美国的民心士气，应该把主攻方向放在北面第 1 集团军地区，并把巴顿的军转移到那里参加决定性的进攻。亚历山大在制订计划时同意了以上建议，于 4 月 10 日下令安德森准备在 22 日发动进攻。巴顿强烈抗议将自己置于第 1 集团军指挥之下，亚历山大对这个抗议也做出让步，让美国第 2 军直属自己指挥，继续独立作战。同时，他还拒绝了蒙哥马利提出的把友邻第 6 装甲师调归第 8 集团军指挥的要求，通知蒙哥马利说第 8 集团军将起辅助作用，让其把自己两个装甲师中的第 1 装甲师调去增援第 1 集团军。

这次，政治和战略的利益恰巧重合。北部地区进攻道路更宽，补给线更短，所以有更大空间发挥盟军的兵力优势，而南部通过安菲达维尔的通路太狭窄，装甲部队难以展开，进攻将大受影响。

美国第 2 军的部队分阶段从突尼斯南部开往北部，预定每天大约有 2400 台车辆横穿英军后方地区。这是参谋工作上的一个复杂的壮举。（布莱德雷现在是这个军的军长，巴顿回去继续负责制订美军进攻西西里的作战计划。）英国第 9 军也同时北调到战线中央靠右位置，居于英国第 5 军和法国第 19 军之间，不过其行军的距离稍短，法国第 19 军再往右便是担当盟军右翼的第 8 集团军。

根据亚历山大 4 月 16 日下达的"最终方案"，盟军将分 4 路发动向心突击。第 8 集团军将使用霍罗克斯的第 10 军在 4 月 19 日夜间突破安菲达维尔，其后向北直指哈马马特（Hammamet）和突尼斯城，目标是切断邦角（Cap Bon）半岛的咽喉，封锁通向半岛的道路，不让轴心国残余部队退进半岛负隅顽抗。为达到此目的，第 8 集团军需要穿越一段至少 50 英里长的非常困难的瓶颈地带。左邻法国第 19 军将保持对敌人的压力，利用友邻部队推进提供的任何战机。英国第 9 军下辖 1 个步兵师和 2 个装甲师，将于 4 月 22 日凌晨从蓬迪法和古拜拉特（Goubellat）之间发起攻击，目标是为装甲部队在那里打开突破口。它左翼的英国第 5 军下辖 3 个步兵师和 1 个坦克旅将担任主攻任务，在同一天夜幕降临时从迈贾兹巴卜附近沿 15 英里正面进攻对面德军第 334 师的两个团。美国第 2 军将于一天后在北线发起进攻，这段 40 英里的正面由曼陀菲尔师的 3 个团和第 334

师的 1 个团把守，但他们的兵力不到 8000 人，而美国第 2 军有 9.5 万人。

盟军沿全线几乎同时发动总攻，胜算看上去非常大。盟军现在有 20 个师，总兵力远超 30 万人，还有 1400 辆坦克。轴心国 100 英里防线的脊梁是德军 9 个师，盟军情报机构正确地估算到其总兵力不过 6 万，而坦克则不到 100 辆，有一份德军的报告说适宜作战的只有 45 辆。此外，4 月 20 日夜间，阿尼姆在迈贾兹巴卜以南发动了一场失败的局部进攻，进攻部队虽然在夜间前进了大约 5 英里，但天亮后还是被击退了，没能阻止这个地段的英军准备和发动进攻。

盟军的总攻虽然按时发动，却没能按照计划进行。德国人在防御战中仍然非常顽强，能够娴熟地运用地利阻挡敌方优势兵力。于是，亚历山大的所谓"最终方案"失败了，不得不加以调整，成了倒数第二个计划。

第 8 集团军的 3 个步兵师向安菲达维尔发动进攻，却在海岸平原周边的山地遭遇激烈抵抗，很快被挡住，让蒙哥马利和霍罗克斯那种敌人会被"一脚踢出"这个瓶颈地带的乐观想法落了空。这里的意军和德军一样顽强。再向内陆，英国第 9 军的大批装甲部队在蓬迪法西北的库尔奇亚（Kourzia）地区成功突入敌军防线 8 英里，然后阿尼姆唯一尚具作战能力的机动预备队第 10 装甲师赶到，把英军阻挡下来，第 10 装甲师兵力几乎告罄，坦克数量已不足进攻英军的十分之一（英军有 360 辆能够作战的坦克）。负责主攻的英国第 5 军遭遇了防守这个地段的 2 个德国步兵团的顽强抗击，进展缓慢，经过 4 天激战，只从迈贾兹巴卜前进了 6~7 英里，然后就再也动不了了，在某些地段还因用非洲装甲集团军群剩下的坦克临时组建的一个装甲旅发动反攻而被打退。战线北段，美国第 2 军在进攻的头两天跨越非常崎岖的地形，进展甚微，然后于 4 月 25 日发现敌人已悄悄地后撤到几英里外的另一道防线。总之，盟军的攻势处处陷入停顿，没有达成任何决定性的突破。

可是轴心国部队为了阻挡盟军也已把自己稀少的资源用到了极限。到 4 月 25 日，他们的两个集团军只剩大约四分之一个的燃料，也就是说只够行驶 25 英里，剩下的弹药据估计也只够支持再打 3 天。现在几乎没有任何补给能运来，他们没有进一步抵抗所需要的燃料和弹药。这点成了盟军下一次进攻胜负的决定性因素。食品供应也短缺到令人绝望，后来阿尼姆说，"就算盟军不进攻，我最多撑到 6 月 1 日也会投降，因为我们再也没有吃的了"。

2 月底，隆美尔和阿尼姆就报告说，如果最高统帅部决定坚守突尼斯，那么为了维持轴心国部队的战斗力，每月至少得运来 14 万吨给养。罗马当局痛感海运的困难，把这个数字削减到每月 12 万吨，同时预计其中三分之一会在运输途中被击沉。可是实际上在 3 月，只有 2.9 万吨运抵轴心国部队手中，其中有四分之一是通过空运。与之形成鲜明对比的是，光美军在那个月就向北非各港口安全运抵了 40 万吨货物。4 月，轴心国的补给减少到 2.3 万吨，5 月第一周只剩 2000 吨了。这表明，盟国的海空力量（主要是英国的海空力量），在得到对敌人船运活动出色的情报工作的协助后，对轴心国跨地中海补给线形成了多大的扼杀作用。这些数字充分解释了轴心国部队为何突然崩溃，比那些盟军首脑们给出的理由更有说服力。

亚历山大新的"最终方案"间接得自安菲达维尔瓶颈地带的封锁。4 月 21 日，第 8 集团军用 3 个师在那里进攻，败势越来越明显，蒙哥马利鉴于损失太大，被迫停止了进攻，前文说过，这次暂停让阿尼姆得以把剩下的装甲部队北调，制止英军从迈贾兹巴卜以东突破口发起的主攻。蒙哥马利计划在 29 日重新发动进攻，集中兵力攻打狭窄的沿海走廊，而不去试图占领内陆的高地。霍罗克斯同意这个命令，但两位师长塔克和弗赖伯格对此表示强烈反对。他们的警告被证实了，英军发起进攻后不久就被挡住了。第二天（4 月 30 日），亚历山大前来和蒙哥马利商讨局势，然后下令把第 8 集团军最优秀的两个师调给第 1 集团军，在迈贾兹巴卜再发动一次新的规模更大的攻势。塔克早在失败的安菲达维尔进攻前就建议这么做了。其实，盟军早就应该这么做，因为针对安菲达维尔地区的进攻甚至连牵制轴心国部队不让他们增援战线中央这种有限的目标都没能达到。

盟军一旦做出转移部队的决定，就立即付诸行动。两个精锐师，印度第 4 师和第 7 装甲师，在当天天黑以前就踏上了北调的长途行军路。第 7 装甲师在后方充当预备队，必须沿崎岖的路面行军 300 英里，不过他们把坦克装上运输车，在 2 天之内就到达目的地。两个师被调给第 9 军，这个军将承担决定性的主攻任务，本身也向北侧机动，以便在第 5 军的战线背后完成集结。霍罗克斯也被调来出任军长，克罗克先前在展示一种新型迫击炮时遭遇事故受伤，已无法指挥，因而错过这样一个难得的良机，这真是一场个人的不幸。

与此同时，4 月 26 日夜间，布莱德雷的美国第 2 军在北部重新发动进攻。

经过 4 天激战，敌军以顽强的防御在这片多山的地区阻止了该军的推进。可是持续不断的压力大大消耗了敌人的资源，使其严重缺乏弹药，不得不撤到马特尔以东不那么容易防守的新防线上。5 月 1 日和 2 日两个晚上，德军熟练地展开撤退，没有遇到任何干扰，可是那里离比塞大主港只剩 15 英里，因此，新防线异常缺乏纵深，情势十分危险，一如面对突尼斯城的迈贾兹巴卜地区。

防御缺乏纵深，对补给极度匮乏的守军来说是致命伤，而对于盟军正准备在 5 月 6 日发起新的进攻，就有了非常确定的胜算。一旦防线的外壳被穿透，敌人就不可能凭借弹性防御和后退机动做长时间抵抗。轴心国部队虽然成功地击退了上一次进攻，但为此也几乎耗尽了仅剩的补给库存，他们剩下的弹药只够短暂回击进攻方排山倒海般的火力，燃料也只能满足最短途的机动之用。此外，他们还缺乏空中掩护，因为突尼斯境内的机场早已岌岌可危，而所有剩下的飞机都已撤往西西里。

轴心国的指挥官们截获了盟军的无线电通信，知道大批部队已从第 8 集团军调往第 1 集团军，所以对即将到来的打击并不感到意外。可是他们缺乏应对的手段，因而即便知道盟军的目的，也无法从中受益。

按照亚历山大的新计划"火神行动"，第 9 军将通过第 5 军的作战区域，在迈杰尔达河以南的一条山谷里不足两英里的狭窄正面上，以重锤猛击进行突破。这次进攻将由第 4 英国师和印度第 4 师在 4 个"步兵"坦克营的支援下排成巨大的方阵打头，后面紧跟着第 6 和第 7 装甲师。装甲兵力总数超过 470 辆坦克。两个步兵师揳入防线大约 3 英里之后，两个装甲师将越过步兵师，先打到圣西普里安地区（St. Cyprien），那里离进攻出发线有 12 英里，到突尼斯城还有一半路程。亚历山大在指示中强调"首要目标是占领突尼斯城"，以防止敌军集结起来，英军绝不允许中途停下来"肃清敌军局部的顽抗兵力"。

在第 9 军发动进攻前，第 5 军奉命在 5 月 5 日傍晚占领布奥卡兹山（Djebel Bou Aoukaz）的侧翼高地——经过一番激战，终于完成任务。此后，第 5 军的任务是"敞开漏斗"，让第 9 军通过。后来证明此事轻而易举，因为敌人再也没有开展有效反攻的手段了。

第 1 集团军缺乏野战经验，按照原计划，第 9 军本应在白天发动进攻，如果这样的话，保障突破口畅通也许就没有那么容易了。可是，在塔克的坚持下，原计划改变了，进攻发起时间被改到凌晨 3 点，以便充分利用没有月亮的夜晚掩护。同样是出于他的强烈要求，盟军不再使用通常的炮兵弹幕，而是集中指挥火炮对所有已知的敌军据点进行逐个炮击，炮兵配发的弹药加倍，每门大炮 1000 发炮弹。在这样的集中炮击之下，前线平均每两码就会落下一发炮弹，比去年秋天在阿拉曼的炮兵弹幕密度还要高 5 倍。在直接支援进攻的 400 门大炮致敌瘫痪的集火射击之外，盟军从天亮开始时还出动了飞机 200 架次发动空袭，这也增强了火力的效果。

到上午 9 点 30 分，印度第 4 师已经在防线上撕开了一个很深的口子，付出的伤亡代价只有 100 来人，回报说前方没强烈抵抗的迹象，告诉军部装甲部队现在"想走多快就走多快，想走多远就走多远"。10 点不到，第 7 装甲师的先头部队已经开始越过步兵夺取的战线。在右翼，英军第 4 师发动进攻较晚，前进速度也较慢，但得到了左邻突击的帮助，因而中午之前也达到了进攻目标。其后，装甲师终于获准前进。可是下午刚过一半，他们就在马西卡特（Massicault）附近停下准备过夜，这时，才超出进攻出发线 6 英里，越过步兵夺取的阵地 3 英里，离突尼斯城还有四分之三的路程。第 7 装甲师的师史里有一段声明解释了如此极端小心谨慎的原因："师长认为放弃两处阵地会让长途补给问题变得复杂，因而让两个旅保持在各自目前坚固的阵地上更为明智"——这个解释清楚地说明，该师完全没有掌握追击的基本原则，也没有贯彻追击的精神。和阿卡里特谷那次一样，霍罗克斯和各装甲师师长没能抓住时机，一直以步兵战斗的典型节奏作战，根本没能发挥摩托化机动性的潜在威力。

这种谨慎是根本没必要的。迈杰尔达河以南的战线有 8 英里长，盟军打击的是其中的 2 英里正面，守军是 2 个很弱的步兵营和第 15 装甲师的 1 个反坦克营，支援他们的是拥有不到 60 辆坦克的一支合成部队，那几乎是轴心国装甲部队所有的残余兵力了。这支薄弱的掩护部队被支援进攻的大规模炮击和轰炸打得晕头转向。而且阿尼姆缺乏燃料，没有办法按照计划把第 10 和第 21 装甲师剩下的非装甲兵力北调。事实证明，缺乏燃料比英国人精心设计的假装在库尔奇亚地区再次发动进攻的计划更有效地拖住了敌人。

5 月 7 日拂晓，第 6 和第 7 装甲师继续进攻，可是依然过于谨慎，被少数德军以 10 辆坦克和几门炮挡在圣西普里安直到下午。3 点 15 分，他们接到命令冲进突尼斯城。半小时后，第 11 骠骑兵团的装甲车进入城市，自从 3 年前北非战局开始以来，这个团始终承担先锋任务，这次首先入城的荣誉对他们来说可谓实至名归。第 6 装甲师的装甲车团德比郡义勇骑兵团几乎同时进城。跟着他们而来的还有坦克及汽车运载的步兵，任务是扩大和完成对城市的占领。在这个过程中，热情洋溢的居民用鲜花和亲吻欢迎盟军，给部队造成的尴尬和阻碍，远远多于没有组织的混乱的德军进行的零星抵抗。当天傍晚，很多轴心国官兵被俘虏，第二天上午更多，还有更多敌人想要从城里向南北两个方向逃跑。城市外围阵地上残余的守军，在盟军打进突尼斯城把他们的阵地一劈两半后，也四散奔逃。

与此同时，美国第 2 军为配合英军的突击，也重新在北部发动进攻。5 月 6 日的进展很缓慢，抵抗似乎仍然很激烈，但是第二天下午，第 9 步兵师的侦察分队发现公路畅通无阻，于是在下午 4 点 15 分开进了比塞大，而敌人此时已经撤离城市，退往了东南方。正式的入城仪式留给了 8 日到达的法国非洲军。第 1 装甲师从马特尔发动进攻，头两天被挡住了。南边的第 1 和第 34 步兵师也是一样。但是 8 日，第 1 装甲师发现敌军防线正在崩溃，推进变得容易起来，敌人的弹药和燃料都已告罄，英国第 7 装甲师正从敌人背后的突尼斯城沿着海岸向北迂回。

轴心国部队被英美两军的矛头包围，既不能战也不能走，于是开始大批投降。第 11 骠骑兵团的先头连在傍晚之前抓了大约 1 万名俘虏。第二天（9 日）清晨，另一个连的一部继续向比塞大以东 20 英里法里纳角的同名港口（Porto Farina）前进，在那里的海滩上接受了 9000 多人投降，其中有些人可悲地打算扎木筏渡海，连队在把这么大一群俘虏移交给随后赶到的美军装甲部队后总算松了一口气。9 点 30 分，第 5 装甲集团军司令兼北部地区司令冯·瓦尔斯特（von Vaerst）将军向阿尼姆发电："我军坦克和炮兵已经被消灭。没有弹药和燃料。我们将战斗到最后一人。"最后一句话是句勇敢的废话，部队没有弹药怎么战斗。瓦尔斯特很快发现部队在意识到这种英雄主义的命令多么荒唐后，已经放弃战斗。所以到中午时分，他同意让剩下的部队正式投降，这让盟军在这个地区俘虏的敌人总数增加到接近 4 万人。

在阵地被分割之时，轴心国的大部分部队都集中在突尼斯城以南地区。这个地区的地形也更适合防御，而盟军指挥官们预料敌人可能会在那里长期负隅顽抗。但由于弹药和燃料耗尽，那里的敌军在短暂抵抗之后也很快崩溃了。轴心国部队中弥漫着绝望的情绪，这加剧了崩溃的发生。他们清楚，就算个别地方还有补给剩下，新的补给也不可能再到达，而他们也已无法逃脱。

亚历山大现在的目标是防止轴心国在南部的梅塞集团军撤进巨大的邦角半岛并在那里建立最后的防线。因此，第 6 装甲师刚一占领突尼斯城，就奉命向东南方向半岛根部基线最近的一角哈马姆利夫（Hamman Lif）转进，第 1 装甲师也向同一个目标发动夹击。在哈马姆利夫，山地离大海很近，海岸平地只有 300 码宽。防守这处狭窄隘口的是德军的一支分队，他们从机场防空单位调来 88 毫米大炮支援，在两天内挡住了英军的各种突破行动。可是这处障碍最终还是被英军的联合进攻克服了。第 6 装甲师的步兵占领俯瞰城镇的高地，炮兵有条不紊一个街区一个街区地扫射街道，然后一队坦克沿着水际滩头贴边开过来，这样它们就能更好地避开镇上剩下的唯一一门德军大炮的火力。到 10 日天黑时，英军越过半岛基线推进到哈马马特，这样就分割了敌人剩下的部队。这些敌军缺乏燃料，根本没法撤到半岛上。第二天，第 6 装甲师继续南进，打到了把英国第 8 集团军挡在安菲达维尔附近的轴心国部队的背后。敌人手边还剩下一些弹药，可他们明显已经走投无路，于是很快便投降了。

到 13 日，所有的轴心国指挥官和部队都已放弃抵抗。除了 4 月初撤退的 9000 名伤病员以外，只有几百人通过海路或飞机逃到了西西里。至于最终俘虏的数字，我们并不确定。5 月 21 日，亚历山大的司令部向艾森豪威尔报告说，自 5 月 5 日以来，俘虏数字已增加到 10 万，估计清点完成后很可能会超过 13 万。后来有一份报告说"俘虏 15 万人"。可是在亚历山大战后的电报里说"总数是 25 万"。丘吉尔在回忆录里也给出了这个数字，但是加上了一个副词"将近"。艾森豪威尔给的数字是 24 万，其中大约 12.5 万名德军。可是非洲装甲集团军群 5 月 2 日向隆美尔报告说，4 月领口粮的官兵数在 17 万到 18 万之间，这还是在战役最后一周的激战之前的数字。所以很难理解，俘虏数字怎么会比这个口粮人数多出将近一半。负责发放粮食的后勤参谋一般不会低报口粮人数。这里值得指出，在战争的最后几个阶段，德军领口粮的人数和盟军声称俘虏的人数之间的差异更大。

可是不管突尼斯俘虏的确切人数究竟是多少，战果肯定还是颇丰的。其产生的最重要的影响是，使轴心国失去了在地中海战场的大批身经百战的部队，这些部队本来可以被用于抵挡盟军即将在西西里发动的进攻，那是盟国重新打进欧洲的第一步，也是关键的一步。

第 26 章

通过西西里重返欧洲

经过突尼斯之战，盟军 1943 年征服西西里似乎变得容易多了。但实际上这重返欧洲的第一步是艰难的一跃，充满了不确定性。其之所以胜利，得归功于一系列被人忽视的原因。首先，希特勒和墨索里尼两人都盲目自大，想在非洲"挽回面子"。其次，墨索里尼对德国盟友心存嫉妒，不愿意让德国人在意大利国土的防御问题上占据主导地位。再次，希特勒不同意墨索里尼的判断，不认为西西里是盟国的真正目标——这个错误判断部分可归因于英国的欺敌计划中非常巧妙的一个策略。

最重要的是第一个原因。整个战争中最大的讽刺就是，希特勒和德军总参谋部总是害怕在英国海上力量所及的范围内进行海外远征，因而在隆美尔胜利的时候不给他派足够的援兵，等到了最后关头却又跨海派出了那么多部队去非洲，结果断送了欧洲防御战的希望。

另一个具有讽刺意味的事情是，他们被前一年 11 月进攻法属北非的英美联军打了个措手不及，之后却出乎意料地制止了艾森豪威尔第一次进军突尼斯的行动，于是便被这一意外的成功诱导，犯下了致命的错误。当盟军的矛头正小心翼翼地从阿尔及利亚东进之时，德国人对威胁迅速做出反应，开始空运部队跨越地中海，意图挫败盟军及早占领突尼斯城和比塞大港口的计划。他们成功地守住了山隘，造成了长时间的僵持。

由于这次先发制人的行动鼓舞了希特勒和墨索里尼，让他们以为自己可以无限期地守住突尼斯，所以他们决定大规模增援，以对抗艾森豪威尔日益增长的实力。他们投入越多，就越觉得不能撤退，以免丧失威望。与此同时，随着盟军优势的海空兵力开始收紧施加于西西里岛和突尼斯之间海峡的绞索，他们无论撤退还是坚守都变得日益困难。

　　轴心国在突尼斯建立起来的桥头阵地在整个冬天都阻挡住了盟军，为隆美尔从阿拉曼经过2000英里大撤退的集团军残部提供了保护。但盟军没能占领突尼斯的早期失利从长期来看反而是极为有利的。因为希特勒和墨索里尼在尚有时间和机会撤出德意部队的当口，是听不进去任何关于撤退的主张的。

　　1943年3月10日，隆美尔飞往希特勒在东普鲁士的大本营，最后一次试图让希特勒看清撤退的必要性。他将自己此行的徒劳记在了日记里："我竭力强调，一定要在意大利重新武装非洲部队，以便令其防守我们的南欧侧翼。我甚至把话说绝，向他保证，我可以用这些部队打退盟军对南欧的任何进攻——我一般是不愿意把话说满的。可是任何说服他的希望都破灭了。"[1]

　　当盟军逼近桥头堡"最后一击"时，轴心国部队只能坐等挨打，士气越来越低落。如果他们获准撤退的话，4月多雾的天气本可以掩护他们登船撤回意大利，可是这一机会也被错过了。4月20—22日，他们成功地抵挡了盟军突破防线的第一次尝试，可是当盟军在5月6日发动第二次大规模进攻并实现突破后，他们崩溃了。随后，整个防线解体，这主要是由于桥头阵地纵深过浅，而守军也清醒地认识到自己背后是一片敌意的大海。

　　轴心国8个师在突尼斯全数被俘，其中包括隆美尔手下大多数身经百战的老兵，以及意大利陆军的精华，意大利本土及所属岛屿因此几乎失去了全部防御掩护。这些部队本可以在意大利通往欧洲大陆的路上设置极为强大的防线，让盟军成功攻入的机会变得渺茫。突尼斯在预期的时间被攻克，盟国在1月也已决定下一步行动就是登陆西西里，不过，他们还没有准备好乘胜追击。幸运的是，轴心国各个司令部之间的意见分歧延长了留给盟军的时间。

　　这里还有个证据，是意大利南部的总司令凯塞林元帅当时的参谋长威斯特法尔（Westphal）将军提供的一手资料。意大利已经损失了全部的机械化部队，其军事首脑们希望德国能提供一支装甲师类型的强大增援部队。当时希特勒也倾向于答应这个紧急请求，给墨索里尼发去私人信件提出派去5个师。可是墨索里尼

[1]　*The Rommel Papers*, p. 419.

没有告诉凯塞林就回答希特勒说他只要 3 个师，就是说除了两个正在前往非洲的新征召组建的师以外，再新增一个师。他甚至表示不要再派其他的德军了。

墨索里尼在 5 月中旬拒绝接受希特勒的好意是出于内心交织的骄傲和恐惧。他不能让全世界和自己的人民看到，自己依赖德国援助。威斯特法尔评论说："他想让意大利人来保卫意大利，可是意大利部队状态极为糟糕，根本无法承担这种任务，他对这个事实却视而不见。"墨索里尼做出这一决定的另一个原因是，他不想让德国人在意大利占有主宰地位。他自然急于将盟军拒之门外，但也同样不想放德国人进来。

新任意大利陆军总参谋长（前西西里驻军指挥官）罗阿塔（Roatta）将军终于让墨索里尼明白，要想成功防守意大利本土和外围岛屿，就少不了更大规模的德国援兵。因此，墨索里尼同意让更多的德国师来意大利，条件是他们必须被置于意大利将军们的战术指挥之下。

意大利在西西里的驻军只有 4 个野战师和 6 个静态海岸防御师，这些部队装备和士气都很糟糕。北非崩溃之际，正在前往非洲途中的德军新兵被编成一个师，番号是"第 15 装甲掷弹兵师"，但这个师只有一个坦克团。"赫尔曼·戈林"装甲师也按照类似的编制重建，在 6 月底被派往西西里。墨索里尼不让这两个师编组成一个军，由德国人任军长。这两个师被置于意大利集团军司令古卓尼（Guzzoni）将军的直接统率之下，分成 5 个战斗群，沿全岛 150 英里范围散布，作为机动预备队。德军高级联络官冯·赞格尔 – 埃特林（von Senger und Etterlin）中将配有一个小型作战参谋部和一个信号连，他可以在紧急情况下对这两个师进行战术指挥。

墨索里尼终于愿意接受更多德国援助了，可希特勒又对此犹豫不决了，而且他对哪里可能遭到进攻持有不同看法。一方面，他怀疑意大利人可能会推翻墨索里尼媾和——这个怀疑后来很快被事实证明是正确的，因此不愿意把更多德国师派得那么远，因为一旦意大利盟友崩溃或者反正，这些部队就有被分割的可能性。另一方面，希特勒不认同墨索里尼、意大利最高统帅部和凯塞林持有的盟军下一步会从非洲进攻西西里岛的观点。希特勒的这个看法被证明是错误的。

希特勒想要迎战重回欧洲大陆的盟军，战略上主要的不利因素是他自己征服的地域过于广阔——从法国西部的大西洋海岸直到希腊东部的爱琴海沿岸。他很

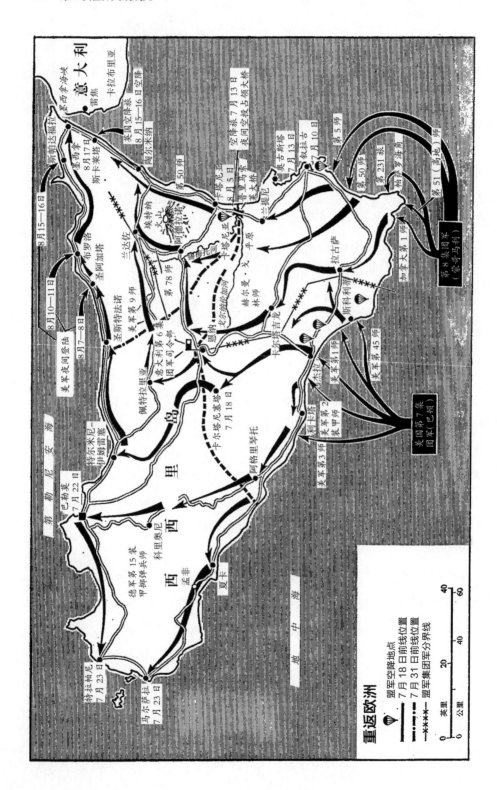

难猜透盟军将在哪里进攻。盟军拥有制海权这一战略上的最大优势，因而可以在众多目标中进行选择，并把敌人的注意力引向别的地方。希特勒一直都在严防盟军从英国跨越海峡进攻，但也有理由害怕英美的北非部队在西班牙和希腊之间整个南方战线的任何地方登陆。

希特勒认为盟军更有可能登陆撒丁岛而不是西西里。撒丁岛是登陆科西嘉岛的方便的跳板，也是下一步跃进法国或者意大利本土的理想跳板。同时，他还预期盟军可能在希腊登陆，因而想要在后方保留预备队，以便随时前往那个方向。

纳粹在西班牙的间谍从西班牙沿岸一名被冲上岸的"英国军官"尸体上，获取了某些文件的复印件，这些文件印证了希特勒的观点。这些文件除了身份证明和私信以外，还包括一封帝国副总参谋长陆军中将阿奇博尔德·内伊爵士（Sir Archibald Nye）写给亚历山大将军的私人信件，这位军官是信使。这封信提到最近几封关于即将到来的作战行动的官方电报，并附带评论说，盟军意图在撒丁岛和希腊登陆，打算用"假的作战计划"让敌人相信西西里岛才是目标。

这具尸体和信件是英国情报机构一个分支搞的，是一项天才的欺骗行动的组成部分。这个诡计非常成功，德国情报机构首脑们深信文件的真实性。这并没有改变意大利领导人和凯塞林认为下一个目标是西西里的观点，可似乎给希特勒留下了深刻印象。

根据希特勒的命令，第 1 装甲师从法国开往希腊，支援那里的 3 个德国步兵师和意大利第 11 集团军，新组建的第 90 装甲掷弹兵师则前去增援撒丁岛上的 4 个意大利师。撒丁岛上少数几个港口的码头都已被盟军空袭炸毁，由于补给方面的困难，没法向岛上派去更多援兵，但作为进一步的保险措施，希特勒把施图登特将军的第 11 航空军（下辖 2 个伞兵师）调到法国南部，准备好在盟军登陆撒丁岛时，发动空降反击。

与此同时，盟军的作战计划推进缓慢。登陆西西里是一个妥协方案，没有规定下一步进攻目标。1943 年 1 月，英美联合参谋长委员会在卡萨布兰卡开会，双方意见分歧极大，完全对不住"联合委员会"这一头衔。美军首脑（金海军上将、马歇尔上将和阿诺德上将）想要结束被他们认为只会分散兵力的地中海行动，转而直接对德作战。英军首脑（布鲁克上将、庞德海军上将和波特尔空军上将）认为直接跨越海峡进攻法国的时机尚不成熟，盟军如果在 1943 年硬要尝试，最终只有惨败和徒劳无功这两种结局——从历史的角度回头看，他们的观点是无可置疑的。不过所有人都同意一定要做点什么来保持对德国人的压力，并减轻苏联前线的压力。英国的联合作战计划参谋部主张在撒丁岛登陆，但英美的军种参谋长们都倾向于西西里，这和丘吉尔的想法不谋而合，所以双方很快便就此事达成了一致。主张攻打西西里最有力的理由是，盟军占领这里，便可以有效地肃清穿越地中海的海运通道，这样就可以方便船舶运输，要知道，自 1940 年以来，大多数前往埃及和印度的部队和给养运输船都被迫长途绕道南非。

　　1 月 19 日，联合参谋长委员会决定进攻西西里，并规定了如下作战目标："（1）进一步确保地中海交通线安全；（2）为苏联前线减轻压力；（3）增加对意大利的压力。"但是他们没有明确，西西里战役之后，如何进一步扩大战局。之所以如此，是为了避免双方的观点再次出现分歧，可是这种圆滑的拖延很容易导致战略上缺乏准备。

　　盟军在制订西西里战役的具体作战计划时也没有表现出任何紧迫感。联合参谋长委员会虽然假定 4 月底就能彻底征服突尼斯，却把登陆西西里的目标日期定在 7 月月相合适的日子。1 月 20 日，英军为此次"赫斯基行动"（Operation Husky）拟定了一份计划大纲，分别从地中海东西两端出动部队，由海路发动向心登陆进攻。双方同意，由艾森豪威尔出任最高司令，亚历山大则担任他的副司令。（同意让美军占据联盟内的主导地位，其中意味深长，因为英军总司令的军衔更高，作战经验也更丰富，而且在这次战役中，英军仍将提供绝大部分部队。）2 月初，盟军在阿尔及尔为此组建了特别计划部门，可是部门下设各机构分散在各处办公，其中，空军的参谋小组不仅空间上相隔甚远，思想上亦各行其是，结果，西西里战役期间的空军行动跟陆海军的需要完全脱节。作战计划草案因不同部门之间的公文往返而浪费了不少时间。艾森豪威尔、亚历山大，还有预定的两位集团军司令蒙哥马利和巴顿都把注意力集中在北非战局的扫尾工作上，没能给予下一步行动足够的重视。蒙哥马利直到 4 月底才抽时间研究了一下作战计划草案，然后提出了无数修改意见。5 月 3 日，计划得到了修订，5 月 13 日，联合参谋长委员会最终批准了该计划，这天，德国和意大利在突尼斯的战线已崩溃一周，而敌人的残余部队正好于此日投降。

　　领头进攻西西里的 10 个师中只有 1 个师参与了北非战役的最后阶段，有 7

个师完全是新部队，因而，在作战计划上浪费的时间就更显可惜。盟军如果能在轴心国非洲崩溃之后及早登陆西西里，便会发现岛上几乎完全没有设防。要不是丘吉尔在卡萨布兰卡会议上和之后都一直催促于 6 月登陆，盟军给予敌人加强西西里岛防务的时间可能还会更长。丘吉尔得到了联合参谋长委员会的支持，可是地中海战区的将领们没有准备好在 7 月 10 日之前登陆。

该作战计划的主要变动是，巴顿的集团军（代号西部特遣部队）将不在西西里岛西端的巴勒莫附近登陆，而改在靠近蒙哥马利集团军的东南部登陆，蒙哥马利的登陆场也变得更加集中。考虑到敌军在这段时间里可能会增援西西里，为了防范敌军发动强大的反攻，集中进攻部队主力是个合理的谨慎措施，不过，后来的事实证明这种谨慎是不必要的。由于这个改动，盟军丧失了一开战就占领巴勒莫港的机会，本来是会面临严重的后果的，但他们使用了新型两栖登陆车（DUKW）和坦克登陆艇（LST），因而有能力解决从滩头维持补给的难题。修改过的计划还失去了原计划中分散敌人的效果，结果有助于敌人在登陆发生后集中分散的预备队兵力，并将盟军阻挡于多山的岛屿中心。如果巴顿在西西里西北海岸的巴勒莫附近登陆，他就可以长驱直入打到敌人增援和撤退的必经之地墨西拿海峡（Straits of Messina），从而达成围歼岛上所有敌军的效果。德军各师的逃脱最终对盟军进一步的作战造成了深远的负面影响。

不过，盟军第一次打回欧洲，第一次对敌控海岸开展大规模登陆作战，失之于过度谨慎也是可以理解的。这里还有必要指出，此次行动中，8 个师将同时登陆，规模之大，甚至超出了 11 个月后的诺曼底登陆。战斗前 3 天，大约 15 万人上岸，最终登陆兵力大约为 47.8 万人，其中有 25 万英军，22.8 万美军。英军的登陆场位于岛东南角大约 40 英里长的海滩，美军登陆场在南海岸，长度也是 40 英里，两片登陆场相隔 20 英里。

行动中，海军部分的计划是在海军上将安德鲁·坎宁安爵士的指导下制订并实施的。夜间登陆之前，盟军将实施一系列复杂的行动，但自始至终，一切都执行得很顺利，这必须归功于行动的计划者和执行者们。作为一次两栖登陆作战，西西里登陆从去年 11 月法属西北非登陆的"火炬行动"中吸取了教训，因而完成得更顺畅。

由海军中将伯特伦·拉姆齐爵士（Sir Bertram Ramsay）指挥的英国海军东

部特遣舰队由 795 艘舰船组成，为登陆需要舰队搭载了 715 艘登陆艇。第 5 师和第 50 师（以及第 231 步兵旅）从地中海东端的苏伊士城、亚历山大港、海法乘船出发，将在叙拉古（Syracuse）和帕萨罗海角（Cape Passero）之间西西里东海岸的南端登陆。第 51 师从突尼斯乘船，一部在马耳他岛集结后出发，将在西西里的东南角登陆。加拿大第 1 师从英国随两支护航运输队出发，在东南角以西登陆，两支船队中的第二支航速较快，装载大部分部队，在登陆日前 12 天，也就是 6 月 28 日从英国克莱德出发，他们在美军护航船队前面靠近比塞大的地方穿越雷区掩护的海峡。

H. 肯特·休伊特海军中将指挥美军的西部海军特遣舰队，有 580 艘舰船，装载着 1124 艘登陆舟艇。作为右翼在斯科利蒂（Scoglitti）登陆的第 45 步兵师将分成两支护航运输队跨越大西洋到达奥兰，稍事休整后，到比塞大外海和这个师的坦克登陆艇及小型登陆艇会合。在杰拉登陆的第 1 步兵师和第 2 装甲师从阿尔及尔和奥兰登船。左翼第 3 步兵师将在利卡塔登陆，他们从比塞大上船，全程乘登陆艇航渡。

在海空军的掩护下，如此大规模的船队顺利地集结起来并完成航渡，没有遭受严重的敌情干扰。其中只有 4 艘护航运输队的船只和两艘坦克登陆艇被潜艇击沉。在航渡过程中，船队没有因为空袭而受什么值得一提的损失，敌机被盟军飞机驱逐得远远的，甚至没有发现大多数运输船队。盟国空军在这个战区有 4000 架作战飞机，德国和意大利只有大约 1500 架，空中优势十分明显，敌军轰炸机在 6 月已经全部撤往意大利北部和中部的基地。盟军从 7 月 2 日开始持续猛烈空袭西西里的各个机场，登陆日当天岛上只剩下少数几条辅助性的跑道还能使用，大多数没有被毁的战斗机都撤退到了意大利本土或者撒丁岛，盟军声称在整个西西里战役期间击毁了 1100 架敌机，不过，实际数字不会超过 200 架。

7 月 9 日下午，各支护航船队开始抵达马耳他东西两侧的集结海域，这时风力陡然增大，海面起了大浪，小型船舶面临危险，登陆有可能被打乱。还好到午夜前，浪虽然依旧很大，但风力减弱了，只有一小部分攻击舟艇未能按时到达海滩。

英国第 1 空降师和美国第 82 空降师预定在海上登陆前进行空降作战，他们受风浪的影响最大。盟军第一次执行大规模空降作战，时间还选在夜间，部队经验不足，本来就有很多困难。大风增加了运输机和滑翔拖曳机开到目标地域的难度，和敌人的防空火力一起妨碍了空降。美军伞兵部队分成小股散落在宽达 50 英里的区域内。英军滑翔机机降部队也分散得很开，在总共 134 架滑翔机里有 47 架掉进了海里。不过，空降部队意外的散开倒是有助于在敌后广泛地播撒恐慌和混乱，有些小股部队甚至占领了关键的桥梁和路口，为胜利做出了更加实在的贡献。

突如其来的风暴给进攻方带来了麻烦，但也让守军放松了警惕，两相比较，利甚至大于弊。敌人在下午就发现有 5 支护航船队从马耳他向北开进，天黑前也接到过一系列汇报，可高层司令部发出的预警不是没能到达低级司令部，就是没能引起重视。德军预备队在接到警报以后 1 小时之内就进入了戒备状态，可守卫在海岸上的意军倾向于认为呼啸的狂风和翻涌的海浪至少可以保证他们再睡一晚上好觉——坎宁安海军上将在他的报告里恰当地评论说，不利的天气状况"起了作用，让过去很多个晚上一直戒备的疲惫的意军，心怀感恩地上床睡觉，说'今晚他们无论如何不会来'。可是他们真的来了"。

意大利人的疲惫不仅仅表现在体力上面。大多数意大利人厌倦了战争，并不拥有墨索里尼那种好战热情。此外，海岸防御部队大多数是西西里当地人，选他们的理由是觉得他们在保卫家园的时候，更有可能发挥出他们闻名遐迩的好斗精神。可是这个理由没有考虑到西西里人长期以来对德国人毫不掩饰的憎恶，以及他们讲求实际的思想状态：他们看得出来，自己仗打得越顽强，家园剩下来的东西也就越少。

7 月 10 日天光大亮时，西西里守军看到海上庞大的舰船一直延伸到天边尽头，凌晨蜂拥上岸的突击部队后面，还有无穷无尽的登陆舟艇装载着源源不断的援兵，他们的抵抗意志变得愈加薄弱。

海滩上的防御很快瓦解，突击部队上岸时敌人的火力很弱，伤亡轻微，这大大减少了他们晕船的痛苦。亚历山大用两句话就概括了第一阶段的进攻作战："意军海岸守备师就战斗力而言不值一提，他们几乎一枪未放就土崩瓦解了，那些和我军遭遇的野战师也像被大风吹开的谷糠一样无影无踪。经常出现大规模的投降。"所以自第一天起，防御战几乎所有的重担就落到了两个拼凑起来的德国师和后来前来增援的另两个德国师的肩上。

　　在盟军尚未于岸上站稳脚跟之前的关键时期，有过一次危险的反攻，反攻的主角是赫尔曼·戈林师，该师当时偕同一支装备新式 56 吨虎式坦克的分队驻扎在离海岸 20 英里、俯瞰杰拉平原的山脉地带的卡尔塔吉龙（Caltagirone）——杰拉是美军第 1 步兵师的登陆场。还好这次反击在登陆第二天才发生。第一天早晨，一支装备陈旧轻型坦克的小型意大利战斗群英勇地发动反击，实际上还突入了杰拉城里，然后才被赶跑，但德军主力纵队在路上被耽搁了，第二天上午才赶到战场。美军在大浪中很难卸载坦克，海滩上又很拥挤，到那时只有少数坦克已经上岸，岸上还缺乏反坦克炮和大炮。德军坦克分几路发动向心攻击，碾过平原，击溃美军的前哨，打到海滩边沿的沙丘，一时之间，美军似乎会被赶回海里，不过，精准的海军炮火帮助美军在瞬息之间就打散了进攻的德军。另一支德军纵队配备一个虎式坦克连，在第 45 步兵师左翼发动了一次颇具威胁性的突击，也被以相同的方式击退了。

　　第二天，第 15 装甲掷弹兵师的两个战斗群经过强行军从西西里岛西部赶到美军前线，但那时赫尔曼·戈林师已经被调到英军战区，奉命去阻止那里的英军，当时，英军的推进看上去更具威胁性，因为他们已经逼近东海岸中点处的卡塔尼亚港（Catania），而美军的三处滩头阵地还很浅，没有连成一片。

　　英军登陆时遇到的抵抗同样微弱，而且没有刚一登陆就遭遇反击，所以进展更顺利。尽管卸载过程也有一些麻烦和耽搁，但总体来说，还是要比更为暴露的西部海滩顺利。登陆第一天后，德军的空袭比西部更频繁，但英军的空中掩护也做得更好，所以船舶的损失和美军登陆场一样小。实际上，在那些战争前几年曾在地中海战区打过仗的官兵眼中，正如坎宁安上将说的，"大批舰船能够在敌方海岸锚泊不动……也没有因空袭而遭到多大损失，就像有魔法一样"。两栖登陆战中，这种不受敌方空袭的优势正是成功的关键因素。但在下一阶段的作战中，盟军因另外一种类型的空中行动而遭遇了阻碍。

　　英军在登陆头 3 天就肃清了整个西西里岛东南角。然后蒙哥马利"决心从兰提尼（Lentini）地区全力向卡塔尼亚平原突破"，并下令"在 7 月 13 日夜间发动一场大规模进攻"。关键任务是要占领卡塔尼亚以南几英里处锡梅托河（Simeto）上的普里马索莱（Primasole）大桥，为此，英军动用了一个伞兵旅。只有半个旅被空投到了正确的地点，不过这点兵力还是成功完整的夺取了大桥。

至于战斗下一阶段的情况，德军第 11 航空军（下辖两个伞兵师）军长施图登特将军做过简洁的介绍。希特勒预期盟军将在撒丁岛登陆，因此命令施图登特的两个师驻扎在法国南部，准备随时飞往撒丁岛。可是空降部队是非常灵活的战略预备队，能够很容易地接受调用，以因应各种不同的形势，正如施图登特记叙的：

> 7 月 10 日盟军在西西里登陆时，我建议用我的两个师立即发动空降反攻。可是希特勒拒绝了我的建议，约德尔尤其反对我的提议。所以，第 1 伞兵师只是在第一时间（从法国南部）被空运到意大利本土，一部到罗马，一部到那不勒斯，第 2 伞兵师则和我一起留在尼姆（Nimes）。但第 1 伞兵师很快被派往西西里，作为地面部队增援那里薄弱的德军部队，当时意大利部队已经开始大批崩溃。这个师（的一部）经过数次空运，在我军防线背后、卡塔尼亚以南的东部地区空降。我曾希望把他们空降到盟军防线背后。第一支部队空降在我军防线背后大约 3 公里的地方，无巧不巧正好和空降在我军防线背后夺取锡梅托河上大桥的英军伞兵同时着陆。我们的部队击败了英军伞兵，从他们手里夺回了大桥。那天是 7 月 14 日。[1]

英军主力后来赶上来，经过 3 天激战成功重新占领了大桥，从而打开了通往卡塔尼亚平原的通道。可是他们在向北推进的过程中遇到的抵抗越来越强，德军预备队现在正集中兵力守卫这条直接通向 60 英里以北的墨西拿的东海岸通道，墨西拿位于西西里岛东北角，接近意大利半岛的脚尖部位。

这就挫败了盟军迅速肃清西西里的希望。蒙哥马利被迫把第 8 集团军的主要打击力量向西移动，试图通过内地山地，绕过埃特纳火山（Mount Etna），用更迂回的方式前进，和美国第 7 集团军向东的推进相配合——第 7 集团军在 7 月 22 日打到西西里北海岸，占领了巴勒莫，但是没能来得及截住向东撤退的敌军机动部队。新作战计划对巴顿集团军承担的角色做了重大改动。该集团军原先的任务是，在第 8 集团军向墨西拿发起决定性进攻时，掩护蒙哥马利的侧翼，并牵

1　Liddell Hart: *The Other Side of the Hill*, p. 355.

制敌军兵力。现在，他们却需要承担起进攻的任务，到最后甚至成了主攻矛头。

为了计划中在 8 月 1 日发动的新攻势，盟军从非洲调来 2 个新的步兵师（美国第 9 师和英国第 78 师），因而岛上的总兵力现在已升至 12 个师。与此同时，德军得到了第 29 装甲掷弹兵师的增援，胡贝（Hube）将军指挥下的第 14 装甲军军部也赶来指挥岛上的作战事宜。胡贝的任务不是守住西西里，他仅仅需要进行迟滞作战，掩护轴心国部队撤退。7 月 25 日，墨索里尼被推翻，之后不久，古卓尼和凯塞林便在盟军重新进攻之前分别做出了上述决定。

西西里东北部是一片三角形的山地，它的崎岖不平和整体形状都有助于德军开展这样的迟滞作战。地形对防御有利，每退后一步，防线就缩短一些，需要的守军也越来越少，盟军充分展开优势兵力的空间越来越狭小。巴顿 3 次试图用小规模两栖蛙跳来加快进攻速度，8 月 7—8 日夜间在圣阿加塔（Sant' Agata）第一次登陆，10—11 日夜间在布罗洛（Brolo）第二次登陆，15—16 日夜间在斯帕达福拉（Spadafora）第三次登陆，可是每次登陆时机都太晚，对正面推进没带来什么帮助。蒙哥马利在 15—16 日夜间也尝试开展过一次小规模登陆，可是那时，敌军后卫已经撤到了登陆场北面，而敌军主力已经越过墨西拿海峡回到了意大利本土。

德军撤过海峡的行动组织得非常巧妙，大部队只用了 6 天 7 夜便尽数撤退完毕，过程中也没有遭到盟军海空兵力的严重阻挠，更没有受到太大损失。将近 4 万德军和 6 万多意军安全撤离。意军除了大约 200 台车辆以外丢掉了所有装备，德军却带走了将近 1 万台各种车辆、47 辆坦克、94 门大炮，以及 1.7 万吨物资和装备。8 月 17 日早晨 6 点 30 分左右，美军巡逻队前锋进入墨西拿，不久一支英军也出现了，美国人迎接了他们，兴高采烈地喊："你们这些游客之前去哪儿啦？"

那一天，亚历山大向首相报告西西里战役结束："今天，1943 年 8 月 17 日，上午 10 点，最后一名德军士兵被赶出了西西里……我们可以认为 7 月 10 日岛上的所有意军已被全歼，不过，少量被击败的敌军单位有可能已逃到意大利本土。"德军这次计划周密的"逃逸"成功，让亚历山大的报告显得空洞无物。

从文献记录来看，在西西里，德军人数稍稍超过 6 万人，意军为 19.5 万人（当时亚历山大的估算是德军 9 万人，意军 31.5 万人）。德军有 5000 人被俘，

13,500 名伤病员在撤退之前就被运往意大利，所以阵亡的德军人数不可能超过几千，而英军估计德军阵亡 2.4 万人。英军损失情况是 2721 人阵亡，2183 人失踪，7939 人受伤，伤亡总数为 12,843 人。美军损失状况为 2811 人阵亡，686 人失踪，6471 人受伤，伤亡总数为 9968 人。因此，盟军的损失总数约为 22,800 人。这次战役导致了墨索里尼垮台及意大利投降，相对于这样大的政治和战略成果而言，以上损失算不上什么沉重的代价。不过，盟军如果能够更充分地利用两栖迂回的手段，便能俘虏更多的德军，并让此后的征途变得更加平坦。以上是坎宁安海军上将的观点，他在战役开始后几天的电报里尖锐地指出：

> 第 8 集团军没有利用两栖登陆提供的机会。我们一直让小型步兵登陆艇随时待命……登陆舟艇随叫随到……不使用它们无疑是有着合理的军事理由的，但对我来说，这些装备是海上力量的无价资产，可以提供机动上的灵活性；但是，即便最小规模的侧翼机动也肯定能让敌人陷入动摇，因而可以节省很多时间和代价高昂的战斗，在未来的战争中，这样思考一下是值得的。

盟军最高统帅部没有试图在西西里德军的背后意大利"脚趾"部位的卡拉布里亚（Calabria）登陆，封锁德军撤过墨西拿海峡的后路，凯塞林对此大大松了一口气。在整个西西里战役期间，他都异常焦虑，担心盟军可能会发起这一击，而他手边根本没有能迎战的部队。他认为"向卡拉布里亚进行辅助攻击可以让西西里登陆演变成盟军的一场压倒性的胜利"。直到西西里战役结束，交战的 4 个德国师成功逃脱之前，凯塞林只有 2 个师用来掩护整个意大利南部。[1]

---

1 Cunningham: *Despatch*, p. 2082.

第 27 章

进攻意大利——投降与受阻

有一句根据古老法国谚语改编而来的名言，叫作"成功乃成功之母"。但世事在更深的层次上往往是"失败乃成功之母"。被当权者镇压下去的宗教和政治运动常常在其领袖获得了殉道者的光环之后死灰复燃，继而成为最终的胜利者。被钉在十字架上的耶稣基督，比他活着的时候更加强大。被击败的那些将领们让战胜他们的将领相形失色，汉尼拔、拿破仑、罗伯特·E.李及隆美尔的不朽声名都证实了这一点。

同样的道理在各国的历史上也反复得到验证，不过是以一种比较隐晦微妙的方式体现出来的。人人都听说过这句话："英国只打赢一场仗——最后一场。"这句话典型地总结了英国人的特点，那就是总是开局惨淡，最后却赢得胜利。这是个危险而代价高昂的习惯。可是讽刺的是，最后的结果常常植根于英国人及其盟友最初的失败，敌人正是因过度自满，才最终做了超出自己能力范围的事情。

此外，英国人就算最终反败为胜，也没法在短期内取得成功，而这反而常常有利于他们更确定无疑地迎来更圆满的结局。在第二次世界大战的地中海战场上，这样的情况发生过两次，令人非常惊异。

1942 年 11 月，盟军从阿尔及尔进军突尼斯的最初行动遭遇挫败，希特勒和墨索里尼这才受到鼓舞，不断跨海向那里派去增援，半年后，盟军最终包围了这些部队，消灭了两个轴心国集团军，为自己从非洲跨海跃进南欧的行动扫除了最主要的障碍。

第二次反败为胜的例证是进攻意大利本土。随着西西里迅速被征服及墨索里尼的倒台，盟军第二次指向意大利的近距离跃进相对来说似乎很容易达成。意大利已背着德国人秘密安排投降，只等盟军主力登陆便加以宣布，速胜的前景看上去一片光明。当时，德国在意大利南部只部署了 6 个很弱的师，在罗马附近另有 2 个师，他们不但要迎战登陆的盟军，还要控制住自己的意大利前盟友。

不过，凯塞林元帅一边解除意军武装，一边成功地抵挡住了进攻的盟军，将其阻挡在罗马以南 100 英里处的一条防线上。8 个月后，盟军才打到意大利首都，然后又被挡住了。他们又花了 8 个月才终于冲出狭窄多山的半岛，打进意大利北部的平原。

1943 年 9 月，盟军似乎很快便能掌控意大利战局，后来发生的长期拖延反而对其总体战略形势产生了重要的正面意义。希特勒起初想把部队从意大利南部撤出来，在北部建立一条山地封锁线。可是凯塞林出乎意料的成功防守让希特勒拒绝听从隆美尔的建议，而是不断地向南投注资源，想要尽可能长时间地守住尽可能多的意大利土地。这个决策消耗了希特勒的资源，而他很快便将需要这些资源，来应对苏联人从东线、西方盟国从诺曼底对德国发起的更为危险的两面作战。

相对于投入的兵力而言，盟军在意大利战场比在其他战场牵制住了更大比例的德国资源。此外，德国人本可以冒极小的风险撤出意大利战场，却因为想守住四面八方的漫长的战线而耗尽兵力，并最终陷入致命的崩溃。以上这种看法对亚历山大指挥下的意大利战场盟军来说是一种慰藉，因为他们长期无法达成自己速胜的愿望。

即便初期的失败可能会有助于最终的胜利，我们也应该认识到，没有一场伟大的战役不是以胜利为目的的。人性就不会自寻失败。所以我们应该探讨此战中究竟发生了什么，是怎样发生的。

盟军失利的第一个重要原因是，他们没能及时利用那场推翻墨索里尼的意大利反战政变。政变发生在 7 月 25 日，而盟军直到 6 个多星期后才登陆意大利本土。延误既有军事上的原因也有政治上的原因。5 月底英美参谋长在华盛顿开会时，美国人反对从西西里进军意大利，怕这样做可能会干扰诺曼底登陆和在太平洋战场击败日本的计划。直到 7 月 20 日西西里的意军显露出急于投降的迹象时，美军的参谋长们才同意把挺进意大利作为后续行动。但此时，盟军再想乘胜追击，已经太晚了。

1 月，罗斯福总统和丘吉尔先生在卡萨布兰卡会议上提出 "无条件投降" 的政治要求也构成了一个障碍。巴多格里奥（Badoglio）元帅领导的意大利新政府自然急切地想要在和盟国政府的谈判中寻求更有利的条件，可是发现很难和同盟国建立接触。英美驻梵蒂冈的使节明显是一条易于获得的渠道，可是巴多格里奥的回忆显示，两国官方非同寻常的短视行为让这条渠道毫无用处。"英国大使告诉我们说他的密码不幸太过陈旧，几乎肯定能被德国人破译，他建议我们不要使用这个密码跟英国政府联系。美国代办回复说他根本就没有密码。"结果意大利人只能等到8月中旬，才找到个合理的借口派遣代表团访问葡萄牙，并在那里会见了英美代表。即使在此之后，这种迂回的谈判方式还是让双方在达成协议之前经历了更多的耽搁。

而希特勒完全不同，他毫不浪费时间，立即采取反制措施，防止意大利新政府求和并背弃与德国的联盟。7月25日，罗马政变当天，隆美尔已到达希腊并接管那里的部队，午夜前，他接到一个电话，说墨索里尼被推翻，让他马上飞回希特勒在东普鲁士森林里的大本营。第二天中午到达后，隆美尔"接到命令让他在阿尔卑斯山区集结部队，准备随时进军意大利"。

这次进军很快就半遮半掩地开始了。隆美尔担心意大利人可能在盟军伞兵的帮助下突然封锁阿尔卑斯山各个山口，于是在7月30日下令德军前锋越过边境占领山口。德军的借口是保卫通往意大利的补给线路免遭敌方伞兵的破坏。意大利人提出抗议，甚至一度威胁要阻止德军通过，可他们还是犹豫不敢开火，不想和自己的盟友提前爆发冲突。此后，德国人的渗透变本加厉，借口是：减轻意军防御国土北部的负担，让他们腾出手来增援南方，因为有迹象表明盟军随时可能会在那里登陆。就战略而言，这个借口非常合理，意大利军队首脑们很难在不显露出反正意图的前提下表示拒绝。结果到9月初，隆美尔指挥的8个师已经在意大利的阿尔卑斯山边境防线以内站稳了脚跟，随时可以增援南方凯塞林的部队。

此外，德第2伞兵师这支极其精锐的部队也被从法国空运到罗马附近的奥斯蒂亚（Ostia）。德军空降部队总司令施图登特将军带队前往。战后接受讯问时，施图登特说：

> 意大利最高统帅部事先不知道这支部队到达，我们告诉他们这个师是用来增援西西里或者卡拉布里亚的。可是我从希特勒那里接到的指令是屯兵罗

马附近，同时指挥已经开到那里的第 3 装甲掷弹兵师。我要准备好用这两个师解除罗马附近意军的武装。[1]

这些师的存在，迫使盟军取消了在罗马城空投马修·李奇微（Matthew Ridgway）将军的美国第 82 空降师支援意军保卫首都的计划。如果这支援兵到来，凯塞林的司令部就危险了，因为其驻地就在罗马东南方向不到 10 英里处的弗拉斯卡蒂（Frascati）。

即便如此，施图登特所领的任务在执行之前看上去还是艰巨异常的。巴多格里奥元帅不顾德国人的多次劝说，把 5 个意大利师留在罗马地区，而非派去防御南部海岸。除非能解除这些意军的武装，否则凯塞林将陷入极为窘迫的境地，他不但要阻挡英美的两支进攻部队，还要对付第 3 支充满敌意的军队，后者驻扎在意大利南部的 6 个德国师的补给和后撤路线两侧。这 6 个德国师刚刚组建成第 10 集团军，司令是维亭霍夫（Vietinghoff），其中有 4 个师是从西西里撤出来的，损失极为惨重。

9 月 3 日，蒙哥马利的第 8 集团军从西西里出发，横渡狭窄的墨西拿海峡在意大利的脚趾部位登陆，开始进攻意大利本土。同一天，意大利政府代表和盟国秘密签订停火协议。可是根据安排，这个事实将暂时不予公开，直到盟军发动主攻，在那不勒斯以南意大利胫部的萨莱诺开展第二次登陆。

9 月 8 日午夜，马克·克拉克将军指挥的英美第 5 集团军开始在萨莱诺湾下船，几小时前，英国广播公司播发了意大利投降的官方通告。意大利领导人没有料到登陆来得这么快，而且下午很晚才接到盟军警告说新闻就要播出。巴多格里奥颇有几分道理地抱怨说，他还没有准备好充分合作，措手不及。可是被艾森豪威尔秘密派去罗马的马克斯维尔·泰勒（Maxwell Taylor）将军对意大利人毫无准备、畏首畏尾的状态已经洞若观火，那天上午就给艾森豪威尔发电，警告说盟军在罗马空降的行动前景堪忧，艾森豪威尔一接到泰勒的警告就取消了计划中的李奇微空降行动。当时，再想恢复原来的计划，把李奇微的部队空降到那不勒斯以北沃尔图诺河（Volturno）沿岸，去阻止敌人南进增援萨莱诺，也已经来不及了。

---

1 Liddell Hart: *The Other Side of the Hill*, pp. 356-7.

意大利投降的广播通告也让德国人措手不及，而与此同时，从南方又传来盟军在萨莱诺登陆的警报，不过他们在罗马做出的反应依然迅速而坚决。

如果意大利人的行动能和他们的表演一样精彩的话，也许结果会有所不同，意大利人成功地彻底掩饰了自己的意图，在之前几天一点都没有引起凯塞林的怀疑。凯塞林的参谋长威斯特法尔将军写过这样辛辣的一段话：

> 9月7日，意大利海军部部长海军上将德·库尔滕（de Courten）拜访凯塞林，告诉他意大利舰队将在8日或者9日从斯佩齐亚（Spezia）出海，寻求与英国地中海舰队交战。他眼含热泪地说，意大利舰队不胜利毋宁死。然后他还具体描述了舰队的作战计划。[1]

这次庄严的保证让凯塞林吃了一颗定心丸。第二天下午，威斯特法尔和另一位将军图桑（Toussaint）开车前往罗马东北方向16英里处蒙特罗通多（Monterotondo）的意大利陆军司令部：

> 罗阿塔（Roatta）将军非常热情地接待了我们。他和我们详细商讨了意大利第7集团军和德国第10集团军在意大利南部进一步联合作战的细节。我们正谈着，冯·瓦尔登堡（von Waldenburg）上校打来电话报告意大利向盟国投降的广播声明……罗阿塔将军向我们保证说，这只不过是盟国一项拙劣的宣传伎俩……他说联合作战将按照我们刚刚做出的安排继续进行下去。[2]

威斯特法尔对他们的保证将信将疑，傍晚回到弗拉斯卡蒂的德军司令部，发现凯塞林已经向下级各个指挥部下达了代号为"轴心"（Axis）的命令——这个代号是事先安排好的，意思是意大利已经退出轴心国，必须采取相应行动立即解除意军武装。

下属各个德军指挥部根据自己面临的不同形势，使用了各种说服和武力相结

1　Liddell Hart: *The Other Side of the Hill*, p. 359.

2　Liddell Hart: *The Other Side of the Hill*, p. 359.

合的手段。在罗马地区,施图登特面对的局面最为不利,他使用了霹雳手段:

> 我试图直接空降在意大利最高统帅部头顶上,但只取得了部分成功。我军在最高统帅部的一角抓住了 30 名将军和 150 多名其他军官,但意大利人顽强地守住了另一个角落。意大利总参谋长跟着巴多格里奥和国王在前一天夜里跑了。[1]

意大利将军们没有试图去压倒施图登特的两个师,而是匆忙脱离接触,指挥部下向东退往提沃利(Tivoli),把首都留给了德国人。这也为谈判扫清了道路,凯塞林使用更加温和的说服手段,提议意军如果放下武器,便可以马上回家。这个提议违背了希特勒把所有意军官兵关进战俘营的命令,可是更有效,德军付出的时间和生命代价也更少。威斯特法尔提到了谈判的结果:

> 意大利军队司令官完全接受了德国的投降建议,其后罗马周围的局势彻底平静下来了。这就消除了第 10 集团军补给线面临的危险……
>
> 我们大大松了一口气,罗马再也不需要成为战场了。凯塞林元帅在投降协定中同意把罗马作为一座不设防城市。他同意只用两个连的警察部队占领罗马,保卫电话通信等重点设施。这些条件直到德军对罗马的占领结束之前都一直得到遵守。自 8 日以来,我们与德军最高统帅部之间的无线电联络便中断了,现在随着意军的投降也恢复了。兵不血刃消灭意军的另一个结果是,我们现在可以马上从罗马地区通过公路向南方的第 10 集团军调遣援兵……于是在经过了起初如此之多的担心紧张之后,罗马周围的局势以这样一种好得不能更好的方式重新稳定了下来。[2]

在此之前,希特勒和德军最高统帅部里的军事顾问们都以为凯塞林的部队已经在劫难逃。威斯特法尔在这个问题上提供了重要的证言:

---

1 Liddell Hart: *The Other Side of the Hill*, p. 360.

2 Liddell Hart: *The Other Side of the Hill*, pp. 360-1.

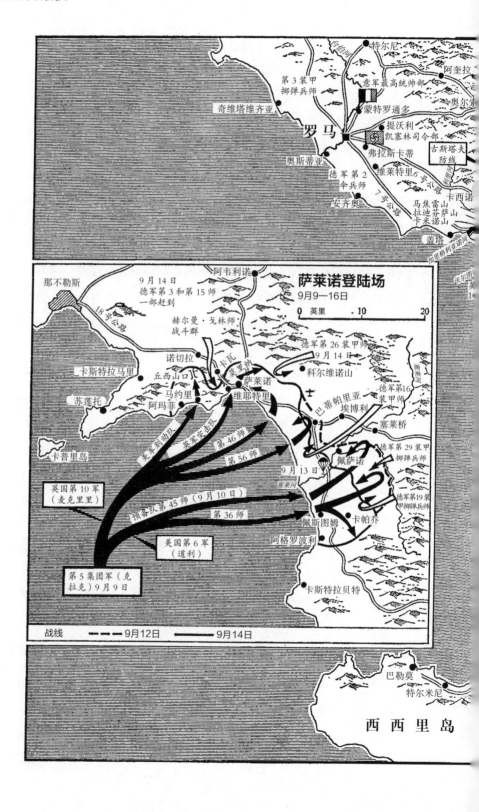

登陆意大利南部

1943年9月3日—12月28日的盟军进展

◄■■■■ 英美盟军进攻方向

▭▭▭► 德军反攻方向

德军第 1 伞兵师 9月3日德军各部队态势

──xxx── 盟军集团军分界线

英里	0		50		100
公里	0	50	100	150	

托纳12月28日

10月3日凌晨特种部队旅登陆，第 78 师跟随

国第 5 军 ·泰尔莫利

13军

美国第 6 军 ·贝内文托

国第 2 军

·曼·格林和装甲掷弹兵师

斯10月1日 德军第 16 装甲师 ·莱诺

埃博利 波坦察

波拉 9月20日

9月14日的前线位置

德国第 10 集团军（维亭霍夫）

拉戈内格罗

福贾 9月27日

巴列塔

巴里

德军第 1 伞兵师

梅尔菲

马泰拉

塔兰托

布林迪西 9月11日

亚得里亚海

卡斯特罗维拉里

贝文迪尔

卡里亚蒂

德军第 26 装甲师

德军第 29 装甲掷弹兵师

响板行动

第 8 集团军第 1 空降师 9月9日登陆

崩行动

集团军（克拉）9月9日凌晨3）0登陆

第勒尼安海

卡坦扎罗 9月10日

皮佐

英国第 30 军

英国第 13 军

墨西拿

雷焦

行动

团军（蒙哥马）9月3日凌晨4）陆

* 代表赫尔曼·戈林师

……8月以来，我们几乎被完全断绝了补给和兵力、武器、装备的补充。当时，我们提出的所有要求都被最高统帅部用"以后再说"搪塞了过去。也许正是出于这种非同寻常的悲观态度，（隆美尔的）B集团军群才被部署在意大利北部的吧。这个集团军群奉命把逃脱盟军和意大利人联合进攻的我军残部安置进亚平宁山脉的阵地里面。

凯塞林元帅对局势的看法也同样悲观。可是他认为我们在某些情况下还是能够掌控局势的——盟军越是在靠南的地方发动大规模登陆，我们的机会也就越大。不过，如果敌人从海上登陆或者空降到罗马地区，就没人能阻止第10集团军被彻底包围了。我们在罗马附近的2个师根本没有足够的实力去消灭强大的意军并击退登陆的盟军，同时兼顾守卫第10集团军的后方交通线。早在9月9日，情况就非常明显，意大利军队正封锁着通往那不勒斯的道路——第10集团军的补给线。这个集团军原本坚持不了这么长时间。因此，总司令在发现盟军于9日和10日没有空降到罗马附近各个机场后，不禁长出了一口气。在这两天里，我们每时每刻都担心盟军可能在意大利军队的帮助下空降。毫无疑问，这种空降会大大地鼓舞意大利军队和对我们怀有成见的平民。[1]

凯塞林非常简洁地概括了此事："盟军如果空降罗马，并在附近而不是萨莱诺登陆，便会迫使我军自动撤出整个意大利南半部。"[2]

即便如此，盟军在萨莱诺登陆之后的那几天，德国人依然紧张万分，他们缺乏关于那里状况的情报，因而更加坐立不安。"战争的迷雾"从来没有如此浓厚过，这都是因为，德国人正在一个背弃自己的盟国境内作战。威斯特法尔对此给出了最贴切的叙述，让我们再次引用：

总司令起初对萨莱诺的形势一无所知。电话联系有赖于意大利的邮政系统，因而中断了。我们以前没有获准研究意大利人的电话技术，所以也很难

1　Liddell Hart: *The Other Side of the Hill*, pp. 361-2.
2　Liddell Hart: *The Other Side of the Hill*, pp. 362-3.

马上修复故障。无线电联络起初也无法安排，因为新组建的第 10 集团军司令部通信参谋不熟悉南方特殊的大气条件。

德国人很幸运，盟军登陆的地点正如他们预料的，在那里，凯塞林可以最方便地集中自己的少量部队迎战。英国第 8 集团军沿着意大利脚趾部位的推进也不出所料，而且太远了，无法对凯塞林的部队构成迫在眉睫的危险。盟军指挥官们不愿意在空中支援半径以外冒险，这让凯塞林得益良多，凯塞林估计，盟军会一直遵守这些成规。萨莱诺登陆行动代号为“雪崩”，听上去太过乐观，结果，盟军在付出高昂代价后被阻挡住了。事实上，马克·克拉克说这次作战“近乎灾难”[1]。登陆部队历尽惊险才经受住了德军反攻，没有被赶下海。

按照原计划，马克·克拉克主张把登陆地点选在那不勒斯北面的盖塔湾（Gulf of Gaeta），那里地形比较开阔，不像萨莱诺那样有着阻碍从滩头向内陆推进的山地。可是盟军空军总司令泰德告诉他，如果登陆地延伸到盖塔地区的话，空中支援就不会那么好，克拉克退让了，同意选择萨莱诺。

盟军里，某些人提议说，要想攻敌不备，令其失去平衡，最有效的办法是跳出这些限制，比如，在意大利脚跟部位的塔兰托（Taranto）和布林迪西（Brindisi）地区登陆，那里或许是“最出乎意料的一条战线”，盟军不需要冒多大风险，还可以及早获得这两处良港。

在最后阶段，盟军把在这里登陆加进了作战计划，作为辅助进攻方向，可是塔兰托进攻部队只包含英国第 1 空降师，他们从突尼斯的休整营地匆匆集合起来，搭乘紧急召来的所有可用的海军船只而来。他们在登陆时没有遇到抵抗，可是到达时既没有坦克，也没多少大炮或运输汽车。实际上，这个师缺乏一切乘胜追击所需的物资装备。

我们已经综述了盟军进攻意大利的整个情况，现在对这次作战过程进行更加仔细的研究，我们将从 9 月 3 日蒙哥马利的第 8 集团军跨过狭窄的墨西拿海峡讲起。

1　Clark: *Calculated Risk*, p. 179.

直到 8 月 16 日，德军剩余的后卫撤出西西里，登陆卡拉布里亚的"湾城行动"（Operation Baytown）命令才下达。当时命令里甚至没有列出"作战目标"，蒙哥马利在 19 日给亚历山大的电报中语带讥讽地指出了这一点。为了回应他的批评，亚历山大这才加上了作战目的，并告诉蒙哥马利说：

> 你的任务是在意大利脚趾部位占领一处稳固的桥头堡，以便让我海军部队跨过墨西拿海峡。
>
> 如果敌人从脚趾部位撤退，你就应该使用手边可用的部队跟踪追击，记住，你在意大利南部尖端拖住越多敌人部队，你对"雪崩行动"（萨莱诺登陆）的贡献也就越大。

对久经战阵的英国第 8 集团军而言，这是个非常平庸且相当模糊的目标。蒙哥马利在他的回忆录里评论道："计划根本没有就我们如何与在萨莱诺登陆的第 5 集团军协调做出规定……"就协助第 5 集团军这个辅助性目的而言，英军的登陆地点非常不适合——这里离萨莱诺有 300 英里，中间的道路狭窄而多山，敌人很容易进行阻挡。从脚趾尖北上的公路只有两条，分别沿着东西海岸，所以只够展开两个师，每个师以 1 个旅打头，无论在哪条战线上，很多时候，英军连展开 1 个营以上兵力都很困难。所以敌人没有必要在这个地区保留大部队，而且他们非常肯定盟军更大的部队一定会在其他地方登陆，就更没必要在这里部署大部队了。一旦第 8 集团军被用于卡拉布里亚半岛，第 5 集团军就失去了任何奇袭的可能，因为敌军必须有所准备的可能地点减少了。脚尖部位是分散敌人兵力最糟糕的地点。敌人可以很安全地从那里撤离，让进攻部队自己受限于狭窄的地形，无法展开作战兵力。

尽管蒙哥马利不太可能在那里遭遇强烈抵抗，但他还是以一贯的一丝不苟的作风准备在脚趾部位的登陆。在第 30 军的指挥下，600 门大炮集结了起来，从西西里海岸用压倒性的弹幕掩护迈尔斯·邓普西的第 13 军横渡海峡并在雷焦附近滩头登陆。为了集结这么多炮兵，登陆日期相较预定日期延后了好几天。120 门海军大炮进一步增加了炮击强度。

数日前，便有情报显示德军在脚尖部位只留下了不超过两个步兵营，而且就连这些部队也离滩头有 10 多英里之远，负责掩护沿半岛北上的道路。这份关于敌人撤退的情报引起了一些批评，认为炮火准备是"大锤砸核桃"。这一评论虽然有趣但并不贴切——因为根本连核桃都没有。这就是在浪费大量的炮弹。

9 月 3 日凌晨 4 点 30 分，英国第 5 师和加拿大第 1 师在空旷的海滩上登陆，甚至连地雷和铁丝网都没看见。一份加拿大人的笔记开玩笑地写道，"当天最激烈的抵抗来自一只从雷焦动物园逃出来的美洲豹，它似乎对旅长很感兴趣"。冲上滩头的步兵没有遭受伤亡。到傍晚时分，他们已经占领了半岛的脚趾部位纵深 5 英里的地区，没有遇到任何抵抗，其间俘虏了 3 名德军逃兵和 3000 名意军。意大利人积极主动帮助英国登陆艇卸载。此后几天，进攻部队在沿脚趾部位北上时也没有遇到真正的抵抗，只和敌军后卫有过短暂交火。不过，德国人在撤退时巧妙策划的大量爆破，倒是不断阻碍第 8 集团军的前进。登陆后第 4 天，也就是 9 月 6 日，他们才从海滩前进了 30 英里，10 日才到达半岛最窄处，即脚趾的关节部位。此时，他们离萨莱诺还有三分之二的路程。

但是蒙哥马利说，亚历山大在 9 月 5 日视察第 8 集团军时"非常乐观"，带来意大利人两天前秘密签订停火协议的消息。蒙哥马利说亚历山大"明显是把他的计划建立在意大利人说到做到的假设基础之上"。蒙哥马利对这种信心表示质疑——"我告诉他，我认为，德国人在发现意大利人正干什么时，一定会把他们踩在脚下。"后来的事情证实了蒙哥马利在日记中做出的这个判断。

登陆萨莱诺两周前，德国的军事评论家"塞多留"（"Sertorius"）[1] 就在广播里预测说，盟军将在那不勒斯 – 萨莱诺地区发起主要登陆，并在卡拉布里亚半岛发动助攻。考虑到这点，亚历山大对"雪崩行动"的信心就更令人惊奇了。

再往前一周，8 月 18 日，希特勒下达了应对这个威胁的命令，命令中主要提到：

1. 可以预期意大利在敌人的压力面前早晚会投降。

2. 为了因应这种可能性，第 10 集团军必须保持后退线路的畅通。意大利中部，尤其是罗马地区，必须让南线总司令部（OBS）坚守到第 10 集团军

---

1 译注：塞多留，罗马共和国后期的著名将领。公元前 1 世纪曾割据西班牙，后被庞培平定。

撤退。

　　3. 最初受威胁最大的地区是从那不勒斯到萨莱诺的海岸地带，第 10 集团军必须集结一支至少由 3 支摩托化部队组成的强大战斗群。这个集团军所有非摩托化的兵力都要调到这个区域。一开始时，完全摩托化的部队要集结在卡坦扎罗（Catanzaro）和卡斯特罗维拉里（Castrovillari）之间进行机动作战。第 1 伞兵师的部队可以用于保护福贾（Foggia）。如果盟军登陆，我军一定要坚守那不勒斯 – 萨莱诺地区。至于卡斯特罗维拉里隘口以南地区，我军只需在那里进行迟滞行动……

　　凯塞林把自己手下 8 个师中的 6 个派到南部，由冯·维亭霍夫将军新组建的第 10 集团军指挥，集团军司令部位于萨莱诺东南部的内陆城镇波拉（Polla）。根据集团军作战日志的记载，希特勒在 22 日就亲口要求维亭霍夫把萨莱诺当作"重心"。凯塞林的另外两个师在罗马附近充当预备队，准备好随时控制首都并在"意大利人背叛的情况下"保持第 10 集团军的后撤路线畅通。南方的 6 个师中，第 16 和 26 装甲师是新到意大利的，其余 4 个师都是从西西里撤出来的。其中赫尔曼·戈林师和第 15 装甲掷弹兵师在此前的战斗中损失太大，被调回那不勒斯地区休整，第 1 伞兵师派往阿普里亚（Apulia）地区，第 29 装甲掷弹兵师留在意大利脚趾部位对付蒙哥马利。为了帮助这个师抵挡蒙哥马利，德军临时把第 26 装甲师派往卡拉布里亚，但这个师在到达意大利时没有坦克。[1] 第 10 集团军中装备最精良的第 16 装甲师被部署在萨莱诺湾，这里是盟军最可能发起大规模登陆的地点，其他师也可以迅速赶来那里增援。即便如此，第 16 装甲师也只有 1 个坦克营[2] 和 4 个步兵营，不过炮兵倒是很强。

　　要想抵挡盟军正向萨莱诺开近的巨大舰队，这点兵力非常微弱。盟军舰队有大约 700 艘军舰和登陆舟艇，运载着第一波登陆的 5.5 万人的部队，后续部队还

1　与当时大多数德国装甲师一样，该师只有 2 个坦克营，其中一个装备豹式坦克，另一个装备较轻的四式坦克。豹式坦克营没有被运到意大利，另一个坦克营则被留在罗马附近震慑意大利人。

2　这个营有大约 80 辆四式坦克。替代缺编的豹式坦克营的是一个装甲突击炮营，它拥有 40 辆自行突击炮（从远处看会被误认为坦克）。即便如此，我们还是很难理解马克·克拉克将军在他的战争回忆录《合理冒险》（Calculated Risk）中怎么会得出德军"一开始在萨莱诺可能有大约 600 辆坦克"这样的估计（p. 199）——这几乎是实际数字的 8 倍。

有 11.5 万人。

美军第 36 步兵师将在右翼登陆，英军第 46 和 56 步兵师在左翼登陆，而美军第 45 步兵师的一部则将担任侧翼预备队。这几个师分别归道利（Dawley）将军的美国第 6 军和 R. L. 麦克里里（R. L. McCreery）将军的英国第 10 军指挥。第 10 军将在萨莱诺以南一片 7 英里长的海滩登陆，附近是萨莱诺通往那不勒斯的主路，这条路沿着一条不高但难走的山道，通过卡瓦（Cava）隘口，穿过多山的苏莲托（Sorrento）半岛的颈部。所以登陆战及早成功的关键在于打开通往北面大港口那不勒斯的通道，以及封锁住德军从北面增援的道路。为了帮助完成这个任务，盟军调来 2 支英军突击队和 3 个美军游骑兵营以尽快占领这处隘口，还有附近另一条道路上的丘西（Chiunzi）山口。

英军主攻部队的船队 9 月 6 日从的黎波里塔尼亚起航，美军在前一天晚上从奥兰起航。其他部队从阿尔及尔、比塞大和西西里北部的巴勒莫、特尔米尼港（Termini）出发。尽管部队的目的地是严格保密的，但不难从空中掩护的限制和占领大港口的需要出发，猜出目的地，以上两个条件加起来指向就非常明显了。一艘淡水供应船上的中国厨子向船队告别时高喊"那不勒斯再见"，把大家都吓了一大跳。[1] 可他也只是喊出了水手和士兵中间天天谈论的事情而已。另一个让人容易猜出的因素是南北两支进攻部队的代号叫作"N 部队"和"S 部队"，这个代号的选择真是不走脑子。这也不能全怪大家乱猜，有一份广为传播的后勤命令里就提到了萨莱诺城里和周围几个地方的名字。

进攻目标如此明显，另一件事情也来添乱，集团军司令马克·克拉克坚持出奇制胜，以至于尽管护送和支援登陆部队的海军编队指挥官 H. 肯特·休伊特海军中将明确看出"我们要是能达成战术奇袭那才是天方夜谭"，克拉克仍然禁止事先对岸上防御进行海上炮火准备。[2] 不过也可以认为，炮击虽然可以削弱海岸防御，但也可以明确地指示出登陆地点，从而有利于敌人迅速集中预备队，因此利弊互见。

8 日下午，护航船队在经过西西里北部和西部外海时被敌军发现并上报给了

1　Linklater: *The Campaign in Italy*, p. 63.

2　S. E. Morison: *History of U.S. Naval Operations in World War II*, vol. IX, p. 249.

德军指挥部，下午 3 点 30 分，德军指挥部发出警报准备迎战预期中的盟军登陆。傍晚 6 点 30 分，艾森豪威尔在阿尔及尔广播电台宣布意大利停战的消息，7 点 20 分，英国广播公司重复了这条新闻。护航船队的盟军部队听到了其中一条广播，虽然有些军官提醒说还是要跟德国人作战，但不幸的是，这则新闻还是让大多数官兵以为登陆将会像闲庭信步一般容易。他们的希望很快就幻灭了。那些乐观地预期登陆第 3 天就能占领那不勒斯的盟军作战计划人员也失望了。盟军激战了 3 周并惊险地逃过了一次灾难，这才打到了那不勒斯。

8 日下午，开进中的护航船队遭遇过几次空袭，天黑后，又有德军轰炸机飞越船队上空，投下降落伞照明弹，不过，船队很幸运没有遭受什么损失。午夜刚过，先头运输舰抵达离海滩 8 到 10 英里处的洋面，开始放下登陆艇。登陆艇在预定的进攻发起时间凌晨 3 点 30 分前后抵达海滩。两小时前，德军接管的一处海岸炮台向迫近登陆场北翼的登陆艇开火，遭到护航驱逐舰的回击并被打哑了，舰炮和火箭发射艇对海滩发起短促而猛烈的炮击，为登陆的最后阶段助攻，火箭发射艇是在这次战役中第一次亮相的新武器。可是，登陆场南半部没有得到这样的火力援助，因为美军师长坚持执行集团军司令的"不开火"指令，希望通过悄悄的登陆在本地段达成奇袭效果。结果在向滩头最后冲刺的阶段，登陆艇遭到来自岸上冰雹一般的火力打击，部队伤亡很大。

能否快速向那不勒斯进军取决于能否打开从萨莱诺通过山脉向北的道路，因此，我们在这里将按照从左向右的顺序叙述战斗过程，从北翼开始。美军游骑兵没有遇到抵抗就在马约里（Maiori）的一处小海滩登陆，只用了不到 3 小时就占领了丘西山口，并在俯瞰萨莱诺 – 那不勒斯主要公路的山脊上站稳了脚跟。英军突击队也在维耶特里（Vietri）轻易登陆，公路在这里离开海岸向山上延伸。不过，敌军反应很快，拖慢了英军对城镇的肃清，并将突击队员们拦在了北面莫里纳（La Molina）低山口——卡瓦隧道的起点。

英军主力在萨莱诺以南几英里处登陆，从一开始就遭遇到了激烈的抵抗，而且第 46 师被错误地送上了右邻第 56 师的滩头，引起了混乱和拥挤，登陆行动因而受到了不利影响。尽管某些领头部队向内陆推进了 2 英里，但英军还是损失惨重，没能拿下第一天最重要的几个目标，包括萨莱诺港、科尔维诺山机场和巴蒂帕里亚（Battipaglia）和埃博利（Eboli）的道路交口。此外，到这一天日终时，英军在塞莱河（Sele）以北右翼和美军在此河南边的左翼之间还有一个 7 英里宽的缺口。

美军的登陆场在 4 处海滩上，离著名的佩斯图姆（Paestum）古希腊神庙不远。他们在没有舰炮支援的情况下，冒着敌人的猛烈炮火冲向滩头，上岸后却又冲进了敌人的火网，还在滩头遭到敌机的反复空袭。第 36 步兵师缺乏作战经验，这次遇到了严酷的考验。幸运的是，驱逐舰勇敢地穿越水雷区，冲近海滩用舰炮提供了有力的火力支援，在英军和美军的登陆场，舰炮火力都发挥了阻止小股德军坦克反攻的作用，因而为进攻部队消除了最主要的威胁。夜幕降临时，美军左翼向内陆推进了大约 5 英里，打到了山间小镇卡帕乔（Capaccio），可是英军右翼仍被牵制在海滩上。

第二天，即 9 月 10 日，美军地段相对平静：第 16 装甲师已把有限的兵力大部北调，去对付更具战略威胁的英军地段。美军趁机扩大登陆场，并把作为海上预备队的第 45 师主力全部送上岸。与此同时，英军第 56 师清晨即占领蒙特科尔维诺（Montecorvino）机场和巴蒂帕里亚，但随后遭德军两个摩托化步兵营及部分坦克的猛烈反击，一度被逐退——此次反击甚至引发近卫旅局部的慌乱，直到皇家苏格兰灰骑兵团（the Royal Scots Greys）的坦克赶到，才以同类兵力稳住阵脚。

当晚，第 56 师以 3 个旅的兵力发起进攻，试图夺取俯瞰全区的埃博利山（Mount Eboli）制高点，但进展甚微，仅得以再次进入巴蒂帕里亚。第 46 师则占领萨莱诺，并派出一旅接替突击队，却未向北推进。在美军地段，新锐的第 45 师沿塞莱河东岸经佩萨诺向内陆推进约 10 英里，几乎抵达计划登陆场顶点——塞莱桥道路枢纽，却被德军一个摩托化步兵营和 8 辆坦克自英军地段急调过河发动反击所阻，被迫后撤。至此，登陆第三日结束时，已上岸的 4 个盟军师（外加相当于一个师的附属部队）仍被困在两个浅窄且彼此分离的滩头堡；德军不仅控制着四周高地，也封锁了通往滨海平原的所有通道。盟军原拟第三日拿下那不勒斯的目标已化为泡影。兵力仅及盟军半个师的第 16 装甲师成功遏制了登陆势头，为德军后续增援赢得了宝贵时间。

第一支到达的援军是德军第 29 装甲掷弹兵师，它已经在从卡拉布里亚回来的路上，另外还有正在休整的赫尔曼·戈林师能够抽调出的一个战斗群，总共 2

个步兵营和大约 20 辆坦克。这个战斗群从那不勒斯方向开来，发动反攻并突破了英军在莫里纳山口上端的防线，逼近维耶特里，直到 13 日才被重新参战的英军突击队挡住。即便如此，这条山口已经被德军死死地封锁住了。现在局势很明显，英国第 10 军被钉死在纵深极浅的萨莱诺附近海岸地带，德国人在附近高地上四面环伺。与此同时，马克·克拉克一开始的信心被南段的战事进一步动摇。第 29 装甲掷弹兵师和第 16 装甲师一部冲进英美两军之间的接合部。9 月 12 日傍晚，英军右翼再次被赶出巴蒂帕里亚并遭受了极大的损失，许多士兵被俘。13日，德军从盟军两个军之间扩大的突破口乘胜追击，向美军左翼发动进攻，将其赶出了佩萨诺，美军开始全面撤退。在其后混战中，德军在数个地点突破美军防线，一度离滩头只有半英里。

那天傍晚的形势非常严峻，登陆场南端所有商船暂停卸货。马克·克拉克还紧急请求休伊特海军中将准备把第 5 集团军司令部重新装船，并让所有可用的登陆艇准备好，以便第 6 军撤出滩头，在英军地段重新登陆，或者把英国第 10 军南调。[1] 如此大规模的紧急调动根本不现实，麦克里里和他的海军支援部队指挥官奥利弗海军准将对此表示强烈抗议。这条建议在被报告给艾森豪威尔和亚历山大后，也在高级司令部中引起震惊。可是这也有助于加速援兵上岸，高层为此目的派来了更多的登陆艇，还把正开往印度的 18 艘坦克登陆艇转调了过来。第 82空降师也被调给了马克·克拉克，马修·李奇微应克拉克当天下午的紧急请求，在当夜把本师的先锋部队空投到了登陆场南部。英军第 7 装甲师 15 日开始在北部海滩登陆。不过到那时，危机已经过去了，这在很大程度上要感谢盟军海空军的紧急援助。

14 日，地中海战区所有可用的飞机，不管是隶属于战略空军还是战术空军，都被调去轰炸德军部队和后方交通线。空军一天出击 1900 多架次。海军舰炮猛攻滩头对制止德军反攻的帮助更大。维亭霍夫在回忆中说道：

> 今天早晨的进攻遭遇激烈抵抗，但挺进的部队不得不忍受的最大的考验

1　Cunningham of Hyndhope: *A Sailor's Odyssey*, p. 569，S.E. 莫里森（S.E.Morison）的《美国海军作战史》（*History of U.S. Naval Operations*）第九卷里面只提到了这些紧急措施中的最后一条。

还是前所未见的猛烈炮火——来自前方海面上 16 到 18 艘战列舰、巡洋舰和大型驱逐舰的舰炮。这些军舰以令人惊讶的精度炮击发现的每一个目标,而且可以自由机动,产生了压倒性的效果。

美军在如此有力的支援下成功地守住了前一天晚上撤回来后建立的后方防线。

15 日,战局暂时趋于平静,德军在一些援兵的帮助下开始重新组织饱受炮击和空袭打击的部队,以便再发动一轮进攻。第 26 装甲师还是没有坦克,根据维亭霍夫的命令,在萨莱诺登陆当天从蒙哥马利正面溜了出来,现在已从卡拉布里亚赶到这里。第 3 和第 15 装甲掷弹兵师的分队也已从罗马和盖塔分别赶到。可是德军即便得到了这些额外兵力,总数加起来也只不过相当于 4 个师,拥有的坦克刚过 100 辆,而到 16 日,第 5 集团军已上岸的兵力相当于 7 个更大规模的师,坦克则有大约 200 辆。所以盟军指挥部根本没有理由担心,除非盟军的士气赶在优势兵力发挥作用之前就出现动摇。此外,第 8 集团军现在已经接近,更加大了兵力优势,并对敌军的后方造成威胁。

亚历山大在那天上午乘坐驱逐舰从比塞大来到克拉克的司令部,并视察了滩头阵地。他以一贯的委婉方式让克拉克打消了退出两处登陆场中任何一处的念头。英国海军战列舰“厌战”号和“刚勇”号(Valiant)前一天下午带领 6 艘驱逐舰从马耳他起航,于上午 10 点到达,带来了新的增援力量,但是因为和前锋观察哨之间通信联络出现了延误,7 小时后才参战,并炮击了远至内陆 12 英里外的目标,15 英寸口径舰炮发射的极重的炮弹在物质上和心理上都能产生毁灭性的震撼。

当天上午,第 8 集团军一群战地记者也来到了滩头。他们觉得第 8 集团军前来援助第 5 集团军的速度太慢而且毫无必要地表现得过于谨慎,于是就在前一天自作主张坐着 2 辆吉普,沿支线公路和小道行驶,避开大路上被炸掉的桥梁,穿越 50 英里所谓“敌占区”,一路没有遇到一个德国人。27 小时后,第 8 集团军的先头侦察部队到达,和第 5 集团军建立了联系。

16 日早晨,德军再次进攻,从英军地段开始,由北面突向萨莱诺,另一支部队则开往巴蒂帕里亚。这两次突击被盟军的炮兵、舰炮和坦克共同挫败了。这次失败后,考虑到第 8 集团军已逼近,凯塞林得出结论,现已不可能再把盟军赶下海。因此当晚，他授权部队"在海岸前线脱离接触"，向北缓慢撤退。在第一阶段，德军将撤往那不勒斯以北 20 英里处的沃尔图诺河一线，在那里构筑了一条防线，准备坚守到 10 月中旬。

尽管大型战舰还未赶到战场，但盟军还是在舰炮的帮助下粉碎了德军的反攻，因此，当"厌战"号在当天下午被德军一颗新型的 FX1400 型无线电制导滑翔炸弹击中时，德军或许会略感宽慰。9 月 9 日，当意大利舰队从斯佩齐亚起航向盟国海军投诚时，德军临别踢了前意大利盟友的主力舰队一脚，用一颗这种新型炸弹击沉了意大利旗舰"罗马"号。

分析起来，一旦德军无法把盟军赶回海里，那么其从萨莱诺撤军就是不可避免的。凯塞林竭力利用他所说的"蒙哥马利非常谨慎的推进"留给自己的机会，但也很清楚，一旦英国第 8 集团军走出狭窄的卡拉布里亚半岛，由内陆赶到战场，便能从侧翼迂回他的阵地，而那时，他就无法再守住西海岸上这条战线了。他的部队太少，无法守住这条越来越宽的战线。可是盟军所造成的威胁并没有发展得太快，以至于危及或加速德军的撤退。因为直到 9 月 20 日下午，第 8 集团军的加拿大先头部队才到达意大利脚跟部位的主要公路中心波坦察（Potenza），这里位于离萨莱诺湾有 50 英里之远的内陆地区。前一天下午匆匆赶到的 100 名德军伞兵迫使加拿大部队停了一夜。第二天，英军用了一个旅（兵力相当于守军的 30 倍）发动进攻才瓦解了他们的抵抗。这表明，在形势不明的情况下，巧妙的防御能发挥何等强大的迟滞作用。在英军的进攻下，这支德军小分队被迫撤退，其中只有 16 人被俘，可是在盟军对这个镇子发动的先期空袭中，有近 2000 名意大利居民身亡。后面一周，加拿大巡逻部队小心地向 40 英里以北的梅尔菲(Melfi)前进，只和敌军后卫有过非常短暂的接触。与此同时，第 8 集团军主力因为补给不足停了下来，等待把补给线变换到意大利东南角的塔兰托和布林迪西港。

盟军在意大利脚跟部位的登陆根本没有遭遇抵抗。联合参谋长委员会曾指示艾森豪威尔准备攻占西西里以后的作战计划，在 6 月，塔兰托曾是考虑范围内的几处目标之一。可是后来，艾森豪威尔的参谋部确立了这样一个原则，就是绝不在战斗机掩护半径之外考虑进行敌前登陆，所以塔兰托被否决了。那里和那不勒斯一样，正好超出从西西里东北部机场起飞的喷火式战斗机的作战半径，而萨莱诺正好在这个半径之内。9 月 3 日意大利签署停战协定后，盟军才重启塔兰托登陆作战，并将其作为临时性的助攻加进了整体计划，代号定为"响板行动"（Operation Slapstick）。因为情报显示驻守意大利脚跟部位的德军为数极少，而且盟军后来才意识到，就算占领那不勒斯并能够使用那里的港口，也很难支援沿着亚平宁半岛东西两个海岸北上的行动。

这一行动由坎宁安海军上将主动提出，他告诉艾森豪威尔，如果能分出部队登陆塔兰托，他可以提供运载的船只。当时英国第 1 空降师正好在突尼斯，他们缺乏足够的运输机进行空降作战，所以正好闲着，于是仓促在比塞大登上 5 艘巡洋舰和 1 艘布雷舰，在 9 月 8 日傍晚开往塔兰托。第二天下午，护航运输队在赴塔兰托途中，和意大利舰队擦肩而过，后者以塔兰托为基地，正驶向马耳他向盟军投诚。黄昏时分，护航运输队进港，发现大多数港口设施原封未动。两天后，盟军又占领了布林迪西（意大利国王维克托·艾曼纽尔和巴多格里奥元帅已从罗马逃来这里），和海岸往北 60 英里处位于意大利脚踝背后的巴里港，从而扩大了意大利脚跟部位的战果。至此，足以支撑盟军沿着东海岸北上，而西海岸至今尚未取得任何一座同等规模的港口；而且很明显，盟军迟迟无法从萨莱诺向北打到那不勒斯，因而德国人有充分的时间在放弃那不勒斯之前破坏掉那里的港口。

不过，盟军因缺乏远见而白白浪费了东海岸的大好战机，后来也没有做出足够的努力加以挽回。"响板行动"正如其名，还真是雷声大雨点小。盟军把这次行动仅仅视为占领港口的作战，所以在派出第 1 空降师时没有为其配备除了 6 辆吉普车以外的其他运载车辆，这种一无所有的状况一直延续到 14 日。在这 5 天里，几支巡逻队乘坐吉普和征用来的小轿车一直向北推进到巴里，在整个广阔的海岸地带都没有发现任何德军部队。虚弱的德国第 1 伞兵师是这个区域唯一一支德军，其一部还被调到萨莱诺地区，剩下的奉命撤到塔兰托以北 120 英里的福贾，以掩护凯塞林的深远东侧翼。可是等到运输车辆赶来，恢复机动能力的英军，仍然不被允许放胆北进，因为盟军正有条不紊地为沿着东海岸大举北进制订全盘计划并做准备工作。大好机会在前，英军却仍然死抱着谨慎的老习惯不放，这真是非常不幸，德军第 1 伞兵师离得太远，根本不可能反击，而且其全部作战兵力也只有 1300 人，英军人数 4 倍于此，还有更多部队正在赶来支援的路上。可是老习惯还是占了上风。

这里的作战行动被交给了第 5 军军长阿尔弗雷指挥，就是他在前一年 12 月指挥了因过于谨慎而失败的向突尼斯的进军，亚历山大规定他的任务是"在意大利脚跟部位占领一个基地，掩护塔兰托和布林迪西港，如有可能也占领巴里，准备下一步推进"。13 日，阿尔弗雷这个军被划归第 8 集团军指挥，于是盟军失去了任何及早推进越过上述界限的希望，因为蒙哥马利在任何进攻之前都会先调集部队，确保物资充足的。

9 月 22 日，第 78 师开始在巴里下船，随后印度第 8 师在布林迪西下船，邓普西的第 13 军被调往东海岸。可是直到 9 月 27 日，英军才从巴里派出一支小型机械化部队前去侦察敌方情况，并占领福贾。英军一出现，德国人就迅速撤退了，于是英军兵不血刃控制了这里宝贵的机场群。就算到那时，蒙哥马利仍然严守自己先前下达的 10 月 1 日之前不进攻的命令，等到进攻终于开始后，他又只用 13 军的 2 个师向前推进，把第 5 军的 3 个师摆在后方保卫"一个巩固的根据地"并掩护自己的内陆侧翼。

德军第 1 伞兵师现在沿着比费尔诺河（Biferno）防守，掩护着小港口泰尔莫利（Termoli），这条防线对它有限的兵力来说太长了。为了进攻这条防线，蒙哥马利精心制订计划，从防线后方发动两栖登陆以打开突破口。10 月 3 日凌晨，一个特种兵旅在泰尔莫利以北登陆，在夜色的掩护下，冒着瓢泼大雨迅速占领了城镇和港口，然后和正面进攻部队在河对岸夺取的桥头堡取得联系。此后 2 天，第 78 师的另外 2 个旅从巴列塔（Barletta）由海路开到泰尔莫利，以加强桥头堡，并继续进攻。

但是，德国集团军司令维亭霍夫利用英国人在东海岸发动进攻的迟缓，已经在 2 日从西海岸的沃尔图诺防线调来第 16 装甲师增援正在掩护后撤集团军遥远左翼的薄弱的伞兵屏护部队。这个师匆忙翻越意大利半岛中央的山脊，于 5 日清晨到达泰尔莫利附近，并马上发动反攻，把英军打回城镇边缘，差一点就切断了他们向南的交通线。可是，第 78 师把来自海上的援兵投入战斗，在强大的英军和加拿大坦克的支援下，终于挡住德军并将其推了回去。

其后，德军退出战斗，向北撤退了 12 英里，到达掩护着特里尼奥河（Trigno）的阵地上。他们突然的反击让蒙哥马利在进攻特里尼奥河防线之前，停了两周，以便进一步集结兵力和补给。

与此同时，马克·克拉克的第 5 集团军正慢慢地从萨莱诺沿西海岸推进，试图迫使维亭霍夫的德国第 10 集团军退却。在进攻第一阶段，双方相持得异常胶着，德军右翼顽强固守萨莱诺以北的山地障碍，掩护左翼从南边的海岸向后回转，绕过巴蒂帕里亚和佩斯图姆撤退。德军开始撤退近一周后，英国第 10 军才开始在 9 月 23 日进攻，试图强行打开一条从萨莱诺通向那不勒斯的道路。为了这次进攻，第 10 军不仅投入了第 46 和第 56 步兵师，还派来了第 7 装甲师和另一个装甲旅，而坚守各个山口的德军小部队只有 3 到 4 个营。进攻毫无进展，直到 9 月 26 日，英军发现对面的德国人在前一天夜里消失了——他们已经完成为南方的同袍向后回转撤退争取时间的任务。此后，盟军挺进的主要障碍就只是一路上被炸掉的桥梁。28 日，第 10 军在诺切拉（Nocera）附近打进了平原地带，可是直到 10 月 1 日，前锋才进入 20 英里以外的那不勒斯。

与此同时，美国第 6 军缓慢地沿着内陆被德军破坏的道路进军，已经和第 10 军齐头并进，这一路，他们平均每天只前进 3 英里，10 月 2 日才开进贝内文托（Benevento）。这个军的新任军长是约翰·P. 卢卡斯（John P. Lucas）少将，他被调来接替道利。

自登陆以来，第 5 集团军花了 3 周时间才打到了最初的目的地那不勒斯，付出的代价是将近 1.2 万人伤亡——大约 7000 名英军和 5000 名美军。为了萨莱诺地区处于空中掩护范围内这一优点，盟军选择了太明显的进攻路线和登陆地点，从而丧失了奇袭的机会，这就是代价。

第 5 集团军又花了 1 周时间才接近德军退守的沃尔图诺河防线。10 月第一周，雨季来临，比预期早了一个月，泥泞的道路和松软的地面妨碍了盟军的前进。第 5 集团军在 10 月 12 日夜间对 3 个德国师把守的沃尔图诺河防线发动进攻，比原计划晚了 3 天。美国第 6 军在卡普亚上游河段占领了一处桥头堡，但是英国第 10 军右翼在试图于那不勒斯通往罗马的主路上的卡普亚附近强渡河流时被击退了，致使美军进一步扩大桥头堡的行动受阻。另外 2 个英国师在靠近海岸的地方小规模渡河，也被德军迅速的反击所阻。这样，德军前卫部队就完成了凯塞林交给他们的任务，那就是在退向 15 英里以北的下一道防线之前，坚守这条河流防线直到 16 日。北面的下一条防线是临时匆匆建立起来的，它从加里格利亚诺河口（Garigliano）开始，穿过掩护道路的一连串崎岖的山地，然后沿着 6 号公路的通道，越过米纳诺（Mignano）隘口，通向加里格利亚诺河上游和它的支流拉皮多河（Rapido）与利里河（Liri）的河谷。凯塞林希望守住这条前沿防线，同时可以加固一条沿着加里格利亚诺河和拉皮多河、以卡西诺（Cassino）隘口为中心的精心计划的防线做长期防御。这条稍微靠后的防线被称为古斯塔夫防线（Gustav Line），或者冬季防线（Winter Line）。

由于坏天气和德军的爆破，第 5 集团军拖延了 3 个星期，才在 11 月 5 日对这条防线发起进攻。德军的抵抗非常激烈，经过 10 天的战斗，盟军除了在海岸侧翼之外没有取得任何进展，马克·克拉克被迫把疲惫的部队撤下来进行重组，以便发动更强大的攻击，下一次进攻要到 12 月第一周才能准备好。到 11 月中旬，第 5 集团军的损失已升到 2.2 万人，其中将近 1.2 万人是美军。

在这几次长期的停顿中，希特勒的想法发生了具有深远影响的改变。得知盟军从萨莱诺和巴里北进极其缓慢，希特勒大受鼓舞，认为也许不必撤往北意大利，10 月 4 日，希特勒下达命令"要守住盖塔 – 奥托纳（Ortona）一线"，并答应从隆美尔在北意大利的 B 集团军群中给凯塞林抽调 3 个师，帮助他尽可能长时间守住罗马以南。希特勒越来越倾向于同意凯塞林长期坚守的主张，但他直到 11 月 21 日才明确地采纳这个策略，让凯塞林指挥意大利境内所有德军。隆美尔的集团军群解散，剩下的部队调归凯塞林。即便如此，凯塞林还是需要在北方保持部分兵力来守卫和控制这个广大的地区；而原本配属该集团军的 4 个最精锐的师（包括 3 个装甲师）被调往苏联，前来代替的是需要休整的 3 个兵力枯竭的师。

第 90 装甲掷弹兵师的到来给凯塞林带来一支规模虽小但很有价值的援兵。意大利停战时，这个师还驻守在撒丁岛，其后渡过狭窄的博尼法齐奥（Bonifacio）海峡撤到了科西嘉岛，此后又通过海运和空运在两周时间里分批撤到意大利本土的里窝那（Leghorn），躲过了盟国海空军轻微且时有时无的拦截。这个师在 6 周后才归凯塞林指挥，但他还是及时把它调往南方协助挡住第 8 集团军沿意大利东海岸姗姗来迟的进攻。

就在蒙哥马利开始对桑格罗河沿岸的德军阵地（掩护着奥托纳和古斯塔夫防线在亚得里亚海岸上的延长线）发动试探性攻击的第二天早晨，希特勒把意大利的所有德军编组为 C 集团军群，并交由凯塞林指挥。

10 月第一周，蒙哥马利在强渡比费尔诺河时遭遇顽强抵抗，于是，他把第 5

军调上来占领海岸地区，并把第 13 军向内陆山区调动，在那里，德军后卫正反复阻挡加拿大部队的前进。经过这次改组，第 5 军向比费尔诺河以北 12 英里处的特里尼奥河推进，10 月 22 日在河对岸建立了一个小型桥头堡，并在 27 日夜间用一次大规模夜袭扩大了桥头堡。可是，由于泥泞和敌人火力的双重阻碍，英军还是被挡住了，直到 11 月 3 日才突入敌军主阵地。其后，德军后撤到了 17 英里以北的桑格罗河。

此后又是一次较长的间歇期，蒙哥马利为进攻做准备，并把刚刚到达的新西兰第 2 师调了上来，这是一支强大的援兵，由此，蒙哥马利可用于桑格罗河攻势的兵力就增加到了 5 个师和 2 个装甲旅。与此同时，迎战第 8 集团军的德军所谓第 76 装甲军也得到了第 65 步兵师，该师从第 16 装甲师手中接防海岸地区，而第 16 装甲师则被调往苏联战场。但除此以外，这个军已经只剩第 1 伞兵师的残部和第 26 装甲师的一个战斗群，随着盟军第 5 集团军的压力逐渐减小，第 26 装甲师正陆续调回亚得里亚海这一边。

蒙哥马利发动桑格罗河攻势的目的是突破德军冬季防线，然后向前突进 20 英里到达位于通往罗马的东西主路上的佩斯卡拉（Pescara），并威胁与第 5 集团军对阵的德军部队的后方。亚历山大还充满希望地坚持他在两个月前（9 月 21 日）的命令，其中为盟国各集团军规定了四个阶段的作战目标——第一阶段"巩固萨莱诺－巴里一线"；第二阶段"夺取那不勒斯的港口和福贾的机场群"；第三阶段"占领罗马城、附近的机场群和重要的公路铁路中心特尔尼（Terni）"；在下一个阶段占领罗马以北 150 英里处的"里窝那港口、佛罗伦萨（Florence）和阿雷佐（Arezzo）这两个交通中心"。亚历山大在 11 月 8 日下达的新命令里重申了快速占领罗马的极端重要性，他从艾森豪威尔那里得到的命令也类似。

蒙哥马利计划在 11 月 20 日发动进攻，但是天气转坏，河流泛滥，迫使他把第一阶段进攻缩减成一个目标有限的行动，经过几天战斗，英军在河对岸取得了一个 6 英里宽、1 英里纵深的桥头堡，并克服万难将其守住，直到 28 日夜间主攻发动，这比原定时间晚了一周。但蒙哥马利仍然对进攻的胜利充满信心，在 25 日对手下部队发布的私人讲话中说："把德军赶到罗马以北的时间已经到来……德国人实际上已经落入我们预设的窘境。我们现在要给他们一记毁灭性的猛击。"可是，这次讲演是他从指挥车上走下来后站在雨里一顶巨大的雨伞下面发表的，这似乎是个不祥之兆。

英军拥有大规模空袭和炮击提供的掩护，兵力上更是占据 5∶1 的优势，因而进攻一开始很顺利。德军第 65 师由多国士兵组成，装备落后且缺乏战斗经验，在强大攻势面前退缩了，30 日，英军占领了桑格罗河对岸的山脊。可是德军在退到北面稍远处的主防线后重新集结起来，而英军则死守蒙哥马利经常反复强调的"建立坚固根据地"的原则，德军因此受益。12 月 2 日和 3 日，英军在内陆侧翼的奥尔索尼亚（Orsogna）错过了一个特别好的乘胜追击的战机。结果，德军获得了等待第 26 装甲师其余部分和由北方而来的第 90 装甲掷弹兵师到达的时间。于是，盟军前进变得越来越缓慢，前方永远"山重水复"。直到 12 月 10 日，第 8 集团军才渡过桑格罗河以北 8 英里处的莫罗河（Moro），12 月 28 日才肃清了莫罗河以北 2 英里处的奥托纳。然后，它便被拦在了里乔河（离佩斯卡拉还有一半路程）、佩斯卡拉河及通往罗马的东西向大道上。这就是那年年底的僵持局面，蒙哥马利在那时把第 8 集团军的指挥权交给奥利弗·利斯，回英国接掌第 21 集团军群，为跨越海峡登陆诺曼底做准备。

与此同时，12 月 2 日，马克·克拉克也在亚平宁山脉以西重新发动进攻。当时，第 5 集团军的兵力已增长到相当于 10 个师，但其中第 7 装甲师和美国第 82 空降师正在撤回英国准备参加跨越海峡的进攻。凯塞林的兵力也有所增加，现在有 4 个师守卫亚平宁山脉以西的前线，另有 1 个师担任预备队。

重新进攻的第一阶段目标是 6 号公路以西的山地制高点和米纳诺山口。英国第 10 军和新到达的杰弗里·凯斯（Geoffrey Keyes）少将指挥的美国第 2 军担任此次进攻，在头两天，负责支援的 900 多门大炮就向德军阵地倾泻了 4000 多吨炮弹。12 月 3 日，英军已经接近 3000 英尺高的卡米诺山山顶，但被德军反突击打退，直到 6 日才将其占领。这样，他们就打到了加里格利亚诺河一线。与此同时，右翼的美军占领了拉迪芬萨山（Monte La Difensa）和马焦雷山（Monte Maggiore），这两座山稍矮，但是离穿越山口的公路更近。12 月 7 日，第二阶段进攻开始，美国第 2 军和第 6 军沿宽广正面向拉皮多河发起进攻，希望以两侧的深远突击把 6 号公路以东山地制高点上的敌人清除干净。可是他们遇到越来越强烈的抵抗，此后几周内连续发动数次进攻，一寸一寸地前进，只取得了几英里进展。等到了 1 月的第 2 个星期，这次攻击已陷于停顿，盟军还是没能打到拉皮多河及古斯塔夫防线的前沿。第 5 集团军的战斗损失上升到将近 4 万人，远远超过敌人的损失。此外，单单美军就在这次群山里的冬季艰苦作战中因疾病损失了 5 万人。

进攻意大利的战局发展令人失望。盟军在 4 个月里只从萨莱诺前进了 70 英里，大多数进展还是在最初的几个星期取得的，现在离罗马仍有 80 英里。亚历山大本人形容这个过程是"向北猛撞意大利"。可是，形容这次秋季战役更普遍的一个词是"寸寸爬行"。考虑到这个国家在地图上的形状像一条腿，用"啃骨头"最为贴切。

审视战役全过程，就算我们将地形和糟糕的气候考虑在内，也会明显发现盟军一再错过更快前进的有利战机，原因在于指挥官们过于强调在乘胜追击之前要先"巩固每次进攻的战果"并建立"牢固的根据地"，此外，他们都太过于注重在进攻前积累足够的兵力和补给。他们一次又一次因为害怕"太少"而变得"太迟"。

凯塞林在评论这次战役的时候重点指出：

> 盟军的作战计划一再表明，其高层指挥部的主导思想是确保成功，他们因此选择依赖正统的方法和材料。结果，我虽然没有足够的侦察手段和报告，却几乎总是能够预测出对手下一步将要采取的战略或战术举措——因此只要资源允许，我就可以采取相应的反制措施。[1]

但盟军所遭受的挫败根源在于他们选择萨莱诺和意大利脚趾部位作为登陆点，这个选择太符合对手的预料了，德军对盟军谨慎小心的习惯早已了然于胸。凯塞林和他的参谋长威斯特法尔是盟军过度谨慎的主要受益者，他们认为盟军为了确保防空这个战术上的安全性，而在战略上错失良机，考虑到当时德国空军兵力在意大利南部匮乏的程度，盟军对安全性的强调太过度了。他们还认为，盟军最高统帅部把进攻的范围局限在空中掩护的范围之内的习惯帮守军简化了防御中

1　Liddell Hart: *The Other Side of the Hill*, p. 364.

的很多问题，从而救了守军。

威斯特法尔对盟军应该采取什么行动表达了自己的观点：

> 如果盟军把登陆萨莱诺的兵力转用于（罗马以北 30 英里的）奇维塔维齐亚（Civitavecchia），结果便会更具决定性意义……德国在罗马只有 2 个师，而且……没有其他兵力可以迅速调来加强防御。海空联合登陆加上驻守罗马的意军 5 个师，可以在 72 小时之内夺取意大利首都。这样一次胜利除了会在政治上造成有利影响，还可以一击切断正从卡拉布里亚回撤的 5 个德国师的补给线……那样盟军就可以把罗马－佩斯卡拉一线以南的整个意大利收入囊中。[1]

威斯特法尔同时认为让蒙哥马利的第 8 集团军在意大利脚趾部位登陆是个错误，英军从那里北上，必须走完整个意大利脚掌，同时却错过了意大利暴露的脚踵和亚得里亚海沿岸上的更大机会：

> 英国第 8 集团军应该以全军在塔兰托地区登陆，那里只有一个伞兵师。（它的师属炮兵只有 3 个连！）实际上，在佩斯卡拉－安科纳地区登陆会更好……我军没有可用的兵力，因而无法从罗马地区抵抗这样的登陆，同样，也不可能从（北意大利的）波河平原迅速调遣大部队南下。[2]

如果盟军第 5 集团军改在塔兰托而不是萨莱诺开展主登陆的话，凯塞林同样也不可能迅速地把部队从西海岸调到东南海岸。

总之，盟军从一开始到后来都没能好好地利用自己最大的优势两栖兵力——这个疏忽成了他们最大的弱点。凯塞林和威斯特法尔的证词，从广义上支持了丘吉尔 12 月 19 日从迦太基（Carthage）给英国三军参谋长发来的电报，里面有这样一段尖锐的结论：

---

[1] Liddell Hart: *The Other Side of the Hill*, pp. 364-5.

[2] Liddell Hart: *The Other Side of the Hill*, p. 365.

意大利前线竟全线陷入僵持状态，真是丑闻一件……我们完全忽略了在亚得里亚海进行两栖登陆，在西海岸也没有进行此类打击，结果是灾难性的。

足足 3 个月，在地中海战场，没有一艘登陆艇曾（因进攻目的）被使用过……即使在这场战争中，都没有哪次战役像这次这样彻底地浪费宝贵的部队。[1]

他没有看到，盟国方面作战的理念就是错误的，他们遵循谨慎的银行家原则："没有安全就不要前进。"

1　Churchill: *The Second World War*, Vol. V, p. 380.

第 28 章

德国在苏联的退潮

1943 年年初，驻守高加索的德军似乎将要遭受和斯大林格勒德军相同的命运。他们的脑袋比后者更深地扎进了一个口袋里面。可是自斯大林格勒被围以来，他们已经在高加索待了一个多月，冬天越来越冷，危险也在加剧。组成 A 集团军群的第 1 装甲集团军和第 17 集团军现在由克莱斯特上将接替李斯特元帅指挥，正面临着黯淡的前景。

1 月第 1 周，苏军多次试图合围 A 集团军群，德军的局势岌岌可危。最直接的进攻是在德军脑袋扎进高加索山脉的地方。苏联人先在莫兹多克（Mozdok）附近打了德军的左脸，然后又在纳尔奇克附近打了其右脸，并将两处都收复了。更加危险的是，苏军同时从德军左翼背后 200 英里处穿过卡尔梅克大草原（Kalmuk Steppes）对 A 集团军群和顿河集团军群接合部发动打击。在占领埃利斯塔（Elista）后，苏军越过马内奇湖（Lake Manych）的那一侧南下，直指阿尔马维尔—克莱斯特连接罗斯托夫的交通线经由这里。最危险的是，苏军突然从斯大林格勒地区沿顿河一线向南，指向罗斯托夫本身。俄军的一支矛头打到了离这个瓶颈地带只有 50 英里远的地方。

克莱斯特在听说这个令人警惕的消息的同一天，接到希特勒强硬的命令，要求他在任何情况下都不得从前线后退。当时，他的第 1 装甲集团军驻军罗斯托夫以东将近 400 英里处。第二天，他又接到新的命令，要他从高加索撤退，带上所有的武器装备。这个要求增加了第 1 装甲集团军跑赢时间的难度。

为了给第 1 装甲集团军让出通往罗斯托夫的道路，第 17 集团军奉命向西沿着库班河退向塔曼（Taman）半岛，如果必要的话，它可以从那里跨越刻赤海峡

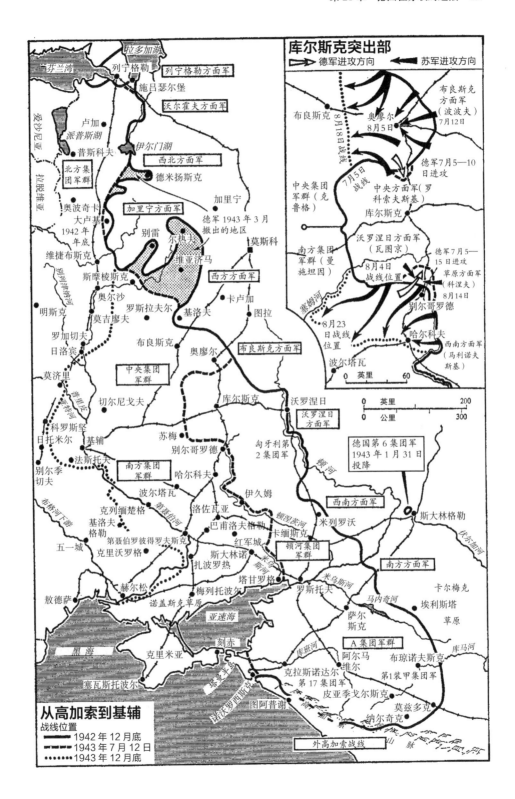

库尔斯克突出部

→ 德军进攻方向　← 苏军进攻方向

布良斯克方面军（波波夫）7月12日
中央集团军群（克鲁格）
奥廖尔 8月5日
布良斯克
8月18日战线
7月5日战线
德军7月5—10日进攻
中央方面军（罗科索夫斯基）
库尔斯克
南方集团军群（曼施坦因）
沃罗涅日方面军（瓦图京）
8月4日战线位置
德军7月5—15日进攻
草原方面军（科涅夫）
8月14日
塞姆河
8月23日战线位置
别尔哥罗德
哈尔科夫
西南方面军（马利诺夫斯基）
波尔塔瓦
0　英里　60

从高加索到基辅

战线位置
—— 1942 年 12 月底
- - - 1943 年 7 月 12 日
····· 1943 年 12 月底

拉多加湖
芬兰湾
列宁格勒
列宁格勒方面军
施吕瑟尔堡
沃尔霍夫方面军
卢加
派普斯湖
爱沙尼亚
普斯科夫
拉脱维亚
北方集团军群
伊尔门湖
西北方面军
德米扬斯克
加里宁
加里宁方面军
奥波奇卡
大卢基
1942年底
别雷
尔热夫
维亚济马
德军1943年3月撤出的地区
莫斯科
维捷布斯克
斯摩棱斯克
奥尔沙
西方方面军
明斯克
莫吉廖夫
罗斯拉夫尔
基洛夫
卡卢加
图拉
罗加切夫
日洛宾
布良斯克
奥廖尔
布良斯克方面军
莫济里
切尔尼戈夫
中央集团军群
科罗斯坚
日托米尔
基辅
苏梅
库尔斯克
沃罗涅日
沃罗涅日方面军
别尔哥罗德
匈牙利第2集团军
德国第6集团军1943年1月31日投降
别尔季切夫
法斯托夫
南方集团军群
哈尔科夫
0　英里　200
0　公里　300
布格河下游
克列缅楚格
波尔塔瓦
伊久姆
西南方面军
五一城
基洛夫格勒
洛佐瓦亚
卡缅斯克
米列罗沃
斯大林格勒
克里沃罗格
第聂伯罗彼得罗夫斯克
巴甫洛夫格勒
红军城
顿涅茨河
顿河集团军群
赫尔松
扎波罗热
斯大林诺
塔甘罗格
罗斯托夫
南方方面军
敖德萨
诺盖斯克草原
梅列托波尔
米乌斯河
卡尔梅克草原
马内奇河
埃利斯塔
亚速海
克里米亚
刻赤
萨尔斯克
A集团军群
库班河
阿尔马维尔
布琼诺夫斯克
库马河
塞瓦斯托波尔
黑海
图阿普谢
克拉斯诺达尔
第17集团军
第1装甲集团军
皮亚季戈尔斯克
莫兹多克
纳尔奇克
外高加索战线
山脉

进入克里米亚半岛。这条撤退路线不是很长，而最近被围困在图阿普谢（Tuapse）附近的苏军也不够强大，无法对第17集团军的撤退施加危险的压力。

与此相反，第1装甲集团军在撤向罗斯托夫的一路上面临着众多直接与间接的危险。1月15日到2月1日是最危险的阶段，集团军主力的大部在这期间到达罗斯托夫。即便如此，德军的后撤路线虽然没有被挤压得特别狭窄，却被苏军在200英里长的路上发动的一系列突击威胁着。

1月10日，罗科索夫斯基将军在要求投降的最后通牒被拒之后，对被包围在斯大林格勒的德军展开一次向心进攻。保卢斯的部队已经被饥饿、寒冷、疾病、失望，以及弹药匮乏折磨得奄奄一息，根本无法进行顽强或者长时间的抵抗。他们更无法突出包围圈。所以，苏军可以抽调出一部分围城部队前去加强向南的突击，并切断德军在高加索的部队，而且随着包围圈逐渐缩小，苏军能腾出来的部队也越来越多。

斯大林格勒保卫战最后一幕拉开时，克莱斯特的部队正从高加索突出部的鼻子部位后撤，已到达皮亚季戈尔斯克（Pyatigorsk）和布琼诺夫斯克（Budenovsk）之间的库马河（Kuma）边。10天后，从埃利斯塔发起进攻的苏军到达库马河一线背后100多英里远的地方。可是那时，克莱斯特后撤中的纵队已经接近阿尔马维尔，也就是说已经通过最近的危险地区。

但是在更后方的地方又出现了更严重的威胁，更为强大的苏军部队正沿着顿河两岸冲向罗斯托夫。在东侧，苏军已经逼近马内奇河和铁路中心萨尔斯克（Salsk）。在西侧，苏军打到了顿涅茨河流入顿河下游的交汇点附近。克莱斯特的后卫离罗斯托夫的距离比苏联人远3倍。此外，曼施坦因筋疲力尽的部队正全力掩护着克莱斯特逃生通道的侧翼，现在所受的压力太大，似乎已经濒临崩溃。

但是，后撤的德军赢得了这场赛跑，成功地跳出了圈套。克莱斯特的后卫在10天后已接近罗斯托夫，他们的截击者扑了个空。对德国人来说幸运的是，就连苏联人也被冰雪覆盖的贫瘠原野限制住了，他们没有能力从铁路终点站迅速集结，或者保持强大的部队，来合拢这个包围圈。但是巨兽的双颚也只是将将地开了一条缝而已。曼施坦因的部队在暴露的阵地上坚守的时间太久，他们自己后退的机会也受到了威胁，克莱斯特有几个师不得不掉头回来增援并帮助他们脱险。

正当斯大林格勒被围部队崩溃之际，由高加索地区后撤的德军在罗斯托夫安全渡过顿河。保卢斯本人和绝大部分被围德军在 1 月 31 日投降。最后的残余小股部队在 2 月 2 日投降。从 3 周前苏军开始进攻以来，德军总共有 9.2 万人被俘，总损失则几乎 3 倍于此。在投降的德军中有 24 名将军。尽管东线的德军将领都领过小管毒药，以防被苏联人生擒，但似乎直到 1944 年 7 月 20 日"将军们"谋杀希特勒的密谋败露之前，很少有人使用这种毒药，此后他们才宁愿服毒也不愿意落入盖世太保之手。可是"斯大林格勒"从此以后成了各处德军将领脑子里的慢性毒药，损害了他们对所要执行战略的信心。斯大林格勒的灾难，在物质上，更在精神上给德国陆军造成了无法恢复的创伤。

可是希特勒安慰德国人说，斯大林格勒部队的牺牲为最高统帅部争取了时间，也提供了开展反击的可能，而整个东线的命运取决于这些反制措施，他的话也不无道理。如果斯大林格勒的德军在被围的头 7 个星期中的任意时间投降，更大的灾难就有可能降临到其他德军部队头上。因为曼施坦因薄弱的兵力不可能挡得住沿顿河向罗斯托夫滚滚而来的苏军潮水，如此，高加索部队就会被切断退路。再则，如果斯大林格勒的德军成功地突围向西撤离，那么高加索德军同样将迎来注定灭亡的命运。此外，尽管在 1 月下半月，斯大林格勒的抵抗已不足以阻碍苏军投入大批兵力攻向罗斯托夫，但总归还是牵制了足够多的苏军，高加索部队这才获得了至关重要的机会，能及时赶到罗斯托夫，并溜出这一咽喉地带。

即便有斯大林格勒德军自我牺牲的帮助，从高加索的撤退还是进行得步步惊心。无论就时间、空间、部队还是气候条件而言，这都是一项令人震惊的杰作——克莱斯特为此被授予了陆军元帅军衔。这次撤退背后的技巧和顽强值得表彰，但它最大的意义还在于证明了，只要指挥官和部队头脑冷静、精神顽强，现代防御战能强大到何种程度。

我们将在此后几周的战事中看到关于这一论断更多的例证。因为后撤的德军在安全通过罗斯托夫这一咽喉地带之后，仍然要面对后撤路线后方更远处随时出现的危险。1 月中旬，瓦图京将军的左翼重新从顿河中游向南进攻，指向罗斯托夫背后的顿涅茨河。苏军绕过了坚固的米列罗沃（Millerovo）障碍，使那里的防守崩溃，并在卡缅斯克及其以东地区渡过了顿涅茨河。

同一周，苏军发动了另外两场新的进攻。一场发生在遥远的列宁格勒地区，苏军打破了德军对那座城市持续 17 个月的包围，减轻了被围的压力。这次进攻虽然没能消灭德军插过城市背后、延伸到拉多加湖畔的突出部，但至少沿着湖岸打开了一个通向施吕瑟尔堡（Schlüsselburg）的口子——这一战略层面上的气管切开术形成了一条通气口，让城市的守军和市民能更加自由地呼吸。

另一场新的攻势威胁到了德军在南方的呼吸空间。1月12日，戈利科夫（Golikov）手下的各集团军从沃罗涅日以下的顿河西部河段发动进攻，突破了德国第2集团军和匈牙利第2集团军的防线。一周之内，苏军推进100英里，打到了顿河到哈尔科夫的中间点。瓦图京将军的右翼沿着顿河和顿涅茨河走廊同时向东发动向心突击。

1月的最后一周，攻势再次扩大。正当所有人的注意力都集中在指向西南方向哈尔科夫的进攻上时，苏军又沿着宽大正面从沃罗涅日向西进攻，扰乱了那里德军正在开展的撤退部署，使其变成了一场全面的溃逃。只用了3天时间，苏军就向库尔斯克推进了将近一半的路程，而库尔斯克便是敌人发动夏季攻势的出发点。

2月的第一周，苏军把右肩再向前顶，往库尔斯克和奥廖尔之间的铁路和公路上打进了一个深深的楔子。然后，他们又在库尔斯克和别尔哥罗德之间的交通线上打进了另一个楔子。两面合围既成，2月7日，苏军以奇袭占领了这座两翼已被迂回的城市。同样，他们借由打下的第二个楔子，在两天之后攻克了别尔哥罗德。这一得手随即对哈尔科夫的北翼形成了威胁。

与此同时，苏军表面上对哈尔科夫进行正面进攻，后来却渐渐将矛头向西南方向偏斜，指向亚速海和德军由罗斯托夫后退的路线。5日，瓦图京的部队占领伊久姆——春季时，德军就是在这里建立了具有决定性意义的侧翼杠杆——其后，他们又利用渡过顿涅茨河的优势形成了反过来的侧翼杠杆。苏军在顿涅茨河以南的铁路线上打进了一个楔子，又向西乘胜追击，于11日占领了重要的铁路枢纽洛佐瓦亚（Lozovaya）。

这些新的进展又危及哈尔科夫城本身，16日，戈利科夫占领了这座城市。这固然是苏联人的一大胜利，但对德军整个局势而言，更直接的威胁是苏军从顿涅茨河继续向西南朝亚速海方向发动的进攻。4天前，一支苏军摩托化部队打到了罗斯托夫通向后方第聂伯罗彼得罗夫斯克（Dnepropetrovsk）主要道路上的红军城（Krasnoarmeisk）。这一举动使刚从高加索陷阱里逃出来的德军面临着撤退后路被切断的危险。

在这个阶段，苏军进攻中不断变换的模式和节奏表现得比以前更为明显。因此很容易感知，这对德军的抵抗能力和业已捉襟见肘的资源构成了多大的压力——尤其考虑到，德军所需要掩护的战线是如此广阔，而预备队越来越少。苏军利用敌人弱点的手段越来越高级，也越来越多样，这清楚地表明，苏联人已提升了自己的作战技巧，并学会了利用自己新的优势。通过分析苏军接连占领关键地点的过程，我们可以看出，他们在每一次的占领行动——虽然都是紧跟着上一次进攻之后在邻近地区发动的——前都会先采取一次间接的攻势，让所要攻克的要点变得难于防守或者甚至失去战略价值。从苏军作战行动的模式中，我们可以很清楚地发现，这一系列间接攻势起到了杠杆的作用。红军统帅部就像一名钢琴家，双手在琴键上上下飞舞。

苏军不断变换攻势节奏，有点像 1918 年福煦元帅指挥的进攻，作为同一种战略方法，苏联人对其运用得更为迅速，也更精妙。每次的进攻点都出人意料，中间的间歇时间也更短。他们从不对自己想要攻克的地段直接发动前期进攻，但会以地理意义上的正面进攻作为最后一击——这样就在心理上造成了难以捉摸的效果，因为打击是来自最出乎意料的方向。

但在 2 月下半月，战场上发生了戏剧性的变化。正当苏军从顿涅茨河滚滚而下，冲向亚速海和第聂伯河河曲部，打算切断德军南翼各集团退路之时，他们的优势开始减弱。苏军在这里的目标变得很明显，他们和德军冲向同一片地区。于是下一阶段作战就变成了一场赛跑，胜负的关键在于，苏军能否赶在德军到达那里并集中兵力挡住苏军之前，抢先切断德军的退路并站稳脚跟。

对苏联人来说不幸的是，冰雪提前消融，阻挡了他们的前进步伐，使长驱直入带来的隐患雪上加霜。苏联人在计划冬季攻势时发觉，作战计划的后勤环节无法支撑战略目标，他们没有足够的运输车辆来满足如此广泛的突击所需的最低限度的燃料、弹药、食物的哪怕一半。他们以一贯的大胆作风决心不修改作战计划，而打算靠缴获敌方物资来解决大部分需求！这个策略成功了，在每次突破的过程中，苏军都能缴获大量兵站和供给堆栈的物资。可是随着敌军的抵抗变得激烈，这样的缴获越来越少，苏联人离铁路终点站越远，就越受限于运输方面的困难。因此，过度伸展的定律再次在作战中得到验证，这次轮到苏联人吃苦头了。顿河－顿涅茨河走廊地带铁路很少，仅有的那几条也和苏军向西南方向的进攻轴线呈垂直方向。而顿涅茨河以南相对密集的铁路线呈东西平行走向，有助于德军向遭受进攻的地点紧急调兵。德军还开始因收缩战线而受益——现在德军的战线比秋天时缩短了 600 英里。

以上几个原因共同挡住了苏军的开进，他们现在陷入很不利的境地。他们跨过顿涅茨河向第聂伯河方向打进一个 80 英里的巨大楔子，却在离第聂伯河还有 30 英里远的巴甫洛夫格勒（Pavlograd）停了下来。他们还另外朝着顿涅茨河以南地区的红军城打进了一个较窄的 70 英里长的楔子，穿过了顿涅茨河跟亚速海之间的走廊。德军在曼施坦因指挥下，搜罗所有可用的部队很快发动了一次三路反突击。这次反攻就是要利用苏军突出部不规则形状，尤其是那两个突出的楔子。德军左路从第聂伯河向苏军突出部西南顶点的楔子进攻；右路向东南顶点的楔子进攻；中路在两者之间突击苏军软弱的正面，指向洛佐瓦亚。苏军的两处尖端都被削平，德军在苏军突出部本体上打进深深的装甲楔子。随着自罗斯托夫而来的撤退部队带来更多援兵，2 月最后一周的这次突击演变成了德军的大反攻。到 3 月第一周，德军再次在伊久姆附近沿宽大正面打回顿涅茨河畔，苏军的突出部几乎被彻底消除，大量苏军部队被逼退回哈尔科夫以南地区。

德军如果能迅速渡过顿涅茨河并切断正在西进的苏联各集团军后方退路，便很可能会给苏军带来不亚于德军在斯大林格勒所遭遇的灾难。可是他们缺乏足够的兵力克服拥有强大守军的障碍，所以在做这种尝试的时候被迫退缩了。经过这次顿挫，战斗中心转移到了西北方向，德军迂回包抄的压力在 3 月 15 日再次把苏联人挤出哈尔科夫。4 天后，德军从哈尔科夫迅速北进，收复了别尔哥罗德。但德军的胜利至此也到了极限，反攻在下一周春雪解冻的泥泞中停滞了下来。

德军在南方反攻的同时，也在北方后退。一年多以来，这是他们在那里的第一次大踏步后退。1941—1942 年的冬季战役之后，德军面对莫斯科的战线形状像是一个握紧的拳头，其手腕被苏军在斯摩棱斯克附近紧紧箍住。8 月，苏军死攻这个拳头的左指节，也就是要塞中心尔热夫，力图突破敌军中央战线，牵制其兵力，从而为斯大林格勒提供帮助。他们的进攻因德军在尔热夫的顽强防御而被挡住，不过他们渗透进了尔热夫左翼，把这个指节暴露了出来。11 月，苏军再次进攻，让这个指节变得更加暴露，这里的形状现在像一个半岛，只有一条狭窄的地峡和大陆相连。年底，苏军从自己位于德军突出部以北的大突出部顶端发动进攻，攻占了尔热夫以西 150 英里处的交通枢纽大卢基（Velikye Luki），这座城市位于莫斯科到里加的交通线上。结果，不仅尔热夫，整个拳头所面临的局势都更加危险了。

　　一个月后，斯大林格勒的部队投降，这间接地让局势变得更加危险，而南翼随后不断扩大的崩溃表明要想守住过度延伸的防线需要付出怎样的代价。蔡茨勒这次总算说服了希特勒（这也是他唯一一次说服希特勒，可谓重大的成功）。元首虽然痛恨撤退，尤其是从莫斯科面前后退，但还是被说服同意拉直这一部分战线，以防崩溃，并腾出预备队。3 月初苏军即将重新进攻之际，德军及时撤出尔热夫，到 12 日已经将整个拳头都放弃了，包括重要的交通中心维亚济马。德军撤到一条掩护着斯摩棱斯克的更直的防线上。同样在 3 月初，德军也放弃了大卢基和伊尔门湖（Lake Ilmen）之间较小的要塞突出部德米扬斯克（Demyansk）。（西方对这次后撤的重要性并不清楚，因为英美报纸上的地图把这里画成直线已经一年多了，而德米扬斯克被画到了苏联战线后方很远。）

　　德军通过在北方缩短战线而得到的好处，因南方反攻成功带来的诱惑和新战线的延长而被抵消，甚至还不够。德军将领们希望希特勒能批准大踏步后撤到一条远离苏联人的防线以便站稳脚跟重整旗鼓，可这次反攻的成功让这个希望破灭了。它提供了过去反复出现的那种进攻跳板，每次开头都让元首这个满脑子进攻意识的人觉得充满希望，他的心里始终认为在进攻上再赌一把便有可能让形势发生有利于自己的变化。

　　因为反攻的成功，德军失去了紧急撤离顿涅茨盆地的必要性。只要德军依然能在顿涅茨河以南、塔甘罗格附近守住去年的战线，希特勒便能继续占有这里的工业资源，并保留着再次染指高加索的野望。由于德军最近在哈尔科夫和伊久姆之间回到了更往西的顿涅茨河岸地区，希特勒于是设想从那里再发动一次侧翼迂回进攻。德军还守住了奥廖尔并收复了别尔哥罗德，正好处于极有利的侧翼位置，因而可以对库尔斯克及周边的苏军部队发动钳形攻势。如果能够消灭这个巨大的突出部，他就能在苏军战线上打出一个张开的大洞，一旦他的装甲师通过突破口开始突进，那么什么事情都有可能发生。苏军的兵力比他以前估计的更强大，但他们的损失也是惊人的。只有那些"老派将领"们才会认为苏联人的资源无穷无尽。希特勒顺着自己这条被偏见左右的思路想下去，越来越觉得如果在库尔斯克达成突破，便可能让战局发生有利于自己的变化，解决自己所有的问题。他很容易自我催眠，以为自己的麻烦都来自苏联的冬天，因而只要到夏天，自己就能占据优势。这个前景成了希特勒的"仲夏夜之梦"。

希特勒夏季进攻的主要方向是在库尔斯克地区，另外还包括对列宁格勒发动推迟了两次的进攻——很奇怪，他的作战计划跟 1942 年的计划在所划战线和地点上如出一辙。德军用 2 个师组建了一个伞兵军，打算将其用于突击列宁格勒，为陆地进攻打开通道。随着胜利的机会越来越渺茫，希特勒也变得越来越愿意冒险，就在一年之前，他还对施图登特将军空降斯大林格勒的提议抱有疑虑。可是，就在突尼斯崩溃之后，这个军被调往法国南部，准备对预料中登陆撒丁岛的盟军部队进行空降反击。后来，随着库尔斯克进攻战的失败，希特勒彻底取消了对列宁格勒的进攻。

德军将领们对库尔斯克作战计划意见不一。越来越多的人怀疑德军在东线还能不能获得最终的胜利，今年甚至连克莱斯特这种进攻起来一往无前的人也加入怀疑论者的行列。不过，这次克莱斯特倒是跟库尔斯克攻势没有直接关系。德军在冬季战役期间进行了改组，曼施坦因负责指挥南翼的主要部分。年初，第 1 装甲集团军调归他的集团军群，而克莱斯特则只负责克里米亚和库班桥头堡。在针对库尔斯克突出部的攻势中，曼施坦因的左翼将对突出部南翼发动进攻，而克鲁格中央集团军群的右翼将对突出部北翼发动进攻。两位总司令在进攻前的言论似乎表明他们都对成功抱有希望，可是希望一般都是由职业方面的上升机会煽动起来的。急于求战的斗士总是对由自己主打的冒险抱有信心，自然不愿意表达疑虑，让上级动摇对自己能力的信任。

军事教育的整体倾向也有助于压制怀疑的声音。虽然很多将领现在主张大踏步撤退以摆脱苏军，就像伦德斯泰特一年多之前主张的那样，但元首禁止这样做。冬季结束时，德军占领的战线并不适合防御，将领们因而更倾向于遵循他们一直以来被灌输的原则——"进攻是最好的防御"。他们认为，可以通过进攻来弥补防御阵地的缺陷，并先发制人地制止敌军继续进攻。所以，德军将领们集中全力，致力于进攻的成功，却没有想过失败的后果，也没有想到德军刚刚积累起来的预备队一旦完全消耗之后，今后的防御战将会无以为继。

德军资产的缩水被内部极端的保密政策掩盖，而部队编制的稀释则让纸面上的兵力越来越虚高。师的数量作为衡量兵力的标准，仍然保持在以前的水平上，因此这个数字的欺骗性并不容易识破。在 1943 年春季，德军一个师的人数和武器平均也就比满编的一半稍多一点，很多师比这个水平还低得多，另一些师则几乎达到了满编的水平。由于保密政策的监管，指挥官们被严格地局限在自己的一亩三分地上，很少有几个人对总体局势有清晰的认识，他们被告知最好不要去多问。可是，德军稀释部队编制，除了伪装以外，还有其他的动机。

希特勒非常痴迷于数字。对他那煽动者的心灵来说，数字就意味着力量。因为师是军队编制的标准单位，他便热衷于将师的数量搞得尽可能多——尽管他自己在 1940 年的胜利有赖于部队中机械化部分的质量优势。早在入侵苏联之前，他就坚持这种掺水政策，把师的数量最大化，此后又进一步掺水防止这个令人误入歧途的数字下降。这种掺水导致了军事经济学上的恶性通货膨胀。

1943 年，这种通货膨胀抵消了德军装备质量改善（尤其是新型虎式和豹式坦克的投入生产）所带来的优势。任何一个师受到严重损失以后，作战矛头相对指挥机构的比例就会下降，因为损失主要发生在战斗部队中。在装甲师里，损失最多的通常都是坦克和坦克兵，其次是步兵单位，最后才是后勤部队。所以说，让师的作战兵力保持在低于满编的水平对战斗力是有害的，对装甲师来说，更是如此。除非能够及时得到补充，否则部队就会出现人数众多、打击力却无法相称的情况。

随着苏军的质量相较 1942 年得到改善，数量也更多，德军在这方面的缺点也就显得更为严重。苏联在乌拉尔山区新建扩建的工厂可以源源不断地生产装备，西方盟国也提供了很多装备，这些都促成了其战斗力的提高——大多数德国军官认为苏联坦克更好。苏军坦克虽然缺少无线电设备之类的附属装备，但在性能、耐用性、火炮方面达到了很高的水平。苏军炮兵的质量非常优秀，还拥有大规模的火箭炮部队，战斗力很强。苏军的步枪也比德军的更先进，射速更高，大多数重型步兵武器也和德军一样好。

苏军主要的缺陷在于运载工具，现在随着越来越多的美国卡车运来，这项重要需求也得到了满足。跟机动性同样重要的是越来越多的美国罐头，因为它有助于解决供给难题，苏军数量庞大，又缺乏公路铁路交通手段，后勤补给是制约其充分发挥实力的重要障碍。要不是苏军习惯于在比西方军队供应标准低得多的条件下生活和战斗的话，这个问题本来会更加突出。苏军从未达到过和西方军队同等的机动性，但相对于他们的技术手段来说，他们比西方军队的机动性更强，因为他们能在更低的需求下作战。苏军的原始性既是缺点也是优点。苏联士兵能在其他国家士兵要饿死的情况下作战。因此，苏军的进攻矛头在拥有充分资源的情况下，能够展现更深的穿透力；而大部队因为对运输和食品的需求少，也能跟上先头部队的推进速度。

苏军在战术能力上也取得了长足进步。1942 年，苏军的战术能力因前一年训练有素的部队大量损失而出现了下降的势头，不过，到 1943 年，越来越丰富的实战经验弥补了这一不足，新建部队的能力超越了战前受过最好训练的部队。这方面的改善在军队上层体现得最为明显。最初的将领们被大量淘汰，给新一代活力四射的年轻将领腾出了上升空间。这些人大多都不满 40 岁，比前辈们更专业，更少玩弄政治。苏军高级指挥官的平均年龄比德军将领要年轻 20 岁，年轻化大大提高了工作效率和活动能力。新鲜的领导力和逐渐丰富的作战经验在参谋工作和部队的战术能力上都能反映出来。

苏军将领们出于恐惧或者邀宠，总是倾向于继续进攻，甚至在遭遇硬骨头时还要强行推进无利可图的攻势，要不是这个缺陷，苏军的改进本来还能进一步提高战斗力。苏军部队不承认失败，常常对着牢不可破的障碍发起一次又一次冲击，代价越来越大。对任何部队而言，这种徒劳无益的进攻都是常态，因为层级化指挥结构和军纪摆在那里，可是在红军中，苏维埃的具体条件、俄国的传统、俄国的资源，使这种倾向变得更加严重。在这样的系统中，只有地位最稳固的指挥官才敢于适可而止，而人力的丰富鼓励挥霍生命。比起冒险让上级震怒，还是牺牲人命要更加容易。

总的来说，广阔的空间可以抵消这种反复徒劳进攻的倾向。一般情况下，总有机动的空间，苏军最高统帅部能够十分熟练地在敌军过度延伸的战线上选择弱点。苏军在总体兵力上占据优势，因而最高统帅部在任何一个下决心集中力量突击的地段都可以积聚起超过 4 比 1 的优势，而一旦突破达成，此后的机动空间就会变得更加广阔。在北方，德军防线更加严密，阵地构建得更牢固，因而苏军会更经常地反复发动徒劳的正面冲击。在南方，苏军拥有最优秀的将领和部队，还有更大的空间来发挥自己的优势。

　　可是，身处如此巨大的劣势，德国人依然能坚守不退。这表明，苏军想要在技术优势方面超越德军，还有很长一段路要走——后来，战争又拖延了长达两年的时间，也证实了这一点。1943 年春季，双方都认识到了德军这种作战素养上的优势，相应地，战争规划也受到了影响。这种优势意识鼓励希特勒，甚至还有他身边的军事顾问们，如果自己能够避免过去犯下的错误，胜负的天平便仍有希望向德国倾斜。苏联领导人也因为意识到德军的优势，而有些怀疑自己因冬季胜利而生出的自信心，因为他们忘不了，上一个冬季的胜利带来的希望，在随后的夏季宣告破灭。苏军又迎来了另一个夏季，无法肯定胜券在握。

　　这种潜在的不确定性可能是再次交手之前一场外交插曲的原因。6 月，莫洛托夫前往德军战线后方的基洛夫格勒（Kirovograd），会见了里宾特洛甫，商讨结束战争的可能性。根据当时作为技术顾问与会的德国军官的证词，里宾特洛甫提出的和平条件是，苏联未来的边界应该沿着第聂伯河。而莫洛托夫则绝不考虑恢复战前边界以外的任何条件，要想弥合如此之大的分歧，其间的困难千重万重，谈判陷入僵局。其后，西方国家通过泄露的消息得知了此事，谈判告终。于是，双方又回到战场上决定胜负。

　　夏季战局的开始比前两年都要晚。自冬季战局结束以来，已经过去 3 个月了。耽搁如此之久，至少部分是因为德国人越来越难以补充部队并为进攻积累预备队。与此同时，德军也越来越希望让苏联人先发起进攻，待其被牵制住后，德军再以反突击的方式发动进攻。这种希望没能实现，倒不是因为希特勒等得不耐烦，而是因为苏联人这次也决定采取防守反击战略。

　　德国领导人事后得出的结论是，如果进攻部队能提早 6 周准备好，攻势成功的希望便会更大。德军发动钳形攻势，却受阻于纵深极大的一系列雷区，这才发现苏联人早已把主力撤到后方，他们把失败归因于苏联人在战事停顿期间侦知了德军的准备工作，因此进行了相应的部署。这种观点没有考虑到，库尔斯克突出部本身是多么明显的进攻目标。它在那里就等着德军的钳形攻势，正如德军在奥廖尔附近的突出部召唤苏军发动钳形攻势。所以双方都没有理由对进攻的地点抱有怀疑，主要的问题是，由谁首先发起进攻。

　　苏联方面也争论过这个问题。赞成苏联主动进攻的理由是，苏军的防御在前两个夏季都被德军攻破了，自斯大林格勒战役以来，苏联人已经取得了很多进攻战的胜利，因而将领们更倾向于在夏季采取主动。此外，也有人指出，实际上，1942 年 5 月，铁木辛哥就在哈尔科夫采取过攻势，结果，到 6 月，苏军在哈尔科夫和库尔斯克之间陷入崩溃，进而引发了后面的灾难。

新任英国驻莫斯科军事使团首脑 G. 勒·Q. 马泰尔（G. Le Q. Martel）中将在 5 月底与苏军总参谋部进行第一次会谈时，得到的印象是苏军中主动进攻的意见稍占上风。他坦率地说自己认为，在德国新编的装甲部队还没有投入作战的情况下，苏联人如果进攻，便是在自找麻烦，他还说，"苏联人如果做出这种尝试，就会被彻底击败"。

几天后，有人问起他英军在北非的战术，他解释说"英军在阿拉曼之所以能取得胜利，很大程度上是因为我们让德国装甲部队在我军防线上被撞得七零八落，或者至少也变得钝化。当德军装甲部队投入交战并受到极大损失之后，我军转入进攻的良机这才到来"。下一次会谈中，他察觉到苏军总参谋部开始倾向于这个方案。他抓住机会把英军的另一条经验告诉了他们，那就是守住敌军坦克突破口两侧的基线特别重要，要使用所有预备队加强突破口两侧的防御，这是间接阻止敌军挺进的方法，不要去迎头阻挡进攻的湍流。[1]

即便所有的文件都公开可供查阅，追寻任何一个作战计划的源头时，也往往很难去评价不同因素各自的影响力，因为文件很少记载某个决定真正的起因，也没法表明某个想法在计划者头脑中是如何播撒、生根发芽的。播撒者可能会夸大自己那颗种子的作用，而无论这个种子的影响力有多大，采纳者更有可能贬低其作用。在官方层面上，这种情况常常出现，特别是如果跟民族自豪感扯上关系，就更是如此。在盟国内部，任何一个国家都会很自然地贬低自己所得到的帮助，并夸大自己的付出，无论就物质还是精神而言。所以历史不太可能清楚地告诉我们苏联人 1943 年的战争计划究竟是怎样成形的，不过可以说的是，苏军的战略计划人员有着丰富的作战经验，足以得出包含在他们最后采纳的计划中的结论。

更具意义的是，苏联人在做出了先防御后进攻的决定之后，取得的戏剧性的战果。

7 月 5 日拂晓，德军对库尔斯克突出部的两翼发动攻击。突出部正面将近

1　Martel: *An Outspoken Soldier*, pp. 211-54.

100 英里宽，南翼大约 50 英里深，北翼超过 150 英里，因为这里就是向东突出的德军奥廖尔突出部的侧翼。守卫突出部主要地段的是罗科索夫斯基指挥下的部队，而瓦图京的右翼则负责突出部南部的角落。

南北两翼钳子的兵力大致相当，分别由曼施坦因和克鲁格指挥，不过曼施坦因的装甲部队占比更大。德军总共投入 18 个装甲师和装甲掷弹兵师，占进攻部队总兵力的将近一半，也是德军东线可用的装甲总兵力的一半。希特勒下的赌注很大。

头几天里，南翼的钳子在某些地段突入苏军防线 20 英里——这样的突击速度并不快。德军被一路遇到的纵深雷场耽误了进攻进度，还发现守军主力已经撤到了后方，所以抓到的俘虏很少，令人失望。而且，苏军顽强地守住了突破口的两侧，限制德军扩大打进去的楔子。克鲁格北翼的钳子突破的程度更小，甚至没能突破苏军的主要防御阵地。经过一周战斗，德军各装甲师实力大减。克鲁格十分警觉，感知到了苏军即将对自己侧翼发动进攻，开始撤出自己的装甲师。

与此同时，7 月 12 日，苏军向奥廖尔突出部的北侧及鼻子部位发动了攻势。北方的突击在 3 天之内向着奥廖尔后方前进了 30 英里，另一路突击不需要走这么长的路，已到达奥廖尔 15 英里范围之内。但是，克鲁格撤出来的 4 个装甲师正好及时赶到，阻止了苏军北翼在奥廖尔通往布良斯克的铁路线上站稳脚跟。此后，苏军攻势蜕变成艰难的推挤，依赖优势兵力迫使德军后退。战斗的代价十分高昂，不过罗科索夫斯基的部队从库尔斯克突出部出发，在南翼也转入攻势，为北翼的进攻增添了助力。德军终于在 8 月 5 日被挤出奥廖尔。从 1941 年起，奥廖尔就被视为德军战线上主要且最易守难攻的堡垒，德军只要守住这里，便会一直对莫斯科构成威胁。奥廖尔的战略地位和久经考验的坚固程度使它成了军事上的某种象征，此战之后，德军大为沮丧，而苏军则大受鼓舞。

与此同时，瓦图京的部队紧跟着从库尔斯克突出部南面撤出突破口的德军，回到最初的防线。8 月 4 日，瓦图京对这条实力大减的防线发动进攻，于第二天占领了别尔哥罗德。他乘敌人疲惫之机，第二周长驱 80 英里指向哈尔科夫后方，威胁哈尔科夫到基辅之间的交通线。这次镰割式的打击有可能动摇德军整个南线。10 天后，瓦图京左邻科涅夫（Koniev）的部队在哈尔科夫东南方向强渡顿涅茨河，即将完成对这座城市的包围。科涅夫大胆地选择柳博廷（Liubotin）沼泽地作为强渡顿涅茨河的渡河点，开始了他的攻击。

这两路进攻中的任何一路如果打到波尔塔瓦（Poltava）路口，便能包围哈尔科夫的守军，并在沿顿涅茨河伸长的"右臂"上的所有德军部队中引发恐慌。当时，德军仅剩的大的预备队就是第3装甲军，它下辖3个党卫军装甲师，刚被派去塔甘罗格附近的米乌斯河畔，以应对"手指"部位受到的威胁。这个军现在又紧急赶回"胳膊"那里，刚好来得及化解波尔塔瓦附近的威胁。哈尔科夫的守军这才能在8月23日城市陷落之前安全撤离。在其他地点，兵力枯竭的各个装甲师虽然打击力不如从前，却仍然能阻化解前进中的苏军大部队。德军渡过了这次危机，稳定住了形势——不过战局并未静止下来。苏军一直在前进，不过步伐显著减缓。反攻6周以来，苏军已经抓了2.5万名战俘，对这场覆盖多个地段的大战役而言，这个数字可以说很小，它表明德军的崩溃都只是局部且有限的。

8月下半个月，苏军的进攻正面更宽了。波波夫（Popov）的部队正在从奥廖尔向布良斯克缓慢推进，而在其右翼，叶廖缅科的部队也开始向斯摩棱斯克方向进攻。在他们的左翼，罗科索夫斯基正朝着基辅附近的第聂伯河发动深远突击，瓦图京也向那里展开向心攻势。战线最南翼，托尔布欣（Tolbukhin）强渡米乌斯河，迫使德军放弃塔甘罗格。其后，马利诺夫斯基在9月初渡过顿涅茨河向南方的斯大林诺发动进攻，这一侧翼威胁迫使德军从顿涅茨河以南突出的"手臂"部位匆匆撤离。不过，值得注意的是，德军成功地守住了那些可以直接掩护自己长途撤退的要点及铁路线，直到大多数德军都安全逃出陷阱。在"腋窝"部位的洛佐瓦亚河路口直到9月中旬才告易手。

苏军作战行动的模式和节奏越来越像1918年福煦的总攻——对不同的地点，发动一系列相互交替的攻势，一旦遇到顽强的抵抗，以致进攻丧失动量，便暂时停顿下来，每次进攻都以为下一次进攻扫清道路为目标，每次进攻的时机都相互呼应。1918年福煦的进攻，使得德军匆忙向遭受打击的地点派去预备队，还限制了德军向下一个即将遭受打击的地点预先调集预备队的能力。这种进攻方式瘫痪了敌人的行动自由，并渐渐地让敌人耗尽了预备队。在四分之一世纪后，苏军重复了这种战法，这次他们身处的条件更为优越，开展的形式也有所改进。

对一支机动能力有限但拥有全面兵力优势的军队来说，这是一种很自然的进攻模式。这种战法对苏联人来说甚至更加合适，因为他们缺乏横向交通线，无法从一个地区向另一个地区快速调动部队乘胜追击。按照这种"宽正面"的战法，进攻部队每次都要在防线的不同地方重新达成突破，因而付出的代价比"大纵深"战法要高。这种战法也不太可能快速地产生决定性的战果，不过，只要运用它的军队拥有足够的兵力优势来让此起彼伏的进攻过程延续下去，便能握紧胜券。

在这样的进攻过程中，苏军的损失自然比德军更重，可是德军刚刚经历代价高昂的惨败，现在根本担负不起更多的损失。对德军来说，消耗就意味着毁灭。希特勒不愿批准任何大踏步后撤，这延缓了德军的撤退进程，却加速了德军实力的消耗。

9 月，德军前线兵力越来越薄弱，预备队也越来越少，这可以从苏军越来越快的前进速度上看出来。像瓦图京、科涅夫、罗科索夫斯基这样经验丰富的司令官很快就能发现并利用敌人在宽广战线上的弱点。他们的进攻动量因获得越来越多的美国卡车而受益。9 月底之前，苏军已经打到第聂伯河畔，他们不仅到达了第聂伯罗彼得罗夫斯克附近大河向东伸出的河曲部位，还沿着大部分河段一直前进到基辅以北的普里皮亚特河（Pripet）。苏军在很多地点迅速渡河（第聂伯罗河）并建立起桥头堡。德军原本指望能在这条宽广的河流屏障的庇护下进行休整和补充，德国的军事发言人此前曾不够谨慎地把这条河描述为"冬季防线"，苏军的行动对德军的这个指望来说是不祥之兆。苏军司令官们在利用广阔空间所提供的无限可能性时表现出来的大胆和作战技巧，也让渡河变得更加容易。苏军成功地在波尔塔瓦西南方向克列缅楚格附近建立了重要桥头堡，这主要归功于科涅夫决定在各点同时渡河的大胆决定——在 60 英里正面上开辟多达 18 个渡河点，而非把兵力集中于一条进攻轴线。苏军在大雾的掩护之下实施偷渡，也让这一经过算计的故意分散兵力的做法变得更加"出其不意"。瓦图京用同样的方法在基辅以北获得了一系列立足点，后来又把这些桥头堡连贯了起来。

不过，导致这个局面最根本的原因还是，德军不再拥有足够的部队来防御整条战线，即使将兵力拉伸变薄也不敷分配，因而不得不依赖反突击来阻止敌人扩大立足点。这注定是一项非常危险的策略，因为德军自己的预备队如此稀少，而进攻者人数众多。

9 月 25 日，德军放弃了基辅以北 300 英里处的斯摩棱斯克，一周之前还被挤出了布良斯克。德军沿着第聂伯河上游沿线的要塞城市链——包括日洛宾

（Zhlobin）、罗加切夫（Rogachev）、莫吉廖夫（Mogilev）和奥尔沙（Orsha），直到德维纳河（Dvina）边的维捷布斯克（Vitebsk）——缓缓后退。

　　在南翼顶端，德军撤出了库班桥头堡，并跨过刻赤海峡退到克里米亚半岛。随着苏军在大陆上推进的浪潮涌来，克里米亚本身现在也处于被彻底孤立的危险之中。克莱斯特奉命把部队从库班撤回来，在亚速海岸和扎波罗热的第聂伯河曲之间占领阵地。这个决定做得晚了两个星期。等到克莱斯特的部队在 10 月中旬开始到达新阵地时，苏军已经在梅列托波尔（Melitopol）突破德军防线，整段防线都处于动荡之中。

　　在苏军初次渡过第聂伯河之后，10 月上半个月，这个地区相对平静，苏军则忙于集结援兵，积累物资，建造桥梁把兵力物资运过河去。大多数桥梁都只是木桩桥或者支架桥，是用渡口附近砍伐来的树木建造而成的。苏联人精通这种临时建桥的艺术，就像穿越佐治亚和南北卡罗来纳的谢尔曼部队一样。他们平均只用 4 天就能架起这样一座跨越大河且可以承受最重型装备的桥梁。

　　双方的注意力都集中在基辅，预期那里将是风暴来临之地，可是下一阶段的第一场战斗在第聂伯河曲和基辅之间漫长的河岸线差不多正中间的部位打响。科涅夫突然从波尔塔瓦西南的克列缅楚格桥头堡出击，朝南向这个大突出部的基线打进了一个巨大的楔子。那里一开始没有什么德军部队能够迎战，可是曼施坦因迅速把预备队调过去，迟滞了苏军的推进，从而争取到了把河曲部位遭受威胁的德军撤下来的时间。这些措施有助于德军把苏军挡在克里沃罗格（Krivoi Rog）之外，这里在苏军出发阵地以南 70 英里处，位于突出部中央。

　　但是这次成功的部分代价，就是第聂伯河曲以南防线的崩溃，因为曼施坦因被迫在克莱斯特的部队到达之前就从那个地段抽出部队应付危机。苏军在梅列托波尔突破之后乘胜追击，扫过诺盖斯克草原（Nogaisk Steppe），在 11 月的第一周打到了第聂伯河下游，切断了克里米亚半岛的出口，孤立了留在半岛上的敌军。

　　不过，苏军并没有实现自己在第聂伯河以东包围"百万德军"的乐观期望。他们在追击速度最快的那两天也不过抓了不到 6000 名俘虏，德军主力——就规模而言比苏联人想象的要小得多——有足够的时间撤过第聂伯河。自战役开始以来的 4 个月时间里，苏联人宣称自己总共只抓了 9.8 万名德军俘虏，其中一半以上带伤。但苏联人又声称在这段时期的作战中打死了 90 万敌军，打伤了 170 万。

这两个数字中间存在着巨大的出入，不过没有几个盟国的评论家提到过这一点。因为在任何一次突进中，一般会有大量敌军伤员落入进攻方之手，敌军失败越惨重，能够撤出来的伤员比例也就越低。更离谱的是，11 月 6 日，斯大林宣称德军在过去一年里损失了 400 万人。如果这个数字可靠，或者哪怕只有一半可靠，战争也早就应该结束了。可是，战争还要打很长的一段时间，虽说德军确实在走下坡路了。

10 月后半月，从基辅战线传出的消息很少，不过苏联人正在基辅以北扩大桥头堡，并使其发展成了宽度足够发动一次强大侧翼突击的进攻跳板。11 月的第一周，瓦图京发动了这次侧翼突击，借由在德军拉伸过度的防线上找到的薄弱点，向西突破了德军前线，然后又向内迂回，切断基辅出来的道路，并从后方夺取了这座城市。德军再次成功地跳出陷阱，只留下 6000 名战俘，可是他们无法阻挡苏军前进之势，因为大多数德军坦克师都被科涅夫在第聂伯河曲发动的突击吸引到了南面。

收复基辅第二天，苏军装甲部队打到了西南 40 英里处的法斯托夫（Fastov），此次进攻的节奏更接近追击。苏军先是击退了德军在那条防线上的抵抗，然后又用了 5 天时间长驱 60 英里，占领了普里皮亚特沼泽地以东剩下的唯一一条横向铁路线上的交会点日托米尔（Zhitomir）。其后，苏军向北扩大胜利，于 16 日占领了铁路交会点科罗斯坚（Korosten）。当时，德军的抵抗行将崩溃，曼施坦因手边已经没有预备队，斯大林在 6 日宣布的"胜利就在眼前"有可能要提前实现了。

面对危机，曼施坦因让第 7 装甲师充满活力的师长曼陀菲尔（Manteuffel）搜集能够找到的任何单位，编入自己的余部，用这支东拼西凑来的兵力从别尔季切夫（Berdichev）发动一次逆袭。曼陀菲尔大胆地沿着折线发动了这次小规模的进攻，获得了惊人的成功，先是突破了苏军侧翼，又在 19 日以夜袭收复了日托米尔，此后继续向科罗斯坚前进。这支部队分散成了几个小型装甲战斗群，沿宽阔正面机动，从而让自己的兵力显得很多。他们在几支苏军纵队之间来回冲撞，截断敌军后方，攻击苏军司令部和通信中心，沿途制造一片令苏军瘫痪的混乱。

现在，曼施坦因为了扩大曼陀菲尔创造的战机，对基辅以西苏军薄弱的突出部发动了一次更加切实的反攻。他得到了从西线新来的几个装甲师的增援。按照曼施坦因的计划，德军将兵分两路，开展钳形攻势，一路从西北方向对法斯托夫发动装甲突击，另一路从南方进行向心突击。前一个突击由巴尔克（Balck）的装甲军发动，这个军下辖 3 个师，包括曼陀菲尔的师。可是，瓦图京的前锋部队不但有很多预备师，现在还得到了越来越多越过第聂伯河的大炮和反坦克炮的增援。德军的这次反攻不像曼陀菲尔一开始的反击那么成功，它实际上没有从地图上看起来那样危险，因为失去了出奇制胜这个因素来弥补兵力上的不足，还受到恶劣气候的进一步制约。12 月初，德军的反攻在泥泞中停顿下来。在此后的平静时期，瓦图京集结部队准备以更多的兵力发动下一步进攻。

希特勒无意中给以上局势做了一个最贴切的评论。当时为了对曼陀菲尔力挽狂澜的突击进行表彰，他邀请曼陀菲尔来安格尔堡（Angerburg）和自己共度圣诞节，当时希特勒说："我要给你 50 辆坦克作为圣诞礼物。"这是希特勒想得出来的最好的圣诞礼物了，相对于他的资源来说也确是一份相当大的礼物了。因为当时最强大且最受重视的德军装甲师也才只有 180 辆坦克，没有几个师的坦克能及得上这个数量的一半。

德军战线的北段在秋季也遭遇了极大的长期压力。可是在这里，苏军的反复进攻没能突破德军在撤出斯摩棱斯克以后据守的第聂伯河上游防线。苏军之所以会失败，一是因为现代防御战固有的优势，二是因为他们在这里开展机动的空间比在南方要小，而进攻的目标又太明显，使德军得以严阵以待。

受限于冰雪天气，空军在这些战役中发挥的作用很小。这一限制为守军减轻了头顶上面临的压力，本来空中的压力有可能会让他们在地面上的危局雪上加霜。虽说守军的空中侦察能力也因此被限制了，但德国人可以推断出苏军的主要突击方向，还可以广泛使用突击巡逻来验证自己的判断。

海因里希（Heinrici）将军的第 4 集团军承受了苏军进攻的主要压力，他只有 10 个兵力薄弱的师，要守卫奥尔沙到罗加切夫之间 100 英里的防线。10 月到 12 月之间，苏军向他发动了 5 次进攻，每次持续 5 到 6 天，每天反复冲锋多次。在第一次攻势中，苏军动用了大约 20 个师，当时德军刚刚占领一道匆匆建立的防线，只有单独一道堑壕线。在第二次攻势中，苏军投入了 30 个师的兵力，但到那时，德军已经改善了防御工事。在下一次攻势中，苏军则投入了大约 36 个师。

苏军集中兵力向奥尔沙发动主攻，进攻正面不足 12 英里宽，位于莫斯科通往明斯克的大道两侧。很明显，将这里作为突破口，苏军可以很容易地进行补给，并在突破之后乘胜追击。可是突破口选择过于明显，德军也就可以集中兵力迎战。德军在这里的防御方法很值得我们研究。海因里希只在这个非常狭窄的地区集中了3个半师，让另外6个半师掩护宽广正面的其他地段，从而在最关键的点上就形成了相当密集的兵力。海因里希的炮兵几乎完整无损，他集中了380门火炮支援关键地段，这支炮兵由第4集团军司令部的炮兵司令直接控制，可以对这个地段任何一处受威胁的地点集中火力覆盖。同时，集团军司令还采用了"挤牛奶"的手法，从前线平静地段抽调部分兵力，每天给关键地带激战中的每个师提供一个营的生力军。这通常都能补足前一天战斗的损失，并给接受补充的师一支完整的本地预备队用于反突击。让部队混杂固然有缺点，但在师内部建立起轮转系统可以弥补这个缺点——一个德国师现在下辖3个团，每团2个营。在战斗的第2天前来增援的那个营，是前一天晚上调来的那个营的"姊妹营"，它们原来那个团的团部也跟着第二个营一起上前线；再过两天，第二个全新的团又到前线了；第6天，原来的那个师就完全被替换下来，去守卫比较平静的地段，而接替他们的师也是从这个地段逐一派出的。

德军在数量上居于6比1的劣势，却一再取得防御战的胜利，的确是了不起的成就。他们证明如果防御战略能够和战术相适应，战争的发展进程便可能会有所不同，而苏军的兵力也将会枯竭。可是希特勒坚持没有他的批准绝对不许撤退，而他又不愿意批准撤退，这就让德军防御战取胜的可能性化为了泡影。部队指挥官运用自己的自由裁量权，就有上军事法庭的危险，即便只是从一处位置过于突出的危险阵地上撤下一支小分队都不行。这一禁令推行得十分彻底，下级单位执行得更过头，有个笑话说，营长都不敢"把站在窗口的哨兵调到门口"。德军最高统帅部就像鹦鹉一样不断地重复"每个人都必须坚守岗位，寸土不让"。

这种僵化呆板的原则有助于德国陆军在第一个冬天解决心理上的危机，可是从长期来看是致命的——此时的德军部队已经克服了对苏联冬天的恐惧，但是越来越缺乏填补广阔空间的部队。这样做限制了战场司令官跳出敌军攻击范围，重整部队，把"后退是为了更好地前进"这个原则付诸实践的灵活性。

僵化的灾难性后果在1943年东线南翼的防御战中已经显现出来，1944年，同样的悲剧将在北翼重演，而正是在北方战线上，德军的防御曾被证明是那么难以克服。

第 29 章

日军在太平洋的退潮

在太平洋战争的第一阶段，日本征服了太平洋的整个西部和西南部海域（包括其中的所有岛屿）及邻近的东南亚国家。在第二阶段，日本试图染指夏威夷群岛和澳大利亚的英美基地，并在中途岛和瓜达尔卡纳尔岛（靠近澳大利亚门户的所罗门群岛中）的海空战中遭遇了决定性挫败。

到第三阶段，日军转入防御，西南太平洋所有指挥官收到命令要他们"守住所罗门群岛和新几内亚的所有阵地"。日军只在缅甸对西方盟国继续发动攻势，不过本质上还是为了防守目的，指望能先发制人地制止英军从印度发动反攻。日军在中途岛海战损失了 4 艘舰队航空母舰，在瓜达尔卡纳尔岛损失了 2 艘战列舰和大批其他军舰，还在两场决战中损失了数百架飞机，因而丧失了采取攻势制胜的可能性。西方盟国重新夺回了战场优势，现在真正的问题是，盟国是否能够及如何利用这些优势。

日军的进攻计划和行动大大得益于日本的地理位置带来的战略优势。他们在进攻和防御两方面都充分利用了这个基本优势。通过迅速的征服，他们围绕日本本土建立起一个个同心圆式的防御圈，为西方盟国任何指向日本本土的进攻制造了极大的障碍。

从地图上来看，似乎进攻日本的路径有很多条可供选择，可是仔细分析就会发现可行途径没有几条。让我们从地图的顶端向下逐条分析：北太平洋路线因为缺乏基地，而且沿线风暴和大雾频繁，所以可以被排除掉。从苏联远东部分反攻也不可能，因为当时苏联还在西线被德军进攻步步紧逼，斯大林不愿意在此情况下和日本开战或者卷入对日作战。盟军通过中国反攻也不可能，因为当时的局势下补给困难。从缅甸反攻的路线更加偏远，英军在那里刚刚被击退，撤过了印度边境，所以不可能从这里反攻，而且英军明显缺乏及早反攻所需要的资源。

这样很快就清楚了，任何有效的反攻都必须依赖美军，使用适合于美军的路线。主要的选择有两个——从新几内亚出发沿着西南太平洋路线指向菲律宾，或者通过中太平洋。道格拉斯·麦克阿瑟将军作为西南太平洋战区总司令自然倾向于采取西南太平洋路线，并一直敦促这么做。他的理由是这样做能最快夺取日本新近在南方征服的地区，进而切断日本作战所依赖的原材料供应。他认为，中太平洋路线会暴露在来自日本占领的一群托管岛屿的攻击之下，而且日军在这些岛屿上已经迅速建立起海空基地。此外，通过如此遥远的路径进行反攻也无法平息澳大利亚的焦虑。

但是美国海军首脑们青睐中太平洋路线。他们争辩说，相较于新几内亚附近狭窄的海域，走这条路线，他们便可以更充分地利用自己数量不断增长的大型快速航空母舰，并能更好地实践使用航母特遣舰队孤立一群岛屿的新作战理念。这样做还更符合他们关于海上补给系统的新观念，航空母舰不需要在每次作战之后回港。海军首脑们还争辩说，南线处于日本托管岛屿上的军事力量的侧击之下，而走中太平洋路线可以规避这一风险，而且从南线进攻太过显眼，容易被日军猜到，因而可能会遭遇更强烈且持久的抵抗。此外还有一条更有力但也更难以说出口的理由，那就是海军将领们不想让麦克阿瑟染指他们新的航母兵力主力，要知道麦克阿瑟有一手把持航母舰队的倾向。

1943 年 5 月，"三叉戟"会议于华盛顿召开，这一问题最终得以敲定，美军将兵分两路，从两条路线同时进攻，这样便会让日本人因不确定而分散兵力，同时妨碍日军集中兵力或者在两条路线之间调动预备队。两条路线将在菲律宾外海合成一股。这个决策满足了同时威胁不同目标的要求，在间接路线的战略概念中，这是一个重要的优势。可是这个复杂而中庸的决策没有充分考虑到历史和现实的教训，那就是，这种两路并进对敌人造成的选择上的难题，其实一路攻击也可以更经济地做到，只要在进攻时同时威胁敌人急于保卫的多个目标即可。

两路夹击不可避免地需要在兵力、航运、登陆艇、海军基地、机场各个方面进行规模更大、时间更长的准备。而准备时间的延长让日本人也有了更多的时间来准备自己的防御体系，美军的任务因而变得更加艰巨，尤其是两栖登陆和陆地作战任务。

在这段漫长的平静期中，唯一重要的战斗行动就是美军收复北太平洋阿留申群岛的远征。从战略上来说，这条战线太过偏远，对战争进程的推进没有任何意义。这次作战本身是次要的，而且没有起到任何助攻和分散敌人兵力的辅助作用，唯一的价值是心理上的。前一年6月，一支日军小部队占领基斯卡岛和阿图岛后，美国公众对阿拉斯加的安全存在疑虑，此次进攻可以消除此种疑虑。可是为了达到这种士气上的提振作用，美国使用了很大一部分当时还很有限的资源，这样做是不经济的。

作为对日军占领这两个岛的回敬，8月，美国海军对基斯卡岛进行炮击，当月月底，美军在基斯卡岛以东200英里处的阿达克岛（Adak）登陆，并在那里建立了一座机场，以便对基斯卡岛发起攻击。1943年1月，出于相同的目的，美军收复了基斯卡岛以东90英里处的阿姆奇特卡岛（Amchitka）。不过其后，当地的美军指挥官发现阿留申岛链最西端的阿图岛的防御比基斯卡岛的薄弱，于是决定先打阿图岛。3月底行动暂停，因为海军封锁部队遭遇了一支兵力稍占优势、正在护送3艘运兵船的日本海军编队。经过3小时远程炮战，日军撤退。双方都没有损失舰只，但前来增援的日军运兵船被赶跑了。

5月11日，美军借着大雾的掩护，在3艘战列舰的炮火支援下往阿图岛上登陆了一个师。这个师相对于日军享有4比1的兵力优势，在两周激战中逐渐把大约2500名日本守军推回了岛上的山脉，然后日本人自己替美军解决了怎么在山里清除他们的难题：他们向美军阵地发动自杀冲锋，几乎被全歼，只有26人被俘虏。美军现在可以集中精力对付基斯卡岛了。这座岛现在处于孤立状态，天天承受着美军海空火力的压力，结果7月15日夜间，日本人借助常有的大雾的掩护撤出了岛上大约5000名守军。美国人此后又轰炸了这个岛两个半星期，然后将一支大约3.4万人的大部队送了上去，登陆部队花了5天时间搜索全岛，这才确信岛上已经空无一人。

阿留申群岛就这样被肃清了，可是美军为这次无足轻重的任务总共投入了10万兵力，动用了大批海军空军支援，这是一个浪费兵力的极坏的例子，也是一个使用小股兵力开展袭扰行动进而分散敌军兵力的极好的例子。

西南太平洋明显的僵持状态一直延续到 1943 年夏季。

对美国人及其盟友来说幸运的是，日军由于陆海两军首脑之间尖锐的意见分歧而未能发动先发制人的攻击。日本陆海军都想要守住已征服的所有地方，但是在怎样做这一点上意见不一。陆军希望在新几内亚进行陆上作战，认为只有守住这处前进阵地，才能保障荷属东印度群岛和菲律宾群岛的安全。海军首脑想优先保障所罗门群岛和俾斯麦群岛，这里是 1000 英里以北处加罗林群岛中的特鲁克岛的大型海军基地的战略屏障。在最后的战略决策中，陆军的观点和往常一样占了上风。

最终，陆海军一致同意的防线起自所罗门群岛中瓜达尔卡纳尔岛以西的圣伊莎贝尔岛（Santa Isabel）和新乔治亚群岛（New Georgia），延伸至新几内亚的莱城（Lae）。海军负责所罗门群岛部分，陆军负责新几内亚部分。

驻拉包尔的陆军司令部负责整个地区[1]，指挥所罗门群岛的第 17 军和新几内亚的第 18 军开展作战，第 7 航空师配属第 17 军，第 6 航空师则配属第 18 军。海军部队由第 8 舰队和第 11 航空舰队组成，两者都归驻拉包尔的海军司令部指挥。[2] 海军部队兵力很少，只拥有巡洋舰和驱逐舰，但可以得到从特鲁克出动的大型军舰的增援。

在这个战场，日军陆军的规模十分庞大，新几内亚的第 18 军有 3 个师团，共 5.5 万人，所罗门群岛和俾斯麦群岛的第 17 军有 2 个师团和 1 个旅团外加其他部队。尽管日军的空中力量在瓜达尔卡纳尔岛争夺战中损失惨重，但陆军还有 170 架飞机，海军有 240 架可用。此外，据估计，在 6 个月之内，日军可以派 10 到 15 个师团和最多 850 架飞机来增援这个战场。因此坚守或者说"羁縻"战略按道理来说是可行的。

美军的计划因早先将这里的战场分别隶属太平洋战区和西南太平洋战区而变得更加复杂，而战区的分界线就在所罗门群岛。参谋长联席会议为了让指挥系统

---

1 译注：即今村均的第 8 方面军。

2 译注：即草鹿任一的南东方面舰队，不叫东南方面舰队。

能正常工作，任命麦克阿瑟负责整个新几内亚－所罗门群岛部分的战略指挥，但是南太平洋战区司令哈尔西海军上将负责战术指挥，而在这个海区作战的来自珍珠港的海军部队仍旧被置于尼米兹海军上将的太平洋战区的指挥之下。

美军的战略目标是突破俾斯麦群岛构成的障碍，占领日军位于拉包尔的主要基地。为此，他们将通过两条路线进行交替打击，让日本人"跳来跳去"。在第一阶段，哈尔西的部队将占领瓜达尔卡纳尔岛以西紧邻的拉塞尔群岛（Russell Islands），建立海空基地，然后再去占领新几内亚以东特罗布里恩（Trobriand）群岛中的两个岛，为进攻拉包尔提供航空基地——这也将充当把空军从一条进攻路线转向另一条路线的中转站。在第二阶段，哈尔西所部将前进到新乔治亚岛（在瓜达尔卡纳尔岛以西的所罗门群岛中），占领关键的蒙达（Munda）机场，而麦克阿瑟将占领新几内亚北海岸莱城附近的日军据点。到那时，哈尔西按说应该已经占领了所罗门群岛最西端的布干维尔岛（Bougainville）。在第三阶段，麦克阿瑟的部队将向北进攻，穿越海峡打到俾斯麦群岛中的新不列颠岛，拉包尔就在这座大岛的北端。然后，在第四阶段，盟军对拉包尔发起进攻。即便在计划中，这也是一个非常缓慢的渐进过程，据估计，美军将在战役开始 8 个月后对拉包尔发动进攻。

麦克阿瑟的西南太平洋战区拥有 7 个师（其中 3 个澳大利亚师），大约 1000 架飞机（其中四分之一是澳大利亚飞机），此外还有 2 个即将调来的美国师和 8 个受训中的澳大利亚师。哈尔西有 7 个师（其中包括 2 个海军陆战师和 1 个新西兰师），还有 1800 架飞机（其中 700 架属于美国陆军航空队）。海军兵力时常变化，因为每当一路建立自己的两栖部队时，大量战舰就会从尼米兹在珍珠港的海军主力中被借调而来，哈尔西一开始拥有 6 艘战列舰和 2 艘航空母舰，还有很多较小的军舰。总体来说，兵力是足够保证胜利的，尽管仍未达到麦克阿瑟的要求——他曾要求调给自己大约 22 个师和 45 个航空大队。

在战役的准备或者说"僵持"阶段，哈尔西于 2 月 21 日在拉塞尔群岛登陆了一支部队，但是没有发现任何预期中的日军。此外，他的海军还让日军再也不能通过槽海南下开展袭击。在新几内亚，日军试图攻占胡翁湾（Huon Gulf）附近的瓦乌（Wau）机场，但是被空运而来的一个澳大利亚旅击败，等到日军把师团主力派去那里增援时，他们的整个护航运输队共 8 艘运输舰和 8 艘驱逐舰被驻新几内亚的盟国空军及时发现并逮住，损失了全部运输舰和一半驱逐舰，以及 3600 多名官兵（总兵力的一半）。这次灾难性的"俾斯麦海之战"后，日军只敢派潜艇或者驳船为他们在新几内亚的部队运送补给。

此后，山本海军大将试图从空中挽回不利局面，他将第 3 舰队从特鲁克派去拉包尔，试图以持续空袭基地的方式来消耗盟军的空中力量。这次骚扰性作战开始于兆头不利的 4 月 1 日，实际上在两周之内，日军飞机的损失几乎是守军的两倍，这和进攻的日本飞行员发回来的乐观战报大相径庭。后来，就连山本五十六乘坐的飞机也在赴布干维尔视察途中遭到伏击被击落——美军情报机构事先获得了山本视察前线的消息。继任山本联合舰队司令长官职务的是海军大将古贺峰一（Koga），但实践证明他远没有山本厉害。

经过长时间计划的美军攻势将在 6 月 30 日分三路展开。到时，克鲁格（Krueger）将军指挥的美国陆军将在特罗布里恩群岛中的基里维纳岛（Kiriwina）和伍德拉克岛（Woodlark）（又叫姆鲁阿岛）登陆；主要由澳大利亚部队组成的新几内亚部队将在赫林（Herring）将军的指挥下在胡翁湾的萨拉马瓦（Salamaua）附近登陆，哈尔西海军上将的部队将登陆新乔治亚岛。

在特罗布里恩群岛的登陆轻而易举，没有遇到任何抵抗，机场的修建工作也立即开始了。新几内亚的新攻势开场很顺利，支援澳军的美军在登陆时没有遇到严重抵抗，可是日军部队（大约有 6000 人）直到 8 月中旬才被打退到萨拉马瓦郊外，然后美军在这里的先头部队奉命停止进攻，在进攻主要目标莱城之前先等待胡翁半岛的登陆。哈尔西向新乔治亚岛发动的第三路进攻更加艰难。

新乔治亚是一座大岛屿，有大约 1 万日本守军，岛上气候潮湿，更有山脉丛林，防御的效果因而倍增。雪上加霜的是，帝国大本营还下令守军要尽可能长时间地坚守这个岛。此外，东北海岸的珊瑚礁，以及在南部和东部围绕该岛的带状小岛群也增添了进攻的难度。

根据作战计划，美军将分 3 次登陆，其中，一个师规模的部队将在西海岸的伦多瓦岛（Rendova）发动主攻，他们将跨越 5 英里宽的海峡，在重要的蒙达海角（Munda Point）机场附近登陆。一旦这次跃进达成，另一支较小的部队将在离蒙达 10 英里远的新乔治亚北海岸登陆，并切断日军的海上增援路线，此外，还将在岛南实施 3 次辅助性登陆。海军掩护兵力由 5 艘航空母舰、3 艘战列舰、

9 艘巡洋舰和 29 艘驱逐舰组成，投入的航空兵力有 530 架飞机。

海岸瞭望哨报告说日军舰队开进了新乔治亚岛南部海面，哈尔西因此决定把登陆日期从 6 月 30 日提前到 21 日，不过，登陆时，美军并没有遇到抵抗，到 30 日，这个地段的其他 3 次辅助性登陆也成功完成。

执行伦多瓦岛主要登陆任务的 6000 名美军很快打败了只有 200 人的日本驻军，7 月第一周，又在蒙达附近成功登陆。此后两周里，日本的小股海军部队开展过几次瓜达尔卡纳尔岛战役期间的那种突击，给美军巡洋舰造成可观的损失，还向岛上偷运进大约 3000 人的部队。

岛上的这个美军师缺乏作战经验，在从伦多瓦岛跨过海峡之后，虽然有空中、炮火、舰炮的强力支援，却还是在穿过丛林向蒙达进军时进展缓慢。报告说这个师的士气低落，于是美军又向新乔治亚岛增兵 1 个半师。不过，到 8 月 5 日，蒙达和附近地区还是被攻克，尽管大多数日本守军已撤到北面不远处的科隆班加拉岛（Kolombangara）。此外，美军在后面的海战中利用制空权给日军造成了更多的军舰损失。

美军在新几内亚岛上进展迟缓所产生的最重要的一个影响就是，哈尔西和其他美军将领开始发现步步为营的缺点，并认识到这种战法给了日军加强下一道防线的充分时间。这种推进浪费了海空兵力的优势，因此，他们现在决定封锁科隆班加拉岛和岛上的 1 万多名日本守军，任其自生自灭，美军则继续向前去占领维拉拉维拉岛(Vella Lavella)。这个岛很大但防御力量薄弱，守军只有 250 人。（这就是有计划的"跳岛攻势"，相较于阿留申群岛时的战法有了长足进步。）与此同时，在维拉拉维拉岛建立机场可以让美军与所罗门群岛中最靠西的布干维尔岛的距离缩减到 100 英里以内。

美军在完全占领新乔治亚岛之前就于 8 月 15 日在维拉拉维拉岛登陆。科隆班加拉岛上的日军指挥官佐佐木将军本指望能在岛上进行持久的抵抗，但是他的希望破灭了，因为上峰命令他放弃中所罗门群岛，撤到布干维尔岛。9 月底到 10 月初，日军连续几夜撤出了科隆班加拉岛上的大批驻军和维拉拉维拉岛的小规模守军。

总之，日军在新乔治亚岛战役中阵亡 2500 人，损失了 17 艘军舰，而盟军则阵亡 1000 人左右，不过因病减员更多，还损失了 6 艘军舰。此外，在空中，日军的损失更大。

8 月，盟军对萨拉马瓦继续保持压力，主要是为了吸引日军注意力，掩盖自己准备对莱城和胡翁半岛发动的进攻——这里的港口和机场对下一步北进新不列颠岛及侧翼掩护至关重要。

为了进攻胡翁半岛，麦克阿瑟计划将两栖登陆、空降行动及陆地进攻结合起来加以运用。这种齐头并举的战法相当复杂，其实，他完全有足够的实力依赖其中任意一种。9 月 5 日，他的两栖部队在莱城以东送澳大利亚第 9 师主力登岸。第 2 天，美军第 503 空降团在莱城西北废弃的纳扎布（Nadzab）机场空降，这是盟军在太平洋地区执行的第一次空降作战行动，一旦机场可以投入使用，第 7 澳大利亚师就将借由运输机开来。与此同时，澳大利亚和美国军队将再次向萨拉马瓦发动进攻。

几路大军会攻莱城，却没有遇到什么抵抗。因为日本帝国大本营已经认识到他们在这个地区的一个师团可能会遭到包围，批准这个师团翻越多山的半岛向距莱城大约 50 英里处的基亚里（Kiari）撤退。因此，日军在 9 月 11 日撤出了萨拉马瓦，在 15 日又弃守莱城。但是，日军想在半岛尖端芬什哈芬（Finschhafen）港坚守的希望也破灭了，22 日，两栖部队中的一个澳大利亚旅在这里登陆。尽管日军又前调来了一个师团的援兵，但他们还是沿着海岸步步后退。与此同时，第 7 澳大利亚师从莱城出发沿着马克姆河（Markham）河谷更快地挺进，10 月初抵达离下一个重要目标马当（Madang）港只有 50 英里的敦普（Dumpu）——马当在莱城西北方向 160 英里处。到 1943 年年底，盟军就要沿着海岸和内陆向马当发起两路突击，不过进度还是比原定的时间表落后了。

到 1943 年 9 月，帝国大本营已经认清，之前对局势和未来的估计过于乐观，应该加以修正了。日军在过于广阔的地区分散得太开，而美军已从早期失败中意外地迅速恢复过来，在海上和空中都占据了上风。日军显然需要把兵力收回来，缩短防御弧。因为日本人除了在侧翼感到压力之外，还面临着来自中路珍珠港的潜在威胁，尼米兹海军上将现在在珍珠港集结起自"一战"杰里科（Jellicoe）上将的大舰队（Grand Fleet）以来规模最为庞大的海军舰队。

日军岌岌可危的形势还因其薄弱的经济基础而更加危险。日本的飞机生产速度不足以应对美国的挑战，而且已经被证明无法保护自己的商业航运。

帝国大本营在 9 月中旬制定的《新作战方略》（New Operational Policy）基于对满足日本战争目的所需最小区域的估计。这个最小区域被称为"绝对国防圈"，从缅甸经马来半岛延伸到新几内亚西部，从那里再延伸到加罗林群岛、马里亚纳群岛，直到千岛群岛。这个缩小了的防御圈意味着新几内亚的大部分、包括拉包尔在内的整个俾斯麦群岛、所罗门群岛、吉尔伯特群岛及马绍尔群岛现在全都被认为是"非必需区"。不过，按照这个方略，日军仍需坚守这些地方 6 个月。到那时，大本营有望把这个最小的或者说"绝对的"地区建设成牢不可破的屏障，日本的飞机产量将增长 3 倍，联合舰队也将强大到足以再次在海战中挑战美国太平洋舰队。

与此同时，大本营还号召在西南太平洋的日军挡住兵力已增长到大约 20 个师、拥有 3000 架飞机的盟军。日军在新几内亚东部有 3 个师团，在新不列颠岛上有 1 个师团，在布干维尔岛上有 1 个师团，第 6 个师团还在调来的路上。不过，日军在中国还有 26 个师团，在东北地区有 15 个师团，以防御苏联人可能发动的进攻，所以日军的陆上兵力是充足的，之所以显得不足更多是因为分布太广。

盟军方面缓慢的进展让麦克阿瑟更加焦急地催促加快进攻节奏，特别是他知道美军参谋长联席会议现在倾向于让中太平洋进攻享有优先权，因为这里的路途较短，可能缩短战争的时间。美军参谋长们还表示占领拉包尔并无必要，可以把这个坚固设防的点绕过去，孤立起来，这也更加剧了麦克阿瑟的紧迫感。哈尔西海军上将天生是一个进攻者，他也急于加快自己在所罗门群岛的进攻步伐，因为他指挥的很多舰船还有第 2 海军陆战师都正在被召回支援中太平洋。

布干维尔岛战役

日军在布干维尔岛——位于所罗门群岛最西端的大岛——上有将近 4 万名陆军和 2 万名水兵，大多数都在岛的南部。哈尔西现在缺乏军舰和登陆艇，一开始只能登陆一个加强师。登陆地点选择得非常巧妙，就在设防并不严密的西海岸的奥古斯塔皇后湾（Empress Augusta Bay），这里有合适的地形可以建造机场。

　　美军先对布干维尔岛上的日军机场进行了大规模空袭，并夺取了通往布干维尔岛的几座小岛，然后才于 11 月 1 日开始登陆，日本人被打了个措手不及，他们以为美军会在南部登陆，因为那里的海浪较小。日军海空反击都被打退，自己遭到的损失比美军还大。美军航母舰队和新几内亚的陆军航空兵对拉包尔进行空袭，也让那里最近得到加强的日军航空兵无法干预战役的进程。这些空袭为未来的作战提供了重要的经验，证明快速航母部队可以在受到日军岸基航空兵严密覆盖的海域作战。

　　美军在岸上得到另一个师的增援，逐渐把登陆场扩大成一个 10 多英里宽的安全的桥头堡，到 12 月中旬，守卫这个桥头堡的人数已达 4.4 万人。日军的反应非常迟钝，因为他们还以为美军会在其他地点主攻。即便在意识到奥古斯塔皇后湾的登陆就是美军的主攻点之后，他们还要把部队从岛南的主阵地经过 50 多英里的丛林调过来，这进一步耽搁了反攻。结果，到 2 月底之前，日军什么也做不了，于是出现了长时间的僵持。

夺取俾斯麦群岛和阿德默勒尔蒂群岛

　　与此同时，盟军继续沿新几内亚推进。1944 年 1 月 2 日，麦克阿瑟将一支近 7000 人的美军送上了胡翁半岛和马当正中间的赛多尔（Saidor），这一兵力很快便翻倍。日军留在那里的部队数量和美军相仿，但是疲惫而虚弱，试图坚守半岛以西的锡奥（Sio）。现在被美军封锁了沿海岸的退路，只能沿着既长且迂回的路线穿越山脉丛林逃出险境，在这场撤退中损失了好几千人。同一时间，澳军再次以钳形攻势从马克姆河谷的敦普向海岸推进，于 4 月 13 日到达海岸。4 月 24 日，麦克阿瑟的部队没有遇到严重抵抗就占领了马当，因为帝国大本营已经被迫加速撤退，下令在新几内亚的日军全部退到西边将近 200 英里之外的威瓦克（Wewak）。

　　麦克阿瑟不等完全肃清胡翁半岛就展开了下一次打击行动。12 月 15 日，克鲁格将军的"阿拉莫部队"开始在新不列颠岛西南海岸的阿拉维（Arawe）附近登陆，圣诞节刚过，这两个师的主力在靠近格洛斯特海角（Cape Gloucester）的西端登陆，去占领那里的机场。因为麦克阿瑟虽然放弃了占领拉包尔的念头，但仍想控制住拉包尔两侧的海峡，以保卫自己沿着新几内亚继续西进的侧翼。在新不列颠岛西端美军登陆场附近的日本守军大约有 8000 人，最近刚从中国战场调过来，他们和这座新月形大岛 300 英里外东端的拉包尔之间，隔着一大片荒凉的原始森林，而且日军第 7 航空师刚刚撤到西面 2000 英里之外的西里伯斯海，因此日军能够获得的空中掩护也很少。因此格洛斯特海角附近的日军只稍事抵抗，很快便开始向拉包尔长途撤退。

2 月底，不骑马的第 1 骑兵师一支侦察部队在格洛斯特海角以北 250 英里的阿德默勒尔蒂群岛（Admiralty Islands）登陆，这里有好几座机场，且有足够的空间建设更多机场，还有一个极大的避风锚地。大约 4000 名日本守军做出了激烈程度超出预期的抵抗，但美军主力于 3 月 9 日在其背后登陆并绕击敌后，最终将其击溃。到 3 月中旬，美军已经达到他们的主要目标，可以开始把阿德默勒尔蒂群岛改造成一处巨大的基地，只不过岛上的日军残余要到 5 月才被彻底肃清。

于是，拉包尔和驻守那里的 10 万日军现在就被彻底孤立了，任其自生自灭。美军突破了俾斯麦群岛形成的障碍，实际损失远远小于直接进攻拉包尔可能造成的伤亡。

布干维尔岛上，日军司令官在美军登陆之后快 4 个月才开始意识到西海岸的登陆就是美军的主攻。1944 年 3 月，他率领一支 1.5 万人的部队穿越丛林去进攻美军登陆场，而此时，美国守军已超过 6 万人。他却估计美军大约有 2 万名作战部队和 1 万名空军地勤人员——就算真的只有这个数，他也应该清楚这场过迟的反攻胜算很小。3 月 8 日，兵力居于 1 比 4 劣势的他发动了反攻，打了两周，损失了 8000 多人（相当于自己兵力的一半以上），而美军的损失还不到 300 人。这次反攻被击溃之后，日军残部在孤立中陷入绝望，也被任由自生自灭。

沿着中太平洋进攻

这一路的进攻和西南太平洋的攻势一样，都指向菲律宾，目标是收复美国在那里的失地，而非直接对准日本本土。在当时那个阶段，华盛顿参谋长联席会议的想法是在收复菲律宾以后让美军进入中国，并在那里建立大型空军基地，这样陆军航空兵便可以主宰日本领空，瓦解日本的抵抗能力并切断日本本土的供应线。

这个战略规划是美国人努力帮助蒋介石的国民政府坚持抗战的根本原因，也可以解释美国人为什么急于让英国在缅甸发动反攻，重开通往中国南部的滇缅公路，向蒋介石输送作战物资和援兵。

结果，美军跨越中太平洋的进程非常迅速，尼米兹海军上将的部队因此向北改变进攻轴线，夺取了马里亚纳群岛。当时，新型远程 B-29 超级空中堡垒轰炸机已问世，可以从距离日本本土只有 1400 英里的马里亚纳群岛起飞直接打击日本。而且等到 1944 年 10 月美军占领马里亚纳群岛时，参谋长联席会议早已看清形势，意识到在不久的将来，中国国民政府无法提供多大帮助，英国人也打不到中国南部。

占领吉尔伯特群岛

金海军上将在制订中太平洋进攻计划时，本想以攻击马绍尔群岛作为开场，后来却放弃了这个主意，因为缺乏确保成功所需的运载工具和受过训练的部队。作为替代，他决定让美军先攻占吉尔伯特群岛，虽说这些岛屿离珍珠港更远，但占领它们要稍微容易一些，部队可以趁机训练两栖作战，并获得随后进攻马绍尔群岛所需的轰炸机基地。吉尔伯特群岛中最靠西的马金岛（Makin）和塔拉瓦岛（Tarawa）是此次进攻的主要目标。

战区总司令尼米兹任命海军中将雷蒙德·斯普鲁恩斯指挥进攻部队。地面部队的番号是第 5 两栖军，军长是陆战队的霍兰·史密斯（Holland Smith）少将，运载这支部队的海军编队由理查德·特纳海军（Richard Turner）少将指挥，特纳已经在所罗门群岛的两栖登陆作战中获得丰富的作战经验。两栖部队分为两支，在北面，第 27 师大约 7000 人由 6 艘运输舰运载前去攻占马金岛；在南面，第 2 海军陆战师的 1.8 万多名官兵由 16 艘运输舰运载负责攻占塔拉瓦。除了随运输舰行动的护航航空母舰之外，登陆部队还得到了查尔斯·波纳尔海军（Charles

Pownall）少将的快速航空母舰编队的掩护，这支编队拥有 6 艘舰队航空母舰、5 艘轻型航空母舰、6 艘新型战列舰及其他小型军舰。除了航母上的 850 架舰载机之外，还有 150 架陆航的轰炸机。

这次进攻最重要的一个部署是使用了机动后勤编队来维持舰队的运作，除了大舰的大修以外，舰队的所有其他需求都可以得到满足。这支后勤编队拥有油轮、供应舰、拖轮、扫雷舰、驳船、平底船、弹药船，后来还增添了医院船、宿营船、一座浮船坞、起重船、测量船、浮桥装配船和其他船只。这支浮动的后勤纵队大大增加了海军在两栖作战中的航程和战斗力。

先期火力准备之后，1943 年 11 月 20 日，代号为"电流行动"（Operation Galvanic）的吉尔伯特群岛进攻战正式打响，这一天正好是史诗性的 1917 年康布雷大规模坦克进攻战周年纪念日。吉尔伯特群岛防御薄弱，因为根据大本营 9 月《新作战方略》预定提供的增援还没有到位。在马金岛上，只有 800 名守军，在美军的辅助进攻目标阿贝马马（Apamama）环礁上，更是只有 25 名日军。但是在塔拉瓦岛上，日军有超过 3000 人，守备可谓森严。

马金岛的小规模守军在美国一个陆军师面前坚守了 4 天，因为这个师作战经验不足。少数几辆两栖履带车（amphtracks）的作战很有效，这是一种可以克服珊瑚礁障碍的装备履带的两栖车辆，但是登陆部队只配备了少量这种新型车辆。

塔拉瓦的守军更多，防御也更坚固，在第 2 海军陆战师（曾在瓜达尔卡纳尔岛战役中立下赫赫战功）登陆之前，美军先对其进行了大规模舰炮炮击（在 2 个半小时之内倾泻了 3000 吨炮弹）和空袭。即便如此，第一天上岸的 5000 名部队仅仅冲过珊瑚礁和滩头之间的 600 码中间地带就损失了三分之一的兵力。但幸存的部队顽强不屈，迫使日军后撤到内陆的两处据点，日军后退让陆战队员们得以占领全岛，集中进攻守军据点。其后，22 日深夜，日军替陆战队解决了依然棘手的问题，他们转守为攻，反复发动反突击，在自杀冲锋过程中被全歼。此后，全岛很快被肃清。

海军损失了一艘护航航空母舰，但是整体而言，航母战斗群证明了自己无论在白昼还是夜间都有能力击退日军的空袭，而日本海军的水面舰艇根本无法挑战斯普鲁恩斯将军的大舰队。

美国人民对这次战役的损失感到震惊，进攻吉尔伯特群岛成了激烈辩论的话题。不过，这次战斗的经验在很多方面被证明是宝贵的，让美军对两栖登陆战术做了很多改进。美国海军官方历史学家 S. E. 莫里森（S. E. Morison）把此战称为"1945 年胜利的温床"。

　　尼米兹和他的参谋部早就在忙着计划下一波进攻对马绍尔群岛的行动了，不过要到吉尔伯特进攻战之后，他们才在尼米兹的坚持下对作战计划做了一项关键的变动。美军绕过马绍尔群岛最东端且最近的岛屿，不做正面进攻，改打 400 英里以西的夸贾林（Kwajalein）环礁湖。如果一切顺利，斯普鲁恩斯的预备队接下去将去占领埃尼威托克岛（Eniwetok），这个岛在马绍尔群岛 700 英里长的岛链最西端。美军指挥结构和吉尔伯特进攻战时一样，不过又获得了两个新的师，进攻兵力达到 5.4 万人，占领之后另派 3.1 万人驻守此岛。海军投入了 4 个航母特遣大队，总共 12 艘航空母舰和 8 艘战列舰。这次，登陆部队配备了很多"两栖登陆车"，车上既有装甲也有武器，战斗机和炮艇上还装备了火箭。登陆前，火力准备的强度比吉尔伯特登陆战时高 4 倍。

　　还有一个因素也有助于美军成功，那就是日军所能提供的援兵都被派往了群岛东段的各个岛屿，正中美军间接路线和跳岛战术的下怀。

　　快速航母舰队在短暂返回珍珠港进行休整和补充之后，于 1944 年 1 月底重返战场，以超过 6000 架次的持续空袭，在整个马绍尔群岛战役期间瘫痪了日军的海空行动，并击毁大约 150 架日军飞机。

　　1 月 31 日，美军占领了第一个进攻目标，即岛链东段没有设防的马朱罗岛（Majuro），美军支援后勤编队由此获得了一处良好的锚地。其后，美军占领夸贾林两侧的各个小岛，并迅速在 2 月 1 日发动主攻。守军以狂热和自我牺牲的"万岁"精神不断地发动自杀冲锋，反倒有助于美军占领全岛。日本守军超过 8000 人，其中大约 5000 人是战斗部队，但美军只付出了 370 人阵亡的代价便取得了胜利。

　　因为此战没有用到大约 1 万人的预备队，这支兵力便被派去占领埃尼威托克。那里离马里亚纳群岛还有 1000 英里，不过离日军在加罗林群岛的主要基地特鲁克只有不到 700 英里之远。因此，为了掩护埃尼威托克登陆行动，美军首先使用 9 艘航空母舰的舰载机，在登陆同一天对特鲁克发动大规模空袭。当晚，美军以雷达辅助锁定目标，再次空袭特鲁克，第二天上午又发动了第 3 次空袭。尽管古贺海军大将出于谨慎撤出了联合舰队主力，但美军还是在这里击沉了 2 艘巡洋舰、4 艘驱逐舰，以及 26 艘油轮和货轮。日军在空中损失更重，被击落超过250 架飞机，美军只损失了 25 架飞机。这 3 次粉碎性的空中打击在战略上产生了更加显著的效果，迫使日军从俾斯麦群岛撤走所有飞机，拉包尔失去了空中掩护，这证明，中太平洋的进攻可以助麦克阿瑟在西南太平洋的进攻一臂之力，而不是形成阻碍。

总体上，这次作战说明，航空母舰部队可以在没有岸基飞机协助的情况下，不用占领某一敌军主要基地，就可以使其完全瘫痪。

在这种条件下，占领埃尼威托克就变得轻而易举。美军很快占领了周围岛屿，就连主岛上的守军也在 3 天之内被击溃，而美军登陆兵力只有不到半个师。其后，美军迅速地在马绍尔群岛上修建起新机场。吉尔伯特群岛和马绍尔群岛在仅仅两个多月内就被美军占领，日本人曾希望这些能发挥迟滞作用的地区至少能坚守半年，而他们"绝对防御"圈内的关键据点特鲁克也严重瘫痪。

缅甸，1943—1944 年

缅甸这一季的战事和预期的大相径庭，跟盟军在太平洋，尤其是中太平洋的快速推进形成了令人沮丧的鲜明对比，因为缅甸战事的主要特点是日军再次进攻，这是日军在战争中唯一一次打过印度边境，到达阿萨姆邦南部，而英军则正在计划发动肃清缅甸北部敌军并重开滇缅公路的攻势。通往印度的交通状况已经得到了很大改善，英军兵力也在增长，前景似乎一片光明。

日军进攻的目标是先发制人，打乱英军的进攻部署，虽然他们在进攻兵力方面处于劣势，却差一点就达成了战术目标，即便他们最后失败了，却依然收到了把英军进攻推迟到 1945 年的战略效果。1944 年春季，日军顿兵挫锐于阿萨姆邦边境内 30 英里处英帕尔（Imphal）和科希马（Kohima）的顽强防御，很明显在这最后一次进攻中耗尽了本就不多的部队，于是再也无力阻挡英军随之而来的反攻，更无力阻挡英军将于 1945 年发动的更大规模的攻势。

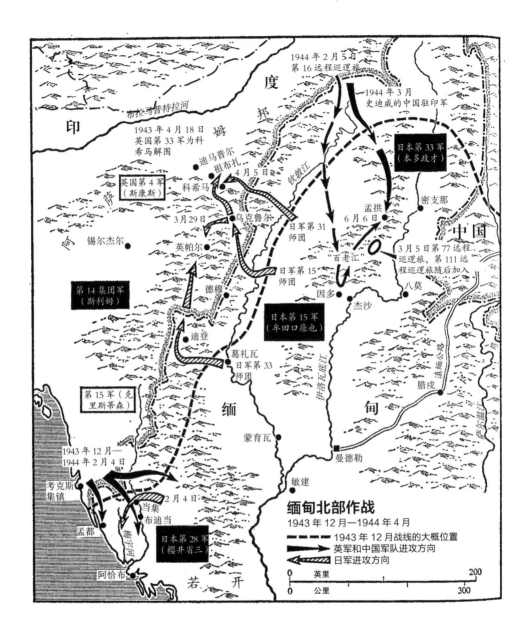

布拉马普特拉河

印

1943 年 4 月 18 日
英国第 33 军为科
希马解围

迪马普尔
祖布扎

4 月 5 日

科希马

锡尔杰尔

3 月 29 日

乌克鲁尔

英帕尔

英国第 4 军
（斯康斯）

度

邦

姆

钦敦江

日军第 31
师团

1944 年 2 月 5 日
第 16 远程巡逻旅

1944 年 3 月
史迪威的中国驻印军

日本第 33 军
（本多政才）

密支那

孟拱

6 月 6 日

中

国

"百老汇"

3 月 5 日第 77 远程
巡逻旅，第 111 远
程巡逻旅随后加入

第 14 集团军
（斯利姆）

德穆

迪登

葛礼瓦
日军第 33
师团

第 15 军（克
里斯蒂森）

日军第 15
师团

因多

八莫

杰沙

日本第 15 军
（牟田口廉也）

伊洛瓦底江

滇缅公路

腊戌

萨

尔

温

江

缅

甸

蒙育瓦

曼德勒

1943 年 12 月—
1944 年 2 月 4 日

考克斯
集镇

敏建

缅甸北部作战

2 月 4 日

孟都

当集
布迪当

梅宇河

日本第 28 军
（樱井省三）

1943 年 12 月—1944 年 4 月

━ ━ ━　1943 年 12 月战线的大概位置

━━▶　英军和中国军队进攻方向

◁▨▨▨　日军进攻方向

阿恰布

若

开

0　　　　　英里　　　　　200
0　　　　　公里　　　　　300

　　盟国在准备进攻时一致同意把收复缅甸北部作为主要目标，因为这里是和中国重新建立联系的最短途径，借由滇缅公路可以越过崇山峻岭向中国运输补给。经过长时间讨论，盟军搁置了其他作战行动，比如对阿恰布、仰光、苏门答腊发动两栖进攻。北缅的英军在发动攻势前要先重新进攻若开，并由钦迪特部队在北部发动牵制性进攻。

　　1943年8月底，盟国新建立了统一的"东南亚战区司令部"，最高司令由前联合作战司令部司令海军上将路易斯·蒙巴顿勋爵（Lord Louis Mountbatten）担任。他属下3位军种首脑分别是海军上将萨默维尔（Somerville）、陆军上将吉法德（Giffard）、空军上将派尔斯（Peirse），而美国人史迪威（Stilwell）将军出任蒙巴顿的副"最高司令"。印度司令部跟东南亚战区司令部分开，专门负责训练，不再管作战。韦维尔被"束之高阁"，出任印度总督，奥金莱克接替他出任印度总司令。

　　战区的陆军主力是吉法德将军第11集团军群下属新组建的第14集团军，司令是斯利姆将军。这个集团军下辖若开地区克里斯蒂森（Christison）的第15军和战线中部北缅的斯康斯（Scoones）的第4军，另外斯利姆还在作战方面控制着本战区的中国驻印军。海军兵力很小，但空军兵力已增长到大约67个中队，其中包括19个美军中队，有效作战兵力大约为850架飞机。

　　日军本来可能会满足于巩固自己在1942年占领的缅甸地区，刺激他们向阿萨姆邦发动新的防御性攻势的根本原因，正是盟军在兵力上的大幅增长，以及表现出来的明显的攻势意图。温盖特的钦迪特袭扰让日军意识到钦敦江并不是一道安全的防御屏障。日军进攻的目标是占领英帕尔平原，并控制从阿萨姆邦通向这里的各个山口，防止盟军在1944年旱季发动攻势——而不是大举进攻印度或者"向德里进军"。

　　日军在准备阶段也改组了指挥结构。缅甸方面军司令河边正三中将指挥的3个日本人所谓"集团军"（它们几乎都够不上军的规模）——本多政才中将的第33军在东北地区，下辖2个师团；樱井省三中将的第28军在若开前线，下辖3个师团；牟田口廉也中将的第15军在中部前线，下辖3个师团和一个"印度国民师"（Indian National Division），这个师只有9000人，兵力相当于日军正规师团的一半多。

在若开和云南的日军提前发动进攻之后，牟田口的第 15 军将执行英帕尔进攻战的任务。

战斗双方都计划要先在若开发动一场有限的攻势，然后再大举进攻中部战线。对英军而言，斯利姆将有机会试验新的丛林战战术，其基本思路是建立可供部队撤入并由空投维持补给的强大据点，后备队则前调消灭据点和后方之间的日军。这种新战术与以前一碰到迂回就撤退的做法和习惯完全不同。

1944 年年初，克里斯蒂森的第 15 军分三路纵队向阿恰布缓缓推进。但 2 月初，日军发动了他们计划中的进攻，不过只动用了若开地区 3 个师团中的一个，英军停止了前进。由于英军的疏忽，日军得以占领当集，然后向南迂回，把前进中的英军纵队置于进退两难的境地，后来英军空运增援才解围。虽然英军在小范围犯了错误，但新战术的可行性还是得到了证明，日军粮食和弹药短缺，被迫在 6 月雨季到来之前就放弃反攻，停止了作战。

温盖特的部队自 1943 年 5 月第一次钦迪特作战结束撤回以来就没有参加过战斗。但在这段间隙期，他的兵力从 2 个旅增加到 6 个旅，这主要是因为温盖特的作战观念和论点启发了丘吉尔的想象力，1943 年 8 月，温盖特奉召参加了在魁北克召开的代号为"四分仪"（Quadrant）的魁北克会议，从前抱怀疑态度的两国参谋长们也转而持赞成立场了。奥德·温盖特本人被晋升为少将军衔，他的部队还获配专属自己的空军第 1 空中突击队，这支空中突击队的实际兵力远超其官方名称所暗示的规模，拥有的飞机相当于 11 个空军中队。该空中突击队一般被称为"柯克伦马戏团"（Cochran's Circus），以其美国指挥官菲利普·柯克伦（Philip Cochran）的名字命名。

1943 年下半年和 1944 年头几个月，温盖特一直在对新调给他的几个旅进行特别训练。出于伪装的目的，这支部队对外仍然称作印度第 3 师，但其实不包含任何印度人，现在的兵力已相当于 2 个师，新人员主要来自英国第 70 师。

温盖特的作战理念也有了变化和发展，从打了就跑的游击战术转变为更加实在和持久的远程渗透。他的各个远程渗透群将要占领曼德勒以北大约 150 英里处伊洛瓦底江畔的因多（Indaw）及其周围地区——位于英国第 4 军和史迪威的中国军队（两个师）之间，并建立一系列靠空中补给维系的据点，以切断日军的交通线。他们不仅要骚扰敌人，还要和日军"战斗到底"。简要来说，钦迪特将成为进攻的矛头，英国第 4 军则负责支援和清剿。温盖特打算最终让数支远程渗透师在离主力很远的前方作战。

这次作战在 3 月 5 日夜间发动，开局并不顺利，当 62 架滑翔机运载第一批部队前往因多东北 50 英里处的"百老汇"着陆区时，其中很多架都坠毁了，在另一处着陆点，被砍伐的树干阻挡了降落，第三处着陆点也出于各种原因被放弃。尽管如此，英军在"百老汇"修建跑道的工作颇有进展，此后几个晚上，麦克·卡尔弗特（Mike Calvert）的第 77 远程渗透旅主力成功着陆，伦泰恩（Lentaigne）的第 111 远程渗透旅也随后落地。到 3 月 13 日，已经有 9000 官兵深入敌后。此外，伯纳德·弗格森（Bernard Fergusson）的第 16 远程渗透旅自 2 月初就从阿萨姆邦出发开始陆上行军，尽管一路地形条件极为恶劣，他们还是在 3 月中旬后不久就接近了因多。

日军虽然遭到奇袭，但还是很快便组织起一支由林（Hayashi）将军指挥的临时部队对付这次空降进攻，其兵力大约相当于一个师团。3 月 18 日，林将军手下一部到达因多，主力则在月底前抵达。此外，日本航空兵在 17 日发动的一次反突击中摧毁了以"百老汇"为基地的 6 架喷火式战斗机中的大多数，此后"百老汇"的空防就只能依赖从遥远的英帕尔周围机场起飞的巡逻战斗机了。3 月 24 日，温盖特本人因飞机在丛林中失事而身亡，不过在此之前，他那份精心制订但不够周密的作战计划就已经被全盘打乱。26 日，从陆路赶来的第 16 远程渗透旅按照温盖特生前所下达的命令对因多发起进攻，但是被既设阵地中的日军击退，日军还成功消除了其他几个远程渗透旅的威胁。温盖特把游击战发展成更加坚实的远程渗透的理念并没有获得成功，不过在这次作战中，他也的确没能像他计划的那样得到主力部队的支援。

温盖特死后，伦泰恩接替他出任特种部队司令。4 月初，经过和斯利姆及蒙巴顿商讨，他同意把钦迪特北调支援史迪威指挥的中国军队，因为中国驻印军并没有起到阻挠日军进攻英帕尔的作用。尽管史迪威并不欢迎这次调动，觉得他们会让日军把注意力放到自己这边，但钦迪特成功地占领孟拱，在某种程度上帮助了史迪威部队的进攻。不过即便这样，史迪威的中国军队也没能打到日军在密支那（Myitkyina）的关键阵地。钦迪特刚好在一个新日军师团到达战场之前完成北调行动。

3 月中旬，日军 3 个师团向阿萨姆邦发动"预防性"进攻，目标是占领英帕尔和科希马。和英军预期相反，钦迪特并没有起到多少掣肘作用，因为他们挺进到日军东侧和后方的伊洛瓦底江河谷的行动带来的威胁太过遥远，没法切断日军北进的路线，也不足以威及其交通线。

1 月底，斯康斯得到的报告和证据显示日军正在钦敦江上游进行重组和集结，准备对英帕尔发动进攻，于是，他命令自己的第 4 军停下从英帕尔向南的缓慢进攻，改去占领防御阵地。即便如此，斯康斯的 3 个师还是分散得太开，最靠南的第 17 师在迪登（Tiddim）被日军绕过，发觉自己回英帕尔的后路被封锁了。局势非常紧急，刚从若开调回来的英军第 4 师和其他援兵匆忙做好紧急空运至英帕尔的准备。日军从钦敦江畔发起的侧翼迂回也大有进展，迫使第 20 师匆忙后退。3 月 19 日，英帕尔（后方）东北方向大约 30 英里处的乌克鲁尔（Ukhrul）遭到日军进攻。令人不安的是，日军深远迂回突击的目标明显是英帕尔以北 60 英里处的科希马，科希马位于穿越山脉通向印度的公路上。3 月 29 日，英帕尔 - 科希马公路一度被切断。英军又调来 2 个新的师来保卫基地并填补防线漏洞。总之，日军的精悍和进攻精神再次让数量上占优势的敌人失去平衡，陷入困境。

英军总算成功地回到英帕尔平原，并在那里集结了 4 个多师进行防御，可科希马的守军只有休伊·理查兹（Hugh Richards）上校指挥的 1500 人。对英国人来说幸运的是，日军最高指挥官河边将军拒绝批准现地指挥官牟田口中将派兵去占领科希马以西 30 英里处山口位置的迪马普尔（Dimapur）。日军如果这样做，便可以预先制止并破坏英军解救英帕尔的任何反攻。

在这段喘息时期，英国人从印度调来了第 33 军军长蒙塔古·斯托普福德（Montagu Stopford）中将和他那个军的先头部队，4 月 2 日，斯托普福德受命接管迪马普尔 - 科希马地区，并等待他的军主力到来。

日军第 31 师团在 4 日夜间开始进攻科希马，并迅速占领了俯瞰城市的高地，到 6 日，少量守军和奉命前来增援他们的一个旅中断了联系，这个旅本身也因日军在祖布扎后面设立的路障而失去了和迪马普尔的联系。

斯利姆将军遂于 10 日下令全面反攻。14 日，斯托普福德派出一个新的旅夺回日军在祖布扎（Zubza）设立的路障，18 日，两个救援旅突破日军包围，就在科希马守军准备迎接最后时刻到来时解救了他们。下一阶段，英军把日军赶出了周围的高地。

英帕尔周围也发生了激烈的战斗，英军两个师发动反攻，一路向北，扫清了通向科希马的道路，并一路向东北，收复了乌克鲁尔并威胁正在进攻科希马的日军师团后方。英帕尔的另外两个英国师也向南发动突击。

英国人很幸运，他们现在几乎完全掌握了制空权，日军在整个缅甸战场只有不到 200 架飞机，所以英军可以在这关键的几周里通过空运补给在英帕尔的大批部队。（在空运撤出 3.5 万名伤病员和非战斗人员后，这里还有大约 12 万英军。）

5 月，斯托普福德得到增援的部队肃清了通往英帕尔的道路，赶走了科希马周围坚守阵地的日军，斯康斯的部队也快要把英帕尔以南的日军逼入绝境。不过，如果牟田口廉也没有在丧失胜利希望后，还是不顾手下 3 个师团长的反对，坚持继续进攻的话，日军本来是可以轻易撤退的，根本不用再遭受进一步损失。牟田口廉也怒气冲冲地坚持进攻，撤了 3 个师所有师团长的职务，最后自己也被撤了职。

7 月，斯利姆指挥的英国第 14 集团军继续反攻，最终打到钦敦江畔。英军的前进受到雨季的阻延，而非日军的抵抗，因为后者现在只剩下筋疲力尽、饥肠辘辘的残兵败将了。

在这场旷日持久的攻势中，投入进攻的 8.4 万名日军损失超过 5 万人。英军开始时的兵力较多，结束时的兵力则更雄厚，但由于指挥审慎，损失不到 1.7 万人。英军总共投入了 6 个师和一些较小的单位，从制空权中受益良多，日军只投入 3 个师团，外加一个兵力不足且素质低劣的所谓印度国民师。此外，日军盲目遵循不现实的军事传统，主动放弃了自己战术技巧上的优势——他们在战争的下一个阶段还将为这样的错误付出更加惨重的代价。

第七部

大退潮：1944 年

第 30 章

攻克罗马和在意大利的第二次僵局

1943 年 9 月刚刚登陆时，盟军满怀着希望，然而 1944 年，意大利战场的局势令人失望不已。两个进攻的集团军，美国第 5 集团军和英国第 8 集团军都损失惨重，在沿着意大利"胫骨"般的亚平宁山脉东西两侧分别北上的过程中，因为一次次不停的正面进攻而遭受了极大损耗。他们沿半岛缓慢地"爬行"，简直像在重演第一次世界大战中协约国军队在西线撞城锤式的进军。9 月，意大利投降并改换阵营，英美盟军又在雷焦、塔兰托、萨莱诺 3 处同时登陆，意大利战场上的德军陷入极为不利的态势，但是他们通过迅速的反应成功地应付了过去。凯塞林的部队虽然一度处于混乱状态中，但还是非常出色地解决了多次危机，希特勒因此很快便打消了原先放弃意大利半岛并撤退到北部的想法和计划，转而决定让德军打长时间的防御战。

自 1943 年秋天以来，盟国只能指望达到消极的目的——把尽可能多的德国师牵制在意大利，不让他们前去迎战 1944 年仲夏盟军即将在诺曼底发动的登陆部队。

1943 年 11 月三大国德黑兰会议及此前不久的英美开罗会议决定赋予跨过海峡登陆诺曼底的"霸王行动"（Operation Overlord）以最高优先权，而在法国南部进行辅助登陆的"铁砧行动"（Operation Anvil）将拥有次优先权。至于意大利战场，盟军的目标则仅限于攻占罗马，并挺进到半岛的比萨－里米尼（Pisa-Rimini）一线。盟军将不会向东北方向的巴尔干地区扩张。实际上，就英国当时的政策而言，巴尔干似乎从来没有被作为一个要点考虑过。

英美两国领导人基本上同意把"霸王行动"和"铁砧行动"的优先权放到第

一位，但在意大利战事的重要性这一问题上仍然有很多不同看法。以丘吉尔和艾伦·布鲁克为代表的英国观点认为，盟军向意大利投入越多兵力，就越能吸引更多德军离开诺曼底。这个观点被证明是错误的，但是它得到支持的根源在于，丘吉尔希望在那个战场取得一场以英国人为主力的伟大胜利。美国的观点之所以不同，是因为他们不愿意为增援意大利战场而削减在法国作战的兵力，他们正确地认识到法国才是决定性战场。他们比丘吉尔和英军首脑们更为脚踏实地，明白困难的地形很可能会妨碍盟军在意大利速胜并展开追击。他们还深深怀疑，英国人热衷于意大利战场是为了逃避更艰巨的进攻法国的任务。

　　凯塞林的第 10 集团军拥有 15 个师（在北面，还有第 14 集团军的另外 8 个德国师）来守住那条被称为古斯塔夫防线的前沿阵地，顶住盟军的持续进攻。大多数德国师兵力都较弱[1]，有些甚至减员极其严重，但看起来，他们还是能顶得住到 1943 年年底为止登陆意大利的 18 个盟国师的正面进攻。

　　因此，一个自然的解决办法就是在古斯塔夫防线背后进行两栖登陆，盟军拥有的海空优势会让这种登陆变得极为容易。如果把两栖登陆和正面进攻相结合，盟军应该就能逼迫德军撤出那条防线，让他们在罗马以南无法立足。这个代号为"砾石行动"（Operation Shingle）的作战计划早已拟就，对意大利战场缓慢进展颇不耐烦的丘吉尔给它注入新的动量。他在开罗和德黑兰两次会议期间，以同意美国人当年夏天在法国南部发动"铁砧行动"，来换取登陆艇在上述行动开始之前留在地中海，这样这些登陆艇就可以被用于预定 1 月在罗马以南发动的安齐奥（Anzio）登陆作战。

　　亚历山大和他的参谋部制订的作战计划整体设计非常好。马克·克拉克指挥的第 5 集团军将在 1 月 20 日对目前的前线（古斯塔夫防线）发动进攻。首先，美国第 2 军的右邻法国军和左邻英国第 10 军发动突击，吸引赞格尔（Senger）将军，麾下德国第 14 装甲军的注意力，然后，美国第 2 军就紧随其后渡过拉皮多河，沿着利里（Liri）河谷北进。一旦全线进攻开始，美国第 6 军将从海上登

---

[1] 德国师的兵力相差很大，其中一些经过苦战的师减员严重，但即便满编的德国师平均兵力也只有盟国一个师的三分之二。

陆安齐奥。盟军希望并且预期，德军预备队各师到时将兼程南下并转过身来对付安齐奥登陆部队——趁着德军混乱，第 5 集团军便可一举突破古斯塔夫防线，和安齐奥的第 6 军会师。即便德国第 10 集团军没有在两支盟军部队的夹击下崩溃，盟军司令部也希望能迫使它撤到罗马地区重组。

可是这个计划失败了。德军部队没有像盟军指挥部希望的那样陷入混乱或者筋疲力尽，而是以一贯的顽强精神进行战斗。同时，盟军的战斗准备工作太过仓促，第 5 集团军的进攻在实施过程中也显得支离破碎。

进攻开局还好，1 月 17—18 日夜间，麦克里里的英国第 10 军在防线西侧成功地强渡了加里格利亚诺河。这就迫使凯塞林从预备队中抽调大批部队赶往这条战线，其中包括德军第 29 和第 90 装甲掷弹兵师及赫尔曼·戈林师一部。可是20 日，美国第 2 军在战线左中路强渡拉皮多河时遭遇失败，付出了高昂的代价，两个先头团几乎被歼灭。利里河谷的防守非常严密，德军从卡西诺山可以侦查到任何沿河谷北进的行动，而盟军严重低估了卡西诺山阵地的坚固程度。拉皮多河本身水流湍急，在没有抵抗的情况下想要横渡都很困难，而美军第 36 师刚刚在接近拉皮多河的路上攻占了外围的特罗乔山（Monte Trocchio），只经过 5 天的休整和准备便投入了这次进攻。美军左邻英国第 46 师的进攻也失败了。1 月 22日安齐奥登陆发动之际，第 5 集团军的攻势仍在向前推进，但是胜利的希望实在渺茫。

安齐奥地区是德军侧翼背后唯一适合登陆的滩头，除非盟军计划人员愿意冒险选择罗马以北的登陆场（这些登陆场离古斯塔夫防线上的主战线太远了）。即便如此，凯塞林还是被打了个措手不及，他一直认为，盟军在罗马以北登陆会在战略上对自己造成更大的威胁，而且盟军登陆时，他在安齐奥只有一支部队，即在那里休整的第 29 装甲掷弹兵师的一个营。对他来说幸运的是，登陆部队指挥官约翰·P. 卢卡斯（John P. Lucas）少将极为谨慎且悲观，他是在萨莱诺战役最后阶段出任第 6 军军长的。本次进攻之前，卢卡斯就表达过悲观的观点，不仅写在自己的日记里，甚至还向下属和盟军流露过，包括亚历山大在内。

他的第 6 军在第一波登陆时下辖两个步兵师，分别是英军第 1 师和美军第 3师，支援部队有英军突击队和美军游骑兵，此外该军还有 1 个空降团和 2 个坦克营，美军第 1 装甲师和第 45 步兵师则跟随其后。拥有这么强大的兵力，第 6 军

沿意大利半岛缓慢推进

德军主要防线

1944 年 5 月 11 日的前线位置

6 月 5 日的前线位置

8 月 25 日的前线位置

1945 年 4 月 8 日的前线位置

0 英里 100
0 公里 160

瑞　士

阿

科莫湖

罗　马

美国第 5 集团军 1944 年 6 月 4 日进入罗马

6 号公路

弗拉斯卡蒂

阿尔班山

瓦尔蒙托内

米兰 5 月 2

都灵 5 月 2

帕维尔

C
军

德国第 14 集团军(马肯森)

阿尔巴诺

恺撒防线

维莱特里

亚历山大里亚

热那亚 4 月 27 日

德集

德国第 1 伞兵军

坎普里奥尼 2 月 3 日

2 月 16—26 日

科里

美国第 2 军

斯佩齐亚 4 月 24 日

美

卡罗切托

齐斯泰尔纳 2 月 28 日—3 月 4 日

美国第 2 军

阿诺队
7 月

天桥

英军第 1 师(彭尼)

英军突击队

英军远征队

拉蒂纳

7 步兵团

砾石计划

美国第 6 军(卢卡斯)1944 年 1 月 22 日

安齐奥

内图诺

美军别动队

美军第 3 师(特拉斯科特)

墨索里尼运河

德国第 76 装甲军

科西嘉岛

安齐奥登陆场 1944 年 1 月 22 日—4 月 23 日

1 月 24 日前线位置

德军反攻方向

第 5 集团军 4 月 23 日起进攻方向

1 月 30 日

0 英里 15 20
0 公里 10 20 30

撒丁岛

阿真塔缺口

----- 4月8日前线位置

← 盟军4月9日进攻方向

0 英里 30

不仅能够在登陆时占据巨大优势，还能够确保追击时的力度——丘吉尔希望卢卡斯能很快打到罗马以南的阿尔班山（Alban Hills），切断战略上至关重要的 6 号和 7 号公路，以便包围古斯塔夫防线上的德国第 10 集团军。

英美两军分别在安齐奥以北和以南开始登陆，都轻而易举地成功了，几乎没有遇到抵抗。可是德军的反应迅速而果断。古斯塔夫防线上的部队奉命坚守，赫尔曼·戈林师北调，其他可用的部队则从罗马地区南下。德军最高统帅部授权凯塞林可以调用意大利北部的所有师，还给他另外派来 2 个师、3 个独立团和 2 个重坦克营。希特勒急切地想给盟军的海上行动一次狠狠的打击，让他们再也不敢在意大利进行登陆作战，甚至将来也不敢登陆法国海岸。

凯塞林之调兵遣将实可谓了不起，头 8 天，他就向安齐奥地区调来了 8 个师的一部分，同时调整了指挥结构。马肯森（Mackensen）的第 14 集团军司令部受命接管整个安齐奥地区，下辖第 1 伞兵军和第 76 装甲军，现在分别守卫盟军登陆场的北南两片区域。维亭霍夫的第 10 集团军留下来守住古斯塔夫防线，下辖第 14 装甲军和第 51 山地军。总的来说，8 个德国师集结在安齐奥滩头，赞格尔的第 14 装甲军的 7 个师负责抵抗马克·克拉克的盟国第 5 集团军，只有第 51 山地军的 3 个师被用来挡住亚得里亚海一侧的英国第 8 集团军，此外，还有 6 个师由冯·赞根（von Zangen）将军指挥，留在意大利北部。（英国第 8 集团军现在的司令是奥利弗·利斯爵士，蒙哥马利则奉召回国负责即将来临的诺曼底登陆的计划和准备工作。）

丘吉尔希望登陆部队能从安齐奥出发迅速直插阿尔班山，可是他的想法落空了，因为在马克·克拉克的支持下，卢卡斯冥顽不化地坚持先巩固登陆场，再向内陆突进。可是如果考虑到德军的迅速反应和高超的作战技巧，还有大多数盟军指挥官和部队的笨拙，卢卡斯的过度谨慎也有可能反而对盟军有利。在这种情况下，盟军如果匆忙向内陆突进，便极有可能遭到德军侧翼反击，进而招来灾难。

第 2 天，盟军已经在计划中的登陆场站稳脚跟，补给问题也随之得到简化解决，可是，盟军等了一个多星期，直到 1 月 30 日才向内陆发动第一次真正的进攻。而这次进攻很快便被德军就地制止。而且德军炮火现在可以袭扰整片登陆场，从那不勒斯地区起飞的盟军飞机无法阻止德国空军空袭安齐奥周围拥挤的航运船只。因此古斯塔夫防线前面的马克·克拉克的部队不仅没有得到安齐奥登陆的襄助，反而还要再次发动正面进攻来帮助被围困在安齐奥的登陆部队。

这次美国第 2 军试图从北面进攻卡西诺山，以求突破古斯塔夫防线。1 月 24 日，美军第 34 师领先进攻，法国军在侧翼助攻。可是经过一个星期激战，盟军才建立起一个稳固的桥头堡，而在此之前，赞格尔早已向这个地段调来更多的预备队，使这里的防线比以往更加强大。2 月 11 日，减员严重且极度疲惫的美军撤退。

这次进攻失败后，伯纳德·弗赖伯格中将指挥的新组建的新西兰军被调了上来。该军下辖新西兰第 2 师和印度第 4 师，这两个师都在北非战役中身经百战，战功卓著——由英国和印度部队混编而成的印度第 4 师被德军评为北非战场上最好的一个师。弗赖伯格的计划是对卡西诺山发动向心攻击，这跟以往历次计划在本质上没有什么区别，都是对布置巧妙、防御顽强的德军阵地发动代价高昂的正面进攻。印度第 4 师师长弗朗西斯·塔克（Francis Tuker）强烈建议走山区，采取间接路线进行更大幅度的迂回。法国人支持他的提议，但是他病了，因此影响力变小。他的师奉命进攻卡西诺山，在采取更大幅度迂回的建议被驳回后，他再次建议用集中的空袭摧毁山顶上历史悠久的修道院。虽然当时并没有证据表明德军正在使用修道院——而且战后有充分证据显示德军根本没有进入修道院，但这一伟大的建筑是如此的巍峨，给不得不进攻山顶的部队造成了压倒性的心理压力。这个请求在得到弗赖伯格和亚历山大的支持后获得批准，2 月 15 日，一次猛烈的空袭摧毁了这座著名的修道院。其后，德军觉得自己有充分理由进驻这片废墟，建立起比以往更加稳固的防线。

当天夜里和第 2 天夜里，印度第 4 师反复攻击无果。第 3 天（2 月 17—18 日）夜间，新西兰军重新执行原定计划。印度第 4 师成功地拿下了反复易手的 593 高地，可是又被德军伞兵的反攻打了回来，新西兰第 2 师第 2 天也被德军坦克的反攻从拉皮多河对岸的桥头堡打了回来。

为了摧毁盟军登陆场，德军最高统帅部答应给马肯森调来大量援兵，在等待援兵之际，马肯森发动了反攻，阻止盟军扩大登陆场。2 月 3 日夜间，德军发动第一次反攻，目标是英军第 1 师在 1 月 30 日向坎波里奥尼（Campoleone）发动进攻失败后建立的突出部。幸运的是，英军第 56 师先头旅刚刚登陆，阻止了德军的突破。7日，马肯森又发动了第二次更猛烈的反攻，虽然也被挡住了，但英军损失太大，第1师不得不由刚到的美军第45师替换下来。

到2月中旬，马肯森已经有10个师，还得到了兵力大大增强的空军部队的支援，现在，他已准备好对登陆场中盟军的5个师发动反攻。德军将使用一种装满炸药的遥控微型坦克（代号为"歌利亚"）在守军中制造混乱。大反攻集结兵力的过程没有受到盟军进攻卡西诺山的影响，也没有被盟军飞机严重地阻挠过。

2月16日，德军开始沿着登陆场的整个周边进行试探，并在频繁的空袭掩护下发动进攻。到傍晚，美军第45师地段被突破。德国人等待这个机会很久了，14个营的部队由希特勒所青睐的步兵教导团（Infantry Lehr Regiment）打头，在坦克支援下于17日发动突击扩大突破口，沿着阿尔班－安齐奥公路蜂拥南下。胜利就在眼前。

但是德军这么多混杂的部队聚集在一条道路上，本身就不利于进攻的施展，更为盟军的大炮、飞机、海军炮击编队提供了密集的打击目标。"歌利亚"坦克也未能发挥作用。进攻部队尽管遭到重大杀伤，但还是把盟军逐渐向后挤压，18日，德军在得到第26装甲掷弹兵师的增援后，重新发动进攻，又向滩头前进了一步。但是英军第56师、第1师，美军第45师竭尽全力地战斗，成功地守住了登陆场上的最后一道防线。德军的突击在卡罗切托（Carroceto）溪流前被挡住，进攻部队在重压下逐渐难以为继。20日，各装甲掷弹兵师进行了最后一次努力，但很快又陷于停顿。卢西恩·K.特拉斯科特（Lucian K. Truscott）将军的到来也有助于防御战的开展和成功，他先是作为卢卡斯的副军长，后来接替了卢卡斯的职务。英军战线，第1师师长 W. R. C. 彭尼（W. R. C. Penney）少将受伤，由杰拉尔德·坦普勒（Gerald Templer）少将接替，坦普勒少将还卓有成效地协调了第1和第56两个师的作战行动。

希特勒对攻击受挫大为震怒，下令2月28日再发动一次新的进攻。这次，德军用4个师沿着奇斯泰尔纳（Cisterna）公路发动主攻，并辅之以其他助攻以分散敌军注意力。可是美军第3师没有怎么费劲就挡住了这次进攻，战斗打了3天后，低云散去，盟国空军得以痛击进攻的德军。3月4日，马肯森因为损失太大被迫停止进攻。他留下5个德国师坚守防线，让其他部队后撤休整。

现在盟军要再对卡西诺山发动一次进攻，为春季攻势扫清道路。这次进攻甚至比以往的还要直接。新西兰师穿过卡西诺镇前进，然后印度第 4 师接手进攻修道院山。盟军从地面和空中总共倾泻了 19 万发炮弹和 1000 吨航空炸弹，试图以猛烈的轰击瘫痪镇里的德军。

3 月 15 日天气放晴，盟军开始了这次轰击。可是，这个地段的守军是精锐的第 1 伞兵师的一个团，下辖 3 个营，他们不但承受住了炮击和轰炸没有退缩，而且还有足够的能力抵挡住随后而来的攻击部队。炮击造成的大批残垣断壁挡了盟军坦克的去路，也对守军有利。印度第 4 师拿下了城堡山，但在继续向更高的制高点前进的途中被瓢泼大雨所阻。一个廓尔喀连最远打到修道院脚下的汉曼山（Hangman's Hill），可是在那里陷入孤立。与此同时，在镇子里的激战仍在持续着。双方在 19 日的努力都是徒劳的，第 2 天，亚历山大下决心，如果此后 36 小时内还不能取胜就收兵，因为损失已经太大了。23 日，进攻在弗赖伯格的同意下终止。结果，第三次卡西诺之战以失败告终。此后新西兰军解散，部队进入休整，然后分散编进其他军，卡西诺地段由英军第 78 师和第 6 装甲师的第 1 近卫旅接管。

2 月 22 日，亚历山大曾建议发动"王冠行动"（Operation Diadem），沿着利里河谷推进，以与安齐奥登陆场的突破和向心攻击相配合。这一行动的总体思路将和 1 月的进攻类似，但是计划和协调工作都做得更细致，并且打算在"霸王行动"——从英格兰跨海峡进攻诺曼底的行动——开始前约 3 周发动，以便吸引在法德军注意力。

根据亚历山大的参谋长约翰·哈丁（John Harding）设计的这个计划，盟军将只在意大利的亚得里亚海一侧留下一个军，把第 8 集团军其余兵力西调，接管卡西诺 – 利里河谷地段，以便赋予进攻更大的冲击力。第 5 集团军，包括法国军在内，将负责左翼的加里格利亚诺河地段和安齐奥登陆场。另一个相应的建议是取消在法国南部登陆的"铁砧行动"。

英军参谋长们自然同意这个方案，但美军参谋长们表示反对，他们认为在法国南部登陆能够更好地吸引德军注意力，为诺曼底登陆提供助力。然后艾森豪威尔提出了一个折中方案，意大利的进攻将拥有优先权，但是"铁砧行动"也将继续执行。如果到 3 月 20 日，意大利战场的局势表明，大规模两栖登陆是无法发动的，那么意大利海域的绝大多数船只将被调去辅助"霸王行动"。2 月 25 日，联合参谋长委员会批准了这个折中方案。

随着决策日期的临近，新任地中海战区盟军最高司令官梅特兰·威尔逊（Maitland Wilson）上将从亚历山大那里听说意大利战场的春季攻势要到 5 月以后才能发动，而且在面对古斯塔夫防线的主力部队完成突破并与安齐奥部队会师之前，任何部队都不应该撤离意大利去执行"铁砧行动"。这意味着，"铁砧行动"如果需要 10 个星期来重新编组部队并进行准备，就不可能在 7 月底之前发动。这样这场行动就晚了诺曼底登陆快两个月，根本不可能起到先期分散敌人兵力的作用。因此，梅特兰·威尔逊和亚历山大认为以上具体情况让他们可以取消"铁砧行动"，集中注意力在意大利战场上发动致命一击。这个想法和丘吉尔及英军参谋长们的意愿不谋而合。艾森豪威尔倾向于同意他们的意见，不过他的理由是，取消"铁砧行动"，地中海的船只现在便可以转用于"霸王行动"了。美军参谋长们虽然不太情愿地同意了把"铁砧行动"推迟到 7 月，但反对干脆放弃，而且不认为在意大利超越目前设定的界限继续进攻有什么意义。他们同样不相信意大利的战局能够为诺曼底登陆吸引德军的注意力，在这点上，他们很快就会被证明是正确的。然后双方进行了长时间的斗争，连丘吉尔先生和罗斯福总统都被拉了进来，通过长篇电报往返进行讨论。

与此同时，在意大利战场，春季攻势的准备工作在英国人的指挥下稳步推进着。由于第 8 集团军的调动和重新部署，以及包括船舶缺乏在内的其他因素，攻势推迟到了 5 月 11 日才发动。第 8 集团军的任务是在卡西诺山达成突破，而第 5 集团军则不仅要在左翼强渡加里格利亚诺河发动助攻，还要在安齐奥登陆场打破封锁，向 6 号公路上的瓦尔蒙托内（Valmontone）挺进。在安齐奥，盟军现在有 6 个师面对德军的 5 个师，但是德军在罗马附近还有另外 4 个师的预备队。在古斯塔夫防线上，盟军有 16 个师，其中 4 个师聚集在一起，以便随时乘胜追击，扩大战果；德军则有 6 个师，其中 1 个师作为预备队。在这条前线上，盟军的绝大部分兵力都集中在从卡西诺山到加里格利亚诺河口的地段，总共有 12 个师（2个美国师，4 个法国师，4 个英国师，2 个波兰师）用于突破。紧跟其后的 4 个师则准备乘胜沿利里河谷突进，希望能够赶在德军退到并加强 6 英里以北的希特勒防线之前就突破它。

第 8 集团军的 9 个师有 1000 多门大炮提供火力支援，得益于那段时间干燥的天气，他们的坦克及其他机动车辆也能很好地跟进，这和冬季攻势时经常出现的泥泞状况形成了鲜明对比。所以这里的 3 个装甲师（英国第 6 装甲师、加拿大第 5 装甲师、南非第 6 装甲师）有着比过往更合适的作战机会。

波兰军的两个师将负责对卡西诺山发起主攻，在左翼，英国第 13 军的 4 个师将向圣安吉洛（St. Angelo）推进。

在主要战线上，有 2000 多门大炮支援盟军进攻，而作为配合，这一战区的盟国空军将先对敌人的铁路和公路网发动广泛而猛烈的空袭，然后在最后阶段转而对准战场上的目标，但是空军的"绞杀行动"并没有像原先希望的那样严重地影响到德军的通信和补给系统。盟军还进行了广泛的破坏活动，不过成果令人失望。为了欺敌，盟军又公开演练两栖登陆，希望让凯塞林以为他们将进行登陆，尤其是在罗马以北的奇维塔维齐亚地区，可是凯塞林其实早已坚信盟军会利用海上运兵的优势，因而这些欺敌手段似乎没有什么明显的作用。

5 月 11 日夜间 11 点，盟军发动攻势，先是用大炮猛击，然后才出动步兵。但是头 3 天，他们在大多数地段都遭遇了顽强的抵抗，进展甚微。安德斯（Anders）将军的波兰军作风顽强，且擅长采取比较间接的进攻路线，但还是在进攻卡西诺时损失惨重。英国第 13 军的进展也很缓慢，要不是波兰军吸引了敌人的大部分注意力，第 13 军的伤亡本来还会更严重。在海岸地段，美国第 2 军也同样没有取得什么进展。可是朱安（Juin）的法国军（4 个师）发现对面德军只有 1 个师，于是在渡过加里格利亚诺河后，便快速地穿过山地向前推进，而德军没有料到会在这里遭到猛烈突击。14 日，法军突入奥森特（Ausente）山谷，德军第 71 师在法军面前迅速后退。这有助于与德军第 94 师对阵的美国第 2 军加快在海岸地带的进攻步伐。此外，这两个后撤的德国师现在被几乎没有道路的奥伦奇山脉（Aurunci Mountains）分割开来。朱安抓住战机，派遣手下在山区长大的摩洛哥土著山地兵（Moroccan Goums）插进这个缺口，跨过山脉，在利里河谷里穿插到德军还没来得及固守的希特勒防线的后方。摩洛哥土著兵是由纪尧姆（Guillaume）指挥的一支师级力量。

现在德军右翼也就是西翼开始崩溃，而能干的指挥官赞格尔正好在盟军进攻的时候不在场，德军想要稳住局面就更难了。凯塞林这次向南调动预备队的动作迟缓，直到 13 日看清北方局势的发展后，他才把一个师南调到利里河谷。尽管他紧接着又派去了 3 个师，但这些德军预备队很快就全都被卷进了混战的旋涡，而且他们到得太晚，无法稳定前线的局势。15 日，加拿大军投入战斗以扩大战果，但卡西诺地段的德军又多守了几天，不过，到 17 日夜间，卡西诺山那些不屈的德军伞兵终于撤退了。第 2 天早晨，波兰士兵开进了双方反复争夺的修道院废墟，他们在英勇的战斗中已经损失了将近 4000 名官兵。

正当本已很少的德军预备队终于被吸引到南方时，计划中从安齐奥登陆场突围的时机成熟了，而此时滩头的部队又增添了一个美军第 36 师。亚历山大命令盟军在 23 日突围，希望突围之后能对瓦尔蒙托内发动一次强大而迅速的突击，切断主要的内陆 6 号公路，进而切断坚守古斯塔夫防线的德军第 10 集团军大部的退路。如果能做到这一点，罗马就会像一枚熟透的苹果应声而落。可是这个计划被马克·克拉克的不同想法破坏了，他急于让第 5 集团军首先进入罗马。美国第 1 装甲师和第 3 步兵师跋涉 12 英里于 25 日打到了海岸 7 号公路以东的科里（Cori），并和沿着 7 号公路北进的美国第 2 军会师，但还远没有达到 6 号公路。凯塞林唯一剩下的一个机动师赫尔曼·戈林师赶到战场去阻止美军突向 6 号公路，一路遭到盟军空袭的严重干扰。可是此时，马克·克拉克改变突击方向，以4 个师直指罗马，只让 1 个师继续向瓦尔蒙托内攻击前进，这个师在离 6 号公路还剩 3 英里的地方被 3 个德国师的大部挡住了。

亚历山大向丘吉尔申诉，也没能改变马克·克拉克的突击方向，而这次进攻在罗马城南的恺撒防线被德军的抵抗所迟滞。第 8 集团军的装甲师发现沿利里河谷北上的追击并不像原先以为的那么轻而易举，他们没能把正在后撤的德国第10 集团军钉死在亚平宁山脉形成的半岛中央山脊。相反，德军安全地通过山地公路溜走了，安齐奥的盟军部队没有赶来阻挡，也给德军打开了方便之门。

德军在赞格尔的指挥下，于 6 号公路沿线的阿尔切－切普拉诺（Arce-Ceprano）地段奋勇抵抗，有那么几天看上去似乎的确有机会在恺撒防线上站稳脚跟。而盟军装甲师则因为尾随其后的运输车辆太多且太笨重，费劲全力，很难在拥挤的道路上前行。

不过，5 月 30 日，美军第 36 师在阿尔班山区 7 号公路沿线占领了维莱特里（Velletri），进而突破了恺撒防线，这次胜利消除了在恺撒防线前再次陷入僵局的令人沮丧的可能性。马克·克拉克抓住战机命令第 5 集团军转入全面进攻，他手下的第 2 军占领瓦尔蒙托内并沿着 6 号公路向罗马突进，而第 6 军主力则沿着 7 号公路并肩突击。防守通向罗马道路的德军数量相对较少，面对盟军 11 个师的压力，不得不让出道路，美军在 6 月 4 日进入罗马。他们发现桥梁完好无损，凯塞林已经宣布罗马为"不设防城市"，不愿意让这座圣城在旷日持久的拉锯战中毁灭。

两天后，也就是 6 月 6 日，盟军开始在诺曼底登陆，意大利的战斗重要性退居次要地位。这次意大利春季攻势"王冠行动"以占领罗马为胜利的顶点，美军伤亡 1.8 万人，英军伤亡 1.4 万人，法军伤亡 1 万人。德军大约 1 万人负伤或阵亡，但是在后来的行动中另有大约 2 万人被俘。

如果比较双方在意大利战场投入的兵力的话，盟军为 30 个师，而德军为 22 个师，但实际兵力数是大约 2 比 1。事实证明，盟军在意大利战场的持续进攻算不上一项特别划算的战略投资。它也未能将德军从诺曼底吸引来，助力"霸王行动"的成功。实际上，"意大利战场根本没有能防止敌人增援西北欧"[1]。自 1944 年年初到 6 月盟军跨越海峡进攻时，德军在法国北部（卢瓦尔河以北）和低地国家的兵力已从 35 个师增加到 41 个师。

更为公正的说法是，意大利战役在战略上有助于诺曼底登陆的成功，因为如果没有这一压力的话，德军可能会在海峡前线保持更多的兵力。盟军登陆的兵力及后续部队的规模都要受到可用的登陆艇数量的限制，因此部署在意大利战场的盟军部队不可能在诺曼底登陆最关键的开始阶段转用于诺曼底。另外，留在意大利战场的德军如果能被转用于诺曼底，便有可能对登陆的胜负产生灾难性的影响。很奇怪，很多英国拥护者宁愿夸大其词，也不愿提出这一正当的论点。但是即便这条辩护的有效性也有可商榷之处，即在自身的铁路系统被盟军不停轰炸的情况下，德军能否把意大利战场的大批部队转运到诺曼底。

1　Ehrman: *Grand Strategy*, Vol. V, p. 279.

在政治层面上，这个阶段最重要的事件是，意大利国王维克托·艾曼纽尔（King Victor Emmanuel）让位给自己的儿子，意大利首相也由巴多格里奥元帅换为反法西斯的波诺米（Signor Bonomi）。

占领罗马是意大利战场上的盟军奋斗了很久的目标，然而实现后发生的一系列事件令人失望。这一方面是因为盟国领导人的失策，另一方面则是因为德军在实力有所恢复后采取了反制措施。

梅特兰·威尔逊接受了美国人的观点，认为"铁砧行动"即便推迟，也仍是地中海司令部吸引德军离开法国北部进而辅助诺曼底登陆的最有效的手段，亚历山大却有不同看法。6月6日，也就是盟军占领罗马两天后，他提交了进一步扩大"王冠行动"战果的计划。他认为，自己的部队如果能免于抽调，便可以在8月15日（威尔逊计划发动"铁砧行动"的同一天）之前进攻德军在佛罗伦萨以北、意大利半岛"大腿"处的哥特防线（Gothic Line）。他认为，除非希特勒调出8个师以上的部队前来增援，否则，盟军就能突破哥特防线并在不久后占领意大利北部，甚至有很大的机会冲过所谓"卢布尔雅那（Ljubliana）隘口"进军奥地利。意大利的威尼斯地区和维也纳隔着崇山峻岭，其间有无数可以用于迟滞作战的潜在阵地，亚历山大居然认为可以迅速克服这些障碍，听起来真是乐观得异想天开，要知道，"一战"期间，意大利人刚开始逼近这片山区就遭受了反复的挫败。

可是这个计划很合丘吉尔和英国军种参谋长们的口味，尤其得到艾伦·布鲁克的赏识，因为他们担心诺曼底登陆可能遭逢重大损失甚至引发灾难，而这个计划则提供了一个替代方案。亚历山大还提出了一个更好的理由，即手下的部队在认识到意大利战场的重要性后，士气会更高昂。

马歇尔上将领导下的美军参谋长们反对在意大利发动这次值得怀疑的新的进攻性行动的扩展，可是亚历山大成功说服了梅特兰·威尔逊。但其后，艾森豪威尔介入，力赞"铁砧行动"。于是，双方再次把丘吉尔和罗斯福拉进了争论之中。到7月2日，英国人被迫让步，威尔逊奉命在8月15日发动"铁砧行动"，现在该行动代号已被改为比较低调的"龙骑兵行动"（Dragoon）。根据这个决策，美国第6军的3个师及法国军的4个师（法军官兵自然更渴望投身到解放祖国的战斗中去）就需要调离意大利战场。第 5 集团军因而只剩下了 5 个师，集团军群也失去了 70% 的空中支援。

与此同时，凯塞林和他的手下已在努力且颇有成效地阻止盟军利用已经获得的部分胜利扩大成果。德军在"王冠行动"中损失很大，有 4 个步兵师不得不撤下来整补，另有 7 个师兵力大大减少。不过，另有 4 个新的师和 1 个重型坦克团正在赶来增援的路上。这些援兵中的大多数都被调给了第 14 集团军去掩护较为容易推进的路线。凯塞林的计划是在整个夏季以一系列迟滞作战让盟军的前进脚步放缓，然后到冬季就撤到强大的哥特防线固守。罗马向北大约 80 英里，便是当年汉尼拔巧妙设置过陷阱的特拉西米尼（Trasimene）湖，湖附近有一条天然防线很合适为第一次防御提供一个合适的位置。德军工兵精心布置的爆破设施将有助于减缓盟军的进军速度。

盟军在进入罗马后的第二天（6 月 5 日）开始乘胜追击，德军陷入了最危险的境地，然而，盟军没有尽最大努力向前推进。当时法军在第 5 集团军地段率先追击。同时英国第 13 军沿着靠内陆的 3 号和 4 号公路北进，却遭遇到越来越顽强的抵抗，于是沿着特拉西米尼湖一线被迫停了下来。其他地段的进攻也陷于停顿。于是凯塞林在放弃罗马之后仅仅两周内就使曾经危若累卵的局面稳定了下来。

凯塞林获知，德军最高统帅部将给他调来补充战斗减员严重的各师的新兵及另外 4 个原本要运往东线的师，这还不包括已经陆续到达的 4 个师和 1 个重型坦克团。讽刺的是，凯塞林兵力大大增强的同时，亚历山大却面临着失去 7 个师的让人泄气的局面，此外盟军意大利战场的集团军群还将失去大部分空中支援和后勤部队。

凯塞林已证明自己是一名能干的指挥官，现在又得到了好运的眷顾。他下定决心要坚守这道天然的优越防线，而同一时间段，盟军乘胜追击的气势正在逐渐减弱。

对亚历山大的两个集团军来说，6 月 20 日之后的两个月是一段灰心失望的日子。进攻是零散的，根本没有决定性。战斗成了盟军和德军双方单个军之间的局部对决，德军的策略是坚守阵地，直到对阵的盟军准备好发出决定性的一击，再马上后撤溜到下一条障碍线。

　　凯塞林迅速重组部队，现在第 14 装甲军在西海岸面对美国第 2 军，第 1 伞兵军面对法国军（该军当时还没有撤去参加"铁砧行动"），第 76 装甲军面对英国第 13 和第 10 两个军，第 51 山地军在亚得里亚海岸面对波兰第 2 军。

　　盟军的中路部队虽然受到坏天气阻挠，但还是在 7 月初冲过了特拉西米尼湖一线，可是几天后又停在了阿雷佐一线。直到 7 月 15 日，德军才悄悄退出阿雷佐防线，缓缓撤到从比萨穿过佛罗伦萨向东延伸的阿诺河（Arno）一线。盟军在这里被迫停顿了很长时间，而他们的目标哥特防线就在不远之处。7 月 18 日，波兰军队夺取安科纳（Ancona），19 日，美军夺取里窝那，盟军得以缩短补给线，也算是获得了一些对所受挫折的补偿。

　　盟军在意大利屡遭挫败，兵力也已减少，但为了照顾英国人，尤其是亚历山大和丘吉尔继续在意大利作战的意愿，盟军计划对哥特防线展开大规模的秋季攻势。他们还是希望，秋季攻势能起到将一些德军部队从主战场吸引开的作用，或者如果西线德军先崩溃，意大利的德军便会完全撤退，那时，亚历山大的部队也就可以在意大利北部乘势突破，冲向的里雅斯特和维也纳。

　　进攻哥特防线的作战计划本是由亚历山大的参谋长哈丁领导集团军群参谋部拟订的，基本思路是从亚平宁山脉的战线中段对德军发动奇袭，但是 8 月 4 日，第 8 集团军司令奥利弗·利斯说服亚历山大采纳一个不同方案。按照新方案，第 8 集团军将秘密调回亚得里亚海一侧，从那里向里米尼（Rimini）发动突击。在将凯塞林的注意力吸引到亚得里亚海岸后，第 5 集团军将在左中路发动突击，目标是占领博洛尼亚（Bologna）。然后，当凯塞林迎战这个新的突击之时，第 8 集团军将再次进攻，打进伦巴第（Lombardy）平原，它的装甲部队在那里将获得登陆意大利以来从未有过的广阔机动空间。

　　随着法国军熟练的山地部队被调走，原计划成功的机会大减，因而新计划虽然在后勤方面会有很多麻烦，但仍然受到欢迎。利斯还认为，如果让第 5 和第 8 集团军打不同的目标，各自都会表现得更加出色。亚历山大很快同意了他的观点，采纳了新计划，代号为"橄榄行动"（Operation Olive）。

　　可是一开战，新计划的缺点就显露出来。第 8 集团军固然不需要再面对一系列山脊障碍，可现在不得不去克服前进道路上横亘的一道又一道水障。而凯塞林背后有一条从里米尼横向延伸到博洛尼亚的 9 号公路，他可以利用这条交通要道快速机动兵力。新计划的制订者对干燥天气能持续多长时间似乎也过于乐观了。无论天气如何，里米尼以北的地形都很泥泞，根本不适合装甲部队快速运动。

亚历山大的攻势在 8 月 25 日发动，比原计划延后 10 天，开局不错。德军再次受到奇袭，因为他们没有发现英国第 5 军的 5 个师和加拿大第 1 军的 2 个师在波兰第 2 军阵地背后秘密集结做好了战斗准备。（英国第 10 军继续守卫在靠近中段的山区，第 13 军则向西移动支援第 5 集团军即将到来的进攻。）

德军在亚得里亚海这段地域只部署了两个二流的师守卫前线，不过背后有第 1 伞兵师负责支援——德军当时的调动主要是从东向西。波兰军沿着海岸北进没有引起太多注意，直到盟军的 3 个军沿这一广阔战线齐头并进了 4 天，德军才在 8 月 29 日做出反应，而此时盟军已经从梅陶罗河（Metauro）前进了 10 英里，到达福利亚（Foglia）。第二天，另外两个德国师的一部赶到战场，帮助阻挡盟军的进攻，可是他们到得太晚，无法阻止盟军继续前进 7 英里，在 9 月 2 日打到孔卡河（Conca）防线。

可是第 8 集团军继续前进的动量正在消失。双方主要的战斗发生在 9 月 4 日，目的是争夺位于奥萨河（Ausa）背后、还隔着两条河流的科里亚诺岭（Coriano）山脊。英军的进攻在这里停滞并崩溃了。同时德军得到更多增援，9 月 6 日，天降大雨也帮了德军的忙。

凯塞林命令其他师撤进哥特防线的阵地，这就缩短了前线并让他腾出一些部队用于亚得里亚海地区。这次撤退让第 5 集团军得以渡过阿诺河，现在已经准备好发起突击。美国第 2 军和英国第 13 军从 9 月 10 日开始向兵力薄弱但防御相当顽强的德军阵地发起进攻，一周之后终于打通了佛罗伦萨以北的吉奥加（Il Gioga）山口。凯塞林这次似乎又被打了个措手不及，他到进攻开始后第 10 天，也就是 20 日才意识到这是主攻，于是紧急向这个地段调来 2 个师。可是当时，美军的预备队第 88 步兵师正从东面向博洛尼亚发动突击。德军失去了哥特防线，还丢掉了后面巴塔里亚山（Monte Battaglia）的关键性地区，但即便如此，他们还是能够挡住盟军的进攻。9 月底，马克·克拉克不得不回归对博洛尼亚发动正面进攻的思路。

与此同时，第 8 集团军在亚得里亚海侧翼仍然处于困境。到 9 月 17 日为止，德军已经有 10 个师的部队守在这里，让英军的前进脚步放慢了下来。尽管加拿大军在 21 日打到了里米尼，进而抵达波河河谷三角洲的边缘，但德军又向后撤到了下一条乌索河（Uso）防线，也就是古代著名的卢比孔河（Rubicon）。在这片平坦而又河流纵横的地区，要到达波河，盟军还需要再跨过 13 条河流，在这个过程中，他们将损失将近 500 辆坦克（不是被击毁，就是被陷住或者出故障），很多个步兵师打到只剩一个空架子。因此，德军可以把一大部分兵力调去阻挡第 5 集团军。

10 月 2 日，马克·克拉克沿着 65 号公路开始再次进攻博洛尼亚。第 2 军投入了全部 4 个师，可是守军非常顽强，此后 3 个星期之内，美军平均每天只能前进不到 1 英里，10 月 27 日只好放弃进攻。到 10 月底，第 8 集团军的推进同样陷于停滞，他们仅仅又渡过了 5 条河，波河还在 50 英里的远方。

这段时间唯一值得注意的变化发生在指挥结构方面。凯塞林在交通事故中受伤，由维亭霍夫接替。麦克里里接替利斯出任第 8 集团军司令，利斯被调去缅甸。将近 11 月底，梅特兰·威尔逊被调去华盛顿，亚历山大接替他出任地中海战区盟军最高司令，马克·克拉克接替亚历山大指挥在意大利的集团军群。

相对于春季和夏季时的期望值而言，盟军在 1944 年年底面临的局面非常令人失望。尽管亚历山大对进军奥地利表现得很乐观，但部队沿着意大利半岛这样爬行北上，让地平线显得越发遥不可及。梅特兰·威尔逊本人在 11 月 22 日向英国三军参谋长递交的报告里也这样承认了。部队信心丧失，官兵极度不满，从逃兵的比例越来越高这点上可以看出来。

1944 年盟军发起的最后一次进攻，目的是想拿下博洛尼亚和拉韦纳（Ravenna）作为冬季营地。第 8 集团军中的加拿大部队在 12 月 4 日成功拿下拉韦纳，这次胜利促使德军又调来 3 个师阻止第 8 集团军的下一步进攻，这似乎给了第 5 集团军一个良机。可是 12 月 26 日，敌人在塞尼奥（Senio）河谷发动反攻，预先阻止了第 5 集团军的进攻，这次反攻是墨索里尼促成的，他想仿效希特勒的阿登反攻，主力部队是仍然忠于他的意大利军队。这次反攻很快就被轻易挡住了，可是现在第 8 集团军已经筋疲力尽，弹药极度匮乏，而德军在博洛尼亚地区仍然保有强大的预备队。于是亚历山大决定让盟军转入防御，准备发动强大的春季攻势。

联合参谋长委员会决定再从意大利战场抽调 5 个师去西线，给那里的盟军增添更多兵力以便发动春季攻势并打进德国，意大利战场胜利的希望就这样被钉上了又一颗棺材钉。结果，下辖 2 个师的加拿大军被调往西线，不过，其余兵力还是得以留在意大利。

第 31 章

法国的解放

进攻诺曼底在事前看起来似乎是极大的冒险。盟军部队要在敌人已经经营 4 年之久的海岸下船，敌人有充分的时间加强防御，遍地修筑障碍物，到处布雷。德军在西线有 58 个师的守军，其中 10 个装甲师可以迅速发动装甲反突击。

盟军已在英格兰集结了大批部队，可是他们需要跨海作战，登陆艇的数量限制了他们能把多少部队投入作战的能力。他们在第一波行动中只能海运来 6 个师的兵力，外加 3 个空降师，一周后，他们才能把岸上的部队数量翻倍。

所以盟国有理由对突击希特勒所谓"大西洋墙"的胜算感到焦虑，这是一个令人畏惧的名字，盟国还担心有被打回大海的危险。

可是结果，盟军很快就将最初的立足点扩展成了宽达 80 英里的大型登陆场。直到盟军从登陆场突击，敌人都从未发起过真正具有危险性的反攻。突破是完全按照蒙哥马利陆军元帅计划的方式在预定的地点发动的。随后，德军在整个法国的防御迅速崩溃。

回过头来看，登陆的过程似乎轻而易举，胜算在握。但事实远非如此。

虽然这场作战最终还是得以"按照计划进行"，但在时间上有所出入。战斗打响之时，胜败悬于一线，不过，最终的胜利掩盖了盟军一开始所处的极为危险的境地。

公众普遍认为此次进攻顺利且平稳，这与蒙哥马利事后的说法有关，他强调"战役是完全按照登陆前制订的计划发展的"。此外，盟军在 90 天内打到巴黎，也助长了这种印象——4 月的预测地图上，正标着应该在"D 日后 90 天"达到这条线。

这是典型的"蒙蒂做派",他总是会夸夸其谈,仿佛每次战役总是像他预想的那样发展的,就如同一架机器那样确定而精准,或者说如有神助。这种做法常常掩盖了他随机应变的能力,具有讽刺意味的是,也剥夺了他灵活性与坚定性完美结合的指挥艺术应得的那份赞誉。

按照最初的计划,盟军应在 6 月 6 日(登陆的第一天)占领卡昂(Caen)。开头不错,上午 9 点,德军的海岸防御就被击溃。可是蒙哥马利的叙述掩盖了这样一个事实,那就是直到下午,盟军才向内陆的卡昂前进。这部分是因为,当时海滩上交通乱成一团,部队行动陷入瘫痪,而现场指挥官又过于谨慎,其实,当时没有什么能够阻挡他们推进。当盟军最终向进攻区域的关键节点卡昂进军时,整个诺曼底地区唯一的一个德军装甲师赶到现场并挡住了去路。次日,第二个装甲师也赶到。等到英军经过激战最终攻克并肃清卡昂,时间已经过去了一个多月。

另外,按照蒙哥马利原先的意图,英军右翼上的一个装甲部队应立即向内陆离海岸 20 英里远的维莱博卡日(Villers-Bocage)前进,去切断从卡昂向西和西南方向延伸的公路。但他在叙述中没提到这个意图。事实是,这次突击一开始就速度太慢,尽管卡昂以西地区在海岸防御被突破后已经没有什么抵抗了。德军俘虏后来供述,直到第 3 天,这段长达 10 英里的战线上只有一个单独的机动部队负责掩护,它是一个侦察营。其后,第 3 个德军装甲师赶到战场,在这里占领阵地。英军在 13 日打进了维莱博卡日,但随后又被推了回来。随后,第 4 个德军装甲师又赶来增援。直到两个月后,维莱博卡日才最终被占领。

按照最初的计划,盟军还应在两周之内占领整个科唐坦半岛连同瑟堡港,然后于 D 日之后第 20 天在西侧翼突破登陆场外围。可是在这个侧翼,美军由登陆点向内陆发起进攻也比预期晚了很多,尽管绝大部分德军和刚刚赶到的援兵其实都已被用于在东翼阻挡英军指向卡昂的推进,这点倒是正如蒙哥马利所料。

当西翼的盟军终于像蒙哥马利计划的那样向内陆突进时,时间已经到了 7 月底,距离 D 日已有 56 天之隔。

事先就很清楚,如果盟军能在海峡对面获得一个足够宽深的登陆场以集结兵力的话,凭借远超敌军的资源总量,他们迟早能达成突破。如果盟军能获得足够空间来积攒巨大的兵力,那就没有一座大坝能永远挡住进攻部队的洪流。

所以"桥头堡之战"的旷日持久其实有利于盟军。这就是俗语所说的"福

6 月 30 日

6 月 21 日

欧代维尔

瑟堡

美国第 7

莱皮约

科唐坦半岛

瓦洛涅

美军第 4 步

蒙特堡

梅德列河

圣梅尔埃
格列斯

玛德莱娜

抗他海滩

卡特雷

格朗康

波尔巴伊

多佛河

美军第 82 空降师

美军第 101 空降师

卡朗坦

伊西尼

拉艾迪
皮伊

莱塞

佩里耶

陶特河

维里河

圣洛

马里尼

库唐斯

诺   曼

诺曼底登陆
1944年6月6日—7月25日

金滩　　登陆滩头

6 月 6 日傍晚盟军登陆场

D 日目标
6 月 7 日前线
6 月 25 日前线
7 月 25 日前线
德军反攻方向

0　英里　　　　　　10
0　公里　　　　　　16

至阿弗朗什 20 英里

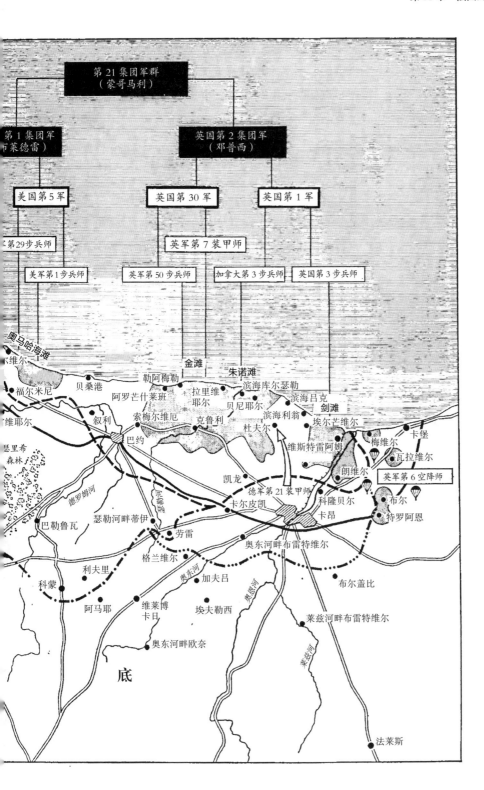

兮祸所倚，祸兮福所伏"。德军在西线的大部队都被吸引过来，但由于最高统帅部内部的意见分歧，以及主宰天空的盟国空军构成的干扰，他们只能分批投入战场。德军装甲师率先赶到，被用于填补防线上的窟窿，很快便被击溃，于是德军失去了日后在开阔地带作战所需要的机动兵力。德军抵抗得十分激烈，固然使盟军无法及早达成突破，但等到真正突破后，盟军横扫法国的道路也因此变得畅通无阻。

盟军如果不是完全掌握了制空权，可能永远没有机会在岸上站稳脚跟。海军炮火也有很大助益，但最具决定性的因素还是由艾森豪威尔的副手、最高司令官泰德空军上将指挥的盟国空军对德军造成的瘫痪性打击。盟军炸断了东面塞纳河和南面卢瓦尔河上的大多数桥梁，把诺曼底战区变成了战略上的孤岛。德军预备队要远兜远转，一路不断遭受空袭的骚扰，经过数不清的耽搁，才能逐步到达战场。

盟军胜利的原因中，同样重要的是德军内部的意见分歧，这既包括希特勒和将领之间的分歧，也包括德军将领之间的分歧。

最初，德军的主要困难就在于要防守从荷兰绕过法国海岸直到意大利山脉边境长达 3000 英里海岸线。德军的 58 个师中，一半是静态防御师，只能驻守在漫长海岸线的某一段不能动弹；另一半是野战师，其中有 10 个高度机动化的装甲师。这让德军有机会集中绝对优势兵力，在入侵敌军站稳脚跟并变得过于强大且不可战胜之前，就将其推下海去。

D 日当天，诺曼底地区唯一的一个德军装甲师离登陆场不远，成功地挫败了蒙哥马利那天夺取关键节点卡昂城的企图。这个师的一部甚至突破英军防线一直打到海滩，可是这次突破规模太小，没能产生多大的影响。

到第 4 天，德军 10 个装甲师中已有 3 个赶到战场，如果他们能在 D 日当天即投入战斗并进行干预的话，盟军很可能根本来不及将滩头阵地连成一片并加以巩固就先被击败了。可是德军指挥部内部在登陆的地点和迎战的最佳方式这两个问题上分歧不断，使得任何迅速发动如此强大反攻的可能性都化为泡影。

诺曼底登陆之前，在猜测登陆地点方面，希特勒的直觉比他手下将领的算计更准确。可是登陆后，希特勒的不断干扰和严格控制剥夺了德军将领挽救局势的机会，最终导致了灾难。

西线总司令冯·伦德斯泰特陆军元帅认为盟军部队将跨过海峡最窄的部分，即在加来（Calais）和迪耶普（Dieppe）之间登陆。他的理由是，这是盟军所能采纳的最正确的战略。但是这个判断缺乏情报依据。进攻部队集结在这座守口如瓶的岛上，什么情报也不会泄露出来。

伦德斯泰特的参谋长布鲁门特里特将军后来在受讯时提到过德军情报机构陷入何等的困惑中：

> 从英国传回的可靠消息少到可以忽略不计。（情报部门）向我们泛泛地报告说，英美联军正集结在英格兰南部——我们在英国有自己的间谍，他们会用无线电发报机报告观察到的情况。[1] 可是他们除此之外能发现的事情很少……我们所知的东西无法让我们对登陆的实际地点获得清晰的线索。[2]

可是希特勒对诺曼底有一种"直觉"。他从 3 月起就反复向手下将领警告说，登陆可能在卡昂和瑟堡之间发生。他是怎么得出这个正确结论的呢？希特勒参谋部的瓦利蒙特将军说，这是基于英军在英格兰境内的部署位置（美军在英格兰西南部）得出来的，希特勒认定盟军肯定想要尽快占领一座大港口，而瑟堡就是盟军最可能的目标。另外，有人观察到盟军在德文郡进行过一次大规模的进攻演习，那时，部队在一大片平坦开阔的海岸下船，那里的地形和诺曼底的目标地区很像，这也坚定了希特勒的结论。

隆美尔负责指挥海峡部队，他和希特勒持相同观点。他在登陆前最后几个月着魔般地紧急建设水下障碍物、避弹所，布置雷场，到 6 月，海岸防御工事相较春季时而言，密度已大了很多。但对盟军来说幸运的是，隆美尔既没有时间也没有资源把诺曼底的防御工事建设到自己满意的程度，甚至还达不到塞纳河以东工事的水平。

隆美尔和伦德斯泰特对反登陆的最佳手段也有不同看法。伦德斯泰特想在盟军登陆以后发动强有力的反攻击溃敌人。隆美尔认为那样就太迟了，因为盟军主

---

1 基本上没有证据证实这一点。——巴西尔·利德尔·哈特。

2 Liddell Hart: *The Other Side of the Hill*, pp. 391-2.

宰着天空，他们有能力拖慢德军预备队集结发动反攻的速度。

隆美尔认为最有成功希望的办法是在海岸击败盟军部队，不让他们上岸站稳脚跟。隆美尔的参谋说："他深受自己在非洲被空军压制在地面上好几天动弹不得的记忆影响，而北非盟国空军的强大程度，跟他现在不得不面对的简直如同萤火比之皓月。"

实际的作战计划乃是这两种不同观点的一个折中——而且"两头都落空"。更糟糕的是，希特勒坚持要从遥远的伯希特斯加登干预战斗进程，严格控制着预备队的使用。

隆美尔在诺曼底只调得动一个装甲师，他将其部署在卡昂背后的位置。这个师因此才能在 D 日把英军挡住。他还徒劳地请求把第二个装甲师部署到圣洛（St. Lô）附近，那里离美军的登陆地点很近。

D 日当天，德军在相互扯皮中浪费了宝贵的时间。最近的总预备队是位于巴黎西北的党卫军第 1 装甲军，可是伦德斯泰特未经希特勒大本营的允许无权调动。布鲁门特里特说：

> 大约凌晨 4 点，我以冯·伦德斯泰特元帅的名义给他们打电话，请求下放这个军的指挥权，加强隆美尔的反击兵力。可是约德尔代表希特勒拒绝批准。他怀疑诺曼底的登陆是不是佯攻，非常肯定塞纳河以东还将迎来另一场登陆。这种来回争论一直持续到下午 4 点，直到那时，我们才获批可以动用那个军。[1]

登陆日当天还发生了另外两个令人吃惊的事情：一是希特勒直到上午很晚才听说登陆；二是隆美尔不在现场。如果不是如此，德军的反应该会更快更有力。

希特勒和丘吉尔一样习惯午夜以后很久都不睡，搞得手下参谋人员很疲惫，他们直到深夜才能去睡觉，因而第二天早晨处理事情的时候经常处于晕晕乎乎的状态。约德尔不想打扰希特勒上午的睡眠，自作主张拒绝了伦德斯泰特释放预备队的请求。

---

1 Liddell Hart: *The Other Side of the Hill*, p. 405.

如果隆美尔在诺曼底的话，预备队也许能更早释放，因为隆美尔和伦德斯泰特不同，他经常直接给希特勒打电话，仍然比其他将领对希特勒保有更大的影响力。可是隆美尔在前一天离开司令部去了德国。那时海上正大风大浪，盟军似乎不太可能在这种情况下登陆。于是他决定去见希特勒，提醒他诺曼底地区需要更多装甲师，此外顺道回乌尔姆（Ulm）附近的家中庆祝夫人的生日。第二天上午，他还没来得及坐车去拜访希特勒，一个电话就打进来告诉他登陆开始了。他直到傍晚才回到司令部，而那时盟军已经在岸上站稳了脚跟。

诺曼底那个地段的集团军司令也不在位，他去布列塔尼半岛指挥演习了。预备队装甲军的军长去了比利时。另外一名关键的指挥官据说出门和女人共度春宵了。艾森豪威尔决定不顾海上风浪照常登陆，结果让盟军大获优势。

此后几周有一件事很奇怪，就是希特勒虽然正确地猜出了登陆地点，可是等到登陆发生之后，他反而一直死抱着这是佯攻的想法，认为第二场更大的登陆将发生在塞纳河以东。所以他不愿意从那里向诺曼底调动预备队。他相信会有第二次登陆的原因是德军情报机构大大高估了盟军师的数量，以为海峡对面还有很多个师没有投入战斗。这部分源于英国人的欺敌手段，也是英国保密工作做得好的结果和明证。

德军初次反攻失败，很明显已无法阻止盟军继续加强登陆场，至此，伦德斯泰特和隆美尔很快认识到想要守住西面这么远的防线是毫无希望的。

布鲁门特里特这样叙述此后发生的事情：

> 陆军元帅冯·伦德斯泰特在绝望中请求希特勒来法国好好谈谈。6 月 17 日，他和隆美尔一起在苏瓦松（Soissons）觐见了希特勒，试图让他认清形势……可是希特勒坚绝不允许撤退——"你们必须寸土不让"。他甚至不肯给我们比以前更多的自由，以便让我们按自己认为的最佳方式调动部队……他拒绝更改自己的命令，部队不得不继续坚守已经千疮百孔的防线。再也没有作战计划。我们只是毫无希望地试图遵守希特勒的命令，不惜一切代价守住卡昂—阿弗朗什（Avranches）这条线。[1]

---

1 Liddell Hart: *The Other Side of the Hill*, p. 409.

　　希特勒反驳两位元帅的一切警告，向他们保证说新型的飞弹很快就会对战争产生决定性影响。元帅们请求说，这种武器既然这么厉害，就应该首先被用来袭击登陆场，如果技术上有难度的话，袭击英格兰南部的登陆港口也行。希特勒则坚持要用其集中轰炸伦敦以"逼迫英国人求和"。

　　但是飞弹根本没能产生希特勒希望的效果，诺曼底盟军施加的压力越来越大。某一天，希特勒最高统帅部给伦德斯泰特打电话，问道："我们应该怎么做？"伦德斯泰特答道："结束战争！你还能做什么。"希特勒的回答就是撤了伦德斯泰特的职，任命东线的克鲁格接替他。

　　布鲁门特里特评论道："陆军元帅冯·克鲁格是一名坚强而富于侵略性的斗士，起初他和所有新上任的指挥官一样情绪高昂，信心十足……几天之内，他就变得阴郁而沉静了。希特勒不喜欢他在报告里改变调子。"[1]

　　7月17日，隆美尔在路上遭遇盟军飞机攻击，因翻车而身受重伤。3天后（20日），在东普鲁士元首大本营，希特勒遭遇刺杀。密谋者的炸弹错过了首要目标，可是炸弹的"冲击波"在最关键的时刻对西线战役造成了可怕的后果。布鲁门特里特回忆说：

　　　　盖世太保审讯密谋者的时候……发现了提到陆军元帅冯·克鲁格名字的文件，因此他有重大嫌疑。然后发生了另外一个事件让情况变得更糟。巴顿将军从诺曼底突破之后不久，双方正于阿弗朗什进行决定性的会战，值此之际，陆军元帅冯·克鲁格却跟司令部失去联系长达12小时之久。原因是他去前线视察，受困于猛烈的炮击……与此同时，我们遭到了来自后方的"电话炮击"。鉴于先前发现的文件，陆军元帅长时间失联立刻激起了希特勒的疑心病……希特勒怀疑元帅去前线的目的是要和盟国建立联系并就投降开展谈判。元帅最后回来了，也没能消除希特勒的怀疑。此后，希特勒给冯·克鲁格的命令措辞非常严厉，有时候甚至是侮辱性的。元帅非常担心。他害怕自己随时可能被捕——同时越来越清楚自己不可能用战场上的胜利来证明自己的忠诚。

1　Liddell Hart: *The Other Side of the Hill*, p. 413.

阻止盟军实现突破的最后一线希望因以上原因而大受影响。在危急关头，陆军元帅冯·克鲁格只能用部分精力来关注前线的战事。他恐惧地从肩头偷看自己背后——朝着希特勒统帅部的方向。

他不是唯一一个因为被怀疑密谋刺杀希特勒而处于恐惧状态的将领。此后很多周很多个月，恐惧都无处不在，高级指挥部陷入了瘫痪。[1]

7月25日，美国第1集团军发动代号为"眼镜蛇"（Cobra）的新攻势，而最近登陆的巴顿第3集团军也已准备好乘胜追击。德军最后的预备队已经投入防御英军的战斗。31日，美军矛头在阿弗朗什突破德军前线。巴顿的坦克潮水般地通过突破口，向突破口以外开阔的原野漫灌。奉希特勒命令，德军搜罗起装甲部队的残部，发动了一次绝望的攻势，想要切断阿弗朗什的瓶颈地段。这次努力失败了，希特勒尖刻地说："进攻失败是因为克鲁格不想胜利。"由于希特勒禁止撤退，德军残部受困于陷阱中，现在不得不试图从中逃离。大批德军被围在"法莱斯口袋"（Falaise Pocket）里，幸存的部队不得不丢下大多数重型武器装备逃过塞纳河。

克鲁格被撤职。他在回国的途中，吞下了一片毒药胶囊，被人发现死在车里——他的参谋长解释说："他认为自己一回国就会被盖世太保逮捕。"

互相指责、彼此推诿，这样的现象并不仅仅发生在德国高层。还好盟军那方面的内耗对事件本身和当事人都没有产生那么严重的后果，不过，遗留下来的龃龉也于日后造成了负面的影响。

在美军实际突破阿弗朗什前线两周前，英军也几乎实现突破，此事引发了盟军最大的一次"幕后风波"。英军的这次进攻，由邓普西的第2集团军发动，指向卡昂以东跟美军方向完全相反的另一翼顶端。

这是整个诺曼底战役期间最大的一次坦克进攻，英军为此集中投入3个装甲师。它们秘密地在奥恩河（Orne）对岸一处小桥头堡集结，在7月18日清晨空军动用2000架重型和中型轰炸机进行过两小时大规模地毯式轰炸后，才从桥

1　Liddell Hart: *The Other Side of the Hill*, pp. 414-15.

头堡喷涌而出。这个地段的德军被打晕了，大多数俘虏被爆炸声震聋，至少要过
24 小时才能恢复听力并接受讯问。

可是德军的防线比英军情报机构以为的更深。

隆美尔预料到这次打击，匆忙加深加固了防御，然而在英军进攻前夕，他
自己也被英国飞机逮住，因而负伤，他遭到空袭的地方有个很凑巧的名字，叫作
圣伏瓦·德·蒙哥马利村（Sainte Foy de Montgommery）。此外，敌军听到了英
军装甲部队在进攻前夜东调的隆隆声。德军当地的军长迪特里希（Dietrich）说，
他用从苏联战场上学来的小窍门，把耳朵贴在地面，就能从各种噪声中分辨出 4
英里外英军坦克开进的声响。

开始时，胜利的前景一片光明，不过当英军突破防御前沿后，便又黯淡了下
来。先头装甲师没有绕过前沿后方的村庄据点，而是在那里陷入了苦战。其他部
队在冲出狭窄桥头堡时受困于交通阻塞，先头部队等不到他们过来只得先停下。
到下午，英军已经错失了取胜的机会。

这次流产的进攻长期以来一直笼罩在一片迷雾之中。艾森豪威尔在报告中把
这次进攻的目的描述为"突破"和"向塞纳河盆地及巴黎的方向乘胜追击"。可
是所有战后书写的英国历史都宣称这次进攻并没有如此深远的目标，盟军并未考
虑过在这个侧翼进行突破。

这些历史书依据的是蒙哥马利自己的叙述，坚称这次行动只是"阵地战"，
目的是制造一个"威胁"以辅助即将到来的美军突破，"次要目的是为大部队提
供一个安全的出发阵地，以便让其可以在美军向东冲刺时，向南和东南方向出
击，与美军会合"。

艾森豪威尔在战后的回忆录里巧妙地闭口不提这次战役，丘吉尔在回忆录中
也只匆匆一笔带过。

可是当时幕后的所有人都很清楚这次失败在上层掀起的风暴。空军首脑们
大为光火，尤其是泰德。从艾森豪威尔的海军助理布彻海军（Butcher）上校的
日记里可以看出空军暴怒到何种程度。"大约在傍晚，泰德给艾克（艾森豪威尔）
打来电话，说蒙蒂（蒙哥马利）实际上下令让他的装甲部队停止前进。艾克大
怒。"布彻说，第 2 天，泰德从伦敦给艾森豪威尔打来电话，转告说如果艾森豪
威尔提出请求的话，英军参谋长们准备批准撤掉蒙哥马利，不过泰德在自己的描

述中否认有这回事。[1]

所以蒙哥马利那边对以上指责所能做出的最自然的反应就是坚称从来没有考虑过要在这一侧翼进行突破。这个说法很快成了信史，从此以后被军事编年史家不加怀疑地采纳。可是这和此次行动代号背后独特的意义对不上号——"古德伍德行动"（Operation Goodwood）的名字来源于英国的一处赛马场。更何况，蒙哥马利在 18 日第一次宣布这次进攻的时候还用了"突破"（broke through）这样的字眼。此外，他声称自己对第一天的进展"感到非常满意"这个说法也与第二天再也没有发动相同规模的进攻这个事实不符。这让空军的首脑们怒火中烧，因为他们如果不是坚信"古德伍德行动"的目的是大规模突破的话，又怎么会同意抽调重型轰炸机部队来为地面作战助阵呢？

蒙哥马利后来的说法半真半假，这对他自己也不公平。他的确从未计划过要在这一翼进行突破，也没寄托太大希望。可是如果说他从没有认识到这次强大的攻击可能会让德军崩溃并给英军乘胜追击的机会的话，那他就太愚蠢了。

指挥第 2 集团军的邓普西认为德军有可能会迅速崩溃，因而赶到了装甲军的军部，以便做好乘胜追击的准备："我脑子里想的是夺取卡昂到阿尔让唐（Argentan）之间奥恩河上的所有桥梁。"——这样就可以"在德军后方建立一道屏障"，比美军在西翼的突破更有效地包围德军。7 月 18 日中午，邓普西期望中的完全突破差一点就实现了。看看他对自己想法的描述就能知道，后来很多资料中有关英军从未想过要打到法莱斯的断言是多么荒谬——因为邓普西渴望的目标阿尔让唐比法莱斯要远两倍。

邓普西也很敏锐地认识到，自己的期望虽然未能实现，但盟军也许能获得某种优势作为补偿。当他手下一名参谋提醒他抗议报界对"古德伍德行动"失败的批评时，邓普西回答说："别担心——这是最好的声东击西，反而会对我们有利。"敌人把注意力全部放在卡昂附近，防范英军突破的威胁，美军在另一翼的突破行动肯定从中大为受益。

可是远在西面的阿弗朗什突破一时三刻并不能带来包围德军部队的机会。其成功的前景取决于美军能否向东快速突进，或者德军是否会坚守阵地直到被包围。

---

1 Lord Tedder: *With Prejudice*, p. 563.

从卡昂到莱茵河

7月25日盟军占领的地区

德军8月1日前线

盟军9月17日空降

德军8月16日前线

英　国

伦敦

多佛尔

9月

布伦

9月22

加拿大第1集I

（克里勒）

南安普敦

迪耶普

9月1日

英吉利海峡

瑟堡

美军　英军

英国第2集团军

7月18日

古德伍德行动

勒阿弗尔

9月12日

鲁昂

卡昂

英国第2集团军

（邓普西）

7月25日

美国第1集团军眼镜蛇行动

法莱斯

阿尔让唐

美国

布雷斯特

9月19日

阿弗朗什

7月31日

阿朗松

布　列　塔　尼

雷恩

勒芒

洛里昂

沙托布里扬

美国第3集团军

（巴顿）

卢瓦尔河

昂热

圣纳泽尔

图尔

德军坚守到战争结束

南特

法

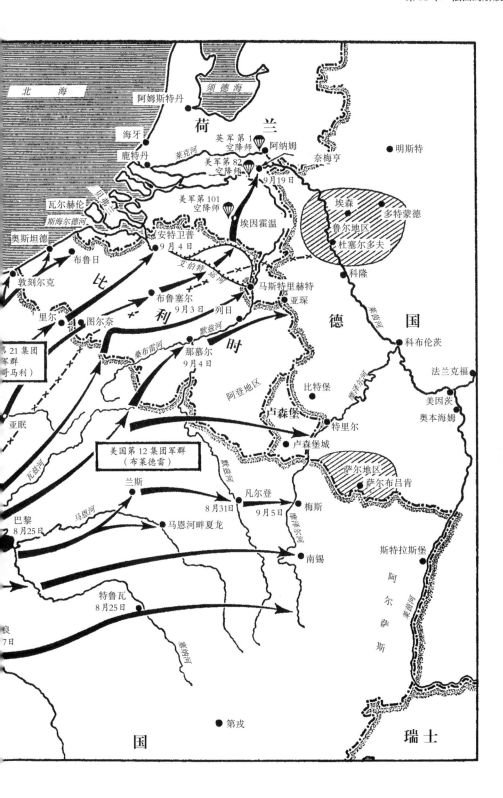

　　结果，7月31日阿弗朗什突破达成时，德军只有少数几个营分散在突破口和卢瓦尔河之间90英里宽的走廊地带。因此美军的矛头本可以不受任何抵抗地东进。可是盟军最高统帅部浪费了这次千载难逢的良机，坚持执行过时的战前方案，决定下一步向西进军去占领布列塔尼半岛上的港口。[1]

　　分兵占领布列塔尼半岛上的港口没有丝毫益处。因为直到巴顿草率地宣布攻占布雷斯特后44天（9月19日），德军还在坚守着这座城市，而直到战争结束，洛里昂和圣纳泽尔还在敌人手里。

　　两周后，美军才向东推进到阿尔让唐，跟英军左翼取齐——英军左翼到这个时候还被挡在卡昂以东不远处。这又引发了一轮互相指责。当巴顿被命令不准继续北进封闭包围圈进而切断德军退路以免和英军发生冲撞时，他在电话里大声喊道："让我继续打到法莱斯，我们可以把英国人赶回海里，再来一次敦刻尔克。"

　　很明显，要不是希特勒顽固而愚蠢地命令不准撤退，德军本来是有足够的时间撤回塞纳河，在那里建立一道强大的防御屏障的。希特勒的失误把盟军失去的机会拱手送回，让盟军得以在当年秋天解放法国。

　　战争本可以在1944年9月就轻易结束。西线德军主力被投入诺曼底战役，并且因希特勒不准撤退的命令被抑留于此直至崩溃——其中很大一部分都被包围了。德军残部一时之间无法继续抵抗，就连撤退也基本上只能靠徒步行军，很快

1　约翰·S.伍德的美军第4装甲师在阿弗朗什达成突破。诺曼底登陆前不久，我和他待过两天，他比任何其他将领对深远追击的可能性和速度的重要性都有着更深刻的认识，这给我留下了深刻的印象。当时，即便巴顿在和我讨论时，也在重复盟军高层的主流观点，即盟军必须"回到1918年的战法"，不能复制德军（尤其是古德里安和隆美尔）在1940年进行的那种深远而迅速的装甲突击。

　　伍德后来告诉我突破之后发生的事情："我军的高级将领对装甲兵深远突击根本没有概念，也不知道怎么为这样的突击提供补给。我当时还隶属于第1集团军，集团军不能及时做出反应。而集团军在终于反应过来之后，竟然命令把两个侧翼装甲师调回来，让其向着敌人主力反方向直线进军，参加围攻洛里昂和布雷斯特的作战。8月4日是黑色的一天。我大声、长时间且激烈地提出抗议——（未奉到命令就）把坦克纵队推进到沙托布里扬，把装甲骑兵推进到昂热郊外和卢瓦尔河畔，准备好（向东）进攻沙特尔。原本我只要不到两天时间就能深入敌人要害。可是不行！我们被迫将仅有的装甲部队投入执行原计划，这些部队本已准备好把敌人撕成碎片。这是这场战争中最愚蠢的决定之一。"

就被英美的机械化纵队赶超。9 月初，当盟军在从诺曼底横扫法国逼近德国边境之时，德军已无法做出更有组织的抵抗来阻止他们挺进德国的心脏。[1]

9 月 3 日清早，英国第 2 集团军的矛头之一近卫装甲师从法国北部出发，长驱 75 英里穿越比利时打进了布鲁塞尔。第 2 天，和近卫装甲师齐头并进的第 11 装甲师，开进了安特卫普，在惊慌失措的德军基地部队还没来得及进行任何爆破之前就完整地攻占了那里巨大的港口码头。

同一天，美国第 1 集团军占领了默兹河（Meuse）上的那慕尔（Namur）。

4 天前（8 月 31 日），巴顿第 3 集团军的矛头已经在南方 100 英里处的凡尔登附近渡过了默兹河。第 2 天，美军巡逻队没有遇到抵抗就在 35 英里以东的梅斯（Metz）附近打到了摩泽尔河畔（Moselle）。这里离德国边境的萨尔（Saar）工业区只有 30 英里远，离莱茵河（Rhine）则不到 100 英里。可是主力部队没汽油了，无法立即跟进，要到 9 月 5 日才能开到摩泽尔河。

到那时，敌军已经搜罗了 5 个很弱的师，靠寥寥几门反坦克炮武装起来守卫摩泽尔河一线，对付组成巴顿挺进矛头的 6 个强大的美国师。

与此同时，英军也打到了安特卫普，这里离莱茵河流经德国最大工业区鲁尔（Ruhr）的入口处也只有不到 100 英里。如果盟军攻占鲁尔，希特勒将无法让战争继续下去。

现在，在这个侧翼出现了一个宽达 100 英里的巨大缺口，正好面对着英军。当时，德军还没有可用的部队来填补这一缺口。在任何一场战争中，这样的有利战机都极少会出现。

当这个紧急情况的消息传到希特勒远在东线的大本营后，他在 9 月 4 日下午给正在柏林的伞兵部队司令施图登特将军打了电话。施图登特负责从安特卫普到马斯特里赫特（Maastricht）之间洞开的侧翼，用能从荷兰搜罗到的任何驻军沿着艾伯特运河（Albert）建立一道防线，同时把分散在德国各地接受训练的各个伞兵单位都调上去。这些伞兵单位接到警报，动员起来，尽快登上火车。新组建的部队到火车下车点才领到武器，然后火速强行军赶往前线。可是所有伞兵部队

1　战后不久，我在讯问有关德军将领时探讨过这个问题。德军西线参谋长布鲁门特里特将军用一句话概括了当时的形势："莱茵河后面没有德军部队，8 月底我军的前线门户洞开。"*The Other Side of the Hill*, p. 428。

加在一起也只有大约 1.8 万人，还不到盟军一个师的兵力。

这支七拼八凑来的部队存在很多不足，却被授予了听起来大得吓人的番号"第 1 伞兵集团军"（First Parachute Army）加以掩饰。警察、水兵、正在休养的伤病员，甚至 16 岁的孩子，都被拉过来给薄弱的兵力凑数。武器非常短缺。而且艾伯特运河北岸还没有做好准备，根本没有要塞、据点或者堑壕。

战后，施图登特将军说：

> 英军突然攻进安特卫普让元首大本营措手不及。当时我们在西线或者国内都没有值得一提的预备队可以动用。我在 9 月 4 日奉命接管沿着艾伯特运河的西线右翼。当时我手下只有补充的新兵和伤病员休养单位，加上一个来自荷兰的海岸防御师。支援我们的装甲部队只有 25 辆坦克和自行火炮。[1]

缴获的德军文件显示，当时德军在整个西线只有 100 辆坦克可以作战，而盟军进攻矛头就有 2000 多辆坦克。德军只有 570 架可用来进行空中支援的飞机，而英美当时在西线的飞机超过 1.4 万架。也就是说盟军在坦克方面的实际优势为 10 比 1，在飞机方面则是 25 比 1。

可是就在全面胜利唾手可得之际，盟军的推进渐渐停下。此后两周，直到 9 月 17 日，盟军再没有取得什么实质性进展。

英军的进攻矛头经过一次停顿以"补充加油休整"，于 9 月 7 日继续开进，很快在安特卫普以东渡过艾伯特运河，可是第 2 天只前进了 18 英里到达默兹－埃斯科运河（Meuse-Escaut）。这一小片沼泽荒地上小溪纵横交错，德军伞兵英勇战斗，他们的抵抗程度与他们微小的兵力极不相称。

美国第 1 集团军赶上来和英军齐头并进，但也没能推进得更远。其主力打进了亚琛周围坚固的筑垒地带和煤矿区（在历史上，亚琛是著名的通往德国的"门户"，而这些筑垒地带和煤矿区便起到了掩护这座门户的作用）。美军在这里陷入苦战并停顿了下来，丧失了更大的战机。因为当美军到达这里时，在亚琛和梅斯两个地区之间 80 英里的德国边境，只有区区 8 个营在守卫分散在崇山峻岭、

1　Liddell Hart: *The Other Side of the Hill*, p. 429.

林木茂密的阿登地区。1940 年，德军装甲部队曾经非常有效地利用过这片困难的地形，从而达成了奇袭法国的效果。盟军走了一条似乎更容易进入德国的道路，可是遇到了更大的困难。

南面的情形也和北面一样。巴顿的第 3 集团军 9 月 5 日就开始渡过摩泽尔河，可是此后两周进展甚微，其实此后两个月也一样。美军在进攻要塞城市梅斯和附近地区的战斗中陷入胶着，德军一开始在这里集结的兵力就多于其他地段。

9 月中旬，德军已全线加强防御，尤其是在以前最大的缺口处，即战线最北端通向鲁尔区的那一段。这对盟军来说尤为不幸，因为蒙哥马利正准备于 9 月 17 日在那里再发动一次大规模突击，指向阿纳姆（Arnhem）附近的莱茵河。蒙哥马利计划在这次攻势中空投新组建的第 1 空降集团军（First Allied Airborne Army）来为英国第 2 集团军打通道路。

这次突击在达到目标之前就被敌人抵挡住了，空投到阿纳姆的英国第 1 空降师有一大部分兵力被包围孤立，他们本打算在地面援兵到达之前坚守，可最后还是被迫投降，他们在这次战斗中表现出来的英勇已成传奇。次月，美国第 1 集团军整月都在硬啃亚琛的防御工事，同时蒙哥马利把加拿大第 1 集团军调上来肃清布鲁日（Bruges）以东海岸和瓦尔赫伦（Walcheren）岛的两处被围德军。这些德军控制着沿斯海尔德河三角洲去往安特卫普的通道，所以也就在阿纳姆战役期间封锁了安特卫普港。盟军耗时极长，直到 11 月初才完成了清除这两处德军的艰巨任务。

与此同时，尽管德国在物质资源方面居劣势，但他们在莱茵河沿线前线的兵力集结速度却比盟军更快。11 月中旬，西线所有 6 个盟军集团军发动全面进攻，进展令人失望，代价却非常高昂。盟军只在最南方的阿尔萨斯打到了莱茵河畔，而那里无足轻重。在北方，盟军离掩护着重要的鲁尔工业区的莱茵河还有差不多 30 英里远，直到 1945 年春季才打过这段距离。

盟军为 9 月初坐失良机付出了极为惨重的代价。在解放西欧的过程中，总伤亡达到 75 万，其中有 50 万是发生在 9 月停顿之后。全世界付出的代价更高——在战争延长的这段时间里，成百万人死于军事行动和德国人的集中营。而且从长远来看，苏联人进攻的潮水在 9 月还没有蔓延到中欧。

丧失这次战机，为何引发的灾难如此之大？英国人和美国人相互指责。早在

8月中旬，他们就开始争论盟军在跨过塞纳河之后应该如何选择今后的行动路线。

　　随着大批援兵涌入，8月1日，盟军将诺曼底地区的部队分成两个集团军群，每个由2个集团军组成。蒙哥马利的第21集团军群只留下英军和加拿大军，原先的美国部队则另行组成第12集团军群，交由奥马尔·布莱德雷指挥。但是最高司令官艾森豪威尔让蒙哥马利继续指挥作战，对两个集团军群进行"战术协调"，直到艾森豪威尔自己在9月1日把司令部搬到欧洲大陆并直接指挥部队为止。这个临时的安排含糊不清又很微妙，背后的原因在于，艾森豪威尔想调和双方并照顾蒙哥马利的情绪，他还很看重蒙哥马利丰富的作战经验。可是正如经常会发生的那样，本意很好的妥协导致了更多的摩擦。

　　8月17日，蒙哥马利向布莱德雷建议第12和第21集团军群在跨过塞纳河后应该继续将所有40个师紧密连接在一起，这支强大到无所畏惧的大军应向北进攻安特卫普和亚琛，"以阿登地区作为右翼依托"。

　　这份建议的措辞显示蒙哥马利当时还没有认识到敌人已崩溃到何种程度，也没有认识到补给这样"一支大军"有多困难——除非部队缓慢地前进。

　　与此同时，布莱德雷一直在和巴顿讨论东进穿越萨尔地区、在法兰克福以南打到莱茵河畔的设想。布莱德雷想用两个美国集团军沿这一线发动主攻。这就意味着要把北方的攻势降到次要地位，因而自然为蒙哥马利所不喜。此外，这一进攻路线并不直接指向鲁尔地区。

　　艾森豪威尔现在夹在手下两员大将之间进退维谷。8月22日，他思考了这两个不同的方案，第2天又和蒙哥马利商讨，蒙哥马利强调"一路突击"的重要性，并敦促把大部分补给集中于这个方向。这就意味着，要在巴顿全速东进的当口将其叫停。艾森豪威尔指出这样做在政治上的困难之处，"美国公众绝不会接受"。英军甚至还没到达塞纳河下游，而巴顿的东进已经超前了100多英里，离莱茵河也只有不到200英里。

　　面对以上相互冲突的观点，艾森豪威尔提出了折中的方案。目前应该把优先权给予蒙哥马利向北指向比利时的突击，美国第1集团军将按蒙哥马利要求的那样，和英军一起北进，掩护并协助其右翼，确保蒙哥马利进攻的胜利。与此同时，大多数可用的物资和运输手段也将被优先用来保证北路的突击，而非巴顿的供给。不过在拿下安特卫普之后，盟军各路集团军将按照进攻法国之前制订的计划，"在阿登地区南北以宽广的正面"向莱茵河攻击前进。

艾森豪威尔的手下中，没有一个人喜欢这个妥协方案，但是当时他们反对的声音还没有那么强烈，几个月后、几年后，他们却越来越觉得这个决策剥夺了他们取胜的机会。巴顿把这个决定称作"战争中最大的错误"。

根据艾森豪威尔的命令，巴顿的第 3 集团军每天只得到 2000 吨物资，而霍奇斯的第 1 集团军每天则能得到 5000 吨。布莱德雷说，巴顿"像头公牛一样咆哮着"冲进他的司令部吼道："见霍奇斯和蒙蒂的鬼。如果你让第 3 集团军继续前进，我们能替你赢下这场该死的战争。"

巴顿不愿意向补给限制低头，他告诉先头各军只要有油就尽量向前冲，"然后跳下车步行"。8 月 31 日，第 3 集团军在坦克燃料用完之前打到了摩泽尔河畔。前一天，他们只收到了 3.2 万加仑燃料，而不是当时每天所需的 40 万加仑，还被告知 9 月 3 日之前都没有新的燃料。巴顿在 2 日去沙特尔见艾森豪威尔时，大声吼道："我的士兵饿了可以吃皮带，可我的坦克必须要有油。"

9 月 4 日盟军占领安特卫普后，巴顿又得到了和第 1 集团军一样的补给量以冲向莱茵河。但他现在遭遇到了敌人更强大的抵抗，很快在摩泽尔河畔止步不前。这让他更大声地抱怨自己在关键的 8 月最后一周为了蒙哥马利的突击被削减了燃料配额。他觉得艾克把盟国和谐看得比战略更重，为了满足"蒙蒂贪得无厌的胃口"而放弃了及早取得胜利的机会。

此外，蒙哥马利也认为艾森豪威尔在"广阔战线"挺进莱茵河的主张犯了根本性的错误，反对在自己北进胜负未卜的关头把任何补给分给巴顿的东进行动。指向阿纳姆的突击没能达到预期目标，他的怨言随着自己期望的落空自然就更多了。他认为巴顿影响了布莱德雷，布莱德雷又影响了艾森豪威尔，这对战争的进程产生了决定性的不利影响，也破坏了他自己作战计划的前景。

不难理解，蒙哥马利不同意任何对自己战争努力无直接贡献的其他行动。表面上看，他对艾森豪威尔恢复两路突击的决策的指责明显是有道理的，因此战后大多数英国评论家都同意这个决策就是错过胜利的罪魁祸首。可是仔细分析就会发现，其实这个决策的影响相对较小。

因为巴顿在 9 月上半月实际上每天平均获得的补给只有 2500 吨，只比他的集团军在被迫停滞期间领到的多出 500 吨。跟在关键时期分配给北方突击的各个集团军每天的物资数量相比，这多出来的 500 吨实在是九牛一毛，还不够多维持一个师的需要。所以我们必须从更深的层面来寻找进攻失败的真正原因。

盟军本想在比利时边境布鲁塞尔以南图尔奈（Tournai）附近空降一支大部队，为向北的突击助战，可这个计划反而给北进造成了严重的困难。9 月 3 日，空降尚未开展时，地面部队就到了预定空降地区，因此计划被取消了。可是，由于为空投做准备而撤回空运力量，导致先头部队本应获得的空运补给中断了 6 天，这就少了 5000 吨补给物资，如果换算成燃料的话，相当于 150 万加仑，足够让两个集团军趁敌人尚处于混乱之际马不停蹄地推进到莱茵河。

我们很难断定，谁应该为这次不必要且代价高昂的空降行动计划负起责任。很奇怪，艾森豪威尔和蒙哥马利在战后的叙述中都称这次行动是出于自己的想法。艾森豪威尔说："我看到布鲁塞尔地区出现了一个发动有利的空降进攻的战机，虽然在撤回负责补给运输的飞机是否明智这一问题上存在着不同意见……我还是决心碰碰运气。"但蒙哥马利说"我曾有过在图尔奈地区进行空降的计划"，并称之为"我的主意"。与此相反，布莱德雷说，"我请求艾克放弃这个打算，把运输机留给我们……在你来得及空降之前，我们就能打到那儿了，我警告说"。这个预言被事实证明了。

另一个原因是，在运给北进部队的补给中，大部分都是并不急需的弹药，其实，敌军正处于崩溃状态，当务之急是集中运力保证汽油，以便乘胜追击，不给敌人喘息之机。

第三个原因是，在关键的时间点上给蒙哥马利突击提供的补给物资严重减少，因为 1400 辆英国造 3 吨载重卡车和这个型号卡车所有的备用气缸活塞都有问题。这批卡车如果能正常使用，便能每天给第 2 集团军多运 800 吨物资，足够再多保障两个师的需求。

第四个原因的影响尤为深远，那就是英美过于奢侈的供应标准所造成的补给困难。盟军后勤计划是基于这样一个计算，即每个师每天要消耗 700 吨物资，其中前线地区需要 520 吨。德军的需求少得多，一个师每天只需要 200 吨物资。而且德军还得不断地与空袭及游击队做斗争，盟军不需要担心这两个因素。

盟军不仅补给需求过高，还浪费惊人，自作自受之下，问题愈发严重。一个最显著的例子就是汽油桶，这是很重要的加油设备。自 6 月登陆以来，盟军总共向法国运去 1750 万个汽油桶，到秋天能找回的只有 250 万个了。

北进失败的另一个重要原因是，美国第 1 集团军陷入亚琛周围的筑垒地区和煤矿网络，这里已成为一个战略上"淹留"部队的巨大"集中营"，就像第一次世界大战时期协约国眼里的萨洛尼卡（Salonika）一样。分析起来，美国第 1 集团军得到了美军四分之三的供应吨位，挤占了巴顿的份额，它之所以进攻失败，明显是因为蒙哥马利要求将这个集团军的主力用于阿登地区以北掩护他的右翼。蒙哥马利的进攻路线和阿登地区之间的空间太小，美国第 1 集团军没有迂回机动的余地，也没法绕过亚琛地区。

这个集团军陷入苦战，没法在 9 月中旬下一阶段蒙哥马利冲向阿纳姆的战斗中助他一臂之力。但英军在这里也因一次严重的疏忽而付出了代价。9 月 4 日，第 11 装甲师冲进安特卫普，成功夺取了码头，可是没有拿下安特卫普郊区艾伯特运河上的桥梁。等到两天后英军再想渡河时，德军已经把这几座桥全都炸毁了，于是这个师只好往东调动。师长在占领城市时没有马上想起夺桥，他的上级也没有一位想过给他下达这样的命令。这是自蒙哥马利以下四级军事主官的失职，他们在一般情况下精力都很充沛，能对重要的细节问题算无遗策。

此外，安特卫普以北仅仅 20 英里处便是贝弗兰半岛（Beveland Peninsula）的出口，这个瓶颈地带只有几百码宽。9 月第 2 和第 3 周，被孤立在海峡沿岸的德国第 15 集团军余部被允许向北溜走。然后他们又坐船渡过斯海尔德河河口，通过贝弗兰瓶颈地带逃跑了。其中有 3 个师及时赶到并加强了德军在荷兰境内无比脆弱的防线，帮助挡住了蒙哥马利随后在阿纳姆发动的指向莱茵河的进攻。

在敌人眼中，盟军怎么做才是上上之策呢？布鲁门特里特被讯问时支持蒙哥马利的战法，即集中兵力一路突击向北，打到鲁尔地区，进而剑指柏林。他说：

> 得德国北部者得全德。这样的突破加上空中优势，会把脆弱的德军防线撕成碎片并且结束战争。盟军可以抢在苏联人之前占领柏林和布拉格。[1]

布鲁门特里特认为盟军分布得太广太均匀。他特别批评了对梅斯的进攻：

1 Liddell Hart: *The Other Side of the Hill*, p. 428.

根本没必要直接进攻梅斯。只要对梅斯要塞区加以封锁即可。相反，如果向北迂回冲向卢森堡和比特堡（Bitburg），盟军将会取得巨大胜利，让我方第1集团军右翼和第7集团军相继崩溃。通过向北进行这样的侧翼进攻，整个第7集团军都会在来得及撤过莱茵河之前就被包围。

9月5日接替布鲁门特里特担任德军西线参谋长的威斯特法尔则认为，在当时的情况下，比起选择何处作为突击点，真正重要的是集中力量推进任何一次进攻。

> 西线的局势已危险到极点。德军防线上漏洞百出，简直不能冠以"防线"之名，盟军只需巧妙地抓住良机，在任一地点予以重击，便足以带来灾难。尤其危险的是，莱茵河上的桥梁没有一座做好了爆破的准备，德军要花几个星期才能纠正这一疏忽。直到10月中旬，盟军都可以在任一点达成突破，然后便可不受阻拦地渡过莱茵河，直入德国腹地。[1]

威斯特法尔认为，德军西线9月最薄弱的部分是卢森堡地区，从这里可以通向莱茵河边的科布伦茨（Coblenz）。他的话验证了布鲁门特里特的论断，即在阿登地区梅斯和亚琛之间的那一段发动突击必将斩获颇丰，因为那里的防线很长，防御也很薄弱。

关于这段关键时期，我们能从已知的这些事实中得出怎样的主要结论呢？

艾森豪威尔向莱茵河前进的"宽广战线"计划是在诺曼底登陆前制订的，如果敌人未曾溃败、仍旧强大的话，倒也不失为破敌之良策，可是这一计划与实际情况相差甚远，敌人已然崩溃，战争的胜负取决于深远而迅速地扩大战果，不让他们有卷土重来的机会。盟军真正需要的是不停顿的追击。

在这种情况下，蒙哥马利集中兵力一路突进的主张在理论上更好。可是我们在把事实弄清楚之后，就会发现他在北方突击的失败并不像一般人误以为的那样，是因为补给被分给了巴顿。他自己犯了一系列错误，给进攻造成了更大的困难——未能及早开放使用安特卫普港；为了一个不必要的空降目标而使空中补给

1　Westphal: *The German Army in the West*, pp. 172 and 174.

暂停了 6 天；过于强调弹药和其他军需补给，挤占了燃料的运力；1400 辆出故障的英国卡车；把美国第 1 集团军部署到侧翼的"死胡同"；忘记抢占艾伯特运河上的桥梁，让敌人可以将其炸毁并派兵防守渡口。

进入布鲁塞尔和安特卫普后，盟军于 9 月 4 日到 7 日之间停了下来，这是对他们打到莱茵河的前景最致命的影响。这根本不符合蒙哥马利宣布的目标，即从塞纳河向前突进，"迫使敌军一路逃至莱茵河畔，并在敌人来得及重建战线进行抵抗前'跃过'莱茵河"。在任何深远的突破或追击中，最重要的胜利秘诀就是保持压力，绝不停歇，因为哪怕停下一天也可能错失良机。

可是在打进比利时后，整个盟军自上而下都弥漫着一股松懈情绪。艾森豪威尔的盟军情报部告诉他，德军不可能集结起足够的部队守住边境防线——还向新闻界保证"我们一步就能跨过去"。艾森豪威尔向下属指挥官们重复了以上保证——甚至到 9 月 15 日，他还在写给蒙哥马利的信中说："我们很快就会攻占鲁尔、萨尔和法兰克福地区，我想听听你对下一步行动的意见。"类似的乐观情绪弥漫在各级司令部。先锋军的军长霍罗克斯（Horrocks）将军在解释未能抢占艾伯特运河桥梁这一疏忽时坦率地说："我没有料到会在艾伯特运河遭遇严重的抵抗。当时，照我们看来，德国人已经彻底失去了组织。"

约翰·诺思（John North）在根据官方材料编纂的第 21 集团军群军史里恰如其分地总结了当时的形势："各级官兵都抱着一种'战争已经打赢了'的心态。"[1]结果在 9 月最重要的两周里，指挥官们缺乏紧迫感，部队自然而然地避免紧追穷寇，既然"战争已经结束"，每个人当然都想避免伤亡。

8 月最后一周，巴顿的坦克油料见底，也许就在这时，同盟国失去了迅速结束战争的最佳机会，当时，这些坦克比英军离莱茵河及其上的桥梁要近 100 英里。

巴顿比盟军方面任何其他关键人物都能更清醒地认识到追击的重要性。他准备好向任何方向扩大战果——实际上他在 8 月 23 日就建议过，让自己的集团军向北而非向东进攻。他随后的几句评论非常有道理："一个人不能先制订计划，然后让局势适应这些计划。他应该让计划适应形势。我认为高级指挥官的成败取决于是否具备这种能力。"

---

1 North: *The Achievements of 21st Army Group*, p. 115.

　　可是在面对千载难逢的良机之时，盟军错失机会的根源就在于最高层的计划制订者没有一个能预见敌人在 8 月底的彻底崩溃。他们无论在思想上还是物质上，都没有准备好以迅速深远的突击来抓住战机。

第 32 章

苏联的解放

1944 年东线战局的主导因素在于，随着苏军的推进，战线宽度不变而德军部队的数量越来越少，结果苏军自然在挺进时极少遭遇抵抗，唯一的制约就是他们自己的供应难题。整个战事的进程给了我们一个最清晰的例子，证明了空间和部队比例的绝对重要性。而苏军进军中的停顿，就是衡量他们补给线拉伸程度的标尺。

整个东线作战由苏军在南北两翼交替发动的两次大规模突进组成，每次突进之后都会有一段较长的间歇期。第一次在仲冬，第二次在仲夏。苏军还在南翼延伸段发动了贯穿中欧的辅助攻势，其战役间歇的时间相对较短——这一区别的主要原因是，这里空间相对于德军数量的比例比主战场上更大，因此苏军在夺取下一道德军防线之前可以用更短的时间来积蓄兵力。

冬季攻势的开局和秋季时相似，从它产生的结果也类似这点可以看出，德军的处境与其说源于指挥上的失误，不如说是因为他们的兵力已捉襟见肘。早在 1943 年 12 月初科涅夫第一次试图扫清第聂伯河曲时，他就发动过一场新的侧翼迂回，想要消除克里沃罗格附近的德军防御阵地。这次，他从克列缅楚格桥头堡出发，没有向南，而是向西进攻，几乎一直打到基洛夫格勒，然后又被挡住了。可是这次进攻，连同从切尔卡瑟（Cherkassy）桥头堡发动的向心突击，牵制了很大一部分德军有限的预备队兵力。曼施坦因现在进退两难。由于希特勒禁止战略上急需的大踏步后撤，他不得不填补第聂伯河曲部位和基辅之间战线上的缺口，可是这就让他无法把瓦图京继续限制在基辅突出部以内。苏军在这个突出部里积累的兵力就像被拦在堤坝里的洪水那样不断上涨。

圣诞节前一天，瓦图京在晨雾弥漫的掩护下发动了新攻势，就像第一次世界大战后期几乎每次成功的进攻一样。在天气的帮助下，他在第一天就突破了德军防御，大坝一破，苏军之洪水四处席卷，任何反制措施均告失效。一周之内，苏军收复了日托米尔和科罗斯坚，同时向南延伸，直逼此前从未染指过的别尔季切夫和别拉雅－泽尔科夫（Byelaya Tserkov）两处要塞。

1944 年 1 月 3 日，苏军向西进攻的机动部队占领了科罗斯坚以西 50 英里处的诺沃格勒－沃伦斯基（Novigrad Volynsk）铁路交会点。第二天，他们越过了战前的波兰边界。南翼德国人弃守别尔季切夫和别拉雅－泽尔科夫，向文尼察（Vinnitsa）和布格河后退，以掩护敖德萨通往华沙的南北向铁路动脉。曼施坦因在这里搜罗了一些预备队并尝试再次反击，可是实力不济，瓦图京严阵以待，随后挡开了这一击。这次反击暂时制止了苏军向布格河进军，但代价是打开了苏军从侧翼发展进攻的通道。苏军从别尔季切夫和日托米尔继续向西挺进，绕过德军在谢佩托夫卡（Shepetovka）设置的阻击阵地，在 2 月 5 日占领了重要的波兰交通中心罗夫诺（Rovno）。同一天，苏军发动侧翼突击占领了罗夫诺西北方向将近 50 英里处的卢茨克，这里已超出苏联边境 100 多英里了。

苏军洪流向南漫溢产生了更直接的破坏性影响。瓦图京左翼在这里和科涅夫的右翼协同发动向心突击，以钳形攻势试图消灭基辅和切尔卡瑟两个苏军桥头堡之间地区的德军。这些部队遵守希特勒"不准撤退"的命令，坚守在第聂伯河附近的前方阵地上，坐等苏军的包围。1 月 28 日，当"钳子"在他们背后合拢时，德军 6 个师的部队深陷重围。在第 3 和第 47 装甲军的努力下，他们总算成功突围。科尔松（Korsun）袋形阵地里被围的 6 万德军中有 3 万人丢弃了武器装备被救出，1.8 万人受伤或者当了俘虏。第 11 军军长施泰默尔曼（Stemmermann）阵亡。

为了此次解围，德军失去了更南边顿河河曲部的阵地。那里的德军抵挡不住马利诺夫斯基向尼科波尔突出部基线发动的进攻。尼科波尔在 2 月 8 日被放弃，不过大多数守军都成功撤出。德国人失去了他们长期占领的这片重要的锰矿砂产地。他们在克里沃罗格又多守了两个星期，然后因被更大范围合围的威胁而主动撤退。

由于苏军在普里皮亚特沼泽地和黑海之间的南翼战线上顶出的颇有纵深的突出部，德军需要防守的战线变得更长了，而希特勒死板的不准撤退原则又妨碍了

苏联的解放

1943 年 12 月 22 日的战线位置　■●■●■ 1944 年年底战线位置　⬤ 被围德军

8月29日 苏军在 1943 年年底到 1944 年年底之间所到达的战线　✖✖✖✖ 战区苏联－波兰国境线

及时撤退、拉直并缩短前线的任何尝试。德军的损失越来越大，科尔松包围战之后，情况更显恶化，他们已经无力弥补防线上的缺口。由于希特勒不准撤退原则，德军被迫实施了一次比两个月前所需规模更大的撤退。

兵力的虚弱和空间的广阔让德军部队产生了无能为力的感觉，他们看到了进攻自己的部队蜂拥而来，看到这些敌军居然不受补给问题的困扰，因而愈加绝望。苏军进攻的纵队滚滚而来，像潮水，又像游牧部落。在西方军队会饿死的情况下，苏军能活下来；任何别国军队都会停下来坐等后方重建被摧毁的交通时，苏联人仍能继续前进。德军机动部队尝试用攻击苏军交通线的方式来迟滞敌军的进攻，可是根本找不到多少可以攻击的后方补给纵队。德军最大胆的突击指挥官之一曼陀菲尔说出了广大德军官兵的感想：

> 苏联军队的进攻是西方人无法想象的。坦克前锋后面跟着大批部队，很多人骑着马。士兵背着干粮袋，里面是干面包皮和行军途中从村庄跟田野里摘来的生蔬菜。战马吃的是屋顶铺的干草——其他也没什么可吃的。苏军在进攻时习惯以这种原始的方式持续前进长达 3 个星期。[1]

曼施坦因患有眼疾，故而离职，这也降低了德军挡住苏军浪潮的可能性。眼疾只是表面上的原因，加速他离职的原因是，曼施坦因认为希特勒的战略毫无意义，跟希特勒经常起冲突，争吵的方式让元首无法忍受。于是，这位很多德军官兵眼里最优秀的战略家被束之高阁了。他经过手术恢复了视力，但此后也只能用双眼在地图上追踪战争的进程，看着德军被盲目地领向深渊，他退休后居住的城市名字叫作塞勒（Celle），意思是"牢房"，真是非常贴切。

1944 年 3 月初，一个波及范围更广的联合攻势逐渐成形。首先，苏军在布格河源头附近集中兵力发动突击，指向加利西亚的东南角。指挥进攻的是朱可夫元帅，他刚刚接替瓦图京指挥基辅以西的苏联各个集团军，瓦图京遭到反苏游击队伏击受了致命伤。朱可夫从谢佩托夫卡出发，一天就前进了 30 英里，7 日在

1　Liddell Hart: *The Other Side of the Hill*, p. 339.

塔尔诺波尔（Tarnopol）附近切断了敖德萨通往华沙的横向铁路线。通过这次进攻，苏军从侧翼包抄了布格河防线，而德军甚至还没来得及后撤占领那里。

在南翼的另一侧，马利诺夫斯基已经准备好从自己在尼科波尔和克里沃罗格之间新占领的阵地出发，向德军在第聂伯河曲下游不堪一击的阵地发起钳形攻势。3 月 13 日，他占领了第聂伯河河口的赫尔松（Khersen），三面包围了这个地区的部分德军。与此同时，他从北面进攻的那一翼逼近布格河口的尼古拉耶夫，不过这里的德军抵抗非常顽强，苏军到 28 日才将其攻占。早在此之前，苏军在朱可夫和马利诺夫斯基两个方面军之间的中段发动了更为戏剧性的攻势，让两翼的进展都相形失色。

在两翼进攻的掩护下，3 月 12 日，科涅夫从乌曼（Uman）防线发动进攻打到了布格河。他很快渡河，装甲部队没有浪费一点时间便继续向该地区离布格河 70 英里之远的德涅斯特河挺进。德涅斯特河已经化冻，水流湍急，崖岸高耸，似乎是一道强大的防线，可是德军没有部队来守卫。18 日，苏军装甲部队打到了河边，紧跟着德军后撤部队，利用雅姆波尔（Yampol）和附近地区的浮桥渡过河去。这一顺利突破，正是快速突进与德军混乱的直接后果。最大的功臣是罗特米斯特罗夫（Rotmistrov）将军指挥下的苏军装甲部队，他们采用沿宽大正面推进的新战术，让守军大为困惑，于是，任何沿着进攻轴线死守据点的努力都变得徒劳无益。

朱可夫的左翼从塔尔诺波尔向南再次发动一次进攻，消除了德军对科涅夫深远突进的这个楔子所能造成的任何威胁。朱可夫此次突击就时机而言可谓恰到好处，能最大限度地利用德军后退之机，当时，德军在塔尔诺波尔附近发动反攻，正好刚被苏军严密的防御击退。这次突击和科涅夫的突击形成了向心攻击之势。朱可夫的左翼在迅速挺进到德涅斯特河一线后沿着东岸向南横扫，卷击敌人侧翼，将德军挤向科涅夫的右翼。这种两路合击的战法使得苏军既可以享有防御战的稳固，又可以拓展进攻战的前景。

苏军一边以侧翼迂回扩大突破口，切断撤退得太晚的敌军，一边继续向西突进。3 月底之前，科涅夫的进攻矛头已经在雅西（Jassy）附近打到了普鲁特河边，朱可夫也占领了科洛梅亚（Kolomyja）和切尔诺夫策（Cernauti）这些重要的城市，并在这里强渡普鲁特河上游。通过这次进攻，苏军逼近匈牙利的屏障——喀尔巴阡山脉（Carpathians）的山麓。

作为对这次威胁的直接应对，德军占领了匈牙利。很明显，这样做是为了确保喀尔巴阡山脉防线的安全。他们必须守住这条山脉防线，以阻止苏军突入中欧平原，并将这里作为继续守卫巴尔干地区的支点。喀尔巴阡山脉连同它向南的延伸段特兰西瓦尼亚阿尔卑斯山脉（Transylvanian Alps）共同组成了一条天险。这道防线看似很长，但从战略上来说，德军需要防守的地段没有多少，因为只有少数几个山口可供穿越，这样便有利于节省兵力。在黑海和福克沙尼（Focsani）附近的山脉拐角之间有一处 120 英里的平地，可是它的东半段是多瑙河三角洲和一系列湖泊，所以真正的"危险地区"其实只有 60 英里的加拉茨（Galatz Gap）隘口。

4 月初，德军似乎很快就要退入这条后方防线，这里的东北角已经受到了朱可夫在塔尔诺波尔和切尔诺夫策之间向雅布翁卡察（Yablonica）山口方向打进的一个楔子的威胁——雅布翁卡察山口有个更著名的名字叫作鞑靼（Tartar）山口。似乎朱可夫将要重演当年速不台暴风般夺取布达佩斯的一幕，速不台在 1241 年3 月率领成吉思汗蒙古大军（现代装甲部队的鼻祖）的先锋从喀尔巴阡山打到多瑙河畔，3 天之内进军 180 英里，横扫匈牙利平原。

4 月 1 日，朱可夫的前锋到达鞑靼山口入口处。这里的山地障碍比南面海拔低，纵深浅，这个山口的高度只有 2000 英尺。不过，如果守军防御顽强的话，就连这样一个相对容易攀爬的山口也会变成难以逾越的天堑，因为进攻部队的机动空间被地形限制住了。事实证明的确如此。朱可夫的前卫没能攻破山口，背后也没有足够的援兵来让进攻重新获得冲击力，因为补给跟不上这么长途的挺进。

与此形成鲜明对比，德国人在退入加利西亚后，兵力变得更加集中，现在已经可以利用以利沃夫为中心的四通八达的交通网络，因而大为受益。此后一周，也就是复活节前的一周，德军发动了一次反攻，力度是很久以来最大的。这次反攻有双重目的，一是制止苏军推进，二是解救德涅斯特河以东被朱可夫和科涅夫两翼包围的第 1 装甲集团军的 18 个兵力不足的师。当时，这支大部队正试图经过斯卡拉（Skala）和布查希（Buczacz），夺路向西面的利沃夫方向撤退。

德军沿着德涅斯特河两岸展开反攻，在右岸，他们突入苏军伸向鞑靼山口的楔子，夺回了从科洛梅亚通向山口的铁路线上的德拉廷（Delatyn）铁路交会点。

在德涅斯特河左岸，德军夺回了布查希，为被围在斯卡拉附近的德军打开了一条撤退通路。受困部队突围之后，波兰南部战线——介于普里皮亚特沼泽与喀尔巴阡山之间——被稳定在东距利沃夫甚远的一条线上，从 4 月到 7 月，再也没有发生大的变动。

科涅夫在渡过构成罗马尼亚边界的普鲁特河后，也在不远处被挡住了。科涅夫没能占领普鲁特河以西只有 10 英里之远的雅西，不过在雅西以北不远处打到了塞雷特河（Sereth）。但当时科涅夫有更为重要的目标。他的左翼现在沿着德涅斯特河向南回旋，目标是黑海附近的德军后方，那里的敌军大部分是罗马尼亚师。科涅夫的侧翼进攻和马利诺夫斯基从尼古拉耶夫向西指向敖德萨的更正面的进攻紧密配合。

苏军两路合击，让舒埃纳尔（Schörner）和莫德尔（Model）大为头疼。当时，舒埃纳尔已经接替克莱斯特指挥前 A 集团军群（现在改名为南乌克兰集团军群）；而莫德尔则接替曼施坦因的职务，担任北乌克兰集团军群指挥官（该集团军群此前叫顿河集团军群，后来又改为南方集团军群）。自苏军冲向喀尔巴阡山以来，舒埃纳尔就和波兰的德军各个集团军分割开来了，只能依靠从巴尔干地区和匈牙利迂回的道路，他后方的交通线很少，状况又很糟，因而所面临的困难进一步加剧。

与此同时，自 4 月的第一周起，盟国的重型轰炸机从意大利出发，对德军后方主要的铁路瓶颈地段发起了一系列空袭，率先遭袭的便是布达佩斯、布加勒斯特（Bucharest）和普洛耶什蒂（Ploesti）。对德军后方的这些打击在当时并没有对战局产生立竿见影的影响，不过，其价值后来还是慢慢显现出来了。

4 月 5 日，马利诺夫斯基的部队打到拉兹捷尔纳亚（Razdelnaya）铁路交会点，切断了从敖德萨出来的最后一条畅通的铁路线。10 日，苏军占领敖德萨这座巨大的港口城市。但是大多数轴心国部队撤出来了，只稍稍后退到了德涅斯特河下游防线，当时，战线由这里折回雅西，因为科涅夫向南的突击在基什尼奥夫（Kishinev）地区被挡住了。

5 月第一周，科涅夫在雅西以西沿着塞雷特河两岸又发动了一次大规模进攻，这次用上了新型的约瑟夫·斯大林坦克。在新式坦克的帮助下，苏军达成了突破，可是舒埃纳尔手边有一支由曼陀菲尔指挥的相当强大的装甲预备队。他们以恰当的防御战术制止了苏军进一步扩大突破口，依靠反攻的天然优势和对机动性的巧妙运用，弥补了自己在装甲和火炮方面的不足。双方进行了一场有 500 辆坦克参加的大型坦克会战，结果苏军遭遇败绩，前线再次稳定了下来。

这次胜利反而给德军 3 个月后的行动惹来了麻烦。因为希特勒受到鼓舞，坚持寸土不让，让德军不仅要守住雅西附近地区，还要守住普鲁特河与德涅斯特河之间的比萨拉比亚南部。这就意味着那里的部队不得不守在喀尔巴阡山屏障和加拉茨隘口以东很远的一处暴露的阵地上。在此期间，由于罗马尼亚人民想要和平，部队的后方大受压力，以至防线摇摇欲坠。

4 月，克里米亚半岛获得解放。克里米亚的守军一半是德军，一半是罗马尼亚军，已陆续由海路撤退了一部分，但进攻者仍然面临着艰巨的任务，因为不需要很多部队就可以守住半岛两个狭窄入口处的坚固屏障。要想占领克里米亚，苏军就得投入一支强大且机械化程度很高的部队。当苏军在陆上已汹涌越过克里米亚继续西进时，希特勒出于以上理由，仍然决定坚守这里。在这里，他牺牲一支守军的理由倒是比别的地方充分，因为克里米亚的战事在这一关键时期里牵制住了大批苏军。

4 月 8 日，托尔布欣（Tolbukhin）对克里米亚半岛发动主攻。在此之前，苏军进行了一次火力侦察，以迫使德军暴露炮兵阵地的位置。苏军除了对彼列科普地峡（Perekop Isthmus）发动正面进攻之外，还从侧翼跨越锡瓦什潟湖（Sivash Lagoon）发动助攻，迂回地峡背后。一旦这次行动打开克里米亚半岛的北大门，叶廖缅科的部队就从刻赤半岛东端的立足点发起进攻。17 日，两路大军打到塞瓦斯托波尔郊外，抓了 3.7 万名战俘。这么多官兵被俘主要是因为德军遵循希特勒不准撤退的严格命令，想要在彼列科普地峡以南建立一道防线，而没有立即撤回塞瓦斯托波尔。可是这条临时防线太宽，德军没有足够兵力守卫，托尔布欣把坦克部队调上来打开了缺口，在德军来不及撤回塞瓦斯托波尔的时候就合围了大部分部队。

苏军暂停攻势，在进攻要塞之前先调上来重炮兵，守军则难以在防线上保持合理的兵力密度。可是希特勒仍然坚持不惜一切代价死守塞瓦斯托波尔。5 月 6 日夜间，苏军发动进攻，很快在因克尔曼（Inkerman）和巴拉克拉瓦（Balaclava）之间的防线东南角打开了一个决定性的突破口。9 日，希特勒撤销前令并答应提供船只撤出守军，但为时已晚。10 日，守军放弃了塞瓦斯托波尔，退到赫尔松涅斯半岛上。13 日，将近 3 万官兵在那里投降，只有极少数人从海上撤退。大多数战俘是德国人。苏联人开始进攻之前，德军指挥部选择先让罗马尼亚人从海上撤出，依靠德国自己的部队进行防御。要不是防御计划过于呆板，这么做本来是可以延长抵抗的时间的。

1944 年头几个月，苏联人在东线的另外一翼也收复了大片国土，不过面积没有南翼那么大。年初德军仍然紧紧包围着列宁格勒。德军前线越过这座城市，向东延伸 60 英里，然后向南沿着沃尔霍夫河（Volkhov）转向伊尔门湖，德军在大湖两岸占领着诺夫哥罗德和旧鲁萨（Staraya Russa）两座要塞城市。1 月中旬，苏联人发动了他们等待已久的进攻，打破敌人对列宁格勒的包围圈。戈沃罗夫（Govorov）的部队从列宁格勒以西的海岸出发，往德军突出部左翼打进了一个深深的楔子，同时梅列茨科夫（Meretskov）在德军右翼诺夫哥罗德附近打进了另一个更深的楔子。苏军一开始的进展让人以为德军部队会被包围，可是德军成功地分阶段撤退到了突出部基线。过高的期望值之下，苏军通过上述行动所获得的优势变得不那么明显，可他们其实给列宁格勒解了围，重新打通了通往莫斯科的铁路线，并孤立了芬兰。

德军在撤退之后占领了一条从纳尔瓦（Narva）附近的芬兰湾到普斯科夫（Pskov）的防线。前线的拉直缩短暂时改善了德军的防御态势，更何况，实际上缩短的距离要比地图上看上去的还要多，因为从海岸到新的要塞城市普斯科夫之间的 120 英里正面上，派普斯湖（Peipus）和普斯科夫湖这两个大湖就占去了四分之三的长度。2 月底，戈沃罗夫突然进攻，渡过纳尔瓦河，在大海和派普斯湖之间建立起桥头堡，但随后就在那里被封锁住了。苏军在派普斯湖以南的挺进也在到达旧鲁萨以西 120 英里处的普斯科夫后停了下来。对红军来说，这是令人失望的，他们原本希望在 2 月 23 日（红军于 1918 年 2 月 23 日在普斯科夫与德军作战中诞生的纪念日）占领普斯科夫，庆祝这座城市建城 26 周年。

北翼冬季攻势在军事上的成功不如其政治影响重要。芬兰政府害怕自己陷入孤立，于 2 月中旬开始停战谈判。在当时的局势下，苏联人的和平条件极为克制，基本上主张回归 1940 年的边界线，可是芬兰人担心实践中要价会被抬高，于是要求苏联人明确做出保证，而后者不愿意。芬兰人还抗议说，自己无法做到苏联人提出要他们把驻扎在芬兰北部的德军解除武装的要求，又害怕让苏军去执行这个任务。3月，谈判中断了，可是很明显，这只是在拖延决定日期而已。而且芬兰人带头公开进行和谈，鼓励了德国的其他仆从国进行类似的谈判，不过是以秘密的方式。罗马尼亚政府开始和谈还与斯大林的声明有关，斯大林说自己主张把特兰西瓦尼亚地区归还罗马尼亚。

德国人在5月虽然成功地稳定了东线态势，但这种改善仅仅是表面上的。德军兵力的损耗太大，即便赢得了时间也无法从中获益，而苏联人需要时间准备下一次更大规模的进攻，并为完成和平谈判争取时间。只有独裁者才能一夜之间变换阵营。与此同时，盟军在巴尔干地区的空袭范围越来越大，也对和平起到了促进的作用，同时对敌人的交通线构成了极大压力。6月2日，美军的飞行堡垒轰炸机在苏联地区新准备的基地降落，补充燃料弹药后在返航位于地中海的基地途中再次轰炸德国目标，这为穿梭轰炸（shuttle-service）揭开了帷幕。在英国和苏联的空军基地之间进行的穿梭轰炸也于21日展开，全程都有远程战斗机为美国轰炸机护航。

面对犹豫不决的芬兰人，苏军使用空中力量对其保持压力。6月10日，他们又从拉多加湖和芬兰湾之间的卡累利阿地峡发动陆地进攻。戈沃罗夫元帅的部队在连续攻克多道防御阵地之后，于20日占领维堡，进而占领了地峡的出口。此后芬兰人提出接受自己之前拒绝的和平条件。可是斯大林现在坚持要举行象征性的投降仪式，芬兰人拒绝了。里宾特洛甫匆匆飞往赫尔辛基，利用芬兰人对苏联的恐惧，还答应给芬兰派来德国援兵。当时，苏军的进攻在延伸到1940年边界内的湖区后，开始丧失了势头，这也增强了里宾特洛甫对芬兰人的说服力。结果苏芬战争换了一种比较平和的方式继续拖延着。直接结果是，美国政府断绝了长期以来和芬兰保持的外交关系，同时德国人继续增加在芬兰的投入，尽管他们自己的前线也急需后备兵力。

苏联人有理由对这样小的进展感到满意。他们自己对德军的夏季攻势于6月23日发动，那时，登陆诺曼底的英美部队也早已站稳脚跟，在意大利，盟军则越过了罗马，德军在苏联人发动进攻之前已然四面楚歌。不过，让苏联人受益最大的还是希特勒坚持执行刚性而非弹性的防御政策。

苏军的准备工作沿着喀尔巴阡山到波罗的海的整个东线展开，可主要精力还是集中在普里皮亚特沼泽地以南的地段。在这里，苏军已经深入波兰，打到利沃夫附近，并一度进入科维尔（Kovel），自然希望在春季攻势的基础上更进一步。经过 3 个月的休整，朱可夫已经修好了巨大突出部背后的铁路交通网。

但是，苏军这次选择从战线最后进的"梯队"入手，就像德军统帅部在1942 年所做的一样。他们将打击力放到了普里皮亚特沼泽地以北的白俄罗斯，在这里敌人还占领着苏联的大片土地。

苏军的进攻目标是精心选择的。由于战线北段是德军防线最薄弱的部分，苏联的交通最为方便，能给进攻提供足够的开场动量。1943 年，这个地段已被证明是难以攻克的，因而德军统帅部不太可能牺牲科维尔和喀尔巴阡山之间更重要也更危险的地段来加强这里。尽管北段的主要部分在 1943 年秋冬经受住了所有进攻，但苏军还是在维捷布斯克和日洛宾的两翼分别打进了楔子。这就为他们再次进攻提供了有利的出发阵地。而且，只要能让敌人后撤，苏军便可以从自己位于科维尔附近的南方突出部对德军的后方造成更广泛的威胁。因为这里正是分割德军各个集团军的沼泽地带的西边顶点。

在进攻发起之前，苏军改组并加强了从波罗的海沿岸到普里皮亚特沼泽地之间的部队。现在，北段共有 7 个小规模的集团军群，或者说方面军。最右面是戈沃罗夫的列宁格勒方面军，然后是马斯连尼科夫（Maslennikov）的波罗的海沿岸第 3 方面军和叶廖缅科的波罗的海沿岸第 2 方面军。当时这几个方面军按兵不动。参加进攻的 4 个方面军从北到南分别是巴格拉米扬（Bagramyan）的波罗的海沿岸第 1 方面军，这个方面军早先在维捷布斯克以北打进了一个楔子；切尔尼亚霍夫斯基（Chernyakhovsky）的白俄罗斯第 3 方面军，当时此人 36 岁，是高级将领中最年轻的一个；扎哈罗夫的白俄罗斯第 2 方面军；还有罗科索夫斯基（Zakharov）的白俄罗斯第 1 方面军，这个方面军在日洛宾附近打进了一个楔子。以上 4 个方面军共有 166 个师。

苏军进攻的对象是德军中央集团军群，后者现任司令是布施（Busch），他是在克鲁格因车祸严重受伤之后接掌此职的。尽管苏军在冬季的进攻中没能突破这里的防御，但布施和他主要的下级指挥官们都很清楚当时千钧一发的危险形势，随着夏天的到来，战场条件会变得对进攻者更有利，他们对能否再次阻挡苏军心里没底。在预料到这次进攻后，他们希望能撤到目前战线背后 90 英里处历史上著名的别列津纳河防线。这样一次及时后退本可以打乱苏联人的进攻部署。可是它违背了希特勒的原则，元首拒绝听取撤退的任何理由。

接替海因里希出任第 4 集团军司令的蒂佩尔斯基尔希（Tippelskirch）秘密地从他的前进阵地撤了一小段距离，到达第聂伯河上游一线，这有助于避过一部分苏军进攻的冲击波。不过，苏军的战役计划是集中兵力扩大两翼的楔子，这使得德军撤退的效果被部分抵消了。

在北翼，苏军以波洛茨克（Polotsk）与维捷布斯克之间的巴格拉米扬方面军，和维捷布斯克与奥尔沙之间的切尔尼亚霍夫斯基方面军两面夹击维捷布斯克。进攻开始后第 4 天，维捷布斯克陷落，德军第 3 装甲集团军负责的前线上出现了一个大突破口。这就为向南出击、切断莫斯科 - 明斯克公路进而威胁正在抵抗朱可夫正面进攻的德国第 4 集团军的后方打开了通道。这个突击所造成的威胁还因南面的另一场进攻而愈益加强。在那里，罗科索夫斯基从普里皮亚特沼泽地以北的另一翼向德国第 9 集团军发起了进攻，并在日洛宾附近突破防线，第 4 天，罗科索夫斯基攻克日洛宾，然后渡过别列津纳河，绕过了可能发挥阻碍作用的博布鲁伊斯克（Bobruisk）阵地。7 月 2 日，他的机械化兵团打到更大的交通中心明斯克以西 40 英里处的斯托尔勃策（Stolbtsy），从而切断了通向华沙的铁路和公路。

苏军的机动能力越来越强，在突破后一周之内横扫 150 英里，而德军在巨大的空间面前显得无所适从，不知道怎么去挡住苏军的前进。美国提供的物资做出了很大贡献，大批摩托化步兵紧跟在坦克部队后面进行支援。与此同时，切尔尼亚霍夫斯基的部队从东北方向会攻明斯克，并威胁着通往维尔纳的道路。在两路进攻之间，罗特米斯特罗夫指挥着一支坦克预备队沿着莫斯科 - 明斯克大道挺进，2 天之内推进将近 80 英里，于 3 日开进了明斯克。

这次规模庞大的钳形攻势有点像 3 年前德军往反方向进行的钳形攻势。就像那次一样，只有一部分被围部队逃出生天。第 1 周，苏军在北边的突破中抓了 3 万名俘虏，在南边抓了 2.4 万名俘虏。在明斯克，有 10 万德军被围，虽然经过明斯克通往后方的主要道路被封锁，蒂佩尔斯基尔希的第 4 集团军还是可以向南走辅助道路突围，这些辅助道路作为补给道路，由于苏联游击队的骚扰活动已经长时间弃置不用。中央集团军群几乎被摧毁，总损失超过 20 万人。

后撤的德军在明斯克以西进行了短暂的抵抗，可是这里没有天然的强大防线可以利用，德军兵力太少又没法覆盖随着苏军前进而愈加广阔的空间。苏军总是能够在敌人坚守的城镇要点之间找到空隙进行突破和绕行，他们的突进越来越像半圆形放射状出击的一束长矛——分别刺向德文斯克（Dvinsk）、维尔纳、格罗德诺（Grodno）、比亚韦斯托克、布列斯特 - 立陶夫斯克。9 日，苏军抵达维尔纳，13 日，当摩托化纵队从该城两侧绕过之后，维尔纳陷落。同一天，另一支苏军先头部队打到了格罗德诺。

7 月中旬，苏军不仅把德军赶出了白俄罗斯，还占领了波兰东北部的一半地区。其中，最西边的部队已经深入立陶宛，离东普鲁士边境不远了。在那里，他们比弗里斯纳指挥的德军北方集团军群的侧翼位置还要更靠西 200 多英里，后者正掩护着通往波罗的海诸国的门户。巴格拉米扬的前锋部队正在迫近德文斯克，比弗里斯纳的前线离德军位于里加的供应基地更近。切尔尼亚霍夫斯基已经越过维尔纳打到涅曼河畔（Niemen），离波罗的海的距离也和巴格拉米扬一样近，不过他的前进轴线更靠西。看起来，苏军将在弗里斯纳撤退之前于其后方构建起双重包围圈。此外，马斯连尼科夫的波罗的海沿岸第 3 方面军和叶廖缅科的部队还协同向北开展延伸攻势，冲向普斯科夫地区，这更加重了弗里斯纳所面临的危机。

与此同时，更大规模的进攻从整体上加剧了德军所承受的压力。7 月 14 日，苏军在塔尔诺波尔和科维尔之间的普里皮亚特沼泽地以南地区，发动了他们等待已久的攻势。这是一次两路突击。右路渡过布格河向卢布林（Lublin）和维斯瓦河挺进，而在沼泽地以北，罗科索夫斯基所部则向布列斯特 - 立陶夫斯克以南回旋，形成了两面夹击。左路在卢茨克附近突破德军前线，从北面包抄利沃夫。

7 月 27 日，名城利沃夫落入科涅夫之手，此刻，他的先头部队已经抵达利沃夫以西 70 英里处的桑河（San）。苏军进攻的规模之巨可以从以下事实略窥一斑：喀尔巴阡山麓的斯坦尼斯拉夫（Stanislav）、波兰北部的比亚韦斯托克、拉脱维亚（Latvia）的德文斯克、从里加通往东普鲁士的铁路线上的希奥利艾（Siauliai）交汇点全都在同一天陷落。最后那一击是巴格拉米扬所部装甲纵队快速突进所取得的战果，北方德军部队至此在劫难逃。

可是，就连这样的进攻，和战线中央的深远突击及其所造成的威胁相比，都显得黯然失色。3天前（24日），罗科索夫斯基的左翼冲进了华沙东南方向100英里处的卢布林，离维斯瓦河只有30英里之远。他这一击利用了德军被普里皮亚特沼泽地分隔开的地利，以及沼泽地以南苏军的进攻在德军中引起的混乱。26日，罗科索夫斯基麾下的数支机动纵队抵达维斯瓦河，其余的则向北转向华沙。第2天，德军放弃了布列斯特－立陶夫斯克，同一天，一个苏军纵队绕过布列斯特－立陶夫斯克，打到了西边50英里处的谢德尔采（Siedlce），离华沙已不到40英里。

德军在谢德尔采附近暂时阻挡住了苏军的挺进。维斯瓦河沿岸也有迹象表明德军的抵抗在加强，因为29日夜间罗科索夫斯基所部在河对岸建立的5处桥头堡到第二天上午已有4处被德军消灭了。

不过，7月31日，德军因来自侧翼的压力被迫放弃了谢德尔采，而罗科索夫斯基的一个纵队当时已经打到了华沙城位于维斯瓦河东岸的郊区布拉加（Praga）。第二天早晨，德军开始沿维斯瓦河上的桥梁撤进城市，波兰"地下军"的领导人受到鼓舞，发出了起义的信号。

那天波罗的海沿岸地区的战局也出现了惊人的发展。巴格拉米扬的方面军中，一支由奥布霍夫（Obukhov）将军指挥的装甲纵队连夜行军50英里，占领了里加湾（Gulf of Riga）附近的图库姆斯（Tukkums）铁路交会点，从而切断了德国北方集团军群的逃生通道。切尔尼亚霍夫斯基占领了立陶宛首都考纳斯（Kaunas），其先头部队继续向前突进，逼近因斯特堡（Insterburg）隘口附近的东普鲁士边境。8月2日，科涅夫的部队在华沙以南130多英里处的维斯瓦河对岸巴拉诺夫附近又建立了一个新的且规模很大的桥头堡，这里位于桑河汇入维斯瓦河的上游地区。

这时，德国人深陷全面的危机：在西线，德军诺曼底的战线正在崩溃，巴顿的坦克像潮水般冲过阿弗朗什突破口。在后方，一场政治地震发生，其冲击波正向四面八方扩散。20日，刺杀希特勒、推翻纳粹政权的行动失败，许多将领牵连其中。一开始，他们对这次谋杀的结果并不清楚，后来又害怕报复，德军各级指挥部因混乱而陷入瘫痪。

炸弹在东普鲁士拉斯滕堡（Rastenburg）元首大本营爆炸后，各个集团军群司令部内部的密谋分子都收到了来自大本营的声称希特勒已死的电报。德国广播电台播发的相反的报道让人对最初的电报起了疑心。至于真相究竟如何，人们自然更加困惑。此外，密谋分子给弗里斯纳的司令部发出的电报还明确指示北方的部队马上撤退，避免出现第二个"斯大林格勒"。7 月 20 日的事件在这里产生了和在西线同等重大的影响。

可是，7 月 20 日事件的影响在中央集团军群中最小。这主要是因为新任司令莫德尔的缘故，他在苏军刚刚达成突破时便马上奉命接替了在前线苏联人和后方希特勒的双重压力下垮掉的布施。1941 年入侵苏联时，莫德尔还只是区区一名师长。他现年 54 岁，比大多数德军高级将领都年轻差不多 10 岁。他在快速晋升的过程中都保持着指挥装甲师时那样的精力和无情。他也是少数敢于和希特勒争辩的将领之一，希特勒更喜欢他的鲁直，而不喜欢曼施坦因冷嘲热讽的做派，所以更愿意让莫德尔便宜行事。得益于希特勒异乎寻常的放任态度，莫德尔在撤离危险的阵地时可以根据自己的判断不受掣肘，经常无视自己接到的指示。他在让危机四伏的部队转危为安时表现出来的这种将在外君命有所不受的主动性，甚至比指挥撤退时的技巧更加重要。同时，他的地位及希特勒对他决定的看重，都让他很自然地更愿意遵循效忠希特勒的誓言。7 月 20 日事件后，莫德尔是军事将领中第一个谴责密谋、宣布陆军保持忠诚的人。希特勒对他的信心在以后的军事行动中得到了更好的证实。

8 月初德军了不起的绝地反击，把苏军进入华沙的时间拖延到了第 2 年。1 日天黑时，华沙城绝大部分已经落入波兰人的手中。可是正当他们期待苏军渡过维斯瓦河前来帮忙时，他们听到远处的隆隆炮声渐渐消失，只能在一片不祥的寂静中倾听着自己的焦急和困惑。10 日，这片寂静被震耳欲聋的炮击和空袭打破，宣告德军重新夺取城市控制权的战斗开始。华沙城里，波尔（Bor）将军指挥的地下军顽强奋战，可是他们很快就被孤立在了 3 片小区域里，苏军没有从维斯瓦河对岸给他们送来任何援助。

他们自然会觉得苏联人是故意袖手旁观的。可以理解，苏联政府不想看到波兰人率先把华沙从德国人手中夺回，并受此鼓舞采取一种更加独立的态度。这场争论的来龙去脉很难梳理清楚，但鉴于苏军当时正在更大的范围到处碰壁，很可能军事上的理由比政治上的考量更加具有决定性的作用。[1]

在华沙前方，最令人不安的因素是 7 月 29 日 3 个相当强大的党卫军装甲师的介入，其中 2 个师由南线而来，另一个师来自意大利战场。他们从北翼发动反攻，在苏军的突出部上打进了一个楔子，迫使后者撤退。与此同时，苏军从维斯瓦河桥头堡进攻的尝试，被从德国调来的援兵挡住了。到 8 月的第一个周末，苏军除了在喀尔巴阡山麓和立陶宛取得了一些很小的进展外，在其余各处都被挡住了。进攻的浪潮在停止之前就已乏力。在这场大进军的终场阶段，苏军已经只能靠小股机动部队向前推进，而莫德尔手边那点薄弱的预备队在找到适合防御的地域后便足阻止他们。苏军以前所未有的速度在 5 周之内挺进 450 英里（这是他们迄今为止实现的最长和最快的推进），现在自然会受到交通线过度延伸的限制，不得不向这条战略定律低头。他们将停留在维斯瓦河畔 6 个月，直到准备好发起另一场强大的攻势。

8 月的第二周，很多地点都发生了激战，德军努力地反攻，苏军也在寻求新的突破口，可是双方都没有取得值得一提的战果。维斯瓦河战线稳定下来了。在东普鲁士边境，曼陀菲尔的装甲师阻止了苏军向因斯特堡缺口的推进，这个师刚从罗马尼亚前线调来，便把苏军从公路枢纽维尔卡维什基斯击退。双方在布满湖泊沼泽的边境地区陷入僵持。曼陀菲尔其后又奉命前往北方，并在 8 月下半月从陶罗根（Tauroggen）向里加湾的图库姆斯发动进攻，为北方集团军群重新打开退路。

这样一支小规模的装甲部队能获得如此令人震惊的战果，说明战局瞬息万变的特性，也表明苏军巩固胜利成果的能力被补给方面的困难限制到了何等程度。在这种情况下，一股装甲部队能发挥的作用远远超过大量的步兵，战斗的过程决定于双方谁更能够在关键点上派出这样精干的装甲部队。大卫和歌利亚的故事以这样的现代形式上演了很多次。

德军稳定了从喀尔巴阡山到波罗的海的主要战线上的局势，所换来的喘息之机却被苏军采取间接路线导致的更大范围的危机所抵消。这场危机始于苏军对罗

---

[1] 为什么苏联人拒绝从西欧起飞的美军轰炸机在给华沙的波兰人空投补给后降落到苏联的机场，这一问题从来没有得到满意的解释。英国和波兰飞行员从意大利往返执行空投任务，已经达到了航程的极限，他们虽然非常英勇，却很难影响到事态的发展。

马尼亚战线的进攻，在此之前的政治活动则为苏军的进攻扫清了道路。

8 月 20 日，现在由马利诺夫斯基指挥的乌克兰第 2 方面军从雅西出发，沿塞雷特河两岸杀向加拉茨，这次进攻威胁到了仍停留在比萨拉比亚南部巨大突出部的德军的侧翼和后方。现在由托尔布欣指挥的乌克兰第 3 方面军从德涅斯特河下游出发，向西对这个地区发动正面进攻。进攻开始时，苏军遭遇顽强抵抗，德军只是缓缓后退，但步伐不久后就加快了。

23 日，罗马尼亚广播电台宣布罗马尼亚和同盟国停战并对德国宣战。安东尼斯库元帅被捕，他的继任者接受了苏联的停战条件，包括立即倒戈。

苏军趁着全局混乱之机在 27 日冲进了加拉茨，30 日占领了巨大的普洛耶什蒂油田，次日又进入布加勒斯特。坦克在 12 天的时间里长驱 250 英里，此后 6 天又前进了将近 200 英里，在多瑙河畔的图尔努 – 塞维林（Turnu-Severin）抵达南斯拉夫边境。大批德军被包围在比萨拉比亚突出部，或者在行进中被击溃。整个德国第 6 集团军总共 20 个师的兵力全部损失掉了。这次失败和斯大林格勒战役一样惨痛。

罗马尼亚的投降刺激了保加利亚政府向英美求和。这个国家虽然没有参与入侵苏联，但它对苏联怎么看待自己的中立地位也惴惴不安。这种害怕是可以理解的。它向西方盟国投降的举动让苏联大为不满，后者迅速宣战，从东面和北面攻入了保加利亚。苏军的进攻只是游行而已，因为保加利亚政府已下令不要抵抗，并迅速对德宣战。

苏军的道路已经打开，他们将利用这个现代战争史上最宽广的敞开的侧翼。部队的回旋机动主要是后勤上的问题，只受到机动能力和供给的限制，而完全不必担心敌人的抵抗。超过 10 万名德军被合围在罗马尼亚，而西线的绝望局势（到 9 月底，德军在西线的各战场上已有 50 万人被俘）又让德军找不到任何部队来填补战线上的缺口。

秋天，苏军左翼各个集团军经过东南欧和中欧的广阔大地缓慢地进行大回转。德国人能做的只有尽可能长时间地守住一连串交通中心，然后在被迫撤退之前摧毁交通线，希望以此减缓苏军的推进速度而已。和需要掩护的空间相比，德军可用的部队太少，不过对他们来说幸运的是，这个地区交通线同样很少，还有很多天险屏障。所以滚滚而来的苏军只能缓慢推进，德军则有足够的时间撤离驻希腊和南斯拉夫的部队。

在罗马尼亚倒戈之后混乱的头几周里，苏军迅速冲进了罗马尼亚的西北角，若非如此，德军还能把苏联人的进军拖得更慢。苏军一支机械化部队绕到山脉的南翼，进入了罗马尼亚这段国土的突出部，9 月 19 日占领了蒂米什瓦拉（Temesoara），22 日占领了阿拉德（Arad）。苏军就这样截断了从贝尔格莱德通向北面的几条道路，并接近了匈牙利南部边境，离布达佩斯只有 100 英里。这次大胆的突进也只能欺负这样一个没有兵力发动钳形攻势来切断楔子的对手。不过，即便德军无力反攻，苏军也得先在这个楔子集结起更大规模的部队，然后才能扩大战果。这是个缓慢的过程，但是比通过喀尔巴阡山打进特兰西瓦尼亚的直接路线要快。

直到 10 月 11 日，德军才被赶出了阿拉德以东 130 英里处的特兰西瓦尼亚首府克鲁日（Cluj）。但此时，马利诺夫斯基已经在楔子里集结了足够的兵力，可以渡过穆列什河（Mures）挺进匈牙利平原，并切断从特兰西瓦尼亚通向后方的各条道路。当马利诺夫斯基的右翼占领克鲁日时，他的左翼先头纵队已挺进到克鲁日以西 170 多英里处，离布达佩斯只有不到 60 英里。间接路线的优势让他大为获益。

下一周，新改组的由彼得罗夫（Petrov）指挥的乌克兰第 4 方面军自北面沿着由匈牙利第 1 集团军把守的从鞑靼山口到武普库夫（Lupkov）之间的这段战线，突破喀尔巴阡山各个山口，打进了鲁塞尼亚（Ruthenia）地区。彼得罗夫甚至还向西进攻打进了斯洛伐克。同一周，托尔布欣的部队从楔子的南面渡过多瑙河，和铁托（Tito）元帅的游击队配合，解放了南斯拉夫首都贝尔格莱德。德国守军进行过强烈抵抗但最终在 20 日被赶走。德军能在贝尔格莱德待那么久令人惊讶，更奇怪的是仍有大批德军守在希腊，遵守着希特勒不准主动撤退的命令。他们直到 11 月的第一周才离开希腊，穿越 600 英里荒凉而充满敌意的原野，进行了一次色诺芬式的撤退。

解放贝尔格莱德和抵达匈牙利平原标志着苏军这场巨型侧翼迂回行动第一阶段的结束。

马利诺夫斯基在从索尔诺克（Szolnok）以北到塞格德（Szeged）80 英里的正面上抵达蒂萨河一线，然后在 10 月 30 日向布达佩斯发动了一次强大的突击。

他已经集结了64个师，包括罗马尼亚部队在内。他的部队只需要再前进50英里，便可抵达布达佩斯。其中有几支纵队逐渐将德军和匈牙利军队往后推，于11月4日到达布达佩斯郊区，可是糟糕的天气让他们无法赶在敌人加强防御之前对城市发动进攻。和其他顽强抵抗的城市一样，布达佩斯是一块难啃的骨头。到了月底，苏军还被阻挡在那里，向侧翼迂回的尝试也几乎没有任何进展。

彼得罗夫想要从鲁塞尼亚向西进军斯洛伐克，帮助当地游击队，可是也遭遇失败。斯洛伐克崎岖不平的地形和走廊形状的国土限制了他的机动空间。

受挫于布达佩斯城下后，苏军开始在大迂回中又套上一个小迂回。托尔布欣总共大约35个师的部队奉命从南斯拉夫赶过来，并在11月的最后一周，从布达佩斯以南大约130英里处德拉瓦河（Drava）汇入多瑙河的河口附近的桥头堡出发，发动了一次大包抄进攻。12月4日，他们已经打到匈牙利首都后方侧翼的巴拉顿湖（Lake Balaton）。同时，马利诺夫斯基在布达佩斯以北重新发动进攻，还对城市本身发动强攻。可是几重努力都失败了，到了年底，布达佩斯仍没有被占领。苏军在圣诞节发动新的包围攻势，彻底孤立了这座城市，可布达佩斯仍然在坚守，一直到次年2月中旬。

在东线另一端的波罗的海地区，秋季攻势的情况也差不多——先是守军崩溃，后是苏军受阻。德军在夏季的失利让芬兰人向不可避免的现实低头，在9月初接受了苏联的停火条件，几乎和罗马尼亚、保加利亚同时。停火条件包括芬兰人必须对15日以后仍然留在芬兰国土上的德军部队采取行动。当德国人试图在芬兰湾的霍格兰（Hogland）岛登陆后，芬兰人对德宣战。

芬兰的投降让苏联人可以集中兵力对德国北方集团军群发动进攻，该集团军现已由舒埃纳尔接替弗里斯纳负责指挥。戈沃罗夫和马斯连尼科夫的两个方面军进攻舒埃纳尔的正面前线，叶廖缅科的方面军包抄侧翼，巴格拉米扬的方面军则威胁舒埃纳尔的后方。看起来，德军似乎完全不可能从这么深的瓶状区域中逃生，尤其在瓶颈如此窄的情况下。可是德军在一周之内后撤了将近200英里来到里加防线的庇护之下，没有留下任何一支大部队被敌人包围，巴格拉米扬的部队没能成功地封锁瓶颈地带。事实再次表明，在狭窄正面，拥有足够兵力密度的守军，能给进攻者造成何等困难。

为了弥补失去的机会，苏军统帅部大大加强了巴格拉米扬的方面军，让它从立陶宛中部的希奥利艾方向，往里加以南的波罗的海海岸发动进攻。这次新的进攻于 10 月 5 日发动，由于正面宽广且德军集中于里加周围，巴格拉米扬的部队于 11 日在梅梅尔南北两侧打到了海岸。两天后，舒埃纳尔放弃里加，撤进拉脱维亚西北部的"半岛"省份库尔兰（Courland）。他的部队虽然被孤立，却在这里成功地进行了长期抵抗。被团团围困的梅梅尔守军也同样长期抵抗。可是苏联人兵力有余，不在乎长期围困这些阵地。他们的问题只在于补给能力和机动空间而已。

苏军肃清波罗的海侧翼之后，现在转过身来进攻东普鲁士，在 10 月中旬发动了强大的进攻。可是在这个遍布湖泊和沼泽的狭窄正面上，正面进攻的轴线大受限制，防御再一次占据上风。苏军的主要突击指向因斯特堡缺口，但在贡宾嫩（Gumbinnen）附近的大规模坦克战中遭到顿挫——这里是 1914 年俄国人第一次获得虚假胜利的地方。苏军在相邻地段发起的其他突击也没有深到能突破德军防线。10 月底，进攻逐渐停止，双方进入僵持。

德军在东西两线和中欧能奇迹般地重整旗鼓，是以下几个原因共同作用的结果：德军防线缩短，苏军交通线拉长，盟国"无条件投降"政策也帮助希特勒增强了德国人的抵抗决心。而且秋季攻势的过程向我们证明，运用得当的弹性防御策略也许能为德国争取时间，等到新式武器投入使用。可是希特勒仅仅把以上成功当作自己僵硬防御政策正确性的明证。

正是出于对自己防御政策的坚信不疑，希特勒不仅拒绝允许他在西线的指挥官们及时撤出阿登突出部，还下令调动部队加强布达佩斯的防御，这严重削弱了他在东线的防御。

第 33 章

逐渐加强的轰炸——对德国的战略性空中攻势

第一次世界大战末期及其后的年代里，战略性空中打击的理论和学说在英国发展起来。1918 年（"一战"最后一年）4 月 1 日，皇家空军作为一个独立兵种整合陆军和海军的航空兵创立而成，而以上理论部分甚至可以说主要是它的产物。新的第三军种强烈地拥护这种理论，因为它是皇家空军需要独立存在的根据。

讽刺的是，这一理论很快得到休伊·特兰查德（Hugh Trenchard）少将的强烈支持；他在法国指挥过英国陆军的航空部队皇家飞行队（Royal Flying Corps），曾强烈反对创建第三个独立的军种。1918 年 1 月，他奉调从法国回英国出任这个新军种的军事首脑，即皇家空军参谋长。他几乎立刻就和新上任的空军大臣罗瑟米尔勋爵（Lord Rothermere）发生冲突，职位被另一位空军先驱少将弗雷德里克·赛克斯爵士（Sir Frederick Sykes）接替。特兰查德本人则于其后掌管当年秋天设立的独立的轰炸机部队司令，肩负的任务是轰炸柏林和其他德国境内的目标，因为 1917—1918 年间德军曾使用哥达（Gotha）轰炸机轰炸伦敦，这些空袭对英国军事首脑的士气和思想产生了与其造成的破坏不成比例的影响。可是直到 1918 年 11 月停战时，皇家空军的轰炸机部队仍只有 9 个中队，还没开展过作战，实际上设计用来轰炸德国的大型汉德利 – 佩奇（Handley-Page）轰炸机当时只交付了 3 架。可是特兰查德已经变成了独立战略轰炸的热情倡导者。战后，他于 1919 年回到伦敦重新出任空军参谋长一职，并在此后 10 年里一直担任这个职位直到 1929 年，在这段时间，他对战略轰炸的拥护表现得非常明显。而赛克斯的得力助手空军参谋部飞行作战部部长 P. R. C. 格罗夫斯（P. R. C. Groves）准将则大大发展完善了空军战略理论。

在 20 年代的美国，战略轰炸理论的大旗由威廉·米切尔（William Mitchell）准将高高举起，可是他很快就跟传统军种产生了冲突，因过于热衷而被排挤出军界。直到很多年过去，新一代领导人在军界掌权，美国才成为全球领先的空中强国和战略性空中打击的倡导者。

再晚一代的历史学家则把战略性空中打击理论归功于意大利将军朱利奥·杜黑（Giulio Douhet），他在 1921 年出版过一本描写未来空中作战的专著。他的书虽然现在研究起来很有意思，可至少在欧洲，在空军成形的时期并没有产生任何影响。[1]

查尔斯·韦伯斯特爵士（Sir Charles Webster）和诺布尔·弗兰克兰博士（Dr Noble Frankland）撰写的官方历史《对德国的战略性空中打击》（*The Strategic Air Offensive Against Germany*）一书总结了英国空军参谋部的理论和学说：

> 战略性空中打击是对敌国的一种直接打击手段，目的在于剥夺敌国继续进行战争的手段或者意志。它既可以作为制胜的武器，也可以担当辅助其他兵种制胜的工具。它和之前其他武装打击的不同点在于，战略性空中打击可以对敌国的心脏进行立即、直接的毁灭性打击。因此它的活动范围不仅在陆海军的上方，更在它们之外。[2]

尽管第一次世界大战结束时，这种理论实际运用中的经验尚有限，但它的存在本身即足以让皇家空军的首脑们在两次大战之间的岁月里抵制住陆海军的侵扰，后两者的首脑尤其在"一战"后前 10 年里不停地致力于废除空军独立建制，想让其重回陆海军的统辖下。

而且战略性空中打击的概念是由特兰查德和他具有献身精神的助手们以极端

1　1935 年，我在访问巴黎时买过一本杜黑《制空权》的法文译本，回到英国后和空军参谋部的几个朋友谈起过这本书，可是发现没有一个人听说过这本书。其实远在那之前，空军参谋部的学说就更加完善了。杜黑著作的英译本 1942 年才在美国出版，1943 年又在英国出版。而且它在意大利几乎没有影响力。1927 年，我应官方邀请访问意大利武装部队，发现空军部长巴尔博元帅和当时他手下的空军首脑在谈话时都异常坦率，还对英国提出的空军战略的新观点非常感兴趣，可他们在言谈中从未提起过杜黑的著作。

2　Vol. I, p. 6.

的"轰炸机至上"（pro-bomber）的术语建立的，这也是对其他军种行为的自然反应。他们认为空军及其作战行动和陆海军绝对不同，属于不同的范畴。虽然这种学说有助于巩固空军摇摇欲坠的独立地位，但事实证明，这种对空中作战战术方面的贬低是错误的。基于第一个观点引申出的另一个观点就是，最好的空防就是对敌国腹地发动空袭，这甚至在理论上都说不通，而由于德国在 20 世纪 30 年代后期取得了空军兵力上的优势，这种理论就更显荒谬了。随着教条主义越发严重，这种理论引发了以下结论"轰炸机总是能够突破防御"，时任首相斯坦利·鲍德温对此竟不假思索地加以接受。英国皇家空军和美国陆军航空队都接受这个错误观点，直到 1943—1944 年遭受的严重损失迫使他们承认，任何有效的战略轰炸的前提是拥有制空权。

另一个战前的信条是，必须在白天对特定的军事和经济目标进行直接打击，任何其他形式的空袭都是"徒劳无益"的。特兰查德的确强调过空袭平民的"士气"效应，英国空军也演练过几次夜间轰炸，可是总体来说，英国空军参谋部和皇家空军里的大部分军官都低估了作战的难度。

两次大战之间，英国坚定且持续地强调战略轰炸的概念，鉴于此，未来的历史学家肯定不理解，1939 年战争爆发时，皇家空军为什么会不具备实施战略轰炸的相应兵力。这并不完全是因为 20 世纪 20 年代和 30 年代早期主宰英国的财政紧缩和经济政策，还根源于皇家空军对战略轰炸需要什么样的部队和飞机有着错误的概念。即便 1933 年后，英军开始替换掉过时的双翼机，但仍有太多对战略轰炸毫无用处的轻型轰炸机，而比较新型的轰炸机，比如，惠特利式、汉普敦式、惠灵顿式，即便按照当时的标准也算不上什么好的轰炸机。1939 年，英军总共 17 个重型轰炸机中队中只有 6 个装备惠灵顿式轰炸机的中队尚可作战。由于长期将工作重心放到轻型双座轰炸机上，英国轰炸机部队缺乏训练有素的机组人员。他们还缺乏导航和轰炸辅助设备。

1929 年年底，特兰查德卸任空军参谋长，并被提升进入上议院，此后 10 年，他继续通过自己的门生对皇家空军发挥着重大的影响。当德国空军对英国空军取得优势已为大家所知后，他和他的门生却仍然把轰炸机放在第一位。空军参谋部在 1938 年年初制订的"L 计划"规定，到 1940 年春季，要拥有 73 个轰炸机中队，以及 38 个战斗机中队，前后者的比例差不多是 2∶1（如果考虑到实际飞机的数量，两者相差要更多）。1938 年 9 月慕尼黑危机之后，空军参谋部修改后的"M"计划要求将轰炸机和战斗机中队的数量分别提升到 85 个和 50 个，于是，战斗机与轰炸机的比例从 1∶2 提高到接近 3∶5。

特兰查德不喜欢这个小小的变化，直到第二年春天还在上议院呼吁将轰炸机和战斗机的数量保持在 2∶1，说这样才能最有效地威慑德国空军。可是这明显是异想天开，因为德国轰炸机实力已经接近英国的两倍，而扩充轰炸机部队所需的时间可比扩充战斗机部队要长得多。

幸运的是，空军参谋部已经开始采取一种更加务实的态度。早在 1937 年，国防协调大臣托马斯·英斯基普爵士（Sir Thomas Inskip）就表达过自己的疑虑，他认为最好是在英国上空消灭德军轰炸机部队，而不是去轰炸德军的机场和飞机制造厂。1939 年年初，空军少将理查德·派克（Richard Peck）从印度被调回国出任空军作战部部长，他在 20 世纪 20 年代曾是空军参谋部计划处的年轻处长，替特兰查德起草过很多在内阁面前为轰炸机张目的文件，后来又在印度当了 3 年空军参谋部驻印度高级官员。像许多年轻人一样，他在实际形势面前逐渐改变了自己的观点。战争爆发后不久，他使时任空军总参谋长西里尔·纽沃尔爵士（Sir Cyril Newall）认识到了增加战斗机规模的重要性。当时，雷达已经被用于早期预警，新式快速的飓风式和喷火式战斗机也已经服役，防空的效果已大大增强，这让派克的观点变得更有说服力。因此，空军在 10 月下令为本土空防再组建 18 个新的战斗机中队。这个决定得到迅速贯彻执行，在 1940 年 7—9 月间的不列颠空战中成为决定胜负的至关重要的因素。如果没有这些战斗机中队，英国本土的空防在德国空军的长期大规模轰炸下可能很难坚持下来。

由于这种务实观点的重新出现，内阁同意，在 1939 年的情况下，如果德国不先发动战略轰炸的话，英国最好也不要先挑这个头——至少得等到英国轰炸机兵力大大增强，战斗机部队也形成一定规模。空军参谋部虽然不情愿，但也同意了这个方针。

当时的局势和空军参谋部的战争计划之间的脱节，充满了讽刺性，从官方历史的评论中可见一斑：

　　自 1918 年以来，他们就将战略建立在战略轰炸是赢得下一场战争的关键这一概念上，可是战争爆发后，轰炸机部队只能给敌人造成无关痛痒的损失。[1]

皇家空军出于上述原因，在波兰战役和其后所谓"假战争"期间都只采取了非常有限的行动，比如说，在德国上空撒传单和偶尔袭击海军目标。而且法国人比英国人更害怕遭到德军轰炸报复，反对轰炸机司令部派机从法国的机场起飞作战，而他们自己和德国人一样，只相信轰炸机和陆军配合的战术价值。德国人和英国人相反，觉得"一战"期间他们使用哥达式轰炸机开展的空袭在任何方面都是失败的，因而在作战计划中基本上放弃了战略轰炸的概念。

尽管英国空军参谋部有空袭德国鲁尔工业区的作战计划，但是内阁不准他们付诸实施。这可能是幸运的，因为他们准备在大白天用慢速且毫无自卫能力的轰炸机来执行这样的空袭。1937—1940年间出任皇家空军轰炸机司令部总司令的空军中将埃德加·勒德洛-休伊特爵士（Sir Edgar Ludlow-Hewitt）本人认为，这种作战行动只会带来巨大的损失，至于所能获得的战果则值得怀疑。1939年12月，皇家空军轰炸机司令部的惠灵顿式轰炸机在白天空袭海军目标时，被得到原始雷达引导的德军战斗机重创，却没有取得什么有效的战果，而11月中旬到3月中旬期间，不那么先进的惠特利式轰炸机在夜间撒传单的行动中竟然没有遭受任何损失。由于这种鲜明的对比，1940年4月后，轰炸机司令部只在夜间出动轰炸机进行空袭。这表明，空军参谋部战前关于白昼轰炸不会招致严重损失的观点是错误的。

另一个错误观点认为轰炸机可以轻易找到并炸毁特定的目标，这个观点要经过比较长的时间，才会被证明是错误的。这主要是因为直到1941年，才开始普遍对空袭效果进行照相侦察，此前过于轻信轰炸机组返航以后的报告，后来才知道，这些报告经常错得离谱。

4月入侵挪威时，德国空军的轰炸机和俯冲轰炸机发挥了和9月入侵波兰时一样巨大的作用，在5月入侵法国的战斗中，它们和装甲部队紧密配合，更是主宰了战场。可是皇家空军仍然不愿意跟陆军配合，而是死抱着战略轰炸的教条不

1 Vol. I, p. 125.

放。因此轰炸机司令部在这些生死攸关的战役中毫无作用，甚至连他们有可能做
到的都未能做到。配属英国远征军的航空单位对前进中的德军进行过几次空袭，
还对默兹河上的桥梁进行过轰炸，可是代价高昂而效果不彰。直到 5 月 15 日，
当时由温斯顿·丘吉尔领导的战时内阁才授权轰炸机司令部袭击莱茵河以东的目
标。当天夜里, 99 架轰炸机出动前去空袭鲁尔区的炼油厂和铁路目标，一般来说，
这一天被当作对德国开展战略性空中打击的起始日。可是轰炸机司令部高估了这
次空袭的战果，在此后很长一段时间里，他们会一直高估战略轰炸的效果。

　　空军参谋部计划对德国的炼油厂目标进行打击，但是因为 7 月后德国空军
进攻英国的威胁迫在眉睫，只得将其推迟。在这场不列颠之战期间，轰炸机司令
部奉命对敌人的港口、航运和驳船集中点、飞机机身和航空发动机制造厂进行打
击，以阻遏德国人侵企图并削弱其登陆战力。

　　与此同时，德军在 5 月 14 日空袭了鹿特丹并于其后又轰炸其他城市，英国
的民意开始转变，不再那么厌恶无差别轰炸这一概念。8 月 24 日，德军误把炸
弹丢到伦敦，更加剧了公众观念的改变。以上各次事件其实都是出于误解，因为
当时德国空军仍然奉命严格遵守长期以来的那种老派的轰炸作战规则，迄今为止
的几次例外都是因为导航方面的失误才出现的——当然英国人的曲解也是自然
的。可是这些失误让英国人产生了对德国城市实施无差别报复的欲望。英国人意
识到，在今后一段时间内，轰炸机都将是英国唯一的进攻性武器，于是上述欲望
和本能就变得更加强烈了。这从丘吉尔先生本人的态度中可以看得很清楚。

　　但是，空军参谋部观点和态度的变化，更多是出于作战方面的原因。他们面
对作战行动的现实，只得屈从于丘吉尔的压力，于 1940 年 10 月 30 日下令，在
天气晴朗的夜晚轰炸石油目标，在其他夜晚轰炸城市。这清楚地表明，他们已经
接受了无差别轰炸或者说"区域轰炸"（area bombing）的主张。

　　他们的目标和观点都过于乐观了。凭借 1940 年拙劣的轰炸手段，他们竟认
为轰炸机能够击中德国境内的小型炼油厂，还相信轰炸城市就能打击德国人民的
士气，动摇纳粹政权的统治，这无异于天方夜谭。

　　关于精确轰炸效果的事实证据累积得越来越多，终于迫使空军参谋部承认自
己的无能。即便到了 1941 年 4 月，投弹的理论平均误差也有 1000 码，也就是说，

小型的炼油厂一般都不会被击中。可是随着"大西洋之战"在 1941 年进入危急关头，争论的方向有所转移，因为需要轰炸机司令部的资源来轰炸德国海军基地和潜艇基地。轰炸机司令部不愿意在这场海上危机中施以援手，正说明了其短视和教条主义之处。

轰炸机司令部慢慢地修正着原先的观点，逐渐从过去的立场上后退，1941 年 7 月后开始袭击"半精确"目标，例如，德国的铁路系统。天气不好的时候，目标则改为大型工业区。可是这种经过修改的主张在实践中也被证明是无效的。1941 年 8 月，经过仔细调查后得出来的巴特（Butt）报告显示，在袭击鲁尔区时，只有十分之一的轰炸机能找到路，飞到指定目标周围 5 英里范围以内[1]，更不用说理论上的 1000 码了。很明显，轰炸机司令部当前面临的最主要的问题是做好导航工作。作战上的困难和外界压力合在一起，最终迫使空军参谋部认识到："在夜袭中，轰炸机部队只能将德国的一整座城市作为目标，才能造成有效的损伤。"[2]

随着英国轰炸不精确的事实越来越明显，空军参谋部就越来越强调轰炸对平民士气造成的打击效果——一言以蔽之，就是恐怖轰炸。打击敌国人民的战斗意志成了跟打击敌人军队的作战手段同样重要的目标。

丘吉尔对空军参谋部一直表现出来的乐观主义越来越不耐烦，尤其是因为，他们在 9 月 2 日提出计划，说只要把轰炸机部队扩充到 4000 架就能击败德国，甚至还大言不惭地声称 6 个月之内就能达到目标。受巴特报告和其他材料的影响，丘吉尔指出，改善精确度是把轰炸的效果提升 4 倍的更为经济的方法。他还质疑空军参谋部有关德国士气和防御的乐观估计，告诉时任空军参谋长查尔斯·波特尔爵士（Sir Charles Portal）说：

> 在这场战争中，轰炸本身能否成为一个决定性因素是很值得商榷的。相反，自从战争爆发以来，我们了解到的是，轰炸的效果无论在物质上还是士气上都被过度夸张了。[3]

1　*Official History*, vol I, p. 178.

2　*Official History*, vol I, p. 233.

3　*Official History,* vol I, p. 182.

丘吉尔还正确地指出，德国的空防"很可能"会有所加强。

他在一份备忘录里先知先觉地告诉波特尔"如果我们将敌人的空军削弱到合适的程度，然后再对他们的工厂进行大规模白昼精确轰炸，情况就会有所不同"。直到 1944 年，以上政策才得以付诸实践，而且即便到那时，也只有美国人能够做到。

丘吉尔关于德国空防力量得到加强和改善的担心和警告很快就变成了现实。11 月，轰炸机部队遭到严重损失，尤其在 7 日发动的由 400 架次轰炸机执行的多重空袭中，169 架以柏林为目标的轰炸机有 12.5% 没能回来，不过空袭附近其他目标的轰炸机损失没有那么大。

战争爆发以来的实战经验显示，空军参谋部和轰炸机司令部长期以来信奉的观念错得离谱。战争头两年，他们进行的轰炸就效果而言是非常令人失望的。

轰炸机司令部的低潮期一直延续到 1942 年 3 月。在冬天的作战行动中，空袭的目标主要为停泊在布雷斯特的德国战列巡洋舰"沙恩霍斯特"号和"格奈森瑙"号，有些炸弹成功地命中了这两艘军舰。由于 1941 年 12 月美国参战，英国无法指望从美国的工厂里接收更多轰炸机。此外，那年冬天，德军在入侵苏联之后仅仅 6 个月就遭遇挫败，这对用轰炸赢得战争的必要性和价值提出了疑问。

当上述两艘战列巡洋舰"冲过海峡"回国后，布雷斯特问题得到解决，于是，对德轰炸在 2 月中旬得以恢复。那时，很多英国轰炸机装上了一种叫作"羁"（Gee）的无线电辅助导航和目标识别装置。2 月 14 日，空军向轰炸机司令部下达新命令，强调轰炸作战现在"要集中精力摧毁敌国平民，尤其是产业工人的士气"。这是"首要目标"。[1]就这样，这种不加掩饰的恐怖轰炸成了英国政府的明确政策，不过在回答议会质询的时候，政府还是有所掩饰的。

新指令是对作战可行性的认可。波特尔在 1941 年 7 月 4 日就表达过当时的主流想法："从经济观点出发最合适的目标，如果在战术上行不通就不应该去追求。"[2]

1　*Official History,* vol I, p. 323.

2　*Official History,* vol I, p. 189.

当空军中将 A. T. 哈里斯（A. T. Harris）（后来的阿瑟爵士）于 1942 年 2 月 22 日接替理查德·派尔斯爵士执掌轰炸机司令部时，这份命令就已经在等着他了，至于派尔斯，则在日本参战后不久被调到远东出任那里的盟国空军总司令。哈里斯个性强硬，向轰炸机司令部的组织内部和前线机组人员展现了令人振奋的领导力，不过事后分析起来，他的很多观点和决策都被证明是错误的。

在这个紧张且沮丧的时期，另一个支持来自丘吉尔的私人科学顾问彻韦尔勋爵（Lord Cherwell）（即 F. A. 林德曼教授）在 3 月底起草的一份备忘录。在他给丘吉尔写这份"定心丸"之前，英军刚刚于 3 月初对巴黎附近比扬库尔（Billancourt）的雷诺工厂进行过毁灭性打击，参与行动的 235 架轰炸机只损失了 1 架，这是使用照明弹作为引导的第一次大规模实验。

那个月晚些时候，英军对波罗的海城市吕贝克（Lübeck）进行了一次"成功的"空袭，用燃烧弹严重破坏了拥挤的城中心，4 月，英军又对罗斯托克（Rostock）发动了 4 次类似的空袭。（但是大多数破坏都没有落到附近的工厂头上，遭殃的是在这些历史悠久的汉萨同盟城市市中心的可爱老房子。）这些城市其实在"羁"的导航范围之外，不过很容易找到，英国人受到了虚假的鼓舞，认为正是因为装备了"羁"，才能有 40% 的轰炸机找到目标。不过在吕贝克上空，这些轰炸机损失惨重，而这两个月里对埃森（Essen）发动的 8 次空袭遭遇的防空火力更强，天气也不太好，所以效果差得多。

德军方面则迅速加强了空防，使用雷达系统来指挥高射炮火力和探照灯，还部署了越来越多的夜间战斗机。1942 年年初，只有 1% 的英军轰炸机是被德军夜间战斗机击落的，到夏天，尽管英军使用了各种诱敌手段和诡计，这一数字却还是上升到 3.5%。

"以上所有作战计划都基于一个假设，那就是在夜间可以成功地躲开敌方的空军。"[1] 这是轰炸机司令部和空军参谋部仍然死抱着不放的一个基本信条。他们无视过去的作战经验，那就是一架轰炸机不管防护做得多好，在一架专门设计并制造来毁灭它的战机面前，都是不堪一击的——何况皇家空军的轰炸机防护做得并不好。无论是规避战术还是为帮助它们而发明出来的任何技术设备，都无法让

1　*Official History*, vol I, p. 350.

轰炸机在不断加强的德国防空系统面前长久躲避或保存自身——除非皇家空军能够夺取制空权。

　　早在 1941 年年初，就有所谓"马戏团行动"尝试过夺取制空权，1942 年，这一行动还在继续——方法是在白天用轰炸机和战斗机混合编队突入欧洲大陆的海峡地区上空，吸引德国空军升空作战，好让战斗机司令部的喷火式战斗机击落他们。"马戏团行动"取得过一定战果，可是受限于英国战斗机相对较短的航程，当白昼作战向更深远的地区延伸之后，就算强大的兰开斯特式轰炸机在遇到德军强大的抵抗后也会损失非常惨重。尽管遭遇过挫折，"马戏团行动"的主要影响在于，开启了盟军在法国北部沿海地区争夺制空权的斗争，这对后来的诺曼底登陆意义重大。

　　1942 年，主要的新动向是大肆宣扬的"千机轰炸"。哈里斯试图用集中的手段来减少损失，获得更大的战果。1942 年 5 月，轰炸机司令部的一线作战兵力只有 416 架轰炸机，但哈里斯将二线部队和训练中队也调集起来，成功地在 5 月 30 日夜间派遣 1046 架轰炸机出击科隆。这次空袭中，科隆城有 600 英亩区域被摧毁——此前 9 个月，科隆总共遭遇 1346 架次空袭，所受损伤加起来都没此次严重。英军则只损失了 40 架轰炸机（3.8%）。6 月 1 日，轰炸机司令部出动全部可用的轰炸机共 956 架轰炸更加难啃的目标埃森，不过云层和雾霭保护了这座城市，使其免受严重破坏，英军损失 31 架轰炸机（3.2%）。此后"千机轰炸"的部队解散，但是哈里斯仍在策划发动类似的空袭，6 月 26 日，包括从海岸司令部借调的 102 架轰炸机在内，总共 904 架轰炸机空袭了不来梅（Bremen）港和福克 - 沃尔夫（Focke-Wulf）飞机制造厂。这次云层很厚，地面目标所受损失相对轻微，可是英国轰炸机损失上升到了将近 5%，大多数损失都发生在训练中队中。此后直到 1944 年，轰炸机司令部再也没有发动过"千机轰炸"。

　　这些特意扩大规模的出击，给公众留下了深刻的印象，当然有助于哈里斯保持轰炸机司令部资源优先权的斗争，也使他获得授权把部队增加到 50 个作战中队。另外，1942 年 8 月，探路者部队创建，12 月和次年 1 月，轰炸机部队还装上了"双簧管"和 H2S 这两种新的导航辅助装置，这些都对哈里斯有所帮助——讽刺的是，他一开始还反对组建探路者部队。

　　不过现在看来，考虑到德国军工生产在 1942 年增长了大约 50%，很明显，英国战略轰炸的效果被大大夸张了，其对德国工业造成的损失可以忽略不计。石油是德国的薄弱环节，但几乎未受触动，它的飞机产量则急剧上升。更为不利的是，那年，德国空军部署在西线的白昼战斗机兵力从 292 架上升到 453 架，夜间战斗机兵力从 162 架增长到 349 架。与此相对，英国轰炸机的损失在 1942 年上升到了 1404 架。

1943 年 1 月，卡萨布兰卡会议明确了战略轰炸作为地面进攻的先行者这一辅助性质，然后向盟国空军力量下达了如下指令："逐渐摧毁并打乱德国的军事、工业和经济系统，破坏德国的民心士气，以极大削弱德国人民进行武装抵抗的能力。"这让哈里斯和美国第 8 航空队（8th U. S. A. F.）的伊克尔（Eaker）中将都感到满意，前者强调训令的后半部分，后者强调前半部分。虽然训令列举出目标的一般优先顺序，但具体的战术性目标选择还是留给了空军指挥官来决定。因此，虽然英军负责夜间轰炸，美军负责白昼轰炸，但双方除了在一般性的意义上有所互补之外，并没有真正紧密配合。

不过 1943 年 5 月的华盛顿会议强调，期望英美两支轰炸机部队合作（的确也经常合作），还指出了当时针对双方越来越明显的来自德军战斗机的威胁。所以代号为"直射行动"（Point-blank）的联合轰炸攻势的第一个目标就是摧毁德国空军和德国的飞机制造业，这是"继续袭击敌人战争潜力中其他资源的至关重要的先决条件"。从长远来看，这对英国轰炸机司令部和美国人都同样重要。即便如此，这份文件的措辞还是比较模糊，允许哈里斯继续对德国城市进行区域轰炸，无视轰炸机的未来和"霸王行动"的成功都有赖于德国空军的毁灭，而德国空军的兵力在 1943 年 1 月到 8 月之间已增长一倍。可是轰炸机司令部对鲁尔区和汉堡发动的非常成功的袭击掩盖了这个危险。

探路者部队正在逐渐成军，而"双簧管"和 H2S 也已投入作战，但对轰炸机司令部来说，1943 年年初相比 1942 年仍然是较为平静的一段时期。这就给了机组人员一定的时间来纠正新设备的缺陷，熟悉越来越多的替代旧式轰炸机的兰开斯特式和蚊式轰炸机。（轰炸机总兵力从 1943 年 1 月的 515 架上升到了 1944 年 3 月的 947 架。）为了解决机组人员短缺的问题，英联邦开展了大规模的联合训练（尤其是加拿大），1942 年，第二飞行员的编制也被取消。

以上因素有利于"鲁尔之战"的胜利，1943 年 3 月到 7 月间，英国轰炸机发动了 43 次大规模空袭，目标范围从斯图加特（Stuttgart）一直延伸到亚琛，不过主要集中在鲁尔地区。此战于 3 月 5 日打响，当时，442 架轰炸机袭击埃森，这里有克虏伯工厂，所以防卫力量很强。英军使用探路者部队在"双簧管"的指引下为大部队标示轰炸目标，这让埃森遭到了比以往严重得多的打击，而英军只损失了 14 架轰炸机。此后几个月里，埃森又遭遇 4 次轰炸，鲁尔地区其他主要工业中心也被反复空袭。主要的破坏是由燃烧弹造成的，不过重达 8000 磅的高爆炸弹也起了作用。在新的"双簧管"标示装置加持下，杜伊斯堡（Duisburg）、多特蒙德（Dortmund）、杜塞尔多夫（Düsseldorf）、波鸿（Bochum）、亚琛全都损失惨重，5 月 29 日夜间，一次空袭就摧毁了巴门－伍珀塔尔（Barmen-Wuppertal）地区 90% 的地区。尽管天气经常不好，轰炸机司令部的精确度却得以明显提升，这也让哈里斯在主张怎么使用自己的部队时更有底气。

即便如此，轰炸机司令部还是无法在夜间进行精确轰炸，只有少数例外，例如，盖伊·吉布森（Guy Gibson）空军中校指挥的经过特殊训练的第 617 中队（绰号"水坝破坏者"）在 5 月 16 日夜间炸开了莫内河（Möhne）与埃德尔河（Eder）上的水坝。这次水坝轰炸取得了辉煌的胜利，但是为此出动的 19 架兰开斯特式轰炸机损失了 8 架。

总之，正如官方历史所说，在鲁尔之战中展示出来的"轰炸技术上革命性的进步"把轰炸机司令部锻造成了"一支有效的大棒，可是……还没能让它进一步发展成为一柄利剑"[1]。此外，正因为"双簧管"是关键性的制胜因素，任何超出它的作用范围之外的空袭的效果都不好。

第一次空袭埃森后，轰炸机损失率急剧上升，整场作战中平均损失达到 4.7%（损失了 872 架轰炸机）。要不是机组人员士气高昂，援兵源源不断，轰炸机司令部是无法"忍受"这么高的损失的，因为这个损失率已经接近危险水平。

值得注意的是，蚊式轰炸机的飞行高度和速度让它几乎不受任何德军战斗机和高射炮的伤害，损失极少。"双簧管"的工作原理是两束无线电波在目标上空交叉，如果没有蚊式这种高空轰炸机的话，电波就会沿切线方向射离地表的曲

---

1 *Official History*, Vol. II, p. 136.

率，无法被飞机接收到，进而也就没法为主力轰炸机队的兰开斯特式轰炸机标记精确定位。

使用英俊战士式战斗机开展夜间护航也不能解决问题，因为这款战斗机速度太慢。而且，正当英国轰炸机司令部谋求用新技术把夜间变得如同白昼之际，德国空军也在改善反制措施，似乎很快，轰炸机在夜间也会像在白昼一样无所遁形。

鲁尔之战后，紧接着便是汉堡之战（Battle of Hamburg），1943 年 7 月到 11 月间，英军对汉堡和其他城市发起 33 次大规模空袭，总共出动轰炸机 1.7 万架次。7 月 24 日，791 架轰炸机（374 架是兰开斯特式）发动大规模空袭，拉开了此战序幕。在新导航技术、晴朗的天气、明确的标示的共同帮助下，大批燃烧弹和高爆炸弹击中了汉堡市中心——英军使用了一种代号叫作"窗口"（Window）的新型雷达干扰装置，因而只损失了 12 架轰炸机。此外，美军第 8 航空队在 7 月 24 日和 26 日白天也加入了空袭，蚊式轰炸机（本身也能挂载 4000 磅炸弹）则在这两天夜里让城市的空防也不得安生。27 日夜间，787 架英国轰炸机再次发动毁灭性的空袭，只损失了 17 架。29 日，777 架轰炸机再次空袭汉堡，不过这次精确度较低，而且由于德国人已开始调整对付"窗口"装置的战术，英军损失上升到 33 架飞机。糟糕的天气使 8 月 2 日的出击没有之前几次那么成功。不过总的来说，汉堡遭到了可怕的破坏，尽管轰炸机司令部的损失节节上升，但平均下来只有 2.8%。此外，在汉堡战役期间的 7 月 25 日和 30 日，轰炸机司令部还沉重打击了雷姆沙伊德市（Remscheid）和埃森的克虏伯工厂。后面数月，袭击范围扩大到了曼海姆（Mannheim）、法兰克福（Frankfurt）、汉诺威（Hanover）、卡塞尔（Kassel），这些城市都遭到了严重破坏。8 月 17 日夜间，英国轰炸机还对波罗的海沿岸佩内明德岛（Peenemünde）上的飞弹研究实验站进行了著名的空袭。这次轰炸由 597 架四引擎轰炸机执行，其中 40 架被击落，32 架受损，可是真正的效果并不像伦敦想象的那么显著。

在这段时间里，对柏林的空袭效果更差，这是因为天气十分糟糕，"双簧管"也无法在这么远的距离外发挥作用，而城市太大也影响了 H2S 的运用。此外，英国轰炸机来回航程达到 1150 英里，德国夜间战斗机有很多机会对其发起进攻，而引导夜间战斗机的雷达在对付英国的"窗口"装置时也变得更加得心应手，可以识别出主力机群，不过还是识别不出单架的轰炸机。3 次空袭柏林的行动中，英军损失了123架轰炸机，其中80架是被夜间战斗机击落的。这是一次对未来"柏林之战"的预演。

"柏林之战"是由丘吉尔鼓动的，因为轰炸柏林让斯大林很高兴。从1943年11月到1944年3月，英军总共对德国首都发动了16次空袭，并对斯图加特、法兰克福、莱比锡进行了另外12次空袭，总共出动轰炸机超过2万架次。

这次声势浩大的攻势的成果和哈里斯（绰号为"轰炸机"）的预测大相径庭。德国或者柏林都没有屈膝投降，英军却因损失过于严重而不得不放弃进攻。损失率上升到5.2%，可造成的破坏和对汉堡或者埃森的破坏无法相提并论。轰炸机司令部的士气动摇了[1]，这根本不奇怪，因为已经有1047架轰炸机被击落，还有1682架受损。关键因素是德国夜间战斗机是否在现场，比如，10月7日慕尼黑空袭时，德军战斗机被错误地引导，轰炸机司令部就只损失了兵力的1.2%。一般情况下，德军夜间战斗机都能迅速赶到战场，而且非常活跃，逐渐迫使轰炸机司令部向南方转移目标，并在牵制性进攻中投入更大的兵力。1944年3月30日，英国轰炸机在针对纽伦堡的灾难性空袭中遭受了最大的损失，795架参战轰炸机中，有94架被击落，另有71架轰炸机受损。

对哈里斯战略的反对声音已在逐渐加大，空军参谋部开始认识到，有选择的轰炸，也就是说袭击石油、飞机制造这类特定的工业设施，更符合卡萨布兰卡会议的精神，会议认为对欧洲北部的进攻势在必行，而要进攻，盟军必须先夺取绝对的制空权。

随着德国防空能力和工业生产能力的增强，哈里斯的观点也受到了越来越多的质疑。他主要关心的是，拉美国人和他一起袭击柏林——但美军是无法在夜间轰炸柏林的，因为他们没有接受过相关的训练，而在1943年年底，白昼空袭柏林无异于自杀。到了1944年年初，空军参谋部拒绝接受哈里斯仅凭兰开斯特式轰炸机就能让德国人在4月底前屈服的说法，坚持要他对德国的工业设施，比如，施魏因富特（Schweinfurt）的轴承厂，发动有选择的进攻。

2月25日对施魏因富特轴承厂发动的袭击可能是第一次真正的联合空袭攻势，哈里斯虽然不情愿，但还是勉强同意了。随着德国空军对轰炸行动和"霸王

---

1 *Official History*, vol. II, pp. 195-6.

行动"造成越来越大的威胁，哈里斯的观点逐渐失势，而"柏林之战"的失败则让这种趋势变得更明显。哈里斯本人在 4 月呼吁为他的轰炸机"提供夜间战斗机支援"——就像美军已经在寻求用远程战斗机来支援他们自己的白昼轰炸一样，很明显，他已经认识到自己的失败了。

轰炸机司令部对德国城市发动大规模无差别轰炸的前景从整体上来说是未卜的，幸运的是，在 4 月他们根据预先的计划转去轰炸法国的铁路网络，以支援即将到来的跨越海峡的进攻。这不仅减轻了他们的任务负担，而且有助于掩盖在对德国进行直接攻击时所蒙受的严重损失。更幸运的是，"霸王行动"后，他们发现，局势已经发生了有利于盟国的决定性转变。

1942 年后，英国的战略性空中打击成了联合作战的一部分，不再像以前那样独立且与其他作战不相干。美国陆军航空队总司令 H. H. 阿诺德（H. H. Arnold）上将在华盛顿会议上提议在英国建立一支强大的轰炸航空兵部队，这一计划自然受到丘吉尔和英国三军参谋长们的欢迎，使他们不再批评美军的昼间轰炸。美国人非常肯定，武备和装甲齐全的轰炸机只要飞得够高，保持密集队形，即便在白昼进行空袭，也不会遭受重大损失。这个观点和皇家空军曾相信的夜间空袭可以躲避截击一样，被证明是错误的。

1942 年，美军发动的空袭规模太小，难以提供清晰的证据，可是 1943 年，当他们开始规模更大、航程更远的空袭时，损失很快直线上升。在 4 月 17 日的不来梅空袭中，115 架轰炸机被击落了 16 架，另有 44 架受损。6 月 13 日的基尔空袭时，66 架 B-17 飞行堡垒损失了 22 架；7 月某次出击汉诺威时，92 架轰炸机损失了 24 架；7 月 28 日，120 架轰炸机空袭柏林，损失为 22 架。美军企图用装上副油箱的雷霆式战斗机开展护航，可是这种战斗机的航程仍然不够。秋季，随着对法兰克福以东施魏因富特的轴承工厂发动的一系列空袭展开，对护航战斗机的需要变得更加迫切。

在 10 月 14 日的灾难性进攻中，291 架飞行堡垒在强大的雷霆式战斗机护航下出击，但护航只能到亚琛区域为止，战斗机撤离后，B-17 轰炸机在飞往目标和返航至海峡沿岸的途中，遭到一波又一波德军战斗机的进攻。等到这些美军轰炸机群回到基地时，已经有 60 架被击落，138 架受损。在这个可怕的一周里，第 8 航空队 4 次试图在战斗机护航航程以外突破德军战斗机防御，总共损失了 148 架轰炸机和它们的机组成员，而上述那次便是其中损失最为惨重的。这么高的损失率美国人承受不起，航空兵首脑们被迫认识到需要超远程的战斗机护航，迄今为止，这项需要都被忽视，或者被认为在技术上做不到。

幸运的是，盟军已经拥有了合适的兵器，那就是北美飞机制造公司的野马式战斗机。英国人在 1940 年下过订单，可是美国人当时拒绝接受订单，而野马式战斗机在改用了英国产的罗尔斯 – 罗伊斯 – 梅林发动机后，性能大大改善。1942 年秋季，在实验性地安装了帕卡德 – 梅林发动机后，P-51B 野马式变得在任何高度都比当时任何一款德军战斗机更快，机动性能也更好。装上远程油箱后，野马式的航程达到将近 1500 英里，所以能为轰炸机部队提供 600 多英里护航——实际上足以飞到德国东部边界。施魏因富特的灾难后，野马生产线紧急加班加点，第一批产品在 1943 年 12 月交付第 8 航空队使用。到 1945 年 5 月战争结束时，野马式战斗机总共生产了 1.4 万架。

对第 8 航空队来说，1943—1944 年冬季是比较平静的一段时间，因为在这期间，轰炸机暂时只被用于袭击近距离目标。12 月的损失只有 3.4%，相比之下 10 月的损失率高达 9.1%。为了进一步瘫痪德国的战时经济，美军新组建了第 15 航空队，并让其从意大利起飞作战。卡尔·斯帕茨（Carl Spaatz）将军则被任命统一指挥这两个航空队。

1944 年头几个月，野马式战斗机入役的数量越来越多，航程也越来越远。此外，这些战斗机可以在发现德国空军的任何地方发起进攻，并没有被拴在轰炸机编队附近，这样做的目的是争取全面而非仅仅轰炸机编队附近空域的制空权。这样，他们就可以逼迫德军战斗机迎战，给对手造成越来越大的损失。到 3 月，德军战斗机越来越不愿意升空迎战野马式战斗机。这种富有侵略性的攻势行动让美军轰炸机在白昼轰炸时所受的干扰和损失越来越小，还为"霸王行动"铺平了道路。

具有讽刺意味的是，美军这样做也有助于英国轰炸机司令部对德国进行夜间轰炸。就在德国空军开始成为夜空主宰的当口，他们被美军夺去了白昼的制空权。当英军轰炸机从诺曼底登陆的支援任务抽身并重新对德国发动战略轰炸时，德军夜间战斗机部队极度缺乏燃料，还因丧失了法国境内的雷达早期预警系统而大为受限——轰炸机司令部却因在欧洲大陆上建立起雷达站而获益。

这个变化反映在损失数字上，轰炸机司令部在 1944 年 5 月对德国发动的几次空袭中损失很大，在 6 月轰炸石油目标时，损失比例上升到 11%。因此，英军在 8 月和 9 月对德国发动的空袭有一半改在白天进行，损失小得多。不过到了那时，即便夜间轰炸的成本也大大降低了，分别是 3.7% 和 2.2%。9 月，轰炸机司令部派去进行夜间轰炸的轰炸机比 1944 年 6 月多 3 倍，损失却只相当于 6 月时的三分之二。

轰炸机司令部开始投入远程夜间战斗机，有助于降低损失率，可这并非主要的原因，因为这种战斗机速度太慢，护航任务对它们来说太艰难了。在 1943 年 12 月到 1944 年 4 月之间，只有 31 架德军夜间战斗机被击落，就算后来英军有更多中队装备了更好的夜间战斗机，战争最后 17 个月里（1943 年 12 月到 1945 年 4 月），被击落的德军夜间战斗机也只有 257 架，平均一个月还不到 15 架。所以无论这个因素，还是新的雷达和无线电干扰技术，其重要性都不及德国在石油、领土和昼间制空权方面的损失。

1943 年，盟军向德国投下了 20 万吨炸弹，是 1942 年投弹量的将近 5 倍。可是由于军备生产部部长阿尔伯特·施佩尔（Albert Speer）主持的整合工作，德国的生产能力反而登上了新的高峰，"空袭预警"手段和德国迅速恢复的能力使生产和士气并未受到任何影响。德国在飞机、大炮、坦克、潜艇方面的产量都有所增加，而 1943 年德国军备总产值则增加了 50%。

其实，德国人也在战争爆发后头一次对轰炸机司令部发动的大规模轰炸感到担忧。1943 年 7 月盟军大规模空袭汉堡后，据说施佩尔阴郁地说，再来 6 次这样规模的空袭，德国就只能投降了。可是后半年的区域轰炸在破坏和打击士气上再也没有产生过这样的效果，而施佩尔采取的分散工业生产的绝妙行动让他早先的焦虑变得不必要了。

美军开展的有选择的精确轰炸一度效果更好，到 8 月把德国战斗机的产量降低了约 25%，可是 10 月，第 8 航空队遭遇惨败之后，德国战斗机产量回升，在 1944 年年初又创新高。盟军已经能相当准确地评估轰炸所造成的破坏，可是他们低估了德国的生产能力，误以为德国空军兵力的增长是因为从东线调来了飞机。

英军轰炸机司令部在这段时间取得最大的成就是夜间精确轰炸技术的进步。起初，在第 617 中队袭击水坝之后，夜间精确轰炸仅限于把这个中队作为特别的"狙击手部队"使用，可是随着探路者目标标示体系的改进、新的轰炸瞄准具的采用及 1.2 万磅高脚"地震"炸弹的问世——后来更有了 2.2 万磅的"大满贯"炸弹，夜间精确轰炸变得更为普遍。

英美空中作战最重要的效果是，最终将越来越多的德国战斗机和高射炮部队从东线吸引到西线，从而帮助了苏联人的挺进。同时，盟军还在白天主宰了天空，令"霸王行动"得以顺利开展，不需要担心来自德国空军的干扰。

在战争的最后一年里，即 1944 年 4 月到 1945 年 5 月，盟国确定无疑地夺取了制空权，这主要得归功于美军在 1944 年 2—4 月间不懈的战斗。可是"霸王行动"的需求迫使盟军在诺曼底登陆之前和之后的好几个月时间里，把联合轰炸攻势的重心从轰炸德国的目标，转向直接配合盟军地面部队。

阿瑟·哈里斯爵士和其他一心一意想着战略轰炸的轰炸机至上主义者们，自然对这种作战重心的转移心存不满，可是查尔斯·波特尔爵士和空军参谋部对此持更加平和中正的看法，认识到轰炸机必须在盟国的战略中扮演更多辅助性的角色。由于盟军需要战略轰炸机部队援助战术空军，因此两个兵种从 4 月中旬开始统归阿瑟·泰德爵士（Sir Arthur Tedder）指挥，他当时已被任命为艾森豪威尔将军的副手。泰德曾在中东指挥沙漠空军，战功赫赫。他认为轰炸航空兵能给"霸王行动"做出的最直接的贡献，就是瘫痪德国的运输网络。这个作战计划在 1944 年 3 月 25 日得到批准，尽管丘吉尔担心法国平民的伤亡，而斯帕茨更倾向于轰炸石油目标——波特尔和斯帕茨意见一致。

斯帕茨打击石油目标的决心很坚定，所以 1944 年春季，美国第 8 航空队继续轰炸德国，而英国轰炸机司令部则在 4—6 月间主要打击法国的铁路目标。（6月，英军只有 8% 的炸弹是针对德国目标投放的。）到 6 月为止，盟军已经对敌人的运输系统投下 6.5 万吨炸弹，此外还袭击了海岸炮台、火箭发射场之类的目标。现在看来，泰德瘫痪交通系统的方针为诺曼底登陆的成功做出了最大贡献。早在 3 月，哈里斯关于轰炸机精准度不够的观点就已经被对法国铁路调车场的攻击效果所驳倒。

这次"分散注意力"的行动遭到很多批评,可是对轰炸机司令部是有好处的,因为不仅减轻了他们的负担,还促成了轰炸技术的改善。此外,在法国上空,德军战斗机的抵抗比"柏林战役"期间和空袭德国境内其他目标时要弱得多。

空军中校莱昂纳德·切希尔(Leonard Cheshire)发明了用蚊式轰炸机低空标记目标的新技术,使得轰炸的精度得到提高。4 月,这种技术首先应用于法国,英军靠它摧毁了一个又一个目标,误投的炸弹很少,并没有像丘吉尔担心的那样炸死很多法国老百姓。投弹的平均误差从 3 月的 680 码缩小到了 5 月的 285 码。

D 日前,盟军对法国交通系统发动的空袭大获成功,泰德大受鼓舞,遂进一步提出应该将这种行动延伸到德国境内,并赋予其最高优先权。他认为,瘫痪德国的铁路系统不仅能够干扰军队调动(因此会受到苏联人的欢迎),还能掐断德国的经济命脉。因此它将成为哈里斯的普遍区域轰炸和斯帕茨的石油行动之外的又一选择,而且肯定比区域轰炸更能产生立竿见影的效果。

诺曼底登陆后的一段时期里,轰炸机部队开始袭击各种类型不同的目标。美国人在这几个月里主要攻击石油和飞机,英军轰炸机司令部在这段时间总共投下了 18.1 万吨炸弹,其中只有 3.2 万吨是针对德国境内目标的。

放弃区域轰炸的趋势现在已经非常明显。英国空军参谋部接受了美军把石油目标作为第一优先的观点。早在 4 月,美军第 15 航空队就已经从意大利出击空袭罗马尼亚的普洛耶什蒂油田。5 月 12 日,第 8 航空队从英国出击开始轰炸德国境内的石油目标。德军出动了 400 架战斗机去攻击美军的 935 架轰炸机,但护航的 1000 架美军战斗机击退了这些战斗机。德军被击落 65 架,而美军损失 46 架轰炸机。

D 日之后,这种作战的规模变得更大,6 月,英国空军参谋部获知轰炸机司令部已在夜间精确轰炸技术方面取得长足进步,遂下令对石油目标进行攻击。7 月 9 日夜间,英军对盖尔森基兴(Gelsenkirchen)发动的空袭极为成功,不过代价不小,可是其他几次空袭因为天气原因不那么成功,所遭受的损失更是灾难性的——832 架次轰炸机在 3 个夜晚损失了 93 架,大多是被夜间战斗机击落的。

美军继续全力轰炸。6 月 16 日,他们投入了有将近 800 架战斗机护航的 1000 多架轰炸机,20 日,出动的轰炸机数量已达到 1361 架。次日,美军轰炸柏林,另一支部队在轰炸完炼油厂后飞往苏联着陆。（苏联人的态度非常冷淡，此后这项实验就没有再继续下去。）美军的损失很大，可是越来越多的炼油厂被瘫痪掉，对德国空军的燃料供应造成了严重影响。9月，辛烷产量下降到1万吨——德军每个月的最低需求量是16万吨。到7月，德国境内的所有大型炼油厂都遭到过轰炸，施佩尔努力生产出来的大批崭新的飞机和坦克因为缺乏燃料而动弹不得。

德军可用于作战的飞机数量下降了，盟国空军的战斗力却得到加强。轰炸机司令部的一线轰炸机数量从4月的1023架增长到12月的1513架，再到1945年4月的1609架。第8航空队的轰炸机数量则从1944年4月的1049架增加到12月的1826架，再到1945年4月的2085架。

同时，轰炸机司令部还第一次采取了大规模白昼轰炸的战术。盟军轰炸机在白昼遇到的德国空军的抵抗相较夜晚时微弱，这让哈里斯对白昼轰炸的疑虑有所减轻。6月中旬，轰炸机司令部第一次发动大规模白昼轰炸，目标是法国勒阿弗尔港（Le Havre），和后面几次一样，负责护航的是喷火式战斗机。到8月底，轰炸机司令部开始在白天空袭鲁尔地区，发现抵抗仍旧非常微弱。

以上新情况让轰炸机司令部重新开始在夜间轰炸德国的炼油厂。这些空袭比之前的效果更好，损失更低。8月29日，轰炸机司令部对遥远的柯尼斯堡（Königsberg）进行轰炸，大获成功，虽然那里不是石油目标，但此次轰炸足以表明英军轰炸技术在各个方面都有所进步。

从1944年10月到1945年5月是轰炸机主宰天空的时期。轰炸机司令部在1944年最后3个月扔下的炸弹超过1943年全年总数。仅鲁尔地区在这3个月就承受了6万多吨高爆炸弹的袭击。官方历史记载，这段时间轰炸机"几乎无所不在"[1]。德国的抵抗能力在持续的空袭下逐渐被削弱，它的战争经济也陷入困境。

鉴于轰炸机部队开展精确轰炸的能力有所提高，遭遇的抵抗也很少，我们应该质疑，轰炸机司令部在这段时间把53%的炸弹用于轰炸城市，只把14%的炸弹用于轰炸炼油厂，15%的炸弹用于轰炸交通运输目标，这种做法从作战角度和道德角度来看，是否明智都值得怀疑。（1945年1—5月相应的数据是36.6%、

---

[1] *Official History*, Vol. III, p. 183.

26.2% 和 15.4%——这个比例也还是十分值得质疑的。）美军轰炸目标的比例完全不同。他们理智得多，认为应当打击德国已知的薄弱环节，而不是力求让每颗炸弹都击中点什么并以某种方式削弱德国。这种做法也可以避免哈里斯那种政策必然会招致的越来越多的道义上的指责。

总体来说，盟国在战争的最后阶段因为不能保持最佳的目标优先级而受到影响。1944 年 9 月 25 日的训令规定，石油是第一优先的目标，交通运输列在第二位，后面才是其他目标。按照这一优先顺利，战争本来可以提前结束，因为到 10 月时，轰炸机司令部已在集中力量轰炸德国境内的目标，投下了 5.1 万吨炸弹，自身的损失不到 1%。可是，在 10 月的轰炸中，三分之二的炸弹被用于区域轰炸，只有很少的一部分被用于攻击石油和交通运输设施。于是 1944 年 11 月 1 日，空军指挥官们又接到新的指令，石油第一，交通第二，清单上再没有其他选项可以干扰优先顺序。空袭这两个目标，于当时来说是相对容易的，而且肯定会比区域轰炸更能加速德国的崩溃。

可是哈里斯的顽固阻止了这个计划的贯彻——他甚至威胁要辞职来抵制它。

1945 年年初，战争的前景变得复杂，因为德军在阿登地区发动了反攻，而喷气式战斗机和通气管潜艇也投入了使用。这引发了关于轰炸优先顺序的新讨论。可是各路权威众说纷纭，结果造就了一个折中方案——跟绝对折中方案一样，它既模糊又不能让任何一方满意。

最具争议性的方面是重新把恐怖轰炸作为主要目标。这主要是为了讨好苏联人。1945 年 1 月 27 日，哈里斯奉命开始执行恐怖轰炸——当时已经在优先顺序名单上超过交通运输和其他目标，成为第二优先，仅次于石油。结果，遥远的德累斯顿在 2 月中旬遭到毁灭性空袭，受到攻击的不是工厂或铁路，而是城市中心——蓄意在城市平民和难民中制造混乱。

到 4 月，剩下值得轰炸的目标所剩无几，轰炸机不再开展区域轰炸和精确战略轰炸，改为直接支援地面作战。

战略轰炸行动中的目标效果比较

1944 年夏季后，炸弹如倾盆大雨般从天而降，开始影响德国工业生产，即便如此，施佩尔努力疏散工厂，采取临时应急措施，还是成功地挽回了很大一部分物质上的损失。直到 1945 年 2 月德累斯顿大轰炸之前，德国的民心士气也令人惊奇地继续保持高昂。

对石油目标的轰炸

由于遥远的罗马尼亚油田长期从未遭受轰炸，以及德国在境内不断新建合成油料制造厂，实际上，德国的油料储备在 1944 年 5 月达到峰值，直到后面几个月才开始缩减。

德国三分之二强的氢化燃料是在 7 个工厂里生产的，它们和炼油厂一样容易遭到破坏，1944 年夏季，盟军对这些设施进行集中轰炸，效果立竿见影。汽车燃料总产量到 6 月已经只剩 4 月的一半，9 月更是削减到四分之一。航空燃料的产量 9 月已下跌到 1 万吨，而生产目标本身也只有 3 万吨——德国空军一个月最低需求是 16 万吨。90% 最急需的航空燃料是由贝吉乌斯的氢化厂生产的。

为了迎战"霸王行动"和苏军在东线的挺进，德军消耗的燃料急剧增加，形势越发不利——自 5 月起，德国的消耗超过了产量。施佩尔拼命采取的措施产生了一定的缓和效果，12 月中旬阿登反攻之前，德国的燃料储备再次上升，可是这种情况是无法长期持续的，因为这场战役时间拖得太长，大大消耗了燃料储备，而盟军在 12 月和 1 月又对石油目标进行了集中轰炸。轰炸机司令部的夜袭特别有效，因为兰开斯特式轰炸机现在能够携带大得多的炸弹，而夜间轰炸的精确度也有了新的提高。

对石油目标的空袭还大大影响了德国炸药和人造橡胶的生产，而且航空燃料的短缺又导致飞行训练几乎完全停止，能升空的战斗机也急剧减少，例如，在 1944 年年底，德军每次最多只能出动 50 架夜间战斗机。虽然德国空军最近投入了新型喷气式战斗机，但以上这些缺陷足够抵消它们的威胁和潜在价值。

对交通运输目标的轰炸

轰炸这一目标既有战术上也有战略上的价值，对诺曼底登陆及随后战斗的胜利居功至伟，可是当盟军接近莱茵河时，轰炸交通设施的效果就很难估量了。11月的轰炸计划把重点放在德国西部，尤其是鲁尔地区周围的铁路和运河交通上，因为切断煤炭供应可以让德国的工业陷于停顿。这样做带来了极具破坏性的效果，在 1944 年秋季让施佩尔极为担心，可是盟军首脑们在自己的评估中都倾向于低估它的作用。高层的不同观点耽误了轰炸行动，降低了它的效果。不过 1945 年 2 月，总共有 8000 ~ 9000 架飞机忙于轰炸德国的运输系统。到 3 月，整个系统已陷入瘫痪，德国工业因缺乏燃料而陷入停顿。2 月，德国因为苏联进攻而丧失了西里西亚工业区，至此，再也没有其他的煤炭供给来源了。德国虽然还有足量的铁矿砂，但是钢铁产量无法满足弹药生产的最低要求。施佩尔正是在此时认识到局面已无望，并开始为战后做打算。

直接轰炸

这类轰炸的效果现在变得越来越明显。一座接一座城市被毁灭，德国的工业生产在 1944 年 7 月达到峰值后便稳步下降。埃森的克虏伯工厂在 10 月之后也已停产。由于电力、煤气、供水系统被毁，生产难以为继。不过在鲁尔地区之外，交通运输系统崩溃导致的原材料极度匮乏才是德国工业在 1945 年最终崩溃的主要原因。

结　论

一开始，同盟国把很高的期望寄托在对德战略轰炸上，可是收效甚微，这表明，他们是何等盲目自信，以至不顾常识。不过，渐渐地，他们还是开始面对现实了，先是突然将白昼轰炸转为夜间轰炸，其后又采取了区域轰炸的策略，当然，这些做法在很多方面也是可以商榷的。

1942 年之前，这些轰炸对德国来说，都仅仅是带来了不便，并未造成任何危险。轰炸也许提振了英国人民的士气，不过就连这一点也是要打个问号的。

1943 年，随着美国提供的帮助越来越大，英美两国的轰炸机部队给德国造成的损失也越来越大，但实际上对德国的工业生产和人民士气并没有造成很大的影响。

直到 1944 年春季，形势才发生根本改变，那主要是因为美军开始投入足够多的远程战斗机来为轰炸机护航。

在为"霸王行动"做出伟大贡献后，盟军轰炸机部队回过头来继续轰炸德国的工业，取得了越来越大的战果。战争的最后 9 个月里，盟军轰炸机取胜之因主要在于导航和轰炸技术的新发展，以及德军在空中越来越弱的抵抗。

由于高层的犹豫不决及观点上的分歧，盟国在空中的攻势和地面攻势一样缺乏侧重点。他们实际收获的战果根本匹配不上实际空中力量的潜力。尤其是，英军在失去了区域轰炸的任何理由或借口很久之后，仍然坚持开展这种无差别的作战行动。

我们有足够的理由证明，如果能够更有效地轰炸石油和交通运输目标，战争至少能提前好几个月结束。当然，轰炸作战尽管在战略上犯了这样的错误，并无视了基本的道德准则，但毫无疑问还是为打败希特勒德国做出了重要的贡献。

第 34 章

解放西南太平洋和缅甸

在太平洋战区，1944 年开春时节，斯普鲁恩斯海军上将在尼米兹上将的总指挥下指挥中太平洋部队成功夺取了吉尔伯特群岛和马绍尔群岛，以空袭摧毁了日军在加罗林群岛的特鲁克的基地，从而在日本的绝对国防圈上顶出一个大洞。同时在西南太平洋，麦克阿瑟上将的部队成功地占领了俾斯麦群岛和阿德默勒尔蒂群岛，也突破了绝对国防圈，并让日军在拉包尔的前进基地失去效力。麦克阿瑟的部队还继续沿着新几内亚西进，并为下一次指向菲律宾群岛的跳岛作战做准备。

收复新几内亚

新几内亚战役继续进行，美军进一步发展了早先在所罗门群岛使用过的蛙跳战法。麦克阿瑟的部队在 4 个月之内通过一系列蛙跳从马当地区跃进 1000 英里到达新几内亚西端的鸟头（Vogelkop）半岛。日军曾希望守住海岸上几处适合修建机场的关键点，盟军无法从陆地上迂回日军这些阵地，便凭借优势的海空力量沿着海岸绕了过去。

日军的战略形势很严峻，海空军主力不得不收缩起来准备迎战斯普鲁恩斯上将在中太平洋的下一次进攻。在地面上，日军不仅兵力分散，而且没有适当的支援。驻拉包尔的所谓第 8 方面军只能自保；在新几内亚北海岸，驻威瓦克的安达二十三指挥的第 18 军转隶阿南惟几的第 2 方面军，该方面军共有 6 个很弱的师团，却要对抗拥有优势海空兵力支援的盟军 15 个师（其中 8 个美国师、7 个澳大利亚师）。

4 月，澳大利亚第 7 师从马当出发沿海岸向西前进，随后澳大利亚第 11 师也加入进来，而麦克阿瑟正在发动新一次规模空前的攻势，进攻威瓦克以西 200 英里处洪堡湾（Humboldt Bay）的关键基地荷兰底亚（Hollandia）。

盟军先是发动一系列大规模空袭，摧毁了日军集结来保卫本地区的 350 架停在地面上的飞机，然后才进行登陆。4 月 22 日，盟军两个两栖战斗群分别在荷兰底亚两侧登陆，另一个两栖群在威瓦克到荷兰底亚之间三分之一处的艾塔佩（Aitape）登陆以占领那里的机场，作为进一步的保险措施。盟军情报机构预计日军在荷兰底亚有 1.4 万人，在艾塔佩有 3500 人，所以麦克阿瑟为了万无一失投入了 5 万军队，大多数来自艾克尔伯格（Eichelberger）的美国第 1 军。实际上，守军比预计的还少，而且大部分都是后勤部队，根本没有怎么抵抗，就在遭到炮击之后向内陆逃窜了。

结果，安达在威瓦克的 3 个兵力很弱的师团被包围了起来。他没有再次取道内陆开展迂回且筋疲力尽的撤退，而是尝试沿着海岸进行正面突围，可是等他在 7 月发起进攻时，麦克阿瑟已经向美军在艾塔佩的据点派去 3 个强大的师增援，日军被打退了，不但未能突围，反而损失惨重。

早在这次失败的反攻之前，美军就向西跃进了 120 英里到达下一个目标离岸岛屿瓦克德（Wakde），日军在那里修建有一座机场。5 月中旬，美军一支部队在新几内亚海岸上的托埃姆（Toem）登陆，然后跨越狭窄的海峡登上瓦克德岛——一小支日本守军进行了顽强但短暂的抵抗，而沿着海岸进攻萨米的美军部队则遇到了更持久的抵抗。不过，日军在新几内亚的防御基本上已经变得分散且混乱。美军潜艇沉重打击了从中国而来的日军运兵船，而美军在中太平洋对马里亚纳群岛造成的威胁也让新几内亚无法指望获得更多的增援。

麦克阿瑟的下一次跃进离占领荷兰底亚还不到一个月，距托埃姆和瓦克德岛登陆也不到 10 天，目的是占领荷兰底亚以西 350 英里（瓦克德岛以西 220 英里）处的比阿克岛（Biak）及岛上的机场。这次行动不那么顺利。跟荷兰底亚那次不同，美军大大低估了岛上守军的兵力，实际上，日军总数超过 1.1 万人，5 月 27 日刚开始登陆时，美军没有遇到多少抵抗，可是当他们开往内陆试图占领机场时，形

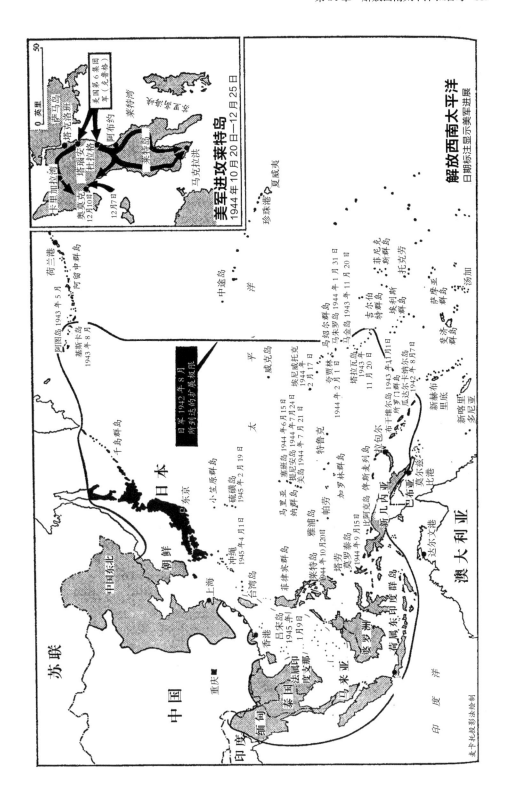

势突变。为避免遭到盟军舰船飞机的轰炸，日军没有坚守滩头，而是把驻军主力放进俯瞰机场的高地上的山洞和堑壕里，日军坦克发动的反攻甚至暂时包围了美军步兵的一部。尽管麦克阿瑟派来大批援兵，清扫这座岛屿还是变得缓慢而磨人，直到 8 月才最终完成。美军地面部队伤亡接近 1 万人，不过大部分是因为疾病，阵亡的只有大约 400 人。这是他们 9 个月后（1945 年 2 月）在硫磺岛登陆时将要遇到的问题和麻烦的一个预兆。

如果东京的大本营能坚持执行他们太晚做出的增援比阿克岛的决定，那么当地日军非常顽强的抵抗还可能取得更大的成果。日军大本营改变了早先集中兵力防守马里亚纳群岛的决定，于 6 月初派出一支护航运兵船队，在从马里亚纳群岛调来的一支强大战列舰和飞机兵力的护航下前往比阿克岛增援。可是这次增援行动的出发日期被推迟了 5 天，因为日军接到一份错误的报告说比阿克岛附近有一支美军航空母舰部队，而第二次增援又因在中途遭遇美军的巡洋舰和驱逐舰而迅速退却返航。其后，日军大本营派出了一支包括巨型战列舰"大和"号和"武藏"号（Musashi）在内的强大掩护部队，可是这支部队到达新几内亚的同一天，美军中太平洋的航空母舰特混大队开始空袭马里亚纳群岛——日本海军匆匆北上迎战这个更大的威胁。美军跨越太平洋的两路突击再次用轮流进攻让敌人首尾难顾，从而证明了自身的价值。

相反，当比阿克岛上指向机场的进攻慢下来之际，麦克阿瑟没有浪费任何时间，而是向附近的诺埃姆富岛（Noemfoor）发起另一场进攻。7 月 2 日，大规模空袭和炮舰火力准备后，登陆开始，到 6 日，美军已占领岛上全部 3 座机场。

由于没有航空兵了，主岛上的日军已经开始向鸟头半岛的西面尖端退却。7 月 30 日，麦克阿瑟派遣一个师在不预先进行轰炸或炮火准备的情况下登陆桑萨波海角（Cape Sansapor），因为他已经知道在半岛上的这片遥远的地区没有日军。登陆部队迅速建立起防御圈，并开始修建更多的机场。

在新几内亚西端的 3 组机场的支持下，盟军向菲律宾跃进的道路已然扫清。美军不再理会仍留在新几内亚的 5 个日军师团残部，肃清他们的任务可以交由澳大利亚部队完成。

攻占马里亚纳群岛——菲律宾海海战

在斯普鲁恩斯海军上将的指挥下，美军的中太平洋攻势推进至马里亚纳群岛，从而突破了日本的防御内圈。美军的轰炸机部队从这里起飞可以打击日本本土，也可以到达菲律宾、中国台湾和大陆。同时，通过占领马里亚纳群岛，美军可以拉紧套在日本本土和新占领的南方帝国之间交通线上的绞索。

和其他群岛一样，马里亚纳群岛中最重要的岛屿是那些有飞机场的岛屿——塞班岛（Saipan）、提尼安岛（Tinian）和关岛（Guam）。这些岛上分别有 3.2万、9000 和 1.8 万名守军。日军在那里的航空兵力名义上有 1400 架飞机，实际上却要少得多，因为很多已被派往新几内亚，还有更多则在米彻尔（Mitscher）海军中将的快速航空母舰部队自 2 月起对日军基地的不断打击中被摧毁。即便如此，日军还是希望，如果能够得到来自其他地区的增援的话，能集结起 500 架作战飞机。这个地区的海军兵力由小泽治三郎海军中将统率，分成三个战斗群，主力战斗舰队包括 4 艘战列舰、3 艘轻型航空母舰、巡洋舰和驱逐舰，由栗田健男海军中将指挥；主力航空母舰部队包括 3 艘舰队航空母舰、巡洋舰和驱逐舰，由小泽治三郎本人指挥，还有一支后备航母舰队包括 2 艘舰队航空母舰、1 艘轻型航空母舰、1 艘战列舰、巡洋舰和驱逐舰，由城岛高次海军少将指挥。

日军准备反击美军跨越太平洋发动的海上进攻，希望在这里为斯普鲁恩斯部队设下一个圈套，粉碎他的航空母舰部队。作战计划由联合舰队司令长官古贺峰一海军大将在 1943 年 8 月制订，可是 1944 年 3 月底，当他的司令部从特鲁克撤往菲律宾群岛中的达沃岛（Davao）时，他乘坐的水上飞机失事了，他的继任者丰田副武海军大将接手反攻计划后做了一些修改。丰田的期望和目标是把美军航母舰队引诱到菲律宾以东洋面，在那里使用小泽强大的航母部队和从各个托管岛屿的基地起飞的航空兵发动两面夹击。

美军进攻马里亚纳群岛的舰队于 6 月 9 日从马绍尔群岛起航，计划在 15 日登陆塞班岛。两天后，米彻尔的航空母舰开始对目标岛屿进行饱和轰炸，到 13 日，美军战列舰密集炮轰塞班岛和提尼安岛。与此同时，丰田海军大将下令开始"阿号作战"（Operation A-Go），即日军计划已久的反攻，前文提到过，这个决定导致日军放弃增援比阿克岛，以及在新几内亚坚守一个立足点的企图。

美军舰队有 3 个海军陆战师，还有 1 个陆军师作为预备队，近距离支援兵力包括 12 艘护航航空母舰、5 艘战列舰、11 艘巡洋舰，背后还有斯普鲁恩斯海军上将的第 5 舰队，这是全世界最强大的舰队，包括 7 艘战列舰、21 艘巡洋舰、69 艘驱逐舰，以及米彻尔海军中将指挥的 4 个航空母舰群（共有 15 艘航空母舰及 956 架飞机）。13 万大军从夏威夷和瓜达尔卡纳尔岛向马里亚纳群岛开进，这一运送任务的组织和执行工作都开展得非常周密。

15 日上午，第一波海军陆战队突击部队在密集的海军炮击、近岸炮艇和火箭发射艇的火力掩护下登上塞班岛滩头——8000 名陆战队员在 20 分钟之内就冲上了岸，这证明他们是多么训练有素。天黑前，已经有 2 万人上岸，可是，由于日军控制了周围的制高点并展开猛烈反击，从滩头向内陆的推进并未取得多大进展。

对进攻部队来说，更加遥远但更大的威胁来自日军舰队的战列舰和航空母舰——美军潜艇已于当天清晨发现日本舰队驶入菲律宾海。斯普鲁恩斯于是暂停了计划中在关岛的登陆，让预备队陆军第 27 师在塞班岛上岸，加快占领这座关键的岛屿，并让运输船只撤退到安全的海域。第 5 舰队在提尼安岛以西大约 180 英里处的海面上集结起来，但是没有再向西移动，以免错过日军舰队。

事实证明，占领这个防御性的阵位是明智的。直到目前，丰田的作战计划似乎进行得很顺利，不过在一点上出现了重大差异，那就是他的钳形攻势的第二股钳子已经失灵——米彻尔的舰载机全歼了马里亚纳群岛上的日军岸基航空兵。从 6 月 19 日早晨 8 点 30 分开始，小泽的航空母舰连续发动了 4 次成功的进攻，可是所有的攻击都被美军雷达提前探知，数百架美军战斗机升空迎战，与此同时，米彻尔的舰载轰炸机再次轰炸日军的岛屿机场。这次巨型空战的结果是一场大屠杀，后来以"马里亚纳火鸡射猎战"（The Great Marianas Turkey Shoot）闻名于世。美军飞行员对那些经验不足的日本人拥有压倒性的优势，日军 218 架飞机被击落，美国飞机只损失了 29 架。更糟糕的是，两艘日军舰队航空母舰"翔鹤"号和"大凤"号（Taiho）中了美军潜艇发射的鱼雷，带着很多飞机沉入了海底。

小泽以为自己的飞机已经在关岛降落，仍然逗留在作战海域，因此在第二天下午被美军侦察机发现，米彻尔海军中将立刻派遣 216 架舰载机前去进攻，尽管他知道要到天黑以后才能回收这批出击的飞机。发现日军舰队 3 小时后，米彻尔的舰载机开始空袭，打击非常有效，又击沉了1艘舰队航空母舰，还击伤了另外2艘航空母舰、2艘轻型航空母舰、1艘战列舰及1艘重巡洋舰，击落了65架日军飞机。美军在战斗中只损失了20架飞机，不过另有80架在夜间长途返航时失踪或者坠毁。还好很多飞行员都得救了，因为小泽的军舰已逃离战场，向日本以南的琉球群岛中的冲绳岛方向逃去。

到那时，日军在这次战役中损失的飞机已经达到480架，占总数的四分之三，而且大多数飞行员都阵亡了。日军飞机和航母如此大比例地被毁，真可谓损失惨重，不过到秋天时，大部分飞机和航母都得到了补充。更为糟糕的是，如此多的飞行员阵亡，根本无法加以补充。这就意味着，日本舰队在不久后的任何一次战斗中将陷入极为不利的境地，不得不主要依赖更传统的兵器。

菲律宾海海战以日军惨败收场——美国海军历史学家 S. E. 莫里森认为它甚至比后来10月的莱特湾海战更加重要。现在，通向菲律宾的道路已经打开，而马里亚纳群岛上的地面战斗也已胜券在握。

海空战役结束后，占领马里亚纳群岛已毫无悬念，不过日军在地面上的抵抗仍然激烈。在海空火力的支援下，于塞班岛南部登陆的3个师稳步北进，到6月25日占领了塔波乔峰（Mount Tapotchau）制高点。7月6日，塞班岛上日军两名最高指挥官前航空母舰指挥官南云忠一海军中将和斋藤义次陆军中将自杀，"以鼓舞部队发动最后的进攻"。第2天，剩下的3000名日军向美军防线发起徒劳的自杀冲锋，基本上也和他们的指挥官一样自杀了。日军在战役中损失了2.6万多人，美军则有3500人阵亡，1.3万人受伤或生病。

7月23日，塞班岛上的两个海军陆战师被运往提尼安岛，只用了一周时间就占领了该岛，不过肃清行动花的时间更长一点。当初因为小泽舰队的威胁，被分配攻占关岛的部队只得先撤离。提尼安岛登陆前3天，他们也已回来继续执行自己的任务，还得到了另一个陆军师的增援。然而日军依托于错综复杂的坑道防御体系，抵抗非常顽强，不过，8月12日，美军还是肃清了关岛。

马里亚纳群岛的陷落及此前海军的惨败，将日本日益虚弱的战略形势暴露无遗，尽管日本人仍然傲慢地不愿意面对现实。但非常值得注意的一点是，以上戏剧性的事件之后，东条英机大将的政府在7月18日辞职。

4天后，陆军大将小矶国昭组阁，致力于加强防御以抵抗美军的进攻。尽管日本继续在中国作战，但主要关注的是菲律宾的防务，他们认识到，如果丢掉这一大群岛屿，自身将被切断来自东印度群岛的石油供应，进而受到致命的影响。

即便菲律宾尚未失守之时，日本的形势也已因为燃料供应短缺而举步维艰。美军潜艇部队不断击沉日军油轮是造成如此境况最重要的战略因素。从海外运到日本的石油供应越来越少，使飞行员的训练大受限制。它还迫使日军舰队待在新加坡，以便尽量靠近油料供应的源头——而当需要出击的时候，舰队起航时所携带的燃油还不够返航之用。

战争打到这个阶段，美军完全可以跳过菲律宾，改去进攻中国台湾，或者硫磺岛和冲绳岛，海军五星上将金和其他几位海军首脑就是这么主张的。可是政治方面的考虑，以及麦克阿瑟凯旋返回菲律宾的愿望，让跳过这些大岛的观点在争论中落了下风。

在进攻菲律宾之前，有几个较小的目标被认为是必须事先占领的。按照原计划，美军应占领新几内亚以西的哈马黑拉群岛（Halmaheras）附近的莫罗泰岛（Morotai）、帕劳群岛（Palau）、雅浦岛（Yap）、塔劳群岛（Talaud）、菲律宾群岛南部的大岛棉兰老岛（Mindanao），一路建立前进机场和海军基地，支援对菲律宾的主攻。可是9月初，哈尔西海军上将的第3舰队（归属斯普鲁恩斯指挥时被称为第5舰队）发现菲律宾海岸的防御力量薄弱，于是建议取消所有这些中间阶段。不过，原计划中最早的几项作战行动后来还是得以保留，因为它们几乎已经箭在弦上，而且可以起到额外的保险作用。

9月15日，麦克阿瑟派出一支分队登上莫罗泰岛，没有遇到多少抵抗，10月4日，美军飞机已经可以从那里新建的机场起飞作战。9月15日，哈尔西海军上将的中太平洋部队也在帕劳群岛登陆，几天之内就占领了大多数岛屿。这让盟军获得了离棉兰老岛仅500英里远的前进机场，相较从关岛出发近了一半还多。

麦克阿瑟和尼米兹各自穿越太平洋进攻的轴线现在会合了，可以近距离直接支援，收复菲律宾的准备已经做好。

日军保卫菲律宾的作战计划被称为"捷1号计划"（SHO-I），包括两个方面。陆上作战将由马来亚的征服者（1941—1942）山下奉文大将指挥的第14方面军执行，他拥有9个步兵师团、1个坦克师团、3个独立步兵旅团及第4航空军。此外，马尼拉附近大约 2.5 万名可被用于陆战的海军部队也归他统一指挥。不过，作战的关键部分是海战，大本营决心为此孤注一掷。一旦确认美军登陆地点，日军航空母舰部队将引诱美军舰队北上，同时山下的部队牵制住美军登陆部队，由两支日本战列舰编队两面夹击消灭之。丰田副武预计，美军最看重航空母舰，很可能一发现日军航母部队就扑上去，就像美军自己经常使用战列舰作为诱饵，使用航母作为打击力量一样。

尽管日本的空中力量越来越弱，但对战列舰的信心使得这个计划仍能实施。两艘巨舰"大和"号和"武藏"号的下水更为海军将军们注入了一针强心剂。这两艘战列舰比世界上任何军舰都大得多，排水量超过 7 万吨，装有 9 门 18 英寸主炮，全世界只有它们安装了这么多大口径的主炮。与之相比，日本人为发展航空母舰和舰载机所做的实在太少太少。正如历史上反复出现的那样，日本人从自己开战初期的伟大胜利中学习的速度要比他们的对手慢。

美军把作战计划提前了两个月，10 月就开始向菲律宾做下一次跃进。菲律宾群岛从南端和爱尔兰一样大的棉兰老岛，到北端和英格兰一样大的吕宋岛，绵延 1000 多英里。第一次突击指向中部较小的莱特岛，以求从中间劈开日军防线。10 月 20 日早晨，麦克阿瑟的部队（陆军中将沃尔特·克鲁格指挥的第 6 集团军的 4 个师）开始在莱特岛登陆，由金凯德海军中将的第 7 舰队（由旧式战列舰和小型护航航空母舰组成的护航支援舰队）运送和提供支援。哈尔西海军上将的第 3 舰队在菲律宾以东洋面分成 3 个大编队占领阵位，担任支援和掩护任务。这才是主力战斗舰队，由新型战列舰和大型航空母舰组成，航速全都很快。

在登陆菲律宾之前，哈尔西第 3 舰队辖下的米彻尔的航母特遣舰队从 10 月 10 日开始对台湾岛进行了持续一周的一系列空袭，对吕宋岛和冲绳岛也发动了规模较小的空袭，这些空袭造成了毁灭性的效果，对后来的战事产生了重要影响。此外，日军飞行员过度夸大了自己的战果，日本政府在官方公报和广播里面声称击沉 11 艘航空母舰、2 艘战列舰和 3 艘巡洋舰。实际上，美军航空母舰的打击摧毁了 500 多架日军飞机，自己只损失了 79 架，日本人声称击沉的那些军舰毫发无损。帝国大本营有段时间还真的信了自己发布的战报，下令"捷 1 号作战"的其余部队乘胜追击。日本海军很快便发现这些战报有多么荒谬，于是撤退了，陆军的作战计划却因此发生了不可逆转的变动——在菲律宾南部，铃木宗作的 4 个师团奉命就地坚守，而不是像山下奉文原来计划的那样随时准备转去北方的吕宋岛。

上文说过，日军大本营计划在美军进攻的任何时间、任何地点投入所有海军兵力发动毁灭性的反攻。莱特岛登陆前两天，某位美军将领发出的一份明码电报给日军提供了他们发动反攻所需的重要情报。

丰田认识到这是一场豪赌，可是日本海军需要来自东印度群岛的原油供应，来提炼舰队所需的燃料，如果美军在东印度群岛站稳脚跟，这条供应线就会被切断。丰田在战后接受讯问的时候解释了自己的想法：

> 如果最坏的情况发生，我们很可能会损失掉整个舰队；可是我认为值得冒这个险……如果我军输掉了菲律宾战役，就算舰队保全了，通往南方的航线也会被彻底切断。结果就是，这些舰队即便返回日本海域，也会得不到燃料供给；如果留在南方海域，又会得不到弹药和武器。为了保住舰队而丢掉菲律宾是没有意义的。

小泽海军中将的部队将从日本起航南下，提供诱饵。这支部队包括 4 艘还能作战的航空母舰及 2 艘由战列舰改装的航母，但是，由于舰载机总数已下降到不满 100 架，而大多数飞行员也缺乏作战经验，这支部队只能作为诱饵部队使用。

因此日军在这次为了胜利而进行的豪赌中，只能依赖从新加坡启航的旧式舰队，包括 7 艘战列舰、13 艘巡洋舰及 3 艘轻巡洋舰。指挥官栗田健男海军中将派出一支分队从西南方向通过苏里高（Surigao）海峡突入莱特湾，他本人则指挥主力舰队从西北面通过圣贝纳迪诺（San Bernardino）海峡开入莱特湾。他希望能用两面夹击来歼灭麦克阿瑟的运输舰和护航的战舰。

他认为装备有 18 英寸主炮的"大和"号和"武藏"号可以轻易摧毁美军的战列舰，而且因甲板敷设装甲，船壳隔舱的水密性良好，几乎是不可能被击沉的。如果哈尔西的航母舰队上钩离开战场的话，空袭应该也不会十分猛烈。日军希望，10 月 25 日，栗田突入莱特湾时，哈尔西的舰队已经被引开。

可是诱敌计划没有奏效。23 日夜间，栗田遭遇两艘正在婆罗洲外海巡逻的美军潜艇"射水鱼"号（Darter）和"鲦鱼"号（Dace）。两艘潜艇迅速向北兼程赶路，在夜色的掩护下，全速航行于海面上，以保持在日军舰队前面。当第一缕曙光初现的时候，美军潜艇下潜到潜望镜深度，等着日军舰队，然后在近距离发射鱼雷——击沉2艘日军巡洋舰，重创另一艘。栗田本人乘坐的就是领头的巡洋舰，座舰沉没以后，他被救了上来，后来又转移到"大和"号上，但这毕竟是一次令人胆寒的经历。而且美军将领们现在已经得知敌军的迫近和实力了。

小泽一听说栗田遭遇美军潜艇，立即用各种办法显示自己在北方的存在，不断发出明码电报吸引哈尔西的注意。可是美军没有截听到他的电报。美军侦察机也没有发现小泽舰队，因为它们全都奉命去西面侦察栗田的迫近了。

很快，哈尔西的航空母舰出动了一波又一波的鱼雷机和轰炸机袭击栗田舰队，只有从附近岛屿起飞的日本岸基飞机和小泽航母舰队的舰载机来袭才让美军出现片刻停顿。这些日军飞机被击退，一半以上都被击落，不过"普林斯顿"号（Princeton）航空母舰受了重伤，被迫弃舰。

美军舰载机在进攻栗田舰队时大获成功。巨人歌利亚一般的"武藏"号在第5波空袭之后已身中19枚鱼雷和17颗炸弹，终于翻沉。尽管美军飞行员报告还击伤了其他3艘战列舰和3艘重巡洋舰，但实际上只有1艘重巡洋舰因受损太重而无法继续参与进攻。第5波空袭和"武藏"号沉没后，日军舰队掉头向西逃去。

哈尔西上将接到空中侦察报告后，认定栗田已撤退。可是，由于在栗田舰队的两个部分中都没有发现航空母舰，他便派出侦察机进行更广泛的搜索，大约下午5点发现小泽的舰队正向南驶来。于是哈尔西决定遵循自己"不管干什么，一定要快"这一信条，兼程北上并在第二天拂晓发起攻击。为了确保全歼小泽舰队，哈尔西让整个舰队所有可用的兵力北上，没有留下兵力警戒圣贝纳迪诺海峡。他在向金凯德通报了自己的决定一刻钟后，收到夜间侦察机的报告说栗田再次掉头，正高速驶向海峡。哈尔西没有采信这份报告。他看到了打一场自己喜欢的那种大胆果敢的战役的机会，自然会对其他一切的可能性视而不见。战争初期，他就被外界起了个恰当的绰号"公牛"（The Bull）。

栗田的撤退仅仅是摆脱白昼持续空袭的权宜之计，目的是要在夜色的掩护下杀个回马枪。除了"武藏"号沉没外，他的其他大型舰只并没有遭受严重损伤，这一点和美军飞行员的乐观报告正相反。

　　夜里 11 点，哈尔西已经向北行驶了 160 英里，侦察机再次发现栗田的舰队仍在冲向圣贝纳迪诺海峡，已经只剩 40 英里。哈尔西再也无法无视栗田的进逼，不过还是低估了这个威胁的严重性，认为日军的这次重新进攻只是一支严重受损的舰队依照日本传统发动的自杀冲锋。他继续北进，自信地认为金凯德的舰队能够轻易击退他所认为的很弱的攻击者。

　　所以日军的诱饵总算被哈尔西吞下了，虽然不是在日本人希望的时刻。

　　金凯德的舰队正处于危险中，因为他在两个方面受到了误导。栗田冲向苏里高海峡的南方编队迫使金凯德往那个方向集中注意力，于是他将大多数兵力都派往那里迎战这个威胁。金凯德以为哈尔西战斗舰队的部分兵力还掩护着靠北的圣贝纳迪诺海峡通道，因为哈尔西并没有说清楚自己已率领整个舰队北上。更糟糕的是，金凯德没有做好警戒工作，派出侦察机看看是否有敌人从那个方向进犯。

　　日军南路编队的进攻在一场激烈的夜战中被击溃，美军的雷达比日军的优越得多，其所提供的"夜视"能力做出了极大的贡献。另一个对日军不利的因素是，日舰成一条直线穿越狭窄的苏里高海峡，正好暴露在奥尔登多夫海军（Oldendorf）少将战列舰队的集火射击之下，形成了经典的"T 字头"炮战阵型。日军这支分队里仅有的 2 艘战列舰全部被击沉，整支编队几乎被全歼。天亮之后，海峡里除了浮在海面上的残骸和油迹外，已经没有敌人的踪影了。

　　可是就在金凯德为这次胜利发出贺电几分钟后，另一封电报说有一支强大得多的日军编队，也就是栗田的主力舰队，已经穿越圣贝纳迪诺海峡，从西北方向南下到萨马岛（Samar）东岸海面，正在攻击金凯德留在那里掩护莱特岛上麦克阿瑟将军登陆场的小规模舰队。

　　这支负责支援莱特岛登陆的小舰队包括 6 艘从商船改装过来的护航航空母舰和一小撮驱逐舰。它们在巨舰"大和"号和其他 3 艘战列舰发射的冰雹一般的大口径炮弹的轰击下向南撤退。

　　接到警报后，金凯德在 8 点 30 分向哈尔西发电："莱特湾急需快速战列舰。"上午 9 点，金凯德再次发报求援，这次没有加密，用了明码。可是哈尔西继续北上，下定决心要实现摧毁小泽的航母舰队的目标。他不顾金凯德的反复求援，一意孤行，认定金凯德的舰载机应该能够拖住栗田，直到金凯德拥有 6 艘战列舰的舰队主力赶到救援。不过他也命令约翰·麦凯恩海军（John McCain）中将指挥的一个航母和巡洋舰组成的小型分舰队前去支援金凯德。不过，这支舰队当时在加罗林群岛海域，离战场有 400 英里，比哈尔西当时的位置还要远 50 英里。

与此同时，数艘美军驱逐舰掩护着 6 艘护航航空母舰撤退，他们和还能作战的舰载机一起英勇奋战，减缓了栗田南进的速度。其中，1 艘护航航空母舰和 3 艘驱逐舰被击沉，其他军舰尽管伤痕累累，可还是逃脱了。

上午 9 点刚过，栗田停止追击，转而莱特湾开去，湾里停泊着大批毫无自卫能力的美军运输舰和登陆艇。栗田那时离海湾入口已不到 30 英里。

在突击之前，栗田稍事停留集中舰只，因为各舰在高速运动作战中散开了。这次转向和停顿再次让美军产生了错误的认知，以为栗田因空袭和驱逐舰的攻击压力而再次退却。美军的幻想很快破灭，金凯德再次急电哈尔西求援："局势再次万分危急。敌水面舰艇再次威胁护航航空母舰。急需你的援助。护航航空母舰正撤向莱特湾。"

这次哈尔西回应了求援。当时是上午 11 点 15 分，哈尔西的舰载机已经重创小泽舰队，他虽然特别想用战列舰的舰炮结果日本航空母舰，但还是忍住了这股冲动，带领手下 6 艘高速战列舰和 3 个航母群中的一个兼程南下。可是，他在追击小泽时向北冲得太远了，因而无法在第二天早晨前赶到莱特湾。麦凯恩的航母分舰队也离得很远，在几小时之内无法将舰载机投入战斗。因此中午时分，随着栗田的舰队愈益逼近，莱特湾的局势似乎千钧一发。

可是，栗田突然转向北航行，这次真的没有回头。这是出于什么原因？主要是几封截获的电报和它们对栗田的头脑所产生的影响。首先是一份通报美军护航航空母舰上的舰载机在莱特岛上着陆的电报。栗田想象，美军这是打算从陆地出发对他的军舰发动一次更为集中的空袭，其实，美军采取这一紧急措施，只是为了避免让这些舰载机与舰同沉。几分钟后，他截获了金凯德在上午 9 点发给哈尔西的明码求援电报。栗田从这份电报中得出了错误的结论，以为哈尔西肯定已经南下超过 3 小时了，栗田和小泽之间的联络中断，他并不知道哈尔西向北跑得有多远。此外，栗田还担心自己缺乏空中掩护。

最重要的影响来自另一份截获的错误电报，它让栗田以为，美军增援舰队的一部已经抵达北面不到 70 英里远的海域，接近自己通过圣贝纳迪诺海峡的退路。于是，栗田决定放弃进攻莱特湾，向北赶路，在敌人援兵得到加强进而切断自己退路之前，夺路回撤。

历史上有很多战例说明，战役的胜败更多的是由想象而非事实决定的，此即为一例。指挥官脑海里的印象，常常比任何真实的打击及其在物质上造成的影响更加重要。

由于需要规避美军的反复空袭，栗田直到将近夜里 10 点才到达圣贝纳迪诺海峡这处瓶颈，但还是比兼程南下的哈尔西先头舰只早到 3 小时。他发现这里并没有任何敌人，便溜过了海峡，向西开去。

日军战列舰寸功未立便抽身而逃，但美军还是得到了补偿，将日军全部 4 艘航空母舰悉数击沉，上午 9 点 30 分，"千岁"号（Chitose）在米彻尔的第一次空袭中被击沉；下午，哈尔西舰队主力终于南下之后，"千代田"号（Chiyoda）、"瑞鹤"号及"瑞凤"号也被击沉。

总体来看，莱特湾海战由四个独立且不同的行动组成，是世界历史上规模最大的海战。总共有 282 艘军舰及数百架飞机参战，相较而言，1916 年日德兰海战中，参战军舰只有 250 艘（还有 5 架水上飞机）。如果说 6 月的菲律宾海海战重创了日本海军航空兵，因而在某种意义上更具有决定性的话，那么由四部分组成的莱特湾海战便是收获战果、盖棺论定之战。日本在此战中损失了 4 艘航空母舰、3 艘战列舰、6 艘重巡洋舰、3 艘轻巡洋舰和 8 艘驱逐舰，美军只损失了 1 艘轻型航空母舰、2 艘护航航空母舰和 3 艘驱逐舰。

值得一提的是，在这场战役中还出现了一种非常难以防范的新型战术。当栗田调转航向穿过圣贝纳迪诺海峡撤退后，金凯德第 7 舰队的护航航空母舰刚刚成功地逃过栗田"中央编队"泰山压顶般的奇袭，又遭到了第一次有组织的"神风特攻"（Kamikaze）——特攻中，由志愿飞行员组成的特殊飞行部队执行自杀性任务，用自己的飞机去撞敌舰，靠油箱和携带的炸弹爆炸让敌舰起火。在第一次攻击中，神风队只击沉了 1 艘护航航空母舰，不过还击伤了另外几艘。

这次海战最重要的战果是击沉了小泽的 4 艘航空母舰。没有了这 4 艘航母，日军剩下的 6 艘战列舰孤立无援，对战争的进程再也无法做出贡献。而日本海军也失去了作用。哈尔西的北进让其他美军部队暴露在危险中，但最终战果证明他的决策是正确的。况且这次海战彻底暴露了战列舰至上论的错误，说明把希望寄托在这种过时的巨怪身上是多么荒谬。战列舰在二次大战中唯一重要的作用就是对岸炮击——讽刺的是，在前一代人的时期，战列舰还被认为不适合承担这个角色，太容易受损。

日军为莱特岛而战并将其作为菲律宾防御战核心的决定做得太迟了，因而没能在美军扩大登陆场之前把吕宋岛调来的将近 3 个师团的援兵送上岛。美军从登陆场出击，首先占领了东海岸上离得不远的杜拉格（Dulag）机场和塔克洛班（Tacloban）机场，然后沿两翼继续延伸，在 11 月 2 日到达北海岸的卡里加拉湾（Carigara Bay）和东海岸中点处的阿布约（Abuyog）。通过以上几次扩展性的突击，美军不仅占领了岛上的全部 5 座机场，让日军已经部署在岛上的 1 个师团陷入混乱，还预先制止了第 35 军军长铃木宗作把增援的各个师团集中于卡里加拉平原的计划。

克鲁格计划下一步绕过岛上中央山脊两端，发动两翼进攻占领日军位于西海岸的主要基地奥莫克（Ormoc）。可是瓢泼大雨妨碍了启用新占领的机场支援向心进攻的工作进度，在此期间，日军 2 个增援的师团于 11 月 9 日在奥莫克上岸。此后，日军不顾在运输和护航途中遭遇的重大损失，为岛上派来了更多援兵，到 12 月初，日军在莱特岛上的兵力已经从 1.5 万人上升到 6 万。可是到那时，克鲁格的兵力已经增长到 18 万。为了加快作战进度，他让一个新的师于奥莫克以南的西海岸登陆，从而把日军防御体系劈为两半，3 天后（12 月 10 日），美军没有遇到多少抵抗就占领了奥莫克这个基地港口。此后，饥饿的日军迅速崩溃，到圣诞节时，停止了有组织的抵抗。山下奉文决定回归原先集中力量守卫主岛吕宋岛的计划，可是现在他所面临的局势比战役发起时更加糟糕，兵力也已大大削弱。

在战役关键的几周里，哈尔西第 3 舰队的 3 个快速航空母舰战斗群停留在离菲律宾很近的海面，不顾日益激烈的神风攻击，不断地支援麦克阿瑟的部队。神风飞机多次击中美舰，造成很大损失，有 2 艘航空母舰被迫撤回大修，不过直到 11 月的最后一周，航母舰队支援地面作战的任务才获解除。

麦克阿瑟决定在进攻主要目标吕宋岛之前，先占领中间目标民都洛岛（Mindoro）以建立机场，这样他手下的美国陆军航空兵第 5 航空队便可以掩护从海上对吕宋发起的进攻。这是一着险棋，因为民都洛岛离莱特湾有将近 300 英里，而离吕宋岛上的日军机场，尤其是马尼拉周围的机场群要近得多。可是民都洛岛上的驻军只有大约100人，12月15日，美军在登陆后几小时内就占领了岛上被日军遗弃的4条跑道，并迅速对其加以改建，月底之前，美国陆军航空兵的飞机就可以从这里起降了。整个过程非常顺利，也是因为哈尔西的快速航空母舰部队反复空袭吕宋岛上的机场，并在美军头顶上用战斗机撑起了一顶保护伞，防止日军轰炸机起飞空袭民都洛岛和海上通道。

1月3日，美军从各处汇集而来的舰队，总共有164艘战舰，包括6艘战列舰和17艘护航航空母舰，在金凯德海军中将和奥尔登多夫海军少将的指挥下浩浩荡荡驶出莱特湾。1月9日，登陆舰队抵达马尼拉以北110英里处的林加延湾，差不多4年前，日军就是从这里登陆开始入侵菲律宾的。10日清早，美军开始卸载克鲁格第6集团军的4个师（随后，还有2个师也会登陆）。

哈尔西舰队的快速航空母舰部队为登陆提供了很大帮助，尤其是在对付现在造成越来越多军舰损失的神风攻击上。这支航母舰队在掩护林加延湾登陆后，深入中国海进行突击，大肆破坏日军在印度支那、华南、香港、台湾、冲绳的基地和航运。这表明，日本的南方帝国是何等不堪一击。

与此同时，克鲁格的部队从林加延湾向南进攻，一路面对着日军的顽强抵抗冲向马尼拉。为了加快进度，也为了防止日军退入巴丹半岛，1月29日，麦克阿瑟又派了一个师在巴丹半岛附近登陆。两天后，美军一个空降师在马尼拉以南大约40英里处的纳苏格布（Nasugbu）着陆，未遇抵抗。不过，等到这个师开始向马尼拉进军时，克鲁格的部队已经打到马尼拉郊外，而山下奉文的部队则撤进了山里。

但是海军基地指挥官岩渊少将仍然在守卫马尼拉，他拒绝服从山下把马尼拉作为一个开放城市的命令，狂热地进行逐屋巷战，又打了一个月，把城市打得面目全非。直到3月4日，马尼拉才被完全肃清。与此同时，美军还收复了巴丹半岛和科雷吉多尔，不过科雷吉多尔岛上的日本守军又坚持了10天。到3月中旬，美军已可使用马尼拉港装卸船只，不过，在吕宋岛山区和棉兰老岛及南方各个比较小的岛上，肃清残敌的工作仍在继续。

进攻硫磺岛

　　美军在占领菲律宾群岛中的关键地点后急于继续向日本本土展开进攻，放弃了麦克阿瑟早先占领中国台湾或大陆部分海岸地区作为空军基地轰炸日本的计划。但是参谋长联席会议一致同意，有必要占领塞班岛和东京中点处的硫磺岛（位于小笠原群岛中）及日本西南端和中国台湾中点处的冲绳岛（位于琉球群岛中），作为战略上的踏脚石——这两处靠近日本本土的海岛基地可以被用来支援对日轰炸。

　　在这两个岛屿中，硫磺岛被认为是较容易占领的目标，因此先打那里。此外，美军需要将硫磺岛作为紧急着陆点，供 11 月底以来从马里亚纳群岛起飞空袭东京的 B-29 超级飞行堡垒使用，护航的战斗机也可以使用这个基地，因为没有战斗机能飞完护航全程。

　　硫磺岛是一座火山岛，只有 4 英里长，除了驻军以外没有居民。9 月前，这个岛的守军还不多，无法进行太强烈的抵抗，不过其后，驻军逐渐增加到 2.5 万人，陆军中将栗林忠道在岛上通过挖掘建立了洞穴网络体系，这些洞穴隐蔽得很好，靠很深的坑道连接。栗林的目标是尽可能长时间地坚守，因为在美军拥有巨大海空优势的情况下，一旦开战，他根本不可能得到更多的援兵，他放弃代价高昂的典型的日本式反攻，决心依靠坚固的阵地进行专守防御。

　　尼米兹把进攻硫磺岛的任务交给斯普鲁恩斯海军上将，后者在 1945 年 1 月的最后一周从哈尔西手中接过了第 3 舰队（现在这支舰队番号已被改为第 5 舰队）的指挥权，他将使用 3 个海军陆战师完成陆上作战任务。对硫磺岛的先期空袭和炮击是太平洋战争开始以来耗时最长的，白昼空袭从 12 月 8 日开始，日夜不停地空袭从 1 月 3 日开始，登陆前最后 3 天，海军还进行了饱和炮击。可是所有这些都未能对日军坚固的防御阵地造成多大影响。2 月 19 日清晨，海军陆战队在登陆时，遭遇日军密集的迫击炮和大炮打击，被牵制在海滩上很长时间，第一天登陆的 3 万人中有 2500 人伤亡。

　　之后数日，陆战队员们在充分且持续的海空火力支援下一码一码地缓慢向前推进，随着米彻尔的快速航空母舰部队完成对东京的大规模袭击后返回增援，火力支援的力度进一步得到加强。经过 5 个多星期的苦战，直到 3 月 26 日，美军

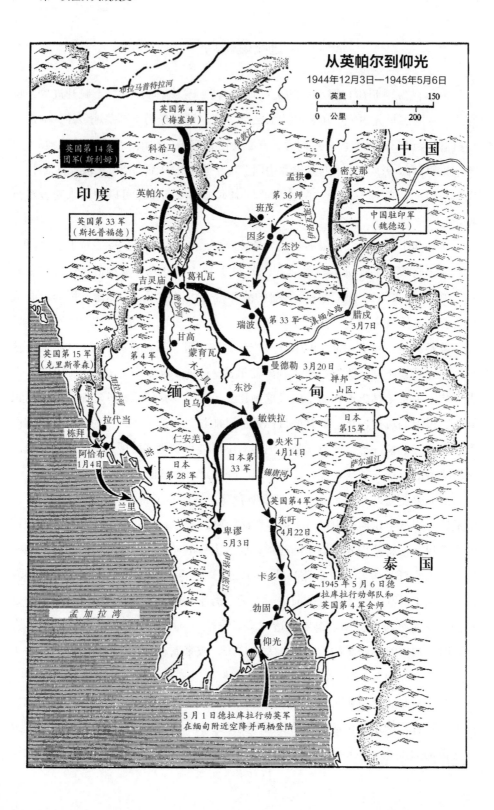

从英帕尔到仰光
1944年12月3日—1945年5月6日

英里 0   150
公里 0   200

中国

英国第14集团军(斯利姆)

印度

英国第4军(梅塞维)

科希马

孟拱   密支那

英帕尔

第36师

班茂

因多   杰沙

中国驻印军(魏德迈)

英国第33军(斯托普福德)

吉灵庙   葛礼瓦

第33军   滇缅公路   腊戍 3月7日

瑞波

甘高

蒙育瓦

英国第15军(克里斯蒂森)

第4军   木许里

拉代当

良乌   东沙

曼德勒 3月20日

掸邦山区

栋拜

仁安羌

敏铁拉

日本第15军

阿恰布 1月4日

日本第28军

日本第33军

央米丁 4月14日

萨尔温江

兰里

锡唐河

英国第4军

卓谬 5月3日

东吁 4月22日

孟加拉湾

泰国

卡多

勃固

1945年5月6日德拉库拉行动部队和英国第4军会师

仰光

5月1日德拉库拉行动英军在缅甸附近空降并两栖登陆

才彻底占领硫磺岛，到那时陆战队的战斗损失已经上升到 2.6 万人，占整个登陆兵力的 30%。日军战斗得相当顽强，2.1 万人阵亡，被俘的不到 200 人。美军另外花了两个月时间，才肃清了岛上的零星抵抗力量，而日军总阵亡数则上升到超过 2.5 万人，只有 1000 人被俘。3 月底之前，岛上的 3 座机场已经可以使用，到战争结束时，B-29 轰炸机共在岛上起降大约 2400 架次。

缅甸战局——从英帕尔到 1945 年 5 月收复仰光

1944 年春季，日军在进攻英帕尔时被击退，遭遇了一次惨败，可是这次失败还没有严重到击垮日军在缅甸的防御的地步。英军需要有效的乘胜追击才能收复缅甸，为此必须大大改善自身的补给系统。

联合参谋长委员会在 6 月 3 日给蒙巴顿下达的任务是以现有兵力拓宽通往中国的空中联络，并开发一条路上通道。指令虽然没有明文规定，但很明显是希望他能收复缅甸的。英军在考虑两个作战方案，其一代号为"首都行动"（Capital），发动陆地突击收复缅北，其二代号为"德拉库拉行动"（Dracula），对缅南进行两栖进攻。后者有望取得更大的胜利，但需要来自外界的补给。斯利姆将军和美国人倾向于从陆地进攻的计划，因此，虽然命令要求同时为两个作战计划做准备，但重点还是被放在了"首都行动"上面。

从印度向东的交通已经得到很大改善，而印度也已被建设成一座大基地，可是很明显，如果想要快速胜利进军缅甸，还有很多工作需要做。主要困难基本上都是后勤上而非战术上的。尽管陆地交通和内河运输都有了很大改善，但斯利姆的第 14 集团军仍然非常依赖空运补给，而这又要靠美国运输机提供足够的支援。

因此，1944 年后半年主要被用于解决这些问题，并对指挥机构进行改组。主要的变化包括，把所有空运补给系统都统一置于一个被称为战斗空运特遣部队的司令部指挥下，令情报机构与之紧密合作，同时解散被称为"特种部队"的单位。蒋介石越来越难以和史迪威一起共事，10 月，在蒋介石的坚持下，史迪威被从中国召回，这也方便了指挥机构改组。A. C. 魏德迈（A. C. Wedemeyer）将军接替史迪威出任蒋介石和中国军队的参谋长。11 月，曾在意大利战场指挥第 8

集团军的陆军中将奥利弗·利斯爵士被调来出任蒙巴顿手下的东南亚战区盟军地面部队总司令。

　　10月中旬，雨季结束，地面转干，斯利姆开始从中部战线向前推进，执行"首都行动"，他在卡包（Kabaw）河谷南端集中斯托普福德（Stopford）的第33军，让其去占领英帕尔以南130英里处的吉灵庙（Kalemyo）和葛礼瓦（Kalewa）。12月中旬，该军在葛礼瓦附近渡过钦敦江并占领了一处桥头堡，然后在第4军的增援下（现在的军长是梅塞维将军），继续向葛礼瓦东南方向160英里处的蒙育瓦（Monywa）和曼德勒（Mandalay）开拔。

　　此外，日军大本营面临着美军海路进攻菲律宾这个更大更迫在眉睫的威胁，无力增援木村兵太郎将军的缅甸方面军，但是告诉木村必须坚守缅甸，以防盟军打通滇缅公路或者进攻马来亚。日军完成这些防御任务的希望很渺茫，因为他们在旷日持久的英帕尔进攻战中实力已大受削减。在中部战线，日本第15军4个兵力很弱的师团总共才2.1万人，面对的英军兵力可能有8到9个强大的师，唯一可能的增援只能从缅甸南部的师团调来——而如此使用兵力则意味着仰光得不到掩护。

　　尽管斯利姆保留了部分兵力准备执行预定的"德拉库拉行动"，但他可以指望拥有更多的师，所有师的兵力都比日军师团强，还有更强大的装甲部队支援和完全的制空权。考虑到以上困难，日军意识到有可能不得不从缅北撤退，但仍然希望守住一条防线掩护曼德勒和从曼德勒沿着伊洛瓦底江往南140英里处的仁安羌油田。

　　正当英军在中部战线的进攻展开之际，若开和缅北两处辅助战场的战事以胜利告终。

　　克里斯蒂森第15军的目标是，雨季一结束，就肃清若开，夺取阿恰布岛上的机场，然后腾出部队参加主要战场的作战。为此，克里斯蒂森被赋予3个强大的师对付樱井省三第28军的2个很弱的师团。英军于12月11日开始进攻，很快便在23日攻克了半岛尖端的栋拜（Donbaik），一周后又攻克了梅宇河东岸的拉代当（Rathedaung），与此同时，克里斯蒂森的第三个师则正忙于肃清内陆的加拉丹（Kaladan）河谷。英军未遭遇强烈抵抗是因为日军正在从若开撤退。这就促使英军加速执行占领阿恰布的计划，1 月 4 日，英军在进占阿恰布时发现日军已经弃守。

英军需要更多机场，因此克里斯蒂森计划占领位于更南边 70 英里的兰里岛（Ramree）。21 日，这一目标轻易达成，因为日军现在主要想的是怎样守住穿过大山通向伊洛瓦底江下游的那些山口，防止英军突入缅甸中部。其实，此战中颇为得力的是日军的小股后卫部队，他们在 4 月底以前据守着各个山口和通向山口的道路，这才让樱井七零八落的 28 军得以从若开全身而退。克里斯蒂森的军现在更多地将注意力放在了"德拉库拉行动"上，为此撤出了一大部分兵力，这也有助于日军的顽强防御。

在中国本土，蒋介石的部队在 1944 年打得非常糟糕，这使盟国改变了三叉戟会议赋予驼峰空运第一优先的决定，现在的重点是加强中国军队，而不是加强驻华美国战略航空兵。在西部省份云南，12 个中国师在占据 7 比 1 数量优势的情况下发动进攻，竟被单独一个日军师团挡住了。

在缅北战线，春季时，史迪威指挥的大部分由中国人组成的部队，在对本多政才的第 33 军 3 个很弱的师的进攻中，试图通过密支那（Myitkyina）打通滇缅公路北侧翼，却进展甚微。不过到秋季时，当筋疲力尽的钦迪特部队被第 36 英印师替代之后，战局倒是有所起色，讽刺的是，这些转变是在大部分中国师被抽调回本土迎战日军攻势之后出现的。魏德迈接替史迪威后，另一位新的美国指挥官萨尔坦（Sultan）将军在其指挥下接手了北部战区司令部（Northern Combat Area Command），形势遂有了进一步的改善。

12 月，萨尔坦的部队，包括剩下的 2 个中国师，加快进攻节奏，本多虚弱的日军师团被迫向西南方向的曼德勒后撤。1 月中旬，滇缅公路的中西段上的日军全被肃清。4 月，从曼德勒通往中国的滇缅公路已全线打通。

1944 年 11 月中旬，斯托普福德的第 33 军已经在钦敦江对岸建立起一座桥头堡，其后，梅塞维的第 4 军向东继续突击，打进了瑞波 – 曼德勒（Shwe-bo-Mandalay）平原，在因多西北的班茂（Banmauk）和菲斯廷（Festing）的第 36 师会合，后者当时向南远远地推进到了因多和伊洛瓦底江畔的杰沙（Katha）。

英军一路未遇多少抵抗，很明显，日军正在从瑞波平原向曼德勒附近的伊洛瓦底江两岸阵地撤退，这就让斯利姆利用优势坦克、大炮、空军在相对开阔地区围歼日军的希望落了空。因此，斯利姆调整了作战计划。斯托普福德的第33军（兵力相当于4个师）继续从北面迫近曼德勒，在那里强渡伊洛瓦底江，与此同时，第4军（兵力相当于3个师）从吉灵庙沿着密沙河谷尽量隐蔽地向南进军，然后从甘高（Gangaw）向东南方向前进，于木各具（Pakokku）附近渡过伊洛瓦底江下游河段，目的是在镇守曼德勒的日军部队后方的敏铁拉（Meiktila）附近形成一道战略屏障，封锁日军向南通往仰光的退路和补给线。中部战线的这次合围计划的成败取决于能否解决后勤问题，尤其是能否有充足的空中补给。

到1945年年初，正当第4军为发动第一次侧翼深远迂回行动做准备之际，斯托普福德的第33军继续向南朝着曼德勒进军。该军于1月10日抵达瑞波并占领了这座城市，22日又占领了钦敦江畔的蒙育瓦，而此时，另一个师已经在曼德勒以北50～70英里处渡过了伊洛瓦底江，这样，英军就沿着3条不同轴线发动进攻来威胁日军。日军除了在曼德勒对岸的最外围还有一支分队外，全军现已收缩到伊洛瓦底江东岸。

斯利姆的新计划进行得几乎完美无缺。梅塞维于2月10日占领了木各具附近的坎拉（Kahnla），标志着行动正式开始。14日，他的先头师在木各具以南的良乌（Nyaunga）附近占领了一座桥头堡，守卫这片地区的印度国民军部队一触即溃。此后，他的突击部队（经过特别摩托化改造的第17师和1个坦克旅）在科文（Cowan）将军的指挥下穿过这个桥头堡急进，于24日占领东沙，到28日打到了敏铁拉郊外。当日军一支分队重新占领东沙后，英军这支突击部队一度被包围，可是由于空中补给的有力支援，得以在两天的激战后于3月3日占领敏铁拉。其后，科文向各个方向派出由坦克支援的步兵纵队出击，尽最大努力保持战场主动权，迷惑日军。

日军处境极为危险——在曼德勒周围遭到正面的猛烈进攻，后方的交通线被切断，地面兵力处于绝对劣势，又完全没有空中掩护。不过日军激烈的战斗还是多次击退了英军对曼德勒防御支撑点杜弗林堡（Fort Dufferin）的进攻，还对敏铁拉地区发动了一次竭尽全力的反攻，意图打开后方交通线，2个师团从南面向北进攻，1个师团从曼德勒兼程南下夹攻，这3个师团现在都转隶本多的第33

军（这个军刚从北部前线和滇缅公路撤下来）。3月中旬，此战陷入胶着，不过到月底，日军的反攻被击退，最终被迫放弃。与此同时，斯托普福德终于拿下了杜弗林堡，还在20日攻克了曼德勒。日本第15军意识到大势已去，放弃了死守曼德勒的打算，向南撤退。现在，英军已收复整个缅甸中部，打开了通向仰光的道路。2个英国军在这几周的战斗中遭受了1万人的伤亡，可是日军的损失高得多，很可能达到了其已经大大减员的总兵力的三分之一。日军不得不走一条漫长而迂回的路线向东撤入掸邦（Shan）山区，一路丢掉了大部分装备，因而让进一步抵抗的前景变得更加渺茫。

仰光已经大门洞开，但英军必须迅速抢占这座城市，因为雨季即将来临，而6月初，美军运输机也会从缅甸战场撤出，转去支援中国。仰光离敏铁拉有300英里，如果英军不能赶在美军运输机调走之前占领缅甸南部的一座港口，斯利姆第14集团军本已紧张到极限的补给线就会崩溃。因此4月3日，蒙巴顿决心下令在5月初发动"德拉库拉行动"，以防斯利姆的陆军未能及时赶到仰光。这次行动将投入克里斯蒂森那个军的1个师，外加1个中型坦克团和1个廓尔喀伞兵营。

斯利姆从曼德勒和敏铁拉向南追击的计划是，由梅塞维的第4军沿铁路公路主动脉南下，斯托普福德的第33军沿伊洛瓦底江两岸南下，后者依靠内河航运补给，前者继续由空中运输补给。

日军希望，刚从若开到达的第28军能守住伊洛瓦底江两岸，另外两个军的残部也能封锁梅塞维的去路。可是这一希望终归落空，因为日军残部根本无力作战。与此同时，斯利姆原来的预备队第5师继续前进，于4月14日占领了敏铁拉以南将近40英里处的央米丁（Yamethin）。斯托普福德的第33军也开始沿伊洛瓦底江南下，5月3日，其先头师抵达离仰光还有一半路程的卑谬（Prome），而日本第28军则被挡在了伊洛瓦底江西岸。梅塞维的先头部队出发较晚，但是沿着大路行军后发先至，4月22日抵达和卑谬平行的东吁（Toungoo），在这里截住了日本第15军穿越掸邦山区撤退下来的先头部队。当时，其余日军残部还远在先头部队后面100英里的地方。一周后，梅塞维的先头部队抵达卡多（Kadok），这里离东吁有90英里，离仰光只剩70英里的路程。英军在这里遭遇了比较顽强的抵抗，因为日军想要努力保持向东通过泰国的退路敞开。几天之内，英军就击败了顽抗的日军，这次停顿虽然为时短暂，但已足够让梅塞维的部队失去解放仰光的荣耀。

因为5月1日，"德拉库拉行动"已然发动——在仰光河口进行空降，同时在河两岸两栖登陆。这些部队听说日军已经开始撤离仰光，于是全部重新上船溯河而上，第二天便进入了仰光城。5月6日早晨，这支英军和梅塞维从卡多和勃固南下的先头部队会师。现在缅甸全境已基本获得解放。

英军在战役后期没有遇到多少日军抵抗，主要是因为，日军已经把大多数航空兵部队和海军调去应对美军在太平洋挺进造成的更大的威胁。面对盟军的800多架作战飞机（其中650架轰炸机和177架战斗机），日军只能搜罗到50架老旧的飞机。此外，英军的高歌猛进整体上依赖美军运输机保障部队的供应。

第 35 章

希特勒的阿登反攻

1944 年 12 月 15 日，蒙哥马利给艾森豪威尔写了一封信，说想在对莱茵河发动下一次大攻势之前回家过圣诞节。他还随信附上了一张 5 英镑的账单，要艾森豪威尔为前一年跟他打的赌付账，当时艾森豪威尔说战争会在 1944 年圣诞节前结束。[1] 这个开玩笑的催账并不那么识相，因为仅仅两周前——在一封"让艾克气得脸红脖子粗"的信中——他还激烈地批评艾森豪威尔的战略，说这个战略没能打败德国人，进而提出艾森豪威尔应该拱手让出战场指挥权[2]。

艾森豪威尔的耐心堪称典范，他选择把蒙哥马利的第二封信看作一个玩笑，而非火上浇油。他在 16 日的回信中写道："我还有 9 天时间，虽然看起来，你似乎能赢得 5 英镑回家过年，可你得等到那一天才能拿到钱。"

无论是他们两个还是他们手下的任何一名指挥官都没有料到敌人还会打乱自己的进攻方案。那天蒙哥马利在发给第 21 集团军群全体部队的最新战局估计中充满信心地说："敌人目前在所有战线上都处于防御态势；敌人所面临的形势不允许他们发动一场大规模的进攻战役。"指挥美国第 12 集团军群的布莱德雷也持相同看法。

可是就在 12 月 16 日那天早晨，敌人发动了一场声势浩大的进攻，打乱了盟军指挥官们的计划。打击指向阿登地区美国第 1 集团军的战线，这个地段山岭起伏，林木茂密，盟军部署在这里的部队分布稀疏，以便最大限度地将兵力集中

1　Butcher: *My Three Years with Eisenhower*, p. 722.

2　Butcher: *My Three Years with Eisenhower*, p. 718.

在通往德国的平坦大道上。盟军认为阿登地区不适于自己的进攻，进而以为敌人也不会把这里作为进攻轴线。可是，4年前就在这里，德军以闪电战粉碎了盟军1940年的战线，令整个西线趋于崩溃。奇怪的是，1944年的盟军指挥官们居然对希特勒可能在同一地区故技重施的可能性视而不见。

德军进攻的消息过了好一阵才传回后方的上级司令部，而各级司令部对这种威胁的认识则更加迟缓。直到当天下午很晚，消息才传到盟国远征军最高统帅部，也就是艾森豪威尔位于凡尔赛的司令部，当时，他正和布莱德雷讨论美军下一步的攻势。布莱德雷后来坦率地承认，他以为德军的进攻只不过是"捣乱性的进攻"[1]，目的是给美军进攻制造麻烦。艾森豪威尔说自己"立刻就确信这不是局部攻势"[2]，可事实上，他手下作为远征军最高统帅部预备队的2个师直到第二天傍晚才接到准备开赴战场的通知。

到那时，薄弱的阿登战线已经被20个师的德军突破，门户大开，其中7个是装甲师，总共有大约1000辆坦克和自行火炮，而盟军只有米德尔顿（General Middleton）第8军的4个师，驻守这段80英里长的防线。布莱德雷回到他在卢森堡的指挥所，发现参谋长正满腹狐疑地在作战室看地图，问道："这帮婊子养的从哪儿变出这么多兵力？"[3]情况比他的司令部当时所知道的还要糟糕。德军坦克矛头已经突入美军防线达20英里，其中一支先头部队打到了斯塔沃洛（Stavelot）。那时，第1集团军司令霍奇斯也低估了德军的突击，起初坚持对北面鲁尔河水坝发动自己的攻击。直到18日清晨，得知德军已冲过斯塔沃洛，接近自己在斯帕（Spa）的司令部，他才醒悟过来，意识到局势的严重性，于是将自己的司令部紧急撤到了比较安全的后方。

高级指挥部迟迟未能把握形势，部分原因是情报传递的速度过于缓慢。而这又是因为，德军的突击队伪装渗透进被突破的前线，切断了盟军从前线通向后方的许多电话线，并到处制造混乱。

但这无法解释高级指挥部为何对德军在阿登地区发动反攻的可能性视而不见。盟军情报部门从10月就知道德军各装甲师已从前线的作战中撤出来进行整

1　Bradley: *A Soldier's Story*, p. 455.

2　Eisenhower: *Crusade in Europe*, p. 342.

3　Bradley: *A Soldier's Story*, p. 466.

补，其中部分装甲师被编入了一个新组建的党卫军第6装甲集团军。12月初，有报告显示，第5装甲集团军司令部在从科隆以西的鲁尔地区撤出并向南移至科布伦茨。盟军情报部门还发现德军坦克部队正在朝阿登地区开进，而新组建的步兵师也出现在那个地段。12月12日和13日，又有报告说德军两个著名的"闪电"师（大德意志师和第116装甲师）已抵达这片"平静的"地区，14日，德军把架桥装备调到奥尔河（Our）边，这条河流掩护着美军阿登地区防线的南半部。早在12月4日，在这个地段抓到的德军战俘交代，德军正准备在那里发动一次大规模进攻，此后几天很多其他战俘的口供也证实了这个情报。他们还声称进攻将在圣诞节前一周发动。

为什么这越来越多的重要迹象都没有引起足够的重视？这是因为，第1集团军的情报处长和作战处长私人关系不好，跟集团军群情报处长的关系也很紧张，被人认为是个总喜欢喊"狼来了"的草木皆兵的家伙。[1]而且就连他也没能从自己搜集到的情报里得出清晰的结论，而受到直接威胁的第8军得出的结论是，德军各师在其前方的调动仅仅是为了让新部队获得前线经验，以便日后调到其他地段，这"显示敌人有意让前线的这个地段保持平静无事"，这是非常危险的错误结论。

除了情报机构对进攻的德军兵力缺乏清醒的认识以外，另有四个原因致使盟军高级指挥部失算。他们长期以来一直采取进攻的态势，已经很难想象敌人会夺取战场主动权。他们被灌输了太多"进攻是最好的防御"的军事学说，危险地以为只要自己一直保持进攻态势，敌人就无法有效地进行反攻。他们认为，敌人就算尝试反攻，那也只会是对盟军正面进攻科隆和鲁尔工业中心的直接反应。由于希特勒重新任命现年70岁的老元帅伦德斯泰特出任西线总司令，盟军就更加认为敌人的行动应该是正统且谨慎的。

在所有这些方面，盟军的想法都被证明是大错特错的，前三个方面固然让盟军误入歧途，但错得最离谱的还是最后一个假设，因为伦德斯泰特在这次反攻中只担任名义上的角色，根本不管事，盟军把阿登战役称作"伦德斯泰特攻势"，令他当时和后来都很窝火，因为伦德斯泰特不但不同意发动这场进攻，而且拒绝

---

1 Bradley: *A Soldier's Story*, p. 464.

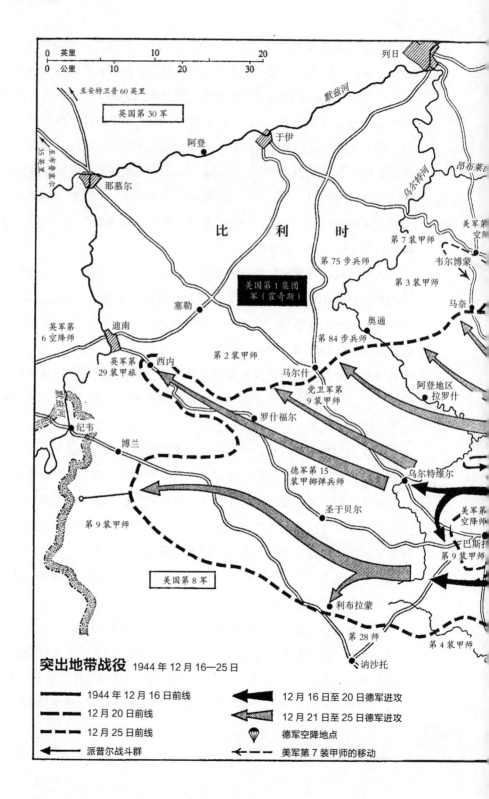

突出地带战役 1944 年 12 月 16—25 日

——— 1944 年 12 月 16 日前线		◀ 12 月 16 日至 20 日德军进攻	
- - - 12 月 20 日前线		◀ 12 月 21 日至 25 日德军进攻	
━ ━ 12 月 25 日前线		⊕ 德军空降地点	
← 派普尔战斗群		◀--- 美军第 7 装甲师的移动	

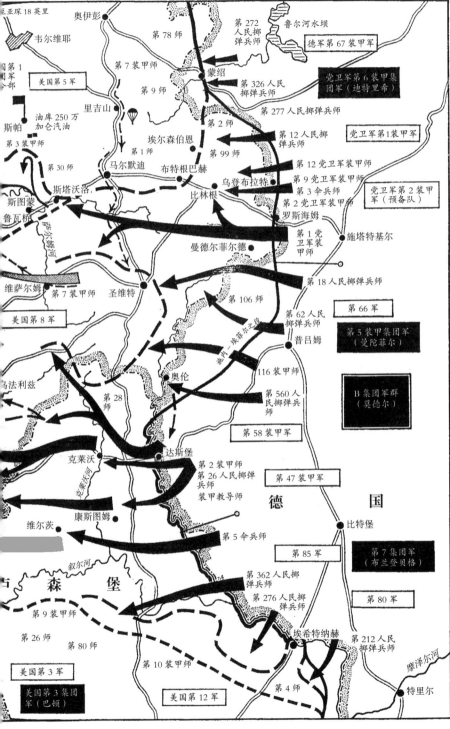

与其产生任何瓜葛，只是任由下属尽其所能地捣鼓，他自己的西线总司令部只是充当传递希特勒指示的邮局。

整个阿登攻势的想法、决策和战略计划完全是希特勒的别出心裁。这本是一个非常天才的主意，如果希特勒拥有足够的资源和兵力，来确保能有机会达成其野心勃勃的目标的话，他本可能取得辉煌的战绩。反攻开场的胜利令人炫目，这部分要归功于年轻的哈索·冯·曼陀菲尔将军发明的新战术——希特勒最近把47岁的他从一名师长提拔到了集团军司令的位子上。不过，这个成功还应归功于希特勒头脑中的一个半成功的想法，即大胆地使用几百人的部队使百万盟军瘫痪，打开通向胜利的道路。希特勒把这个重任交到了另一个新发现的人才身上，他就是36岁的奥托·斯科尔兹内（Otto Skorzeny），此人在前一年奉命用滑翔机发动突袭，从山巅的监狱里救出了墨索里尼。

希特勒头脑中的最新杰作被冠以"格赖夫行动"（Operation Greif）的名字，这是神话中半鹰半狮神兽格里芬的德文名字。这个名字非常贴切，因为它最大的作用就是在盟军战线后方制造巨大且令人恐慌的混乱。

但在计划中，这次行动是分两波进行的，共同构成荷马史诗中"特洛伊木马计"的现代版本。在第一波中，一个会说英语的突击连队，将在德国军装外面穿上美军野战军装，乘坐美国吉普，俟一突破战线就分成小股前进，去切断电话线，调转路标让守军预备队走错方向，拉红线标示公路上埋了雷，总之使用一切可以想到的办法制造混乱。在第二波中，穿着美军装束的整整一个装甲旅将向前突进，抢占默兹河上的桥梁。

第二波从未真正开始行动。德国集团军群参谋部只能提供一小部分所需的美军坦克和卡车，其余的只能用伪装的德军车辆充数。这种拙劣的伪装需要非常小心才不会被戳破，而且在这个旅等待的北部地段，美军防线一直未被完全突破，因此这个旅的进攻被推迟，最终被取消了。

可是第一波取得的胜利让人惊掉下巴，比预期的更顺利。大约40辆吉普穿过了前线，忙于各种制造混乱的任务，除了8辆外，其余全都安全返回。少数被美军俘虏的部队引起了最大的麻烦，因为他们令美军立即得出这种印象，即有很多破坏分队正在美军战线后方到处漫游。结果，为了搜查破坏分子，交通陷入了巨大的堵塞中，好几百名美军士兵因未能正确回答盘问而被抓捕。布莱德雷本人回忆说：

> ……50 万大兵每次在路上互相碰面时都要玩一玩猫捉老鼠的游戏。官衔、证件抑或抗议都不能让一名过路者在经过的每个路口免于盘问。我曾 3 次被谨慎的士兵命令证明自己的身份。第一次是要指出伊利诺伊州的首府是斯普林菲尔德（问我的人非说答案是芝加哥）；第二次是要我说出橄榄球规则里后卫在争球线上中锋和截锋之间的位置；第三次要我说出当时一个叫作贝蒂·格拉波（Betty Grable）的金发女演员的现任老公是谁。格拉波把我难住了，不过哨兵没有。他看到我被难住了很高兴，便放了我一马。[1]

英军的联络官和来访的参谋们不知道这种问题的正确答案，想过关就要艰难得多了。

19 日，一名被俘的突击兵在接受讯问时交代说，有几个吉普车队领受了刺杀艾森豪威尔和其他高级将领的任务。早在这些德国突击兵得知真实任务之前，这个毫无根据的谣言就在训练营里流传过。可是现在，当谣言传到盟军各级司令部后，它引发了一场安保服务恐慌，瘫痪性的预防措施连后方的巴黎都不能幸免——直到 10 天后，警戒才解除。

艾森豪威尔的海军副官布彻海军上校在 23 日的日记里写道：

> 我今天去凡尔赛见艾克。他成了我们自己宪兵的俘虏，行动自由大受限制，他火冒三丈却又无可奈何。房子周围充斥着各种各样的卫兵，有些还配有机关枪，他每次往返办公室，车前甚至有时候车后都有一名坐着吉普的武装警卫。[2]

还好，德国人自己也给自己制造了不少困难，其过于紧张的资源不足以支撑希特勒异常庞大的野心。在制订大规模作战计划时，他总是放任自己的想象力自

1　Bradley: *A Soldier's Story*, pp. 467-9.

2　Butcher: *My Three Years with Eisenhower*, pp. 727-9.

由翱翔。

曼陀菲尔很好地总结了这次作战：[1]

　　阿登攻势的计划完全是由最高统帅部（希特勒的总部）制订的，其后又以刻板生硬的"元首命令"形式向我们下达。其所规定的目标是，用迪特里希（Dietrich）的第6装甲集团军和我的第5装甲集团军，在西线取得决定性的胜利。第6装甲集团军将向西北方向进攻，在列日和于伊（Huy）之间渡过默兹河，然后冲向安特卫普。它承担主攻任务，拥有主要兵力。我的集团军沿一条比较迂回的路线进军，掩护侧翼，在那慕尔和迪南之间渡过默兹河，继而向布鲁塞尔进军……整个攻势的目的是切断英军与其补给基地之间的连线，迫使英军撤出欧洲大陆。[2]

希特勒设想，如果自己可以打出第二场"敦刻尔克大撤退"，英国就会退出战争，而他也就能有回旋的余地挡住苏联人，在东线制造僵局。

10月底，这个计划被通报给了伦德斯泰特和负责前敌指挥的集团军群司令陆军元帅莫德尔。伦德斯泰特这样描述自己的反应：

　　我震惊到无语。希特勒从未问过我这么做成功的可能性。很明显，现有的兵力完全不够实现如此雄心勃勃的计划。莫德尔和我持有相同的观点。实际上，没有一个军人会相信打到安特卫普的目标真能实现。可是我现在已然知道，与希特勒争论任何事情的可能性都是无用的。在和莫德尔及曼陀菲尔商讨后，我觉得唯一的希望就是提出一个他能接受的相对现实的替代方案，这样也许能让希特勒把幻想出来的宏伟目标降低一些。我认为应该发动一次有限的攻势，将目标定为以钳形攻势消除盟军在亚琛周围的突出部。[3]

1　战争结束后不久，我被允许讯问一些德军高级军官，并和他们在地图前详细讨论作战细节，在用其他证据验证之后，我会在合适的时候引用他们自己对战事引人入胜的叙述。

2　Liddell Hart: *The Other Side of the Hill*, pp. 446-7.

3　Liddell Hart: *The Other Side of the Hill*, p. 447.

可是希特勒拒绝这个现实的计划，坚持按原方案行事。准备工作必须尽可能保密地加以完成。曼陀菲尔说：

> 我的第 5 装甲集团军下辖的所有师都集结在特里尔（Trier）和克雷菲尔德（Krefeld）之间，但是互相之间保持着较大的距离，以防间谍和老百姓猜透部队的意图。我们让部队准备好迎战盟军指向科隆的进攻。只有极少数参谋军官才知道实际的作战计划。[1]

第 6 装甲集团军集结地域更靠后，位于汉诺威和威悉河（Weser）之间。这个集团军的各师是从前线抽调出来，加以休整并接受新装备的。奇怪的是，泽普·迪特里希直到快要发动进攻前不久，才被告知自己所要担负的任务，而且从没有人问过他对将要执行的作战计划有什么看法。大多数师长要到进攻前几天才得知此次行动。就曼陀菲尔的第 5 装甲集团军而言，他们花了 3 个夜晚，以开赴进攻发起位置。

这种战略性伪装自然有助于达成奇袭，可是为了对内严格保密，德军也付出了很大代价，对第 6 装甲集团军来说更是如此。各级指挥官获知任务太晚，没有时间仔细研究自己所面临的困难，侦察地形并推进准备工作。结果很多细节都被忽略了，进攻开始之后，数不清的小问题陆续出现。希特勒在统帅部里和约德尔一起制订了计划方方面面的细节，似乎认为这就足够让下级去执行了。他没有注意到当地的具体情况，也没考虑到下属指挥官每个人将会遇到的问题。他对需要投入的部队兵力也太乐观了。

伦德斯泰特评论说："没有充足的情报，没有充足的弹药供应，装甲师的数量很多，可每个师的坦克很少——所谓兵力很大程度上只是纸面上的。"[2]

机动车燃料是最大的问题。曼陀菲尔说：

1　Liddell Hart: *The Other Side of the Hill*, p. 449.

2　休伊·科尔博士主编的美国官方历史证实了这一点，书中说德军一个装甲师的平均坦克数量为 90～100，而美军装甲师的坦克两倍于此。盟军当时基于师的数量，声称德军这次集结起来了整场战争中最强大的坦克兵力，但官方历史的说法令以上声明非常站不住脚。

　　约德尔向我们保证将会有足够的燃料让我们充分展开兵力并持续突进。结果，这个保证完全是不靠谱的。部分原因是，最高统帅部是靠数学和经验的模式来计算一个师机动 100 公里所需要的燃料数量的。我在苏联作战时所得的经验教会了我，在战场环境下，真实的需求量是这个数字的两倍。约德尔不懂这些。

　　阿登地区的地形如此崎岖，我们在这里开展冬季作战可能会遇到更多问题，考虑及此，我私下告诉希特勒说，应该提供 5 倍于标准基数的燃料补给。实际上进攻开始后，我们只获得了相当于标准基数 1.5 倍的燃料。更糟糕的是，其中多数燃料都存放在太远的莱茵河东岸的大批卡车纵队里。随着大雾天气转晴，盟国空军开始行动，燃料的运输立即就遭到严重阻挠。

　　部队对以上这些困难一无所知，对希特勒本人和他的胜利保证信心百倍。伦德斯泰特说："进攻开始时，参战部队的士气高得令人吃惊。他们真的以为有可能取得胜利，而了解内情的高级指挥官们在这一点上则正好相反。"

　　"小规模"方案被拒之后，伦德斯泰特退居幕后，让莫德尔和曼陀菲尔去跟希特勒掰扯作战计划的技战术细节，这两个人更有可能影响到希特勒，而技战术细节也是希特勒唯一愿意考虑改动的地方了。12 月 12 日，最终作战会议在伦德斯泰特位于巴德瑙海姆附近的齐根贝格的西线总司令部召开，会上，伦德斯泰特只扮演了名义上的参与者这一角色。希特勒出席会议并控制了整个进程。

　　至于技术上的变化及战术上的改进，曼陀菲尔对其进行过生动的叙述，后来从档案和其他渠道搜集到的证据证实了他所说。

　　我在看到希特勒的进攻令时，惊讶地发现其中甚至规定了进攻的战术和时间。早晨 7 点 30 分开始炮火准备，11 点发动步兵进攻。在此期间，空军将轰炸敌人的司令部和后方交通线。装甲师则在步兵大部队实现突破后再出击。炮兵应分散在整个进攻正面上。

　　有好几个方面在我看来都很愚蠢，于是我立即制定了不同的战术，并向莫德尔做了解释。莫德尔同意我的修改，不过语带挖苦地说："你最好和元首先争论一番。"我回答说："行啊，我可以这样做，如果你愿意和我一起去。"

于是我们两个在 12 月 2 日去柏林见了希特勒。

我一开场就说道："我们中没有人能知道进攻那天的天气将会如何——你确定空军能在盟军的空中优势面前完成自己的任务吗？"我提醒希特勒，早先在孚日山脉就有两次战例表明，装甲师是无法在白天移动的。然后我继续说："我军 7 点 30 分发动炮击只能惊醒美国人，然后他们就有 3 个半小时的时间在我们进攻之前采取反制措施。"我还指出，德军步兵就质量而言已大不如前，很难做到我们要求的那种深远突破，尤其是在这么复杂的地形中，因为美军的防线是由一系列前哨防御据点组成的，主防线远在后面，很难穿透。

我向希特勒建议做几点改动。第一，把进攻时间定在凌晨 5 点 30 分，好利用夜色掩护。当然这就限制了炮兵瞄准，可是也能让炮兵集中火力覆盖少数早已明确标定的重点目标，比如，敌军炮位、弹药堆栈和指挥部。

第二，我建议每个步兵师组建 1 个"突击营"，由最有经验的官兵组成。（由我亲自挑选军官。）各"突击营"在 5 点 30 分的夜色中前进，没有炮火掩护，从美军前沿防御据点之间渗透进去，尽可能避免战斗，直到深入敌阵以后再发起进攻。

高射炮部队将提供探照灯，把光柱打向云层，通过向下反射来为突击部队的前进照亮道路。此前不久，我刚刚看过这种战术的演示，印象很深，觉得这将成为拂晓前快速渗透的制胜关键。

我在向希特勒提出以上改进建议后，继续争辩说，如果我们想获得合理的胜算，就不能采用其他办法来作战。我强调："下午 4 点，天就黑了。因此，如果上午 11 点钟发动进攻，你就只有 5 小时来达成突破。而能否及时做到是根本没法保证的。如果采纳我的建议，你就会多出 5 个半小时来突破敌人防线。然后等天黑，我就可以出动坦克。他们将在夜间越过步兵前进，到第二天拂晓就能沿着已经清理出来的道路，向敌人的主阵地发动进攻。"[1]

据曼陀菲尔说，希特勒毫不犹豫地接受了他的意见。这非同寻常。看起来，

1　Liddell Hart: *The Other Side of the Hill*, pp. 451-3.

希特勒似乎愿意听从自己信任的少数将领（莫德尔是另外一个）所提的意见，不过，他本能地不信任大多数高级将领。至于自己身边的参谋人员，他虽然依赖他们，却也知道他们缺乏实战经验。

以上这些战术改进固然能让胜算有所提高，但兵力上的削减又将这些效果抵消了。因为前敌指挥官们很快就收到了令人失望的消息，说答应调给他们的部分兵力由于苏军在东线施加的压力现在来不了了。

于是，布鲁门特里特指挥的第15集团军不得不放弃向马斯特里赫特发动向心攻击——结果就让盟军得以自由地从北方抽调预备队南下。此外，原定在南翼负责掩护的第7集团军现在只拥有少数几个师，而且其中没有一个是装甲师。

至于作战计划本身，有几点值得特别强调，并且在后面叙述阿登行动的全过程中都应该牢记。第一是，多云天气在德军计划中的重要性。德国领导人非常清楚盟军在必要时可以调集5000多架轰炸机参战，而戈林只答应调集1000架各型飞机助战——希特勒这时已经对德国空军的承诺格外谨慎，在向伦德斯泰特介绍作战计划时把这个数字又降到了800~900架。结果，就连这个数字也只在1天达到过，而且当时地面战斗大局已定。

第二是，7月谋刺事件之后，没有一名德国将军能够或敢于直截了当地反对希特勒哪怕再荒谬的计划；他们最多只能说服希特勒接受一些技战术的改动，而他也只能听进去自己特别信任的那些将军的建言。

其他因素还包括：两侧集团军未能获得当初所应允的兵力，其所应承担的任务也相应被调整；美军11月在亚琛周围发动的进攻牵制了原定参加反攻的几个德军师；德军把反攻从11月推迟到条件不那么适合的12月；与1940年那次闪击相比，1944年这次行动存在很多不利的差异。

胜败在很大程度上取决于迪特里希的党卫军第6装甲集团军能否快速进军，它被部署在关键地段，离默兹河最近。空降部队能在打开通路的作战中发挥最大的作用，可是他们大部分都已被用在地面防御战中。德军在进攻发起前一个星期只搜罗到1000名伞兵，并将其组成一个营，交由冯·海特（von der Heydte）上校指挥。在和空军司令部联系后，冯·海特才发现，配属给他的飞机上有一多半机组人员没有空降作战的经验，还缺乏必要的设备。

最后分配给伞兵部队的任务并不是在坦克进攻的道路前方夺取一处地形复杂

的隘口，而是降落在马尔默迪 – 奥伊彭 – 韦尔维耶（Malmedy-Eupen-Verviers）交叉路口附近的里吉山（Mont Rigi），封锁侧翼道路，迟滞盟军从北面而来的增援。可是进攻前一天，答应给他的运输机没能及时赶到并把各连运到出发机场，于是空降被推迟到第二天夜里，而那时地面进攻已经开始。后来，只有三分之一的飞机飞到正确的空投地区，跳伞之后，冯·海特只能集合起 200 人，无法占领路口并建立封锁阵地。在好几天里，他出动小规模攻击群骚扰公路，后来由于根本看不到迪特里希部队赶来解救他们的迹象，便试图向东去和迪特里希会和，却在路上被俘虏了。

迪特里希的右路进攻一开始就被美军在蒙绍（Monschau）的顽强防御挡住了。他的左路进攻突破了美军防线，从进攻出发地前进 30 英里，绕过马尔默迪，于 18 日在斯塔沃洛以西渡过昂布莱沃河（Amblève），可是在这里的狭窄隘口被挡住了，然后受到美军反攻的逼迫。随着盟军预备队赶到战场，德军重新发动的进攻被兵力越来越强的美军击败，第 6 装甲集团军的进攻丧失了动量。

在曼陀菲尔的战线上，攻势开局的状况不错，用他自己的话来说：

> 我的各突击营像雨滴一样迅速渗透进美军前线。下午 4 点，坦克开始出击，在黑暗中借助"人造月光"向前挺进。[1]

可是在渡过奥尔河后，他们需要在克莱沃河畔（Clerf）的克莱沃（Clervaux）突破又一处险要的关隘，地形障碍加上冬季的恶劣天气让进攻一再耽搁。

> 坦克打到哪里，哪里的抵抗就会瓦解，可是，在进攻的这个早期阶段，微弱的抵抗带来的好处被机动的困难所抵消。[2]

18 日，德军经过将近 30 英里行军逼近巴斯托涅（Bastogne），19 日，他们

1　Liddell Hart: *The Other Side of the Hill*, p. 459.

2　Liddell Hart: *The Other Side of the Hill*, p. 460.

试图冲进这个关键的公路枢纽，却被击退了。[1]

艾森豪威尔的预备队 2 个师终于投入战场，于 18 日赶往前线。可是他们当时集结在兰斯，离前线有 100 英里——更糟糕的是，预定赶赴巴斯托涅的 101 空降师因为参谋工作的失误，被错调到北边去了，幸好中途遇到交通堵塞，又有一名宪兵中士偶然问了一句，该师这才折向南去，于 19 日那个关键性的早晨赶到巴斯托涅。这个师的侥幸赶到填补了防线上的漏洞。

此后两天，德军数次突击都被击败。曼陀菲尔于是决定绕过巴斯托涅向默兹河继续推进。可是现在盟军预备队已从四面八方赶到战场，总兵力远超德军投入进攻的部队。巴顿麾下 2 个军向北转动，沿着通往巴斯托涅的公路一路反攻，前去解围。尽管暂时被阻，他们的反击却越来越多地吸引了曼陀菲尔本可用于自身突击的兵力。

战机已经错过。曼陀菲尔向默兹河发动的迂回突击虽然在盟军各级司令部里引起了警惕，却因为时已晚而无法造成真正严重的威胁了。按照原定计划，第二天就应该占领巴斯托涅，可实际上，德军到第 3 天才赶到那里，第 6 天才绕了过去。24 日，德军将一根"小指头"伸到了离默兹河只有 4 英里的迪南附近，可这已经是强弩之末了，而这根"小指头"很快就被美军切断了。

德军前进的速度大大受限于泥泞和燃料短缺——由于缺乏燃料，只有一半炮兵能投入战斗。战役开始那几天，弥漫的大雾迫使盟国空军停在地面，有利于德军进攻，可 23 日，雾气消散了，实力薄弱的德国空军根本无力掩护地面部队免受盟国空军的狂轰滥炸。由此，时间上的损失又被成倍放大。希特勒还把主攻任务交给了北翼的党卫第 6 装甲集团军——这个集团军主要是由他所青睐的党卫军部队组成的——而不顾那里地形更狭窄，盟军部队更强大，预备队更接近，结果付出了很大的代价。

进攻第一周，德军就没有达到预期的目标，第二周开头，他们加快了进攻步伐，可那不过是虚幻的表象而已——因为美军牢牢地守着主要的公路枢纽，德军这么做只是在这些枢纽之间的区域向前顶得更深而已。

---

1 这次耽搁不完全是因为守军——在后来的交谈中，一支先头部队的指挥官向我承认说，在最关键的时刻，他和一名"美丽的金发"美国女护士共度良宵，在他部队占领的一个小村子里耽搁了下来。战役的胜负并不总是取决于军事学教科书告诉我们的那些因素！

在粗略地叙述完战役梗概后，现在我们来更细致地分析这次战役中不同地段的某些关键阶段。

迪特里希的党卫军第6装甲集团军承担主攻任务，但其战线相对狭窄，按照原计划，该集团军中的3个步兵师应在乌登布拉特（Udenbrath）两侧突破美军战线，然后在另外2个步兵师的增援下转向西北，形成面对北方的牢固肩膀，而4个装甲师则两两一组通过突破口，冲向大城市和交通中心列日。这4个师全都是党卫军，番号分别是党卫军第1、第12、第2、第9装甲师，隶属党卫军第1和第2装甲军。他们拥有大约500辆坦克，其中有90辆是六式，即虎式坦克。应该指出，迪特里希本人希望用2个装甲师进行突破，但是被莫德尔否决了，莫德尔认为在这样的地形上，让装甲师去打开突破口实在过于困难了。

负责防守这个地段的美国第99步兵师，是杰罗（Gerow）将军第5军中最南边的一个师，正面宽约20英里，和再往南米德尔顿第8军的各个师正面宽度一样。对任何一个师来说，这样的正面都太宽了，这说明盟军根本没有预料到德军会发动进攻。

12月16日凌晨5点30分，炮击开始，但这个地段的德军步兵直到大约7点钟才开始推进。美军的据点一个接一个被攻克，但其中很多据点都在众寡悬殊的情况下英勇奋战，给德军造成了极大损失——同时迟滞了德军装甲师的前进。在之后的两天，德国人还在继续向西推进，可美军在关键性的贝格–布特根巴赫–埃尔森伯恩（Berg-Butgenbach-Elsenborn）地区的顽强防守，让德军未能按计划占领北部肩膀，这里一直留在美军手中以未来作战。美军日复一日抵抗着德军的猛烈进攻。莱昂纳德·杰罗的美国第5军表现得十分出色，这个军此前参加过美军在亚琛地区的进攻，在紧急关头南调而来。（这次挫败大大有损党卫军部队的名声，让希特勒在20日决定把主攻任务改交给曼陀菲尔的第5装甲集团军。）

在曼陀菲尔集团军前线，其右翼在靠近迪特里希的地段很快达成突破。这个地段位于施内–埃菲尔（Schnee Eifel）山地，只有20多英里宽，掩护着通往重要公路枢纽圣维特（St Vith）的道路，守军是新开到的美国第106步兵师和第14骑兵战斗群。这里最突出的一个特点就是，进攻者并不拥有北面那种兵力上的绝对优势——主要包括卢赫特（Lucht）的德国第66军下辖的2个步兵师外加1个坦克旅。可是到 17 日，这里的德军就成功地以一次钳形攻势包围了 106 步兵师的两个团，迫使至少 7000（也许有 8000 到 9000）名美军投降。这要归功于曼陀菲尔运用的新战术。在曼陀菲尔的前线，突击分队早在炮击开始前就渗透进了美军防御阵地。按照美国官方历史的说法，在此次施内 – 埃菲尔战役中，"美国陆军遭受了 1944—1945 年欧洲战场最惨重的失败"。

在曼陀菲尔战线中再靠南的地段，克吕格尔（Krüger）的第 58 装甲军在右，吕特维茨（Lüttwitz）的第 47 装甲军在左，共同发起主攻。第 58 装甲军在渡过奥尔河后继续向乌法利兹（Houffalize）进攻，下一步目标是渡过默兹河在阿登和那慕尔之间建立一座桥头堡。第 47 装甲军在渡过奥尔河后应占领关键的公路枢纽巴斯托涅，然后继续前进，在那慕尔以南渡过默兹河。

美军第 28 步兵师的前哨据点迫使德军在强渡奥尔河的时候耽误了一些时间，可是无法阻止德军渡河，第二天（17 日）夜里，德军迫近乌法利兹和巴斯托涅，以及连接两个公路枢纽的横向公路。要想充分展开部队并向西横扫，德军就需要占领这段公路。

在战线最南翼，布兰登贝格（Brandenberger）的德国第 7 集团军（下辖 3 个步兵师和 1 个伞兵师）承担的任务是，通过讷沙托（Neufchateau）向梅济耶尔（Mézières）攻击前进，以此掩护曼陀菲尔突击的侧翼。4 个师全都顺利渡过奥尔河，在内翼的第 5 伞兵师只用了 3 天时间，就突进 12 英里，到达西边的维尔茨。但是美国第 28 师的右翼只是缓慢后退，米德尔顿第 8 军的另外两个师（第 9 装甲师和第 4 步兵师）则在德军前进 3 ~ 4 英里后便将其挡住。到 19 日，局势逐渐明朗，美军已牢牢地守住德军正面进攻的南翼，同样很清楚的是，巴顿的第 3 集团军正从萨尔地区向北转动，很快就能增援这里，就在那天德国第 80 军转入防御。

曼陀菲尔曾请求为邻近的第 7 集团军配属一个机械化师，以便它能与自己的左翼齐头并进，可是被希特勒拒绝了。这一拒绝也许是致命的。

在北段迪特里希负责的战线，直到 17 日前进道路扫清后，坦克突击才发动，精锐的党卫军第 1 装甲师向前推进，试图从南侧迂回列日。该师的先头部队"派普尔战斗群"（Battle Group Peiper）拥有全师 100 辆坦克中的大多数，在前去于伊夺取默兹河渡口的途中几乎未遇抵抗，还用机枪屠杀了几批手无寸铁的美军战俘和比利时平民，因而恶名昭彰。（派普尔在战后受审时声称，是希特勒命令他在进攻时掀起一股"恐怖的浪潮"。但是派普尔的部队是整个攻势当中唯一一支犯下如此暴行的部队。）派普尔战斗群在离默兹河还有 42 英里的斯塔沃洛郊外停下过夜，很难理解他们为什么不去占领那里的重要桥梁和北面储存有 250 万加仑油料的巨大油库。当时这两处的防守都很薄弱。美国第 1 集团军司令部当时就设在内陆温泉地斯帕，离得也不远。当夜，美军援兵赶到，第二天，派普尔被一道石油燃烧形成的障碍挡住了，而后在 3 英里外的特鲁瓦桥，他又眼睁睁地看着桥梁被炸毁。于是，派普尔想要沿着侧面的河谷绕道而行，可仅仅开进了 6 英里，又在斯图蒙（Stoumont）被挡住停顿了下来。与此同时，他还发现自己的部队已被孤立，而第 6 装甲集团军其他部队还落后很远。

在南段曼陀菲尔的战线，德军对关键公路枢纽圣维特和巴斯托涅的压力不断增大，因为占领这两处很可能会对进攻的前景产生决定性的影响。12 月 17 日，德军第一次对圣维特（进攻发起前，圣维特位于前线后方 12 英里处）发动进攻，不过投入的兵力不多。第二天，美国第 7 装甲师主力赶到战场。18 日，德军加强进攻兵力，圣维特外围村落一个接一个被攻克，正是这一压力，使得第 106 师被围的两个团无法得到任何解救。此外，德军坦克纵队正从南北两翼包抄圣维特，美军不得不先将其击退，同时德军一个装甲旅正在赶来加强正面进攻力量。

18 日，吕特维茨的第 47 装甲军以两个装甲师（第 2 装甲师和装甲教导师）和第 26 人民掷弹兵师逼近巴斯托涅。但一个隶属美国第 9 装甲师的战斗群和工兵营抵达，加强了防御。双方逐村展开争夺，德军交通又混乱不堪，进攻的节奏因而减缓，艾森豪威尔的战略预备队第 101 空降师这才来得及在 19 日早晨这个关键时刻赶到巴斯托涅。（这个师暂时由安东尼·C.麦考利夫准将指挥，师长马克斯韦尔·D.泰勒已回美国休假。）美军顽强地防守巴斯托涅，工兵的表现尤其出色，使得德军根本无法冲进这座城镇，而装甲部队则已在巴斯托涅以北打开突破口，从两侧绕过去，留下第 26 人民掷弹兵师和一个坦克战斗群来围攻这座公路枢纽。于是，巴斯托涅在 12 月 20 日被包围了。

直到 17 日早晨，艾森豪威尔和他手下主要指挥官才开始接受德军正在发动全面进攻的现实，又过了两天，他们才对此确信无疑。布莱德雷命令美军第 10

装甲师北上，并批准了美国第 9 集团军司令威廉·辛普森（William Simpson）中将主动提出的派第 7 装甲师跟随第 30 师南下的建议。于是，超过 6 万生力军正在奔赴受威胁的地区，另外还有 18 万大军也在此后的 8 天被派往那里。

利兰·S. 霍布斯（Leland S. Hobbs）少将的第 30 师正在亚琛地区休整，先是奉命赶往奥伊彭，又改道去马尔默迪，然后被派往更远的西面去阻挡派普尔的装甲战斗群。在战斗轰炸机的支援下，斯塔沃洛的部分区域被收复，派普尔不但被切断了与第 6 装甲集团军主力之间的联系，还在斯图蒙遭遇越来越强大的反击。到 19 日，他的燃料已短缺到危险的程度，而美国第 82 空降师和装甲部队援兵的赶到，使得兵力对比发生了不利于他的变化。与此同时，两个党卫军装甲军主力还陷在后方很远的地方。由于道路不足，这两个军前进受阻，无法展开大量坦克和运输车辆。（派普尔战斗群被团团包围又用完了燃料，最终从 24 日开始徒步回撤，丢弃了所有坦克和其他车辆。）

南段曼陀菲尔的战线上，美国第 3 和第 7 装甲师的部队已经前去阻挡从圣维特向西挺进的德军。曼陀菲尔亲自指挥进攻，向圣维特守军施加了极大压力，迫使后者在遭受重大损失后迅速退出城镇。幸运的是，交通堵塞妨碍了德国第 66 军迅速的追击，让美国第 106 师和第 7 装甲师的残部得以溜到安全的阵地，进而致使这个地区的德军无法利用突破口向默兹河发动快速突击。

前线被突破后，艾森豪威尔不得不于 20 日让蒙哥马利指挥突破口以北的所有部队，包括美国第 1 和第 9 集团军，而蒙哥马利则把自己的预备队，即下辖 4 个师的第 30 军调来防守默兹河上的桥梁。

对盟军来说，蒙哥马利的自信气质是宝贵的，可是如果他没有，用他自己的参谋军官的话来说，"像耶稣基督冲进去净化圣殿一般"大踏步走进霍奇斯的司令部，这种自信本可以收到更好的效果。后来在一次新闻发布会上，他给人造成一种印象，仿佛正是他对战役的"掌控"，挽狂澜于既倒，救美军出水火，结果引起了更大范围的不满。他还提到自己已经"投入英国集团军群所有可用的兵力"，并且"最终以雷霆之势投入了战斗"。这个声明激起了更大的愤慨，因为在战线南翼，巴顿自 12 月 22 日起就已经发动反攻，26 日还解救了巴斯托涅，而蒙哥马利坚持必须先"整顿好"前线阵地，直到 1 月 3 日才开始从北翼发动反攻，在此之前一直不让英军预备队投入作战。

12 月 20 日那天，盟军重新调整前线指挥结构，突破口北侧被交由 J. 劳顿·柯林斯（J. Lawton Collins）少将指挥，他的美国第 7 军曾参与攻打鲁尔河与莱茵河。柯林斯的绰号是"闪电乔"（Lightning Joe），蒙哥马利点将，明确提出除他之外不要任何人担此重任。为了完成这次艰巨的任务，精锐的第 2 和第 3 装甲师、第 75 和 84 步兵师被划归他指挥，向南对曼陀菲尔挺进的先头部队发动反攻。

巴斯托涅的局势一直都很危急，守军在德军的反复攻击下被迫后退，但从未被击败。22 日，吕特维茨派来一组举着白旗的小队，要被围美军在体面的条件下投降，可是只得到麦考利夫一句谜一样的俚语作为回答："滚蛋！"这段故事后来成了传奇。美军的下级军官为了让德国人明白这个词的意思，只能用"见你的鬼去！"来表达。

第二天，广受欢迎的好天气终于来临，盟国空军第一次进行空投补给，并对德军阵地发动多次空袭。与此同时，巴顿的部队正从南方赶来。即便如此，局势依旧危若累卵，因为到圣诞节前一天（24 日），防御圈已经缩小到 16 英里。可是吕特维茨的部队也没能得到什么新的援兵或者补给，还得忍受着盟国空军越来越猛烈的轰炸。圣诞节那天，德军全力进攻，新到的坦克损失惨重，但美军的防线始终岿然不动。此外，巴顿第 3 集团军的第 4 装甲师（现在由休伊·J. 加菲指挥）已经从南方一路奋战北上，26 日下午 4 点 45 分和守军会师。至此，巴斯托涅成功解围。

德国第 7 集团军试图掩护曼陀菲尔前进部队的左翼，一开始取得了一些成功，但随着美军从南方反击而来，它自己的弱点也暴露了出来。19 日，巴顿奉命终止对萨尔地区的进攻，集中使用 2 个军的兵力消除曼陀菲尔制造的突出部。到 24 日，巴顿手下的第 12 军正在击退德国第 7 集团军各师，砍掉了德军试图建立的南段"肩部"。

再往西，美国第 3 军（下辖第 4 装甲师、第 26 和第 80 步兵师）集中全力解巴斯托涅之围。著名的第 4 装甲师求战心切，急于执行巴顿 22 日下达的"玩命向前冲"的命令。可是地形利于防守，而且主要对手是顽强的第 5 伞兵师，美军不得不逐村逐林地把这些徒步作战的伞兵赶出去。不过，后来侦察发现，德军在讷沙托到巴斯托涅公路上的抵抗较弱，于是 25 日，美军将突击方向由正面改为东北轴线。第二天，第 4 装甲师剩下的几辆谢尔曼坦克开进了巴斯托涅南部的防线。

　　与此同时，曼陀菲尔的各装甲师在绕过巴斯托涅后，继续向那慕尔以南的默兹河段冲去。美军新的援兵仍在路上，为了在此期间掩护默兹河渡口，霍罗克斯的英国第 30 军开到纪韦（Givet）和迪南附近的默兹河东西两岸，美军工兵则随时准备炸桥。

　　希特勒现在把视线收回来，盯住了默兹河。他从最高统帅部预备队里拨出第 9 装甲师和第 15 装甲掷弹兵师，帮助曼陀菲尔在通向迪南的路上肃清马尔什 – 塞勒（Marche-Celles）地区。也就是说，敌对双方都计划在圣诞节发动进攻，可是由于激战正酣，都无法腾出手来。但柯林斯的部队渐渐占了上风，圣诞节当天早上，他的部队在英军第 29 装甲旅的支援下收复了塞勒村，这里离默兹河和迪南只有 5 英里远，是德军推进的最远地点。其后，许多孤立的据点被步兵清除，或被空袭消灭。自 12 月 23 日以来，德军装甲部队就受到来自空中的严重骚扰，到 26 日，已完全无法于白天展开行动。德军第 9 装甲师在圣诞节傍晚姗姗来迟，没能突破美国第 2 装甲师的强大防御。德军从 26 日开始后撤，并承认无法打到默兹河畔。

　　迪特里希的第 6 装甲集团军奉命向曼陀菲尔所在西南方向再发动一次突击，以支持后者的进攻，可是，美军防线现在已大大加强，还能随时得到战斗轰炸机的支援，迪特里希即便出动装甲师，还是很难啃动。党卫军第 2 装甲师一开始突入了美军防线，引起一定程度的紧张和混乱，可是随即在争夺马奈村（特鲁瓦桥西南方向 12 英里处）的漫长战斗中损失惨重。总之，第 6 装甲集团军的进攻除了让自己筋疲力尽以外一无所获。

　　早在主攻开始前，德军就已经放弃向北的进攻，后来，希特勒决定将主攻方向改到南翼，支持第 5 集团军的突击，可是这个最后一搏也因为时太晚而失败了。曼陀菲尔苦涩地说道："直到 26 日，我才得到其余的预备队——而那时他们已经动弹不得。由于缺乏燃料，这些我们急需的部队被困在了长达 100 英里的路段上。"[1] 这一局面的讽刺之处在于，就在 19 日，德军离斯塔沃洛附近的巨型油库

1　Liddell Hart: *The Other Side of The Hill*, p. 463.

只有四分之一英里远，那里存放着 250 万加仑燃料，比德军夺取过的最大油库还要大 100 倍。

> 我们还没来得及开始新的进攻，盟军的反攻就来了。我给约德尔打电话，请求他告诉元首我打算把先头部队撤出此前顶出来的突出地带的尖端……可是希特勒禁止撤退。结果，我们没能及时撤退，而是一寸一寸地被盟军进攻的压力顶了回来，毫无必要地蒙受损失……在这个阶段，我们的损失比早先严重得多，这都是因为希特勒"不撤退"的政策。我军根本承受不起这样的损失，因而走向破产。[1]

伦德斯泰特支持这个论断："我在很早的阶段便想停止进攻，因为即便那时，我军就已明摆着无法达成目标，可是希特勒疯狂地坚持一定要继续进攻。这是第二次斯大林格勒。"[2]

盟军因为忽视侧翼防御而险些在阿登战役初期遭遇灾难。不过，最终把"进攻是最好的防御"这个军事信条推向极端的还是希特勒。事实证明，进攻成了"最糟的防御"——葬送了德国继续进行任何严肃抵抗的机会。

---

1 Liddell Hart: *The Other Side of the Hill*, p. 464.

2 Liddell Hart: *The Other Side of the Hill*, p. 464.

第八部

终局：1945 年

第 36 章

自维斯瓦河向奥得河的横扫

斯大林曾通知西方盟国，他将在 1 月中旬从维斯瓦河一线发起新的攻势，以便和盟军向莱茵河的进攻遥相呼应——但现在西线的进攻已经被阿登反攻打乱。西线盟军的高级指挥部并没有认为苏军这次攻势能有什么大的作为。苏联人总是以天气来推托，不断隐瞒自己部队的情况，自 7 月底到达维斯瓦河后又长期止步不前，因此盟军开始倾向于低估苏联人所能做到的。

在这个无望的战争最后阶段，古德里安已被任命为德国陆军总参谋长，12月底之前，他接到了一些令人不安的敌情汇报。军事情报局"东线外军处"（Foreign Armies East）的处长盖伦（Gehlen）报告说，在波罗的海到喀尔巴阡山之间的战线上发现了 225 个苏联步兵师和 22 个装甲军，这些部队已集结完毕，随时可以发动进攻。

可是，当古德里安把这份关于苏军大规模集结的不详报告上呈时，希特勒拒绝相信，大喊道："这是自成吉思汗以来最大的骗局！谁制造了这些垃圾情报？"希特勒更喜欢依赖从希姆莱（Himmler）和党卫军情报机构那里送来的报告。

希特勒拒绝停止阿登攻势把部队转往东线，因为他认为保持自己"现在在西线重新夺取的"战场主动权至关重要。同时，他还拒绝批准古德里安重新提出的请求，即把被孤立在波罗的海沿岸的那个集团军群（26 个师）从海路撤出，用于增强德国大门的防御力量。

更有甚者，古德里安一回到自己的陆军总部就发现，自己不在的这段时间里，希特勒已趁机下令把驻波兰的 2 个装甲师南下调到匈牙利去为布达佩斯解围。这样，古德里安就只剩下 12 个师的机动预备队来支援 700 英里长的主要战线上的 50 个很弱的步兵师。

德军向布达佩斯发动反攻的消息，更进一步加剧了西方对苏军能力的质疑。西方盟国本就因最近的阿登反攻而受到震动，现在布达佩斯反攻的潜在可能性更是让他们震惊不已。有那么几天，德军向被围的布达佩斯发动的反击都颇有斩获，情况看上去很不妙。他们从布达佩斯以西 40 英里处的科莫恩（Komorn）出发，打到了离这座被围城市还有一半路程的地方。可是，苏军的抵抗异常顽强，德军的持续进攻以代价极高的惨败而告终。

德军反攻失败的间接代价更高。这种"刺猬式防御"所表现出来的抵抗能力，使得希特勒变本加厉，越发强调要长期坚守下去。结果，当部队被包围后，希特勒又因急于避免第二次"斯大林格勒"，而采取了让事态变得更加糟糕的措施。原本集结在波兰准备迎击预料中苏军进攻的那两个宝贵的装甲师，已经在新年前夜被调去组成为布达佩斯解围的先头部队，然而在这种情况下，希特勒仍然不允许剩余的部队赶在苏联人发动进攻之前相对地从维斯瓦河前线撤退。这条已经被削弱的防线被迫原地不动，承受苏军的全部打击力量，而不是及时后退以缓冲冲击。再一次，"不惜一切代价"的坚守政策在战略方面带来的损害抵消了其心理优势，结果，毁掉了德军。

苏联最高统帅部现在已经充分准备好利用德军形势上的根本弱点发动进攻。苏联人认识到保持进攻动量的绝对必要性，以及交通线过度延伸所带来的危害，因此这次等到新的战线后方的铁路尽数修复，并由欧洲的标准轨距换成苏联的宽轨才发动进攻。他们还在铁路终点站积聚了大批物资。攻势的首要目标是占领上西里西亚（Upper Silesia）地区，这里是德国的一处完好的重工业区，从没有被盟军轰炸过。为了达到这个目标，苏军只需要从波兰南部维斯瓦河畔的巴拉诺夫（Baranov）桥头堡长驱 100 多英里即可。但是斯大林和苏军总参谋长华西列夫斯基（Vasilevsky）在设计的大战略框架中规定了更深更广的目标。他们将目光扫过奥得河，瞄准西面的柏林，那里离他们在华沙的阵地有将近 300 英里。通过扩大进攻的范围，苏军将获得更广阔的机动空间。比起兵力上 5 比 1 的优势，更重要的是，他们的机动性也大大提高了。源源不断涌入的美国卡车让苏军可以将更多的兵旅摩托化，而自身坦克产量的增加则使得可用于突破的装甲和机械化军数量翻番。与此同时，越来越多的斯大林式坦克增强了苏军突击的威力。这些庞然大物配有一门 122 毫米口径主炮，而德国虎式坦克的主炮口径只有 88 毫米。它们的装甲也比虎式坦克更厚，尽管没有"虎王"坦克那么厚。

新攻势发起之前，苏军对各个方面军进行了改组。主攻任务由 3 名最善进攻的指挥官负责执行，科涅夫仍然指挥波兰南部的乌克兰第 1 方面军，朱可夫从罗科索夫斯基手中接过了战线中央白俄罗斯第 1 方面军的指挥权，罗科索夫斯基则改为指挥华沙以北纳雷夫河一线的白俄罗斯第 2 方面军。

1945 年 1 月 12 日上午 10 点，科涅夫的部队从宽和纵深各大约 30 英里的巴拉诺夫桥头阵地出击，标志着苏军的攻势正式打响。10 个集团军（其中包括 2 个坦克集团军）被投入使用，总共约 70 个师，另有 2 个空军集团军负责空中支援。

一开始，战场低空浓雾弥漫，苏联空军无法起飞，突破的速度大受妨碍。不过大雾也有助于突击部队隐蔽，再加上大量指挥得当的炮兵不断猛轰德军防线，攻击发起第 3 天，苏军就突破到进攻出发线以西 20 英里处的平丘夫（Pinczow），并沿着宽广的正面渡过了尼达河（Nida）。接着，突进阶段开始了。各装甲军通过突破口，像不断奔涌的洪流那样在波兰平原上纵横驰骋。在那个当口，横向扩张比纵深突击更为重要。15 日，一支沿西北方向绕过利萨格拉（Lysa Gora）山地的末端向西北方向推进，攻占了凯尔采，对朱可夫方面军正面的德军部队的后方构成威胁。

14 日，朱可夫从他位于马格努切夫（Magnuszev）和普瓦维附近的桥头阵地出击，他的右翼向北旋转，指向华沙后方，左翼则在 16 日占领了拉多姆（Radom）。同一天，科涅夫的进攻矛头渡过了离西里西亚边界只有 30 英里的皮利察河。罗科索夫斯基的部队也在 14 日从纳雷夫河对岸的两处桥头阵地出击，突破了德军掩护东普鲁士南方通路的防线。前线的突破口总宽度达到 200 英里，将近 200 个师的洪流向西横扫一切。

17 日，朱可夫的部队沿着华沙两侧包抄，占领了该城，其装甲矛头向西几乎打到罗兹。科涅夫的先头部队占领了西里西亚边界附近的琴斯托霍瓦（Czestochowa），又往南绕过了克拉科夫的侧翼。

19 日，科涅夫的右翼到达西里西亚边界，左翼以迂回攻击的手段占领了克拉科夫。朱可夫的部队攻克罗兹，罗科索夫斯基在姆拉瓦（Mlawa）附近抵达东普鲁士的南大门。切尔尼亚霍夫斯基和彼得罗夫的部队分别在攻势的最北和最南

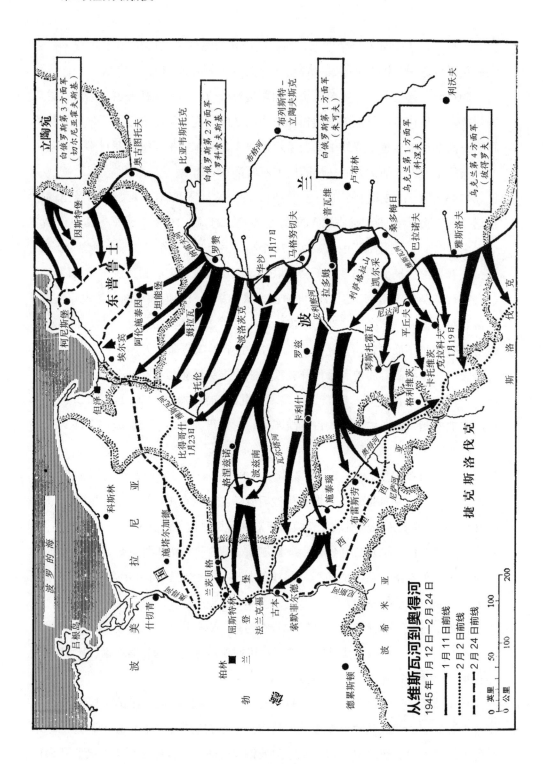

立陶宛

白俄罗斯第3方面军
（切尔尼亚霍夫斯基）

白俄罗斯第2方面军
（罗科索夫斯基）

白俄罗斯第1方面军
（朱可夫）

乌克兰第1方面军
（科涅夫）

乌克兰第4方面军
（彼得罗夫）

利沃夫

布列斯特-
立陶夫斯克

卢布林

普瓦维

秦多梅日

巴拉诺夫

雅斯洛夫

因斯特堡

柯尼斯堡

东普鲁士

埃尔宾

但泽

阿伦施泰因

迪能堡

比亚韦斯托克

奥巴瓦

罗赞

1月17日

华沙

姆拉瓦

波洛茨克

罗兹

波兰

马格努切夫

拉多姆

凯尔采

利萨格拉山

尼达

平丘夫

琴斯托霍瓦

卡托维兹

克拉科夫

1月19日

克

伐

洛

斯

斯

卡利什

格居兹诺

施泰福德

兰茨贝格

格罗南

波兹南

古本

屈斯特林

登

法兰克福

秦默菲劳

布雷斯劳

奥得河

尼萨河

捷克斯洛伐克

波美拉尼亚

施塔尔加德

科斯林

比得哥什
1月23日

柏林

德累斯顿

勃兰登堡

波罗的海

什切青

美

昌根岛

波

美

顿

波希米亚

从维斯瓦河到奥得河
1945年1月12日—2月24日

1月11日前线
2月2日前线
2月24日前线

英里
公里

200
100
100
50
0

两翼前进。到第一周结束时，苏军已前进 100 英里，正面宽度近 400 英里。

尽管为时很晚，德军还是从斯洛伐克前线向北调去了 7 个师以掩护通向西里西亚的道路。指挥斯洛伐克前线的海因里希其实早在苏军进攻风暴来临之前就曾建议，可以抽调自己的部分兵力作为维斯瓦河战线的预备队，可是这种重新部署违背了希特勒“各人必须原地坚守”的原则和条块分割各自作战的习惯。后来，当斯洛伐克战线的兵力几乎被抽调一空，那里剩余的德军还是坚守了好几个星期——这说明原来的兵力是超出需要的。这 7 个增援的师现在虽然已抵达喀尔巴阡山以北，可是就所能发挥的功效而言，还抵不上苏军进攻开始前的 2 个师，因为突破口太宽了，根本填不上。

波兰西部大部分地区一马平川，进攻者如果拥有兵力优势或者机动性，可以充分利用广阔的空间，借助广阔的空间优势，扩大战果。德军在 1939 年就受益于此。现在他们自己成了防守的一方，兵力和机动能力都捉襟见肘。古德里安本人就是机械化作战的倡导者，他很清楚刚性防御无济于事，只有利用装甲部队的机动反制，才有机会制止苏军的突破。可是他被迫滞留在维斯瓦河畔，眼睁睁地看着自己本就不足的装甲部队在苏军即将进攻之际被调了一部分前往布达佩斯。德军把部分剩下的装甲预备队投入凯尔采附近的战斗，为营救被包围在维斯瓦河曲的部队赢得了时间；因此，苏军在攻势开始后的第一周只俘虏了 2.5 万名德军，考虑到此次突破规模之大，这一俘虏数字可谓非常小了。可是德军机动性太差，无法迅速撤退，在第二周，俘虏数字上升了 3 倍，达到 8.6 万人。而苏军则持续大踏步前进，这表明他们的机动性有所提升。

在德国境内，平民从各个城镇匆忙撤离，这也证明，苏军大刀阔斧的挺进出乎所有人的预料，把德军接连不断地赶出了他们曾希望守住的各个中间阵地。

1 月 20 日，科涅夫的部队突破西里西亚边界，进入德国领土。更加令人不安的是，罗科索夫斯基的部队打过东普鲁士南部边境，抵达了历史上著名的坦能堡（Tannenberg）战场。这次，俄军 1914 年的挫败将不会重演，第二天，他的矛头就到达阿伦施泰因（Allenstein）铁路交会点，切断了东普鲁士的铁路主动脉。与此同时，切尔尼亚霍夫斯基从东面进攻，占领因斯特堡。罗科索夫斯基继续北进，26 日在埃尔宾（Elbing）附近打到但泽湾（Gulf of Danzig），包围了东普鲁士境内的所有德军部队。德军退到柯尼斯堡（Königsberg）据守，并在那里被围。

　　4天前，科涅夫沿着40英里正面战线到达上西里西亚工业区以北的奥得河。到进攻的第二周结束时，他的右翼已经沿着布雷斯劳（Breslau）以南的奥得河上游一段60英里长的河道，在数不清的地点渡河——这里离他的出发线有180英里。其他的苏军纵队则从北面包围了西里西亚首府。在进攻矛头所形成的这条前线背后，其他苏军部队转向南方，前去占领格利维茨（Gleiwitz）铁路交会点，包围上西里西亚工业区。整个地区布满堑壕、铁丝网、反坦克壕和碉堡，可是德军没有足够的部队来守卫这片潜力很大的要塞地区。而那些可以用来防御的兵力，连同刚刚到达的部队，又被潮水般的难民妨碍，到不了位。公路上堆满了被炸毁的汽车和丢弃的个人财产。在正面被阻的情况下，苏军纵队利用这种混乱局面，从后门打了进来。德军空中侦察报告生动地描绘说，看上去有如巨型章鱼的苏军部队在西里西亚的各个城镇之间挥舞着长长的触须，望不见尽头的卡车纵队满载援兵和补给，一直向东方的地平线延伸。

　　朱可夫在战线中段势如破竹，其规模更为惊人，对战局的影响也更加致命。他以斜线模式机动部队，把装甲部队主力调动到右翼，让其沿着维斯瓦河跟瓦尔塔河之间的走廊南下，利用这种出乎意料的转换，在德军还来不及封锁格涅兹诺（Gniezno）以东各个湖泊链之间的通道之前，就突破了这条走廊最窄的部分。23日，其装甲主力越过维斯瓦河畔著名的托伦要塞（Torun），打进了比得哥什（Bydgoszcz）（布龙贝格）。其他装甲纵队在逼近更大的交通中心波兹南（Poznan）时遭遇顽强抵抗，便绕过了这处要塞，继续向西和西北方向前进，到周末，已经打到了勃兰登堡（Brandenburg）和波美拉尼亚（Pomerania）边界——这里离华沙有220英里远，离柏林则只有不到100英里的路程。与此同时，朱可夫的左翼在渡过瓦尔塔河并占领卡利什后，已经和科涅夫的右翼齐平。

　　进攻第三周开始时，科涅夫的左翼占领了卡托维茨（Katovice）和其他上西里西亚的大型工业城镇，而右翼则在布雷斯劳西北方向40英里处的施泰瑙（Steinau）于奥得河上又建立了一处新的桥头堡。朱可夫的先头部队在30日越过勃兰登堡和波美拉尼亚边界，然后击败了德军在已经封冻的奥得河沿线进行的抵抗。31日，朱可夫的部队攻克了兰茨贝格（Landsberg），其坦克矛头则越过此地，在离柏林郊区只有40英里远的屈斯特林（Kustrin）附近打到了奥得河下游河畔。现在，苏军离西方盟军的前沿阵地已经只有 380 英里远了。

不过，过度延伸的定律终于开始有利于德国人了，苏军沿奥得河所能施加的压力因之减小，而德国正规军和人民冲锋队（德军最高统帅部七拼八凑来守卫前线的类似于"国民警卫队"的部队）混合兵力的抵抗能力则相应倍增。波兹南顽强的防御封锁住了苏联人向先头部队输送补给和增援的通道。2 月第一周，冰雪消融，不但把公路变成了泥潭，还让奥得河的冰冻融解，使其作为水障的效果大增。尽管 2 月第一周结束时，朱可夫的部队已沿着宽广的正面抵达奥得河，并在屈斯特林和奥得河畔的法兰克福附近渡过河去，可他们没有足够的兵力来进一步扩大战果，反而被限制在浅浅的桥头堡里面。

现在科涅夫试图从侧翼发展优势，由斜线方向接近柏林。他的部队在扩大布雷斯劳以北的桥头堡后，于 2 月 9 日向西突破，然后沿宽正面向西北方向顺奥得河左岸而下。13 日，他们打到离柏林只有 80 英里远的索默菲尔德（Sommerfeld），而这一天，布达佩斯终于陷落，苏军总共抓了 11 万名俘虏。两天后，他们又前进 20 英里，到达尼斯河畔，靠近此河与奥得河的交汇点，由此与朱可夫的先头部队齐平。

可是，由于被赶回到奥得河下游和尼斯河构成的更直更短的防线上，德军的防御再次得到增强。德军现在所守的这条防线起自波罗的海，止于波希米亚山峦起伏的边境，只有不到 200 英里长，是之前防线的一部分。由于所要掩护的空间大大缩小，德军兵力上的损失甚至也得到弥补，现在，他们拥有了败退以来从未有过的合理的兵力与空间比例。在苏军战线后方，布雷斯劳仍在坚守，对科涅夫的挺进起到后轮刹车的作用，就像波兹南曾妨碍过朱可夫的进军一样——不过，波兹南最终在 23 日失守。

科涅夫在尼斯河畔被挡住，朱可夫更为正面的进攻也仍然被阻拦在奥得河下游。到 2 月的第三周时，德军从西线和国内调来援兵，稳定了东线的局面。苏军止步于这条战线，直到德国的莱茵河战线崩溃最终锁定第三帝国的败局。

不过，正是因为苏联人造成的危机，德国人才做出了命运攸关的决定，为了挡住苏军，牺牲莱茵河防御，优先满足奥得河前线的需要。比起德军从西线向东线调去的师的实际数量，更重要的是大部分搜罗而来可用于补充各个部队缺损员额的兵力都被拨给了东线。英美因此才能更容易地打到并渡过莱茵河。

第37章

希特勒在意大利战场防守的崩溃

从地图上看，德军在冬季的防御阵地，和一年前颇为相似，几乎同样易守难攻，只是又往北推移了 200 英里，极为令人不快，但事实上还是有不少区别的。1944 年年底，盟军已经冲过哥特防线，前方再也没有天然强大或者精心筑防的阵地，他们身处更好的出发位置，来开展 1945 年的春季攻势，此外还有其他重要因素，使得盟军的进攻相对显得更加激烈。

3 月春季攻势之前，盟军共有 17 个师，现在另有 6 个意大利战斗群。德军有 23 个师，还有 4 个所谓意大利师，是被德国人营救出来的墨索里尼从意大利北部招募的部队（这些师实际上比战斗群大不了多少）。可是，根据师的数量进行兵力对比得出的结论往往会令人误入歧途。盟军的战斗兵力中包括 6 个独立装甲旅和 4 个独立步兵旅，相当于又增加了 3~4 个师。

根据人数进行对比更接近真相。第 5 和第 8 集团军总共大约 53.6 万人，另有 7 万名意大利官兵。德军总数 49.1 万人，此外还有 10.8 万名意大利人，可是德军中有 4.5 万人是警察或防空部队人员。根据战斗兵力和武器装备进行对比就更科学了。比如 4 月攻势开始时，第 8 集团军享有接近 2 比 1 的作战兵力优势（5.7 万人对 2.9 万人）、2 比 1 的火炮优势（1220 门大炮对 665 门大炮），以及超过 3 比 1 的装甲车辆优势（1320 辆对 400 辆）。

此外，盟军还有大约 6 万名游击队员助阵，他们在德军战线后方制造了很大混乱，迫使德军从前线分兵加以镇压。

更重要的是，盟军现在拥有绝对制空权。盟军的战略轰炸攻势瘫痪了德军各师，就算希特勒下令将部队调往其他战场也很难做到。德军的机械化和摩托化部队越来越缺乏燃料，以致既无法像以往那样迅速机动填补防线上的漏洞，也不能执行迟滞性的"后退机动"。不过，就算能撤退，现在希特勒也比以往更不愿意批准任何战略性的撤退。

自盟军秋季攻势结束后的 3 个月停顿期间，盟军部队的精神面貌有了极大的转变。他们得到了大批新式装备——两栖坦克、"袋鼠"式装甲运兵车、"鸭尾"履带式登陆车、配备更大口径主炮的谢尔曼式和丘吉尔式坦克、喷火坦克、坦克推土机，以及足够的新架桥设备和大批弹药储备。

德国方面，凯塞林元帅已于 1 月康复归队，不过又于 3 月奉召去西线接替陆军元帅冯·伦德斯泰特出任总司令。维亭霍夫现在正式接替凯塞林掌管意大利的 C 集团军群。海尔（Herr）指挥前线东部的德国第 10 集团军，下辖第 1 伞兵军 5 个师和第 76 装甲军 4 个师。赞格尔指挥第 14 集团军防守西部战线，他的战线更宽，包括博洛尼亚地区，其中，第 51 山地军共 4 个师守卫着靠近热那亚（Genoa）和地中海沿岸的防线，还有第 14 装甲军 3 个师掩护着博洛尼亚。集团军群预备队只有 3 个师，因为有 2 个师被派去占领亚得里亚海附近，还有 2 个师被部署在热那亚附近，以防止盟军在战线后方发起两栖登陆。当时集团军群预备队的 3 个师也都被用于同样的抗登陆守备任务。

盟军方面，马克·克拉克指挥第 15 集团军群，其右翼面对德国第 10 集团军的是麦克里里的第 8 集团军，下辖英国第 5 军 4 个师、波兰军 2 个师、只是空架子的英国第 10 军（该军只有 2 个意大利战斗群和 1 个犹太旅，以及洛瓦特侦察兵狙击部队）和实际上也只有一个印度第 10 师的英国第 13 军。集团军预备队是第 6 装甲师。西侧是特拉斯科特指挥的第 5 集团军，下辖美国第 2 军 4 个师和第 4 军 3 个师，集团军预备队另有两个装甲师，分别是美国第 1 装甲师和南非第 6 装甲师。

盟军作战计划制订者的目标和主要难题是如何抢在德军退过波河之前将其击败并歼灭。在雷诺河（Reno）下游和波河之间有一段 30 英里宽的比较平坦的地区展开作战，是装甲部队完成这个任务的最佳办法。（1 月上半月有过一段时间天气干燥，第 8 集团军趁机进抵在亚得里亚海附近汇进雷诺河下游的塞尼奥河畔。）盟军希望第 8 集团军能够占领科马基奥湖（Lake Comacchio）以西的巴斯蒂亚 – 阿真塔（Bastia-Argenta）地区，打开通往波河平原的道路。第 5 集团军则在几天后发动进攻，向北突向博洛尼亚。两个集团军应合力切断德军的退路并包围他们。盟军将于 4 月 9 日发动此次攻势。

第 8 集团军的作战计划很复杂，但是构思和设计很巧妙。英军假装准备在波河以北登陆，以吸引维亭霍夫的注意力，并把德军大部分预备队牵制在那个方向。为了加强这种印象，4 月初，英军别动队和第 24 近卫旅占领了分隔科马基奥湖和亚得里亚海的一小片沙丘，几天后，英军特别舟艇中队占领了这片内陆大湖里的几座小岛。

英国第 5 军和波兰军将渡过塞尼奥河发动主攻。前者将在塞尼奥河上游较远处突破，希望能打德军一个措手不及，然后一部向右迂回德军在科马基奥湖以西巴斯蒂亚 – 阿真塔走廊的侧翼（这个走廊被称为阿真塔缺口），另一部向西北方向进攻博洛尼亚后方，切断这座城市和北方的联系。波兰军将沿着 9 号公路，即艾米利亚大道（The Via Emilia），向博洛尼亚发动正面进攻。第 5 军右翼第 56 师接受的任务是向阿真塔缺口发动正面进攻，同时用"鸭尾"两栖车跨过科马基奥湖，发动侧翼迂回。

第 8 集团军左翼只有架子的第 10 和第 13 军将向北经由巴塔里亚山（Monte Battaglia）展开突击，直到被两翼的美军和波兰军以向心攻势挤出前线为止，然后第 13 军将和第 6 装甲师一起乘胜追击。

当沙丘和科马基奥湖的先期佯动把维亭霍夫的注意力吸引在海岸地区后，4 月 9 日下午，大约 800 架盟军重型轰炸机和 1000 架中型轰炸机发起猛烈空袭，另有 1500 门大炮进行了 5 次集中炮击，每次 45 分钟，中间间隔 10 分钟，这样的炮击被称为"假警报"（false alarm）炮击。到黄昏时分，步兵开始前进，而战术空军则负责牵制敌人。德国守军被炸弹和炮弹打晕了，而伴随盟军步兵推进的喷火坦克则提供了令人恐惧的额外火力支援。到 12 日，奈特利将军的第 5 军已渡过桑特尔诺河（Santerno）继续前进。德军从一开始的震惊中恢复过来，并加强了抵抗，但 14 日，英军还是赶在德军爆破之前抢占了巴斯蒂亚大桥。（"鸭尾"履带式两栖车在科马基奥湖区的表现令人失望，那里的水太浅，湖底太软，不过它们在洪水泛滥的阿真塔缺口地区被证明很有用。）即便如此，英国人还是到 18 日才穿过阿真塔缺口。波兰人在德国第 1 伞兵师面前遭遇了更强的抵抗，费了一番周折才击败这个顽强的对手。

由于坏天气，支援的飞机无法起飞，美国第 5 集团军到 4 月 14 日才开始发动进攻，他们需要翻越剩下的几道山岭才能打到平原地带和博洛尼亚城。15 日，空军投弹 2300 吨以加速美军的推进，这创造了本次战役单日投弹量的最高纪录。可是德国第 14 集团军又顽强抵抗了两天，直到 17 日，美国第 4 军下辖的第 10 山地师才达成突破，冲向重要的横向交通动脉 9 号公路。仅仅两天后，德军的整条战线就崩溃了：美军打到了博洛尼亚郊外，其机动部队则乘势席卷波河。

维亭霍夫部队的主力大部都在前线投入战斗，预备队很少，汽油就更少了，无力阻挡盟军的突进。现在德军再也无法稳定前线，也撤不下来，唯一拯救部队的希望就是撤退——长距离撤退。可是希特勒已经拒绝海尔将军进行弹性防御的建议，不允许部队逐河撤退，而这样做本来是有可能迟滞英国第 8 集团军的进攻步伐的。4 月 14 日就在美军发动进攻之前，维亭霍夫请求趁还来得及赶紧向波河后面撤退。希特勒拒绝了，不过，到 20 日，他自己承担起责任下令撤退。

但那时一切都来不及了。盟军的 3 个装甲师以两次大规模的突进切断并包围了敌军主力。很多德国人靠游泳横渡过宽阔的波河，可他们已无法再建立一条新的防线。27 日，英军渡过阿迪杰河（Adige），突破了掩护威尼斯（Venice）和帕多瓦（Padua）的威尼斯防线（Venetian Line）。

美军挺进得更快，一天前就占领了维罗纳（Verona）。再早一天（也就是 4 月 25 日），意大利全境游击队发动了大规模起义，四处攻击德军。4 月 28 日，阿尔卑斯山的各个山口被封锁——同一天，墨索里尼和他的情妇克拉丽塔·佩塔奇（Claretta Petacci）在科莫湖（Lake Como）附近被一股游击队抓住并枪决。各处的德军现在都在投降，4 月 25 日后，盟军不管追击到什么地方，都不会遇到什么抵抗。新西兰部队在 29 日抵达威尼斯，5 月 2 日打到的里雅斯特（Trieste）——他们在这里主要担心的不是德国人而是南斯拉夫人。

其实早在 2 月初，党卫军驻意大利首脑卡尔·沃尔夫（Karl Wolff）将军就开始和盟军秘密进行投降谈判了，盟国方面出面的是美国战略情报局（Office of Strategic Services）驻瑞士负责人艾伦·W. 杜勒斯（Allen W. Dulles）——双方一开始是通过意大利和瑞士的中间人进行接触，后来转为直接谈判。沃尔夫似乎有双重动机：既想避免在意大利遭受进一步毫无意义的损失，又想通过和西方盟国合作来击退共产主义——很多德国人和他的动机相同。沃尔夫是个重要人物，他除了掌控党卫军在意大利的政策之外，还控制着战线后方的地区，因此能让希特勒建造阿尔卑斯据点进行最后抵抗的想法告吹。

谈判一拖再拖，变得复杂化了，在德国方面，维亭霍夫奉命接替凯塞林，在盟国方面，苏联人要求参与谈判。此外，像任何秘密谈判那样，双方还互不信任，表现得小心翼翼。尽管 3 月双方的商讨看来颇有成功的希望，4 月，卡尔·沃尔夫的活动却为希姆莱所冻结。于是，维亭霍夫虽然曾在 4 月 8 日考虑过以某种方式投降，却没能赶在盟军的春季攻势前付诸行动。

不过，维亭霍夫和沃尔夫在 4 月 23 日见面，双方共同决定无视来自柏林的继续抵抗的命令，开始投降谈判。25 日，沃尔夫下令党卫军不要抵抗游击队的接管——格拉齐亚尼元帅也代表意大利法西斯部队表达了投降的意愿。4 月 29 日下午 2 点，德军代表团签署了在 5 月 2 日正午 12 点（意大利时间下午 2 点）无条件投降的文件。尽管凯塞林在最后时刻进行了干预，但这份协议在该日生效——比德国在西线的投降早了 6 天。虽说军事上的成功已经确保盟军会取得最后的胜利，但这个渠道让战争得以尽早、尽可能顺利地结束，从而减少了生命和财产的损失。

第38章

德国的崩溃

　　希特勒把西线兵力抽调一空，将剩下的大部分部队和资源都用于在奥得河前线抵抗苏联人，他误以为，盟军在阿登反击中遭受了瘫痪性的打击，后勤基地安特卫普更是受到飞弹和火箭的轰炸，已无能力重新发动进攻。因此，德国工厂新生产和修械所修复的装备都被送往东线。可是当时，西方盟军已集结了压倒性的优势兵力，准备进攻莱茵河。这次大规模的进攻中，主攻的角色被赋予蒙哥马利，美国第9集团军配属给他，另外他自己还有加拿大第1集团军和英国第2集团军。大多数美国将军都强烈怨憎这个决定，他们认为艾森豪威尔对蒙哥马利和英军贪得无厌的要求退让得太多，削弱了美军自己的胜算。

　　愤愤不平的心情刺激美军将领们在自己的地段上加倍努力，以证明自己的能力，结果，他们的努力获得了令人瞩目的战果，这是因为，他们能够支配的兵力虽然少于蒙哥马利集结的兵力，可还是大大超过德国人剩下来抵抗的军队。

　　3月7日，巴顿第3集团军的坦克突破德军在埃菲尔（Eifel）山地的防线（崎岖不平的阿登山地在德国境内被称为埃菲尔山地），经过3天60英里急速行进，在科布伦茨附近打到莱茵河畔。由于莱茵河的桥梁已被炸毁，他们一度受阻。可是往北不远的地方，左邻美国第1集团军的一支小规模装甲矛头发现并迅速穿过了前线的一处缺口，成功地在爆破之前就抢占了波恩附近的雷马根（Remagen）大桥。预备队紧急跟进，建立起一处重要的桥头堡。

　　这个消息传到集团军群司令布莱德雷耳中时，他很快抓住了这个打乱敌军莱茵河防线的战机，在电话里兴奋地大喊道："靠，这一下能把他敲得门户大开。"可是当时访问布莱德雷司令部的艾森豪威尔的作战军官给他泼了一盆冷水："你

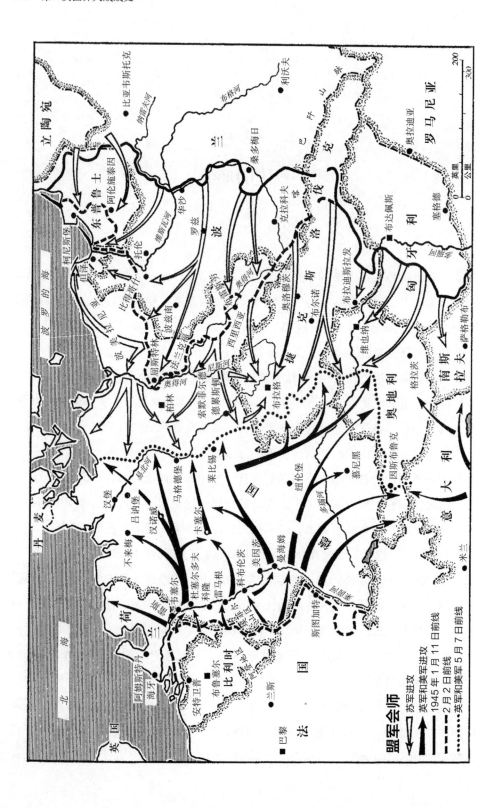

盟军会师

不应该在雷马根发展攻势，这压根儿就不符合我们的计划。"第二天，布莱德雷接到明确指令，不要再向这处桥头堡开进任何大部队。

这份限制性命令让美军将领更加恼怒，因为美国第 9 集团军 4 天前抵达杜塞尔多夫附近的莱茵河边时，司令辛普森想要立即渡河并一再催促，却遭到蒙哥马利禁止。美军部队对这种按部就班的限制感到的不耐烦日甚一日，因为蒙哥马利大规模进攻莱茵河的计划要到 3 周后（3 月 24 日）才能行动。

所以，巴顿在布莱德雷的欣然同意下向南卷击莱茵河以西德军的侧翼，同时寻找能尽早渡河的合适地点。3 月 21 日，巴顿已经在科布伦茨和曼海姆之间 70 英里的莱茵河段以西肃清敌人，在敌军撤到河边之前就将这个地区的德军分割包围起来。第二天夜里，巴顿的部队在美因茨（Mainz）和曼海姆之间的奥本海姆（Oppenheim）几乎没有遭遇任何抵抗便渡过了莱茵河。

当奇袭的消息传到希特勒的统帅部后，他下令立即采取反制措施，却被告知根本没有可以利用的资源，最多只能动用 100 英里以外一个坦克仓库里刚刚修好的 5 辆坦克去填补防线缺口。"储藏室已经空了"，美军在渡过莱茵河后，一路如入无人之境。

而此时，蒙哥马利已经完成了对 150 英里以外韦塞尔（Wesel）附近的莱茵河下游发动大规模攻势的精心准备。他集结了 25 个师，还在西岸的兵站囤积了 25 万吨弹药和其他补给品。他计划进攻的河段只有 30 英里长，守军只是几个兵力虚弱不堪的德国师。

3 月 23 日夜间，在 3000 多门大炮的猛烈炮击和轰炸机一波接一波的空袭掩护下，盟军发起进攻。步兵先头部队在两栖坦克的支援下渡过河，于东岸建立起桥头堡，几乎没有遇到抵抗。天亮后，2 个空降师在步兵前方空投，帮助扫清进军的道路，在步兵身后，盟军正迅速为增援的各师、坦克和运输车辆架起浮桥。美国第 9 集团军提供了半数攻击部队，在渡河时只阵亡了不到 40 名官兵，这也表明抵抗是何等微弱。英军的损失同样微不足道。盟军只在河畔的雷斯村（Rees）遭遇过顽固的抵抗，在那里，德军一个营的伞兵坚守了 3 天。

28 日，桥头堡已经扩展到纵深超过 20 英里，正面 30 英里。但是蒙哥马利仍然担心德军的抵抗能力，直到在桥头堡集结起 20 个师和 1500 辆坦克后才批准全面东进。

空军过度轰炸产生的瓦砾堆是盟军东进过程中遇到的最大麻烦，能比敌人更有效地堵住各条进军路线。因为德国军民现在最希望的是看到英美军队能尽快地东进打到柏林，在苏联人击破奥得河防线之前尽可能多地占领德国领土。很少有德国人还想着用自我毁灭的方式帮助希特勒实现阻挡盟军的目的。

希特勒在盟军渡过莱茵河前夕下达命令，声称"战斗的进行不应该顾及我们自己的人民"。他在各地的党务专员被要求毁掉"所有工业厂房，所有重要的电力、供水、煤气设施"，以及"所有食品店和衣物商店"，在盟军前进的道路上制造"一片沙漠"。

可是他自己的军工生产部部长阿尔伯特·施佩尔立即对这道极端的命令提出抗议。希特勒反驳说："德意志民族如果输掉战争，就将毁灭。所以，没有必要去考虑人民继续生存的需要。"

施佩尔对如此丧失人性的回答感到心胆俱寒，其对希特勒的忠诚也因此动摇。他背着希特勒找军方和工业界的领导人，没费很大劲就说服他们不要执行希特勒的命令。

随着末日一天天临近，希特勒越来越沉浸在幻想中，几乎直到最后一刻，他都还在指望着会发生某种奇迹来拯救自己。他喜欢阅读或者听人给自己朗读卡莱尔（Carlyle）写的《腓特烈大帝的历史》（History of Frederick the Great）中的章节，热衷于里面讲述的腓特烈在军队濒临崩溃的至暗时刻，是怎么因为俄国女沙皇去世导致的反普鲁士联盟分裂而得救的。希特勒还研究星象，星象预测到4月，灾难将会迎来突然的转折，转危为安，到8月，令人满意的和平将会降临。

4月12日午夜，罗斯福总统突然去世的消息传到了希特勒那里。戈培尔给他打来电话说："我的元首，我向您祝贺。命运击倒了我们最凶恶的敌人。上帝还没有放弃我们。"似乎，这就是希特勒一直在等待的所谓"奇迹"——重演了18世纪七年战争的紧要关头俄国女沙皇之死。所以，希特勒深信丘吉尔所谓东西方大国之间的"伟大联盟"现在将因各自对立的利益而解体。

可是这个希望终成泡影，希特勒在两周后结束了自己的生命，就像腓特烈大帝在"奇迹"已经降临拯救他的命运和生命之际差点要做的那样。

3月初，朱可夫扩大了奥得河畔的桥头堡，可是没能成功突围。苏军继续在遥远的两翼向前推进，并于 4 月中旬占领维也纳。与此同时，西线德军崩溃，盟军从莱茵河向东挺进，没有遇到多少抵抗。他们在 4 月 11 日到达离柏林只有 60 英里远的易北河畔（Elbe），其后便停了下来。16 日，朱可夫再次发动进攻，同时科涅夫强渡尼斯河。

这次，苏军从桥头堡突破出来，一周之内就打到了柏林郊区，这里是希特勒选择进行最后一战的地点。25 日，柏林城彻底被朱可夫和科涅夫的部队包围，27 日，科涅夫的部队在易北河上与美军会合。但在柏林，德军仍在进行着激烈的巷战，直到希特勒自杀，德国无条件投降，战争结束。

欧洲的战事在 1945 年 5 月 8 日午夜正式结束，可事实上那只是对前一周各处陆续停战的最后正式承认而已。5 月 2 日，意大利的南部前线的所有战斗已经停止，实际上早在 3 天前就签署了投降文件。5 月 4 日，在蒙哥马利位于吕讷堡荒原（Luneberg Heath）的司令部，西北欧德军部队的代表签署了一个类似的投降书。5 月 7 日，在艾森豪威尔位于兰斯的最高统帅部里，一份包括所有德军部队的投降文件正式签署——在苏联、美国、英国、法国代表在场的情况下，现场还举行了更大规模的受降仪式。

以上正式的投降都是在希特勒死后很快发生的。4 月 30 日，希特勒和忠诚的爱娃·勃劳恩举行婚礼，其后，两人在柏林总理府的废墟中自杀，当时据报苏军已经迫近，按照希特勒自己的意愿，他们的尸体在花园里被匆匆烧毁。

三次德国武装部队官方投降中的第一次最重要，因为意大利战线的停战协定是在希特勒尚在人世且无视其权威的情况下签署的。而且这是经过此前将近两个月（始于 3 月初）的秘密谈判达成的结果。身处德国本土的首脑们虽然长时间以来都在私下谈论着投降的迫切必要性，可是碍于希特勒的存在，不敢尝试这样的行动。

其中很多德国领导人从前一年夏天西方盟军登陆诺曼底开始就已经失去希望。随着阿登反击失败及苏军蜂拥突入德国东部，到 1945 年 2 月，德国几乎所有领导人都已经丧失希望和战斗的意志。他们仍在战斗不过是因为害怕——害怕破坏效忠希特勒的军人誓言，害怕希特勒的怒火，还有害怕因抗命而被绞死，再加上害怕盟国要在德国"无条件投降"后算账。

后面的几个月，战争几乎完全是因为希特勒不可动摇的决心才拖延下去的。

如果西方盟国在要求"无条件投降"时能有所通融，并意识到它对德国人的心理影响，也许战争会更快结束。如果能改变这种冷峻的态度，对战后德国人民的待遇问题提出合理的保证，那么很可能更高级的德军军事将领就会带领更多的部队投降，前线也会更快崩溃，纳粹政权会随之更快毁灭，这样希特勒就会丧失所有坚持抵抗的权力基础。

第 39 章

日本的崩溃

日本战败的两大慢慢累积的原因都是来自绞杀的压力，就其性质和效果而言，都是消耗战的不同方式。第一个原因来自海上，更确切地说来自海下；第二个原因来自空中。前一个原因起了决定性作用。

日本帝国就其本质而言是一个海洋帝国，甚至比大英帝国更加依赖于海外供应。日本的战争能力取决于从海路大量进口的石油、铁矿砂、铝土矿、焦化煤、镍、锰、铝、锡、钴、铅、磷、石墨，以及碳酸钾、棉花、盐和橡胶。而且日本在食品供应方面还需要进口大部分的糖和大豆，以及 20% 的小麦和 17% 的大米。

可是开战时，日本的远洋商船队总吨位不到 600 万吨，比 1939 年年初英国商船队总吨位的三分之一还少得多，英国当时大约有 9500 艘商船，总吨位超过 2100 万吨。况且日本没有吸取第二次世界大战前两年的经验教训，他们尽管有对外扩张的计划，却没有采取保护航运的组织措施——既没有采用护航运输队体系，也没有建造护航航空母舰。直到航运遭受大量损失后，日本才开始认真努力地亡羊补牢。

结果，日本的船只成了美国潜艇容易打击的目标。太平洋战争前期，美军鱼雷的缺陷减弱了潜艇打击的效果，可是这些缺陷得到纠正后，潜艇打击就变成了大屠杀。日军潜艇主要被用来攻击战舰，后来还被迫用于给被绕过的岛屿守军输送给养——而美军潜艇的攻击则主要针对商船。1943 年，美军潜艇击沉 296 艘日本商船，总吨位达 133.5 万吨，1944 年，其作战的破坏性变得更强，仅在 10 月就击沉了 32.1 万吨船舶。此外，美军潜艇重点针对日本的油轮，其作战功效因而倍增。结果，日本主力舰队不得不待在靠近石油产区的新加坡；日本本土的飞行员训练也因燃料短缺而无法进行足够的飞行练习。

美军潜艇也让日本海军战舰遭受了很大损失，被潜艇击沉的军舰约占日军被击沉总吨位的三分之一。菲律宾海海战中，美军潜艇击沉了两艘日本舰队航空母舰"大凤"号和"翔鹤"号，1944年后面几个月，潜艇击沉或永久性摧毁了3艘航空母舰和将近40艘驱逐舰。

等到美军潜艇开始从吕宋岛的苏比克湾海军基地出击时，日本大部分远洋商船队已被歼灭，理想的攻击目标越来越少，部分潜艇转而执行海上救援任务，打捞那些轰炸日本后返航途中迫降于海面的轰炸机机组人员。

总之，美国潜艇部队对战争的贡献是巨大的，尤其是在阻止日军向被孤立的海岛驻军派遣援兵和输送给养方面。但最大的贡献还是在战争中击沉了日本800万吨海运船舶中的60%。这是导致日本最后崩溃的最重要因素——潜艇战击中了日本依赖海外供给的经济命门，因此起到了决定性的作用。

冲绳——通向日本的内部门户

登陆冲绳的两栖作战代号为"冰山行动"，早在完全占领硫磺岛之前，其最后阶段的准备工作就已开始，D日定于4月1日——在硫磺岛登陆之后不到6周。冲绳岛面积很大，是琉球群岛中最大的岛屿，长60英里，平均宽度8英里——足以为攻入日本提供一个陆海军基地。这座岛在中国台湾和日本正中间，两边距离各有340英里，离中国大陆海岸线则有360英里远，因此冲绳岛上的部队可以同时威胁3个目标，以那里为基地的飞机可以控制通往三地的海空通道。

这座岛地形崎岖，森林覆盖，只有机场所在的南部部分地区例外——就算在这里，也有很多易于开挖的石灰岩山脊。所以，冲绳岛天然易守难攻。牛岛满中将指挥的第32军在这里驻防设垒，进一步增强了该岛的防御能力。该军大约有7.7万名作战士兵和2万名勤务人员，总数将近10万人，还有充足的轻型和重型火炮，全都妥善地部署在设防的岩洞阵地里。日军统帅部决心尽全力防守冲绳岛，采取和硫磺岛一样的内陆纵深防御战术，不在海滩上浪费兵力，因为美军战舰可以猛轰日军，并将他们打得粉身碎骨。不过为了反攻，帝国大本营在日本和中国台湾各个机场集结了超过 2000 架飞机，准备以前所未有的规模实施神风攻击。

美军统帅部认识到冲绳岛会是一块难啃的骨头，为此需要在兵力上占据巨大的优势，但后勤问题也会相应变得错综复杂。美军计划在首次登陆中投入新组建的西蒙·B. 巴克纳（Simon B. Buckner）中将的第 10 集团军的 5 个师总共 11.6 万名官兵，另有 2 个师作为第二梯队，8 个师担任预备队。突击部队有 3 个海军陆战师和 4 个陆军师，总共大约 17 万名战斗士兵，11.5 万名勤务兵，他们除了要战胜强大的日本守军，还要控制住将近 50 万的平民人口。

为了减轻日军空中反击的威胁性，米彻尔海军中将的几个快速航空母舰特遣大队在登陆前一周（3 月 18—21 日）对日本发动一系列空袭，击落了大约 160 架敌机，还摧毁了地面上的许多敌机——代价是"黄蜂"号、"约克城"号、"富兰克林"号 3 艘航空母舰被神风自杀飞机重创。随后一周，驻关岛的 B-29 超级空中堡垒从针对日本城市的大规模轰炸中转调过来攻击日本本土南部主岛九州岛上的各个机场。登陆前另一个重要的先行步骤是，按照凯利·特纳（Kelly Turner）海军中将的建议，占领冲绳以西 15 英里处的庆良间列岛，作为舰队的前进基地和锚地。3 月 27 日，美军 1 个师占领了这个岛群，没有遭遇什么抵抗，第二天，舰队的油轮开到这里锚泊，开始启用基地。英国太平洋舰队由 2 艘战列舰、4 艘航空母舰、6 艘巡洋舰、15 艘驱逐舰组成，在海军上将布鲁斯·弗雷泽爵士（Sir Bruce Fraser）指挥下于 3 月中旬抵达战场，掩护冲绳岛西南海域。

4 月 1 日（复活节星期天）8 点 30 分，持续 3 小时的密集海空火力准备之后，主登陆正式开始。同一天，特纳海军中将接手指挥冲绳海域的所有部队。美军在冲绳岛南部的西海岸登陆，从这里只需要前进一小段距离就能切断该岛的南部尖端。美军根本没有遇到抵抗，到上午 11 点，就占领了 5 英里范围内的两座机场，甚至连敌人的影子都没看见，这让进攻部队非常惊讶。到傍晚时分，美军登陆场已经扩展到 11 英里宽，超过 6 万官兵安全上岸。4 月 3 日，美军横跨岛屿，第二天登陆场扩大到 15 英里宽。直到 4 日后美军开始南进，他们才开始遭遇顽强抵抗——日军在冲绳南部有 2 个半师团的兵力。

但是在空中，日军从一开始就很活跃，4 月 6 日以后，神风自杀攻击的强度也不断增加，6 日和 7 日，将近 700 架日机被派往冲绳，其中一半是神风特攻机。

尽管其中大多数都被击落了，不过仍有 13 艘美军驱逐舰被击沉击伤。

4 月 6 日，日本海军发动了一次最著名的"自杀"作战，巨型战列舰"大和"号被派往战场，只带了一支小型海上护航队，没有空中掩护，燃料只够单程航行。美军很快发现"大和"号驶近，一直保持密切监视，然后米彻尔的航母编队出动 280 架次飞机进攻。7 日中午 12 点 30 分，"大和"号遭到美机鱼雷和炸弹密集攻击，其后又被持续轰炸了两小时，在遭受大量人员伤亡后沉没。"大和"号和"蒂尔皮茨"号一样，自始至终都没有机会使用主炮轰击敌军战列舰，它的命运进一步证明战列舰的时代已一去不返。

地面的作战行动时间拖得更长。4 月 13 日，冲绳岛南部的日军发动了一次小规模反攻，被美军轻易击退。与此同时，第 6 海军陆战师轻易地向北推进，一直打到怪石嶙峋、林木覆盖的本部町半岛，这才被暂时挡住。不过，这里的日军只有 2 个大队，美军在 17 日用一条妙计攻克了日军这一强大的防御阵地。尽管零星的抵抗一直延续到 5 月 6 日，但胜利的天平早已向美军倾斜，根据尸体清点，日军阵亡 2500 人，而海军陆战队的损失则不到这个数字的十分之一。此外，一支陆战队小分队在 4 月 13 日抵达冲绳岛的北端，没有遇到任何抵抗。这段时间里，附近的那些小岛也被相继占领，美军在伊江岛以外的任何地点都没遇到什么麻烦。

4 月 19 日，霍奇斯将军的第 24 军投入 3 个陆军师进攻冲绳南部的日军阵地。可是密集的陆海空立体火力准备对日军的岩洞防御工事并没有起到多少作用。就算第 1 和第 6 海军陆战师也被投入前线，美军仍然进展甚微，伤亡巨大。但是当地的日军指挥官像典型的日本军人那样厌恶防守，不管防御被证明多么有利，仍然于 5 月初决心配合新一轮神风自杀攻击发动陆上反攻。尽管日军在某一点渗透进了美军防线，但最终被击退，损失惨重——阵亡大约 5000 人。这在某种程度上让美军 5 月 10 日重新开始的进攻变得稍微容易一点，可是后面一周，美军的进攻又被持续的暴雨浇停了。

日军在作战间隙撤出了掩护着冲绳首府那霸的首里地区，向更南方的阵地退却。6 月初，美军不顾地面泥泞继续挺进，到月中已将日军逼近岛屿最靠南的尖端。17 日，美军主要靠火焰喷射器突破了日军在八重岳悬崖一线的坚固阵地。牛岛和他的参谋人员自杀身亡，许多其他日本士兵也相继自杀，不过在此后的清剿阶段，超过 7400 名日军投降，相较以往而言，这是一个显著的变化。

　　据估计，日军总损失 11 万人，其中包括被强征进部队的冲绳本地人，美军损失 4.9 万人，其中 12,500 人阵亡——这是美军在太平洋战争中遭受的最大战斗损失。

　　为时 3 个月的冲绳战役期间，日军发动了 10 次大规模神风攻击，他们称之为"菊水作战"。在这 10 次有组织的自杀攻击中，神风队总共出动超过 1500 架次，其他飞机发动的类似的自杀攻击也差不多有这个数目。美军总共有 34 艘海军舰只被击沉，368 艘受损，其中大多数是被神风特攻队击中的。这个惨痛的经历向美国人预示着，如果进攻日本本土将会发生什么，从而促使美国于 7 月做出使用原子弹的决定。

太平洋和缅甸的清剿行动

　　美军双线进攻的步伐因跳岛战略而大大加速——只进攻并占领路线上的那些要点作为通向日本的战略踏脚石，以便从战略上控制太平洋。可是当部队接近日本并为最后一跃做准备时，参谋长联席会议认为有必要清除后方在跳岛进攻时被孤立起来的主要岛屿上的日本驻军。于是在战争倒数第二个阶段，盟军在各个地区进行了广泛的清剿作战。其中最有必要的是，在斯利姆迅速占领仰光之后，东南亚战区盟军最高统帅部按计划收复新加坡和荷属东印度群岛的两栖行动之前，对缅甸中部和南部进行清剿。

缅　甸

　　1945 年 5 月初斯利姆抵达仰光时，在他身后的萨尔温江以西地区仍有大约 6 万日军，一定要防止这些日军向东逃进泰国，或者在斯利姆冲向仰光时占领的地区制造新的麻烦。因此，梅塞维将军的第 4 军一部被派回去守卫锡唐河上的各处渡口，另一部则前去和正沿着伊洛瓦底江南下的斯托普福德的第 33 军会师。5 月，斯托普福德成功地挫败了樱井第 28 军残部从若开地区东渡伊洛瓦底江的两次企图，不过很多零星小股日军成功地渡过江去，大约有 1.7 万名日军到达伊洛瓦底江和锡唐河之间的勃固山区。本多的第 33 军残部发动佯攻帮助这批日军的努力失败了，所以 7 月中旬以后，樱井的部队试图分散成很多小股偷越梅塞维所部设立的警戒线屏障。可是大多数小股日军都被发现并消灭了，不到 6000 名日军官兵成功地到达水势正盛的锡唐河的东岸，这些日军已无力再战。

新几内亚－新不列颠－布干维尔岛

1944 年上半年，麦克阿瑟在沿着新几内亚北岸蛙跳前进时，曾跳过几处有日军驻守的地方，等到美军打到菲律宾时，留在背后的已经有 5 个日本师团的残部。另外，还有大量日军被孤立在新不列颠岛和布干维尔岛上。麦克阿瑟在 7 月 12 日向澳大利亚总司令陆军上将托马斯·布莱梅爵士下达的命令中，委托他从秋季开始"让这些地区残余的日军进一步丧失战斗力"。布莱梅选择以更具进攻性的姿态来解读这道命令——不过他只有 4 个师可以用来执行这项任务，其中 3 个还是民兵师，因为原有的 2 个澳大利亚皇家正规军已被用于菲律宾战役。

第 6 澳大利亚师被派往艾塔佩，他们将于 12 月从那里向东前进，去清剿威瓦克周围安达二十三的 3 个很弱的师团（总共 3.5 万人），这些日军武器不足，营养不良，疾病缠身，孤立无援。澳军穿越非常复杂的地形长驱 100 英里，运输系统面临着极大压力，部队因疾病和意识到这次行动毫无战略上的必要性而士气低落。进展非常缓慢，直到半年后的 5 月，他们才占领威瓦克，剩余的日军直到 1945 年 8 月战争结束时还守着内陆的阵地。在此期间，日军兵力减少了五分之一，澳军在战斗中只损失了不到 1500 人，可是他们因病减员超过 1.6 万人。

澳大利亚第 5 师被派往俾斯麦群岛中的新不列颠岛，师长陆军少将 A. N. 拉姆齐（A. N. Ramsay）比较有头脑。11 月他的师到位时，美军已经控制这座大岛上六分之五的地方，可是将近 7 万日军守卫着其余部分，大部分都集中在日军经营已久的基地拉包尔周围。澳军向前挺进了一小段距离，来到岛的狭窄颈部，此后满足于沿着这条短战线巡逻，任日军"自生自灭"。就这样，澳军以最小的代价让日军丧失战斗力，直到战争结束时他们才投降。

所罗门群岛西端的布干维尔岛是群岛中最大的岛屿。萨维奇（Savige）将军的第 2 军被派到这里，连同澳大利亚第 3 师和另外 2 个旅。这里的日军大多数集中在岛南部的布因（Buin），整天忙于种菜打鱼，来补充他们日渐耗尽的粮食储备，所以没有必要去进攻他们。不过，萨维奇在 1945 年年初发动过一次进攻。这一行动进展缓慢，因为它激起了日本人为保卫他们的粮仓而战斗，6 个月后因洪水泛滥被迫停下。这里的澳军和新几内亚那边一样，对他们认为毫无必要的战斗没有任何热情。

婆罗洲

收复婆罗洲，是美国人主动提出的，目的是切断日本的石油和橡胶供应，同时为英军在文莱湾提供一处舰队的前进基地。英国三军参谋长们并不喜欢这个建议，因为英国太平洋舰队已经投入冲绳海域的作战，他们不想把舰队的基地放在南面这么远的地方，而是想在菲律宾建立基地。因此，解放婆罗洲的作战任务被交给了陆军中将莱斯利·莫斯黑德爵士（Sir Leslie Morshead）指挥的澳大利亚第 1 军（2 个师），美国第 7 舰队担任掩护和支援。澳军在 1945 年 5 月 1 日占领了婆罗洲东北海岸外的打拉根岛（Tarakan），6 月 10 日又在没有遇到激烈抵抗的情况下占领了婆罗洲西海岸的文莱湾。澳军从那里沿海岸南下沙捞越（Sarawak）。7 月初，经过长时间的轰炸之后，澳军克服一些顽强的抵抗，占领了婆罗洲东南海岸的巴厘巴板（Balikpapan）油田——这是战争期间最后一次大规模两栖作战。

到那时，英军已经做好收复新加坡的准备工作，可还没来得及发动，8 月日本就投降了。因此，9 月 12 日蒙巴顿来新加坡只是接受东南亚日军部队的总投降而已，其实在 8 月 27 日，日军就已经在仰光签署过初步的投降协议。至此，75 万日军投降。

菲律宾

10月莱特岛登陆后，美军只用了不到 5 个月的时间就在战略上控制了菲律宾群岛，可是直到 1945 年 3 月，那里还有大批日军部队。后来的证据表明，仅在吕宋一座岛上，就有 17 万日军，大大超过美国人当时估计的数目。吕宋岛上日军最大的集群位于北部地区，由山下奉文亲自指挥，此外在首都马尼拉附近的山里还有横山静雄中将指挥的大约 5 万人，控制着马尼拉的饮水供应。刚开始，美军赶走日军的行动被挡住了，日军甚至还向奉命消灭他们的格里斯沃德（Griswold）将军的第 14 军发起进攻。3 月中旬，美军又调来赫尔（Hall）将军的第 11 军接替第 14 军继续进攻，到 5 月底成功占领了阿波（Awa）和怡保（Ipo）的两处水坝。当时横山将军的兵力主要由于饥饿和疫病已经减半，很快解体成无组织的很多小股部队，遭到美军和菲律宾游击队的追击和骚扰。日军在战斗中每阵亡 1 人，就有 10 个人死于饥饿和疫病。战争结束时，这批日军只有不到 7000 人活下来投降。

与此同时，克鲁格将军的部队打通了穿过米沙鄢海（Visayan Sea）的航道，缩短了莱特岛和吕宋岛之间的航运距离，其后又开始清剿吕宋岛南部。其他部队清除了莱特岛以南各个岛屿上的日军，在棉兰老岛上建立起一个立足点——帝国大本营最初预计棉兰老是美军进攻菲律宾的主要目标，所以在那里部署了超过 4 万日军。到 1945 年夏天，日军在这些地区的部队全都撤进了山里，因为饥饿和疫病迅速减员。

在菲律宾清剿战役的最后一个阶段，美军的目标是吕宋岛北部山下的部队。4 月 27 日，3 个美国师发动进攻，很快得到第 4 个师的增援，可是在打进山区后，遇到的困难越来越多，山下在那里集结了超过 5 万官兵，比美军预计的多出 1 倍。8 月中旬战争结束时，还坚守在当地的山下带领着剩下的 4 万日军，还有吕宋北部其他地区的 1 万日军投降。发动代价如此高昂的清剿作战，其战略必要性是非常可疑的。

美军战略性空中攻势

直到美军飞机能从马里亚纳群岛起飞，对日空袭才具有了真正的效力——1944 年夏季，美军正是出于此目的才夺取马里亚纳群岛的。

战略轰炸的主要工具是波音公司 B-29 "超级空中堡垒"。作为第二次世界大战中最大的轰炸机，其载弹量最高可达 1.7 万磅（相当于七又三分之二吨），航速接近每小时 350 英里，飞行高度超过 3.5 万英尺，航程可达 4000 多英里。它不但拥有装甲板的保护，自身还装备大约 13 挺机枪。

1944 年 6 月中旬，大约 50 架 B-29 从中国和印度的基地起飞轰炸九州岛上的钢铁城市八幡，不过这次和之后的空袭均收效甚微——1944 年下半年，从这个战略方向起飞的轰炸机只向日本投下大约 800 吨炸弹，而第 20 轰炸机指挥部的 B-29 尽管战果不值一提，但为了能在中国维持下去，又需要占用太多 "驼峰航线" 空运而来的补给，最终在 1945 年年初被撤了出去。

不过，1944 年 10 月底，马里亚纳群岛上第一条跑道（在塞班岛）已准备就绪，此后第 21 轰炸机指挥部的第一联队 112 架 B-29 轰炸机进驻。一个月后（11 月 24 日），111 架 B-29 从那里起飞前去轰炸东京的一处飞机制造厂。自 1942 年 4 月杜利特尔空袭以来，东京再次受袭。新的空中攻势拉开了帷幕，虽然只有不到四分之一的轰炸机找到了目标，不过在日军 125 架飞机起飞迎战的情况下，美军只损失了 2 架轰炸机。

在接下来的 3 个月，B-29 继续根据欧洲的作战经验进行白昼精确轰炸，尽管日本人被迫开始疏散飞机制造厂和其他工业设施，可是空袭效果令人失望。到 1945 年 3 月，马里亚纳群岛的 B-29 轰炸机数量增加了 3 倍，接任指挥当地轰炸机的柯蒂斯·李梅（Curtis LeMay）将军决定转而进行夜间低空区域轰炸，以便利用日军夜间空防的弱点，让轰炸机提高载弹量，减轻引擎的负担，从而更有效地袭击为数众多的小型工业目标。

更重要的是，李梅决定让 B-29 挂载燃烧弹而非高爆炸弹——每架 B-29 可以挂载 40 束燃烧弹，每束 38 枚，总共可以烧毁大约 16 英亩的区域。这次改变带来的效果令人毛骨悚然。

　　3 月 9 日，279 架 B-29 轰炸机（每架装载 6 ～ 8 吨燃烧弹）夷平了东京。城区总面积的四分之一（将近 16 平方英里）被烧毁，26.7 万多栋建筑沦为废墟。平民伤亡大约为 18.5 万人，美军只损失了 14 架飞机。此后 9 天里，大阪、神户、名古屋也遭受了类似的毁灭。到 19 日，随着燃烧弹告罄，美军这才停止袭击——在 10 天里，他们投下了接近 1 万吨燃烧弹。

　　可是，毁灭性打击很快又恢复了，而且变本加厉——7 月，美军不但投下了 3 倍于 3 月时的燃烧弹，还投放了数千颗水雷封锁日本的海岸交通。超过 125 万吨船舶被击沉，海上交通陷于停顿。日军的空中抵抗力量则微弱到可以忽略不计。

　　轰炸的效果非常显著。火攻东京后，日本民众的士气一落千丈，当李梅开始投放传单警告下一批空袭目标后，民众的士气更是跌入谷底。850 多万人逃去乡下，导致战时生产陷入困境——而当时日本的战时经济已然摇摇欲坠。日本炼油工业的产量下降 83%，飞机引擎产量下降 75%，机身产量下降 60%，电子设备则下降 70%。由于空袭，600 多家日本重要的军备工厂不是被摧毁就是受损严重。

　　除此以外，空袭作战还让日本人意识到其军队已不再有能力保护人民，投降，甚至是无条件投降，已然不可避免。8 月的原子弹只是确认了大多数日本人（除了一小撮军国主义狂热分子之外）早已意识到的事实。

原子弹与日本投降

　　温斯顿·丘吉尔在他的战争回忆录最后一卷写道，1945 年 7 月 17 日，当他和杜鲁门总统及斯大林参加波茨坦会议时，有人递给他一张纸，上面写了一句暗语："婴儿顺利降生。"美国陆军部部长史汀生先生解释了这句话的意思——前一天原子弹试验成功了。"总统邀请我立即去和他商谈，他还带了马歇尔和李海这两位将军。"

　　丘吉尔后面的记叙意义深远，其重点段落值得被全文摘录于此：

　　　　一时之间，似乎我们突然就拥有了一件能够慈悲地尽快结束东方的屠杀且让欧洲的前景更加美好的利器。我确信，我的美国盟友心里肯定也存有类似的想法。无论如何，我们从未讨论过是否应该使用原子弹。在经历了如此多的险难之后，如果能以少数几次爆炸为代价来展示不可抗拒的强大力量，从而结束无穷无尽的大屠杀，结束战争，为全世界带来和平，乃至让饱经磨难的人们愈合创伤，在我们看来，这无异于救赎的奇迹。

早在原子弹试验之前，英国就已于 7 月 4 日在原则上同意使用这件武器了。现在，最终的决定将主要由拥有这件武器的杜鲁门总统做出；不过我当时就知道他会做出怎样的决定，后来也从未怀疑过使用原子弹的正当性。历史事实是，使用原子弹逼迫日本投降这个决定从来都没有成为一个问题，今后的历史也会做出同样的判断。我们这些围坐在桌边的人对此有着一致、自然且无可置疑的看法；我也不曾听到任何主张不应如此的哪怕最轻微的暗示。[1]

可是后来丘吉尔本人对使用原子弹这件事提出了他的质疑，他说：

认为日本的命运是由原子弹决定的，是错误的。日本的失败早在投下原子弹之前就已板上钉钉，其症结在于盟军不可抗拒的海上力量。单靠海上力量，盟军就能攫取基地对日本发动最后的打击，并迫使日本城市的驻军不战而降。当时，日本的海上航运已被完全摧毁。[2]

丘吉尔还提到，在原子弹投下的 3 周前，在波茨坦，斯大林私下告诉他日本驻莫斯科大使捎信来表达日本的和平意愿——丘吉尔还说，自己在把这个消息转达杜鲁门总统时曾提议，在某种程度上修改"无条件投降"的要求，以便让日本人更容易投降。

但是，日本其实早就开始寻求和平的接触了，美国当局对此比丘吉尔所说或者所知的更多。1944 年圣诞节前，美国在华盛顿的情报机构从日本境内一名消

1　Churchill: *The Second World War*, vol. VI, p. 553.

2　Churchill: *The Second World War*, vol. VI, p. 559.

息灵通的外交人员那里得到报告称，一个主和派正在日本政府内部形成并逐渐得势。这名间谍预期，7 月刚刚接替把日本带进战争的东条英机大将政府的小矶国昭大将的政府，将很快被铃木贯太郎海军大将领导的政府取代，下届政府将在天皇支持下发起和谈。这个预言在 4 月应验。

4 月 1 日，美军登陆中国台湾与日本之间的冲绳岛（属于琉球群岛）。这一消息的冲击加上苏联人令人不安地通知结束与日本之间的互不侵犯条约，导致小矶内阁于 4 月 5 日垮台，此后铃木成为首相。

不过，主和派的头头现在虽然主导了政府，却不知道接下来应如何处置。在裕仁天皇的主动要求下，日本已于 2 月接触苏联，请求其"从中立的立场出发"，出面斡旋日本与西方盟国之间的和平。这些接触是先通过苏联驻东京大使，后来又通过日本驻莫斯科大使进行的，然而毫无结果。苏联人没有把和平接触的信息传递出去。

3 个月后，才有了些许回音，这时已经到了 5 月底，哈里·霍普金斯先生作为美国总统的私人代表飞往莫斯科和斯大林商讨战争的未来。斯大林在他们第 3 次会晤的时候提起了日本问题。在 2 月的雅尔塔会议上，他同意加入对日作战，条件是获得千岛群岛、整个库页岛，并取得中国东北的控制权。斯大林现在告知霍普金斯，他在远东的军队已加强，将于 8 月 8 日进攻日军在中国东北的前线。他还说，盟国坚持"无条件投降"的要求将迫使日本战斗到底，如果愿意加以修改，便能促成日本人屈服——然后盟国可以把自己的意志强加于日本人，并获得实质上与无条件投降相同的结果。他还强调，苏联要求在战后参与对日本的实际占领。在这段讨论中，他承认"日本国内某些特定势力做过和平试探"——但是没说清楚这些日本人是通过大使进行正式接触的。

早在冲绳岛战役结束之前，胜负即已分明。同样很明显的是，美军在占领冲绳岛后很快就能加强对日本本土的轰炸，因为那里的机场离日本只有 400 英里远，还不到从马里亚纳群岛到日本本土四分之一的距离。

任何有战略头脑的人都能轻易看清局势，铃木这样的海军人物自然更是如此，早在 1936 年，他就曾因自己的反战观点受过来自军国主义极端分子的生命威胁。可是他和他的主和派内阁被一个棘手的问题束缚住了。他们虽然急于求和，却很难接受盟国"无条件投降"的要求，因为那样看上去就像是背叛了战场上愿意战斗到死的部队；这些军队仍然握有成千成万名濒临饿死的盟国平民和战俘的生命作为筹码，如果停火条件太过羞辱，尤其是如果盟国要求废除在部队眼里不仅是君主更被奉为神明的天皇的话，这些部队很可能拒绝遵守停火令。

结果是天皇本人站出来快刀斩乱麻。6 月 20 日，他召集最高战争指导会议的 6 位内阁核心成员开会，告诉他们："你们应该考虑尽快结束战争的问题。"所有 6 位成员都同意这一点，但首相、外相和海相准备接受无条件投降，其他 3 位——陆相和陆海军两总长——主张继续抵抗直到盟国愿意提供某种较为温和的条件。最终，会议决定派遣近卫公爵去莫斯科进行和谈，天皇私下里指示他不惜任何代价媾和。作为前期准备，7 月 13 日，日本外务省正式照会莫斯科，"天皇渴望和平"。

这个信息传到时，斯大林正准备出发去波茨坦开会。他冷淡地回复说，这个建议不够确切，自己不能据此采取任何行动，也不能接见和谈使团。不过，这次他把此事告诉了丘吉尔，丘吉尔又转告杜鲁门，并加上自己的建议，即调整刻板的"无条件投降"要求或许是比较明智的做法。

两周后，日本政府再次给斯大林发信，想要把使团的目的说得更清楚，可是得到的仍然是否定的回答。与此同时，丘吉尔的政府在英国大选中被击败，于是当 7 月 28 日斯大林告知与会领导人同日本人进一步接触的情况时，丘吉尔和艾登在波茨坦会议上的位置已经被艾德礼和贝文接替了。

但美国人已经知道日本人结束战争的意愿，因为美国情报机构截获并破译了日本外务省发给驻莫斯科大使的密电。

可是杜鲁门和他主要的顾问们，尤其是史汀生先生和陆军参谋长马歇尔将军，现在坚持要用原子弹来加速日本的崩溃，正如斯大林坚持要赶在日本投降之前参战，以便在远东战局获得有利的地位。

关于原子弹的使用，也有人比丘吉尔表达了更多的质疑，其中就包括罗斯福和杜鲁门两任总统的幕僚长海军五星上将李海，他厌恶使用这样的武器攻击平民的主张："我的感觉是，如果第一个使用原子弹，我们就道德标准而言就沦落到和黑暗时代的野蛮人一样了。在我所接受的教育中，战争不是这么打的，不能用屠杀妇女儿童的方式来赢得战争。"此前一年，他还向罗斯福抗议过一项使用细菌武器的提议。

核物理学家们的意见也存有分歧。万尼维尔·布什博士（Dr Vannevar Bush）曾在争取罗斯福和史汀生支持原子武器时起过重要作用，丘吉尔的私人科学事务顾问彻韦尔勋爵（Lord Cherwell）（前林德曼教授）也是领衔的支持者之一。所以，当史汀生在 1945 年任命布什领导一个委员会研究使用原子弹打击日本这一问题时，毫不奇怪，委员会强烈推荐尽快使用这件武器，而且不要事先警告其性质——史汀生后来解释说，这是因为害怕原子弹是一颗"哑弹"。

与他们不同，另外一群以詹姆斯·弗兰克教授（James Franck）为首的核物理学家们此后不久在 6 月下旬向史汀生递交了一份报告，表达了不同的结论："突然对日本使用原子弹，虽然能让美国获得军事上的优势并减少美国人的生命损失，但也可能会因为世界其他国家的恐惧和厌恶浪潮所抵消……美国如果首先使用这种对人类进行无差别屠杀的新手段，便会失去全世界的公义支持，加速军备竞赛，并降低未来签署控制这种武器的国际条约的可能性……我们认为，基于以上考虑，均不宜尽早对日本使用原子弹。"

可是，那些接近政治家的科学家更容易让自己的意见受到重视，于是最终，他们急切的赞成意见占了上风——此外，他们已经在政治家中间煽动起了对原子弹的狂热，把它描述成一个能够迅速且轻易结束战争的手段。军事顾问们为生产出来的两颗原子弹圈定了 5 处可能的目标，杜鲁门总统和史汀生先生在通盘考虑之后，选定了广岛和长崎，因为当地不仅有军事设施，还有"容易遭到破坏的房屋和其他建筑物"。

于是 8 月 6 日，美军对广岛投下了原子弹，摧毁了城市大部分地区，杀死了大约 8 万人，相当于居民总数的四分之一。3 天后，美军又向长崎投下第二颗原子弹。对广岛投下原子弹的消息传到杜鲁门总统耳中时，他正从波茨坦会议乘船返回的途中，据在场人士说，他高兴地大喊："这是历史上最伟大的事件。"

可是，在当时，原子弹对日本政府造成的影响比西方想象的要小得多。它并没有动摇最高战争指导会议 6 名成员中那 3 名反对无条件投降的人，他们仍旧坚持，必须先获得某种有关未来的保障，尤其是要维持"天皇的统治地位"。至于日本人民，他们直到战后才听说广岛和长崎发生的事情。

苏联 8 月 8 日对日本宣战，次日便立刻出兵中国东北，似乎其在加速日本投降上所起的作用并不低于原子弹，不过，其实天皇个人的影响更大。9 日，天皇在出席内阁核心会议时指出战局已明显无望，他宣布自己强烈主张立即实现和平，结果那3名反对者也屈服了，同意召开一次御前会议——这是一种"老政治家"的会议，天皇本人可以在会上做出最后决策。[1]与此同时，日本政府通过广播表达了在尊重天皇地位的前提下投降的意愿——盟国7月26日的《波茨坦公告》在这一点上却语焉不详，令人不安。经过一番商讨之后，杜鲁门总统同意接受了这一条件，这是从"无条件投降"立场的一个令人瞩目的后退。

即便这样，8月14日的御前会议上，与会者的意见还是存在极大分歧，但天皇一锤定音，决绝地说："如果没有其他人表达意见，朕就来说说朕的意见。朕要求你们遵行。朕看到日本只剩下这唯一的自救途径。这就是朕下定决心忍人所不能忍、受人所不能受的原因。"于是，日本通过广播宣布了投降。

其实，要想达成这个结果，原子弹并不是必需的。日本航运船舶的十分之九不是被击沉就是被摧毁，海空军部队瘫痪，工业遭到破坏，日本人的粮食供应快速减少，正如丘吉尔所说，日本的崩溃早已板上钉钉。

美国战略轰炸调查报告强调了这一点，同时指出："如果日本的政治结构能够更快、更果断地决定国家政策，那么从军事上的失能到政治上接受不可避免的结果的过程中，这段时间便还能进一步缩短。但似乎很清楚，即便没有原子弹，空中优势也能施加足够的压力迫使日本无条件投降，让进攻变得不必要。"美国海军总司令五星上将金宣称仅凭海军封锁便能让缺乏石油、大米和其他重要物资的日本"因饥饿而屈服"，"只要我们愿意等待即可"。

李海将军的判断更强调指出了原子弹的不必要："在广岛和长崎使用这种野蛮的武器对我们的战争没有任何物质上的助益。日本人已经被使用传统武器进行的有效的海上封锁和成功的轰炸击败，并准备投降。"

那么，为什么要使用原子弹呢？除了本能地想要尽快减少英美两国人的生命损失外，是否还有其他有力的动机呢？有两个重要原因浮出水面。其一是丘吉尔本人提供的，原子弹试验成功的消息传来后，他于7月18日和杜鲁门总统开会，

---

1 译注：作者似乎在这里把御前会议和重臣会议混淆了。作者本人对"老政治家"会议的解释，似乎是指由历任首相组成的重臣会议，也是御前召开，它的功能是挑选下一任首相，并无大政方针的决策功能。实际上，8月14日的会议是御前会议，由陆海军首脑代表军队统率机关和内阁主要成员在天皇面前召开，这种御前会议是最后决定政治方针的会议。

他说，当时立即浮现在他们脑海中的想法里有一条是：

> ……我们不需要苏联人了。对日战争的结束不再有赖于他们的陆军……我们不需要请他们出手。几天后，我告诉艾登先生，"很明显，目前美国并不想让苏联加入对日战争"[1]。

斯大林在波茨坦会议上令人尴尬地提出了共同占领日本的要求，美国政府急于避免出现这种情况。原子弹可能会有助于解决这个难题。按照计划，苏联将在8月6日参战。

匆忙在广岛和长崎使用原子弹的第二个原因是李海将军说出来的："这个项目已靡费巨万，科学家和其他人自然想要进行这次试爆。"——这个项目的代号"曼哈顿工程"，实际上前后总共花了20亿美元，某位原子弹项目的高级官员说得更明白：

> 原子弹只能成功不许失败——我们在这上头花了太多钱。如果它失败了，我们怎么解释巨额的花费呢？想想看可能招致的舆论哗然……随着时间临近，华盛顿的某些人试图说服曼哈顿工程负责人格罗夫斯（Groves）将军及早抽身，因为他知道如果项目失败，他就是那只替罪羊。置身其中的每个人在原子弹研制成功并投下去之后，都如释重负。

可是，整整一代人之后，我们已经很清楚，匆忙投下原子弹对世界上其他所有人来说，绝对不是如释重负。

1945年9月2日，日本代表在停泊于东京湾的美国战列舰"密苏里"号上签署了投降书。第二次世界大战就此结束，自希特勒闪击波兰以来，时间已经过去了6年零1天——距离德国投降已经过去了4个月。这是一次正式的结束，一个令胜利者心满意足的仪式。其实，真正的结束发生于8月14日，那时天皇宣布接受盟国提出的条件并投降，至于战斗则在第一颗原子弹投下1周后就已停

1　Churchill: *The Second World War*, vol. VI, p. 553.

止。可是，即便那令人毛骨悚然的打击，以把广岛市从地图上抹掉来展示新式武器摧枯拉朽的威力，所起到的作用也只不过是加速投降的到来而已。日本投降已是板上钉钉，实际上并不需要使用这样一件武器——而全世界从此生活在原子弹的阴影之中。

第九部

尾 声

第 40 章

结　语

主要因素与转折点

　　这场灾难性的战争以苏联打开通往欧洲心脏的道路为结局，被丘吉尔恰如其分地称为"不必要的战争"。英法曾竭力试图避免战争并遏制希特勒，然而他们的政策存在一个基本弱点，那便是对战略因素缺乏理解。由此，他们在形势最为不利的时候滑入了战争的深渊，进而促成了一场本可以避免的影响深远的灾难。不列颠得以幸存仿佛奇迹——其真正的原因却是希特勒犯下的错误，历史上所有侵略成性的独裁者都会重复犯下相同的错误。

至关重要的战前阶段

　　回过头来看，战争双方最初的致命行动是 1936 年德军重新进入莱茵兰。对希特勒来说，这次行动带来了两个战略上的好处——既能掩护关键性的鲁尔工业区，又为将来进攻法国提供了潜在的跳板。

　　为什么希特勒这一举动没有被阻止？主要原因是，英法急于避免任何可能演变为战争的武装冲突。更何况，德国重新占领莱茵兰看起来只是在纠正从前的非正义占领，虽然使用的方法是错误的。特别是英国人更多地考虑到政治影响，倾向于把这个举动看作政治上而非军事上的举措——并没有看到它在战略上的意义。

希特勒在 1938 年的行动再次利用政治因素获得战略优势——德国和奥地利人民都渴望合并，德国国内强烈不满捷克对待苏台德地区德裔的方式；而且在西方国家内部，还有很多人感觉德国在这两件事上的立场在某种程度上是正义的。

但是，希特勒在 3 月进军奥地利的行动导致捷克斯洛伐克的南方侧翼洞开——而捷克斯洛伐克正是他向东扩张计划中的一个障碍。他以战争相威胁，获得了慕尼黑协定的允许，在当年 9 月不仅收回了苏台德地区，还在战略上瘫痪了捷克斯洛伐克。

1939 年 3 月，希特勒占领了捷克斯洛伐克的残山剩水，从而包围了波兰的侧翼——这是他一系列"兵不血刃"行动的最后一次得逞。这一步之后，英国政府匆忙采取了一项致命的措施——突然向波兰和罗马尼亚提出领土保证，这两个国家就战略而言都处于孤立的地位，只有苏联才能给予他们有效的支援，但英国并没有事先取得苏联人的首肯。

从时机上来说，英国政府做出领土保证的举动一定会被认为是挑衅，因为我们现在知道，希特勒在遇到这一挑战之前根本没有在短期内进攻波兰的打算。从地缘上来说，被保证的这两个国家全都处于英法两国军队够不着的地方，由此对纳粹德国构成了几乎无法拒绝的诱惑。就这样，兵力本就弱于德国的西方列强从最根本上破坏了唯一可行的战略，即在西线构建一条足以抵抗任何侵略行为的战线，他们给希特勒提供了一个机会，可以轻易地突破薄弱的东方防线，获得初战胜利。

现在要想避免战争，唯一的手段就是取得苏联的支持，因为只有它才能直接支援波兰，并威慑希特勒。可是，眼看局势危在旦夕，英国政府依然拖拖拉拉，犹豫不决。更有甚者，波兰政府和其他东欧小国也反对接受苏联军事援助，因为害怕苏军来援会变成黄鼠狼给鸡拜年。

面对英国支持波兰导致的新变局，希特勒的反应出人意料。英国强烈的反应和大举扩军的措施的确对他有所震动，可是结果和英国人所期望的相反。他的反应基于自己从历史上得出的对英国民族性的总结。他认为英国人是一个冷静理性的民族，总是能用头脑控制住感情，因而觉得在没有得到苏联支持的情况下，英国人绝不会为了波兰开战。所以，希特勒抑制住自己对"布尔什维主义"强烈的反感和恐惧，放低身段全力讨好苏联，争取苏联人置身事外。希特勒这一转变和张伯伦的转变一样令人震惊——而且后果同样致命。

8 月 23 日，里宾特洛甫飞往莫斯科签订了《苏德互不侵犯条约》。条约附带秘密协定，约定苏德瓜分波兰。

这个协定一签，再加上希特勒一系列快速的侵略扩张行径，引起了世界各国强烈的情绪，遂使战争不可避免。英国人已承诺支持波兰，觉得自己袖手旁观有损荣誉——而且会为希特勒的进一步征服铺平道路。而希特勒就算看到将会爆发全面战争，也不愿意从他对波兰的要求上后退。

于是欧洲文明的列车飞驰进了一条漫长黑暗的隧道，要经过筋疲力尽的 6 个漫长的年头才能冲出隧道。而即便到那时，胜利的耀眼阳光还是被证明是虚幻的。

战争的第一阶段

1939 年 9 月 1 日，德军入侵波兰。3 日（星期天），英国政府履行此前向波兰提出的承诺，对德国宣战。6 小时之后，法国跟着英国向德国宣战，尽管不太情愿。

波兰在 1 个月之内就被击败。西欧大部分地区则在 9 个月之内被不断上涨的战争的浪潮淹没。

波兰能坚持得更久吗？英法能否为波兰减轻德军的压力做得更多些呢？就我们今天所知的双方军队兵力对比而言，这两个问题的答案乍看起来似乎都是肯定的。

1939 年的德国陆军并没有为大战做好准备。波兰人和法国人加起来拥有的兵力相当于 150 个师（包括 35 个后备师），其中有些师需要留在法国的海外领地执勤，而德国总共有 98 个师，其中 36 个师没有经过训练。德军剩下来能用来防守西线的 40 个师中只有 4 个是现役师，受过完整的训练，拥有齐全的装备。可是，希特勒的战略迫使法国必须迅速进攻才能缓解波兰所受到的压力——而法军并不擅长这点。法国的旧式动员计划不可能及时动员进攻所需的庞大兵力，进攻计划依赖于大批重炮，而这些重炮要到动员之后第 16 天才能齐备。而那时，波兰军队的抵抗已经开始瓦解。

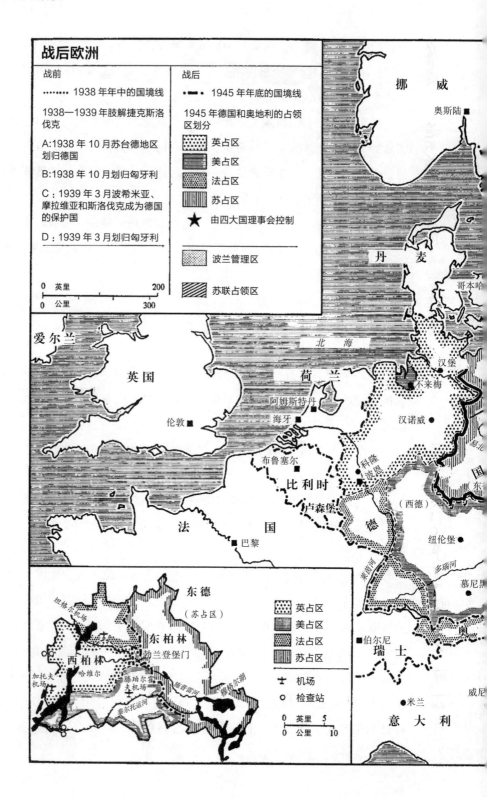

战后欧洲

战前
‧‧‧‧‧‧ 1938 年年中的国境线

1938—1939 年肢解捷克斯洛伐克

A：1938 年 10 月苏台德地区划归德国

B：1938 年 10 月划归匈牙利

C：1939 年 3 月波希米亚、摩拉维亚和斯洛伐克成为德国的保护国

D：1939 年 3 月划归匈牙利

战后
‧-‧-‧ 1945 年年底的国境线

1945 年德国和奥地利的占领区划分

英占区

美占区

法占区

苏占区

★ 由四大国理事会控制

波兰管理区

苏联占领区

0   英里   200
0   公里   300

挪 威
奥斯陆

丹 麦
哥本哈

北 海

爱尔兰

英 国
伦敦

荷 兰
阿姆斯特丹
海牙

汉堡
不来梅
汉诺威

布鲁塞尔
比利时
卢森堡
科隆
波恩

（西德）
德
纽伦堡
莱茵河
多瑙河
慕尼黑

国
东

法 国
巴黎

东德
（苏占区）

坦格尔机场

东柏林
勃兰登堡门

英占区
美占区
法占区
苏占区

西柏林
哈维尔
加托夫机场
滕珀尔霍夫机场
施普雷河
泰尔托运河

施特雷河
滕格尔湖

十 机场
○ 检查站

0   英里   5
0   公里   10

伯尔尼
瑞 士
奥
威尼

米兰
意大利

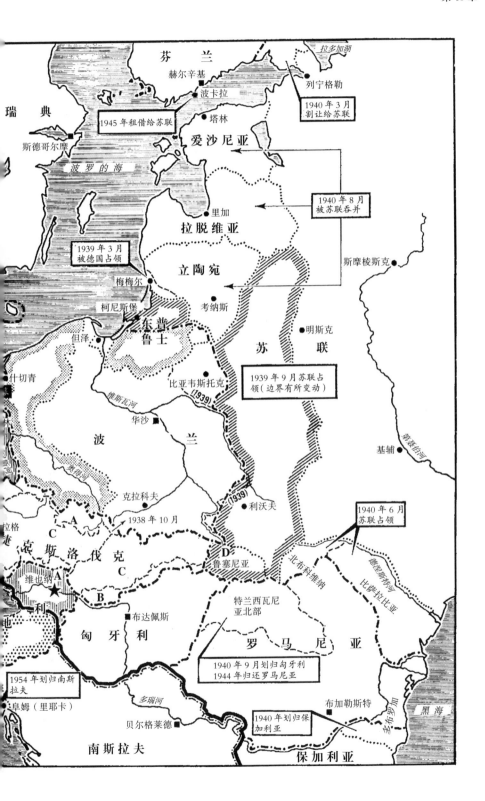

波兰的战略位置大大限制了自身的抵抗能力——这个国家的形状就像放在德国上下两颚之间的一根"舌头",而波兰人又采取了将军队主力前置于"舌尖"部位的战略部署,进一步恶化了这种局面。此外,波军的装备和军事思想都很落后,他们仍旧信奉骑兵的价值——可这些骑兵在德军坦克面前毫无抵抗能力。

当时德军只有 6 个装甲师和 4 个机械化师做好了战斗的准备,可是因为古德里安将军的热情和希特勒的支持,德军比任何其他国家的军队都更能接受 20 年前由英国先驱者们酝酿出来的新的作战方式和节奏,那就是高速机械化的运动战。德军还打造了一支比其他国家更强大的空军,不仅波兰人,就连法国人的空中力量也非常不足,甚至无法完成支援和掩护本国陆军的任务。

于是,德军在波兰向全世界首次展示了全新的闪电战战术,而西方盟国还在为打一场传统的战争做准备。9 月 17 日,苏联红军跨过波兰东部边境,这背后一击决定了波兰的命运,因为当时波兰已经没什么部队可用来对抗这第二次入侵。

波兰迅速败亡后,出现了 6 个月的平静时期——旁观者被表面上的宁静欺骗,称之为"假战争"。其实,真正贴切的名字应该叫作"幻想的冬季"。因为在这段时间里,西方国家的领导人和公众一直在不断地臆想出各种进攻德国各个侧翼的异想天开的计划——而且公开地加以高谈阔论。

实际上,单凭英法自己根本没有足够的兵力来击败德国。现在德国和苏联正在一条共同边界两侧大眼瞪小眼,英法只能寄希望于利用苏德之间的互不信任,把希特勒爆炸性的力量引向东方。而这要到一年之后才成为现实,可是如果西方盟国能够更加耐心的话,也许能提前实现——但民主制度本来就是缺乏耐心的。

英法对进攻德国侧翼高谈阔论,刺激希特勒先发制人。他的第一次打击是占领挪威。战后缴获的希特勒的会议记录显示,他直到 1940 年年初还认为"维持挪威的中立对德国来说是最好的选择",可是到了 2 月,他就得出结论说"英国想要在挪威登陆,我要抢在他们前头"。4 月 9 日,一支小规模德军入侵部队抵达挪威,打乱了英军想要控制这个中立地区的计划——就在挪威人的注意力都被英国海军攻入挪威领海的行动吸引过去的时候,德军出手抢占了挪威的所有主要港口。

希特勒的第二次打击于 5 月 10 日发动,目标是法国和低地国家。自从去年秋天击败波兰及和平条件为盟国所拒以来,他就一直在为闪击西线做准备——他认为击败法国最有可能迫使英国讲和。可是糟糕的天气和手下将领的疑虑使得进攻日期从 11 月一拖再拖。后来 1 月 10 日，一名德军参谋带着作战计划文件飞往波恩，在风雪中迷了路，降落到了比利时。这次意外迫使德军把进攻推迟到 5 月，同时从根本上修订了作战计划。这是希特勒的大幸，也是盟国的大不幸，整个战争的前景从此改观。

按照旧的作战计划，德军将穿越比利时中部运河纵横的地区发动主攻，实际上将和英法最精锐的部队迎头相撞，很可能以失败告终——并动摇希特勒的威望。可是曼施坦因提出的新计划彻底出乎盟军意料，让盟军完全丧失平衡，造成了灾难性的后果。在盟军挺进比利时迎击德军对比利时和荷兰的入侵的同时，德军坦克部队主力 7 个装甲师穿过山峦起伏、林木茂密的阿登地区，而盟军最高统帅部以为坦克不可能通过那样的地形。德军没有遇到多少抵抗就渡过了默兹河，击破了盟军前线薄弱的枢纽部分，然后西进英吉利海峡，打到了还待在比利时的盟军的后方。这一击在德军步兵主力还没来得及投入交战之前就已经决定乾坤。英军惊险地从敦刻尔克经海路逃出生天，比利时军队和大部分法军被迫投降。战果不可逆转，敦刻尔克战役之后一周，德军乘胜南进，剩下的法军根本不堪一击。

但是，从没有一场举世震惊的灾难像这次一样本来是可以轻易避免的。盟军如果能集中坦克部队发动反击，本可以在德军抵达海峡之前很久就轻易阻挡住德军的坦克突击。可是法军虽然比敌人拥有数量更多、质量更好的坦克，却将其以1918 年的方式分散成了小股部署。

如果法军没有冲进比利时，任由后方中枢如此薄弱空虚，或者能够更快地让预备队北上，他们本可以在默兹河一线提早挡住德军突击。可是法军总部不仅以为坦克无法通过阿登山地，还以为德军会以 1918 年的方式对默兹河按部就班地发动进攻，也就是说，抵达河边以后准备上一个星期再渡河，那样法国人就有足够的时间把预备队调上来。可是德军装甲部队在 5 月 13 日清晨抵达河边，当天下午就抢渡到对岸。"坦克时代"的作战节奏击垮了过时的"慢动作"作战方式。

可是，只有在盟国领导人不理解新战法且不知道如何应对的情况下，闪电战才能有这么快的节奏。如果通往默兹河一路布满地雷的话，德军的突击在到达默兹河畔之前就可能被迫停顿。即便没有雷区，盟军只需要砍倒通往默兹河的森林道路两旁的大树也能阻止德军挺进。清理道路所需的时间将对德军的进攻造成致命的打击。[1]

法国沦陷之后，公众总是倾向于把失败归因于法军士气之低落，以为失败不可避免。这是典型的"本末倒置"，倒因为果。法军的士气是在德军达成突破之后才崩溃的——而法国本来是可以轻易阻止德军突破的。到 1942 年，各国军队都已经学会如何应对闪电战——可是如果他们在战前就学会的话，很多事情就可以避免了。

战争的第二阶段

英国现在是纳粹德国唯一的对手了。可是不列颠正深陷千钧一发的危局之中，在军事上毫无防御能力，同时处于 2000 英里敌占区海岸线的环伺之下。

英国的陆军得以从几乎毫无防卫的敦刻尔克逃出生天，完全是因为希特勒下达的奇怪命令，当时德军装甲部队离这座唯一的逃生港口只有 10 英里，却被要求停止前进，英国陆军这才得以死里逃生——这道命令背后的动机十分复杂，其中包括戈林的虚荣心，他想让德国空军独享最后一击的荣誉。

英国陆军主力虽然安然逃脱，却丢弃了大部分武器装备。当时，16 个师的幸存者回到英国还在接受重新编组，英国能够用来保卫自己的部队只有 1 个师，而舰队为了躲避德国空军则被远远地集中在北方。如果德军在法国沦陷那个月的任何时候登陆英国，英国人根本无力抵抗。

可是，希特勒及其三军首脑们没有准备好入侵英国——他们甚至没有为击败法国以后如此重要的后续行动制订个作战计划。希特勒因指望英国同意媾和，在等待中蹉跎掉了至关重要的一个月。后来，即便已对英国求和不抱希望，德国人仍未能全心全意地为进攻做准备。空军在"不列颠之战"中没能把英国皇家空军逐出天空，可德国陆海军首脑其实非常开心，因为这样就有了中止入侵行动的借口。更令人意外的是，希特勒本人很快接受了这一停止入侵作战的借口。

---

1 我有个法国朋友，当时指挥默兹河的一段防线，他请求法军总部批准砍伐树木切断道路，可收到的回答是必须保持道路畅通，以便让法军骑兵挺进。这些骑兵的确挺进到了阿登山区，可其后又迅速地被击溃逃了出来，背后还有德军坦克紧紧跟着。

希特勒私人谈话记录表明，他之所以愿意停止入侵，在某种程度上是因为不愿意摧毁大不列颠和整个英帝国，他认为大英帝国是世界的一个稳定因素，仍旧希望将之引为合作伙伴。不过在这一层不情愿之外，还另有玄机。希特勒的脑子再次打起了东方的主意。这才是英国幸存下来的最关键原因。

如果希特勒能集中全力先击败英国的话，英国的失败是指日可待的事情。他虽然错过了以直接入侵来征服英国的最佳时机，但还是可以综合运用空军和潜艇的力量进行紧密封锁，来确保英国逐渐陷入饥饿的境地直至最终崩溃。

可是，希特勒认为自己不能冒险把资源用到海空作战上，放任苏军在东部边境虎视眈眈。因此，他认为唯一能确保德国后方安全的办法就是进攻并击败苏联。因为长期以来，他在内心深处就对苏联式的共产主义怀有深深的憎恶，因而就更加对苏联人的意图疑虑重重了。

希特勒还说服自己，英国如果无法指望苏联干预战争，自然就会求和的。实际上，他臆想，要不是苏联人一直在煽动英国抵抗到底，英国早就求和了。7月21日，希特勒在召开第一次会议讨论匆匆制订的侵英计划时，就透漏了自己想法的改变。他说："斯大林在和英国调情，想让英国坚持战斗拖住我们，目的是争取时间攫取他想要的东西，他很清楚一旦达成和平，他就再也不能如愿了。"希特勒由此得出了进一步的结论："我们必须把注意力转向解决苏联问题。"

德军立即开始制订作战计划，不过，直到1941年年初，希特勒才下定决心。入侵苏联的攻势将于6月22日展开，比拿破仑进攻俄国的日子早一天。装甲部队迅速击败了苏军第一线作战兵力，不到一个月就深入敌境450英里——离莫斯科只剩四分之一的路程。可是德国人从未打到莫斯科。

德军失败的根本原因何在？很明显，秋季的泥泞和大雪自然是部分原因。可是更加根本的原因是，德国人错误估计了斯大林能从苏联腹地动员的预备队数量。德军预计将与200个师的苏军作战，到8月中旬也已经击败这么多苏军。可是当时，战场上又冒出来160个新的师。等到这些师再次被击败时，秋天已经来临，德军在泥泞中向莫斯科前进，却发现自己的去路又被新的集团军挡住了。另一个根本原因是，苏联自苏维埃革命以来，虽然在技术上取得了长足的进步，但仍然保持着一直以来的原始状态，并未有多大改变。这不仅表现在苏军士兵和人民令人惊叹的吃苦耐劳，还表现在道路交通的原始状态上。苏联如果拥有像西方那样发达的公路系统，便会跟法国一样很快沦陷。可是即便如此，如果德军装甲部队在夏天一口气冲向莫斯科，而没有停下来等待步兵的话，入侵也仍有成功的可能性——古德里安就一直催促这么做，可是这次遭到希特勒和军队里上年纪的首脑们的否决。

后来的事实证明，苏联的冬天对德军来说是可怕的考验和消耗——德军从来没有从那个冬季真正恢复过来。可是很明显，希特勒在 1942 年仍有相当大的胜机，因为红军装备极度短缺，斯大林对军队的控制也由于开战时的严重损失而受到动摇。希特勒的新攻势很快推进到高加索油田的边缘——苏联的战争机器离不开此油田。可是希特勒在高加索和斯大林格勒这两个目标上分散了兵力。苏军勉强把德军挡在斯大林格勒城外，希特勒则对它的象征性意义着了魔，一次次地不断发起进攻，想要攻克这座"斯大林的城市"，使其军队遭受重创。当冬季来临时，希特勒禁止任何撤退，结果，当苏军新组建的各个集团军后来赶到战场时，就使进攻斯大林格勒的德军在劫难逃。

斯大林格勒的灾难后，兵力业已捉襟见肘的德军不得不坚守超出自己能力范围的漫长战线。拯救部队的唯一办法是撤退，将领们也一致敦促这么做，可是希特勒固执地拒绝批准。他对任何理由充耳不闻，反复坚持"绝不撤退"。这种鹦鹉般的重复叫器并不能阻挡苏军之大潮，只能让德军在每次被迫撤退之前都经历惨败。他们不得不为时机之延误而付出更为高昂的代价。

希特勒的军队越来越受制于战略上过度扩张所造成的恶果——拿破仑便是因此失败的。1940 年墨索里尼匆忙参战，想趁法国沦陷、英国虚弱之际从中捞取一些好处，结果将战争扩大到了地中海地区，这对德军有限的兵力造成了更为严重的压力。意大利参战给英国制造了一个在海上力量能够发挥作用的地区进行反击的良机。丘吉尔迅速抓住战机——可能有点操之过急。英国驻埃及的机械化部队规模虽小，却很快粉碎了意大利驻北非的老旧军队，同时征服了意属东非。英军本可长驱直入的黎波里塔尼亚，却因抽调兵力登陆希腊而停了下来——希腊战役时机不成熟，准备不充分的英国部队被德军轻易击败。可是北非意军的崩溃促使希特勒派出了由隆美尔指挥的援军。不过希特勒将注意力集中在东线战场，只派去了必要的兵力支援意大利人，从来没有严肃认真地考虑过攫取地中海地区东部、中部、西部的 3 座大门——苏伊士运河、马耳他岛和直布罗陀海峡。

因此，就结果而言，希特勒实际上只是又打开了消耗德军兵力的另一个阀门，隆美尔将盟军肃清北非的时间推迟了两年多，但其战果最终还是被抵消了。德军的战线现在已经覆盖地中海南北两岸和整个西欧海岸线，同时他们还要竭力在苏联腹地守住一条危险的宽广战线。

由于日本在 1941 年 12 月参战，这种过度伸展注定会带来的结果被推迟了，战争也因而延长。可是从长远来看，日本参战对希特勒的未来造成的影响是更为致命的，因为它把美国拖入了战争。日本通过奇袭珍珠港瘫痪了美国太平洋舰队。其短期的影响是，日军得以攻克盟国在西南太平洋地区各处的阵地，包括马来亚、缅甸、菲律宾、荷属东印度群岛。可是他们在迅速扩张的同时面临着过度伸展的问题，日军的基本能力已不足以保卫所收获的胜利果实。因为日本只是一个小岛国，工业能力有限。

战争的第三个阶段

美国的力量逐渐被动员起来，而苏联也幸存下来发挥出自己的潜力，至此，德日意轴心国的败亡已不可避免，因为他们总体上的军事潜力相对要弱很多。唯一不确定的是，轴心国何时失败以及失败得多么彻底。这些侵略者现在已经成了防御者，他们所能指望的最好局面就是，拖延时间，直到"巨人们"疲倦或者发生内讧，以此来为自己争取更好的和平条件。可是长期抵抗需要缩短战线。轴心国的领导人没有一个愿意主动撤退"失了面子"，于是想要死守所有阵地直到崩溃为止。

在战争的第三阶段，没有真正的转折点，只有不断奔涌的大潮。

在东线战场和太平洋战场，盟军的兵力优势越来越大，借由足够的机动空间，反攻的潮流奔涌得更加顺畅。但在南欧和西欧，这一潮流遭遇了更多的阻碍，因为那两处的空间相对狭小逼仄。

希特勒和墨索里尼不断地跨海向突尼斯调动部队，希望守住那里的桥头堡，阻止盟军从埃及和阿尔及利亚发动的两路夹击，结果反而为 1943 年 7 月英美盟军首次重返欧洲打开了方便之门，因为突尼斯成了一个陷阱，德国和意大利投入那里的所有部队有去无回，让西西里门户洞开。可是，1943年9月，当盟军从西西里跃进意大利本土后，他们沿着这座狭窄多山的半岛北进的过程却变得举步维艰，拖泥带水。

1944年6月6日，盟军为跨越海峡而集结在英国的大军主力于诺曼底登陆。如果盟军能建立起足够大的登陆场，来积聚大量兵力并冲破德军的封锁线，他们的胜利将是板上钉钉的事情。完全机械化的盟军部队一旦从登陆场突破出来，便能将整个法兰西大地当作自由驰骋的运动场，而德军大部分兵力并没有实现机械化。

因此，除非德军能在登陆最初几天之内把进攻部队赶下海，否则他们的防御注定会崩溃。可是，由于盟军空军在西线战场相对德国空军拥有30比1的压倒性优势，德军装甲预备队在其瘫痪性的打击下，未能及时前调，由此产生了致命的后果。

设使诺曼底登陆在水际滩头被击退了，盟国仍可运用其巨大的空中优势，直接打击德国，同样能让德国走向失败的必然命运。直到1944年，战略性空中进攻的效果远远没有达到人们此前的预期，更遑论替代陆上进攻。对城市进行的无差别轰炸根本没有严重影响弹药的产量，也未能如预期的那样，摧毁敌国人民的战斗意志，迫使他们屈膝投降，因为总体上说，轴心国的人民被各自国家的暴君严密地监控着，而个人又不可能向天上的轰炸机投降。可是在1944—1945年间，空中力量得到了更高超的指引，能以越来越高的精准度，对关乎敌人抵抗能力的那些战时生产中心进行瘫痪性的打击。在远东地区，空中力量也是日本崩溃的关键因素，原子弹则不是必需的。

潮流转向之后，在盟国通向胜利的大道上，剩下的主要就是自我设限造成的障碍。盟国领导人不够明智地提出了"无条件投降"这一短视的要求，由此极大地帮助了希特勒和日本的主战派维持对各自人民的统治。如果盟国领导人拥有足够的政治智慧，能对和平条件提出某种保证，希特勒对德国人民的统治早在1945年之前就被打破。早在3年前，德国内部广泛开展的反纳粹运动派出使节，告知盟国领导人他们有推翻希特勒的计划，还提到了很多杰出军人的名字，说只要盟国对和平条件给予某种保障，他们就会参加起义。可是无论在当时还是后来，盟国都没有给出任何形式的保证或者暗示，结果密谋者自然很难获得足够的支持来完成这"乾坤一掷式的赌博"。

　　于是这场"不必要的战争"被不必要地延长了，数百万生命无谓地牺牲了，和平最终降临，随之而来的却只有新的威胁，以及越来越强烈的对下一次战争的恐惧。为了让对手"无条件投降"而毫无必要地延长第二次世界大战，为共产主义统治中欧大地铺平了道路，最终得利的只有斯大林。

出版后记

巴西尔·利德尔·哈特爵士作为权威的历史学家、军事理论专家，更专注于战略战术的研究，而非宏观的人类活动和国际政治风云，在众多描述"二战"史的著作中可谓视角独特。他对两次世界大战的描述与分析并非纸上谈兵，他不仅亲身参与过第一次世界大战的战斗，之后还作为英国军事专家和顾问经历了第二次世界大战。国内曾引进他的《战略论》《山的那一边》《第一次世界大战战史》《隆美尔战时文件》等著述，他的书总能给读者带来身临其境之感。

本书共九部40章，译成中文近50万字，作者以时间为线，串联起从1939年至1945年间大战潮涨潮落之进程，可谓一部关于第二次世界大战的战史综述。当然，本书并非完美无缺，对这场持续数年的战争作者也未能"场场俱到"。例如他对1944年诺曼底登陆的描述就稍显简略，对中国战场的描述也是只言片语。但无论如何，本书称得上是想要深入了解"二战"战争史的最佳选择。

此版在编辑过程中不可避免会有一些遗憾，我们恳请读者诸君提出建议，以便之后加以改正。

后浪出版公司

2023.12